BESTIMMUNGSGRÜNDE UND ALTERNATIVEN DIVERGIERENDER REGIONALER WACHSTUMSVERLÄUFE IN ENTWICKLUNGSLÄNDERN

BEITRÄGE ZUR SÜDASIENFORSCHUNG
SÜDASIEN - INSTITUT
UNIVERSITÄT HEIDELBERG

BAND 42

FRANZ STEINER VERLAG · WIESBADEN
1978

BESTIMMUNGSGRÜNDE UND ALTERNATIVEN DIVERGIERENDER REGIONALER WACHSTUMSVERLÄUFE IN ENTWICKLUNGSLÄNDERN

EINE THEORETISCHE UND EMPIRISCHE
ANALYSE UNTER BESONDERER BERÜCKSICHTIGUNG
DER REGIONALENTWICKLUNG
IN OST- UND WESTPAKISTAN
1947–1970

VON

HEINZ-DIETMAR AHRENS

FRANZ STEINER VERLAG · WIESBADEN
1978

CIP-Kurztitelaufnahme der Deutschen Biblitohek

Ahrens, Heinz
Bestimmungsgründe und Alternativen divergierender regionaler Wachstumsverläufe in Entwicklungsländern: e. theoret. u. empir. Analyse unter bes. Berücks. d. Regionalentwicklung in Ost- u. Westpakistan 1947–1970. – 1. Aufl. – Wiesbaden: Steiner, 1978.

(Beiträge zur Südasienforschung; Bd. 42)
ISBN 3-515-02827-7

D 16

 · Druck: Offsetdruckerei Wolf, Heppenheim

Printed in Germany

VORWORT

Die vorliegende Untersuchung wurde der Wirtschafts- und Sozialwissenschaftlichen Fakultät der Universität Heidelberg im Juni 1977 als Dissertation eingereicht. Für die Anregung der Arbeit und die großzügige Unterstützung, die ich vor allem im methodischen Bereich - der Formulierung und Anwendung mathematischer Modelle zur Analyse entwicklungsökonomischer Probleme - erfahren durfte, möchte ich Herrn Professor Dr. Winfried von Urff besonders herzlich danken. Mein Dank gilt auch Herrn cand.math. Kurt Mattes für die vielen wertvollen Ratschläge bei der Durchrechnung der Modelle.

Heidelberg, im Dezember 1977

Heinz Ahrens

INHALTSVERZEICHNIS

VERZEICHNIS DER TABELLEN

A. Tabellen im Text

Tab.Nr.		Seite
35	Kennzahlen zum Verkehrs- und Nachrichtenwesen in Ost- und Westpakistan, ausgewählte Jahre	184
36	Öffentliche Investitionen im Verkehrs- und Nachrichtenwesen in Ost- und Westpakistan, Erster bis Dritter Plan (in jeweiligen Preisen, in Mio Rs)	186
37	Anschaffung von rollendem Material in Ost- und Westpakistan, Erster bis Dritter Plan	187
38	Kennzahlen zur Elektrizitätserzeugung in Ost- und Westpakistan, ausgewählte Jahre	189
39	Investitionsstruktur und Gesamtproduktivität der privaten Investitionen in Ost- und Westpakistan, 1951-1968 (zu Preisen von 1959/60)	196
40	Gesamtproduktivität und Wachstumsrate der privaten Investitionen in Ost- und Westpakistan, 1951-1968 (zu Preisen von 1959/60)	200
41	Investitionsstruktur und Wachstumsrate der privaten Investitionen in Ost- und Westpakistan, 1951-1968 (zu Preisen von 1959/60)	204
42	Erweiterte Version des retrospektiven Simulationsmodells, Variante A: Ausprägung der relevanten Parameter für Ost- und Westpakistan in der tatsächlichen Entwicklung, 1951-1968	210
43	Retrospektives Simulationsmodell: Infrastrukturinvestitionen Ostpakistans: Fall II und Fall II (A) bis II (C)	213
44	Erweiterte Version des retrospektiven Simulationsmodells, Variante A: Investitionsstruktur und Produktivität der Gesamtinvestitionen in Ost- und Westpakistan - Tatsächliche Entwicklung und Fall IV (A-0,6)	223
45	Erweiterte Version des retrospektiven Simulationsmodells, Variante A: Anteil Ostpakistans an den Nettokapitalimporten Pakistans - Tatsächliche Entwicklung und Fall IV (A-0,6)	224
46	Retrospektives Simulationsmodell: Kennzahlen zur Beziehung zwischen gesamtwirtschaftlichem Wachstum und regionaler Verteilung in Pakistan	228
47	Erweiterte Version des retrospektiven Simulationsmodells, Variante A: Regionales und gesamtwirtschaftliches Wachstum bei unterschiedlichen Mindestimportquoten für Westpakistan	239
48	Anteile der Muslims an der Beschäftigung im britischen Dienst in Bengalen, im Punjab und in den North-Western Provinces, 1850-1905, ausgewählte Jahre	248
49	Der Erste Fünfjahresplan Pakistans (1955/56 -1959/60): Geplante und tatsächliche Entwicklungsausgaben, nach Landesteilen (in jeweiligen Preisen)	251
50	Bildungsniveau in Ost- und Westpakistan, 1951 und 1961	261

B. Tabellen in den Anhängen

ANHANG II

ANHANG III

Tab.Nr.		Seite

Tab.Nr.		Seite

VERZEICHNIS DER ABBILDUNGEN

A. Abbildungen im Text

Abb.Nr.		Seite

B. Abbildungen in den Anhängen

ANHANG II

VERZEICHNIS DER ABKÜRZUNGEN

ADC	Agricultural Development Corporation
AER	American Economic Review
CIIS	Comprehensive Industrial Investment Schedule
CMI	Census of Manufacturing Industries
CSO	Central Statistical Office
EPADC	East Pakistan Agricultural Development Corporation
EPWAPDA	East Pakistan Water and Power Development Authority
GOP	Government of Pakistan
IBRD	International Bank for Reconstruction and Development
IDA	International Development Association
IWTA	Inland Water Transport Authority
PIDC	Pakistan Industrial Development Corporation
PDR	The Pakistan Development Review
QJE	Quarterly Journal of Economics
UNESCO	United Nations Educational, Scientific and Cultural Organization
WAPDA	Water and Power Development Authority
ZfgSt	Zeitschrift für die gesamte Staatswissenschaft

1. Problemstellung und Aufbau der Arbeit

Nachdem sich die Entwicklungsökonomie in der Vergangenheit vorwiegend mit dem Problem des gesamtwirtschaftlichen und sektorspezifischen Wachstums der Entwicklungsländer beschäftigt hat, ist in den letzten Jahren die Problematik der personalen und regionalen Verteilung stärker in den Vordergrund des Interesses gerückt. Mit der vorliegenden Arbeit wird versucht, einen Beitrag zur Analyse der regionalen Verteilung, insbesondere der *Ursachen und Alternativen divergierender regionaler Wachstumsverläufe* in Entwicklungsländern zu leisten.

Die Untersuchung wird vorgenommen am Beispiel der Regionalentwicklung im ehemaligen *Pakistan*. Die Entwicklung der beiden Landesteile Ostpakistan und Westpakistan war in den 25 Jahren des Bestehens des Gesamtstaates durch die zunehmende Verschärfung der wirtschaftlichen Disparitäten gekennzeichnet, die - neben den Konflikten im politischen, sozialen und kulturellen Bereich - eine der entscheidenden Ursachen für das Auseinanderbrechen des Staates und die Entstehung des unabhängigen Bangladesch gewesen sein dürfte.

In der Diskussion über die Ursachen der divergierenden wirtschaftlichen Entwicklung Ost- und Westpakistans wurde vor allem von ostpakistanischer Seite auf die Tatsache hingewiesen, daß Ostpakistan im Rahmen des offiziellen Devisenbewirtschaftungssystems weit weniger Devisen für Importe erhielt, als der Summe seiner Exporterlöse und empfangenen Auslandshilfe entsprach, während es sich für Westpakistan umgekehrt verhielt. Der hierbei stattfindende *Devisentransfer* von Ost- nach Westpakistan wurde zwar von ostpakistanischen Ökonomen als Hauptursache der ungleichgewichtigen Regionalentwicklung angesehen, Versuche einer Quantifizierung seines Einflusses auf die wirtschaftliche Entwicklung der beiden Landesteile hat es aber - mit einer relativ unzulänglichen Ausnahme - bisher nicht gegeben. Die Frage nach den Möglichkeiten einer solchen Quantifizierung war Ausgangspunkt der vorliegenden Arbeit.

Bei dem Versuch einer Abschätzung des Einflusses der Devisentransfers auf die Regionalentwicklung stellt sich unter anderem die Frage, inwieweit bzw. unter welchen Bedingungen Ostpakistan, wenn ihm mehr Devisen zur Verfügung gestanden hätten, als dies in der tatsächlichen Entwicklung der Fall war, in der Lage gewesen wäre, die erhöhten Importe und die damit ermöglichten höheren Investitionen zu absorbieren. Der aus dieser Fragestellung resultierenden Untersuchung der *Bedeutung der Absorptionskapazität für Kapital*, der *Voraussetzungen ihrer Erhöhung* und der *Implikationen für die regionalen Entwicklungs-*

verläufe ist der größte Teil der vorliegenden Arbeit gewidmet. Hierbei wird insofern zweistufig vorgegangen, als sich die Analyse zunächst auf die *Bedeutung der physischen und sozialen Infrastruktur für die Absorptionskapazität für private Investitionen* und danach auf die *Bedeutung der personalen Infrastruktur für die Absorptionskapazität für Infrastrukturinvestitionen* konzentriert.

Der Devisen- bzw. Ressourcentransfer von Ost- nach Westpakistan und die ungleiche regionale Verteilung der Infrastrukturinvestitionen wurden in Pakistan vor allem von westpakistanischer Seite mit dem Argument gerechtfertigt, die der Gesamtwirtschaft zur Verfügung stehenden Ressourcen könnten in Westpakistan "produktiver" eingesetzt werden als in Ostpakistan. Inwieweit das statistische Material die häufig, insbesondere auch in der pakistanischen Entwicklungsplanung, gemachte Annahme eines *Konfliktes zwischen dem Ziel einer Maximierung des gesamtwirtschaftlichen Wachstums und demjenigen einer gleichmäßigeren regionalen Verteilung* stützt, wird in der vorliegenden Arbeit untersucht. Ein zentrales Anliegen der Analyse besteht darin, die Beziehung zwischen den beiden Zielen zu quantifizieren, ihren Ursachen nachzugehen und dabei den Einfluß bestimmter Determinanten auf die Zielbeziehung auf grundsätzlicher Ebene zu untersuchen.

Die genannten Untersuchungen werden im wesentlichen im Rahmen eines *mathematischen Zwei-Regionen-Modells* durchgeführt, mit dessen Hilfe zum einen die tatsächliche Regionalentwicklung Pakistans rekonstruiert und zum anderen alternative regionale Entwicklungsverläufe rückblickend simuliert werden, weshalb das Modell als *retrospektives Simulationsmodell* bezeichnet wird.

Daß die Verwendung eines solchen Modells erhebliche *statistische und methodische Probleme* mit sich bringt, braucht nicht besonders betont zu werden. Die Frage, "was gewesen wäre, wenn ..." ist rein hypothetischer Natur, auch wenn versucht wird, ihrer Beantwortung eine möglichst relevante Modellstruktur und solide empirische Basis zugrundezulegen. Was die statistische Basis betrifft, so ist diese im Falle Pakistans zwar im Vergleich zu anderen Entwicklungsländern insofern relativ günstig, als für verschiedene wirtschaftliche Größen regional differenzierte Statistiken vorliegen, die es grundsätzlich erlauben, nicht nur die Entwicklung der regionalen Verteilung nachzuvollziehen, sondern auch einige der ihr zugrundeliegenden wirtschaftlichen Mechanismen zu analysieren. Die Qualität dieser Statistiken ist jedoch, gemessen an den Anforderungen selbst eines relativ einfachen Simulationsmodells, in mancher Beziehung unzureichend. Wie ANHANG III, in dem die statistische Basis des Modells entwickelt wurde, zeigt, waren für die Rekonstruktion der tatsächlichen Entwicklung verschiedener für das

Modell wichtiger Größen umfangreiche und komplizierte Berechnungen unter Verwendung zum Teil relativ grober Annahmen erforderlich, deren Ergebnisse unbefriedigend bleiben müssen. Angesichts dieser Unzulänglichkeiten schien es auch wenig angebracht, zur Bestimmung der in das Modell einzuführenden Funktionen auf ökonometrische Methoden, deren Präzision in zu starkem Widerspruch zur Ungenauigkeit der zugrundegelegten Statistiken gestanden hätte, zurückzugreifen.

Wenn trotz der statistischen Schwächen mit dem Modell gearbeitet wird, so deshalb, weil mit seiner Hilfe über die begrenzte Möglichkeit hinaus, den genannten empirischen Fragestellungen nachzugehen, *allgemeine Erkenntnisse über grundsätzliche, für die Regionalanalyse relevante Zusammenhänge* gewonnen werden sollen, deren Gültigkeit von der Qualität der statistischen Basis weitgehend unabhängig ist. Die Gewinnung solcher allgemeiner, durch das Beispiel der Regionalentwicklung Pakistans illustrierter Erkenntnisse ist das eigentliche Ziel der vorliegenden Arbeit.

Da die Analyse des Beispiels Pakistan in der Form, in der sie beabsichtigt ist, eine Reihe grundsätzlicher theoretischer Probleme aufwirft, die schon vorweg auf allgemeiner Ebene geklärt werden sollten, wird in Kapitel 2 zunächst im Rahmen eines *allgemeinen Zwei-Regionen-Wachstumsmodells* eine *theoretische Analyse von Determinanten und Alternativen regionaler Entwicklungsverläufe* durchgeführt. Inhaltlich wird hierbei insbesondere die Bedeutung der Sparquote, der Kapitalproduktivität und der Absorptionskapazität für Kapital für das wirtschaftliche Wachstum der Regionen und der Gesamtwirtschaft sowie für die Beziehung (Komplementarität, Neutralität, Konflikt) zwischen dem Ziel einer Maximierung des gesamtwirtschaftlichen Wachstums und demjenigen einer gleichmäßigeren regionalen Verteilung aufgezeigt.

Nachdem hierbei vor allem die erhebliche Relevanz der *Absorptionskapazität für Kapital* deutlich wurde, wird das Kapital in die private und die öffentliche Komponente zerlegt und versucht, den *Einfluß der Infrastruktur bzw. der Infrastrukturinvestitionen auf die Absorptionskapazität einer Region für private Investitionen* durch zwei eigene Ansätze zu formulieren. Im Rahmen einer erweiterten Version des Zwei-Regionen-Wachstumsmodells werden die *Implikationen verschiedener regionaler Entwicklungsverläufe für die Entwicklung der Infrastrukturausstattung und der durch sie determinierten privaten Wirtschaftstätigkeit* aufgezeigt.

Schließlich wird der Einfluß der die Wirkungen der Infrastrukturinvestitionen auf die private Wirtschaftstätigkeit zum Ausdruck bringenden Funktionen auf die *Beziehung zwischen dem Ziel einer Maximierung des gesamtwirtschaftlichen Wachstums und demjenigen einer gleichmäßigeren regionalen Verteilung* untersucht, wobei auch die Bedeutung der Ausreifungszeiten der Infrastrukturinvestitionen, der Absorptionskapazität für Infrastrukturinvestitionen und der Länge des Planungszeitraumes berücksichtigt wird.

In den Kapiteln 3 - 8 wird vor dem Hintergrund der in Kapitel 2 durchgeführten theoretisch-grundsätzlichen Untersuchung die *Regionalentwicklung im ehemaligen Pakistan* (Ostpakistan-Westpakistan) analysiert in bezug auf

a) die Entwicklung der regionalen Verteilung zwischen den beiden Landesteilen,

b) Ursachen dieser Entwicklung,

c) Voraussetzungen alternativer Entwicklungsverläufe und

d) die Beziehung zwischen gesamtwirtschaftlichem Wachstum und regionaler Verteilung

Wie bereits ausgeführt wurde, wird die Analyse vorwiegend im Rahmen eines retrospektiven Simulationsmodells durchgeführt, dessen Ergebnisse weniger in bezug auf ihre konkreten Werte als im Hinblick auf die aus ihnen abzuleitenden allgemeinen Aussagen über grundlegende Zusammenhänge regionaler Entwicklungen von Interesse sind.

In Kapitel 3 wird die *Grundstruktur* der regionalen Entwicklung in Ost- und Westpakistan, d.h. die Entwicklung der regionalen Verteilung und einige ihrer Determinanten (insbesondere Umfang und Produktivität der Investitionen sowie die Finanzierung der Investitionen durch Ersparnis und Nettokapitalimport) beschrieben und interpretiert.

In Kapitel 4 wird versucht, die oben erwähnten *Devisentransfers von Ost- nach Westpakistan* zu quantifizieren und im Rahmen des Grundmodells des *retrospektiven Simulationsmodells* abzuschätzen, wie die wirtschaftliche Entwicklung Ost- und Westpakistans bei einer für Ostpakistan günstigeren Verteilung der externen Ressourcen (Devisenerlöse und Kapitalimporte) ceteris paribus etwa verlaufen wäre. Die Ergebnisse werden zum einen im Hinblick auf den *Einfluß der Allokation der externen Ressourcen auf die Entwicklung der regionalen Verteilung*, zum anderen unter dem Aspekt der *Beziehung zwischen gesamtwirtschaftlichem Wachstum und regionaler Verteilung* analysiert.

Nachdem bei dieser Untersuchung implizit davon ausgegangen wurde, Ostpakistan wäre bei der Absorption der zusätzlichen externen Ressourcen auf keinerlei Grenzen gestoßen, wobei insbesondere die Infrastruktur keinen Engpaß für die Ausdehnung der privaten Investitionen dargestellt hätte, wird in Kapitel 5 zunächst der Frage nach dem Realitätsgehalt dieser Annahme nachgegangen. Im Rahmen einer ausführlichen vergleichenden

Darstellung der Infrastrukturausstattung Ost- und Westpakistans in den Bereichen Wasserwirtschaft, Verkehrs- und Nachrichtenwesen und Energiewirtschaft wird zum einen aufgezeigt, daß *Westpakistan bei der Staatsgründung über eine weit bessere Infrastrukturausstattung verfügte als Ostpakistan* und daß sich das *Ungleichgewicht in den fünfziger und sechziger Jahren erheblich verschärfte*, während zum anderen verschiedene Anzeichen angeführt werden, die die Annahme plausibel erscheinen lassen, daß die *unterschiedliche Infrastrukturausstattung der beiden Landesteile von erheblichem Einfluß auf die unterschiedliche Entwicklung der privaten Wirtschaftstätigkeit* war.

Nach einem einfachen Versuch der Quantifizierung dieses Einflusses und einer Interpretation seiner Ergebnisse wird die erweiterte Version des retrospektiven Simulationsmodells formuliert, die die Wirkung der Infrastrukturinvestitionen auf die Höhe der privaten Investitionen zum Ausdruck bringt. In ihrem Rahmen wird zunächst gezeigt, in welch erheblichem Maße die Infrastruktur Ostpakistans vor allem in den ersten entscheidenden Jahren nach der Staatsgründung hätte verbessert werden müssen, um die Grundlage für die bei günstigerer regionaler Allokation der externen Ressourcen grundsätzlich mögliche Ausdehnung der privaten Investitionstätigkeit zu schaffen.

Damit verlagert sich das Hauptinteresse der Untersuchung auch innerhalb des Modells von der regionalen Verteilung der externen Ressourcen auf die *regionale Verteilung der Infrastrukturinvestitionen*, deren *Einfluß auf die regionalen Entwicklungsverläufe* im Mittelpunkt der darauf folgenden Analyse steht. Hierbei werden insbesondere auch die Implikationen einer für Ostpakistan günstigeren regionalen Verteilung der Infrastrukturinvestitionen für die Entwicklung der privaten Investitionen, der Struktur und Produktivität der gesamten (öffentlichen und privaten) Investitionen, der Importe und der Kapitalimporte untersucht. Einen besonderen Schwerpunkt bildet wieder die Analyse der *Beziehung zwischen gesamtwirtschaftlichem Wachstum und regionaler Verteilung*, die für verschiedene Varianten der erweiterten Version des retrospektiven Simulationsmodells quantifiziert und mit der aus dem Grundmodell resultierenden Beziehung verglichen wird. Anhand der Ergebnisse weiterer Simulationen wird schließlich analysiert, wie sich die Zielbeziehung verändert, wenn man davon ausgeht, daß sich die im Rahmen der alternativen Entwicklungsverläufe stark *verringerten Importe Westpakistans* als *zusätzliche Restriktion für das Wachstum dieser Region* erwiesen hätten.

In Kapitel 6 wird der Frage nachgegangen, inwieweit Ostpakistan über die *personale Infrastruktur* (Führungs-, Fach- und Verwaltungskräfte) verfügte, um die massiven Infrastrukturinvestitionen zu absorbieren, die für die für den Abbau des regionalen Ungleichgewichtes erforderliche erhebliche Steigerung der privaten Investitionen notwendig gewesen wären. Nach der Untersuchung der Beschränkungen der personalen Infrastruktur Ostpakistans und ihrer historischen Wurzeln wird im Rahmen des Modells die *Bedeutung der Absorptionskapazität für Infrastrukturinvestitionen für die Realisierung einer auf regionalen Ausgleich gerichteten Entwicklungspolitik* aufgezeigt. Anschließend wird diskutiert, welche Maßnahmen zur Überwindung des Verwaltungs- und Fachkräfteengpasses in Ostpakistan hätten ergriffen werden können bzw. müssen.

Nachdem in Kapitel 6 auch deutlich gemacht wurde, daß die begrenzte personale Infrastruktur Ostpakistans eine wichtige Ursache für die ungleiche regionale Verteilung der Infrastrukturinvestitionen im Rahmen der pakistanischen Entwicklungsplanung war, wird in Kapitel 7 gezeigt, daß diese Verteilung auch wesentlich auf die grundlegende "Philosophie" der Entwicklungsplanung zurückzuführen war: Anhand der Fünfjahrespläne und des Perspektivplanes wird verdeutlicht, daß die pakistanischen Entwicklungsplaner zum einen eine *Strategie der kurzfristigen Wachstumsmaximierung* verfolgten, zum anderen explizit oder implizit von der Annahme ausgingen, diese stehe in deutlichem *Konflikt zu einer auf regionalen Ausgleich gerichteten Infrastrukturpolitik*.

Da diese Annahme den Ergebnissen des retrospektiven Simulationsmodells, die eher auf eine Zielkomplementarität bzw. Zielneutralität hindeuten, widerspricht, wird in Kapitel 8 abschließend auf die Ursachen dieser Divergenz eingegangen.

Die Ergebnisse der vorliegenden Arbeit sind in Kapitel 9 zusammengefaßt.

2. Theoretische Analyse des Regionalproblems im Rahmen eines Zwei-Regionen-Wachstumsmodells

2.1 Die Modelle von Rahman und Stern: Zielbeziehungen zwischen gesamtwirtschaftlichem Wachstum und regionaler Verteilung

Bevor in den folgenden Abschnitten im Rahmen eines allgemeinen Zwei-Regionen-Wachstumsmodells Bestimmungsgründe regionaler Entwicklungsverläufe untersucht werden, sei auf zwei vorliegende Zwei-Regionen-Modelle, das von *A.M. Rahman*[1] und das von *J.J. Stern*[2], eingegangen; die Ergebnisse dieser Modelle erlauben einige grundlegende Aussagen über das Regionalproblem, insbesondere über die Beziehungen zwischen dem Ziel einer Maximierung des gesamtwirtschaftlichen Wachstums und demjenigen einer gleichmäßigeren regionalen Verteilung. Während die Ergebnisse des Stern-Modells diejenigen des Rahman-Modells ergänzen, baut unser Zwei-Regionen-Wachstumsmodell auf dem Stern-Modell auf und führt zu einer Generalisierung und Erweiterung seiner Aussagen.

2.11 Das Modell von A.M. Rahman[3]: Kapitalproduktivität und Sparquote

Das Modell von *Rahman* ist ein lineares Zwei-Regionen-Optimierungsmodell einer geschlossenen, evolutorischen Volkswirtschaft. Die beiden Regionen verfügen über unterschiedliche, als konstant unterstellte Kapitalproduktivitäten bzw. Kapitalkoeffizienten und Konsum- bzw. Sparquoten. Sie sind nur dadurch untereinander verbunden, daß ein *interregionaler Transfer von Ersparnissen* möglich ist, wobei über die Form, in der er sich vollzieht, keine Aussagen gemacht werden. Unter der Annahme, daß der Staat als entscheidender Träger der Wirtschaftspolitik die regionale Allokation der Investitionen bestimmt, besteht die Zielfunktion in der Maximierung des gesamtwirtschaftlichen Sozialproduktes am Ende des Planzeitraumes. Gesucht wird die *optimale regionale Verteilung der Investitionen* unter der Gleichgewichtsbedingung, daß die gesamtwirtschaftliche Investition in jeder Periode gleich der geplanten

---

1 Vgl. *Rahman, A.M.*, Regional Allocation of Investment, in: QJE, Vol. LXXVII (1963), S. 26 ff.

2 Vgl. *Stern, J.J.*, Growth, Development and Regional Equity in Pakistan, in: Development Policy II: The Pakistan Experience, Falcon, W.P. and Papanek, G.F. (eds.), Cambridge/Mass. 1971

3 Vgl. *Rahman, A.M.*, Regional Allocation of Investment, a.a.O. Zur Diskussion des Modells vgl. auch *Dorfman, R.*, Regional Allocation of Investment: Comment, in: QJE, Vol. LXXVII (1963), S. 162 ff. und *Intriligator, M.*, Regional Allocation of Investment: Comment, in: QJE, Vol. LXXVIII (1964), S. 659 f.

gesamtwirtschaftlichen Ersparnis ist, und unter den weiteren Bedingungen, daß (a) keine Netto-Desinvestitionen stattfinden (das Regionalprodukt nimmt in keiner der beiden Regionen absolut ab) und (b) die regionale Disparität der Pro-Kopf-Einkommen in bestimmten "politischen Toleranzgrenzen" gehalten wird. Exogen vorgegeben werden für die Basisperiode die beiden Regionalprodukte.

Die Ergebnisse des Modells in bezug auf die im Hinblick auf die Maximierung des gesamtwirtschaftlichen Wachstums optimale regionale Allokation der Investitionen werden von *Rahman* rein mathematisch abgeleitet [1] und lassen sich wie folgt zusammenfassen:

Für die optimale regionale Allokation der Investitionen sind nicht allein die *Kapitalkoeffizienten*, sondern auch die *Sparquoten* der Regionen von Bedeutung, sofern nicht ein extrem kurzer Planungszeitraum, z.B. von zwei oder drei Perioden, unterstellt wird. Die Bedeutung der Sparquote ergibt sich daraus, daß diese bei gegebenem Kapitalkoeffizienten die Höhe der in jeder Periode möglichen Reinvestitionen bestimmt. Je höher die Reinvestitionen, desto größer bei gegebenem Kapitalkoeffizienten das Wachstum des Regionalproduktes. *Rahman* zeigt, daß die optimale regionale Allokation der Investitionen, die nicht für jede Periode gleich zu sein braucht, (1) von der *Relation der "internen Wachstumsraten"* (definiert als Quotient aus Sparquote und Kapitalkoeffizient) [2] der Regionen und (2) von der Länge des Planungszeitraumes abhängig ist.

---

1 Vgl. *Rahman, A.M.*, Regional Allocation of Investment, a.a.O., S. 30 ff.

2 Hier wird also - wie häufig in Entwicklungsmodellen - vom sog. *Harrod-Domar-Modell* lediglich die Wachstumsformel $\Delta Y/Y = s/k$ in einer vereinfachten, tautologischen Bedeutung übernommen, was eine erhebliche Abweichung von den Intentionen der Autoren (Untersuchung der logischen Implikationen eines dynamischen Gleichgewichtes) bedeutet. Vgl. auch *Urff, W. v.*, Zur Programmierung von Entwicklungsplänen. Eine theoretische und empirische Analyse unter besonderer Berücksichtigung der indischen Entwicklungsplanung, Berlin 1973, S. 105 ff. - Rahman verwendet in einem späteren Aufsatz in Anlehnung an Galenson-Leibenstein statt "interne Sparquote" den Begriff "marginaler Reinvestitionskoeffizient". Vgl. *Rahman, A.M.*, East and West Pakistan. A Problem in the Political Economy of Regional Planning, Cambridge/Mass. 1968, S. 25 ff. - *Galenson, W. and H. Leibenstein*, Investment Criteria, Productivity, and Economic Development, in: QJE, Vol. LXIX(1955), S. 343 ff.

Nachdem *Rahman* diese Ergebnisse für den Fall, daß die in der Ausgangslage reichere [1] Region A den niedrigeren Kapitalkoeffizienten und die in der Ausgangslage ärmere Region B eine höhere oder niedrigere Sparquote aufweist, rein theoretisch formuliert hatte, wendete er sie in einem späteren Aufsatz [2] auf den Fall Ostpakistan - Westpakistan für den Zeitraum des pakistanischen Perspektivplanes (1965/66 - 1984/85) an und unterschied die folgenden vier alternativen Fälle [3]:

Fall 1: Westpakistan weist einen niedrigeren Kapitalkoeffizienten und eine höhere interne Wachstumsrate auf (wobei irrelevant ist, ob seine Sparquote größer oder kleiner ist als diejenige Ostpakistans). In diesem Falle erfordert eine Strategie der reinen Maximierung des gesamtwirtschaftlichen Wachstums, daß in jeder Periode ein Maximum an Investitionen in Westpakistan und ein Minimum in Ostpakistan stattfindet. Zwischen dem Ziel der Maximierung des gesamtwirtschaftlichen Wachstums und dem Ziel einer gleichmäßigeren regionalen Verteilung besteht mithin ein erheblicher Konflikt, der allerdings umso geringer ist, je länger der Abbau der regionalen Disparität hinausgeschoben wird.

Fall 2: Ostpakistan weist einen niedrigeren Kapitalkoeffizienten und eine höhere interne Wachstumsrate auf. In diesem Falle besteht die wachstumsoptimale Strategie darin, in jeder Periode soviel Investitionen wie möglich nach Ostpakistan zu lenken. Es besteht Komplementarität zwischen den beiden Zielen. Je rascher die regionale Disparität abgebaut wird, desto größer das gesamtwirtschaftliche Wachstum bis zum Ende des Perspektivplanes.

Fall 3: Westpakistan weist einen niedrigeren Kapitalkoeffizienten, Ostpakistan aber - wegen einer überproportional höheren Sparquote - eine höhere interne Wachstumsrate auf. In diesem Falle sollte in einer ersten Phase ein Maximum an Investitionen nach Ostpakistan, in einer zweiten, kürzeren Phase ein Maximum nach Westpakistan gelenkt werden, wobei die genaue Länge der beiden Perioden von den Parameterwerten abhängig ist. Die Tatsache, daß in der zweiten Phase Westpakistan trotz der geringeren internen Wachstumsrate stärker zu berücksichtigen ist, ist darauf zurückzuführen, daß sich sein geringerer Kapitalkoeffizient

---

1 Unter der "reicheren" Region wird im folgenden die Region mit dem höheren Pro-Kopf-Einkommen, unter der "ärmeren" die mit dem niedrigeren Pro-Kopf-Einkommen verstanden.

2 Vgl. *Rahman, A.M.*, East and West Pakistan, a.a.O.; vgl. ferner *derselbe*, Regional (East-West) per Capita Income Disparity and the Perspective Plan, in: The Third Five-Year Plan and Other Papers, Papers presented at the 12th Annual Session of the Pakistan Economic Association, Qureshi, A.J. (ed.), Rawalpindi 1965, S. 227 ff.

3 Vgl. *Rahman, A.M.*, East and West Pakistan, a.a.O., S. 26 ff.

dann stärker auf das gesamtwirtschaftliche Wachstum auswirkt als die höhere Sparquote Ostpakistans, während es sich in der ersten Phase genau umgekehrt verhält. Bei diesem Entwicklungsverlauf wird die regionale Disparität in der ersten Phase relativ rasch, in der zweiten Phase relativ langsam abgebaut.

Fall 4: Ostpakistan weist einen niedrigeren Kapitalkoeffizienten, Westpakistan eine höhere interne Wachstumsrate auf. Der wachstumsoptimale Entwicklungsverlauf erfordert in einer ersten Phase eine Konzentration der Investitionen auf Westpakistan, in einer zweiten eine Konzentration auf Ostpakistan. Die Disparität wird zunächst relativ langsam, später rascher abgebaut.

Wie bereits ausgeführt wurde, bezieht sich das Modell von *Rahman* auf eine geschlossene Volkswirtschaft. Der Verfasser betont, die Aufgabe dieser Annahme und die Einführung von Kapitalimporten aus dem Ausland hätten keinerlei Einfluß auf die Modellergebnisse. Hierzu sei angemerkt, daß, wenn die Höhe der Investitionen außer von der Ersparnis auch von der Höhe der *Kapitalimporte* abhängig ist, insbesondere wenn der Anteil der letzteren an den Investitionen relativ groß ist, die *Bedeutung der Sparquote* gegenüber dem Kapitalkoeffizienten erheblich *zurückgeht.*

2.12 Das Modell von J.J. Stern[1]: Absorptionskapazität für Kapital

Da das Modell von *Stern* eine regionalisierte Version des älteren Modells von *H.B. Chenery* und *A. MacEwan*[2] darstellt, sei zunächst auf dieses eingegangen.

Das Modell von *Chenery/MacEwan* ist ein lineares Optimierungsmodell der pakistanischen Wirtschaft für den Zeitraum des Perspektivplanes. Unter der aus dem Perspektivplan übernommenen Forderung, bis zum Ende des Planungszeitraumes die vollständige *Unabhängigkeit von Kapitalimporten* ("self-reliance") zu erreichen, optimiert das Modell die zeitliche Verteilung der von Pakistan während des Planungszeitraumes empfangenen Auslandshilfe. Die langfristige Eliminierung der Auslandshilfe wird dadurch erreicht, daß zwei Sektoren unterschieden werden, von denen der erste, der traditionelle Sektor, die gesamte Produktion

1 Vgl. *Stern, J.J.*, Growth, Development and Regional Equity in Pakistan, a.a.O.

2 Vgl. *Chenery, H.B. and A. MacEwan*, Optimal Patterns of Growth and Aid. The Case of Pakistan, in: PDR, Vol. VI(1966), S. 209 ff.

der Basisperiode und ihre mögliche Ausdehnung in den darauffolgenden Perioden und der zweite, der nicht-traditionelle Sektor, die zusätzliche Produktion umfaßt, die notwendig ist, um über erhöhte Importsubstitution und/oder Exportausdehnung die Lücke zwischen Importen und Exporten zu reduzieren. Exogen vorgegeben werden u.a. die Wachstumsrate der traditionellen Exporte, die Kapitalkoeffizienten der beiden Sektoren, die marginale Sparquote, die marginale Mindestimportquote in bezug auf das Einkommen und diejenige in bezug auf die Investitionen, eine Mindestwachstumsrate des Konsums, eine maximale Steigerungsrate der Investitionen und (in einigen Varianten) das Jahr, in dem die Auslandshilfe enden soll. Die Zielfunktion besteht aus drei Teilen: (1) der diskontierten Summe des Verbrauches während der Planperiode, (2) einem variabel gewichteten Ausdruck für den diskontierten Wert des Verbrauchs für den auf die Planperiode folgenden unendlichen Zeitraum und (3) der mit den exogen determinierten Devisenkosten gewichteten diskontierten Summe der Kapitalimporte[1].

Für die vorliegende Untersuchung von besonderem Interesse ist die Tatsache, daß in diesem Modell unseres Wissens erstmalig eine maximale Steigerungsrate der Investitionen vorgegeben wird aufgrund der begrenzten "ability of an underdeveloped country to absorb increases in the supply of capital"[2]. Die *absorptive capacity* definiert die absolute Obergrenze des Wachstumsprozesses, an der sich die Wirtschaft in dem Entwicklungsverlauf der Basislösung in einer ersten Phase zunehmenden Kapitalimportes, die später abgelöst wird durch eine zweite Phase rückläufiger Kapitalimporte und schließlich durch die dritte Phase der vollständigen self-reliance, entlangbewegt[3]. Auf die weiteren Ergebnisse des Modells soll im Rahmen der vorliegenden Arbeit nicht im einzelnen eingegangen werden. Es wird vor allem die hohe Produktivität früher Investitionssteigerungen und der sie ermöglichenden Auslandshilfe aufgezeigt, wobei die Funktion der Auslandshilfe darin besteht, "die Wirtschaft in die Lage zu versetzen, unabhängig von ihrer Sparfähigkeit entlang der durch die Absorptionskapazität gezogenen Grenze zu wachsen"[4].

---

1 Zur Darstellung des Modells und seiner Ergebnisse vgl. auch *Urff, W.v.*, Zur Programmierung von Entwicklungsplänen, a.a.O., S. 143 ff.

2 Vgl. *Chenery, H.B. and A. MacEwan*, Optimal Patterns of Growth and Aid, a.a.O., S. 217

3 Ebenda, S. 220

4 Vgl. *Urff, W. v.*, Zur Programmierung von Entwicklungsplänen, a.a.O., S. 145

Das Modell von *Chenery/MacEwan* wird von *Stern*[1] regionalisiert, der die Implikationen der im Perspektivplan enthaltenen Forderung untersucht, bis zum Ende der Planperiode die vollständige *Parität der Pro-Kopf-Einkommen zwischen Ost- und Westpakistan* herbeizuführen. Die meisten der o.g. Parameter werden für jede Region getrennt bestimmt. Zusätzlich wird der interregionale Handel eingeführt und die Mindestwachstumsrate des Konsums ersetzt durch Annahmen über das Verhältnis der regionalen Pro-Kopf-Einkommen, wozu das Bevölkerungswachstum modell-exogen vorgegeben wird. Neben dem Jahr, in dem die Auslandshilfe enden soll, wird eine zeitliche Grenze für interregionale Transferzahlungen und für die Erreichung der Parität (oder alternativer Relationen) der Pro-Kopf-Einkommen eingeführt. Um einen absoluten Rückgang der Investitionen auszuschließen, wird - wie in Modellen dieser Art häufig üblich - gefordert, daß die Wachstumsrate der Investitionen in keinem Jahr kleiner als Null sein soll. Darüber hinaus wird postuliert, daß die regionalen Pro-Kopf-Einkommen und der regionale Pro-Kopf-Verbrauch in keiner Periode unter das Niveau der Vorperiode absinken dürfen.

Das wichtigste Anliegen Sterns besteht darin, die Implikationen der im Perspektivplan geforderten vollständigen Reduzierung der Disparität der Pro-Kopf-Einkommen zwischen Ost- und Westpakistan für das gesamtwirtschaftliche Wachstum Pakistans zu untersuchen. Das Modell führt zu dem Ergebnis, daß die Strategie des vollständigen Disparitätsabbaus (in Verbindung mit der Bedingung, nach 1989 keine interregionalen Transferzahlungen zuzulassen) zu einer durchschnittlichen Wachstumsrate von 5,5 % für Ostpakistan und 4,0 % für Westpakistan führt, d.h. zu einer gesamtwirtschaftlichen Wachstumsrate von 4,9 %, die damit um 2,3 Prozentpunkte unter der im Perspektivplan vorgesehenen liegt[2].

Demgegenüber führt eine Strategie der reinen Wachstumsmaximierung (ohne jegliche Restriktion in bezug auf die Entwicklung der Disparität der Pro-Kopf-Einkommen) zu einer durchschnittlichen Wachstumsrate von 5,4 % für Ostpakistan und 7,4 % für Westpakistan, was einer gesamtwirtschaftlichen Wachstumsrate von 6,8 % entspricht. Die höhere Wachstumsrate Westpakistans führt dazu, daß die Disparität der Pro-Kopf-Einkommen von 23 % Basisjahr auf 48 % im letzten Jahr der Planperiode ansteigt[3]. Es besteht also ein starker *Konflikt* zwischen dem Ziel einer

---

1 Vgl. *Stern, J.J.*, Growth, Development and Regional Equity in Pakistan, a.a.O. Zur Darstellung des Modells und seiner Ergebnisse vgl. auch *Urff, W.v.*, Das Ost-West-Problem in der pakistanischen Entwicklungsplanung, in: Internationales Asienforum, Vol. 4(1963), S. 226 ff.

2 Vgl. *Stern, J.J.*, Growth, Development and Regional Equity in Pakistan, a.a.O., S. 27 und 51

3 Ebenda

gleichmäßigeren (bzw. vollständig gleichmäßigen) *regionalen Verteilung* und demjenigen einer *Maximierung des gesamtwirtschaftlichen Wachstums*.

Dieser Konflikt ist umso schwerwiegender, als - wie der Vergleich der Wachstumsraten Ost- und Westpakistans zwischen den beiden Strategien zeigt - bei der Strategie des Disparitätsabbaus die Angleichung der Pro-Kopf-Einkommen beinahe ausschließlich durch eine Reduzierung der Wachstumsrate Westpakistans statt durch eine erhebliche Anhebung derjenigen Ostpakistans herbeigeführt wird. Mit anderen Worten, die Reduzierung der Einkommensdisparität führt für Ostpakistan zu keiner nennenswerten Steigerung seines Pro-Kopf-Einkommens im Vergleich zur Strategie einer uneingeschränkten Wachstumsmaximierung, während sie für Westpakistan eine drastische Verringerung seines Wachstumstempos zur Folge hat.

Interessanterweise ist die Ursache für diesen Zielkonflikt weder in den regionalen Kapitalkoeffizienten noch in den regionalen Sparquoten zu suchen. Erstere werden für den traditionellen Sektor für Ostpakistan mit 2,5 und für Westpakistan mit 3,0, für den nicht-traditionellen Sektor für beide Landesteile mit 4,0 angenommen, letztere für Ostpakistan mit 0,25, für Westpakistan mit 0,24[1]. Geht man ausschließlich von diesen Werten aus, so hätte eigentlich sogar eine - geringfügige - Zielkomplementarität bestehen müssen .

Der Zielkonflikt resultiert vielmehr vorwiegend aus den *unterschiedlichen Absorptionskapazitäten* der Regionen für Kapital. Während die maximale Wachstumsrate der Investitionen für Westpakistan mit 13 % angesetzt wird, wird sie für Ostpakistan mit 11 % angenommen. Dies hat zur Folge, daß selbst bei voller Ausschöpfung der Absorptionskapazität das Pro-Kopf-Einkommen Ostpakistans bis zum Ende des Planzeitraumes nicht stark genug angehoben werden kann, um das Paritätsziel ohne nennenwerte Reduzierung des Wachstums Westpakistans zu erreichen.

Hinzu kommt die Tatsache, daß die Absorptionskapazitäten im Modell von *Stern* aufgrund einer bereits in dem Aufsatz von *Chenery/McEwan* enthaltenen Anregung[2] nicht nur durch eine maximale Wachstumsrate der Investitionen, sondern zusätzlich durch in jeder Periode mit zunehmender Investitionshöhe abnehmende Kapitalproduktivitäten definiert werden,

---

1 Vgl. *Stern, J.J.*, Growth, Development and Regional Equity in Pakistan, a.a.O., S. 45

2 Vgl. *Chenery, H.B. and A. MacEwan*, Optimal Patterns of Growth and Aid, a.a.O., S. 217

die *Stern* durch drei gleichlange lineare Segmente approximiert. Die Konzentration der Investitionen auf Ostpakistan hat deshalb zur Folge, daß "Investitionen in den Bereichen mittlerer und niedrigster Produktivität stattfinden, während gleichzeitig in Westpakistan Investitionsmöglichkeiten innerhalb des höchsten Produktivitätsbereiches ungenutzt bleiben"[1].

In welchem Maße die Beziehung zwischen dem Ziel eines Abbaus der regionalen Einkommensdisparität und demjenigen eines maximalen gesamtwirtschaftlichen Wachstums von der Höhe der für Ostpakistan angenommenen Absorptionskapazität abhängig ist, wird von *Stern* anhand eines Sensitivitätstests gezeigt. Nimmt man für Ostpakistan die gleiche maximale Investitionswachstumsrate an wie für Westpakistan (13 %), so führt die Strategie des vollständigen Disparitätsabbaus zu einer gesamtwirtschaftlichen Wachstumsrate von 5,4 %, die sich bei Annahme einer 16 %igen Steigerungsrate auf 6,3 % erhöht - womit der Zielkonflikt zwar noch nicht eliminiert, aber erheblich verringert ist[2].

Auf die Folgerungen, die *Stern* aus diesen Ergebnissen zieht, soll im Rahmen der vorliegenden Arbeit nicht im einzelnen eingegangen werden. Aufgrund eines weiteren Modellergebnisses, wonach der Zielkonflikt erheblich verringert werden kann, wenn die Einkommensparität statt durch Angleichung der Regionalprodukte teilweise durch interregionale Einkommenstransfers hergestellt wird, empfiehlt *Stern* in vorsichtiger Form eine Strategie der Angleichung der Wachstumsraten des Pro-Kopf-Einkommens in Verbindung mit Transferzahlungen, die die verbleibende Disparität der Regionalprodukte weitgehend ausgleichen[3].

2.2 Das Grundmodell des Zwei-Regionen-Wachstumsmodells: Bestimmungsgründe regionaler Entwicklungsverläufe

In den folgenden Abschnitten soll versucht werden, die Ergebnisse des Modells von *Stern*, vor allem in bezug auf die Bedeutung der Absorptionskapazität, zu generalisieren und zu erweitern. Dies geschieht im Rahmen eines theoretischen, d.h. mit fiktiven Werten arbeitenden *Zwei-Regionen-Wachstumsmodells*, dessen Grundmodell eine modifizierte Version des Stern-Modells darstellt. Anhand des Grundmodells und seiner

---

1 Vgl. *Urff, W.v.*, Das Ost-West-Problem in der pakistanischen Entwicklungsplanung, a.a.O., S. 228

2 Vgl. *Stern, J.J.*, Growth, Development and Regional Equity in Pakistan, a.a.O., S. 33, 51

3 Ebenda, S. 41 ff.

später erweiterten Version sollen Bestimmungsgründe regionaler Entwicklungsverläufe, insbesondere die Beziehungen zwischen dem Ziel einer Maximierung des gesamtwirtschaftlichen Wachstums und demjenigen einer gleichmäßigeren regionalen Verteilung, untersucht werden, was weitgehend im Rahmen von Sensitivitätstests in bezug auf die relevanten Parameter geschieht.

2.21 Darstellung des Grundmodells und Vergleich mit dem Stern-Modell

2.211 Darstellung des Grundmodells

Das Modell ist ein Zwei-Regionen-Wachstumsmodell mit linearen Beziehungen ohne sektorale Differenzierung und erstreckt sich auf einen Planungszeitraum von 20 Perioden. Es basiert auf dem im sog. *Harrod-Domar*-Modell enthaltenen Wachstumsansatz, wonach das (potentielle) Sozialprodukt eine Funktion des Kapitalstocks ist, dessen durchschnittliche Produktivität als konstant und deshalb als mit der marginalen Produktivität identisch angenommen wird. Die Nachfrageseite bleibt unberücksichtigt, d.h. es wird (soweit nicht eine andere Restriktion bindend wird) Vollauslastung der Produktionskapazitäten unterstellt. Die Höhe der Investitionen ist zum einen von der inländischen Ersparnis, zum anderen von der Höhe der Kapitalimporte abhängig, wobei das Ausmaß, in dem Kapitalimporte herangezogen werden, einerseits von ihrer Verfügbarkeit, andererseits - bei gegebener Ersparnis - von der Absorptionskapazität für Kapital determiniert wird. Entsprechend der Zielfunktion determiniert das Modell unter den gegebenen Nebenbedingungen die *optimale zeitliche und regionale Verteilung der Investitionen* durch Bestimmung des Umfangs und der Richtung der für ihre Realisierung notwendigen Transfers realer Ressourcen (a) zwischen dem Ausland und den Regionen (Verteilung der der Volkswirtschaft gewährten Kapitalimporte) und (b) zwischen den Regionen selbst (interregionale Kapitalexporte bzw. -importe über den gegenseitigen Handel), soweit die interregionalen Transfers nicht exogen vorgegeben werden.

Definition der Ziele

Grundsätzlich können die beiden Ziele "Maximierung des gesamtwirtschaftlichen Wachstums" und "Erreichung einer gleichmäßigeren regionalen Verteilung" auf zweierlei Weise formuliert werden: Es können beide in die Zielfunktion aufgenommen und mit variablen Gewichten versehen werden, oder es kann das eine Ziel in der Zielfunktion berücksichtigt und das andere in Form einer Nebenbedingung ausgedrückt werden. Für die Analyse der Zielbeziehungen, die darauf hinausläuft zu untersuchen, wie sich das gesamtwirtschaftliche Wachstum verändert, wenn die regionale Verteilung geändert wird, erscheint die zweitgenannte Möglichkeit als die geeignetere. Nimmt man das Wachstumsziel in die Zielfunktion auf und formuliert das Regionalziel im Rahmen einer Nebenbedingung, so können die Zielbeziehungen durch schrittweise Verschärfung oder Lockerung der Nebenbedingung direkt ermittelt werden.

Das Ziel einer *Maximierung des gesamtwirtschaftlichen Wachstums* sei in der Zielfunktion definiert als "Maximierung der diskontierten Summe der Regionalprodukte beider Regionen über den gesamten Planungszeitraum":[1]

$$(1) \qquad WF = \sum_{t=1}^{T} \frac{Y_{t,j}}{(1+i)^t} + \sum_{t=1}^{T} \frac{Y_{t,k}}{(1+i)^t} \longrightarrow \text{max!}$$

Das Ziel der *Herbeiführung einer gleichmäßigeren regionalen Verteilung* wird im Rahmen einer Nebenbedingung in bezug auf die maximal zulässige Disparität der Pro-Kopf-Einkommen für das Ende des Planzeitraumes:

$$(2a) \qquad \frac{Y_{T,j}}{N_{T,j}} \cdot (1-d) \geq \frac{Y_{T,k}}{N_{T,k}}$$

oder für einzelne (oder sämtliche) Perioden des Planzeitraumes:

$$(2b) \qquad \frac{Y_{t,j}}{N_{t,j}} \cdot (1-d) \geq \frac{Y_{t,k}}{N_{t,k}}$$

formuliert, wobei die "Disparität der Pro-Kopf-Einkommen" ihrerseits definiert ist als relative Differenz der Pro-Kopf-Einkommen, bezogen auf das Pro-Kopf-Einkommen der reicheren Region[2]:

$$(2c) \qquad d = \frac{\frac{Y_j}{N_j} - \frac{Y_k}{N_k}}{\frac{Y_j}{N_j}} .$$

---

1 Zur Definition der in dieser Arbeit verwendeten Symbole vgl. die ausklappbare Übersicht in ANHANG I.

2 Aus Gründen der Einfachheit wird im folgenden eine Disparität zugunsten der in der Ausgangslage reicheren Region mit einem positiven, eine Disparität zugunsten der in der Ausgangslage ärmeren Region mit einem negativen Vorzeichen versehen.

Definitionsgleichungen

Das Bruttoregionalprodukt ist von der Entstehungsseite her definiert als Summe aus Konsum, Investitionen und Außenbeitrag (Leistungsbilanzsaldo; Nettokapitalexport) gegenüber dem Ausland sowie der anderen Region:

$$(3) \quad Y_{t,j} = C_{t,j} + I_{t,j} + (E_{t,j} - M_{t,j}) + (e_{t,j} - m_{t,j}) .$$

Es ist von der Verwendungsseite her definiert als Summe aus Konsum und Ersparnis:

$$(4) \quad Y_{t,j} = C_{t,j} + S_{t,j} .$$

Die Investitionen der Regionen ergeben sich demgemäß als Summe aus Ersparnis und Nettokapitalimport:

$$(5) \quad I_{t,j} = S_{t,j} + R_{t,j} ,$$

wobei sich der Nettokapitalimport aus einer internationalen und einer interregionalen Komponente zusammensetzt:

$$(6) \quad R_{t,j} = F_{t,j} + W_{t,j} ,$$

$$(7) \quad F_{t,j} = (M_{t,j} - E_{t,j}) ,$$

$$(8) \quad W_{t,j} = (m_{t,j} - e_{t,j}) .$$

Für die Exporte in das Ausland und für die Exporte in die andere Region wird eine konstante Wachstumsrate exogen vorgegeben:

$$(9) \quad E_{t,j} = E_{t-1,j} (1 + \delta_j) ,$$

$$(10) \quad e_{t,j} = e_{t-1,j} (1 + \varepsilon_j) .$$

Die regionalen Exporte der einen Region sind gleich den regionalen Importen der anderen Region:

$$(11) \quad e_{t,j} = m_{t,k} .$$

Der Nettokapitalimport der Volkswirtschaft aus dem Ausland ist gleich der Summe der Nettokapitalimporte der beiden Regionen:

(12) $F_{t,j} + F_{t,k} = F_t$.

Strukturgleichungen und Verhaltensgleichungen

Da davon ausgegangen wird, daß von den originären Produktionsfaktoren nur der Faktor Kapital, nicht aber der Faktor Arbeit knapp ist, wird die Produktion nur durch die Höhe des *Kapitalstocks* begrenzt, dessen exogen vorgegebene Produktivität als zeitinvariant angenommen wird (durchschnittliche Produktivität gleich marginale Produktivität). Die Outputfunktion:

(13) $Y_{t,j} \leq \sigma_j \cdot K_{t,j}$

kann wegen:

(14) $\sigma'_j = \sigma_j$

unter der Annahme eines time-lags von einer (genaugenommen: einer halben) Periode zwischen Investition und daraus entstehender Produktionskapazität in der Weise umgeformt werden, daß die maximale Produktion als Summe der Produktion der Vorperiode einerseits und der mit ihrer Produktivität multiplizierten Investitionen der Vorperiode andererseits definiert wird:

(15) $Y_{t,j} \leq Y_{t-1,j} + \sigma_j \cdot I_{t-1,j}$.

Es wird angenommen, daß außer dem im Modell explizit enthaltenen Faktor Kapital (Ersparnis und Nettokapitalimport aus dem Ausland sowie aus der anderen Region) weitere, im Modell nicht direkt erscheinende, *komplementäre Produktionsfaktoren* knapp sind. Ihre Knappheit begrenzt die *Absorptionskapazität für Kapital:* Die Investitionen können in jeder Periode maximal mit einer bestimmten Rate wachsen und unterliegen dabei abnehmenden Grenzerträgen[1]. Die abnehmende Grenzertragskurve wird durch

---

1 "Not every poor country is immediately able to employ considerable amounts of capital productively, in the sense of having the investment cover its cost and also yield a reasonable increase in income. At least in the short run, the country may not have the capacity to absorb a large amount of real productive capital because complementary factors are in short supply ..." Vgl. *Meier, G.M.*, Improving the

eine aus drei gleichlangen linearen Segmenten bestehende "Stufen"-Funktion approximiert. Es gilt:

$$(16) \quad I^{max}_{t,j} = I_{t-1,j} \; (1 + \dot{\beta}j) \; ,$$

$$(17) \quad I^{max}_{t,j} = I^{1,max}_{t,j} + I^{2,max}_{t,j} + I^{3,max}_{t,j} \; ,$$

wobei

$$(18) \quad I^{1,max}_{t,j} = I^{2,max}_{t,j} = I^{3,max}_{t,j} \; ,$$

und

$$(19) \quad I^{1}_{t,j} \leq I^{1,max}_{t,j}$$

$$I^{2}_{t,j} \leq I^{2,max}_{t,j}$$

$$I^{3}_{t,j} \leq I^{3,max}_{t,j} \; ,$$

$$(20) \quad I_{t,j} = I^{1}_{t,j} + I^{2}_{t,j} + I^{3}_{t,j} \; .$$

Aufgrund dieser Beziehungen wird Gleichung (15) in der Weise modifiziert, daß sich die maximale Produktion als Summe der Produktion der Vorperiode einerseits und der Summe der mit ihren Produktivitäten multiplizierten Komponenten der Investitionen der Vorperiode andererseits ergibt:

$$(21) \quad Y_{t,j} \leq Y_{t-1,j} + \sigma^{1}_{j} \cdot I^{1}_{t-1,j} + \sigma^{2}_{j} \cdot I^{2}_{t-1,j} + \sigma^{3}_{j} \cdot I^{3}_{t-1,j} \; .$$

Ferner werden die folgenden Beziehungen eingeführt:

Die Ersparnis ist eine Funktion der Ersparnis der Vorperiode und der Veränderung des Regionalproduktes:

$$(22) \quad S_{t,j} = S_{t-1,j} + \alpha_{j} \; (Y_{t,j} - Y_{t-1,j}) \; .$$

Quality of Aid-Note, in: Leading Issues in Economic Development, Meier, G.M. (ed.), Stanford 1970, S. 287. - Vgl. auch *Chenery, H.B. and A. MacEwan,* Optimal Patterns of Growth and Aid, a.a.O., S. 209: "Because of a shortage of complementary inputs ... further investment can be carried out ... only at higher capital-output ratios and with longer time lags".

Der Mindestbedarf an Importen (aus dem Ausland und aus der anderen Region [1]) ergibt sich als Summe der Importe der Vorperiode und der mit einer konstanten marginalen "Mindestimportquote" multiplizierten Regionalproduktsveränderung:

(23) $$M_{t,j} + m_{t,j} \geq M_{t-1,j} + m_{t-1,j} + \gamma_j \,(Y_{t,j} - Y_{t-1,j}) \; .$$

Um Rückgänge im absoluten Niveau des Pro-Kopf-Konsums und der Investitionen auszuschließen, werden die Bedingungen:

(24) $$N_{t,j} = N_{t-1,j} \,(1+\rho_j) \; ,$$

(25) $$C_{t,j} \geq C_{t-1,j} \,(1+\rho_j) \; ,$$

(26) $$I_{t,j} \geq I_{t-1,j}$$

eingeführt.

Ferner wird unterstellt, daß der Volkswirtschaft während des gesamten Planungszeitraumes ein bestimmter maximaler Betrag an Kapitalimporten aus dem Ausland zur Verfügung steht, dessen intertemporale und interregionale Verteilung nicht festgelegt ist:

(27) $$\sum_{t=1}^{T} F_t \leq \bar{F} \; .$$

Das Modell besteht aus der Zielfunktion (1) sowie den Gleichungen (2) - (4), (6) - (12) und (16) - (27) [2]. Es enthält für jede Periode und jede Region 38 Variable, von denen 12 (die verzögert-endogenen Variablen Y_{t-1}, N_{t-1}, C_{t-1}, S_{t-1}, I_{t-1}, I^1_{t-1}, I^2_{t-1}, I^3_{t-1}, E_{t-1}, M_{t-1}, e_{t-1} und m_{t-1}) vorherbestimmt und 26 (Y_t, N_t, C_t, S_t, I_t, I^1_t, I^2_t, I^3_t, I^{max}_t, I^{1max}_t, I^{2max}_t, I^{3max}_t, E_t, M_t, F_t, e_t, m_t, W_t, R_t und 7 Schlupfvariable) endogen sind. Bei 22 Gleichungen (alle genannten außer (2), (12) und (27)) [3] beläuft sich die Anzahl der Freiheitsgrade pro Periode und Region auf 4 .

---

1 Möglicherweise wäre es sinnvoller, einen solchen Mindestbedarf nur für die Importe aus dem Ausland zu definieren. In der Realität dürfte nur ein Teil der interregionalen Importe unverzichtbar sein.

2 Gleichung (5) ist redundant, (13) - (15) wurden ersetzt.

3 Bei (17) handelt es sich um 2 Gleichungen, bei (19) um 3.

Hinzu kommen für die Gesamtwirtschaft für jede Periode eine endogene Variable (F_t) in einer Gleichung ((12)) und für den Gesamtzeitraum eine vorherbestimmte (exogene) Variable ($\bar{F}$) und eine endogene (Schlupf-) Variable in einer weiteren Gleichung ((27)).

Läßt man die nicht bei allen Läufen verwendete Disparitätsrestriktion (2) unberücksichtigt, so enthält das Modell bei 20 Perioden insgesamt 1.061 endogene Variable. Bei 901 Gleichungen beträgt die Anzahl der Freiheitsgrade 160. Von den 901 Bedingungen sind 601 (67%) Gleichungen und 300 (33%) Ungleichungen.[1]

---

1 Es sei erwähnt, daß für das Rechnen mit dem Modell aus praktischen Gründen einige Erweiterungen und einige Vereinfachungen vorgenommen wurden, durch die sich auch Änderungen in der Anzahl der Gleichungen und Variablen ergaben. So wurden zur Beherrschung des Problems des offenen Endes (Vermeidung ökonomisch unrealistischer oder unerwünschter Entwicklungen in dem auf Periode 20 folgenden Zeitraum) dem Planungszeitraum zwei zusätzliche Perioden nachgeschaltet. Für ($Y_t - Y_{t-1}$) wurde eine zusätzliche Hilfsvariable (ΔY) eingeführt, um den Aufwand beim Lochen der Koeffizienten α und γ zu reduzieren. Eine Vereinfachung wurde insofern vorgenommen, als die Wachstumsrate der Bevölkerung als für beide Regionen gleich groß angenommen wurde, wodurch auf die Errechnung der Bevölkerung ((24)) verzichtet werden konnte. (Die Disparitätsrestriktion (2) wurde direkt auf die Relation der absoluten Regionalprodukte bezogen.) Darüber hinaus wurden die der Errechnung von R, F und W dienenden Gleichungen (6) - (8) eliminiert und die Werte außerhalb des Modells errechnet. (In Gleichung (12) wurde F durch (M-E) ersetzt.) Ferner wurde Gleichung (11) eliminiert, was durch Substitution von m_j durch e_k in Gleichung (3) und Gleichung (23) möglich wurde. Schließlich wurde die Anzahl der Gleichungen und Variablen weiter reduziert, indem das Gleichungssystem (16) - (20) umgeformt wurde zu:

$$I_t^1 \leq 0{,}333 \ (1+\dot{\beta}) \ I_{t-1}$$
$$I_t^2 \leq 0{,}333 \ (1+\dot{\beta}) \ I_{t-1}$$
$$I_t^3 \leq 0{,}333 \ (1+\dot{\beta}) \ I_{t-1}$$

(Es sei angemerkt, daß zusätzlich sichergestellt werden mußte, daß, bevor Investitionen mit der zweitgrößten (drittgrößten) Produktivität vorgenommen werden, alle Investitionsmöglichkeiten mit der größten (zweitgrößten) Produktivität ausgeschöpft werden, eine Bedingung, die vom Modell nicht automatisch erfüllt wird. Zu diesem Zweck wurden die Schlupfvariablen der ersten beiden obigen Gleichungen direkt eingeführt und als Kosten in der Zielfunktion berücksichtigt, wobei der Kostenkoeffizient naturgemäß für die erste der beiden Schlupfvariablen weit höher angesetzt wurde als für die zweite. Diese Kosten wurden später wieder aus dem Gesamtwert der Zielfunktion eliminiert.) Das Grundmodell des Zwei-Regionen-Wachstumsmodells enthielt mit den oben beschriebenen Vereinfachungen und Erweiterungen 1.330 Spaltenvektoren (einschließlich Schlupfvariable) und 690 Zeilenvektoren.

2.212 Vergleich mit dem Modell von Stern

Sieht man davon ab, daß das Zwei-Regionen-Wachstumsmodell als *allgemeines Modell* verstanden wird, das mit fiktiven Werten arbeitet, während sich das Modell von *Stern* konkret auf die Entwicklung Ostpakistan - Westpakistan im Zeitraum 1965/66 bis 1984/85 bezieht, so besteht der Hauptunterschied zwischen dem Grundmodell des Zwei-Regionen-Wachstumsmodells und dem Modell von *Stern* darin, daß im ersteren die *Forderung, die Auslandshilfe bis zum Ende des Planungszeitraumes auf Null zu reduzieren, aufgegeben wird.* Diese von *Stern* aus dem Perspektivplan übernommene Forderung erscheint zu speziell für eine allgemeine Analyse des Regionalproblems. Ihre Aufgabe hat darüber hinaus den Vorteil einer erheblichen *Vereinfachung der Modellstruktur*[1], die deshalb erforderlich ist, weil in den folgenden Abschnitten zusätzliche Erweiterungen vorgenommen werden und das Stern-Modell selbst schon für die Durchführung systematischer Sensitivitätstests (auf die *Stern* weitgehend verzichtet) in bezug auf den computermäßigen Aufwand zu umfangreich ist[2]. Die Einführung einer *Obergrenze* für die dem Land während des Gesamtzeitraumes zur Verfügung stehenden, in bezug auf die intertemporale Verteilung nicht determinierten Kapitalimporte aus dem Ausland entbehrt allerdings einer gewissen Realitätsnähe. Dies mag vertretbar sein angesichts der begrenzten Zielsetzung, die mit dem Modell verfolgt wird.

Die *Zielfunktion* des Grundmodells unterscheidet sich von derjenigen des Stern-Modells im wesentlichen dadurch, daß nicht auf den Konsum, sondern auf das Sozialprodukt abgehoben wird, und daß die Kapitalimporte aus dem Ausland nicht mehr als Kosten in der Zielfunktion erscheinen.

---

1 Diese Vereinfachung wird dadurch erreicht, daß die beiden Sektoren (traditioneller Sektor und nicht-traditioneller Sektor) zusammengefaßt werden können.

2 Das Modell von *Stern* enthält (einschließlich der aus praktischen Gründen vorzunehmenden Vereinfachungen und Erweiterungen) 1.286 Zeilen- und 2.645 Spaltenvektoren (einschließlich Schlupfvariablen); bei dem Versuch, die Basislösung des gesamten Stern-Modells zu rechnen, ergab sich auf der Anlage IBM 360-44 eine CPU-Zeit von 7 3/4 Stunden, wobei bereits eine Ausgangslösung vorgegeben wurde, deren Errechnung mehrere Stunden CPU-Zeit erfordert hatte. Das Grundmodell das Zwei-Regionen-Wachstumsmodells (einschließlich der aus praktischen Gründen vorgenommenen Vereinfachungen und Erweiterungen) enthält - wie bereits ausgeführt wurde - 690 Zeilen- und 1.330 Spaltenvektoren (einschließlich Schlupfvariablen); die Rechenzeit betrug für die Basislösung 35 Minuten CPU-Zeit. Abgesehen von dieser ersten Lösung ließ sich die Rechenzeit dadurch weiter reduzieren, daß von jeder Optimallösung die Basis gespeichert und für den nachfolgenden Modelllauf durch Praeinversion als Ausgangslösung vorgegeben wurde. Von dieser Lösung bis zur neuen Optimallösung war dann in der Regel nur noch eine relativ geringe Zahl von Iterationen (Rechenzeit zwischen 5 und 10 Minuten) notwendig.

Die erstgenannte Veränderung bietet die Möglichkeit, das Ziel "Maximierung des gesamtwirtschaftlichen Wachstums" in dem Sinne, in dem es üblicherweise verstanden wird, in die Zielfunktion aufzunehmen[1], die zweitgenannte ergibt sich aufgrund der veränderten "Einstellung" gegenüber Kapitalimporten (keine Forderung nach self-reliance).

Ein weiterer Unterschied besteht darin, daß im Stern-Modell zwischen "Regionalprodukt" und "Regionaleinkommen" unterschieden wird, wobei die Differenz im "interregionalen Einkommenstransfer" besteht, der sich konkret in Form eines Import- oder Exportüberschusses von Produkten des nicht-traditionellen Sektors über den interregionalen Handel vollzieht[2]. Das "Regionaleinkommen" enthält nicht den Nettokapitalimport aus der anderen Region, der sich über den Handel mit Produkten des traditionellen Sektors vollzieht, und vor allem auch nicht den Nettokapitalimport aus dem Ausland. Es stellt also weder die gesamte Produktion noch die gesamte Güterverwendung (Konsum plus Investitionen) der Region dar, sondern eine Mischung aus beiden. Das Konzept wurde von Stern offenbar eingeführt, um die Möglichkeit eines Disparitätsausgleichs durch zusätzliche interregionale Ressourcentransfers herbeizuführen, die den Konsum und/oder die Investitionen der ärmeren Region Ostpakistan steigern. Unberücksichtigt bleibt dabei die Tatsache, daß sich die Summe aus Konsum und Investitionen auch ohne diese Einkommenstransfers schon vom Regionalprodukt unterscheidet, indem sie zusätzlich die "normalen" Nettokapitalimporte aus der anderen Region und die Nettokapitalimporte aus dem Ausland enthält. Aus diesem Grunde wird weiter unten nicht das *Regionaleinkommen* im Sinne von *Stern*, das sich wegen der aufgehobenen sektoralen Gliederung der Wirtschaft ohnehin nicht einführen ließe, sondern die *gesamte Güterverwendung* der Region verwendet.

Schließlich sei darauf hingewiesen, daß in das Grundmodell weiter unten zusätzliche Beziehungen in bezug auf *interregionale Devisentransfers*, die real interregionale Transfers von Importen darstellen und zu einem Auseinanderklaffen von Kapitalimport (empfangene Auslandshilfe) und Nettokapitalimport (Saldo der Leistungsbilanz) der Regionen aus dem Aus-

---

1 Im Modell von *Stern* wird als Indikator für das "gesamtwirtschaftliche Wachstum" der Konsum, als Indikator für die "regionale Verteilung" das Pro-Kopf-Einkommen verwendet, eine Asymmetrie, die nicht ganz befriedigen kann.

2 Vgl. *Stern, J.J.*, Growth, Development and Regional Equity in Pakistan, a.a.O., S. 22

land führen, eingeführt werden[1]. Diese Beziehungen, die für die rückblickende empirische Analyse der Regionalentwicklung zwischen Ost- und Westpakistan von großer Bedeutung sind, sind in dem zukunftsbezogenen Modell Sterns naturgemäß nicht enthalten.

2.22 Der "Basisfall" und alternative regionalpolitische Strategien

Wie bereits ausgeführt wurde, werden für die Variablen (der Basisperiode) und für die Parameter fiktive Werte vorgegeben, von denen einige später im Rahmen von Sensitivitätstests variiert werden. Die Konstellation der Variablen- und Parameterwerte, die als "Basisfall" unterstellt wird, zeigt Tabelle 1.

Tabelle 1 : Zwei-Regionen-Wachstumsmodell: "Basisfall" - Werte der Variablen und Parameter

Variable / Parameter	Symbol	Region A	Region B
Variable (Basisperiode)[a)]			
Bruttoregionalprodukt	Y	1.000	750
Investitionen	I	135	115
Ersparnis	S	120	90
Konsum	C	880	660
Exporte ins Ausland	E	40	30
Exporte in die andere Region	e	30	20
Importe aus dem Ausland	M	65	45
Nettokapitalimport aus dem Ausland	F	25	15
Nettokapitalimport aus der anderen Region	W	-10	10
Nettokapitalimport (insgesamt)	R	15	25
Bevölkerung	N	50	50
Parameter			
Kapitalproduktivität: Segment 1	σ^1	0,4	0,33
Kapitalproduktivität: Segment 2	σ^2	0,3	0,25
Kapitalproduktivität: Segment 3	σ^3	0,2	0,17
Absorptionskapazität f. Kapital[b)]	β	0,13	0,11
Marginale Sparquote	α	0,18	0,15
Marginale Mindestimportquote	γ	0,10	0,10
Wachstum der Exporte ins Ausland	δ	0,08	0,08
Wachstum der Exporte in die andere Region	ε	0,07	0,05
Diskontrate	i	0,05	0,05
Wachstumsrate der Bevölkerung	ρ	0,03	0,03
Maximaler Kapitalimport des Landes für t = 1-21	$\bar{F}$	5.500	

a) in Geldeinheiten. - b) definiert als maximale jährliche Steigerungsrate der Investitionen.

1 Aus Gründen der Einfachheit werden die Begriffe im folgenden stets in diesen Bedeutungen verwendet. Während der "Nettokapitalimport" den gesamten Importüberschuß repräsentiert, stellt der "Kapitalimport" - vereinfacht ausgedrückt - den Importüberschuß dar, der aufgrund der empfangenen Auslandshilfe ermöglicht wird bzw. eigentlich möglich wäre. Unter der Annahme, daß der Gold- und Devisenbestand unverändert bleibt, kommt die Differenz zwischen den beiden Größen ausschließlich durch einen interregionalen Devisentransfer zustande. Für eine detailliertere Analyse vgl. Kapitel 4.21.

Geht man davon aus, daß die Bevölkerung der beiden Regionen in der Basisperiode gleich groß ist, so entspricht die Disparität der Pro-Kopf-Einkommen aufgrund der Annahme gleicher regionaler Bevölkerungswachstumsraten in jeder Periode genau der Disparität der Regionalprodukte. Aus diesem Grunde werden die beiden Begriffe im folgenden synonym verwendet. Wie Tabelle 1 zeigt, wird im Basisfall eine Disparität der Pro-Kopf-Einkommen zugunsten von Region A in Höhe von 25 % unterstellt. Ferner wird davon ausgegangen, daß Region A über die höhere marginale Kapitalproduktivität, die höhere marginale Sparquote und die höhere Absorptionskapazität für Kapital verfügt. Die marginalen Mindestimportquoten und die Wachstumsraten der Exporte ins Ausland werden als gleich angenommen, während das Wachstum der interregionalen Exporte für Region A etwas höher angesetzt ist als für B. Die der Volkswirtschaft für den gesamten Planungszeitraum (und für die erste darauf folgende Periode) zur Verfügung stehenden Nettokapitalimporte aus dem Ausland werden mit 5.500 Geldeinheiten angenommen[1].

Es werden zunächst die Anforderungen und Auswirkungen einer im Wortsinne "ungehemmten" Wachstumsstrategie analysiert, die als "Strategie 1" bezeichnet werden soll.

Strategie 1: Unbeschränkte Maximierung des gesamtwirtschaftlichen Wachstums (ohne jegliche Restriktion in bezug auf die Entwicklung der regionalen Disparität der Pro-Kopf-Einkommen).

Der aus dieser Strategie resultierende optimale Entwicklungsverlauf ist in Abbildung 1 zusammenfassend dargestellt. Danach ist die gesamtwirtschaftliche und regionale Entwicklung durch drei Phasen gekennzeichnet:

In *Phase I* (Periode 1 - 7) nimmt die Gesamtwirtschaft soviele Kapitalimporte auf, wie sie aufgrund der gegebenen Absorptionskapazität für Kapital bei gegebener inländischer Ersparnis aufnehmen kann. Die Volkswirtschaft wächst in beiden Regionen entlang der durch die Absorptionskapazität definierten Obergrenze. Aufgrund der höheren Absorptionskapazität und der größeren Kapitalproduktivität liegt die Wachstumsrate von Region A erheblich über derjenigen von Region B; sie erhöht sich

---

1 Wie bereits ausgeführt wurde (vgl. Fußnote 1, S. 21), wurden dem Planungszeitraum zur Bewältigung des Problems des offenen Endes zwei weitere Perioden nachgeschaltet. Um zu vermeiden, daß in Periode 21 Kapitalimporte in unbegrenzter Höhe angenommen werden, wodurch sich unerwünschte Rückwirkungen auf den Planungszeitraum ergeben könnten, wurde der Zeitraum, für den die vorgegebenen Kapitalimporte zur Verfügung stehen, auf Periode 21 ausgedehnt. Die Annahme unbegrenzter Kapitalimporte in Periode 22 wirkt sich nicht auf den Planungszeitraum aus.

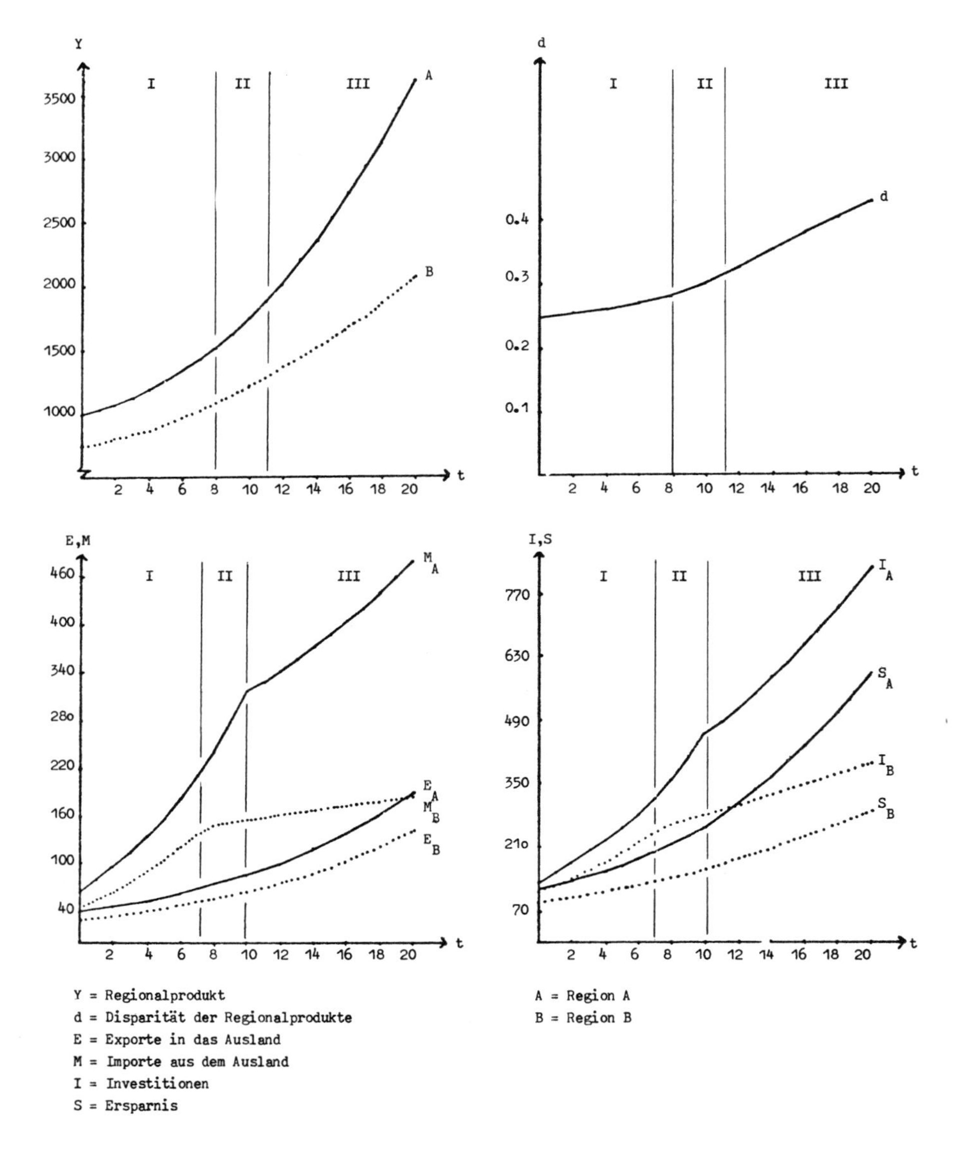

Quelle: ANHANG II, Tabelle 1

Abbildung 1: Zwei-Regionen-Wachstumsmodell - "Basisfall", Strategie 1: Entwicklung der wichtigsten Makrovariablen

von 4,1 % auf 6,7 % gegenüber einem Anstieg von 3,8 % auf 5,8 % in Region B[1]. Die Disparität der Pro-Kopf-Einkommen steigt deshalb von 25 % auf 28 %. Betrachtet man die Funktion der Kapitalimporte in Phase I, so besteht diese darin, die vorhandene Ressourcenlücke (*resource gap*) zwischen inländischer Ersparnis und maximal absorbierbaren Investitionen zu schließen.

In *Phase II* (Periode 8 - 10) stehen der Volkswirtschaft nicht mehr genügend Kapitalimporte zur Verfügung, um die Absorptionskapazität für Kapital weiterhin voll auszuschöpfen, und um außerdem für die nachfolgenden Perioden den Mindestimportbedarf sicherzustellen. Andererseits stehen mehr Kapitalimporte zur Verfügung als notwendig sind, um lediglich den Mindestimportbedarf zu finanzieren. Da sich die Gesamtwirtschaft somit weder entlang ihrer Obergrenze noch entlang ihrer Untergrenze[2] bewegt, sind die Kapitalimporte während dieser Phase z.T. regional "frei allokierbar". Wie aus dem unteren Teil der Abbildung deutlich wird, werden die Kapitalimporte in der Weise verteilt, daß Region A ein Maximum (definiert durch die Absorptionskapazität für Kapital), Region B ein Minimum (definiert durch den Mindestimportbedarf)[3] an Kapitalimporten erhält. Die Wachstumsrate von Region A erhöht sich um weitere 1,2 Prozentpunkte, diejenige von B bleibt praktisch konstant[4].

In *Phase III* (Periode 11 - 20) stehen gerade noch soviel Kapitalimporte zur Verfügung, daß die Gesamtwirtschaft (mit beiden Regionen) entlang der durch den Mindestimportbedarf gegebenen Untergrenze wächst. Hier wirkt sich nun der Wachstumsverlauf der beiden vorangegangenen Phasen, vor allem die unterschiedliche Entwicklung der beiden Regionen in Phase II, entscheidend aus. Da Region A am Ende von Phase II mit 7,9 % ein weit höheres Wachstum aufweist als Region B (5,8 %), liegt auch die Höhe der Mindestimporte und damit diejenige der für das gesamte Ressourcenaufkommen so entscheidenden Kapitalimporte weit über der-

---

1 Betrachtet man die Entwicklung der Regionalprodukte, so dauert jede Phase wegen des time-lags zwischen Investitionen und Investitionsertrag eine Periode länger als jeweils angegeben; die Angaben über die Wachstumsraten am Ende der Phase I beziehen sich deshalb nicht auf Periode 7, sondern auf Periode 8, usw.

2 Der Mindestimportbedarf definiert deshalb die Wachstumsuntergrenze, weil das Mindestimportvolumen bei gegebenem Exportvolumen einen Mindestkapitalimport (bzw. Höchstkapitalexport) und damit das Mindestressourcenaufkommen definiert, das für Investitionen zur Verfügung steht.

3 Letzteres gilt genaugenommen nur für Periode 9 und 10. In Periode 8 erhält Region B Kapitalimporte, die zwischen dem Mindest- und dem Höchstbetrag liegen.

4 Genaugenommen erhöht sich die Wachstumsrate für Region B in Periode 9 noch einmal um 0,2 Prozentpunkte, um bis Periode 11 wieder um 0,2 Prozentpunkte abzusinken.

jenigen von Region B. Während die Wachstumsrate von Region B um 14 % (auf 5,0 %) zurückgeht, sinkt diejenige von Region A nur um 10 % (auf 7,1 %). Die Disparität der Pro-Kopf-Einkommen erhöht sich von rund 31 % auf 43 %. Der Anteil von Region A an den Kapitalimporten aus dem Ausland, der in Phsse I praktisch unverändert bei 63 % gelegen hatte und in Phase II auf 72 % angestiegen war, erhöht sich nun bis auf 87 % in Periode 20 [1]. Im Gegensatz zu Phase I besteht in Phase III die Funktion der Kapitalimporte nicht mehr in der Schließung einer Ressourcen-, sondern in der Schließung der Devisenlücke (*foreign exchange gap*), die sich als Differenz zwischen dem Export und dem notwendigen Mindestimportbedarf ergibt[2].

Fragt man nach der Ursache für die "Bevorzugung" von Region A in Phase II einschließlich der sich daraus ergebenden Konsequenzen für Phase III, so liegt diese in der höheren Sparquote, der höheren Kapitalproduktivität und der höheren Absorptionskapazität für Kapital von Region A. Sieht man zunächst vom Unterschied in der Absorptionskapazität ab, so ist aufgrund der höheren *Kapitalproduktivität* und der höheren *Sparquote*, d.h. aufgrund der höheren Wachstumswirkungen der Investitionen, jede Einheit Kapitalimport in Region A unter dem Gesichtspunkt des gesamtwirtschaftlichen Wachstums produktiver als in Region B. Hinzu kommt die Tatsache, daß die höhere *Absorptionskapazität* von Region A für Kapital dazu führt, daß die zur Verfügung stehenden Kapitalimporte bei Begünstigung von Region A (in der zweiten Phase) früher absorbiert werden können als bei Begünstigung von Region B, was sich wiederum über die Multiplikatorwirkungen positiv auf das gesamtwirtschaftliche Wachstum auswirkt.

Die Frage, warum es Region A nicht ermöglicht wird, noch länger entlang der Grenze der Absorptionskapazität zu wachsen, indem der Region B noch früher nur der Mindestkapitalimport zugestanden wird (in Abbildung 1 Ausdehnung von Phase II nach rechts und links), kann dahingehend beantwortet werden, daß in diesem Falle die zusätzlichen Investitionen von Region A aufgrund der *abnehmenden Grenzproduktivität* weniger

1 Korrigiert man den Kapitalimport aus dem Ausland um den Kapitalimport aus der anderen Region bzw. den Kapitalexport in die andere Region, so errechnet sich für Region A für die Basisperiode ein Anteil an den Kapitalimporten von 37 %, der bis zum Ende von Phase I auf 53 %, bis zum Ende von Phase II auf 63 % und bis zum Ende von Phase III auf 69 % ansteigt.

2 Genau genommen ist die Mindestimportrestriktion nicht in bezug auf die Importe aus dem Ausland, sondern in bezug auf den Gesamtimport (einschließlich interregionalem Handel) definiert. Da der interregionale Handel jedoch exogen vorgegeben ist, dienen ausschließlich die Importe aus dem Ausland dazu, die Mindestimportbedingung zu erfüllen.

produktiv wären als diejenigen, auf die Region B verzichten müßte. Hinzu kommt die Tatsache, daß bei einer solchen Politik Investitionen aus dem Zeitraum vor Periode 8 in den Zeitraum nach Periode 10 verlagert würden, womit ein *Verlust früher Multiplikatorwirkungen* verbunden wäre. (Das System befindet sich also sowohl in bezug auf die regionale als auch in bezug auf die temporale Allokation der Ressourcen genau im wachstumsmaximierenden Gleichgewicht.)

Als Alternative zur unbeschränkten Wachstumsmaximierung sind verschiedene Strategien denkbar, die darauf hinauslaufen, die Erhöhung des gesamtwirtschaftlichen Wachstums nur in dem Maße zuzulassen, als gleichzeitig auch bestimmte *regionalpolitische Vorstellungen*, d.h. Vorstellungen über die regionale Verteilung dieses Wachstums, realisiert werden.

Aus der Vielzahl der denkbaren "regionalpolitischen Strategien" seien im folgenden drei herausgegriffen und mit der Strategie der reinen Wachstumsmaximierung sowie untereinander verglichen. Die Strategien lauten:

Strategie 2: Maximierung des gesamtwirtschaftlichen Wachstums unter der Restriktion, eine Verschärfung der regionalen Disparität der Pro-Kopf-Einkommen zu verhindern.

Strategie 3: Maximierung des gesamtwirtschaftlichen Wachstums unter der Restriktion, die regionale Disparität der Pro-Kopf-Einkommen bis zum Ende des Planungszeitraumes auf Null zu reduzieren.

Strategie 4: Maximierung des gesamtwirtschaftlichen Wachstums unter der Restriktion, die regionale Disparität der Pro-Kopf-Einkommen so rasch wie möglich auf Null zu reduzieren.

Die wichtigsten Implikationen dieser Strategien seien im folgenden kurz zusammengefaßt.

Strategie 2: Die Verhinderung einer weiteren Verschärfung des regionalen Ungleichgewichts erfordert, daß die Regionalprodukte beider Regionen in jeder Periode mit derselben Rate wachsen. Die Implikationen dieser Strategie in bezug auf die Entwicklung der wichtigsten Makrovariablen der Regionen zeigt Abbildung 2.

Auch hier läßt sich der Entwicklungsverlauf wieder in drei Phasen einteilen: In *Phase I* (Periode 1 - 11) erhält Region B soviel Importe bzw. Kapitalimporte, daß sie entlang der durch die Absorptionskapazität für

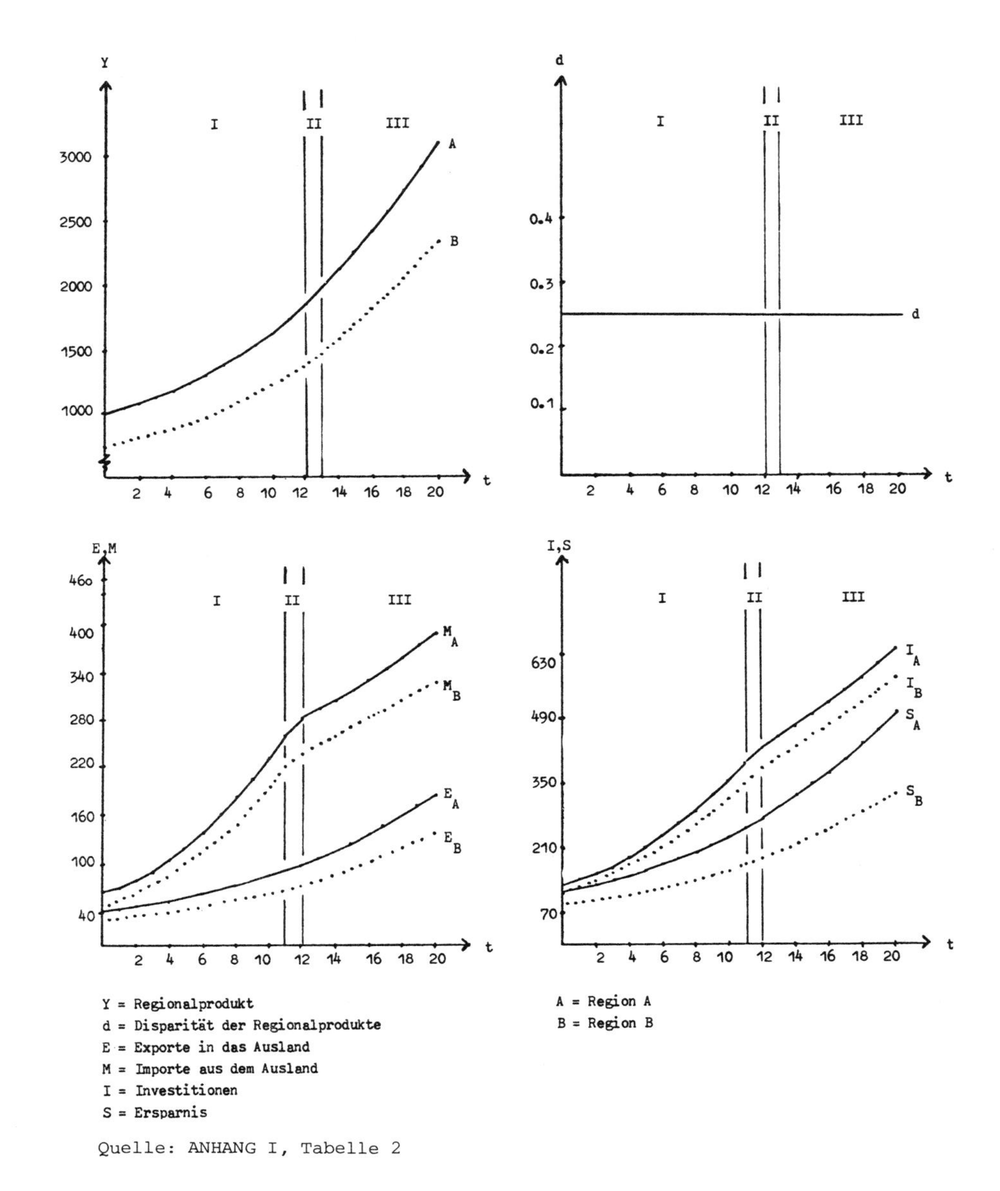

Quelle: ANHANG I, Tabelle 2

Abbildung 2: Zwei Regionen-Wachstumsmodell - "Basisfall", Strategie 2: Entwicklung der wichtigsten Makrovariablen

Kapital gegebenen Obergrenze wachsen kann. Würde Region A ebenfalls mit der maximal erreichbaren Rate wachsen, so würde sich die Disparität der Pro-Kopf-Einkommen wie bei Strategie 1 aufgrund der höheren Absorptionskapazität und Kapitalproduktivität von Region A zunehmend vergrößern. Bei der hier betrachteten Strategie 2 erhält Region A, um eine Verschärfung der Disparität zu verhindern, weniger Kapitalimporte, als sie absorbieren kann. Die Wachstumsrate der beiden Regionen steigt in Phase I von 4,1 % auf 6,8 % an.

Phase II ist eine Übergangsphase zu Phase III, die sich deshalb lediglich auf eine Periode (Periode 12) erstreckt.

In *Phase III* (Periode 13 - 20) wächst Region A entlang der durch den Mindestimportbedarf gegebenen Untergrenze, während sich Region B oberhalb dieser Grenze bewegt. Würde auch Region B lediglich soviel Kapitalimporte erhalten, wie sie zur Deckung des Mindestimportbedarfs benötigt, so würde sich die Disparität vergrößern, was gerade verhindert werden soll. In Phase III sinkt die Wachstumsrate der beiden Regionen wieder ab, bis auf 6,4 % in Periode 20.

Während in Phase I Region B (ihre Absorptionskapazität für Kapital) das Wachstum von Region A und damit das gesamtwirtschaftliche Wachstum definiert, bestimmt in Phase III Region A (ihre Mindestimportquote) die Entwicklung von Region B und damit ebenfalls die gesamtwirtschaftliche Entwicklung. (In Phase II, für die weder genügend Kapitalimporte zur Verfügung stehen, als daß beide Regionen mit der maximalen Rate von B wachsen könnten, noch so wenig Kapitalimporte, als daß sie schon mit der Mindestrate von A wachsen müßten, bestimmt keine der beiden Regionen das Wachstum der anderen.)[1]

Angesichts der Identität der Wachstumsraten beider Regionen und der Konstanz der Sparquoten und Kapitalproduktivitäten ist die regionale Aufteilung der Kapitalimporte naturgemäß für jede Periode gleich. Der Anteil von Region B beläuft sich für jede Periode auf 48 %. Korrigiert

---

1 Daß in der ersten Phase Region B und in der dritten Phase Region A den gesamtwirtschaftlichen Wachstumsverlauf determinieren muß, wird deutlich angesichts der Überlegung, daß eine umgekehrte Situation nicht möglich wäre. Würde A in der ersten Phase entlang der durch die Absorptionskapazität gegebenen Grenze wachsen, so müßte das Wachstum von B, um genauso groß wie dasjenige von A zu sein, größer sein, als es aufgrund der gegebenen Absorptionskapazität für Kapital sein kann. Würde Region B in der dritten Phase entlang der durch die Mindestimportquote gegebenen Untergrenze wachsen, so müßte die Wachstumsrate von Region A, um genauso groß bzw. genauso klein zu sein wie diejenige von Region B, geringer sein, als sie aufgrund der bei Erfüllung der Mindestimportbedingung und bei der gegebenen Sparquote möglichen Investitionen sein kann.

man diesen Anteil um den über den interregionalen Handel stattfindenden Ressourcentransfer von A nach B, so errechnet sich für Region B ein Anteil am Nettokapitalimport in Höhe von 57 %. Eine an der Bevölkerungsrelation gemessen "gerechte" regionale Aufteilung der Kapitalimporte führt also aufgrund der geringeren Kapitalproduktivität und Sparquote von Region B nur zur Verhinderung einer Verschärfung der regionalen Disparität, nicht aber zu einer Reduzierung derselben.

Strategie 3: Postuliert man die Erreichung der regionalen Parität bis zum Ende des Planungszeitraumes, ohne das Tempo vorzugeben, mit dem die Disparität während des Zeitraumes abgebaut werden soll, so wird das gesamtwirtschaftliche Wachstum dann maximiert, wenn die Angleichung der Regionalprodukte bzw. der Pro-Kopf-Einkommen solange wie möglich hinausgeschoben wird. Eine späte, forcierte Beschleunigung des Wachstums von B und eine späte, forcierte Verlangsamung des Wachstums von A hätte zur Folge, daß in den Perioden nach Ende des Planzeitraumes eine umgekehrte Disparität (zugunsten von Region B) entstünde, deren Abbau wiederum eine gewisse Zeitspanne in Anspruch nehmen würde. Um eine solche Entwicklung auszuschließen, sei Strategie 3 in der Weise definiert, daß die Disparität der Pro-Kopf-Einkommen auch in den beiden auf den Planzeitraum folgenden Perioden Null betragen muß.

Die wichtigsten Implikationen dieser Strategie für die Wachstumsverläufe der beiden Regionen zeigt Abbildung 3. Auch hier läßt sich die Entwicklung in drei Phasen einteilen:

In *Phase I* (Periode 1 - 11) wächst Region B entlang der durch die Absorptionskapazität definierten Obergrenze, Region A etwas oberhalb der durch den Mindestimportbedarf definierten Untergrenze. Während die Wachstumsrate von Region B von 3,8 % auf 6,9 % ansteigt, erhöht sich diejenige von Region A nur von 4,1 % auf 4,3 %. Die Rate des Disparitätsabbaus nimmt - wie aus dem oberen rechten Teil der Abbildung hervorgeht - während dieser Phase fortgesetzt zu, wobei die Disparität bis Periode 12 von 25 % auf rund 15 % zurückgeht. Damit die Investitionen von Region B entlang der Grenze der Absorptionskapazität wachsen können, erhält B umfangreiche, stark zunehmende Kapitalimporte; demgegenüber steigt der Kapitalimport von Region A nicht über das sehr niedrige Ausgangsniveau hinaus an; er ist im Gegenteil sogar leicht rückläufig, wie aus dem unteren linken Teil der Abbildung hervorgeht. Noch deutlicher wird der Unterschied in der Absorption externer Ressourcen, wenn man den interregionalen Ressourcentransfer über den gegenseitigen Handel berücksichtigt. Wie der untere rechte Teil der Abbildung zeigt, ist der gesamte Zufluß externer Ressourcen nach Region A in Phase I außerordentlich gering (und wird in den letzten Perioden sogar negativ (Kapitalexport)): Die Investitionen werden praktisch ausschließlich aus

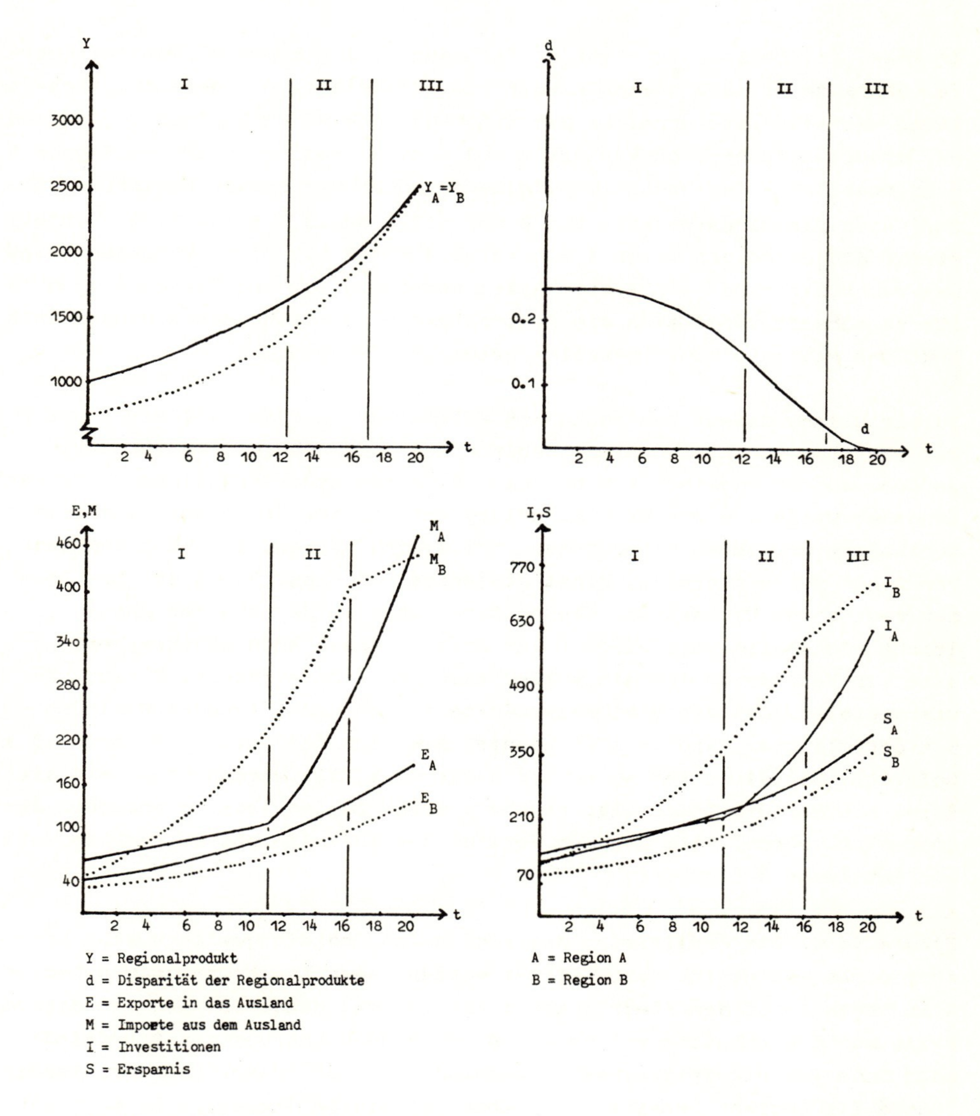

Quelle: ANHANG II, Tabelle 3

Abbildung 3: Zwei-Regionen-Wachstumsmodell - "Basisfall", Strategie 3: Entwicklung der wichtigsten Makrovariablen

eigener Ersparnis finanziert. Der Anteil von Region B am Kapitalimport des Landes, der sich unkorrigiert bereits auf 76 % beläuft, beträgt - korrigiert um den interregionalen Ressourcentransfer - 95 %.

In *Phase II* (Periode 12 - 16) erhält auch Region A soviel Kapitalimporte, daß auch sie das maximale Wachstum realisiert. Die gesamtwirtschaftliche Wachstumsrate erreicht die größtmögliche Beschleunigung. Aufgrund der größeren Absorptionskapazität und Kapitalproduktivität von Region A verringert sich das Wachstumsgefälle zwischen den beiden Regionen: Während sich die Wachstumsrate von B von 6,9 % auf 8,1 % (um 17 %) erhöht, steigt diejenige von A von 4,2 % auf 5,8 % (38 %). Diese Beschleunigung des Wachstumstempos von Region A ist notwendig, um die Voraussetzung dafür zu schaffen, daß sich die Regionalprodukte der beiden Regionen nach Ende des Planzeitraumes parallel entwickeln können.

Zur Erfüllung dieser Bedingung muß allerdings in *Phase III* nicht nur das Wachstum von Region A weiterhin entlang der Obergrenze forciert werden, sondern dasjenige von Region B in dem stärkstmöglichen Maße verlangsamt werden, was eine Entwicklung entlang der durch den Mindestimportbedarf gegebenen Untergrenze impliziert. Während die Wachstumsrate von A auf 6,9 % ansteigt, sinkt diejenige von B auf 7,5 % ab. Der Abbau der regionalen Disparität, dessen Rate schon in der zweiten Phase leicht rückläufig war, wird in der dritten Phase noch stärker verlangsamt. In Periode 20 ist die vollständige Parität erreicht. Es ist sichergestellt, daß die Regionalprodukte in den nachfolgenden Perioden mit der gleichen Rate wachsen können (die sich für Periode 21 auf 7,3 % beläuft). Daß diese Bedingung nur dadurch erfüllt werden kann, daß die Rate, mit der die Disparität abgebaut wird, in den letzten Perioden abgeschwächt wurde, wird auch am Verlauf der Kurve im oberen rechten Teil von Abbildung 3 sichtbar.

Strategie 4: Die Beseitigung des regionalen Ungleichgewichts kann etwas, aber nicht wesentlich beschleunigt werden, wenn das Wachstum von Region A in Phase I auf dem niedrigstmöglichen Niveau gehalten wird. In diesem Falle muß das Wachstum von Region B, um eine Umkehrung der Disparität nach Ende des Planzeitraumes zu verhindern, noch früher gebremst werden (Phase III beginnt bereits in Periode 14) als in Strategie 3. Es liegt auf der Hand, daß das für beide Regionen identische Regionalproduktsniveau in Periode 20 unter dem in Strategie 3 erreichten liegt. Da sich der Entwicklungsverlauf von Strategie 4 nicht grundsätzlich von demjenigen von Strategie 3 unterscheidet, soll auf seine graphische Darstellung verzichtet werden.

2.23 Zielbeziehungen zwischen gesamtwirtschaftlichem Wachstum und regionaler Verteilung bei unterschiedlicher Parameterkonstellation: Kapitalproduktivität, Sparquote und Absorptionskapazität für Kapital [1]

2.231 Der Basisfall

2.231.1 Die Zielbeziehung

Aus dem bisher Gesagten wurde bereits deutlich, daß die im Basisfall angenommene Konstellation der Parameter Kapitalproduktivität, Sparquote und Absorptionskapazität für Kapital einen *Zielkonflikt* zwischen einer Maximierung des gesamtwirtschaftlichen Wachstums und einer gleichmäßigeren regionalen Verteilung impliziert.

Bei gegebenem Umfang der der Gesamtwirtschaft für den Gesamtzeitraum zur Verfügung stehenden Kapitalimporte hängt die "Produktivität" dieser Kapitalimporte, d.h. ihr Einfluß auf das gesamtwirtschaftliche Wachstum, zum einen (bei gegebener zeitlicher Verteilung der Kapitalimporte) von der Höhe der pro Investitionseinheit ausgelösten Wachstumswirkungen, zum anderen von der zeitlichen Verteilung der Kapitalimporte selbst ab, da diese ihrerseits einen Einfluß auf die Höhe der Summe der Multiplikatorwirkungen hat. Die Höhe der bei gegebener zeitlicher Verteilung pro Investitionseinheit ausgelösten Multiplikatorwirkungen ist abhängig von der Höhe der Sparquote einerseits und der Kapitalproduktivität andererseits. Beide sind im Basisfall für Region A größer als für Region B. Insofern hat, ausgehend von Strategie 1, jede disparitätsreduzierende Strategie, da sie eine Veränderung der *interregionalen Verteilung der Kapitalimporte* zugunsten von Region B impliziert, einen wachstumsschmälernden Effekt zur Folge.

Der Übergang zu Strategie 2, 3 und 4 führt aber auch zu einer erheblichen Verschlechterung der *intertemporalen Verteilung der Kapitalimporte*. Die wachstumsoptimale zeitliche Verteilung der Kapitalimporte im Rahmen von Strategie 1 besteht, etwas vereinfacht ausgedrückt, darin, daß die Gesamtwirtschaft zunächst ein Maximum an Kapitalimporten, danach nur das zur Deckung des Importbedarfs notwendige Minimum an Kapitalimporten in Anspruch nimmt. Jede der beiden Regionen bewegt sich zunächst entlang der Obergrenze, danach entlang der Untergrenze des Systems. Es liegt auf

---

1 Vgl. auch *Ahrens, H.*, Zur Frage des Zielkonflikts zwischen gesamtwirtschaftlichem Wachstum und regionaler Verteilung in der pakistanischen Entwicklungsplanung, in: Aspekte sozialer Ungleichheit in Südasien, Ahrens, H. und K. Schwerin (Hrsg.), Wiesbaden 1975, S. 126 ff.

der Hand, daß jede Strategie, die die hieraus resultierende Disparitätsverschärfung zu vermeiden sucht, dazu führt, daß Region B mehr, Region A weniger Kapitalimporte erhält. Die Einbuße für A findet in einem relativ frühen Zeitraum statt, in dem diese Region entgegen Strategie 1 nicht mehr die zur vollständigen Schließung der Ressourcenlücke notwendigen Kapitalimporte erhält; der Zugewinn für B wird demgegenüber in einem relativ späten Zeitraum realisiert, in dem Region B im Gegensatz zu Strategie 1 weiterhin entlang der durch die Absorptionskapazität für Kapital gegebenen Obergrenze wachsen darf. Es findet also eine Verlagerung von Kapitalimporten von frühen auf spätere Perioden statt, womit zwangsläufig ein Verlust an Wachstumswirkungen verbunden ist. Das Ausmaß dieser Verlagerung ist im Basisfall deshalb relativ groß, weil aufgrund der relativ großen Absorptionskapazität von A der Verzicht auf frühe Kapitalimporte relativ groß ist, und weil aufgrund der relativ geringen Absorptionskapazität von B der Zeitraum, den B für die erforderliche Fortsetzung seines maximalen Wachstums (entlang der Obergrenze) benötigt, relativ lang ist.

Der Umfang der Wachstumsverluste, die beim Übergang von einer Strategie der unbeschränkten Wachstumsmaximierung zu den "regionalpolitischen" Strategien 2 - 4 entstehen, ist in Tabelle 2 quantifiziert. Bei Strategie 4 liegt die durchschnittliche jährliche Wachstumsrate der Gesamtwirtschaft um nicht weniger als 0,8 Prozentpunkte unter derjenigen von Strategie 1.

Für eine Analyse der *Zielbeziehungen* ist der Vergleich zwischen den vier Strategien allerdings nur von relativ grober Aussagefähigkeit. Es erscheint sinnvoller, Strategie 1 und Strategie 3 herauszugreifen, als Endpunkte eines Kontinuums von Strategien zu betrachten, die die zulässige Disparität nur für Periode 20 definieren, von Strategie 1 durch

Tabelle 2 : Zwei-Regionen-Wachstumsmodell: "Basisfall" - Regionale Verteilung und gesamtwirtschaftliches Wachstum

	Strategie 1	Strategie 2	Strategie 3	Strategie 4
Disparität der Einkommen in Periode 20, in v.H.	42,5	25,0	-	-
Einkommen in Periode 20				
Region A	3.598	3.116	2.541	2.412
Region B	2.069	2.337	2.541	2.412
Gesamtwirtschaft	5.667	5.453	5.082	4.824
Wachstumsrate der Einkommen, in v.H.				
Region A	6,6	5,8	4,8	4,5
Region B	5,2	5,8	6,3	6,0
Gesamtwirtschaft	6,0	5,8	5,5	5,2

Quellen: ANHANG II, Tabelle 1-4.

Einführung einer immer schärferen Disparitätsrestriktion schrittweise bis zu Strategie 3 überzugehen und dabei den *Einfluß der regionalen Verteilung auf das gesamtwirtschaftliche Wachstum* festzustellen.

Wendet man dieses Verfahren an, so ergibt sich für den Basisfall der in Abbildung 4 durch die fettgezeichnete Linie wiedergegebene *trade-off* zwischen den beiden Zielen. Dabei wird das gesamtwirtschaftliche Wachstum durch den Wert der Zielfunktion ausgedrückt; die Disparitätsintervalle betragen 5 %. Es zeigt sich, daß sich der Zielkonflikt bei zunehmender Entfernung von Strategie 1 fortgesetzt verschärft. Die starke Verschärfung im Bereich zwischen einer Disparität von 5 % und einer solchen von Null ist darauf zurückzuführen, daß hier die zusätzliche Restriktion, wonach nach Ablauf des Planungszeitraumes keine umgekehrte Disparität (zugunsten Region B) entstehen darf, bindend wird.

2.231.2 Der Einfluß der Absorptionskapazität für Kapital auf die Zielbeziehung

Es soll nun untersucht werden, inwieweit sich die Zielbeziehung bei Variation der Relation der Absorptionskapazitäten beider Regionen verändert. Zu diesem Zwecke wurde das für den Basisfall angewendete Verfahren (ausgehend von Strategie 1 sukzessive Verschärfung der Disparitätsrestriktion) für die Fälle, daß die Absorptionskapazität von Region B nicht 11 %, sondern 12 %, 13 %, 15 %, 10 %, 9 %, 8 % oder 7 % beträgt, wiederholt. Die resultierenden Substitutionslinien sind in Abbildung 4 (durchgezogene Linien) wiedergegeben.

Es zeigt sich, daß die *Relation der Absorptionskapazitäten* von A und B einen *erheblichen Einfluß auf die Schärfe des Zielkonfliktes* hat. Im "Basisfall" hatte die unbeschränkte Maximierung des gesamtwirtschaftlichen Wachstums (Strategie 1) zu einer Disparität von 42,5 % und der Übergang zur Strategie der vollständigen Parität (Strategie 3) zu einem Rückgang des Wertes der Zielfunktion um 8,5 % geführt. Nimmt man für Region B eine Absorptionskapazität von 7 % an, so resultiert aus Strategie 1 aus Strategie 1 eine Einkommensdisparität von 52 %, die sich überhaupt nur noch auf 13 % reduzieren läßt, womit der Wert der Zielfunktion aber schon um 11,5 % unter das bei Strategie 1 mögliche Niveau sinkt. Umgekehrt ergibt sich, unterstellt man für B eine Absorptionskapazität von 15 %, bei Strategie 1 eine Einkommensdisparität von nur 33,1 %, und die Herbeiführung der vollständigen Parität impliziert eine Verringerung des Wertes der Zielfunktion um weniger als 3 %.

Der Einfluß der relativen Höhe der Absorptionskapazität von Region B auf die Schärfe des Zielkonfliktes erklärt sich zum Teil daraus, daß

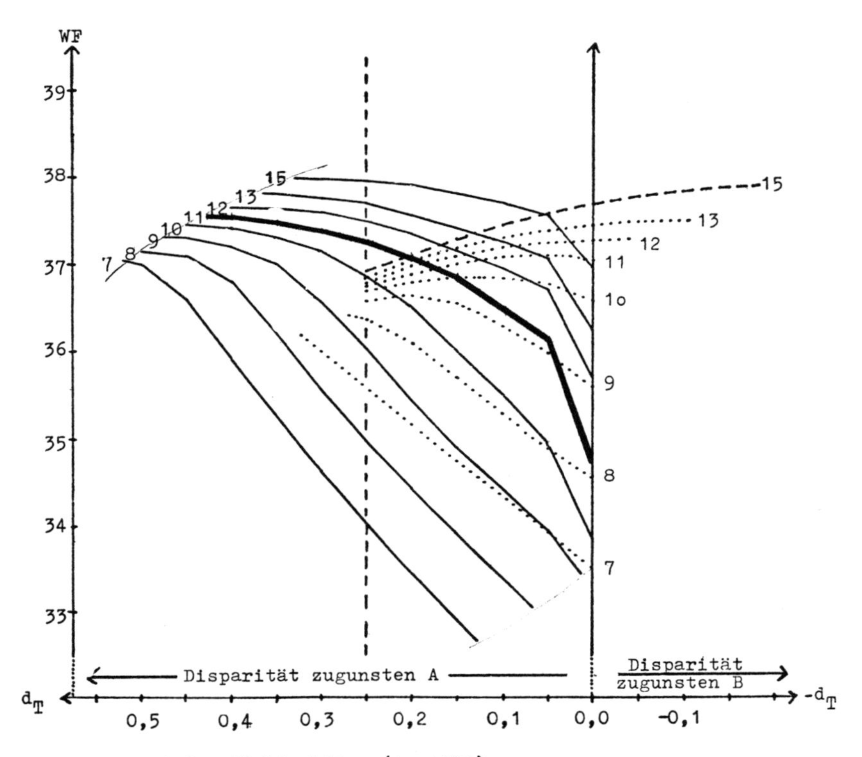

WF = Wert der Zielfunktion (in 1000).
d_T = Disparität der Pro-Kopf-Einkommen im letzten Jahr der Planperiode.

Die Werte an den Substitutionslinien (7 bis 15) beziehen sich auf die jeweils für Region B unterstellte maximale Steigerungsrate der Investitionen (Absorptioskapazität), in v.H.

Abbildung 4: Zwei-Regionen-Wachstumsmodell - Substitution zwischen gesamtwirtschaftlichem Wachstum und regionaler Verteilung bei unterschiedlicher Absorptionskapazität für Kapital: "Basisfall" und "Anti-Basisfall"

die Relation der Absorptionskapazitäten die *intertemporale Verteilung der der Gesamtwirtschaft zufließenden Kapitalimporte*, genauer: das Ausmaß, in dem zum Zwecke des Disparitätsabbaus die Absorption von Kapitalimporten aufgeschoben werden muß, erheblich beeinflußt. Je größer die Absorptionskapazität von Region A im Vergleich zu derjenigen von Region B, desto größer der Umfang der Kapitalimporte, auf die Region A zum Zwecke des Disparitätsabbaus in frühen Perioden verzichten muß. Je geringer die Absorptionskapazität von Region B, desto weiter verschiebt sich die Absorption der B zum Zwecke des Disparitätsabbaus zusätzlich zufließenden Kapitalimporte nach "hinten" (in Richtung Ende des Planungszeitraumes). Man kann diesen Gedanken auch so ausdrücken, daß Region B bei geringer Absorptionskapazität für Kapital besonders lange braucht, um ihr Wachstum in dem für den Abbau der regionalen Disparität notwendigen Maße zu steigern. Daß die zeitliche Verlagerung früher Investitionen in späte Perioden eine erhebliche *Wachstumseinbuße* mit sich bringt, wurde bereits betont.

Je geringer die Absorptionskapazität von Region B ist, desto geringer ist natürlich aufgrund der immer ungünstigeren zeitlichen Verteilung der dieser Region zufließenden Kapitalimporte die durchschnittliche "Produktivität" der Kapitalimporte von B, und desto mehr Kapitalimporte benötigt deshalb Region B für die disparitätsvermindernde Beschleunigung ihrer Wachstumsrate. Auf diese Kapitalimporte muß Region A verzichten, was sich insofern wachstumsschmälernd auswirkt, als die Investitionen, auf die *Region A* verzichten muß, wegen der *frühen Perioden*, in denen sie stattfinden würden, und wegen der hohen *Kapitalproduktivität* und *Sparquote* von Region A besonders produktiv wären[1].

Das Verhältnis der Absorptionskapazitäten wirkt sich aber auch über die *durchschnittliche Produktivität* der tatsächlich realisierten Investitionen auf das gesamtwirtschaftliche Wachstum aus. Die "Absorptionskapazität für Kapital" wurde nicht nur durch Vorgabe einer maximalen Steigerungsrate der Investitionen, sondern auch durch das Postulat einer abnehmenden Grenzproduktivität dieser Investitionen definiert. Je geringer die Steigerungsrate der Investitionen und je geringer damit der absolute Maximalbetrag an Investitionen, desto weniger Investitionen können aufgrund der Annahme, daß die durch unterschiedliche Produktivitäten ge-

---

1 Abbildung 4 zeigt, daß bei *gegebener* Disparität (für Periode 20) die Höhe des gesamtwirtschaftlichen Wachstums mit zunehmender Absorptionskapazität für Region B ebenfalls zunimmt. Dies ist darauf zurückzuführen, daß eine höhere Absorptionskapazität von Region B ceteris paribus eine größere Absorptionskapazität für die Gesamtwirtschaft zur Folge hat, was sich insofern positiv auf die intertemporale Verteilung für Kapitalimporte auswirkt, als mehr Kapitalimporte in frühen Perioden getätigt werden können.

kennzeichneten drei Investitionsbereiche gleich groß sind, in dem produktivsten Investitionsbereich und dem zweitproduktivsten Investitionsbereich stattfinden. Je geringer also die Absorptionskapazität von Region B im Verhältnis zu derjenigen von Region A, desto geringer die durchschnittliche Produktivität der für den Disparitätsabbau erforderlichen Investitionen und desto größer demgemäß der erforderliche Investitionsbetrag.

2.232 Der "Anti-Basisfall"

2.232.1 Die Zielbeziehung

Es soll nun - im Gegensatz zu den Annahmen des Basisfalls - davon ausgegangen werden, daß nicht Region A, sondern Region B über eine höhere Sparquote, Kapitalproduktivität und Absorptionskapazität für Kapital verfügt. Der "Anti-Basisfall" ist dadurch gekennzeichnet, daß die Sparquote für Region B 18 %, für Region A 15 %, die Kapitalproduktivität für B je nach Produktivitätsstufe 40 %, 30 % oder 20 % und für A 33 %, 25 % oder 17 %, und die maximale Steigerung der Investitionen für B 15 %, für A 13 % beträgt. Nach dem, was bisher gesagt wurde, ist offensichtlich, daß in diesem Falle eine *Komplementarität* zwischen dem Ziel der Maximierung des gesamtwirtschaftlichen Wachstums und demjenigen einer gleichmäßigeren regionalen Verteilung besteht.

Wie die (gestrichelte) Substitutionslinie in Abbildung 4 zeigt, impliziert beim "Anti-Basisfall" die Strategie der *reinen Wachstumsmaximierung* eine Regionalentwicklung, die nicht nur zum vollständigen Abbau der regionalen Disparität, sondern sogar zu einer *umgekehrten Disparität* (zugunsten von Region B) in Periode 20 führt, deren Höhe sich auf 18 % beläuft. Auf die weiteren Implikationen dieser Strategie braucht nicht im einzelnen eingegangen zu werden. Wie beim Basisfall läßt sich die Entwicklung in drei Phasen gliedern, wobei in Phase I - analog zum Basisfall - beide Regionen entlang der durch die Absorptionskapazität für Kapital gegebenen Obergrenze wachsen, in Phase II - im Gegensatz zum Basisfall - nur noch Region B entlang der Obergrenze, Region A aber in etwa entlang der Untergrenze wächst, und sich in Phase III - wiederum analog zum Basisfall - beide Regionen entlang der durch den Mindestimportbedarf gegebenen unteren Wachstumsgrenze bewegen.

Die Substitutionslinie zeigt, daß das gesamtwirtschaftliche Wachstum mit zunehmender Entfernung von dieser Strategie in Richtung Parität und schließlich in Richtung einer Beibehaltung der Disparität zugunsten Region A, zunehmend geringer wird. Die fortgesetzte Wachstumseinbuße kommt analog zu dem, was weiter oben für den Basisfall gesagt wurde, dadurch zustande, daß einerseits der Anteil von Region B an den Kapitalimporten immer stärker zurückgeht, obwohl Region B über eine höhere *Kapitalproduktivität* und über eine höhere *Sparquote* verfügt, d.h. die in bezug auf das gesamtwirtschaftliche Wachstum "produktivere" Region ist, und daß andererseits eine Verschlechterung der *intertemporalen Verteilung* der Kapitalimporte dadurch eintritt, daß Region B, nur um eine starke Verringerung der Disparität zu verhindern, auf frühe Kapitalimporte verzichten muß, während Region A die ihr zukommenden zusätzlichen Importe, die den Disparitätsabbau bzw. die Entstehung einer umgekehrten Disparität verhindern, naturgemäß erst zu einem relativ späten Zeitpunkt verwenden kann, da A in den frühen Perioden ohnehin schon in Strategie 1 entlang der durch die Absorptionskapazität für Kapital gegebenen Obergrenze wächst. Die intertemporale Verschiebung der Kapitalimporte nimmt deshalb ein relativ großes Ausmaß an, weil der Verzicht auf frühe Kapitalimporten für Region B aufgrund der hohen *Absorptionskapazität* von B relativ groß ist und sich die Absorption der zusätzlichen Kapitalimporte für A aufgrund dessen geringer Absorptionskapazität über einen relativ langen, späten Zeitraum erstreckt.

2.232.2 Der Einfluß der Absorptionskapazität auf die Zielbeziehung

Aus dem oben Gesagten läßt sich vermuten, daß sich die Komplementarität zwischen den beiden Zielen bei sukzessiv ungünstigeren Annahmen hinsichtlich der relativen Höhe der Absorptionskapazität von Region B zunehmend abschwächt. Daß dies tatsächlich der Fall ist, zeigt Abbildung 4 (gepunktete Linien). Bei einer Absorptionskapazität von B von 11 %, 10 % und 9 % besteht - ausgehend von einer Disparität von 25 % zugunsten von Region A in Periode 20 - nur noch bis zu einem bestimmten Punkt *vor* Erreichung der vollständigen Parität Komplementarität zwischen den beiden Zielen; danach schlägt die Komplementarität in einen Zielkonflikt um[1].

Nimmt man schließlich für Region B eine Absorptionskapazität von 8 % oder 7 % an, so besteht sogar im gesamten Bereich ein *Zielkonflikt*, wobei die wachstumsmaximierende Strategie 1 eine Vergrößerung der Dispari-

1 Von Komplementarität kann genaugenommen nur für den Bereich zwischen der in der Ausgangslage bestehenden Disparität von 25 % zugunsten von Region A und einer Disparität von Null gesprochen werden, während im Bereich einer Disparität zugunsten Region B naturgemäß ein Zielkonflikt besteht. Erhält Region B z.B. einen so großen Anteil an den Kapitalimporten, daß in Periode 20 statt einer vollständigen Parität eine Disparität zu ihren Gunsten herbeigeführt wird, so kann dadurch zwar das gesamtwirtschaftliche Wachstum vergrößert werden, gleichzeitig wird aber auch die regionale Verteilung wieder ungleicher, wenn auch diesmal mit umgekehrtem Vorzeichen.

tät über das in der Ausgangslage bestehende Niveau hinaus impliziert. Die geringe Absorptionskapazität von B verhindert in diesen Fällen, daß die ansonsten günstigen Bedingungen dieser Region (höhere Sparquote und Kapitalproduktivität) sich überhaupt noch zu ihren Gunsten, nämlich auf die Höhe der ihr zufließenden Kapitalimporte, auswirken können. Die Höhe der Region B zufließenden Kapitalimporte wird nicht mehr durch die im Vergleich zu Region A hohe "Produktivität" dieser Kapitalimporte determiniert, sondern durch die äußerst geringe Absorptionskapazität von oben begrenzt. Bei einer Absorptionskapazität von 7 % können die Importe kaum noch nennenswert über die Exporte ausgedehnt werden, da bei der gegebenen Sparquote die Ressourcenlücke zwischen eigener Ersparnis und maximaler Investition äußerst gering bleibt. Eine Reduzierung der Disparität kann praktisch nur noch über eine "Anpassung von oben", d.h. durch eine Verringerung der Region A zur Verfügung stehenden Kapitalimporte, erreicht werden, was zu dem absurden Ergebnis führt, daß die Gesamtwirtschaft, nur um die Parität der Pro-Kopf-Einkommen zu erreichen, freiwillig auf einen Teil der potentiellen Kapitalimporte verzichtet.

2.24 Parität der Einkommen und Parität der gesamten Güterverwendung

Bei der bisherigen Analyse wurde entsprechend der Definition des Zieles "Erreichung einer gleichmäßigeren regionalen Verteilung" nur die *Relation* der Regionalprodukte betrachtet, ohne auf ihre *absoluten Niveaus* einzugehen. Ob eine Reduzierung der Einkommensdisparität bei einer bestimmten Strategie im Vergleich zu einer anderen Strategie über eine Vergrößerung des Regionalprodukts von B ("Anpassung von unten") oder über eine Verringerung des Regionalprodukts von A ("Anpassung von oben") vorgenommen werden kann bzw. muß, bzw. welche Kombination aus den beiden Extremen realisiert wird, mußte bei dieser Betrachtungsweise zwangsläufig unberücksichtigt bleiben.

In Abbildung 5 sind für den "Basisfall" für die Strategien 1 und 3 sowie für die dazwischenliegenden Fälle (in Abbildung 4 dargestellt als fettgezeichnete Kurve) die in Periode 20 realisierten Regionalproduktskombinationen als Punkte auf einer *Transformationskurve* dargestellt. Geht man von einer unbeschränkten Wachstumsmaximierung (in der Abbildung: $Y(1)$) aus, so hat die sukzessive Verschärfung der Paritätsrestriktion bis zur Erreichung der vollständigen Parität ($Y(3)$) eine fortgesetzte Transformation des Sozialprodukts von Region A in solches von Region B zur Folge. Der Konflikt zwischen gesamtwirtschaftlichem Wachstum und regionaler Verteilung ergibt sich aus der Tatsache, daß der Regionalproduktszuwachs für B geringer ist als der Regionalproduktsverlust für A, wodurch das Gesamtprodukt auf eine immer niedrigere "Iso-Sozialprodukts-Linie" absinkt.

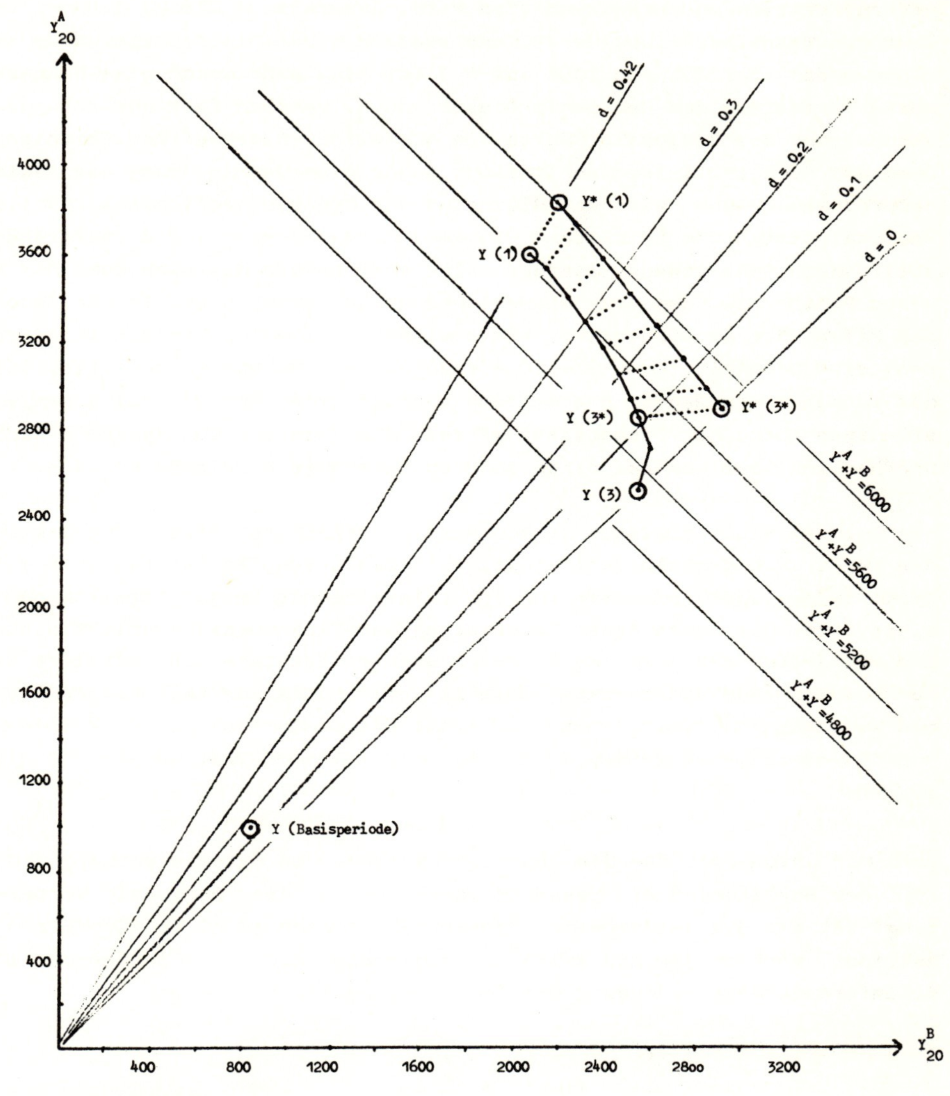

Y = Regionalprodukt
Y*= gesamte inländische Güterverwendung
d = Disparität der Werte der Regionen A und B
in Klammern: jeweilige Strategie

Abbildung 5: Zwei-Regionen-Wachstumsmodell - "Basisfall": Kombinationen der Regionalprodukte und der gesamten Güterverwendung für Periode 20 bei unterschiedlichen regionalpolitischen Strategien

Die Tatsache, daß der Konflikt mit zunehmender Verschärfung der Paritätsrestriktion zunehmend schärfer wird, äußert sich darin, daß der Verlauf der Transformationskurve immer steiler wird. Die Reduzierung der Einkommensdisparität von 10 % auf 5 % ist kaum mehr durch eine nennenswerte Steigerung des Regionalprodukts von B, sondern fast nur noch durch Reduzierung des Regionalprodukts von A möglich. Eine weitere Reduzierung auf Null impliziert schließlich sogar eine Verringerung des Regionalprodukts beider Regionen. Hier sind die Grenzen jeglicher sinnvollen Regionalpolitik überschritten. Die Reduzierung regionaler Disparitäten sollte kein Selbstzweck, sondern auf die Förderung des Wachstums der ärmeren Region bzw. der ärmeren Regionen ausgerichtet sein. Im vorliegenden Falle wäre es sinnvoller, statt eine vollständige Parität anzustreben, eine Disparität von 5 - 10 % zuzulassen, was zur Folge hätte, daß das Wachstum von Region B praktisch genauso groß wäre wie bei einem vollständigen Abbau der Disparität, während das Wachstum von Region A nicht unerheblich über dem bei einer solchen Strategie erreichbaren läge.

Die Duldung einer gewissen Einkommensdisparität erscheint im vorliegenden Falle auch deshalb vertretbar, weil sie durch die für Region B günstige *Aufteilung der Kapitalimporte* teilweise oder sogar ganz kompensiert wird. Mit zunehmender Reduzierung der Einkommensdisparität sinkt die *Disparität der gesamten Güterverwendung* (letztere ist definiert als Summe aus Konsum und Investitionen bzw. als Summe aus Regionalprodukt und Nettokapitalimport) zunehmend unter die Disparität der Einkommen ab, wie die korrespondierenden Punkte auf der rechten Kurve in Abbildung 5 zeigen.

Geht man davon aus, daß die Relation der gesamten Güterverwendung pro Kopf der Bevölkerung ein besserer Indikator für die "regionale Verteilung" ist als die Relation der Pro-Kopf-Einkommen (d.h. Pro-Kopf-Produktion), so kann die die zulässige regionale Verteilung in Periode 20 definierende Nebenbedingung wie folgt umformuliert werden:

$$(28) \qquad \frac{Y^*_{T,j}}{N_{T,j}} (1-d^*) \geq \frac{Y^*_{T,k}}{N_{T,k}} ,$$

wobei gilt:

$$(29) \qquad Y^*_{t,j} = Y_{t,j} + R_{t,j}$$

oder:

$$(30) \qquad Y^*_{t,j} = C_{t,j} + I_{t,j} \quad .$$

Es kann nun analog zu Strategie 3 eine "Strategie 3^*" definiert werden:

Strategie 3^*: Maximierung des gesamtwirtschaftlichen Wachstums unter der Restriktion, die regionale Disparität der gesamten Güterverwendung pro Kopf der Bevölkerung bis zum Ende des Planzeitraumes auf Null zu reduzieren.

Tabelle 3 : Zwei-Regionen-Wachstumsmodell : "Basisfall" - Entwicklung der Einkommen und der gesamten Güterverwendung

	Strategie 1	Strategie 3*	Strategie 3
Disparität der Einkommen in Periode 20, in v.H.	42,5	11,4	0,0
Disparität der gesamten Güterverwendung in Periode 20, in v.H.	43,2	0,0	- 5,1
Einkommen in Periode 20			
Region A	3.598	2.861	2.541
Region B	2.069	2.535	2.541
Gesamtwirtschaft	5.667	5.396	5.082
Wachstumsrate der Einkommen, in v.H.			
Region A	6,6	5,4	4,8
Region B	5,2	6,3	6,3
Gesamtwirtschaft	6,0	5,8	5,5

Quellen: ANHANG II, Tabellen 1, 3, 5.

Der Vergleich von Strategie 3^* mit Strategie 1 und Strategie 3 zeigt, daß sie in bezug auf ihre Implikationen für das gesamtwirtschaftliche Wachstum und die regionale Verteilung einen gewissen *Kompromiß* darstellt. Strategie 3^* läuft, wie aus Tabelle 3 (und Abbildung 5) hervorgeht, darauf hinaus, die Disparität der Pro-Kopf-Einkommen bis zum Ende der Planperiode auf rund 11 % zu reduzieren, und die verbleibende Differenz - vereinfacht ausgedrückt - durch die für Region B günstige regionale Verteilung der Kapitalimporte auszugleichen. Strategie 3^* führt wie Strategie 3 für B zu einer durchschnittlichen Wachstumsrate von 6,3 %, läßt aber für Region A statt eines Wachstums von 4,8 % ein solches von 5,4 % zu, so daß die gesamtwirtschaftliche Wachstumsrate mit 5,8 % näher bei derjenigen der wachstumsmaximierenden Strategie 1 (6 %) als bei derjenigen der die Einkommensdisparität eliminierenden Strategie 3 (5,5 %) liegt.

Aus diesen Überlegungen wird deutlich, daß den *Kapitalimporten* im Rahmen einer auf regionalen Ausgleich gerichteten Entwicklungspolitik eine doppelte Bedeutung zukommt. Sie tragen nicht nur bei für die ärmere Region günstiger Verteilung langfristig über die Erhöhung der Investitionen zu einer Reduzierung der *Disparität der Produktion*, sondern schon kurz- und mittelfristig dazu bei, daß die noch vorhandene Disparität der Produktion durch den Einfluß der Kapitalimporte auf die *gesamte Güterverwendung* weitgehend kompensiert werden kann.

2.25 Interregionale Devisen- und Ressourcentransfers

Aus den bisherigen Ausführungen wurde deutlich, daß den Nettokapitalimporten aus dem Ausland im Grundmodell des Zwei-Regionen-Wachstumsmodells vor allem die Aufgabe zukommt, für jede der beiden Regionen soviel reale Ressourcen zur Verfügung zu stellen, wie zur Realisierung der für die angestrebte Regionalentwicklung erforderlichen Investitionshöhe bei gegebener Ersparnis und gegebenem interregionalem Transfer über den Handel noch notwendig sind. "Nettokapitalimport aus dem Ausland" und "Auslandshilfe" wurden bisher als identisch angenommen. Geht man nun davon aus, daß die regionale Verteilung der Auslandshilfe, z.B. aufgrund bestimmter Gebervorstellungen oder aufgrund innenpolitischer Erwägungen, bestimmten Restriktionen unterworfen ist, so kann für beide Regionen eine *Diskrepanz* zwischen dem tatsächlichen *Zufluß von Auslandshilfe* und der zur Realisierung des angestrebten Entwicklungsverlaufes erforderlichen Höhe der *Nettokapitalimporte aus dem Ausland* entstehen. Diese Diskrepanz kann nur durch einen *interregionalen Transfer von Devisen* (Exporterlösen) beseitigt werden.

Der *Nettokapitalimport aus dem Ausland* ist gleich der Summe aus Auslandshilfe ("Kapitalimport") und Devisentransfer aus der anderen Region:

$$(31) \qquad F_{t,j} = A_{t,j} + D_{t,j} \quad .$$

Aufgrund dieser Beziehung ist der *gesamte Nettokapitalimport* einer Region (aus dem Ausland und der anderen Region) definiert als die Summe aus der empfangenen Auslandshilfe, dem empfangenen Devisentransfer und dem Leistungsbilanzdefizit gegenüber der anderen Region:

$$(32) \qquad R_{t,j} = A_{t,j} + D_{t,j} + W_{t,j} \quad .$$

Betrachtet man nur die Beziehungen der Regionen untereinander, so läßt sich - als Summe aus dem Devisentransfer und dem Defizit im interregionalen Handel - ein *interregionaler Netto-Ressourcentransfer* errechnen:

$$(33) \quad T_{t,j} = D_{t,j} + W_{t,j} \quad ,$$

wobei dem Ressourcenzufluß in die eine Region naturgemäß ein gleichhoher Ressourcenabfluß aus der anderen Region entsprechen muß:

$$(34) \quad T_{t,j} = -T_{t,k} \quad .$$

Wie bereits ausgeführt wurde, wird im Zwei-Regionen-Wachstumsmodell aus Gründen der Einfachheit angenommen, daß die Bevölkerung in beiden Regionen zu jedem Zeitpunkt gleich groß ist. Um die Funktion der Devisentransfers zu verdeutlichen, sei für den Basisfall angenommen, der der Gesamtwirtschaft aus dem Ausland zufließende Kapitalimport werde im Verhältnis der Bevölkerung auf die beiden Regionen aufgeteilt. Die Implikationen dieser Verteilung für Höhe und Richtung der interregionalen Devisen- und - bei gegebenem interregionalem Ressourcentransfer über den gegenseitigen Handel - Netto-Ressourcentransfers zeigen Tabelle 4 und Abbildung 6 für Strategie 1 und Strategie 3.

Die Realisierung von *Strategie 1* erfordert, daß der Region A externe Ressourcen (aus dem Ausland und aus der anderen Region) in Höhe von 3.202 zufließen. Da im Rahmen des exogen vorgegebenen interregionalen Handels per Saldo Ressourcen in Höhe von 622 von A nach B abfließen, benötigt Region A zur Realisierung von Strategie 1 einen Nettokapitalimport in Höhe von 3.824. Über die - im Verhältnis 1 : 1 auf die beiden Regionen aufgeteilte - Auslandshilfe fließen ihr jedoch nur Kapitalimporte in Höhe von 2.582 zu. Um dennoch den notwendigen Nettokapitalimport aus dem Ausland realisieren zu können, muß Region A aus Region B Devisen in Höhe von 1.242 erhalten. Dieser Devisentransfer sorgt nicht nur für A, sondern auch für B zur Übereinstimmung von erforderlichem und tatsächlichem Nettokapitalimport: Region B benötigt zur Realisierung von Strategie 1 externe Ressourcen in Höhe von 1.761, wovon ihr 622 aus Region A über den interregionalen Handel zufließen. Damit beläuft sich der erforderliche Nettokapitalimport aus dem Ausland auf 1.139, womit er um 1.242 unter dem im Rahmen der Auslandshilfe zufließenden Kapitalimport in Höhe von 2.581 liegt. Diese 1.242 fließen im Rahmen des Devisentransfers, der sich damit auf 84 % der Exporterlöse von B (1.432) beläuft, nach Region A. Saldiert man diesen Devisentransfer mit dem interregionalen Transfer über den gegenseitigen Handel (622), so errechnet sich ein *Netto-Ressourcentransfer von Region B nach*

Tabelle 4 : Zwei-Regionen-Wachstumsmodell: "Basisfall" - Interregionale Devisen- und Ressourcentransfers

	Symbol	Strategie 1	Strategie 3
1. Zufluß externer Ressourcen			
Region A	R	3.202	913
Region B	R	1.761	3.942
2. Nettokapitalimport aus der anderen Region	W	-622	-622
3. Nettokapitalimport aus dem Ausland			
Region A	F	3.824	1.535
Region B	F	1.139	3.320
4. Empfangene Auslandshilfe			
Region A	A	2.582	2.427
Region B	A	2.581	2.428
5. Interregionaler Devisentransfer[a]	D	1.242	-892
6. Interregionaler Netto-Ressourcen-transfer[a]	T	620	-1.514

a) aus der Sicht von Region A (für Region B mit umgekehrtem Vorzeichen); (+) = Zufluß, (-) = Abfluß.

Quellen : ANHANG II, Tabellen 1-4.

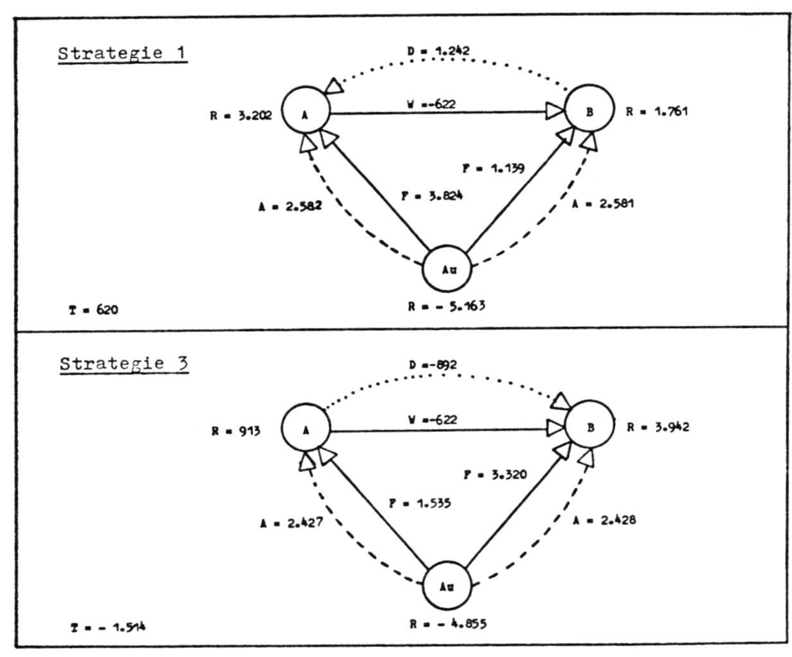

A = Region A. - B = Region B. - Au = Ausland. - F = Zufluß realer Ressourcen vom Ausland (Importüberschuß). - W = Transfer realer Ressourcen über den interregionalen Handel. - R = Gesamter Zufluß realer Ressourcen über den Handel (Importüberschuß). - A = Kapitalimport aus dem Ausland. - D = Interregionaler Devisentransfer.- T = Interregionaler Nettotransfer realer Ressourcen (+ = von B nach A).- W, D und T aus der Sicht von Region A (für Region B mit umgekehrtem Vorzeichen).

Abbildung 6: Zwei-Regionen-Wachstumsmodell - "Basisfall": Interregionale Devisen- und Ressourcentransfers

Region A in Höhe von 620. Er beträgt damit 18 % der Ersparnis von B (3.504) und finanziert 7 % der Investitionen von A (9.224).

Die Realisierung von *Strategie 3* erfordert naturgemäß einen umgekehrten Transfer von Devisen und Netto-Ressourcen, um für Region B den Zufluß an externen Ressourcen zu ermöglichen, der zur Finanzierung ihres hohen Investitionsniveaus erforderlich ist. Bei einem notwendigen Zufluß externer Ressourcen in Höhe von 3.942 und dem Importüberschuß im interregionalen Handel in Höhe von 622 benötigt Region B einen Nettokapitalimport aus dem Ausland in Höhe von 3.320, um soviel Investitionen tätigen zu können, daß die Disparität der Pro-Kopf-Einkommen bis zum Ende der Planperiode auf Null reduziert wird. Bei einer Auslandshilfe von 2.428 verbleibt noch eine Ressourcenlücke in Höhe von 892, die durch einen Devisentransfer von Region A in gleicher Höhe, der sich damit auf 48 % der Exporterlöse von A (1.877) beläuft, zu decken ist. Aus diesem Devisentransfer und dem Importüberschuß im interregionalen Handel errechnet sich ein *Netto-Ressourcentransfer von A nach B* in Höhe von 1.514. Er beträgt 33 % der Ersparnis von A (4.651) und finanziert 20 % der Investitionen von B (7.739).

Eine Analyse der mit den anderen beiden Strategien verbundenen interregionalen Devisen- und Ressourcentransfers braucht nicht im einzelnen vorgenommen zu werden. Es sei erwähnt, daß schon die Verhinderung einer Zunahme der Disparität (Strategie 2) per Saldo einen Netto-Ressourcentransfer von A nach B (in Höhe von 518) erfordert: Ohne diesen Transfer würde sich die Disparität aufgrund der geringeren Sparquote, Kapitalproduktivität und Absorptionskapazität für Kapital von Region B im Zeitablauf verschärfen.

2.3 Die Bedeutung der Infrastruktur für die Absorptionskapazität für private Investitionen : Zwei Ansätze

Wie in Abschnitt 2.23 gezeigt wurde, ist die Beziehung zwischen dem Ziel eines maximalen gesamtwirtschaftlichen Wachstums und dem einer gleichmäßigeren regionalen Verteilung in starkem Maße vom Verhältnis der regionalen Absorptionskapazitäten für Kapital abhängig. Angesichts dieser Tatsache muß die Berücksichtigung der Absorptionskapazität durch willkürlich gesetzte Parameter unbefriedigend bleiben. Es soll nun versucht werden, sie *modellendogen*, in Abhängigkeit von einer ihrer wichtigsten Determinanten, der vorhandenen Infrastruktur, zu bestimmen.

Die *Infrastruktur* wird üblicherweise als wichtigster der für die Absorptionskapazität für Kapital relevanten komplementären Inputs angesehen[1]. Besonders deutlich ist ihr Einfluß auf die Höhe der *privaten* (= produktiven[2]) Investitionen. Legt man die Terminologie Jochimsens[3] zugrunde, so gilt dies sowohl für die materielle Infrastruktur (Verkehrswege, Kommunikationsmittel, Energieversorgung, Be- und Entwässerungssysteme, Ausbildungsstätten), als auch für einen Teil der personalen und institutionellen Infrastruktur (Unternehmerpotential, Know-how, Qualifikation der Arbeiterschaft, Verwaltung und staatlich-halbstaatliche Organisationen).

Der Einfluß der Infrastruktur auf die Höhe der privaten Investitionen soll im folgenden modelltheoretisch formuliert werden. Da dieser Aspekt in der Literatur nur unzureichend behandelt ist, erscheint eine ausführliche Darstellung angebracht.

2.31 Privates Kapital und öffentliches Kapital: Limitationalität und Substitutionalität

Geht man von einer Produktionsfunktion mit den beiden Produktionsfaktoren "privates Kapital" (K^p) und "öffentliches Kapital" ($K^ö$) (Infrastrukturkapital) aus, so kann zwischen diesen grundsätzlich Substitutionalität, begrenzte Substitutionalität oder Limitationalität bestehen. Je nachdem, welchen Fall man unterstellt, ergeben sich unterschiedliche Konsequenzen für die Rolle der Infrastruktur im Prozeß des wirtschaftlichen Wachstums.

Unterstellt man den in Abbildung 7a dargestellten Fall strenger *Limitationalität*, wonach ein bestimmter Output nur mit einer einzigen effi-

---

1 Vgl. z.B. *Meier, G.M.*, Improving the Quality of Aid-Note, a.a.O.; *Hawkins, E.K.*, Measuring Capital Requirements, in: Finance and Development, Vol. V (1968), No. 2, S. 2 - 5; *Stern, J.J.*, Growth, Development and Regional Equity in Pakistan, a.a.O., S. 16. - "Input" ist genaugenommen nicht die gesamte Infrastruktur, sondern nur das "Infrastrukturproduktivkapital" (im Gegensatz zum "Infrastrukturkonsumptivkapital"). Vgl. insbesondere *Frey, R.I.*, Infrastruktur. Grundlagen der Planung öffentlicher Investitionen, 2. Aufl., Tübingen/Zürich 1972, S. 37 ff.

2 In der Praxis haben einige private Investitionen Infrastrukturcharakter, einige öffentliche (in Erwerbsunternehmen) direkt produktiven Charakter. Hier und im folgenden werden beide - entsprechend der Praxis der Volkswirtschaftlichen Gesamtrechnung - dem "privaten" Sektor zugerechnet.

3 Vgl. *Jochimsen, R.*, Theorie der Infrastruktur, Tübingen 1966, S. 99 f. Auf die Problematik der Abgrenzung des Begriffes "Infrastruktur" kann an dieser Stelle nicht eingegangen werden; es sei auf die Darstellung in *Jochimsen, R. und Gustafsson, K.*, Infrastruktur, in: Handwörterbuch der Raumforschung und Raumordnung, Bd. II, Hannover 1970, S. 1318 - 1335, verwiesen; ferner *Jochimsen, R.*, Theorie der Infrastruktur, Tübingen/Zürich 1972, S. 11 ff.

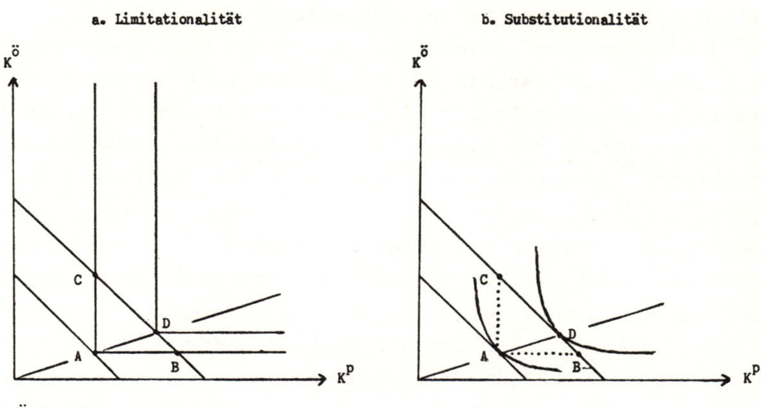

Abbildung 7: Privates Kapitel und öffentliches Kapital: Limitationalität und Substitutionalität

zienten Kombination der Faktoren "privates Kapital" und "Infrastrukturkapital" erzeugt werden kann, so ist bei Bestehen eines "Infrastrukturüberschusses" (in der Abbildung z.B. in Punkt C) die marginale Produktivität des privaten Kapitals positiv und diejenige des Infrastrukturkapitals gleich Null, während es sich bei Bestehen eines "Überschusses an privatem Kapital" (in der Abbildung z.B. Punkt B) umgekehrt verhält.

Schließt man aus, daß es überhaupt zu einem Überschuß an privatem Kapital kommt[1], weil die Privaten, ausgehend von einer effizienten Kombina-

---

1 Auf diese Möglichkeit weist jedoch Hesse hin. Hesse betont, daß der Wachstumsbeitrag öffentlicher Investitionen besonders groß ist, "wenn der Quotient K_{st}/K_{pr}, der die Kapitalstruktur repräsentiert, zu Beginn der Investitionsperiode so niedrig ist, daß erst eine weitere Investition in die Infrastruktur die Ausnutzung des privaten Kapitalstocks ermöglicht und den gesamtwirtschaftlichen Kapitalkoeffizienten auf diesem Weg entscheidend herabdrückt". Hesse leitet hieraus die - etwas sehr theoretische - Überlegung ab, daß, wenn das Argument des "critical minimum effort" (bzw. "big push") gilt, "ein balanced growth weniger erfolgversprechend (ist) als eine anfängliche Verwendung aller Ersparnisse für Investitionen in die Infrastruktur. Wenn man zunächst Verkehrswege usw. ausbaute, würde bei steigendem Kapitalkoeffizienten die Wachstumsrate des Sozialproduktes relativ gering bleiben. Die von der Bevölkerungsentwicklung ausgehenden repressiven Kräfte würden sich (wegen der inversen Abhängigkeit der Sterberate vom Pro-Kopf-Einkommen) in engem Rahmen halten. Erst dann, wenn der Quotient K_{st}/K_{pr} so hoch ist, daß schon eine kleine "private" Investition ausreicht, um das Sozialprodukt bei sinkendem Kapitalkoeffizienten beträchtlich zu erhöhen, sollten alle Investitionen im privaten Bereich vorgenommen werden (Kreditgewährungen des Staates). So könnte das Einkommen schnell gesteigert werden, und zwar so,

tion zwischem privatem Kapital und Infrastrukturkapital (z.B. in Punkt A), keine "überschüssigen" Investitionen - deren Grenzproduktivität ja Null wäre - tätigen, so ist die direkte Grenzproduktivität des Infrastrukturkapitals in jedem Fall gleich Null. Die *Funktion der Infrastruktur* besteht dann einzig und allein in ihrer *Komplementarität zum privaten Kapitalstock*, wobei rein theoretisch entweder Gleichzeitigkeit, d.h. gleichzeitige Durchführung der Infrastrukturinvestitionen mit den privaten Investitionen (in der Abbildung, ausgehend von Punkt A, Realisierung von Punkt D) oder Vorzeitigkeit, d.h. vorherige Durchführung von Infrastrukturinvestitionen (erst Realisierung von C und danach von D) vorliegen kann. Realistischer ist der zweitgenannte Fall: Infrastrukturinvestitionen schaffen erst die *Voraussetzung* für die Realisierung privater Investitionen, die ohne vorherige Infrastrukturinvestitionen (da ihre marginale Produktivität gleich Null wäre) nicht stattfinden würden. Ein Einfluß auf die Produktivität der privaten Investitionen findet also nur in dem Sinne statt, daß die Infrastrukturinvestitionen die Produktivität potentiell nachfolgender privater Investitionen von Null auf ein Niveau anheben, das die Realisierung solcher Investitionen ermöglicht bzw. induziert. Die zusätzlichen Infrastrukturinvestitionen wirken sich nur über den *Induzierungseffekt* auf den Output aus. Werden keine privaten Investitionen induziert, so bleibt das zusätzlich geschaffene "Stück Infrastruktur" ungenutzt. Der Fall, daß es vom *bestehenden* privaten Kapitalstock genutzt wird und dessen Produktivität erhöht, ist ausgeschlossen.

Unterstellt man den in Abbildung 7b dargestellten Fall weitgehender *Substitutionalität*, wonach ein bestimmter Output durch verschiedene effiziente Kombinationen von Infrastrukturkapital und privatem Kapital erzielbar ist, so hat das Infrastrukturkapital in jedem Fall eine positive marginale Produktivität, die allerdings aufgrund des Ertragsgesetzes mit zunehmenden Infrastrukturinvestitionen rückläufig ist, ebenso wie die Grenzproduktivität des privaten Kapitals. (Bei gegebener Investitionssumme ist diejenige Investitionsstruktur optimal, durch die die höchste Iso-Produktlinie erreicht wird, d.h. bei der die marginale Produktivität der Gesamtinvestitionen (private plus öffentliche Investitionen [1]) am größten ist (in der Abbildung in Punkt D, ausgehend von A)).

---

daß das kritische Niveau übersprungen wird und die repressiven Kräfte aus der Bevölkerungsentwicklung sich nicht mehr auswirken". Vgl. *Hesse, H.*, Der Einfluß des Staates auf die wirtschaftliche Entwicklung, in: Zeitschrift für die gesamte Staatswissenschaft, Bd. 116 (1961), S. 647

1 Von 'Gesamtinvestitionen' bzw. 'Gesamtkapital' wird im folgenden immer dann gesprochen, wenn die öffentliche *und* die private Komponente darin enthalten ist.

Geht man davon aus, daß in der Realität der gesamte Output vom privaten Kapital produziert wird und daß nur dieses eine direkte "Produktivität" besitzt, die im folgenden als "Gesamtproduktivität" bezeichnet werden soll[1], so hat das Infrastrukturkapital eine *indirekte Produktivität* in dem Sinne, daß es positiv auf die durchschnittliche Gesamtproduktivität des privaten Kapitals einwirkt. In dieser indirekten Produktivität liegt seine Hauptfunktion im substitutionalen Produktionszusammenhang.

Ökonomisch kommt der Einfluß der Infrastruktur auf die Gesamtproduktivität des privaten Kapitals dadurch zustande, daß diesem die Infrastrukturleistungen als *unentgeltliche Vorleistungen* zur Verfügung gestellt werden. Je größer die "Menge" an Infrastrukturleistungen, die jeder Einheit des privaten Kapitalstocks zur Verfügung steht, desto größer - mit abnehmender Rate - die durchschnittliche Gesamtproduktivität des privaten Kapitalstocks. Damit wird implizit unterstellt, daß, wenn infolge von Infrastrukturinvestitionen zusätzliche Infrastrukturleistungen zur Verfügung stehen, diese sofort vollständig vom bestehenden privaten Kapitalstock in Anspruch genommen werden. Der Fall, daß sie erst später durch induzierte private Investitionen genutzt werden, wird ausgeschlossen. Ein Einfluß der Infrastrukturinvestitionen auf das Wachstum der privaten Investitionen ist aus diesem Ansatz nicht direkt abzuleiten; er kann aber durch zusätzliche Annahmen, die eine Abhängigkeit der Höhe des privaten Kapitalstocks von seiner durchschnittlichen Gesamtproduktivität unterstellen, eingeführt werden.

Es liegt auf der Hand, daß in der Realität weder eine vollständige Substitutionalität noch eine strenge Limitationalität zwischen privatem Kapital und Infrastrukturkapital besteht. Die Funktion der Infrastruktur besteht teils in dem Einfluß auf die Gesamtproduktivität des vorhandenen privaten Kapitalstocks (und damit indirekt auf die Höhe der privaten Investitionen), teils in der direkten Erschließung neuer Investitionsmöglichkeiten für die privaten Unternehmer.

Im folgenden soll versucht werden, beide Ansätze - in teilweise modifizierter Form - modelltheoretisch zu formulieren. Dabei wird der Ansatz der Limitationalität aus Gründen der Einfachheit als "Erschließungsan-

---

1 Von "Gesamtproduktivität" wird deshalb gesprochen, weil der *gesamte* Output (Outputzuwachs) auf das private Kapital (die privaten Investitionen) bezogen wird, einschließlich des in ihm enthaltenen Einflusses der Infrastruktur (der Infrastrukturinvestitionen).

satz"[1], derjenige der Substitutionalität als "Produktivitätsansatz" bezeichnet. Wenn auf den Versuch eines kombinierten Ansatzes verzichtet wird, so aus didaktischen und anderen Gründen, die weiter unten noch deutlich werden.

2.32 Der Erschließungsansatz

Der Gedanke, daß der primäre Effekt von Infrastrukturinvestitionen der Komplementäreffekt ist, der darin besteht, daß durch die Zurverfügungstellung von *Infrastrukturleistungen*, welche gewissermaßen unabdingbare komplementäre Inputs der privaten Produktion darstellen, überhaupt erst die *Voraussetzungen für die Entfaltung privater Produktions- und Investitionstätigkeit* geschaffen werden, ist in der Literatur zwar unseres Wissens noch nie modelltheoretisch berücksichtigt, aber schon häufig geäußert worden. *Jürgensen* führt aus:

"Der Gedanke, daß die Infrastrukturinvestitionen sich komplementär zu den privaten Investitionen verhalten, entstammt Plausibilitätsüberlegungen. Er führt zu der These, daß ... die Investitionen in das Sozialkapital 'meistens erst die fundamentalen Voraussetzungen für das Wachstum der gesamten Volkswirtschaft und damit auch ihres marktwirtschaftlichen Sektors *(schaffen)*'. Hier ist beispielsweise an die Beziehung zwischen Schulung und Ausbildung des Arbeitspotentials einerseits und den zunehmenden Ansprüchen der Produktion an die Qualifikation des Faktors Arbeit ... andererseits zu denken. Eine ähnliche Komplementarität besteht zwischen dem Bau von Straßen ... und dem Output der Fahrzeugindustrie. Das gleiche gilt für das Verhältnis zwischen öffentlichen Grundleistungen und privaten Investitionen. Diese Fälle dürften deutlich machen, daß eine ... Komplementaritätsbeziehung zwischen staatlichen Infrastrukturinvestitionen und privaten Investitionen besteht"[1].

---

1 Der Begriff "Erschließungsansatz" wird in Anlehnung an den "Erschließungseffekt" bei Meinhold verwendet. Meinhold definiert den Erschließungseffekt von (öffentlichen) Investitionen als "durch Investitionen induzierte Möglichkeit des Einsatzes bisher nicht oder schlecht nutzbarer Produktivkräfte, deren Nutzung aber weiterer Investitionen ... bedarf". Diese relativ abstrakte Formulierung wird folgendermaßen erläutert: "Daß einzelne Produktionsfaktoren nicht genutzt werden, weil sie nicht kombinierbar sind, tritt häufig dann ein, wenn verschiedene Produktionsfaktoren (z.B. Arbeitskraft und Kapitalgüter) örtlich so weit voneinander getrennt sind, daß ihre für das Zustandekommen der Produktion erforderliche Kombination gar nicht (oder nur mit wirtschaftlich untragbarem Aufwand) möglich ist. Ähnliches kann bei extrem ungünstiger Standortsbindung der Produktivkräfte der Fall sein. In dieser Situation kann mitunter die zusätzliche Nutzung solch ungenutzter Produktionsfaktoren durch Kombinieren der Investitionen ermöglicht werden, indem entweder örtlich gebundene Produktivkräfte regional beweglich gemacht werden, (z.B. Arbeitskräfte durch Wohnungsbau) oder auch, indem durch Verringerung der Transportkosten (Verkehrswegebau) der Transport von Arbeitskräften, Rohstoffen oder Erzeugnissen wirtschaftlich tragbar gestaltet wird. Hier ist also die Investition ein Mittel der Nutzbarmachung vorhandener, aber bisher wirtschaftlich nicht nutzbarer Produktionsfaktoren (Erschließungseffekt)". Vgl. *Meinhold, H.*, Artikel "Investitionen", Handbuch der Sozialwissenschaften, Bd. 5, Stuttgart/Tübingen/Göttingen 1956, S. 336, 338

Auch *Littmann* mißt dem "Erschließungseffekt" der Infrastrukturinvestitionen größte Bedeutung zu und faßt zusammen:

"Die Staatswirtschaft schafft mit ihren Sozialinvestitionen Vorbedingungen der privaten Produktion, sie selbst gibt dem privaten Unternehmer Anreize zur Neukombination der Produktionsfaktoren. Das ist deshalb so wichtig, festgehalten zu werden, weil die Vorstellung einer passiven Staatswirtschaft, deren Handlungen allein Reflexe "öffentlicher Bedürfnisse" wären, tief verwurzelt scheint. Aber eine solche Würdigung geht an dem Wesen der Staatswirtschaft vorbei, da nicht zweifelhaft ist, daß die Staatswirtschaft durch die Art ihrer Ausgabengestaltung dynamische Impulse abgeben, neue Möglichkeiten der Faktorenkombination gebären und die wirtschaftliche Entwicklung vorantreiben kann"[2].

Diese Überlegungen sollen nun modelltheoretisch formuliert werden. Geht man davon aus, daß nur der private Kapitalstock eine "Produktivität" besitzt, so gilt:

$$(35) \quad Y_t = \sigma^p \cdot K_t^p$$

Unterstellt man ferner, daß gilt:

$$(36) \quad \sigma^p = \sigma'^p ,$$

so kann geschrieben werden:

$$(37) \quad \Delta Y = \sigma^p \cdot I_{t-1}^p .$$

Es wird nun davon ausgegangen, daß durch die Infrastrukturinvestitionen einer Periode bis zur nächsten Periode jeweils ein "Stück" Infrastruktur geschaffen wird, das die Voraussetzung für die Durchführung eines bestimmten Betrages an privaten Investitionen schafft, wobei die Relation zwischen dem "Stück" Infrastruktur und dem Betrag an Investitionen, der in dieses hineinwachsen kann, durch einen Proportionalitätsfaktor a bestimmt wird. Geht man realistischerweise davon aus, daß die durch die Infrastrukturinvestitionen ermöglichten privaten Investitionen nicht in einer einzigen Periode vorgenommen werden, sondern sich auf mehrere Perioden verteilen, so läßt sich der Zusammenhang folgendermaßen ausdrücken:

$$(38) \quad \sum_{t=1}^{\infty} {}_oI_t^p = a \cdot I_o^ö$$

---

1 Vgl. *Jürgensen, H.*, Bemerkungen zu Wachstums- und Verteilungseffekten privater und öffentlicher Investitionen, in: Wirtschaftskreislauf und Wirtschaftswachstum, Schneider, E. (Hrsg.), Tübingen 1966, S. 90

2 *Littmann, K.*, Zunehmende Staatstätigkeit und wirtschaftliche Entwicklung, Köln/Opladen 1957, S. 112

(Hierbei bezieht sich der linksseitige Index o auf den Zeitpunkt, in dem die Infrastrukturinvestitionen stattfanden, die die jeweiligen privaten Investitionen induzieren.)

Es stellt sich nun die Frage nach der *zeitlichen Verteilung* der insgesamt ermöglichten privaten Investitionen. Wenn in einer Periode aufgrund der Infrastrukturinvestitionen der Vorperiode ein neues Stück Infrastruktur zur Verfügung steht, so stellt dieses zunächst einen "Infrastrukturüberschuß" dar, der im Zeitablauf mit zunehmender Induzierung privater Investitionen immer kleiner wird. Im folgenden soll unterstellt werden, daß sich die induzierten privaten Investitionen in jeder Periode auf einen bestimmten Prozentsatz derjenigen privaten Investitionen belaufen, die aufgrund des noch vorhandenen Infrastrukturüberschusses insgesamt noch möglich sind. Je kleiner mit fortgesetzter Induzierung privater Investitionen der noch vorhandene Infrastrukturüberschuß, desto kleiner die Höhe der induzierten privaten Investitionen (vgl. Abbildung 8).

Dieser Zusammenhang kann mathematisch folgendermaßen ausgedrückt werden:

$$(39) \qquad {}_oI_t^p = \left(a \cdot I_o^ö - \sum_{t=1}^{t-1} {}_oI_t^p\right) \cdot \omega ,$$

wobei ω den Anteil der induzierten privaten Investitionen an denjenigen privaten Investitionen darstellt, die aufgrund des noch vorhandenen Infrastrukturüberschusses insgesamt noch möglich sind.

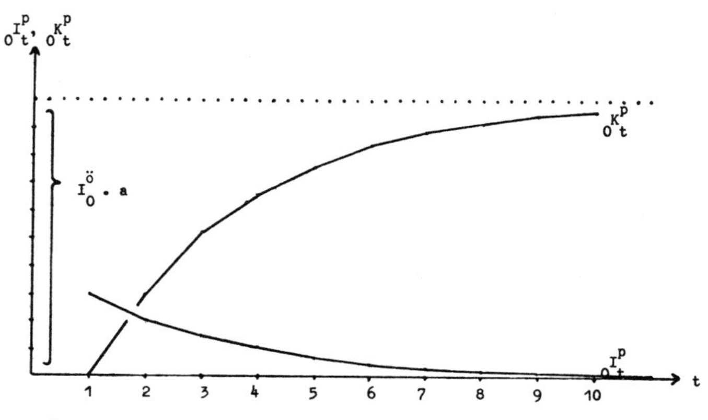

Abbildung 8: "Infrastrukturüberschuß" und private Investitionen beim Erschließungsansatz

Für t = 1 gilt wegen ${}_oI_o^p = 0$:

$$(40) \qquad {}_oI_1^p = (a \cdot I_o^ö) \cdot \omega$$

oder:

$$(41) \qquad {}_oI_1^p = \xi \cdot I_o^ö \quad ,$$

wobei:

$$(42) \qquad \xi = a \cdot \omega \quad .$$

Für alle nachfolgenden Perioden gilt:

$$(43) \qquad {}_oI_t^p = {}_oI_{t-1}^p \; (1 - \omega) \quad .$$ [1]

Betrachtet man die in einer Periode aus sämtlichen in den vorangegangenen Perioden durchgeführten Infrastrukturinvestitionen induzierten privaten Investitionen, so gilt:

---

[1] Gleichung (39) läßt sich wie folgt umformulieren:

$${}_oI_t^p = (a \cdot I_o^ö - \sum_{t=1}^{t-2} {}_oI_t^p - {}_oI_{t-1}^p) \cdot \omega \; .$$

$$= (a \cdot I_o^ö - \sum_{t=1}^{t-2} {}_oI_t^p) \cdot \omega - {}_oI_{t-1}^p \cdot \omega \; .$$

Wegen:

$${}_oI_{t-1}^p = (a \cdot I_o^ö - \sum_{t=1}^{t-2} \cdot {}_oI_t^p) \cdot \omega$$

gilt:

$${}_oI_t^p = {}_oI_{t-1}^p - {}_oI_{t-1}^p \cdot \omega$$

oder:

$${}_oI_t^p = {}_oI_{t-1}^p \; (1 - \omega) \; .$$

$$(44) \quad \sum_{t=o}^{t-1} {}_tI_t^p = \sum_{t=o}^{t-1} {}_tI_{t-1}^p (1 - \omega) + \xi \cdot I_{t-1}^{ö}$$

oder

$$(45) \quad I_t^p = I_{t-1}^p (1 - \omega) + \xi I_{t-1}^{ö} .$$

Gleichung 45 läßt sich nun ökonomisch folgendermaßen interpretieren: In dem hypothetischen Falle, daß von einem bestimmten Zeitpunkt ab keinerlei Infrastrukturinvestitionen mehr stattfinden, wird der aus den Infrastrukturinvestitionen der Vorperioden resultierende Infrastrukturüberschuß, in den noch private Investitionen hineinwachsen können, mit jedem Jahr geringer, weshalb auch die durch ihn induzierten privaten Investitionen zunehmend kleiner werden. Dadurch, daß in der Realität aber in jedem Jahr ein neues Stück Infrastruktur geschaffen wird, in das zusätzliche private Investitionen hineinwachsen können, wird der Rückgang bei den übrigen induzierten Investitionen kompensiert bzw. überkompensiert.

Dieser Zusammenhang ist in Abbildung 9 anhand eines einfachen Bèispiels graphisch dargestellt: Es wird davon ausgegangen, daß in Periode 3 - 7 wachsende Infrastrukturinvestitionen stattfinden, während in den nachfolgenden Perioden 8 - 11 kein Ausbau der Infrastruktur mehr vorgenommen wird. Wie anhand der römischen Zahlen ersichtlich ist, führt jedes mit Hilfe der in der Vorperiode getätigten Infrastrukturinvestitionen geschaffene "Stück" Infrastruktur in der jeweiligen Periode und in allen nachfolgenden Perioden zu einer mit einer konstanten Rate abnehmenden Induktion privater Investitionen. Wegen der stets neuen Infrastrukturinvestitionen, die hoch genug sind, um diese rückläufige Tendenz überzukompensieren, findet jedoch insgesamt ein positives Wachstum der privaten Investitionen statt.

Nachdem ab Periode 8 der Infrastrukturkapitalstock konstant bleibt, finden nur noch die aus den Infrastrukturinvestitionen der Vorperioden induzierten privaten Investitionen statt, deren - bei immer geringer werdendem Infrastrukturüberschuß - rückläufige Tendenz durch keinerlei zusätzlich induzierte Investitionen kompensiert oder überkompensiert wird. Für den privaten Kapitalstock hat dies zur Folge, daß er nur noch mit abnehmender Rate zunimmt (die theoretisch im Unendlichen gegen Null konvergiert).

An dieser Stelle sei betont, daß der Erschließungsansatz in der von uns postulierten rigorosen Form (strenge Limitationalität) nicht der Realität entspricht. Interessanterweise erscheint das *Ergebnis* dieses Ansat-

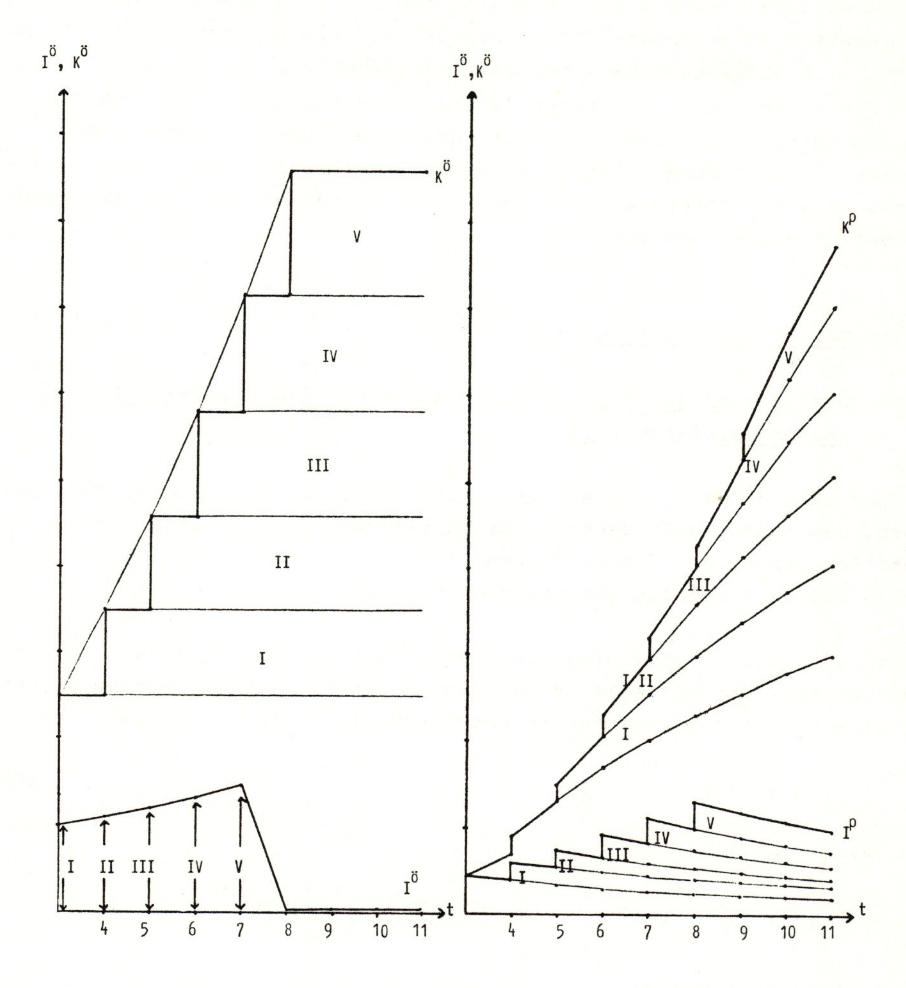

$I^ö$ = öffentliche Investitionen (Infrastrukturinvestitionen)
$K^ö$ = "öffentlicher Kapitalstock" (Infrastrukturkapital)
I^p = private Investitionen
K^p = privater Kapitalstock

Abbildung 9: Der Einfluß der Infrastrukturinvestitionen auf das Wachstum der privaten Investitionen beim Erschließungsansatz

zes, daß namlich die privaten Investitionen ohne ständige Infrastrukturinvestitionen kaum zunehmen würden, und daß die Rolle der Infrastrukturinvestitionen darin besteht, stets neue Anreize für zusätzliche private Investitionen zu vermitteln, weniger unrealistisch als die *Annahmen*, aufgrund derer dieses Ergebnis erzielt wurde.

In dem vorliegenden Ansatz wird der bei Ausbleiben jeglicher Infrastrukturinvestitionen eintretende Rückgang der privaten Investitionen auf die fortgesetzte Abnahme des "Infrastrukturüberschusses" zurückgeführt. Man könnte auch davon ausgehen, daß das Ausbleiben von Infrastrukturinvestitionen zu einem immer stärkeren "Infrastrukturmangel" führt, der den Anreiz zu weiteren privaten Investitionen immer stärker hemmt, wodurch die privaten Investitionen ebenfalls absolut rückläufig sind. Mit dieser Betrachtungsweise nähern wir uns dem Produktivitätsansatz, der im folgenden entwickelt werden soll.

2.33 Der Produktivitätsansatz

2.331 Der Einfluß der Infrastruktur auf die Gesamtproduktivität des privaten Kapitals

Der Gedanke, daß die Infrastruktur eine Produktivität besitzt, die dazu führt, daß positive Infrastrukturinvestitionen auch ceteris paribus zu einer Steigerung des Output führen, ist in der Literatur vielfach vertreten und auch modelltheoretisch berücksichtigt worden.

In der *Wachstumstheorie* wird die Infrastruktur üblicherweise durch Aufspaltung des Kapitalstocks und der Kapitalproduktivität in eine private und eine öffentliche Komponente berücksichtigt. Die Outputfunktion:

(46) $$Y_t = \sigma \cdot K_t$$

wird damit zu:

(47) $$Y_t = \sigma^p \cdot K_t^p + \sigma^ö \cdot K_t^ö \quad ,$$

die Wachstumsgleichung:

(48) $$\Delta Y = \sigma \cdot I_{t-1}$$

zu:

(49) $$\Delta Y = \sigma^p \cdot I_{t-1}^p + \sigma^ö \cdot I_{t-1}^ö$$

wegen:

$$(50) \qquad \sigma^{ö} = \sigma'^{ö}$$
$$\sigma^{p} = \sigma'^{p}\ ^{1}.$$

Daß die unter (50) gemachte Annahme konstanter marginaler Produktivitäten der beiden Kapitalstöcke, die eine konstante Grenzrate der Transformation zwischen privatem Kapital und Infrastrukturkapital impliziert, nicht unproblematisch ist, wird weiter unten noch gezeigt (vgl. S. 94 f.).

Nun ist die Produktivität der Infrastruktur bzw. der Infrastrukturinvestitionen bei realitätsnaher Betrachtung, wie bereits erwähnt, nicht direkter, sondern indirekter Natur. Der Einfluß der Infrastrukturinvestitionen auf den Output vollzieht sich über die Schaffung externer Effekte, die bei den privaten Unternehmen zu Kostensenkungen und damit zur Erhöhung der Gesamtproduktivität des privaten Kapitalstocks führen. Dieser Gedanke ist in der Literatur verschiedentlich zum Ausdruck gebracht worden[2]. So heißt es zum Beispiel bei *Frey*[3]:

"Bei einer gut ausgebauten Infrastruktur ist die Produktivität des privaten Kapitals hoch, da die Unternehmungen dann viele Infrastrukturleistungen unentgeltlich als Vorleistungen verwenden können. Bei einem ungenügenden Infrastrukturausbau andererseits müssen die Unternehmungen höhere Produktionskosten in Kauf nehmen oder selbst gewisse Infrastrukturleistungen (z.B. fachliche Ausbildung, Forschung, Transportleistungen, Energieerzeugung) erbringen - zudem zu hohen Kosten, da sie die Vorteile der Massenproduktion nicht nutzen können. Die Rendite ihrer Investitionen sinkt, der Kapitalkoeffizient der privaten Investitionen steigt ..."

---

1 Dieser Ansatz wird in der Literatur auch als "Musgravescher Ansatz" oder "Musgravesche Methode" bezeichnet. Vgl. *Musgrave, R.A.*, Finanztheorie, Tübingen 1966, S. 442 ff.; *Hesse, H.*, Der Einfluß des Staates auf die wirtschaftliche Entwicklung, in: ZfgSt, Bd. 117 (1961), S. 648 f.; *Weber, W.*, Wachstumseffekte der Staatsausgaben, in: Beiträge zur Theorie der öffentlichen Ausgaben, in: Timm, H. und Haller, H. (Hrsg.), Berlin 1967, S. 232 ff.; *Ramser, H.J.*, Budgetpolitik und Wirtschaftswachstum, in: Schweizerische Zeitschrift für Volkswirtschaft und Statistik, Vol. 105 (1969), S. 184 ff.

2 Vgl. insbesondere die anhand einer graphischen Darstellung veranschaulichten Ausführungen bei *Hirschman, A.O.*, The Strategy of Economic Development, New Haven/London 1958, S. 86 f. Ferner *Bruton, H. J.*, Growth Models and Underdeveloped Countries, in: The Journal of Political Economy (1955), wiederabgedr. in: Agarwala, A.N. and Singh, S.P. (eds.), The Economics of Underdevelopment, New York 1963, S. 225 f.; *Littmann, K.*, Zunehmende Staatstätigkeit und wirtschaftliche Entwicklung, a.a.O., S. 153 ff.; *Timm, H.*, Staat, Wachstum und Preisniveau, ZgSt, Bd. 119 (1963), S. 267 ; *Wittmann, W.*, Staatliche Aktivität, wirtschaftliche Entwicklung und Preisniveau, Zürich 1965, S. 38 ff.; *Denison, E.F.*, Why Growth Rates Differ, Washington 1967, S. 136; *Jansen, P.G.*, Infrastrukturinvestitionen als Mittel der Regionalpolitik, Gütersloh 1967, S. 35; *Frey, R.L.*, Infrastruktur und Wirtschaftswachstum, in: Konjunkturpolitik, Jg. 15 (1969), S. 103 ff.

3 Vgl. *Frey, R.L.*, Infrastruktur und Wirtschaftswachstum, a.a.O., S. 107

Den indirekten Produktivitätseffekt der öffentlichen Ausgaben hat als erster *Timm*[1] zu erfassen versucht durch Einführung eines Parameters e[2]:

$$(51) \qquad \Delta Y_t = \frac{\sigma' p}{(1-e)} \cdot I^p_{t-1} \qquad 0 \leq e \leq 1 \; .$$

Timm unterstellt einen - allerdings nicht funktionalisierten - Zusammenhang zwischen den Infrastrukturinvestitionen und der *marginalen* Gesamtproduktivität des privaten Kapitals. Je größer e, desto größer aufgrund der höheren indirekten Produktivität des Infrastrukturkapitals auch die marginale Gesamtproduktivität des privaten Kapitals[3]. Dieser Zusammenhang wird auch von anderen Autoren angenommen. So geht z.B. auch *Giersch* davon aus, daß die "öffentlichen Investitionen ... ihre Hauptwirkung dadurch (erzielen), daß sie die Grenzleistungsfähigkeit der privaten erhöhen"[4]. Es dürfte der ökonomischen Realität jedoch eher entsprechen davon auszugehen, daß sich Infrastrukturinvestitionen auf die *durchschnittliche* Gesamtproduktivität des privaten Kapitals auswirken.

Um dies zu erläutern, erscheint ein kurzer Exkurs angebracht. In Wachstumsmodellen, in denen als einziger Produktionsfaktor der Faktor Kapital berücksichtigt ist, wie im sog. *HARROD-DOMAR*-Modell, ist die Kapitalproduktivität sinnvollerweise nicht als Kausalität, sondern als statistische ex-post-Relation zwischen Sozialprodukt und Kapitalstock zu interpretieren. Der Einfluß der anderen Produktionsfaktoren ist aus der Gleichung:

$$(52) \qquad Y_t = \sigma \cdot K_t$$

nicht eliminiert, sondern implizit in der Größe der Kapitalproduktivität bzw. seines Kehrwerts, des Kapitalkoeffizienten, enthalten[5].

---

1 Vgl. *Timm, H.*, Staat, Wachstum und Preisniveau, a.a.O., S. 267 f.

2 Hierbei sind die in Timms Funktion enthaltenen Transferausgaben, die für die vorliegende Betrachtung irrelevant sind, vernachlässigt.

3 Der Fall, daß e einen Wert annimmt, der 0,5 erheblich überschreitet, ist allerdings relativ unrealistisch. Bei einem Wert von 1 schließlich wäre die Gesamtproduktivität des privaten Kapitals unendlich groß.

4 *Giersch, H.*, Das ökonomische Grundproblem der Regionalpolitik, in: Jahrbuch für Sozialwissenschaften, Bd. 14 (1963), S. 395. Ähnlich *Jochimsen, R., und Gustafsson, K.*, Infrastruktur, a.a.O., S. 1324

5 Vgl. z.B. *Kim, C.K.*, Wirtschaftswachstum und Kapitalkoeffizient, Düsseldorf 1972, S. 24 f.: "Nun ist aber das Kapital nur einer von mehreren Produktionsfaktoren, deren Zusammenwirken die tatsächliche Produktion bestimmt. Außerdem ist die tatsächliche Produktion von zahlreichen anderen institutionellen, natürlichen, klimatischen und sonstigen Faktoren beeinflußt, die nicht als Produktionsfaktoren zu bezeichnen sind. Der empirisch beobachtbare Kapitalkoeffizient ist,

Geht man davon aus, daß die Effizienz des gesamten Faktorbestandes (die 'Produktionstechnik') konstant ist (*Harrod-Domar*-Implikation) oder sich nur für einen Teil dieses Faktorbestandes - etwa nur für die Neuzugänge - verändert, so kann das Sozialprodukt statt mit Hilfe der durchschnittlichen auch mit Hilfe der marginalen Kapitalproduktivität definiert werden:

$$(53) \qquad Y_t = Y_{t-1} + \sigma' \cdot I_{t-1} ,$$

wobei für den ersten Fall (konstante Produktionstechnik) $\sigma' = \sigma$, für den letzteren $\sigma' \neq \sigma$ gilt.

Teilt man nun das Kapital in eine private und eine öffentliche Komponente auf und bezieht das Sozialprodukt nur auf den privaten Kapitalstock, so scheint es sinnvoll davon auszugehen, daß positive Infrastrukturinvestitionen, wenn sie einen Produktivitätseffekt haben, weniger die marginale als die durchschnittliche Gesamtproduktivität des privaten Kapitals beeinflussen: Sie wirken zumeist auf die Effizienz des *gesamten* übrigen Faktorbestandes, selten nur auf die Zuwächse desselben[1]. (Auch wenn keine privaten (Netto-)Investitionen stattfinden, erhöht sich bei positiven Infrastrukturinvestitionen das Sozialprodukt allein über den indirekten Effekt auf die durchschnittliche Gesamtproduktivität des privaten Kapitalstocks. Es wäre absurd, diese Erhöhung auf die privaten Investitionen zu beziehen, die ja in diesem - konstruierten - Fall gleich Null sind.)

---

streng genommen, somit weder ein technologischer Koeffizient noch ein Verhaltenskoeffizient. Er ist einfach ein ex-post-Quotient, der sich ergibt, wenn man den Wert des Realkapitalbestandes durch den tatsächlichen Wert des Realeinkommens in einer bestimmten Periode dividiert ...". Ähnlich *Rose, K.*, Grundlagen der Wachstumstheorie, 2. Aufl., Göttingen 1973, S. 25

1 Infrastrukturinvestitionen, die sich nur auf private *Investitionen* auswirken, erhöhen die marginale Produktivität des privaten Kapitals nicht, wenn sie die potentielle, sehr niedrige Produktivität von - deshalb nicht realisierten - privaten Investitionen auf das tatsächliche Niveau der vorangegangenen privaten Investitionen anheben (und damit erst neue private Investitionen induzieren). - Infrastrukturinvestitionen haben im wesentlichen eine ähnliche Funktion wie der ungebundene (disembodied) technische Fortschritt, der im Gegensatz zum gebundenen (embodied) die Effizienz des gesamten Faktorbestandes erhöht. *Vosgerau* spricht sogar von der "Möglichkeit, den Einfluß der öffentlichen Infrastrukturinvestitionen auf die private Kapitalproduktivität als durch technischen Fortschritt, welcher durch die öffentlichen Investitionen herbeigeführt wird, vermittelt zu interpretieren". Vgl. *Vosgerau, H.-J.*, Wachstumstheorie und reale langfristige Perspektiven, in: Theorie und Praxis der Infrastrukturpolitik, Schriften des Vereins für Socialpolitik, N.F., Bd. 54, Berlin 1970, S. 13

Da die indirekte Produktivitätswirkung der Infrastrukturinvestitionen aus der Tatsache resultiert, daß die "Menge" an Infrastrukturleistungen, die dem gesamten übrigen Faktorbestand pro Einheit zur Verfügung steht, zunimmt, erscheint es angebracht davon auszugehen, daß die durchschnittliche Gesamtproduktivität des privaten Kapitals nicht von der Höhe der Infrastrukturinvestitionen, sondern von der *relativen Höhe des Infrastrukturkapitals* abhängig ist:

$$(54) \qquad Y_t = \sigma_t^p \cdot K_t^p$$

$$(55) \qquad \sigma_t^p = f\left(\frac{K_t^ö}{K_t^p}\right) .$$

Von diesem Ansatz, der sich schon in ähnlicher - mathematisch nicht formalisierter - Form bei *Hirschman* findet, ist im Rahmen eines Wachstumsmodells als bisher einziger Autor *R.L. Frey*[1] ausgegangen[2]. Die von *Frey* angenommene Form der σ^p-Funktion zeigt - leicht modifiziert[3] - Abbildung 10. Sie entspricht relativ genau derjenigen, von der schon *Hirschman*[4] ausgeht: Damit das private Kapital überhaupt in der Lage ist zu produzieren, muß eine Mindestinfrastruktur vorhanden sein. Je größer der relative Umfang des Infrastrukturkapitals, desto größer die durchschnittliche Gesamtproduktivität des privaten Kapitalstocks, wobei die Produktivitätszuwächse aufgrund des Ertragsgesetzes kontinuierlich abnehmen, bis die Kurve vollkommen horizontal verläuft: Eine Steigerung der Gesamtproduktivität des privaten Kapitalstocks ist durch zusätzliche Infrastrukturinvestitionen nicht mehr möglich.

Für die Zwecke des *Zwei-Regionen-Wachstumsmodells*, das aufgrund seiner unterschiedlichen Zielsetzung gänzlich anders strukturiert ist als das

---

1 Vgl. *Frey, R.L.*, Infrastruktur und Wirtschaftswachstum, a.a.O.

2 Ebenda, S. 111

3 Die Funktion wurde "umgekehrt", indem statt des Gesamtkapitalkoeffizienten des privaten Kapitals dessen Gesamtproduktivität in Abhängigkeit von der relativen Höhe der Infrastruktur eingezeichnet wurde. Ferner nimmt die Steigung der Kurve etwas gleichmäßiger ab, als sie in der Darstellung Freys zunimmt; die Notation wurde der von uns verwendeten angepaßt.

4 Vgl. *Hirschman, A.O.*, The Strategy of Economic Development, a.a.O., S. 86 f.

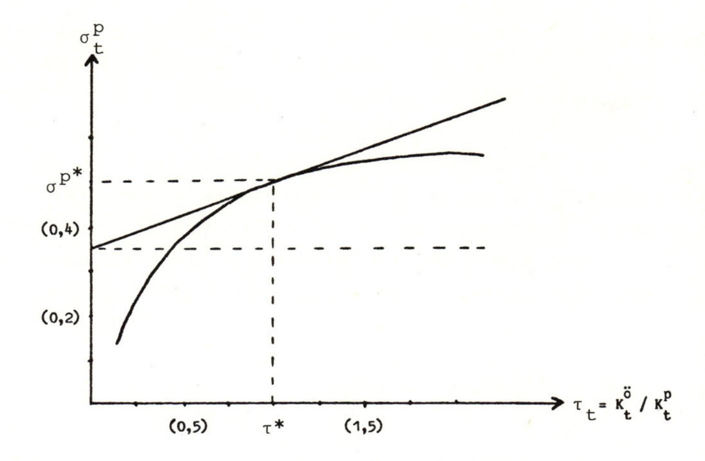

σ^p_t = "Gesamtproduktivität" des privaten Kapitals (Y/K^p)

Abbildung 10: Gesamtproduktivitätsfunktion bei Frey und Linearisierung im Zwei-Regionen-Wachstumsmodell

Infrastruktur-Wachstumsmodell von *Frey*[1], muß die Gesamtproduktivitätskurve in Abbildung 10 durch *Linearisierung* approximiert werden, wobei die Approximation grundsätzlich umso besser ist, je größer die Anzahl der Teilstücke, in die die Kurve zerlegt wird. Will man jedoch den technichen und rechnerischen Aufwand in vertretbaren Grenzen halten, so erscheint es angebracht, eine relativ grobe Approximation durch eine einzige Gerade vorzunehmen.

---

1 Das Zwei-Regionen-Wachstumsmodell ist ein lineares Zwei-Regionen-Optimierungsmodell, dasjenige von *Frey* ein nichtlineares Ein-Regionen-Konsistenzmodell. Freys Hauptanliegen besteht darin, "Entstehung und Beseitigung eines Infrastrukturnachholbedarfs oder -überschusses als Ursache oder als Folge wirtschaftlichen Wachstums zu erklären" (Infrastruktur und Wirtschaftswachstum, a.a.O., S. 106), unseres im Aufzeigen der Bedeutung der Infrastruktur für die Entstehung und Beseitigung regionaler Disparitäten und für die Beziehung zwischen dem Ziel eines maximalen gesamtwirtschaftlichen Wachstums und demjenigen einer gleichmäßigeren regionalen Verteilung.

Definiert man für

$$(56) \qquad \tau_t = \frac{K_t^ö}{K_t^p}$$

eine "Normalrelation" τ^*, der eine "Normal-Gesamtproduktivität" des privaten Kapitals σ^{p*} entspricht, und approximiert man die Gesamtproduktivitätskurve durch die Tangente im Punkt σ^{p*}/τ^*, so kann die linearisierte Gesamtproduktivitätsfunktion folgendermaßen ausgedrückt werden:

$$(57) \qquad \sigma_t^p = \sigma^{p*} + \pi(\tau_t - \tau^*) \; ,$$

wobei π die Steigung der Tangente darstellt. Damit ist die tatsächliche durchschnittliche Gesamtproduktivität des privaten Kapitalstocks definiert als Normal-Gesamtproduktivität, korrigiert um die mit π multiplizierte Abweichung der tatsächlichen Relation zwischen Infrastrukturkapitalstock und privatem Kapitalstock von der Normalrelation.

Wie auch aus Abbildung 10 hervorgeht, besteht die Gesamtproduktivität des privaten Kapitals nun aus einer konstanten Komponente und einer variablen Komponente, die von τ_t abhängig ist. In diesem Sinne läßt sich Gleichung (57) wie folgt umformulieren:

$$(58) \qquad \sigma_t^p = (\sigma^{p*} - \pi \cdot \tau^*) + \pi \cdot \tau_t \; ,$$

wobei der erste Term auf der rechten Seite das konstante, der zweite das variable Glied darstellt.

Setzt man Gleichung (58) in Funktion (54) ein, so erhält man:

$$(59) \qquad Y_t = (\sigma^{p*} - \pi \cdot \tau^*) \, K_t^p + \pi \cdot \tau_t \cdot K_t^p$$

oder, durch Einsetzen von (56):

$$(60) \qquad Y_t = (\sigma^{p*} - \pi \cdot \tau^*) \, K_t^p + \pi \cdot K_t^ö \; .$$

Diese Beziehung kann auch so interpretiert werden, als hätten sowohl der private Kapitalstock als auch der Infrastrukturkapitalstock eine "eigene", konstante Produktivität. Die Linearisierung der σ^p-Funktion impliziert also eine Outputfunktion, die der in der neoklassischen Wachstumstheorie verwendeten entspricht. Der Unterschied besteht lediglich darin, daß bei unserer Darstellung zum Ausdruck kommt, daß die Produktivität der Infrastruktur *indirekter* Natur ist.

Die in der Wachstumstheorie vielfach gestellte Frage nach der *optimalen Investitionsstruktur* (Relation zwischen öffentlichen und privaten Investitionen)[1] ist auch im Rahmen unseres Modells von Interesse. Wachstumsoptimal ist natürlich nicht diejenige Investitionsstruktur, die die *durchschnittliche* Gesamtproduktivität des privaten Kapitals, sondern diejenige, die die *marginale* (und damit auch die durchschnittliche) Produktivität des Gesamtkapitals maximiert[2]. Ausgehend von Gleichung (60), ist bei unserem Ansatz die marginale Produktivität des Gesamtkapitals, $\sigma'_t = \Delta Y_t / I_{t-1}$, definiert als die Summe der gewichteten marginalen (gleich durchschnittlichen) Produktivitäten des privaten und öffentlichen Kapitals:

$$(61) \qquad \sigma'_t = \frac{(\sigma^{p*} - \pi \cdot \tau^*) I^p_{t-1} + \pi \cdot I^ö_{t-1}}{I_{t-1}}$$

Geht man davon aus, daß $(\sigma^{p*} - \pi \cdot \tau^*) > \pi$ - die Produktivität des privaten Kapitals ist größer als die Produktivität des Infrastrukturkapitals -, so besteht eine wachstumsoptimale Strategie - führt man keine zusätzlichen Bedingungen ein - darin, sämtliche Investitionsmittel in den Ausbau des privaten Kapitalstocks zu lenken: Je größer dieser Anteil, desto größer die marginale Produktivität des Gesamtkapitals.

Dieses absurde Ergebnis kommt dadurch zustande, daß durch die *Linearisierung* der Funktion der Gesamtproduktivität des privaten Kapitals die abnehmenden Grenzproduktivitäten der beiden Kapitalstöcke in *konstante Grenzproduktivitäten* umgewandelt wurden, wodurch die abnehmende Rate der Transformation zwischen Infrastrukturkapitalstock und privatem Kapitalstock ebenfalls zu einer *konstanten Rate der Transformation* wurde. Bei abnehmenden Grenzproduktivitäten, wie sie der Produktisoquante in Abbildung 7b und der nicht-linearisierten Funktion der Gesamtproduktivität in Abbildung 10 zugrunde liegen, führt - ausgehend von einer günstigen Ausstattung mit Infrastruktur - jede Verschiebung der Relation der beiden Kapitalstöcke zugunsten des privaten Kapitalstocks zu einer Abnahme der Produktivität dieses Kapitalstocks und zu einer Zunahme der Produktivität des Infrastrukturkapitalstocks, bis schließlich beide Produkti-

---

1 Vgl. z.B. *Jürgensen, H.*, Bemerkungen zu Wachstums- und Verteilungseffekten privater und öffentlicher Investitionen, a.a.O., S. 87 ff.; *Hesse, H.*, Der Einfluß des Staates auf die wirtschaftliche Entwicklung, a.a.O., S. 643 ff.; *Wittmann, W.*, Staatliche Aktivität, wirtschaftliche Entwicklung und Preisniveau, a.a.O., S. 23 ff.

2 So stellt z.B. auch *Hesse* fest, daß "die Aufteilung einer bestimmten Investitionssumme auf den öffentlichen und privaten Bereich ... dann als optimal anzusehen (ist), wenn der marginale Kapitalkoeffizient (des Gesamtkapitals) den niedrigstmöglichen Wert erreicht". Vgl. *Hesse, H.*, Der Einfluß des Staates auf die wirtschaftliche Entwicklung, a.a.O., S. 644

vitäten gleich groß sind und die optimale Kombination erreicht ist. Jenseits dieses Punktes führt jede überproportionale Ausdehnung des privaten Kapitalstocks zu einem Verlust an gesamtwirtschaftlichem Wachstum, weil die Produktivität des privaten Kapitals nun zunehmend geringer wird als diejenige des Infrastrukturkapitals.

Das Ergebnis, daß bei konstanten Produktivitäten unter der Annahme, daß die Produktivität des privaten Kapitals größer ist als diejenige des Infrastrukturkapitals, die wachstumsoptimale Strategie im Verzicht auf jegliche Infrastrukturinvestitionen besteht, ist schon allein deshalb absurd, weil ein *Mindestmaß an Infrastrukturinvestitionen* zur Erschließung privater Investitionsmöglichkeiten unabdingbar ist. Sieht man von dieser Tatsache, die im Erschließungsansatz ausgedrückt wurde, ab, so ist die Strategie eines völligen Verzichtes auf Infrastrukturinvestitionen auch deshalb absurd, weil sie, geht man von dem in Gleichung (57) postulierten Zusammenhang zwischen Infrastrukturausstattung und Gesamtproduktivität des privaten Kapitalstocks aus, zu einer *ständigen Verringerung der durchschnittlichen Gesamtproduktivität des privaten Kapitalstocks* führen würde. Das Paradoxon, daß die Strategie, die zur größtmöglichen Produktivität des Gesamtkapitals führt, andererseits die kleinstmögliche Gesamtproduktivität des privaten Kapitals zur Folge hat, erklärt sich daraus, daß Infrastrukturinvestitionen nicht nur einen indirekten Produktivitätseffekt (im folgenden: σ^p-Effekt), sondern auch einen Verdrängungseffekt (im folgenden: v-Effekt) haben, der in der Verhinderung alternativer privater Investitionen besteht und den ersteren überkompensiert, so daß der kombinierte Effekt auf die marginale Produktivität des Gesamtkapitals (im folgenden: σ'-Effekt) negativ ist[1].

1 Bei einer Veränderung der Investitionsstruktur zugunsten der privaten Investitionen kann der private Kapitalstock stärker ausgedehnt werden, als seine durchschnittliche Produktivität sinkt. Mathematisch können die drei Effekte der Infrastrukturinvestitionen bei Betrachtung von 2 Perioden und unter der Annahme $I^ö = I^ö_o$ folgendermaßen ausgedrückt werden:

σ^p-Effekt: $I^ö_o \longrightarrow \Delta Y^a_1 = \pi \cdot I^ö_o$;

v-Effekt: $I^ö_o = -I^p_o$

$I^ö_o \longrightarrow \Delta Y^b_1 = (\sigma^{p*} - \pi \cdot \tau^*)(-I^p_o)$;

σ'-Effekt: $I^ö_o \longrightarrow \Delta Y^{a+b}_1 = [\pi - (\sigma^{p*} - \pi \cdot \tau^*)] I^ö_o$

$I^ö_o \longrightarrow \Delta\sigma' = \sigma^{p*} [\pi - (\sigma^{p*} - \pi \cdot \tau^*)]$.

Bei realistischer Betrachtung ist eine Strategie der einseitigen Konzentration auf private bzw. produktive Investitionen wegen des σ^p-Effektes nur in begrenztem Maße durchführbar. Das Investitionsverhalten zumindest der privaten, weitgehend auch der öffentlichen bzw. halböffentlichen Investoren, richtet sich in der Realität weniger nach Gesichtspunkten *gesamtwirtschaftlicher Optimalität* als nach solchen *betriebswirtschaftlicher Rentabilität*. Geht diese nennenswert zurück, so dürfte auch die private Investitionsneigung abnehmen, d.h. ein zunehmender Teil der potentiell aus dem In- und Ausland zur Verfügung stehenden Investitionsmittel in andere Länder/Regionen mit höherer privater Gesamtproduktivität abwandern. Anders ausgedrückt, das Land bzw. die Region ist nicht mehr in der Lage, das gesamte zur Verfügung stehende Kapital zu absorbieren.

2.332 Der Einfluß der Gesamtproduktivität des privaten Kapitals auf die Absorption privater Investitionen

Der Gedanke, daß sich die Höhe der Infrastrukturinvestitionen über die Gesamtproduktivität auf die Höhe der privaten Investitionen auswirkt, ist in der Literatur verschiedentlich zum Ausdruck gebracht, unseres Wissens aber noch nie modelltheoretisch berücksichtigt worden[1].

---

1 Timm diskutiert den Zusammenhang nur verbal, ohne ihn in sein Modell aufzunehmen. Bei ihm heißt es: "Auch über den e-Effekt ist die staatliche Aktivität geeignet, die privaten Investitionsausgaben zu beeinflussen ... Zunächst erhalten die Gewinne der Unternehmen durch die von den Staatsleistungen bewirkte Erhöhung der Erzeugung - bei einer Kapitalausrüstung, wie sie sich ohne staatliche Aktivität entwickelt hätte - einen Impuls nach oben ... Da die (privaten) Investitionsausgaben auch eine Funktion der Gewinne sind, ist also anzunehmen, daß der e-Effekt insoweit auf eine Anregung der Gewinne hinausläuft ..." Timm diskutiert ferner den - in der Literatur umstrittenen - Effekt der für höhere Infrastrukturausgaben notwendigen Steuererhöhung auf die private Investitionsneigung, den wir im folgenden unberücksichtigt lassen. Vgl. *Timm, H.*, Staat, Wachstum und Preisniveau, a.a.O., S. 274
Auch in dem Infrastruktur-Wachstumsmodell von Frey fehlt der Zusammenhang zwischen Gesamtproduktivität und Wachstum des privaten Kapitals. In einem der von ihm durchgerechneten numerischen Beispiele (Entstehen eines Infrastrukturnachholbedarfs) sinkt die durchschnittliche Produktivität des privaten Kapitals im Laufe von 12 Jahren kontinuierlich von 0,5 auf 0,31 ab, ohne daß sich dies restriktiv auf die privaten Investitionen bzw. ihren Anteil an den Gesamtinvestitionen auswirkt. Frey schlägt vor, der Tatsache, daß ein stark steigender privater Kapitalkoeffizient "in Wirklichkeit ... die Entscheidungsträger zu einer Revision des Investitionsverhaltens veranlaßt", durch Festlegung eines "kritischen Wertes" für diesen Kapitalkoeffizienten Rechnung zu tragen, der zu einer Änderung in der Zusammensetzung der Investitionen führt. Vgl. *Frey, R.L.*, Infrastruktur und Wirtschaftswachstum, a.a.O., S. 117, 120, 122

Grundsätzlich kann davon ausgegangen werden, daß sich eine erhöhte Gesamtproduktivität sowohl auf die *Investitionsfähigkeit* als auch auf die *Investitionsneigung* der Privaten auswirkt, wobei der zweite Aspekt der wichtigere sein dürfte. Wenn "die öffentlichen Investitionen den privaten vorauseilen, so können sie nur dazu dienen, die Rentabilität privater Vorhaben und damit die Investitionsneigung der Unternehmer zu erhöhen"[1].

Am deutlichsten wird dieser Gedanke von *Hirschman* zum Ausdruck gebracht. *Hirschman* geht im Rahmen seines Konzeptes vom "unbalanced growth" davon aus, daß ein "Infrastrukturüberschuß" - über die Senkung der Kosten - zusätzliche private Investitionen induziert, während ein "Infrastrukturmangel" tendenziell - über die von den Privaten ausgeübten "pressures to remedy it"[2] - zusätzliche Infrastrukturinvestitionen auslöst.

Der von *Hirschman* unterstellte Zusammenhang wird aus Abbildung 11[3] deutlich. Punkt B repräsentiert die Gleichgewichtsrelation zwischen Infrastrukturkapitalstock (Social Overhead Capital = SOC) und privatem Kapitalstock (Directly Productive Activities = DPA). Ausgehend von der Gleichgewichtsrelation wird mit zunehmendem Infrastrukturüberschuß eine entsprechend dem Ertragsgesetz unterproportional zunehmende Induzierung privater Investitionen angenommen, deren Grenzrate in C gleich Null ist.

Aus *Hirschmans* Darstellung ist allerdings nicht ersichtlich, wie sich ein Infrastrukturmangel auf die privaten Investitionen auswirkt, d.h. ob er einen "negativen" Induzierungseffekt hat. Die Vernachlässigung dieser Fragestellung ist offenbar darauf zurückzuführen, daß ein solcher Mangel entsprechend seinem Konzept nur vorübergehend sein kann, da er immer wieder die ihn aufhebenden Infrastrukturinvestitionen induziert[4].

Geht man demgegenüber davon aus, daß ein Infrastrukturmangel durchaus Bestand haben kann, so erscheint es plausibel anzunehmen, daß er nicht nur - wie auch *Hirschman* ausführt[5] - eine geringere Gesamtproduktivität

---

1 Vgl. *Giersch, H.*, Strategien der Wachstumspolitik, in: Zeitschrift für die gesamte Staatswissenschaft, Bd. 119 (1963), S. 260

2 Vgl. *Hirschman, A.O.*, The Strategy of Economic Development, a.a.O., S. 91

3 Ebenda, S. 90

4 Dies ist auch die Ursache, weshalb Hirschman eine Entwicklung via Infrastrukturmangel einer solchen via Infrastrukturüberschuß vorzieht: Bei der ersteren ("compels") ist der Induzierungseffekt stärker und gesicherter als bei der letzteren ("invites"). Ebenda, S. 93

5 "The cost of producing any given output will be the higher, the more inadequate the SOC of the economy". Ebenda, S. 86

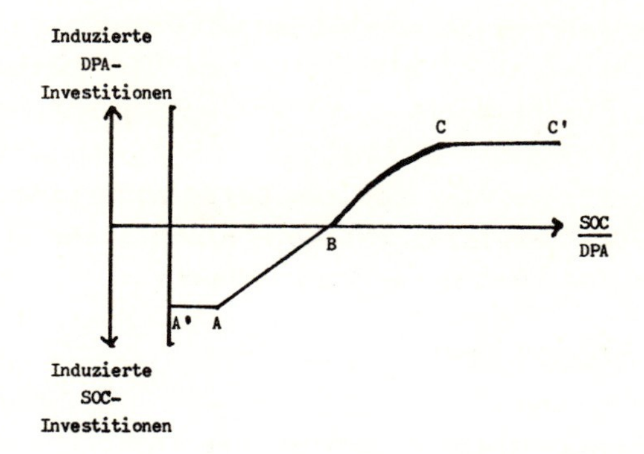

Abbildung 11: Infrastrukturausstattung und induzierte Investitionen bei Hirschman

des privaten Kapitalstocks, sondern aus diesem Grunde auch ein geringeres Niveau der privaten Investitionen zur Folge hat als z.B. die Gleichgewichtssituation in B.

Unterstellt man einen linearen Zusammenhang zwischen der Gesamtproduktivität und dem Wachstum des privaten Kapitals, so läßt sich dieser mathematisch folgendermaßen formulieren:

Der private Kapitalstock wächst jährlich mit der variablen Wachstumsrate β:

$$(62) \qquad K_t^p = K_{t-1}^p \ (1 + \beta_t) \ ,$$

die ihrerseits von der Gesamtproduktivität des privaten Kapitals in der Vorperiode abhängig ist:

$$(63) \qquad \beta_t = \dot{a} + \mu \cdot \sigma_{t-1}^p \ ,$$

weshalb die Funktion als '*P-Absorptionsfunktion*' bezeichnet werden soll. Durch Einsetzen von (57) kann β auch in Abhängigkeit von der Infrastrukturausstattung der Vorperiode ausgedrückt werden:

$$(64) \qquad \beta_t = \dot{a} + \mu \left[\sigma^{p*} + \pi(\tau_{t-1} - \tau^*)\right] \ ;$$

diese Funktion sei als '*I-Absorptionsfunktion*' bezeichnet.

Durch Einsetzen von (64) in (62) erhalten wir:

$$(65) \qquad K_t^p = K_{t-1}^p \left[1 + \dot{a} + \mu[\sigma^{p*} + \pi(\tau_{t-1} - \tau^*)]\right] .$$

Diese Gleichung enthält auf der rechten Seite noch einen Faktor (τ_{t-1}), der - außer in trivialen Fällen - nichtlinear in t ist. Durch Einsetzen von (56) und unter Verwendung von

$$(66) \qquad \beta^* = \dot{a} + \mu \cdot \sigma^{p*}$$

(wobei β^* die der Normal-Gesamtproduktivität entsprechende "normale Wachstumsrate" des privaten Kapitals ist) kann auch nach Umformung geschrieben werden:

$$(67) \qquad K_t^p = K_{t-1}^p(1 + \beta^* - \mu \cdot \pi \cdot \tau^*) + \mu \cdot \pi \cdot K_{t-1}^{ö}$$ [1].

2.34 Grundmodell, Erschließungsansatz und Produktivitätsansatz: Vergleich

Vergleicht man den Ansatz des Grundmodells, den Erschließungsansatz und den Produktivitätsansatz, so lassen sich einige interessante Beziehungen feststellen.

Der einfache *Ansatz des Grundmodells* läßt sich grundsätzlich sowohl mit Hilfe der Durchschnittsanalyse als auch mit Hilfe der Marginalanalyse darstellen. Für den *Erschließungsansatz*, der auf dem Gedanken des Hineinwachsens der privaten Investitionen in die durch Infrastrukturinvestitionen erschlossenen neuen Investitionsmöglichkeiten basiert, erscheint die Marginalbetrachtung geeigneter, obwohl sich zeigen ließe, daß sich diese nachträglich in eine Durchschnittsbetrachtung (Hineinwachsen des privaten Kapitalstocks in den vorhandenen Infrastrukturüberschuß) transformieren läßt. Der *Produktivitätsansatz*, dem der Gedanke zugrundeliegt, daß durch Infrastrukturinvestitionen geschaffene zusätz-

---

1 $K_t^p = K_{t-1}^p \left[1 + \dot{a} + \mu[\sigma^{p*} + \pi(\tau_{t-1} - \tau^*)]\right]$

$$= K_{t-1}^p \left(1 + \dot{a} + \mu \cdot \sigma^{p*} + \mu \cdot \pi \cdot \frac{K_{t-1}^{ö}}{K_{t-1}^p} - \mu \cdot \pi \cdot \tau^*\right)$$

$$= K_{t-1}^p (1 + \beta^* - \mu \cdot \pi \cdot \tau^*) + K_{t-1}^p \cdot \mu \cdot \pi \cdot \frac{K_{t-1}^{ö}}{K_{t-1}^p})$$

$$= K_{t-1}^p (1 + \beta^* - \mu \cdot \pi \cdot \tau^*) + \mu \cdot \pi \cdot K_{t-1}^{ö}) .$$

liche Infrastrukturleistungen vom gesamten privaten Kapitalstock genutzt werden und dessen Produktivität erhöhen, läßt sich, wie bereits ausgeführt wurde, *ökonomisch* zunächst nur mit Hilfe der Durchschnittsbetrachtung darstellen. Unterstellt man jedoch, wie wir es getan haben, lineare Gesamtproduktivitäts- und P-Absorptionsfunktionen, so läßt sich die Durchschnittsbetrachtung *mathematisch* in eine Marginalbetrachtung überführen.

Bei Zugrundelegung der Marginalbetrachtung lauten die Wachstumsgleichungen der drei Ansätze:

(68) $\Delta Y = \sigma \cdot I_{t-1}$ [1] Ansatz des Grundmodells

(69) $\Delta Y = \sigma^{p} \cdot I^{p}_{t-1}$ Erschließungsansatz

(70) $\Delta Y = (\sigma^{p*} - \pi \cdot \tau^{*}) \cdot I^{p}_{t-1} + \pi \cdot I^{ö}_{t-1}$ Produktivitätsansatz

Die Investitionsfunktionen lauten:

(71) $I_{t} = I_{t-1}\,(1 + \dot{\beta})$ Ansatz des Grundmodells

(72) $I^{p}_{t} = I^{p}_{t-1}(1-\omega) + \xi I^{ö}_{t-1}$ Erschließungsansatz

(73) $I^{p}_{t} = I^{p}_{t-1}(1+\beta^{*}-\mu \cdot \pi \cdot \tau^{*}) + \mu \cdot \pi \cdot I^{ö}_{t-1}$ Produktivitätsansatz

Es läßt sich nun zeigen, daß der Ansatz des Grundmodells sowohl als Spezialfall des Erschließungsansatzes als auch als Spezialfall des Produktivitätsansatzes interpretiert werden kann.

---

1 Der Ansatz des Grundmodells wird hierbei etwas vereinfacht dargestellt. Genaugenommen werden im Grundmodell, wie gezeigt wurde, drei unterschiedliche Produktivitäten unterstellt, durch die die abnehmende Grenzertragskurve approximiert werden soll. Das Ertragsgesetz gilt jedoch nur *innerhalb* jeder Periode, nicht aber *zwischen* den Perioden: Die drei Produktivitäten sind im Zeitablauf konstant. So liegt in jeder Periode die Grenzproduktivität des ersten (produktivsten) Investitionssegments über derjenigen des zweiten (zweitproduktivsten) Investitionssegments der Vorperiode, usw.

Der Ansatz des Grundmodells läuft - mit einer geringfügigen Einschränkung[1] - darauf hinaus, daß sowohl die marginale Produktivität des Gesamtkapitals (öffentlich plus privat) als auch die maximale Steigerungsrate der Gesamtinvestitionen (öffentlich plus privat) als konstant angenommen werden.

Postuliert man im Rahmen des Erschließungsansatzes, daß die Infrastrukturinvestitionen mit einer konstanten Rate wachsen, so können die privaten Investitionen ebenfalls mit einer konstanten Rate zunehmen und damit auch die gesamten (öffentlichen plus privaten) Investitionen. Da in diesem Falle die Relation zwischen Infrastrukturinvestitionen (marginale Produktivität gleich Null) und privaten Investitionen (marginale Produktivität positiv und konstant) unverändert bleibt, bedeutet dies gleichzeitig die Konstanz der marginalen Produktivität der Gesamtinvestitionen.

Im Rahmen des Produktivitätsansatzes ist, wenn die Relation zwischen Infrastrukturinvestitionen (Produktivität positiv und konstant) und privaten Investitionen (Produktivität positiv und konstant) unverändert bleibt, die marginale Produktivität der privaten Investitionen und *deshalb* auch die maximale Wachstumsrate der privaten Investitionen konstant. In diesem Falle ist wegen der unveränderten Relation zwischen Infrastrukturinvestitionen und privaten Investitionen auch die marginale Produktivität und die maximale Steigerungsrate der Gesamtinvestitionen konstant.

Vergleicht man den Erschließungsansatz mit dem Produktivitätsansatz, so weisen trotz der unterschiedlichen Gesamtproduktivitätsfunktionen (beim Erschließungsansatz existiert im Grunde keine) die Investitionsfunktionen eine überraschende Ähnlichkeit auf. Setzt man

$$(74) \qquad (\mu \cdot \pi \cdot \tau^* - \beta) = \omega$$

und

$$(75) \qquad \mu \cdot \pi = \xi ,$$

so sind beide Investitionsfunktionen mathematisch identisch.

Man kann jedoch nicht sagen, daß der Erschließungsansatz ein Spezialfall des Produktivitätsansatzes wäre: Geht man im Rahmen des Produktivitätsansatzes davon aus, daß die Produktivität der Infrastrukturinve-

---

1 Vgl. Fußnote 1 auf S. 73

stitionen gleich Null ist, so sind zwar die Wachstumsgleichungen bei beiden Ansätzen identisch, nicht aber die Investitionsfunktionen, weil die Absorptionskapazität beim Produktivitätsansatz unabhängig von der Höhe der Infrastrukturinvestitionen ist, was beim Erschließungsansatz nicht der Fall ist.

Anders ausgedrückt: Beim Erschließungsansatz wirken die Infrastrukturinvestitionen direkt, beim Produktivitätsansatz ausschließlich über die Beeinflussung der Gesamtproduktivität der privaten Investitionen auf die Absorptionskapazität der privaten Investitionen ein. Der Unterschied läßt sich am besten am Beispiel des hypothetischen Falles zeigen, daß ab einem bestimmten Zeitpunkt überhaupt keine Infrastrukturinvestitionen mehr stattfinden. Beim Erschließungsansatz sinken die privaten Investitionen in den nachfolgenden Perioden, weil der Infrastrukturüberschuß, in den noch private Investitionen hineinstoßen können, zunehmend kleiner wird. Beim Produktivitätsansatz sinken die privaten Investitionen deshalb, weil die Gesamtproduktivität des privaten Kapitalstocks, dem pro Einheit immer weniger Infrastrukturleistungen zur Verfügung stehen, fortgesetzt abnimmt.

Vergleicht man den Erschließungsansatz und den Produktivitätsansatz unter dem Aspekt ihrer Leistung, d.h. unter dem Aspekt der in ihnen berücksichtigten Infrastrukturwirkungen, so sind die Unterschiede zwischen den beiden Ansätzen allerdings nicht allzu groß. Von den im Produktivitätsansatz berücksichtigten drei Effekten der Infrastruktur, dem σ^p-Effekt, dem v-Effekt und dem β-Effekt, wird beim Erschließungsansatz nur der erstgenannte nicht berücksichtigt. Wichtig für die regionale Entwicklung und für die Beziehung zwischen gesamtwirtschaftlichem Wachstum und regionaler Verteilung ist beim Produktivitätsansatz (1) der σ'-Effekt, d.h. der Saldo zwischen dem σ^p-Effekt und dem v-Effekt, und (2) der β-Effekt. Beim Erschließungsansatz ist der σ'-Effekt im Gegensatz zum Produktivitätsansatz identisch mit dem v-Effekt, da der σ^p-Effekt gleich Null ist. Es sei darauf hingewiesen, daß die "Verzerrung" des σ'-Effektes, geht man davon aus, daß der v-Effekt weit schwerer wiegt als der σ^p-Effekt, relativ gering ist.

2.4 Die erweiterte Version des Zwei-Regionen-Wachstumsmodells: Der Einfluß der Infrastruktur auf die regionalen Entwicklungsverläufe

Es soll nun versucht werden, auf der Grundlage der vorangegangenen Ausführungen im Rahmen des Zwei-Regionen-Wachstumsmodells aufzuzeigen, welche Bedeutung die Infrastruktur für die Entstehung und Beseitigung regionaler Disparitäten sowie für die Beziehung zwischen dem Ziel eines maximalen gesamtwirtschaftlichen Wachstums und demjenigen einer gleichmäßigeren regionalen Verteilung hat.

2.41 Darstellung der erweiterten Version des Zwei-Regionen-Wachstumsmodells

Die erweiterte Version des Zwei-Regionen-Wachstumsmodells enthält von den beiden oben entwickelten Ansätzen zur Berücksichtigung der Infrastrukturwirkungen den zweiten, den *Produktivitätsansatz*. Für seine Verwendung spricht im Rahmen dieser theoretisch-grundsätzlichen Analyse vor allem, daß er *umfassender* ist als der Erschließungsansatz. Bei rein formaler Betrachtung ist die im Erschließungsansatz berücksichtigte I-Absorptionsfunktion für privates Kapital, wie beim Vergleich der Investitionsfunktionen gezeigt wurde, in ähnlicher Form auch im Produktivitätsansatz enthalten, während die Gesamtproduktivitätsfunktion des Produktivitätsansatzes umgekehrt im Erschließungsansatz nicht enthalten ist.

In der erweiterten Version des Zwei-Regionen-Wachstumsmodells wird der durch die Gleichungen (16) - (21)[1] definierte Absorptionsansatz des Grundmodells ersetzt durch den Produktivitätsansatz:

$$(54) \quad Y_{t,j} = \sigma^{p}_{t,j} \cdot K^{p}_{t,j}$$

$$(57) \quad \sigma^{p}_{t,j} = \sigma^{p*}_{j} + \pi_{j} \, (\tau_{t,j} - \tau^{*}_{j})$$

$$(56) \quad \tau_{t,j} = \frac{K^{ö}_{t,j}}{K^{p}_{t,j}}$$

$$(62) \quad K^{p}_{t,j} = K^{p}_{t-1,j} \, (1+\beta_{t,j})$$

$$(63) \quad \beta_{t,j} = \dot{a}_{j} + \mu_{j} \cdot \sigma^{p}_{t-1,j}$$

bzw.

$$(64) \quad \beta_{t,j} = \dot{a}_{j} + \mu_{j} \left[\sigma^{p*}_{j} + \pi_{j} \, (\tau_{t-1,j} - \tau^{*}_{j})\right] ,$$

1 Vgl. Abschnitt 2.21, S. 19

der einfacher durch die drei Funktionen:

$$(60) \quad Y_{t,j} \leq (\sigma^{p*}_j - \pi_j \cdot \tau^*_j)\, K^p_{t,j} + \pi_j \cdot K^{ö}_{t,j}$$

$$(67) \quad K^p_{t,j} = K^p_{t-1,j}\,(1 + \beta^*_j - \mu_j \cdot \pi_j \cdot \tau^*_j) + \mu_j \pi_j \cdot K^{ö}_{t-1,j}$$

$$(66) \quad \beta^*_j = \dot{a}_j + \mu_j \cdot \sigma^{p*}_j$$

ausgedrückt werden kann.
Außerdem muß eingeführt werden:

$$(76) \quad K^p_{t,j} = K^p_{t-1,j} + I^p_{t-1,j}$$

$$(77) \quad K^{ö}_{t,j} = K^{ö}_{t-1,j} + I^{ö}_{t-1,j}$$

$$(78) \quad I_{t,j} = I^{ö}_{t,j} + I^p_{t,j} \quad .$$

Wie weiter unten gezeigt wird, besteht im Rahmen der erweiterten Version des Zwei-Regionen-Wachstumsmodells jede wachstumsoptimale Strategie darin, den privaten Kapitalstock in den ersten Perioden so stark wie möglich auszudehnen, wozu entsprechend hohe Infrastrukturinvestitionen erforderlich sind. Geht man realistischerweise davon aus, daß diese aufgrund der begrenzten Fähigkeit unterentwickelter Regionen, Infrastrukturprojekte zu planen und durchzuführen, nicht unbegrenzt gesteigert werden können, so ist sinnvollerweise eine *Obergrenze für das Wachstum der Infrastrukturinvestitionen* anzunehmen.
Es wird deshalb zusätzlich die folgende "Absorptionsfunktion für Infrastrukturinvestitionen" eingeführt:

$$(79) \quad I^{ö}_{t,j} = I^{ö}_{t-1,j}\,(1 + \psi_j) \quad .$$

Die erweiterte Version des Zwei-Regionen-Wachstumsmodells besteht somit aus der Zielfunktion (1) sowie den Gleichungen (2) - (4), (6) - (12), (22) - (27), (60), (66), (67) und (76) - (79). Sie enthält für jede Periode und jede Region 35 Variable, von denen 13 (die verzögert-endogenen Variablen Y_{t-1}, N_{t-1}, C_{t-1}, S_{t-1}, I_{t-1}, E_{t-1}, M_{t-1}, e_{t-1}, m_{t-1}, K^p_{t-1}, $K^{ö}_{t-1}$, I^p_{t-1} und $I^{ö}_{t-1}$) vorherbestimmt und 22 (Y_t, N_t, C_t, S_t, I_t, E_t, M_t) e_t, m_t, F_t, W_t, R_t, K^p_t, $K^{ö}_t$, β^*_t, I^p_t, $I^{ö}_t$ und 5 Schlupfvariable) endogen sind. Bei 20 Gleichungen (alle genannten außer (2), (12) und (27))[1] beläuft sich die Anzahl der Freiheitsgrade pro Periode und Region auf 2.

Hinzu kommen für die Gesamtwirtschaft für jede Periode eine endogene Variable (F_t) in einer Gleichung ((12)) und für den Gesamtzeitraum eine vorherbestimmte (exogene) Variable ($\bar{F}$) und eine endogene (Schlupf)-Variable in einer weiteren Gleichung ((27)).

Läßt man die nicht bei allen Läufen verwendete Disparitätsrestriktion (2) unberücksichtigt, so enthält das Modell bei 20 Perioden insgesamt 901 endogene Variable. Bei 821 Gleichungen beträgt die Anzahl der Freiheitsgrade 80. Von den 821 Bedingungen sind 601 (73%) Gleichungen und 220 (27%) Ungleichungen.

2.42 Der "Basisfall" und alternative regionalpolitische Strategien

Für den "Basisfall" der erweiterten Version des Zwei-Regionen-Wachstumsmodells werden die in Tabelle 5 wiedergegebenen Werte angenommen.

Im Gegensatz zum Basisfall des Grundmodells wird unterstellt, daß beide Regionen, sieht man von ihrem unterschiedlichen Entwicklungsniveau ab, in der Basisperiode die gleiche *ökonomische Grundstruktur* in dem Sinne aufweisen, daß die durchschnittlichen Spar-, Nettokapitalimport- und Investitionsquoten gleich groß sind. Für den Planzeitraum wurden nicht nur die Wachstumsraten der Exporte in das Ausland und die marginalen Mindestimportquoten, sondern auch die marginalen Sparquoten der beiden Regionen als gleich groß unterstellt.

Ferner wird davon ausgegangen, daß beide Regionen aufgrund der Identität der Parameter σ^{p*}, π, τ^*, $\dot{a}$ und μ die gleiche *Gesamtproduktivitätsfunktion*:

$$\sigma_t^p = 0{,}5 + 0{,}15\,(\tau_t - 1{,}0),$$
$$= 0{,}35 + 0{,}15\,\tau_t$$

die gleiche *P-Absorptionsfunktion*:

$$\beta_t = -0{,}2 + 0{,}5 \cdot \sigma_{t-1}^p$$

und deshalb auch die gleiche *I-Absorptionsfunktion*:

1 Vgl. auch Fußnote 1 auf S. 21

Tabelle 5: Erweiterte Version des Zwei-Regionen-Wachstumsmodells: "Basisfall" - Werte der Variablen und Parameter

Variable/Parameter	Symbol	Region A	Region B
Variable (Basisperiode)[a]			
Bruttoregionalprodukt	Y	1.000	750
Investitionen	I	200	150
Infrastrukturinvestitionen	$I^{ö}$	100	75
Private Investitionen	I^{p}	100	75
Infrastrukturkapitalstock	$K^{ö}$	2.000	1.500
Privater Kapitalstock	K^{p}	2.000	1.500
Ersparnis	S	150	112,5
Konsum	C	850	637,5
Exporte ins Ausland	E	40	30
Exporte in die andere Region	e	30	20
Importe aus dem Ausland	M	100	57,5
Nettokapitalimport aus dem Ausland	F	60	27,5
Nettokapitalimport aus der anderen Region	W	-10	10
Nettokapitalimport (insgesamt)	R	50	37,5
Parameter			
Marginale Sparquote	α	0,18	0,18
Marginale Mindestimportquote	γ	0,10	0,10
Wachstum der Exporte ins Ausland	δ	0,08	0,08
Wachstum der Exporte in die andere Region	ε	0,07	0,05
Normalrelation ($K^{ö} : K^{p}$)	τ^*	1,00	1,00
Normal-Gesamtproduktivität des privaten Kapitals	σ^{p*}	0,50	0,50
Produktivität der Infrastruktur	π	0,15	0,15
Produktivität des privaten Kapitals	$\sigma^{p*} - \pi \cdot \tau^*$	0,35	0,35
Ordinatenabschnitt der β-Funktion[b]	a	-0,20	-0,20
Steigung der β-Funktion[b]	μ	0,50	0,50
Normale Wachstumsrate des privaten Kapitals ($\alpha + \mu \cdot \sigma^{p*}$)	β^*	0,05	0,05
Maximales Wachstum der Infrastrukturinvestitionen	ψ	0,30	0,30
Diskontrate	i	0,05	0,05
Maximalen Kapitalimport des Landes für t = 1-21	$\bar{F}$	5.500	

a) in Geldeinheiten. - b) Funktion des Wachstums des privaten Kapitalstocks.

$$\beta_t = -0{,}2 + 0{,}5\,[0{,}5 + 0{,}15\,(\tau_{t-1} - 1{,}0)]$$

$$= -0{,}025 + 0{,}075\,\tau_{t-1}$$

besitzen.[1]

Darüberhinaus wird für beide Regionen die gleiche *Absorptionsfunktion für Infrastrukturinvestitionen* unterstellt:

$$I_t^{ö} \leq I_{t-1}^{ö}\,(1 + 0{,}3).$$

---

1 Die Outputfunktion lautet demnach:
$Y_t \leq 0{,}35 \cdot K_t^{p} + 0{,}15 \cdot K_t^{ö}$,
die Funktion des privaten Kapitalstocks:
$K_t^{p} = 0{,}975 \cdot K_{t-1}^{p} + 0{,}075\, K_{t-1}^{ö}$.

Aufgrund der gleich günstigen (relativen) *Anfangsausstattung mit Infrastruktur* (τ = 1) verfügen beide Regionen in der Ausgangslage über die gleiche *Gesamtproduktivität des privaten Kapitals* (σ^p = 0,5) und des Gesamtkapitals (σ = 0,25) sowie über die gleiche *Wachstumsrate des privaten Kapitalstocks* (β = 0,05).

Analog zum Vorgehen beim Grundmodell sollen zunächst die aus unterschiedlichen "Strategien" resultierenden regionalen Entwicklungsverläufe analysiert und verglichen werden. Da aufgrund der Erfahrungen mit dem Grundmodell aus der Analyse der Strategien 2 und 4 kaum zusätzliche Erkenntnisse zu erwarten sind, erstreckt sich die Untersuchung nur auf Strategie 1 (unbeschränkte Maximierung des gesamtwirtschaftlichen Wachstums) und Strategie 2 (Abbau der Disparität der Pro-Kopf-Einkommen bis zum Ende des Planzeitraumes (und gleichmäßiges Wachstum der Regionen danach)).

Strategie 1: Der aus dieser Strategie resultierende optimale Entwicklungsverlauf ist in Abbildung 12 zusammenfassend dargestellt. Er entspricht in seinen Grundzügen demjenigen des Grundmodells. Die gesamtwirtschaftliche und regionale Entwicklung ist auch hier durch drei Phasen gekennzeichnet:

In *Phase I* (Periode 1 und 2)[1] wird das gesamtwirtschaftliche Wachstum aufgrund der stärkeren Gewichtung der gegenwartsnahen Regionalprodukte in der Zielfunktion sowie der größeren Wachstumswirkungen gegenwartsnaher Investitionen so stark wie möglich beschleunigt. Zu diesem Zwecke wird der private Kapitalstock in beiden Regionen so stark wie möglich ausgedehnt, was wiederum die größtmögliche Steigerung der Gesamtproduktivität dieses Kapitalstocks durch Vornahme der maximalen, weit überproportionalen Infrastrukturinvestitionen voraussetzt (vgl. den simultanen Anstieg der linear voneinander abhängigen Größen τ, σ^p und β in Abbildung 12, der bei Verwendung einer multiplen Ordinatenskala durch eine einzige Kurve dargestellt ist). Die Volkswirtschaft wächst in beiden Regionen entlang der durch die Absorptionskapazität für Infrastrukturinvestitionen definierten Obergrenze.[2] Im Gegensatz zur Gesamtproduktivität des privaten Kapitals ist die Produktivität des Gesamtkapitals naturgemäß aufgrund des sinkenden Anteils des über

---

1 Wie schon beim Grundmodell, sind die Phasen hier für die Investitionen definiert; sie verschieben sich bei Betrachtung der Regionalprodukte wegen des lags um eine Periode.

2 Die Tatsache, daß diese als relativ groß unterstellt wurde (maximale Wachstumsrate der Infrastrukturinvestitionen = 30 %), ist die Hauptursache dafür, daß sich Phase I nur auf 2 Perioden erstreckt. Bei Annahme einer geringeren Absorptionskapazität wären zweifellos weniger extreme Ergebnisse in bezug auf die Phasenlänge entstanden, deren ökonomische Interpretation allerdings im wesentlichen dieselbe wäre wie im vorliegenden Fall.

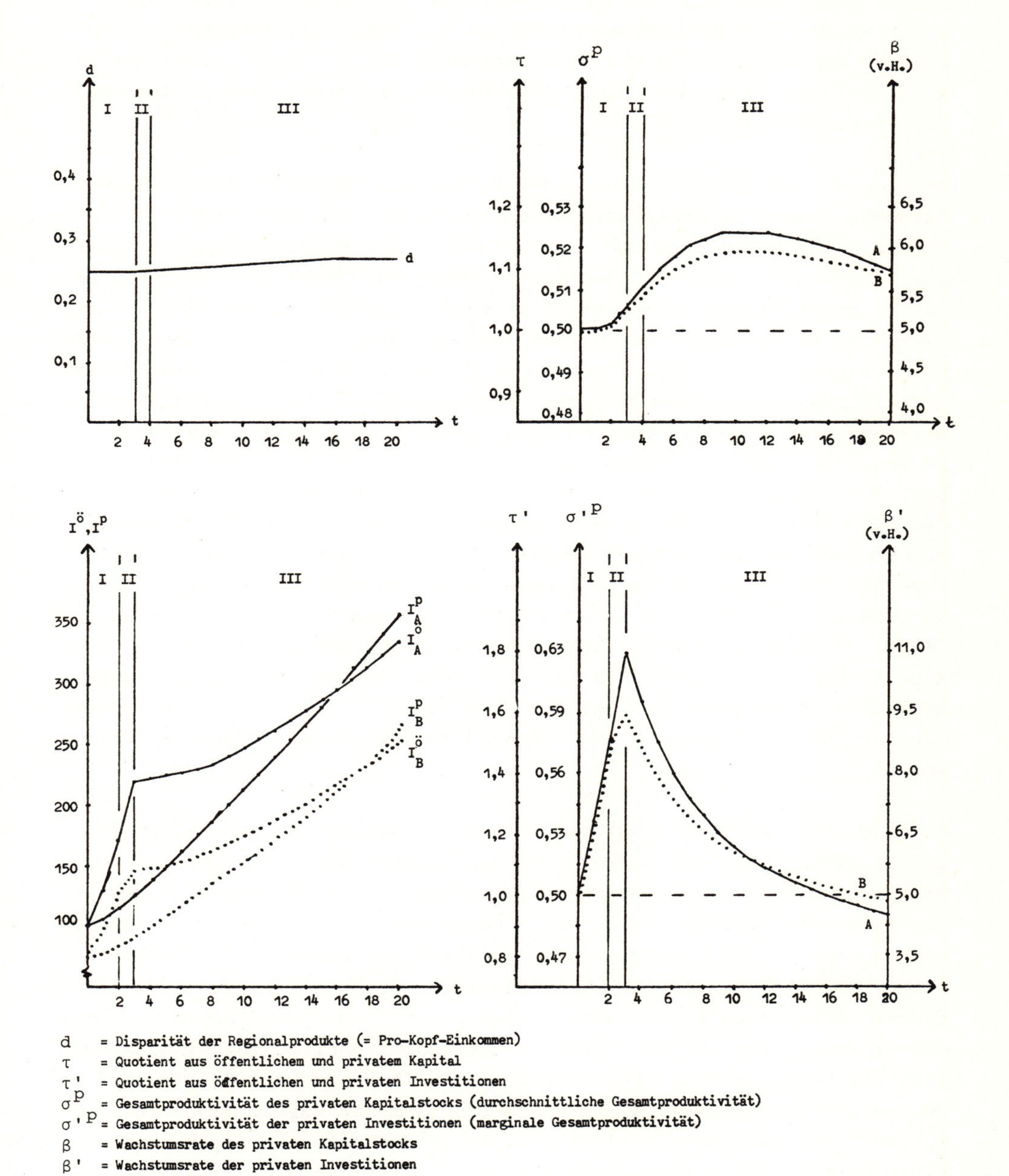

Abbildung 12: Erweiterte Version des Zwei-Regionen-Wachstumsmodells - "Basisfall", Strategie 1: Entwicklung einiger Makrovariablen für Region A und B

die größere Produktivität verfügenden privaten Kapitals rückläufig. Da in Phase II beide Regionen aufgrund der gemachten Annahmen das gleiche Wachstum und die gleiche Gesamtproduktivität des privaten Kapitalstocks aufweisen, bleibt die Disparität der Pro-Kopf-Einkommen unverändert bei 25 %.

In *Phase II* (Periode 3) stehen der Volkswirtschaft nach der massiven Inanspruchnahme externer Ressourcen in Phase I nun nicht mehr genügend Kapitalimporte zur Verfügung, um weiterhin die größtmöglichen Infrastrukturinvestitionen und die durch sie ermöglichten zunehmenden privaten Investitionen in voller Höhe zu tätigen, und um außerdem für die nachfolgenden Perioden den Mindestimportbedarf sicherzustellen. Andererseits stehen mehr Kapitalimporte zur Verfügung, als notwendig sind, um lediglich den Mindestimportbedarf zu finanzieren. Da sich die Gesamtwirtschaft somit weder entlang ihrer Obergrenze noch entlang ihrer Untergrenze bewegt, sind die Kapitalimporte während dieser Phase innerhalb der gegebenen Grenzen regional "frei allokierbar". Sie werden in der Weise verteilt, daß Region A weiter entlang der durch die Absorptionskapazität für Infrastrukturinvestitionen gegebenen Obergrenze wachsen kann, während Region B den Restbetrag erhält, der allerdings so groß ist, daß er weit näher an der Ober- als an der Untergrenze liegt. In Phase II erhöht sich dementsprechend die Disparität der Pro-Kopf-Einkommen etwas. Die Infrastrukturausstattung von Region A verbessert sich stärker als diejenige von Region B, wodurch Gesamtproduktivität und Wachstumsrate des privaten Kapitalstocks stärker angehoben werden.

In *Phase III* (Periode 4-20) stehen gerade noch soviel Kapitalimporte zur Verfügung, daß die beiden Regionen entlang der durch den Mindestimportbedarf gegebenen Untergrenze wachsen können. Da dieser Mindestimportbedarf für Region A aufgrund des zuvor etwas rascheren Wachstums relativ größer ist als für Region B, liegt das Wachstum der Investitionen für Region A etwas über demjenigen von B, was zu einem etwas stärkeren Wachstum des Regionalprodukts durch besseren Ausbau der Infrastruktur führt. Da die Unterschiede jedoch sehr gering sind, erhöht sich die Disparität der Pro-Kopf-Einkommen bis zum Ende des Gesamtzeitraumes nur auf 27,1 %. In Phase III wird der Ausbau der Infrastruktur für beide Regionen verlangsamt, indem die privaten Investitionen überproportional gesteigert werden. Da die Infrastruktur zunächst jedoch noch überproportional zum privaten Kapitalstock wächst, steigen dessen durchschnittliche Gesamtproduktivität und seine Wachstumsrate - im Gegensatz zur marginalen Gesamtproduktivität und zur Wachstumsrate der privaten Investitionen - weiterhin an, wenn auch mit abnehmender Rate. Erst etwa ab Periode 12 wächst der private Kapitalstock überproportional zur Infrastruktur, so daß seine durchschnittliche Gesamtproduktivität und seine Wachstumsrate nun absolut zurückgehen. Die nun überproportionale Ausdehnung des privaten Kapitalstocks hat einen Anstieg der durchschnittlichen Produktivität des Gesamtkapitals zur Folge, nachdem dessen marginale Produktivität schon seit Anfang Phase II aufgrund der überproportionalen Steigerung der privaten Investitionen angestiegen war.

Diese Entwicklung darf jedoch nicht ökonomisch überinterpretiert werden. Der Verlauf der drei linear voneinander abhängigen Größen τ, σ^p und β wird ausschließlich durch die Höhe der aufgrund des Mindestimportbedarfs determinierten Gesamtinvestitionen bestimmt, wobei jedem Gesamtinvestitionsbetrag eine und nur eine Kombination von privaten und öffentlichen Investitionen und damit in der nachfolgenden Periode eine und nur eine Kombination von privatem Kapital und Infrastrukturkapital entspricht.

Strategie 3: Die wichtigsten Implikationen dieser Strategie für die Entwicklungsverläufe der beiden Regionen zeigt Abbildung 13. Auch hier läßt sich die Entwicklung in drei Phasen einteilen:

In *Phase I* (Periode 1-4) wird das Wachstum von Region B maximal beschleunigt, indem Gesamtproduktivität und Wachstumsrate des privaten Kapitalstocks durch massive, bis an die Grenze der Absorptionskapazität gehende Infrastrukturinvestitionen in dem größtmöglichen Maße gesteigert werden. Gleichzeitig bewegt sich Region A (nach einem Wachstumsschub in Periode 1)[1] entlang der durch den Mindestimportbedarf gegebenen Untergrenze, wobei die Infrastruktur nur geringfügig überproportional zum privaten Kapitalstock ausgebaut wird und der letztere entsprechend geringfügig an Gesamtproduktivität und Umfang zunimmt.

In *Phase II* (Periode 5-16) wächst auch Region B entlang der Untergrenze. Während die marginale Produktivität seines privaten Kapitalstocks und damit auch das Wachstum der privaten Investitionen aufgrund unterproportionaler Infrastrukturinvestitionen abnehmen, geht bei der durchschnittlichen Produktivität des privaten Kapitals zunächst die Zuwachsrate zurück, bis dann auch ein absoluter Rückgang eintritt.

In *Phase III* (Periode 17-20) werden das Wachstum von Region A durch den massiven Ausbau der Infrastruktur (bis zur Obergrenze) beschleunigt und das von Region B durch geringe Infrastrukturinvestitionen weiter auf dem niedrigstmöglichen Niveau gehalten. Auf diese Weise wird nicht nur die Disparität der Pro-Kopf-Einkommen bis Periode 20 vollständig abgebaut, sondern auch für die Zeit danach ein gleichmäßiges Wachstum der beiden Regionen ermöglicht.

---

1 Insofern handelt es sich genau genommen um 4 Phasen, von denen die beiden ersten zusammengefaßt wurden.

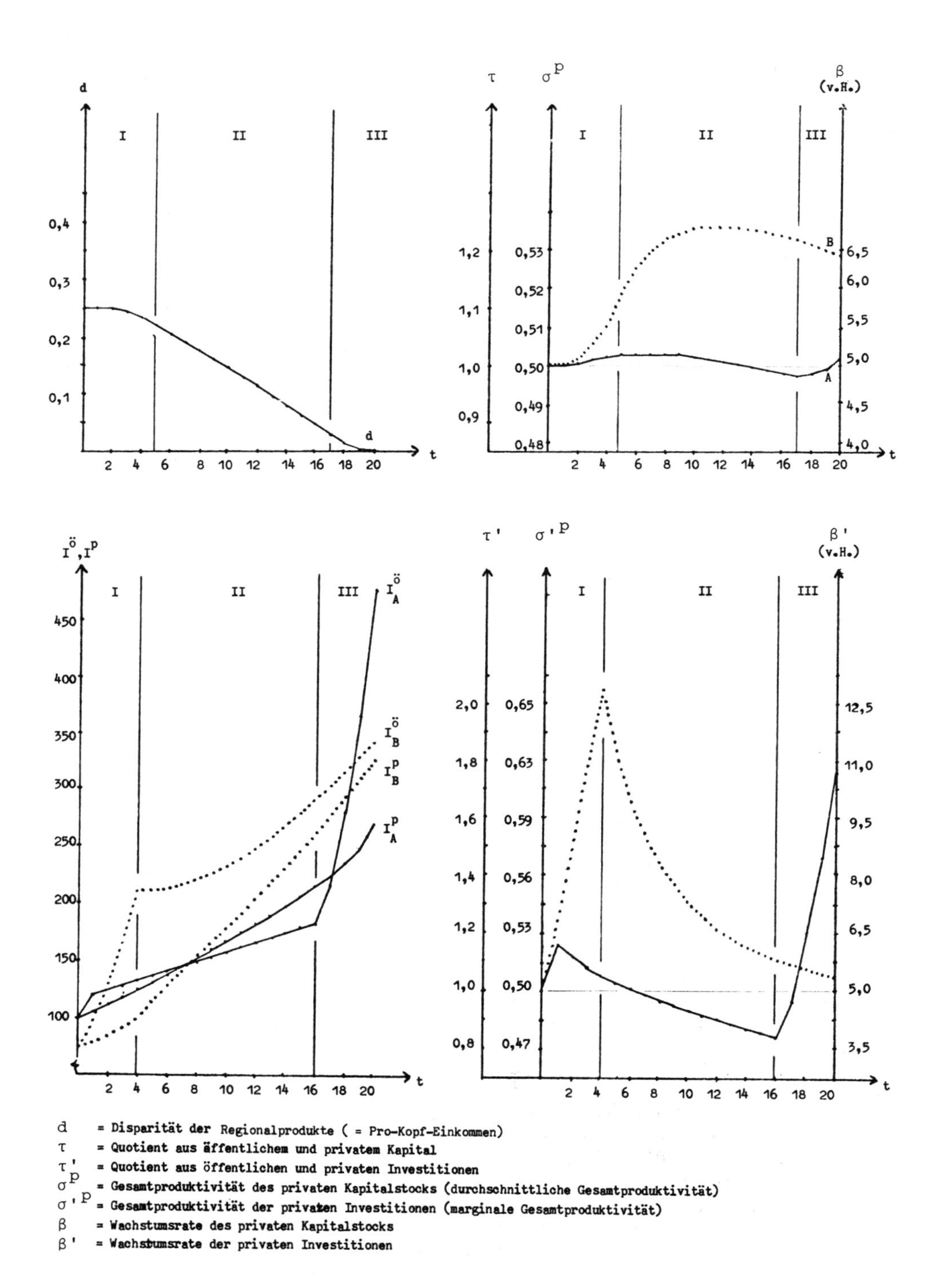

Abbildung 13: Erweiterte Version des Zwei-Regionen-Wachstumsmodells - "Basisfall", Strategie 3: Entwicklung einiger Makrovariablen für Region A und B

2.43 Zielbeziehungen zwischen gesamtwirtschaftlichem Wachstum und regionaler Verteilung

2.431 Der "Basisfall"

Vergleicht man die Strategien 1 und 3 unter dem Aspekt des gesamtwirtschaftlichen Wachstums, so liegt dieses in Strategie 3 deutlich unter demjenigen von Strategie 1 (vgl. Tabelle 6).

Tabelle 6 : Erweiterte Version des Zwei-Regionen-Wachstumsmodells: "Basisfall" - Gesamtwirtschaftliches Wachstum und regionale Verteilung

	Strategie 1	Strategie 3	Strategie 3'
Sozialprodukt in Periode 20	5.533	5.342	5.514
Region A	3.200	2.671	2.757
Region B	2.333	2.671	2.757
durchschnittliche Wachstumsrate des Sozialprodukts, in v.H.	5,9	5,7	5,9
Region A	6,0	5,0	5,2
Region B	5,8	6,6	6,7
Disparität der Pro-Kopf-Einkommen in Periode 20, in v.H.	27,1	-	-

Quelle : ANHANG II, Tabelle 6-8.

Dennoch wäre es falsch, für den Basisfall einen grundsätzlichen Zielkonflikt zwischen einer Maximierung des gesamtwirtschaftlichen Wachstums und einer gleichmäßigeren regionalen Verteilung anzunehmen. Wie die fettgezeichnete Kurve in Abbildung 14 zeigt, besteht, ausgehend von Strategie 1, bei sukzessiver Verschärfung der Disparitätsrestriktion in Richtung Strategie 3 praktisch Zielneutralität, die erst kurz vor Realisierung von Strategie 3 in einen Zielkonflikt umschlägt. Die Ursache für diesen Umschlag liegt darin, daß nun die zusätzliche Bedingung von Strategie 3, nach Periode 20 keine auch nur vorübergehende umgekehrte Disparität zuzulassen, bindend wird. Da zur Erfüllung dieser Bedingung das Wachstum von Region A in den letzten Perioden extrem beschleunigt werden muß (s.o.), verschlechtert sich die intertemporale Verteilung der Kapitalimporte in dem Sinne, daß eine erhebliche Verlagerung früher Kapitalimporte auf späte Perioden stattfindet.

Läßt man für die Perioden nach Ende des Planzeitraumes vorübergehend eine umgekehrte Disparität zu, so besteht im gesamten Bereich zwischen der so definierten *Strategie 3'* und *Strategie 1 Zielneutralität* (vgl. Abbildung 14).

Diese ist darauf zurückzuführen, daß für beide Regionen (a) die gleiche Anfangsausstattung mit Infrastruktur und (b) identische Gesamtproduk-

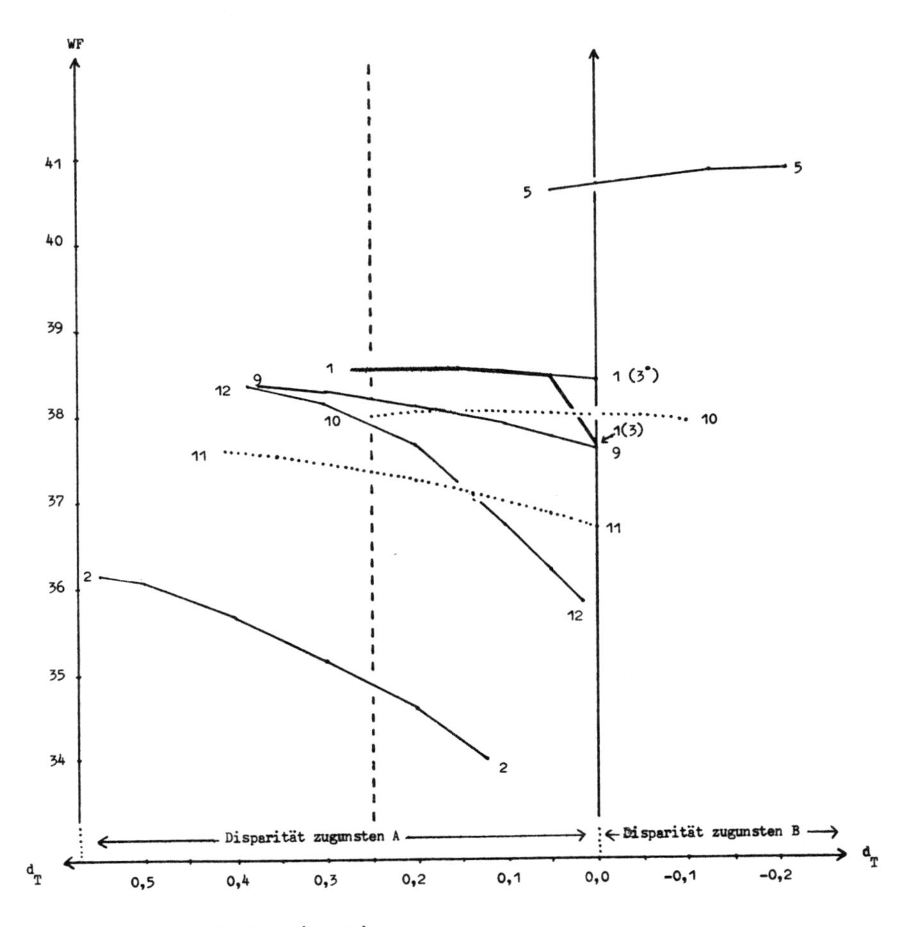

WF = Wert der Zielfunktion (in 1000).

d_T = Disparität der Pro-Kopf-Einkommen im letzten Jahr der Planperiode.

Die Zahlen an den Substitutionslinien beziehen sich auf den jeweils unterstellten Fall. Der Basisfall ist Fall 1, usw. Beim Basisfall in Klammern: Bezeichnung der Strategie. Bei allen anderen Fällen wurde bei $d_T = 0$ Strategie 3^* unterstellt.

Abbildung 14: Erweiterte Version des Zwei-Regionen-Wachstumsmodells - Substitution zwischen gesamtwirtschaftlichem Wachstum und regionaler Verteilung bei alternativen Fällen

tivitätsfunktionen und P-Absorptionsfunktionen unterstellt wurden. Die Infrastrukturinvestitionen haben deshalb in beiden Landesteilen nicht nur denselben v-Effekt, sondern auch denselben σ'- und β-Effekt. Die regionale Verlagerung von Infrastrukturinvestitionen hat keinen Einfluß auf das gesamtwirtschaftliche Wachstum, soweit sie nicht auch mit einer zeitlichen Verlagerung der Infrastrukturinvestitionen bzw. der Gesamtinvestitionen verbunden ist [1].

2.432 Unterschiedliche linearisierte Gesamtproduktivitätsfunktionen aufgrund unterschiedlicher ursprünglicher Gesamtproduktivitätsfunktionen

Im Basisfall war die Identität der linearisierten Gesamtproduktivitätsfunktionen der beiden Regionen darauf zurückzuführen, daß für beide Regionen zum einen die gleiche ursprüngliche Gesamtproduktivitätskurve und zum anderen die gleiche "Normalrelation" zwischen Infrastrukturkapital und privatem Kapital (τ^*) unterstellt wurde. Unterschiedliche linearisierte Gesamtproduktivitätsfunktionen können (a) aus unterschiedlichen ursprünglichen Gesamtproduktivitätskurven , (b) aus unterschiedlichen Normalrelationen oder (c) aus Unterschieden in beiden, resultieren (für die beiden ersten Fälle vgl. Abbildung 15).

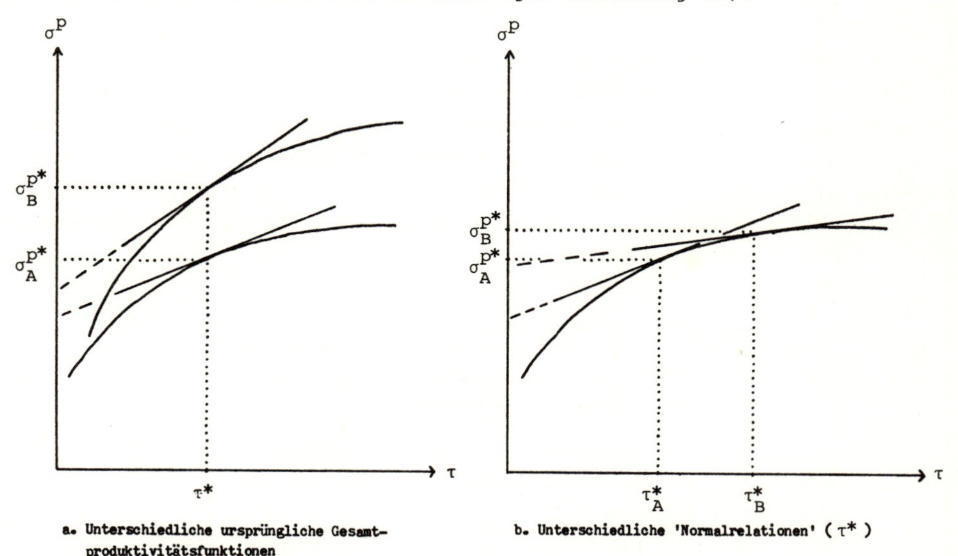

Abbildung 15: Unterschiedliche linearisierte Gesamtproduktivitätsfunktionen aufgrund unterschiedlicher ursprünglicher Gesamtproduktivitätsfunktionen oder unterschiedlicher "Normalrelationen"

---

1 Bei Strategie 3' hält sich die Veränderung der intertemporalen Verteilung der Investitionen und Kapitalimporte gegenüber Strategie 1 im Gegensatz zu Strategie 3 in sehr engen Grenzen. Daß dennoch eine gewisse Veränderung eintritt, ist die Ursache dafür, daß keine vollständige Zielneutralität besteht.

Es soll nun untersucht werden, inwieweit und auf welche Weise unterschiedliche linearisierte Gesamtproduktivitätsfunktionen, die ausschließlich auf unterschiedliche ursprüngliche Gesamtproduktivitätskurven zurückzuführen sind, die Beziehung zwischen dem Ziel einer Maximierung des gesamtwirtschaftlichen Wachstums und demjenigen einer gleichmäßigeren regionalen Verteilung beeinflussen. Dabei werden aus Gründen der Einfachheit von vornherein die *linearisierten Gesamtproduktivitätsfunktionen* postuliert, ohne auf die ihnen zugrunde liegenden ursprünglichen Funktionen einzugehen.

Grundsätzlich kann gesagt werden, daß bei unterschiedlichen linearisierten Gesamtproduktivitätsfunktionen ceteris paribus diejenige Region gegenüber der anderen einen *Vorteil* besitzt, die bei gleicher Kapitalstruktur (τ) eine höhere *Gesamtproduktivität* des privaten Kapitals aufweist. Der Wachstumsvorteil setzt sich aus zwei Komponenten zusammen:

1. Die höhere Gesamtproduktivität des privaten Kapitals impliziert eine höhere *Produktivität des Gesamtkapitals*, indem die Produktivität des privaten Kapitals und/oder die Produktivität des Infrastrukturkapitals größer ist als in der anderen Region.

2. Die höhere Gesamtproduktivität des privaten Kapitals hat bei gleicher P-Absorptionsfunktion eine günstigere *I-Absorptionsfunktion* zur Folge: Die gleiche Wachstumsrate des privaten Kapitals kann mit einem geringeren Aufwand an Infrastrukturinvestitionen realisiert werden, wodurch sich das Verhältnis zwischen dem wachstumssteigernden β-Effekt und dem wachstumsschmälernden σ'-Effekt der Infrastrukturinvestitionen verbessert.

		Produktivität d. priv. Kapitals größer in		
		A	gleich	B
Produktivität der Infrastruktur größer in	A	6	2	9
	gleich	4	1	5
	B	8	3	7

Abbildung 16: Relationen zwischen den Produktivitäten der Regionen A und B

Ein regionaler Unterschied in der Gesamtproduktivitätsfunktion kann entweder auf einen Unterschied in der Produktivität des Infrastrukturkapitals, oder auf einen solchen in der Produktivität des privaten Kapitals, oder aber Unterschiede in beiden, zurückzuführen sein. Die möglichen neun Produktivitätsrelationen sind in Abbildung 16 dargestellt. Wie gezeigt wurde, besteht bei Fall 1, dem "Basisfall", Zielneutralität. Aufgrund der obigen Ausführungen kann gesagt werden, daß in den Fällen 2, 4 und 6 ein Zielkonflikt und in den Fällen 3, 5 und 7 Zielkomplementarität besteht. Keine eindeutige Aussage ist möglich für die Fälle 8 und 9, bei denen die Zielbeziehung von der realisierten Kapitalstruktur (τ) abhängig ist (s.u.).

Tabelle 7 : Erweiterte Version des Zwei-Regionen-Wachstumsmodells: "Basisfall" und alternative Fälle - Konstellation der variierten Parameter- und Variablenwerte[a)]

Variable/Parameter	"Basisfall"(Fall 1) Region A	"Basisfall"(Fall 1) Region B	Fall 2 Region B[b)]	Fall 5 Region B[b)]	Fall 9 Region B[b)]	Fall 10 Region B[b)]
Parameter						
τ^*	1,00	1,00	1,00	1,00	1,00	0,5
σ^{P*}	0,50	0,50	0,45	0,55	0,50	0,4
π	0,15	0,15	0,10	0,15	0,125	0,45
$\sigma^{P*} - \pi \cdot \tau^*$	0,35	0,35	0,35	0,40	0,375	0,175
β^*	0,05	0,05	0,025	0,075	0,05	0,0
Variable (Basisperiode)						
M[c)]	100	57,5	-10,5	111,5	57,5	-72,5
I	200	150	82	204	150	20
$I^ö$	100	75	41	102	75	20
I^p	100	75	41	102	75	0
$K^ö$	2.000	1.500	1.667	1.364	1.500	937,5
K^p	2.000	1.500	1.667	1.364	1.500	1.875
F	60	27,5	-40,5	81,5	27,5	-102,5
R	50	37,5	-30,5	91,5	37,5	-92,5

a) für alle übrigen Parameter und Variablen (Basisperiode) werden die im "Basisfall" angenommenen Werte unverändert unterstellt. - b) für A werden dieselben Werte wie im "Basisfall" unterstellt. - c) bei negativem Vorzeichen: zusätzliche E.

Im folgenden soll versucht werden, die obigen Aussagen anhand der Ergebnisse zusätzlicher Modelläufe zu verdeutlichen und die *Einflüsse unterschiedlicher Gesamtproduktivitätsfunktionen auf die Zielbeziehung* zu quantifizieren. Die relevanten Annahmen der unterstellten Fälle sind in Tabelle 7 wiedergegeben. Die Unterschiede in den Gesamtproduktivitätsfunktionen der beiden Regionen wurden dadurch hergestellt, daß jeweils die Gesamtproduktivitätsfunktion von Region B gegenüber derjenigen des Basisfalls verändert wurde.

Fall 2: Es wird davon ausgegangen, daß die Produktivität des Infrastrukturkapitals in Region B um ein Drittel unter derjenigen von Region A liegt. Damit liegt die Normal-Gesamtproduktivität des privaten Kapitals um 10 %, die Normalproduktivität des Gesamtkapitals um 5 % und die Normalwachstumsrate des privaten Kapitals um 50 % unter derjenigen von Region A. Je größer die relative Bedeutung des Infrastrukturkapitals (τ), desto größer ist der Nachteil für B.

Der aus diesem Fall resultierende starke *Zielkonflikt* zwischen gesamtwirtschaftlichen Wachstum und regionaler Verteilung wird aus Tabelle 8 und Abbildung 14 deutlich. Strategie 1 führt für Region A zu einer weit höheren Wachstumsrate des Regionalprodukts als für Region B, wodurch sich die Disparität der Pro-Kopf-Einkommen bis zum Ende des Planzeitraumes mehr als verdoppelt. Ein *vollständiger Abbau der Disparität* ist *nicht möglich*, aber schon die größtmögliche Annäherung der Pro-Kopf-Einkommen im Rahmen von Strategie 3' führt für die Gesamtwirtschaft zu einem erheblichen *Wachstumsverlust*.

Aus der Sicht der Gesamtwirtschaft resultiert der Zielkonflikt aus der Tatsache, daß jede Verlagerung von Infrastrukturinvestitionen von Region A nach Region B sowohl zu einer ungünstigeren regionalen als auch zu einer ungünstigeren "sektoralen" (öffentlich-privat) Verteilung der Gesamtinvestitionen führt. Die *regionale Verteilung der Investitionen* wird deshalb ungünstiger, weil sich der Anteil von Region B an den Infrastrukturinvestitionen des Landes erhöht, obwohl die Produktivität dieser Investitionen in B geringer ist als in A. Die *"sektorale" Verteilung der Investitionen* wird ungünstiger, weil in dem Maße, in dem sich der gesamtwirtschaftliche Absorptionseffekt der Infrastrukturinvestitionen verringert, der Anteil der (als weniger produktiv angenommenen) Infrastrukturinvestitionen an den Gesamtinvestitionen des Landes zunimmt. Beide Effekte führen dazu, daß die marginale Produktivität des Gesamtkapitals für die Gesamtwirtschaft zurückgeht.

Fall 5: Es wird davon ausgegangen, daß die Produktivität des privaten Kapitals in Region B um rund 15 % über derjenigen von Region A liegt. Unabhängig von der realisierten Kapitalstruktur (τ) übersteigt die Gesamtproduktivität des privaten Kapitals von B mithin diejenige von A um 5 Prozentpunkte, die Produktivität des Gesamtkapitals um 2,5 Prozentpunkte und die Wachstumsrate des privaten Kapitals um 2,5 Prozentpunkte. Damit wird der *relative* Vorteil von Region B mit zunehmender Verbesserung der Infrastrukturausstattung zwar in bezug auf die Produktivität des Gesamtkapitals fortgesetzt größer, in bezug auf die Wachstumsrate des privaten Kapitals, der im Rahmen der Modelläufe für das Wachstum

Tabelle 8 : Erweiterte Version des Zwei-Regionen-Wachstumsmodells : Alternative Fälle und Strategien - Gesamtwirtschaftliches Wachstum und regionale Verteilung

	Sozialprodukt in t=20			exponentielle Wachstumsrate des Sozialprodukts, v.H.			Disparität der Pro-Kopf-Einkommen, v.H.
	A	B	A + B	A	B	A + B	
Fall 2							
Strategie 1	3.502	1.569	5.071	6,5	3,7	5,5	55,2
Strategie 3'	2.494	2.185	4.679	4,7	5,5	5,0	12,4
Fall 5							
Strategie 1	2.682	3.392	6.074	5,1	7,8	6,4	-20,9
Strategie 3'	3.013	3.013	6.024	5,7	7,2	6,4	-
Fall 9							
Strategie 1 1	3.381	2.113	5.494	6,3	5,3	5,9	37,5
Strategie 3'	2.670	2.670	5.340	5,0	6,5	5,8	-
Fall 10							
Strategie 1	3.180	2.704	5.884	6,0	6,6	6,3	15,0
Strategie 3'	2.984	2.984	5.986	5,6	7,1	6,3	-
Fall 11							
Strategie 1	3.375	1.998	5.373	6,3	5,0	5,8	40,8
Strategie 3'	2.609	2.609	5.218	4,9	6,4	5,6	-
Fall 12							
Strategie 1	3.413	2.093	5.506	6,3	5,3	5,9	38,7
Strategie 3'	2.495	2.463	4.958	4,7	6,1	5,3	1,3

Quellen : Ausdrucke der Modelläufe.

der Regionalprodukte die größere Bedeutung zukommt, aber zunehmend kleiner [1].

Wie auch aus Tabelle 8 und Abbildung 14 hervorgeht, besteht in diesem Fall eine, wenn auch nicht sehr ausgeprägte, *Komplementarität* zwischen den beiden Zielen. Strategie 1 impliziert eine weit höhere Wachstumsrate für Region B als für Region A, was im Zeitablauf zur *Entstehung einer umgekehrten Disparität* (zugunsten B) führt. Eine Aufrechterhaltung der Disparität der Ausgangslage ist nicht möglich: Auch wenn sich die Wirtschaft von Region B von Anfang an entlang der durch die Mindestimportquote gegebenen Untergrenze bewegt, so daß Region A den weitaus größten Teil der Kapitalimporte erhält, ist ihr Wachstum noch groß genug, um einen Abbau der Disparität um etwa 4/5 herbeizuführen.

---

1 Die Bedeutung der - absolut konstant bleibenden - Differenz in der Produktivität des Gesamtkapitals (bei gleicher Kapitalstruktur) nimmt zu, wenn diese Produktivität bei Veränderung der Kapitalstruktur zugunsten des Infrastrukturkapitals abnimmt; umgekehrt für die Wachstumsrate des privaten Kapitalstocks.

Die Tatsache, daß die Komplementarität relativ gering ist, dürfte im wesentlichen darauf zurückzuführen sein, daß der Absorptionsvorteil von B mit zunehmender Verlagerung von Infrastrukturinvestitionen von A nach B immer geringer wird (s.o.).

Fall 9: Dieser Fall stellt insofern eine Kombination aus Fall 2 und Fall 5 dar, als für Region B einerseits eine geringere Produktivität des Infrastrukturkapitals, andererseits eine größere Produktivität des privaten Kapitals angenommen wird. Wie bereits ausgeführt wurde, kann für diesen Fall (wie auch für den umgekehrten) keine eindeutige Aussage über die Zielbeziehung gemacht werden. Bei der hier gewählten Parameterkonstellation ist die Gesamtproduktivität des privaten Kapitals in beiden Regionen dann gleich groß, wenn das Verhältnis von Infrastrukturkapital und privatem Kapital der Normalrelation entspricht. Bei einer schlechteren Infrastrukturausstattung besitzt B, bei einer besseren A einen Wachstumsvorteil.

Wie Tabelle 8 und Abbildung 14 zeigen, besteht bei Fall 9 ein, wenn auch geringfügiger, Konflikt zwischen dem Ziel eines maximalen gesamtwirtschaftlichen Wachstums und demjenigen einer gleichmäßigeren regionalen Verteilung. Die Ursache hierfür liegt darin, daß der Umfang der der Gesamtwirtschaft insgesamt zur Verfügung stehenden Kapitalimporte groß genug ist, um die *überproportionale Ausdehnung der Infrastruktur* zuzulassen (bzw. erforderlich zu machen), wodurch die Normalrelation überschritten wird. Es wird also der τ-Bereich realisiert, in dem Region A eine höhere Wachstumsrate des privaten Kapitals und eine höhere Produktivität des Gesamtkapitals aufweist als Region B.

2.433 Unterschiedliche linearisierte Gesamtproduktivitätsfunktionen aufgrund unterschiedlicher "Normalrelation"

Es soll nun unterstellt werden, daß die ursprüngliche Gesamtproduktivitätskurve der beiden Regionen zwar gleich, die Anfangsausstattung mit Infrastruktur und damit die "Normalrelation" aber verschieden sind. In diesem Falle verläuft die Gesamtproduktivitätsgerade in der Region mit der geringeren Normalrelation steiler als in derjenigen mit der höheren Normalrelation, was im Rahmen unserer Interpretation nichts anderes bedeutet, als daß die Produktivität des privaten Kapitals kleiner, diejenige des Infrastrukturkapitals aber größer ist als in der anderen Region. Die Implikationen einer solchen Situation seien anhand von Fall 10 (vgl. Tabelle 7) untersucht.

Fall 10: Es wird davon ausgegangen, daß die Infrastruktur von Region B in der Ausgangslage, gemessen am privaten Kapitalstock, nur halb so gut ausgebaut ist wie in Region A. Aufgrund der daraus resultierenden niedrigen Gesamtproduktivität des privaten Kapitalstocks ist dessen Anfangs-Wachstumsrate gleich Null: Es werden keine privaten (Netto-) Investitionen vorgenommen. Die überschüssigen (über den Bedarf für die Infrastrukturinvestitionen hinausgehenden) Ressourcen aus eigener Ersparnis werden, erhöht um den Betrag des Nettokapitalimports aus Region A, in Form von Exporten in das Ausland transferiert [1,2].

Wie Abbildung 14 zeigt, besteht bei Fall 10 praktisch *Neutralität* zwischen dem Ziel einer Maximierung des gesamtwirtschaftlichen Wachstums und demjenigen einer gleichmäßigeren regionalen Verteilung [3].

Dieses Ergebnis mag etwas unerwartet sein angesichts der Tatsache, daß die Normal-Gesamtproduktivität des privaten Kapitals in Region B anfangs um 20 % unter derjenigen von A liegt. Wenn dennoch kein Zielkonflikt besteht, so deshalb, weil im Verlaufe des Planzeitraumes die Infrastruktur von Region B so weit ausgebaut wird, daß die Normalrelation zwischen Infrastrukturkapital und privatem Kapital und damit die Normal-Gesamtproduktivität weit überschritten werden. Die Verbesserung der Infrastrukturausstattung wirkt sich für *Region B* aufgrund der *hohen Produktivität der Infrastruktur* weit stärker auf die Gesamtproduktivität des privaten Kapitals aus als für Region A, so daß die Gesamtproduktivität bei Strategie 3˙ ab Periode 10 für B über der von A liegt. Ceteris paribus müßte sogar eine deutliche Zielkomplementarität bestehen.

Der Vorteil der größeren Produktivität der Infrastruktur von Region B wird jedoch durch die *ungünstigere Ausgangslage* dieser Region kompensiert: Jede Strategie, die eine Reduzierung der Disparität der Pro-Kopf-Einkommen bezweckt, führt angesichts der Tatsache, daß die *Aufnahmefähigkeit von B für öffentliche und private Investitionen* in der Ausgangslage *extrem gering* ist und nur innerhalb enger, durch die Absorptionskapazität für Infrastrukturinvestitionen gesetzter Grenzen

---

1 Die absoluten Werte lauten für B: $S = 112{,}5$; $I^{Ö} = 20{,}0$; $W = 10{,}0$; $M = 0$; $E = 102{,}5$ (vgl. Tabelle 5 und 7).

2 Noch interessanter - und relevanter hinsichtlich der späteren Analyse des Falls Ostpakistan-Westpakistan - wäre der Fall eines Transfers der von B nicht absorbierbaren Ressourcen nach Region A durch Übertragung von Devisen, die dann A für zusätzliche Importe und erhöhtes Wachstum zur Verfügung stünden. Dieser Fall konnte aus Zeitgründen nicht mehr berücksichtigt werden.

3 Genau genommen besteht, ausgehend von einer Strategie, die die regionale Disparität unverändert läßt, zunächst eine leichte Zielkomplementarität, bis etwa zur Reduzierung der Disparität auf 15 %, die danach in einen leichten Zielkonflikt umschlägt. Die Unterschiede sind jedoch so minimal, daß von Zielneutralität gesprochen werden soll.

beschleunigt werden kann, zu einer *Verschlechterung der intertemporalen Verteilung der Investitionen.* Durch die extrem ungünstige Ausgangslage von Region B kann ein großer Teil der die Disparität reduzierenden Ressourcen erst relativ spät eingesetzt werden, was sich aufgrund der geringeren Multiplikatorwirkungen der späten Investitionen (sowie aufgrund der stärkeren Diskontierung der späteren Regionalprodukte) ungünstig auf den Wert der Zielfunktion auswirkt. Dieser Nachteil kompensiert den Vorteil der höheren Produktivität der Infrastruktur von Region B gerade so weit, daß "per saldo" Zielneutralität besteht.[1]

Geht man nun davon aus, daß die intertemporale Verteilung der der Gesamtwirtschaft zufließenden Kapitalimporte innerhalb bestimmter Grenzen festgelegt ist, so gewinnt der Nachteil der ungünstigeren Ausgangslage von B erheblich an Bedeutung. In diesem Falle *muß* in jeder Periode ein bestimmter Mindestbetrag an Kapitalimporten in Anspruch genommen werden. Er fließt in den ersten Perioden größtenteils nach Region A, weil Region B aufgrund der durch die schlechte Infrastrukturausstattung bedingten geringen Absorptionskapazität für privates Kapital und aufgrund der zunächst geringen Absorptionskapazität für Infrastrukturinvestitionen nur ein begrenztes Volumen an Kapitalimporten aufnehmen kann. Da ein Aufschieben von Kapitalimporten auf spätere Perioden nicht möglich ist, fehlen in diesen späten Perioden die Mittel, die es erlauben würden, in B die massiven Infrastrukturinvestitionen durchzuführen, die dessen Kapitalproduktivität soweit anheben könnten, daß der aus der ungünstigeren Ausgangslage resultierende Nachteil durch den Vorteil der höheren Produktivität der Infrastrukturinvestitionen kompensiert oder überkompensiert würde.

Abschließend erscheint zu Fall 10 eine grundsätzliche *Einschränkung* angebracht. Da für diesen Fall für beide Regionen die gleiche ursprüngliche Gesamtproduktivitätskurve zugrundegelegt wurde, müßten eigentlich bei gleicher Infrastrukturausstattung auch die beiden Gesamtproduktivitäten des privaten Kapitals gleich groß sein. Dies ist jedoch nicht der Fall aufgrund der Tatsache, daß die ursprüngliche Gesamtproduktivitätskurve aufgrund der unterschiedlichen "Normalrelationen" in zwei verschiedenen Punkten durch zwei verschiedene Tangenten approximiert wurde, deren σ^{p}-Werte bei gleichem τ naturgemäß (mit einer Ausnahme (im Schnittpunkt der Tangenten)) nicht identisch sind. Bei Strategie 3'

1 Aus naheliegenden Gründen (keine Diskontierung der Regionalprodukte) besteht eine gewisse durchgängige Zielkomplementarität, wenn das "gesamtwirtschaftliche Wachstum" nicht wie bisher als Summe der diskontierten Regionalprodukte über den Gesamtzeitraum, sondern als Höhe des gesamtwirtschaftlichen Sozialprodukts am Ende der Planperiode definiert wird (vgl. Tabelle 8).

beläuft sich die Gesamtproduktivität des privaten Kapitals in Periode 15 für Region B bei einer durch ein τ von 0,91 gekennzeichneten Infrastrukturausstattung auf 59 %, während sie für Region B trotz einem τ von 1,09 nur 51 % beträgt. Geht man, wie wir es bisher getan haben, davon aus, daß die "Realität" durch abnehmende statt durch konstante Grenzerträge der Infrastruktur gekennzeichnet ist, so bedeutet dies eine grundsätzliche Einschränkung in der Anwendbarkeit des Produktivitätsansatzes.

2.434 Unterschiedliche P-Absorptionsfunktionen

Aufgrund unterschiedlicher P-Absorptionsfunktionen kann der Einfluß unterschiedlicher Gesamtproduktivitätsfunktionen auf die I-Absorptionsfunktionen der beiden Regionen verstärkt, teilweise oder ganz kompensiert oder überkompensiert werden. Daß sich damit auch die Beziehungen zwischem dem Ziel eines maximalen gesamtwirtschaftlichen Wachstums und demjenigen einer gleichmäßigeren regionalen Verteilung verändern, braucht nicht anhand der Ergebnisse zusätzlicher Modelläufe gezeigt zu werden.

Statt dessen erscheint an dieser Stelle ein Vergleich zwischen dem hier verwendeten Produktivitätsansatz und dem einfachen Absorptionsansatz des Grundmodells angebracht. Im *Grundmodell* wurde unterstellt, daß die marginale Produktivität des Gesamtkapitals und die Absorptionskapazität für Kapital (maximale Steigerungsrate der Gesamtinvestitionen) zwei voneinander unabhängige Größen sind, d.h. daß die Region mit der höheren marginalen Kapitalproduktivität entweder über eine höhere oder über eine geringere Absorptionskapazität verfügen kann. (Die Annahmen wurden variiert.) Bei dem hier zugrunde gelegten *Produktivitätsansatz* sind die beiden Größen nicht mehr voneinander unabhängig: Bei identischen Gesamtproduktivitätsfunktionen und P-Absorptionsfunktionen impliziert eine günstigere Infrastrukturausstattung gleichzeitig eine geringere Produktivität des Gesamtkapitals und eine höhere Absorptionskapazität für privates Kapital (Wachstumsrate des privaten Kapitalstocks). Bei gleicher Infrastrukturausstattung können die Produktivitäten des Gesamtkapitals und die Absorptionskapazitäten für privates Kapital nur dann zwischen den beiden Regionen divergieren, wenn die Gesamtproduktivitäts- oder die Gesamtproduktivitätsfunktionen und die P-Absorptionsfunktionen der Regionen verschieden sind. Unterstellt man identische P-Absorptionsfunktionen, so impliziert eine höhere Produktivität des Gesamtkapitals gleichzeitig auch eine höhere Absorptionskapazität für privates Kapital. Eine niedrigere Absorptionskapazität ist nur dann mit einer höheren Produktivität des Gesamtkapitals zu vereinbaren, wenn die P-Absorptionsfunktion soviel ungünstiger ist, daß sie den Effekt der günstigeren Gesamtproduktivitätsfunktion auf die I-Absorptionsfunktion überkompensiert.

2.435 Unterschiedliche Ausreifungszeiten der Infrastrukturinvestitionen

Längere Ausreifungszeiten der Infrastrukturinvestitionen haben zur Folge, daß, während der wachstumsschmälernde v-Effekt der Infrastrukturinvestitionen jeweils sofort eintritt, der wachstumssteigernde σ^p-Effekt und der β-Effekt erst zu einem späteren Zeitpunkt wirksam werden, womit ein Verlust an Multiplikatorwirkungen verbunden ist. Ein größerer Teil der während des Planzeitraumes vorgenommenen Infrastrukturinvestitionen erbringt erst nach Ende des Planzeitraumes positive Produktivitäts- und Absorptionswirkungen, als dies bei kürzeren Ausreifungszeiten der Fall ist.

Unterstellt man im Rahmen von *Fall 11* für Region A weiterhin eine durchschnittliche Ausreifungszeit der Infrastrukturinvestitionen von einer Periode, für B aber eine solche von 3 Perioden, so schlägt die Zielneutralität des Basisfalls, wie Tabelle 8 und Abbildung 14 zeigen, in einen *Zielkonflikt* um.

2.436 Unterschiedliche personale Absorptionskapazität für Infrastrukturinvestitionen

Ein Umschlag in einen *Zielkonflikt* tritt auch dann ein, wenn eine der beiden Regionen eine geringere personale Absorptionskapazität für Infrastrukturinvestitionen (größerer Mangel an qualifizierten Führungs- und Fachkräften, die in der Lage wären, Infrastrukturinvestitionen zu planen und durchzuführen) aufweist.

Dies zeigen Tabelle 8 und Abbildung 14 für *Fall 12*, bei dem unterstellt wurde, daß die maximale Wachstumsrate der Infrastrukturinvestitionen für Region B nicht 30 %, sondern nur 10 % beträgt. Der Konflikt resultiert aus der Tatsache, daß die Veränderung der regionalen Verteilung der Kapitalimporte zugunsten Region B aufgrund dessen geringer Aufnahmefähigkeit für öffentliche und - deshalb - private Investitionen zu einer erheblichen *Verlagerung früher Kapitalimporte auf spätere Perioden* führt.

2.437 Die Länge des Planzeitraumes: Langfristige und kurzfristige Wachstumsmaximierung

In dem Maße, in dem die Stärke des Einflusses der in den vorausgegangenen Abschnitten diskutierten Parameter auf die Zielbeziehung von der Länge des Planzeitraumes abhängig ist, kann diese selbst als Determinante der Zielbeziehung betrachtet werden.

Bei den bisherigen Betrachtungen wirkte sich die mit Strategie 3' verbundene Verlagerung eines Teils der frühen Kapitalimporte (von Region A) auf spätere Perioden (zugunsten Region B) tendenziell ungünstig auf das gesamtwirtschaftliche Wachstum aus. Unterstellt man statt eines einzigen Planzeitraumes von 20 Perioden *vier sukzessive Planzeiträume* von je 5 Perioden ("Fünfjahrespläne") mit jeweils eigener *Zielfunktion* und eigenem *Höchstbetrag an Kapitalimporten*, so sind nicht nur der intertemporalen Verlagerung von Kapitalimporten engere Grenzen gesetzt (was nur realistisch ist), sondern es wirkt sich auch jedes Aufschieben von Kapitalimporten innerhalb desselben Planzeitraumes wesentlich ungünstiger auf das *kurzfristige gesamtwirtschaftliche Wachstum* aus, als dies bei der langfristigen Wachstumsmaximierung der Fall war.

Damit dürfte auch bei sonst gleichen Parametern tendenziell ein stärkerer Zielkonflikt bestehen; dieser ist naturgemäß umso größer, je geringer die Aufnahmefähigkeit von B für Infrastrukturinvestitionen und private Investitionen und je größer deshalb die Notwendigkeit des Aufschiebens von Kapitalimporten ist. Es kann davon ausgegangen werden, daß der Einfluß der *Absorptionskapazität für Infrastrukturinvestitionen* (maximale Steigerungsrate) und der *Absorptionskapazität für private Investitionen* (P-Absorptionsfunktion bei gegebener Gesamtproduktivitätsfunktion) bei kurzfristiger Wachstumsmaximierung auf die Zielbeziehung größer ist als bei langfristiger Wachstumsmaximierung.

Das gleiche gilt in noch stärkerem Maße für die *Länge der Ausreifungszeiten* der Infrastrukturinvestitionen. Sind die Ausreifungszeiten in B länger als in A, wofür auch die schlechtere personale Infrastruktur (längere Implementierungszeiten wegen Fehlens von Fach- und Führungskräften) verantwortlich sein kann, so besteht bei kurzfristiger Wachstumsmaximierung ein stärkerer Zwang zur prioritären Lenkung der Kapitalimporte nach Region A als bei langfristiger Wachtumsmaximierung, bei der der Unterschied in der Länge der Ausreifungszeiten weniger stark ins Gewicht fällt.

2.5 Zusammenfassung

Die bisherige Analyse hatte das Ziel, Bestimmungsgründe und Alternativen divergierender regionaler Wachstumsverläufe, insbesondere Determinanten der Beziehung (Konflikt, Neutralität, Komplementarität) zwischen dem Ziel eines maximalen gesamtwirtschaftlichen Wachstums und demjenigen einer gleichmäßigeren regionalen Verteilung, anhand eines allgemeinen Zwei-Regionen-Wachstumsmodells auf theoretisch-grundsätzlicher Ebene zu untersuchen. Die Ergebnisse lassen sich wie folgt zusammenfassen:

Unter den Bedingungen eines Zwei-Regionen-Wachstumsmodells mit "frei wählbarer" regionaler und temporaler Verteilung der der Gesamtwirtschaft im Gesamtzeitraum zufließenden Kapitalimporte erfordert eine Politik der reinen Wachstumsmaximierung die Inanspruchnahme möglichst hoher Kapitalimporte in den Anfangsperioden durch beide Regionen, da frühe Investitionen wegen der größeren Multiplikatorwirkungen "produktiver" als späte Investitionen sind. Die optimale regionale Verteilung der Kapitalimporte und die sie determinierende Beziehung zwischen dem Ziel eines maximalen gesamtwirtschaftlichen Wachstums und demjenigen einer gleichmäßigeren regionalen Verteilung hängen grundlegend vom Verhältnis der *Kapitalproduktivitäten* und der *Sparquoten* der Regionen ab. Während in einer geschlossenen Volkswirtschaft beide Größen von gleicher Bedeutung sind - das Produkt aus Sparquote und Kapitalproduktivität, die "interne Wachstumsrate", entscheidet über die optimale regionale Allokation der Ressourcen -, tritt in einer offenen Volkswirtschaft, in der nur ein Teil der Investitionen aus inländischer Ersparnis und der andere aus Kapitalimporten finanziert wird, die Bedeutung der Sparquote hinter diejenige der Kapitalproduktivität zurück.

Von erheblicher Relevanz für die Regionalentwicklung und die Beziehung zwischen dem Ziel eines maximalen gesamtwirtschaftlichen Wachstums und demjenigen einer gleichmäßigeren regionalen Verteilung ist auch das Verhältnis der *Absorptionskapazitäten der Regionen für Kapital*. Die Absorptionskapazität für Kapital kann zunächst durch eine maximale jährliche Steigerungsrate der Investitionen, für die darüber hinaus abnehmende Grenzerträge postuliert werden, definiert werden. Besteht aufgrund des Verhältnisses der Sparquoten und der Kapitalproduktivitäten ein Konflikt zwischen den beiden Zielen, so ist dieser unter den Bedingungen des Zwei-Regionen-Wachstumsmodells, anhand dessen die Analyse vorgenommen wurde, um so schärfer, je geringer die Absorptionskapazität der in der Ausgangslage - gemessen am Pro-Kopf-Einkommen - "ärmeren" Region im Vergleich zu derjenigen der anderen Region ist: Je geringer diese Absorptionskapazität, desto stärker resultiert die zum Zwecke eines Disparitätsabbaus vorgenommene inter*regionale* Verlagerung von Kapitalimporten auch in einer inter*temporalen* Verlagerung, d.h. im Aufschieben sonst relativ früh getätigter Kapitalimporte auf relativ späte Perioden. Je geringer die Absorptionskapazität der in der Ausgangslage ärmeren Region, desto geringer ist auch die *durchschnittliche Produktivität* der für den Disparitätsabbau erforderlichen Investitionen dieser Region, wenn man die Kurve des abnehmenden Grenzertrages der Investitionen durch eine aus gleich langen linearen Segmenten bestehende "Stufen"-Funktion approximiert. Besteht aufgrund des Verhältnisses der Sparquoten und der Kapitalproduktivitäten Zielkomplementarität, so schwächt sich diese um so mehr ab, je geringer die Absorptionskapazität der in der Ausgangslage ärmeren Region im

Verhältnis zu derjenigen der anderen Region ist, und kann schließlich sogar in einen Zielkonflikt umschlagen.

Als Indikator der regionalen Verteilung kann statt des Pro-Kopf-Einkommens auch die *gesamte Güterverwendung pro Kopf* der Regionen herangezogen werden. Soll lediglich die Disparität dieser Güterverwendung abgebaut werden, so kann auf die vollständige Angleichung der Pro-Kopf-Einkommen verzichtet und ein Zielkonflikt teilweise vermieden werden, wenn die verbleibende Diskrepanz durch eine entsprechende regionale Verteilung der Kapitalimporte ausgeglichen wird.

Bleibt der Kapitalimport, den die ärmere Region aus dem Ausland erhält, hinter demjenigen zurück, den sie im Rahmen einer Politik des Disparitätsabbaus benötigt, so kann die Differenz durch einen entsprechenden *interregionalen Devisentransfer* ausgeglichen werden.

Angesichts der großen Bedeutung der Absorptionskapazität für Kapital kann es im Rahmen einer modelltheoretischen Analyse sinnvoll sein, diese Absorptionskapazität in zwei Komponenten, die Absorptionskapazität für privates Kapital und die Absorptionskapazität für Infrastrukturkapital, zu zerlegen und die erstere in Abhängigkeit von der durch die zweite begrenzte Infrastrukturausstattung auszudrücken.

Zwei mögliche Ansätze zur Berücksichtigung des *Einflusses der Infrastrukturausstattung auf die private Wirtschaftstätigkeit* sind der "Erschließungsansatz" und der "Produktivitätsansatz". Beim *Erschließungsansatz*, dem die Vorstellung eines limitationalen Einsatzverhältnisses der Faktoren privates Kapital und öffentliches Kapital zugrundeliegt und bei dem deshalb der primäre Effekt von Infrastrukturinvestitionen in der Zurverfügungstellung von Infrastrukturleistungen gesehen wird, die überhaupt erst die Voraussetzung für die Entfaltung privater Wirtschaftstätigkeit schaffen, wird das Wachstum der privaten Investitionen direkt in Abhängigkeit von der Höhe der Infrastrukturinvestitionen ausgedrückt. Beim *Produktivitätsansatz*, der auf der Vorstellung basiert, zwischen privatem und öffentlichem Kapital bestehe ein substitutionales Faktoreinsatzverhältnis und der primäre Effekt der Infrastruktur liege in der Entfaltung ihrer Produktivität, d.h. in der Erhöhung der "Gesamtproduktivität" des privaten Kapitals (gesamte Wertschöpfung, bezogen auf den privaten Kapitalstock), wird zunächst nur diese Gesamtproduktivität in Abhängigkeit von der Infrastrukturausstattung ausgedrückt, wonach allerdings in einem zweiten Schritt der Einfluß der Gesamtproduktivität auf das Wachstum des privaten Kapitalstocks Berücksichtigung findet.

Im Rahmen einer *erweiterten Version des Zwei-Regionen-Wachstumsmodells*, das den *Produktivitätsansatz* enthält, können die Implikationen bestimmter regionalpolitischer Zielsetzungen (Zielsetzungen in bezug auf die Entwicklung der regionalen Verteilung) für die regionale Verteilung der Infrastrukturinvestitionen sowie für die Entwicklung der Gesamtproduktivität und des Wachstums des privaten Kapitals in den beiden Regionen analysiert werden. Es wird deutlich, daß eine der Voraussetzungen einer gezielten, auf den *Abbau eines regionalen Ungleichgewichtes* gerichteten Entwicklungspolitik der *frühe und massive Ausbau der Infrastruktur in der ärmeren Region* ist, da nur auf diese Weise die Gesamtproduktivität und das Wachstum des privaten Kapitals dieser Region auf ein Niveau angehoben werden können, welches deren Wachstum in dem notwendigen Maße beschleunigt. Der massive Ausbau der Infrastruktur hat zwar einen Anstieg der Gesamtproduktivität des privaten Kapitals, gleichzeitig aber einen deutlichen *Rückgang in der Produktivität der Gesamtinvestitionen* der ärmeren Region zur Folge, so daß in dieser Phase selbst, die gewissermaßen als "Grundlegungsphase" bezeichnet werden kann, nur ein relativ begrenzter Disparitätsabbau möglich ist.

Was die Beziehung zwischen dem Ziel eines maximalen gesamtwirtschaftlichen Wachstums und dem einer gleichmäßigeren regionalen Verteilung betrifft, so ist diese entscheidend von dem *Einfluß der Infrastrukturausstattung auf die Gesamtproduktivität des privaten Kapitals* und von dem *Einfluß der Gesamtproduktivität auf das Wachstum des privaten Kapitalstocks* abhängig. Je schwächer diese Einflüsse in der ärmeren Region, desto größer ist naturgemäß die Tendenz zum Zielkonflikt und umgekehrt.

In einem solchen Zusammenhang ist die Tendenz zum Zielkonflikt um so größer, je länger der Zeitraum, den die ärmere Region benötigt, um die private Wirtschaftstätigkeit so weit zu entfalten, daß ein nennenswerter Disparitätsabbau stattfinden kann. Die Länge dieses Zeitraumes ist auch von der *anfänglichen Infrastrukturausstattung* und von der *Absorptionskapazität für Infrastrukturkapital* abhängig. Bei extrem ungünstiger Ausgangslage in bezug auf die Infrastrukturausstattung kann die Absorptionskapazität für privates Kapital so gering sein, daß die Region nicht in der Lage ist, die selbst generierten Ressourcen aufzunehmen und statt dessen Kapital exportiert. Die Absorptionskapazität für Infrastrukturkapital ist eng mit dem Vorhandensein von Führungs-, Fach- und Verwaltungskräften verbunden, die in der Lage sind, umfangreiche Infrastrukturinvestitionen zu planen und durchzuführen.

Bei ungünstiger Ausgangslage der ärmeren Region in bezug auf die Infrastrukturausstattung und auf die Absorptionskapazität für Infrastrukturkapital ergibt sich die Tendenz zum Zielkonflikt dadurch, daß sich die intertemporale Verteilung der Investitionen für die Gesamtwirtschaft mit zunehmender Verlagerung von Investitionen von der reicheren zu der ärmeren Region ständig verschlechtert. Geht man davon aus, daß die intertemporale Verteilung der der Gesamtwirtschaft zufließenden Kapitalimporte innerhalb bestimmter Grenzen festgelegt ist, so wirkt sich der Nachteil der ärmeren Region weniger auf die Zielbeziehung als auf die *Möglichkeit* aus, *die Disparität überhaupt in dem notwendigen Maße zu reduzieren.* Wenn in jeder Periode ein bestimmter Mindestbetrag an Kapitalimporten in Anspruch genommen werden *muß*, so fließt er in den ersten Perioden größtenteils in die reichere Region, weil die ärmere Region aufgrund der durch die schlechte Infrastrukturausstattung bedingten geringen Absorptionskapazität für privates Kapital und aufgrund der geringen Absorptionskapazität für Infrastrukturinvestitionen nur ein begrenztes Volumen an Kapitalimporten aufnehmen kann. In späteren Perioden fehlen dann die Mittel, die es erlauben würden, in der ärmeren Region die für den Abbau der Disparität notwendigen massiven Infrastrukturinvestitionen durchzuführen.

Von großer Bedeutung für die Beziehung zwischen dem Ziel eines maximalen gesamtwirtschaftlichen Wachstums und demjenigen einer gleichmäßigeren regionalen Verteilung sind auch die *Ausreifungszeiten der Infrastrukturinvestitionen*, je länger diese für die ärmere Region im Verhältnis zur reicheren Region, desto langsamer wird der Einfluß der Infrastrukturinvestitionen auf die Gesamtproduktivität und das Wachstum der privaten Investitionen wirksam und desto größer ist damit die Tendenz zum Zielkonflikt.

Auch die *Länge des Planungszeitraumes* kann von erheblicher Bedeutung für die Beziehung zwischen den beiden Zielen sein. So wirken sich längere Ausreifungszeiten der Infrastrukturinvestitionen der ärmeren Region um so gravierender auf das gesamtwirtschaftliche Wachstum aus, je kürzer der Zeitraum, für den das Wachstumsziel definiert ist.

3. Die regionale (Ost-West-) Entwicklung in Pakistan: Grundstruktur

3.1 Einleitung

Nachdem im vorangegangenen Kapitel das Regionalproblem auf theoretisch-grundsätzlicher Ebene analysiert wurde, soll in den folgenden Kapiteln die *regionale Entwicklung in Ost- und Westpakistan vor dem Hintergrund dieser allgemeinen Überlegungen* untersucht werden. Die Untersuchung erstreckt sich auf (a) die tatsächliche Entwicklung der regionalen Verteilung zwischen den beiden Landesteilen, (b) Ursachen dieser Entwicklung und (c) Voraussetzungen alternativer regionaler Entwicklungsverläufe. Sie wird im Rahmen eines - weitgehend mit dem Zwei-Regionen-Wachstumsmodell identischen - retrospektiven Simulationsmodells durchgeführt.

In diesem Kapitel wird zunächst versucht, die *tatsächliche regionale Entwicklung* in Ost- und Westpakistan in ihrer *"Grundstruktur"* zu rekonstruieren. Von "Grundstruktur" wird deshalb gesprochen, weil vorerst nur einige wesentliche Zusammenhänge aufgezeigt werden, die in späteren Kapiteln differenziert und um neue Aspekte ergänzt werden.

Im Mittelpunkt der Analyse der "Grundstruktur" steht, wie schon im Zwei-Regionen-Wachstumsansatz im vorangegangenen Kapitel, der Produktionsfaktor *Kapital*: Die Entwicklung der regionalen Verteilung des Wachstums wird im wesentlichen auf die regionale Verteilung des inländischen und ausländischen Kapitals und auf die Produktivität dieses Kapitals zurückgeführt. Dieser Ansatz ist, gemessen an der Komplexität der realen Verhältnisse, naturgemäß relativ eng. Es werden deshalb zusätzlich *andere Determinanten* der Produktionsentwicklung berücksichtigt. Einige von ihnen, wie z.B. die sektorale Wirtschaftsstruktur, die personale Einkommensverteilung und die klimatisch-topographischen Bedingungen, werden schon bei der Analyse der Grundstruktur, als Bestimmungsgründe der Kapitalproduktivität und/oder der Sparquote, angesprochen. In späteren Kapiteln wird nicht nur der Faktor Kapital in privates Kapital und öffentliches Kapital differenziert und der Einfluß des letzteren auf die Ausdehnung des ersteren aufgezeigt, sondern auch der "Produktionsfaktor" Mensch über den Einfluß auf die Absorptionskapazität für Infrastrukturinvestitionen als Determinante der regionalen Entwicklung in Ost- und Westpakistan berücksichtigt.

Bevor im folgenden mit der Analyse der Grundstruktur der Regionalentwicklung in Ost- und Westpakistan begonnen wird, erscheint eine kurze Anmerkung zur Form der Darstellung des in diesem und den folgenden Kapiteln verwendeten statistischen Materials angebracht: Da ein Großteil der benötigten statistischen Werte nicht oder nicht in der erforderlichen

Form vorliegt, mußten zum Teil umfangreiche und komplizierte *eigene Schätzungen und Berechnungen* vorgenommen werden [1]. Diese wurden, um eine ständige Unterbrechung der Analyse zu vermeiden, in einem *getrennten statistischen Anhang* (ANHANG III) untergebracht, in dem auch ausführlich auf die institutionellen, methodischen und sonstigen Grundlagen der verwendeten Statistiken eingegangen wird. Es mag deshalb gerechtfertigt sein, in den folgenden Kapiteln die statistischen Probleme nur insoweit zu erwähnen, als sie die Aussagefähigkeit der Argumentation berühren.

3.2 Die Entwicklung der regionalen Verteilung

Die regionale Verteilung zwischen Ost- und Westpakistan sei im folgenden aus Gründen der konzeptuellen Einfachheit und der Unzulänglichkeiten des vorhandenen statistischen Materials an der Höhe der Pro-Kopf-Einkommen bzw. der gesamten Güterverwendung pro Kopf gemessen [2].

Unter Verwendung dieser Indikatoren kann festgestellt werden, daß schon bei Gründung des Staates Pakistan im Jahre 1947 ein gewisses Ungleichgewicht in der regionalen Verteilung zugunsten Westpakistans bestand, und daß sich dieses Ungleichgewicht in den 50er und 60er Jahren zunehmend verschärfte: Geht man von den in Tabelle 10 wiedergegebenen, auf offiziellen Schätzungen basierenden Werten der (Brutto-) *Regionalprodukte* (zu Marktpreisen) Ost- und Westpakistans aus, so waren die absoluten Regionalprodukte der beiden Landesteile Ende der 40er Jahre mit rd. 12,6 Mrd.

---

1 So mußten, da in der einzigen verfügbaren Regionalproduktschätzung für die fünfziger Jahre (derjenigen von *Khan* und *Bergan*) nur mit konstanten Preisen gearbeitet wird, ohne daß eine Rückrechnung in jeweilige Preise möglich wäre, auch die anderen Makrovariablen (Investitionen, Exporte und Importe im internationalen und interregionalen Handel, Konsum und Ersparnis) in Preise des Basisjahres umgerechnet werden. Hierbei stellte sich eine Reihe von Problemen. Zum einen sind die verfügbaren Preisindizes, vor allem für die fünfziger Jahre, nicht differenziert genug, um einigermaßen exakte Deflationierungen vorzunehmen; ein Preisindex für Investitionsgüter oder für den Dienstleistungsverkehr mit dem Ausland liegt nicht vor; der Exportpreisindex für den Handel Westpakistans mit Ostpakistan mußte für die sechziger Jahre selbst konstruiert werden. Ein grundsätzliches Problem ergab sich aus der Notwendigkeit, für die Deflationierung (a) der Exporte und (b) der Importe sowohl (c) im interregionalen als auch (d) im internationalen Handelsverkehr ein und denselben Deflator zu verwenden, um Verzerrungen der Salden zu vermeiden (s.u.).

2 Zur Problematik der Messung des 'Wohlstandes' einer Region bzw. Volkswirtschaft vgl. *Simonis, U.E.*, Environmental Disruption: Implications For Economic Planning, in: The Developing Economies, Vol. X(1972), S. 86 ff.

Tabelle 10 : Entwicklung der Regionalprodukte, der Pro-Kopf-Einkommen und der gesamten inländischen Güterverwendung Ost- und Westpakistans pro Kopf, 1949/50 - 1969/70 (zu Preisen von 1959/60)

Jahr/ Periode	Regionalprodukt [a] Mio Rs		Bevölkerung Mio		Pro-Kopf-Einkommen Rs		gesamte Güterverwendung pro Kopf Rs	
	Ost	West	Ost	West	Ost	West	Ost	West
1949/50	12.634	12.619	42,89	35,89	295	352	294	373
1950/51	13.075	13.146	43,88	36,71	298	358	275	354
1951/52	13.507	12.893	44,89	37,55	301	346	300	381
1952/53	13.944	13.182	45,92	38,42	304	343	299	365
1953/54	14.445	14.458	46,98	39,30	307	369	304	387
1954/55	14.174	14.969	48,06	40,20	295	372	287	390
Vorplan [b]	13.630	13.564	-	-	300	357	293	375
1955/56	13.625	15.544	49,17	41,12	277	378	268	393
1956/57	14.824	16.100	50,30	42,07	295	383	305	409
1957/58	14.642	16.554	51,46	43,03	284	385	293	412
1958/59	14.291	17.406	52,64	44,02	271	395	276	410
1959/60	15.474	17.577	53,85	45,03	287	390	286	411
1. Plan [b]	14.571	16.636	-	-	283	386	285	407
1960/61	16.363	18.567	55,25	46,20	296	402	300	428
1961/62	17.290	19.744	56,69	47,40	305	417	310	453
1962/63	17.226	21.222	58,16	48,63	296	437	304	468
1963/64	19.061	22.803	59,67	49,89	319	457	331	495
1964/65	19.281	24.518	61,22	51,19	315	479	331	536
2. Plan [b]	17.844	21.371	-	-	306	438	315	476
1965/66	20.316	25.499	62,87	52,57	323	485	333	511
1966/67	20.662	27.614	64,57	53,99	320	511	330	543
1967/68	22.397	29.618	66,31	55,45	338	534	345	553
1968/69	23.164	31.777	68,09	56,95	340	558	354	573
1969/70	24.307	33.570	69,93	58,49	348	574	363	588
3. Plan [b]	22.169	29.616	-	-	334	532	345	553

a) Bruttoregionalprodukt zu Marktpreisen. - b) Durchschnitt.

Quellen: ANHANG III, Tabellen 1, 6, 29, 31.

Rs etwa gleich groß. In den fünfziger Jahren konnte Westpakistan mit durchschnittlich 3,5 % (Vorplanperiode) bzw. 3,3 % (Erster Fünfjahresplan) weit höhere Wachstumsraten verzeichnen als Ostpakistan (2,3 % und 1,9 %). Die divergierende Entwicklung setzte sich in den sechziger Jahren mit durchschnittlichen Wachstumsraten von 6,9 % (Zweiter Fünfjahresplan) und 6,5 % (Dritter Fünfjahresplan) in Westpakistan und 4,6 % bzw. 4,8 % in Ostpakistan verstärkt fort. Ende der sechziger Jahre lag das Regionalprodukt Westpakistans mit 33,6 Mrd Rs um knapp 40 % über demjenigen Ostpakistans.

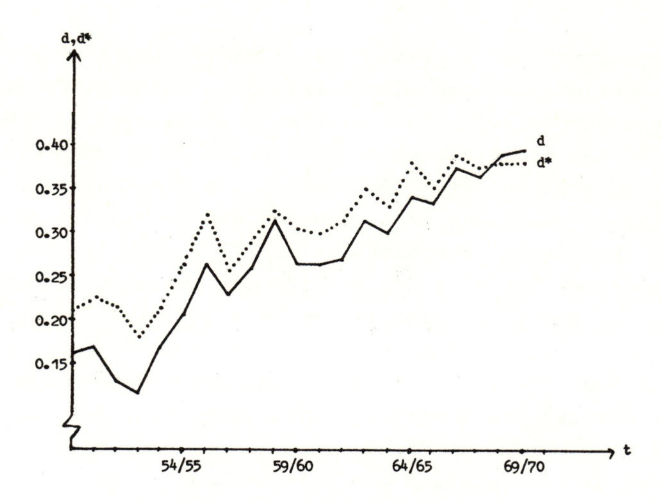

d = Disparität der Pro-Kopf-Einkommen
d* = Disparität der gesamten Güterverwendung pro Kopf der Bevölkerung

Quelle: Tabelle 10

Abbildung 17: Disparität der Pro-Kopf-Einkommen und der gesamten Güterverwendung pro Kopf, zwischen Ost- und Westpakistan, 1949/50-1969/70 (zu Preisen von 1959/60)

Wie aus Tabelle 10 hervorgeht, überstieg die *Bevölkerung* Ostpakistans diejenige Westpakistans um rund 20 %, so daß die Disparität der *Pro-Kopf-Einkommen* erheblich größer war als diejenige der Regionalprodukte. Folgt man den in der Tabelle wiedergegebenen Werten, so lag das Pro-Kopf-Einkommen Ostpakistans Ende der vierziger Jahre um rund 16 % unter demjenigen Westpakistans; die Disparität vergrößerte sich bis Ende der fünfziger Jahre auf 26 %, bis Ende der sechziger Jahre auf knapp 40 %, insgesamt also um mehr als das Zweieinhalbfache (vgl. Abbildung 17).

Unterzieht man die herangezogenen Schätzungen der Regionalprodukte einer genaueren Analyse, so zeigt sich allerdings, daß die Werte für Ostpakistan zu hoch und für Westpakistan zu niedrig angesetzt sind. Zum einen wurde Ostpakistan aufgrund eines *methodischen Fehlers (partielle Verwechselung von "Regionalprodukt" und "gesamte Güterverwendung der Region")* ein zu hoher Anteil an den regional nicht direkt zurechenbaren Teilen des westpakistanischen Sozialproduktes (Wertschöpfung der Zentralregierung, des Banken- und Versicherungsgewerbes und der Pakistan International Airlines; Faktoreinkommen aus der übrigen Welt) zugeschlüsselt. Zum anderen wurden bei der Regionalproduktsberechnung zwar intertemporale Preisdeflatoren (Basis: 1959/60), für die Basisperiode aber *kein interregionaler Preisdeflator* verwendet, obwohl das Preisniveau Ostpakistans erheblich über demjenigen Westpakistans lag [1].

1 Ausführlicher hierzu ANHANG III, S. 309 ff.

Nach der von uns in ANHANG III vorgenommenen *revidierten Schätzung der Regionalprodukte* [1] belief sich die durchschnittliche Disparität der Pro-Kopf-Einkommen unter der relativ realistischen Annahme, daß sich der Anteil Ostpakistans an den nicht direkt zurechenbaren Positionen des pakistanischen Sozialproduktes auf etwa 25 % belief und die Kaufkraft der Rupie in Ostpakistan im Basisjahr um 10 % unter derjenigen Westpakistans lag, in der Vorplanperiode auf durchschnittlich 27 % (Tabelle 11: 16 %), in der ersten Planperiode auf 36 % (27 %); für die zweite und dritte Planperiode lauten die Werte 39 % (30 %) und 46 % (37 %).

Für die Entwicklung der *gesamten Güterverwendung* der Regionen ist außer der Produktion der Nettokapitalimport zu berücksichtigen. Wie weiter unten [2] noch gezeigt wird, verzeichnete Ostpakistan in der Vorplanperiode per saldo (im Handel mit dem Ausland und Westpakistan) hohe Exportüberschüsse, während Westpakistan einen beträchtlichen Importüberschuß aufwies. In den folgenden Planperioden lagen die Nettokapitalimporte Westpakistans weit über denen Ostpakistans, wobei sich die Differenz allerdings im Zeitablauf verringerte.

Wie Tabelle 10 und Abbildung 17 zeigen, führte die ungleiche Verteilung der Nettokapitalimporte dazu, daß der Unterschied in der Güterverwendung pro Kopf der Bevölkerung noch größer war als derjenige im Pro-Kopf-Einkommen, wobei die Differenz zwischen den beiden Disparitäten aber allmählich zurückging, bis die Disparität der gesamten Güterverwendung, die Ende der 40er Jahre noch um 40 % über derjenigen der Pro-Kopf-Einkommen gelegen hatte, die letztere gegen Ende der 60er Jahre, wenn auch geringfügig, unterschritt.

Abbildung 17 läßt auch die weiter oben [3] gezeigte *doppelte Funktion der Kapitalimporte* erkennen: Die zunächst extrem ungleiche Verteilung der Kapitalimporte führte zum einen (kurzfristig) dazu, daß das Ungleichgewicht in der regionalen Verteilung, das bereits in bezug auf die Pro-Kopf-Einkommen bestand, über den Einfluß auf die gesamte Güterverwendung noch verschärft wurde; sie hatte zum anderen (mittel- und langfristig) über den Einfluß auf die Investitionen eine Verschärfung auch der Disparität der Pro-Kopf-Einkommen zur Folge. Dadurch, daß sich das Verhältnis der Nettokapitalimporte später zugunsten Ostpakistans verbesserte, näherte sich nicht nur die Disparität der gesamten Güterverwendung immer stärker an diejenige der Pro-Kopf-Einkommen an, bis sie diese unter-

---

1 Ausführlicher hierzu ANHANG III, S. 313

2 Vgl. Kapitel 3.4

3 Vgl. Kapitel 2.24

schritt; auch die Disparität der Pro-Kopf-Einkommen selbst wurde beeinflußt, wenn auch zunächst nur in dem Sinne, daß ihre Wachstumsrate zurückging.

Die *sektorale Entwicklung der Regionalprodukte* (zu Faktorkosten [1]) Ost- und Westpakistans zeigt Tabelle 11 [2]. In der *landwirtschaftlichen Produktion* waren in den 50er Jahren sowohl in Ost- als auch in Westpakistan sehr geringe Wachstumsraten zu verzeichnen, die mit durchschnittlich 1,2 % in Ostpakistan und 1,6 % in Westpakistan erheblich unter dem Bevölkerungswachstum lagen. Dabei war die landwirtschaftliche Produktion in beiden Landesteilen, allerdings in Ostpakistan - mit Ausnahme der Vorplanperiode - in weit stärkerem Maße, aufgrund der Witterungsschwankungen erheblichen Fluktuationen unterworfen. In den 60er Jahren konnten in beiden Landesteilen höhere Produktionssteigerungen erzielt werden, die allerdings in Ostpakistan mit durchschnittlich 3 % das Bevölkerungswachstum nicht wesentlich überschritten und keine zunehmende Tendenz aufwiesen, während sie in Westpakistan mit 3,8 % in der zweiten und 5,6 % in der dritten Planperiode eine ständige Verbesserung weit über das Niveau der 50er Jahre hinaus erkennen ließen.

Der starke Anstieg des landwirtschaftlichen Produktionsniveaus Westpakistans in der dritten Planperiode bzw. in den letzten drei Jahren (1967/68 - 1969/70), der u.a. auf den massiven Einsatz von verbessertem Saatgut (vor allem bei Weizen), Düngemitteln und Pflanzenschutzmitteln sowie auf verstärkte Bewässerung zurückzuführen ist und allgemein unter dem Schlagwort "Grüne Revolution" bekannt wurde [3], muß trotz der Tatsa-

---

1 In den verfügbaren Statistiken ist die Wertschöpfung der Sektoren zu Faktorkosten bewertet. Die Umrechnung in Marktpreise (s.o.) wurde von uns nur für die Regionalprodukte insgesamt vorgenommen. Vgl. ANHANG III, S. 305 ff.

2 Auf eine detaillierte, produktspezifische Analyse der mengen- und wertmäßigen Entwicklung der Produktion von Industrie und Landwirtschaft in den beiden Landesteilen muß, um nicht den Rahmen der Arbeit zu sprengen, verzichtet werden. Detaillierte Statistiken hierzu sowie zur gesamten inländischen Verwendung der wichtigsten Verbrauchs- und Investitionsgüter enthält ANHANG III, S. 350 ff.

3 Zur Bedeutung und Problematik der "Grünen Revolution" in Pakistan vgl. u.a.: *Food Production Increase in West Pakistan. Problems and Effects*, Sharif, C.M. (ed.), Academy for Rural Development, Peshawar 1971; *Bose, S.R.*, The Green Revolution, and Agricultural Employment Under Conditions of Rapid Growth. The Pakistan Problem, in: Employment and Unemployment Problems of the Near East and South Asia. Reprint Vol. 2, New Delhi, London 1971, S. 535 ff.; *Mullick, M.A.H.*, Die grüne Revolution in Pakistan. Segen oder Unheil? in: Geographische Rundschau 24 (1972), S. 332 ff.; ferner *May, B.*, Die Entwicklung der Landwirtschaft in Bangladesh und Pakistan, in: Internationales Asienforum, Vol. 4 (1973), S. 279 ff.

che, daß die Wachstumsraten in den letzten beiden Jahren wieder zurückgingen, als beachtlich bezeichnet werden. Auch in Ostpakistan fand im Jahre 1967/68 ein außerordentlich starkes Produktionswachstum statt. Im Gegensatz zu Westpakistan ist hier jedoch festzustellen, daß die Wachstumsrate zum Teil auf die sehr niedrige Basis des Vorjahres (in dem ein negatives Wachstum zu verzeichnen war) zurückzuführen ist, und daß im darauffolgenden Jahr 1968/69 bereits wieder ein - wenn auch geringer - absoluter Produktionsrückgang festzustellen war [1].

Auch die *industrielle Entwicklung* konnte in Westpakistan rascher vorangetrieben werden als in Ostpakistan, wobei hier allerdings eine gewisse zeitliche Differenzierung erforderlich ist. Schon zu Beginn des Betrachtungszeitraumes war der Umfang des warenproduzierenden Gewerbes in Westpakistan mit einer Wertschöpfung von rund 960 Mio Rs mehr als doppelt so groß wie in Ostpakistan. Nachdem der Sektor in den 50er Jahren in Westpakistan mit einer durchschnittlichen jährlichen Wachstumsrate von 7,6 % und in Ostpakistan mit einer solchen von 6,9 % expandieren konnte, vergrößerte sich die Disparität in der zweiten Planperiode, in der der jährliche Zuwachs in Westpakistan mit knapp 12 % praktisch doppelt so groß war wie in Ostpakistan, in erheblichem Maße. In der dritten Planperiode fand dann jedoch insofern eine Wende statt, als die Expansion des warenproduzierenden Gewerbes in Ostpakistan entscheidend beschleunigt werden konnte, während sie sich in Westpakistan beträchtlich abschwächte und mit durchschnittlich 6 % um nicht weniger als 3,5 Prozentpunkte unter derjenigen Ostpakistans lag.

Das dynamischste Element der Industrialisierung war in beiden Landesteilen die *large-scale industry* [2]. Hier waren die Unterschiede zwischen Ost- und Westpakistan schon in der Ausgangslage besonders groß: Die Wertschöpfung der large-scale industry war in Westpakistan etwa viermal so groß wie in Ostpakistan. Nachdem sich die relative Differenz in der Vorplanperiode bei beiderseits sehr hohen Wachstumsraten - die allerdings auch auf das extrem niedrige Ausgangsniveau zurückzuführen sind - nicht vergrößert hatte, verschob sich das Gewicht zunächst etwas zugunsten Ostpakistans und dann zugunsten Westpakistans, bis schließlich in

---

1 Dennoch darf das Wachstum der landwirtschaftlichen Produktion Westpakistans in der dritten Planperiode nicht überbewertet werden als Beginn einer langfristigen Aufwärtsentwicklung. Die reale Wachstumsrate der landwirtschaftlichen Produktion war im Jahre 1970/71 negativ (- 6,5 %) und belief sich in den beiden darauffolgenden Jahren auf durchschnittlich 4 %. Vgl. *Government of Pakistan*, Ministry of Finance, Pakistan Economic Survey 1974/75, Islamabad 1975, Statistischer Anhang S. 7

2 Zur large-scale industry werden in Pakistan alle Betriebe gezählt, die 20 und mehr Arbeitskräfte beschäftigen (und im Produktionsprozeß Maschinenkraft verwenden).

Tabelle 11 : Entwicklung der Regionalprodukte[a] Ost- und Westpakistans, nach Sektoren, 1949/50 - 1969/70 (zu Preisen von 1959/60)

Jahr	Gesamtprodukt		Landwirtschaft		Warenproduzierendes Gewerbe			
					Insgesamt		large scale ind.	
	Mio Rs	WR b)	Mio Rs	WR b)	Mio Rs	WR b)	Mio Rs	WR b)
				OSTPAKISTAN				
1949/50	12.374	-	8.074	-	472	-	69	-
1950/51	12.812	3,5	8.344	3,3	497	5,3	85	23,2
1951/52	13.220	3,2	8.394	0,6	522	5,0	101	18,8
1952/53	13.627	3,1	8.751	4,3	577	10,5	126	24,8
1953/54	14.077	3,3	9.048	3,4	603	4,5	162	28,6
1954/55	13.816	-1,9	8.704	-3,8	651	8,0	200	23,5
1955/56	13.234	-4,2	8.043	-7,6	712	9,4	251	25,5
1956/57	14.407	8,9	9.012	12,0	759	6,6	287	14,3
1957/58	14.201	-1,4	8.696	-3,5	802	5,7	319	11,1
1958/59	13.824	-2,7	8.234	-5,3	850	6,0	356	11,6
1959/60	14.972	8,3	9.042	9,8	912	7,3	406	14,0
1960/61	15.806	5,6	9.590	6,1	986	8,1	466	14,8
1961/62	16.712	5,7	10.012	4,4	1.054	6,9	520	11,6
1962/63	16.621	-0,5	9.765	-2,5	1.110	5,3	562	8,1
1963/64	18.354	10,4	10.518	8,5	1.165	5,0	603	7,1
1964/65	18.577	1,2	10.485	-1,1	1.210	3,9	633	5,0
1965/66	19.492	4,9	10.757	2,6	1.433	18,4	841	32,9
1966/67	19.757	1,4	10.467	-2,7	1.539	7,4	932	10,8
1967/68	21.380	8,2	11.542	10,3	1.658	7,7	1.036	11,2
1968/69	22.167	3,7	11.450	-0,8	1.753	5,7	1.115	7,6
1969/70	23.191	4.6	12.165	6,2	1.905	8,7	1.250	12,1
				WESTPAKISTAN				
1949/50	12.091	-	6.595	-	961	-	277	-
1950/51	12.563	3,9	6.768	2,6	1.042	8,4	342	23,5
1951/52	12.275	-2,3	6.155	-9,1	1.123	7,8	406	18,7
1952/53	12.513	1,9	6.166	0,2	1.235	10,0	502	23,6
1953/54	13.727	9,7	7.005	13,6	1.396	13,0	646	28,7
1954/55	14.106	2,8	6.948	-0,8	1.569	12,4	802	24,1
1955/56	14.594	3,4	7.093	2,1	1.727	10,1	942	17,5
1956/57	15.098	3,5	7.254	2,3	1.821	5,4	1.018	8,1
1957/58	15.515	2,8	7.393	1,9	1.889	3,7	1.068	4,9
1958/59	16.323	5,2	7.689	4,0	1.968	4,2	1.128	5,6
1959/60	16.467	0.9	7.711	0,3	2.018	2,5	1.159	2,7
1960/61	17.280	4,9	7.695	-0,2	2.276	12,8	1.394	20,3
1961/62	18.331	6,1	8.171	6,2	2.576	13,2	1.671	19,9
1962/63	19.663	7,3	8.597	5,2	2.863	11,1	1.934	15,7
1963/64	20.870	6,1	8.813	2,5	3.186	11,3	2.233	15,5
1964/65	22.481	7,7	9.276	5,3	3.501	9,9	2.523	13,0
1965/66	23.476	4,4	9.318	4,5	3.516	0,4	2.513	-0,4
1966/67	25.376	8,1	9.829	5,5	3.807	8,1	2.777	10,5
1967/68	27.155	7,0	10.982	11,7	4.018	5,5	2.960	6,6
1968/69	29.268	7,8	11.661	6,2	4.265	6,1	3.179	7,4
1969/70	30.852	5,4	12.140	4,1	4.675	9,6	3.560	12,0

a) Bruttoregionalprodukte zu Faktorkosten. - b) WR = Wachstumsrate.

Quellen : ANHANG III, Tabelle 2-5.

der dritten Planperiode die Disparität durch die erheblich stärkere - doppelt so starke - Expansion in Ostpakistan beträchtlich reduziert werden konnte.

Vergleicht man die Entwicklung der *Wirtschaftsstrukturen* Ost- und Westpakistans, so ist, wie zu erwarten, festzustellen, daß die Wirtschaft Westpakistans diversifizierter war als diejenige Ostpakistans, und daß in beiden Landesteilen die fortschreitende Entwicklung eine zunehmende Diversifizierung zur Folge hatte (bzw. durch diese ermöglicht wurde): Während der Beitrag der Landwirtschaft zum Regionalprodukt in Westpakistan Anfang der 50er Jahre rund 55 % betrug und bis Ende der 60er Jahre auf knapp 40 % zurückging, belief er sich in Ostpakistan anfangs auf rund 65 % und verringerte sich auf 53 %. Für das warenproduzierende Gewerbe errechnet sich für Westpakistan eine Erhöhung des Sozialproduktsbeitrages von 8 % auf 16 %, für Ostpakistan von 4 % auf 8 %. Die Industrialisierung der beiden Landesteile kommt auch in der wachsenden Bedeutung der large-scale industry innerhalb des warenproduzierenden Gewerbes zum Ausdruck: Ihr Anteil an deren Wertschöpfung stieg in Ostpakistan von rund 15 % auf 65 %, in Westpakistan von dem bereits relativ hohen Niveau von knapp 30 % auf insgesamt rund 75 % (vgl. Tabelle 11).

3.3 Umfang und Produktivität der Investitionen

Die Entwicklung der Investitionen und der Kapitalproduktivitäten Ost- und Westpakistans zeigt Tabelle 12 [1].

Sowohl in den 50er als auch in den 60er Jahren lagen die *Investitionen* Ostpakistans erheblich unter denjenigen Westpakistans, wobei allerdings im Zeitablauf eine leichte Verringerung des Ungleichgewichts zu erkennen ist: Der Anteil Ostpakistans erhöhte sich von rund 27 % (Vorplanperiode und erster Plan) über 29 % (zweiter Plan) auf 33 % (dritter Plan). Die Disparität der Investitionen war jedoch auch in der dritten Planperiode mit rund 52 % noch relativ groß.

Auch gemessen am Regionalprodukt, lagen die Investitionen Ostpakistans weit unter denen Westpakistans. Die *Investitionsquoten* beliefen sich in den vier Perioden auf die folgenden Werte (vgl. Tabelle 12):

---

1 Für eine ausführliche Darstellung der methodischen und statistischen Grundlagen der in Tabelle 12 enthaltenen Investitionsschätzungen vgl. ANHANG III, S. 314 ff.

Tabelle 12 : Investitionen und marginale Kapitalproduktivitäten Ost- und Westpakistans, 1949/50 - 1969/70 (zu Preisen von 1959/60) a)b)

Jahr	Investitionen			Regionalprodukt			Zuwachs im Regionalprodukt			Kapitalproduktivität		
	Ost Mio Rs	West Mio Rs	Disp. v.H.	Ost Mio Rs	West Mio Rs	Disp. v.H.	Ost Mio Rs	West Mio Rs	Disp. v.H.	Ost v.H.	West v.H.	Disp. v.H.
1949/50	304	913	66,7	12.634	12.619	(0,1)	-	-	-	-	-	-
1950/51	312	967	67,8	13.075	13.146	0,5	441	527	16,3	145	58	(60,0)
1951/52	463	1.152	59,8	13.507	12.983	(3,9)	432	-163	(n)	138	(n)	(n)
1952/53	620	1.470	57,8	13.944	13.182	(5,5)	437	199	(54,5)	94	17	(81,9)
1953/54	664	1.770	62,5	14.445	14.485	0,3	501	1.303	61,6	81	89	9,0
1954/55	601	1.955	69,3	14.174	14.969	5,3	-271	484	(n)	(n)	27	(n)
Vorplan c)	473	1.254	62,3	13.630	13.564	(0,5)	308	470	34,5	65	37	(56,9)
1955/56	517	1.761	70,6	16.625	15.544	(6,5)	-549	575	(n)	(n)	29	(n)
1956/57	519	1.333	61,6	14.824	16.100	7,9	1.199	556	(53,6)	232	32	86,2
1957/58	818	1.753	53,3	14.642	16.554	11,6	-182	454	(n)	(n)	34	(n)
1958/59	682	1.755	61,1	14.291	17.406	17,9	-351	852	(n)	(n)	49	(n)
1959/60	945	2.115	55,3	15.474	17.577	12,0	1.183	171	(85,5)	173	10	(94,2)
1. Plan c)	627	1.711	63,4	14.571	16.636	12,4	260	522	50,2	41	31	(24,4)
1960/61	1.045	2.873	63,6	16.363	18.567	11,9	889	990	10,2	94	47	(50,0)
1961/62	1.502	3.385	55,6	17.290	19.744	12,4	927	1.177	21,2	89	41	(53,9)
1962/63	1.577	4.661	66,2	17.226	21.222	18,8	-64	1.478	(n)	(n)	44	(n)
1963/64	2.102	4.577	54,1	19.061	22.803	16,4	1.835	1.581	(13,8)	116	34	(29,3)
1964/65	2.708	5.595	51,6	19.281	24.518	21,4	220	1.715	87,2	10	37	73,0
2. Plan c)	1.434	3.522	59,3	17.844	21.370	16,5	761	1.388	45,2	53	39	(26,4)
1965/66	1.840	4.954	62,9	20.316	25.499	20,3	1.035	981	(5,2)	38	18	(52,6)
1966/67	2.126	5.163	58,8	20.662	27.614	25,2	346	2.115	83,6	19	43	55,8
1967/68	2.627	4.688	44,0	22.397	29.618	24,4	1.735	2.004	13,4	82	39	(52,4)
1968/69	2.727	4.748	42,6	23.164	31.777	27,1	767	2.159	64,5	29	46	37,0
1969/70	2.732	5.615	51,3	24.307	33.570	27,6	1.143	1.793	36,3	42	38	(9,5)
3. Plan c)	2.406	5.030	52,2	22.169	29.616	25,1	1.005	1.810	44,5	42	36	(14,3)

a) Die "Investitionen" sind als Bruttoinvestitionen, die "Regionalprodukte" als Bruttoregionalprodukte definiert. Entsprechend ist die marginale Kapitalproduktivität für das Jahr t der Wert der Bruttoinvestition in t-1, bezogen auf die Veränderung des Bruttoregionalprodukts zwischen t-1 und t. - b) n = negativ; bei den Disparitäten: ohne Klammern = Disparität zugunsten Westpakistans, in Klammern: Disparität zugunsten Ostpakistans. - c) Durchschnitt; bei den Investitionen (zur Errechnung der marginalen Kapitalproduktivität) : Durchschnitt aus der Summe der Periode, abzüglich deren letztem Jahr, zuzüglich des letzten Jahres der Vorperiode.

Quelle : ANHANG III, Tabelle 6, 23.

Periode	Ostpakistan	Westpakistan
Vorplanperiode	3,6 %	10,1 %
Erster Plan	4,8 %	10,5 %
Zweiter Plan	10,0 %	19,7 %
Dritter Plan	10,9 %	17,0 %

Es zeigt sich, daß die Verbesserung der relativen Position Ostpakistans während der dritten Planperiode weniger auf eine nennenswerte Steigerung seiner eigenen Investitionstätigkeit als auf den relativen Rückgang der Investitionstätigkeit Westpakistans zurückzuführen war.

Auf die Bedeutung des Begriffes *"Kapitalproduktivität"* wurde bereits weiter oben [1] eingegangen. Das Kapital ist nur einer von vielen Produktionsfaktoren, von denen einige die Produktionsentwicklung möglicherweise in stärkerem Maße beeinflussen als das Kapital selbst (z.B. laufende Inputs, wie Düngemittel, in der Landwirtschaft). Die durchschnittliche "Kapitalproduktivität" bringt deshalb keinen Kausalzusammenhang zum Ausdruck, sondern lediglich eine statistische ex-post-Relation zwischen Regionalprodukt und Kapitalstock, in der sich die Einflüsse sämtlicher anderen Produktionsfaktoren niederschlagen. Noch geringer ist die Aussagefähigkeit marginaler Kapitalproduktivitäten, die die Relation zwischen den *Veränderungen* des Sozialproduktes und den Investitionen zum Ausdruck bringen. Daß diese Relationen in Entwicklungsländern kurzfristig stark schwanken, liegt auf der Hand angesichts der oft starken Schwankungen der Witterungsverhältnisse und der großen Bedeutung der Landwirtschaft für die Gesamtproduktion einerseits und der Schwankungen der Kapazitätsauslastung der rohstoffabhängigen Industrien andererseits.

Selbst wenn man einen gewissen Kausalzusammenhang zwischen Investitionen und Veränderung des Sozialproduktes unterstellt, sind die Annahmen über den *zeitlichen Zusammenhang* unsicher. Der üblicherweise unterstellte time-lag von einer Periode dürfte unrealistisch kurz sein, insbesondere angesichts der Tatsache, daß ein Großteil der gesamten Investitionsmittel in Infrastrukturprojekte fließt, deren Ausreifungszeiten normalerweise sehr lang sind.

Die Existenz dieser *Infrastrukturinvestitionen* schränkt generell die intertemporale und interregionale Vergleichbarkeit der Gesamtgröße "Kapitalproduktivität" ein, da diese aufgrund des kurzfristig negativen

---

1 Vgl. Kapitel 2, S. 62 ff.

σ'-Effektes der Infrastrukturinvestitionen [1] in erheblichem Maße vom Anteil der letzteren an den Gesamtinvestitionen abhängig ist. Daß auch die *sektorale Zusammensetzung* der privaten Investitionen und der Infrastrukturinvestitionen von erheblicher Bedeutung für den Wert ist, den die Kapitalproduktivität annimmt, braucht nicht besonders betont zu werden.

Angesichts dieser Einschränkungen ist auch die Aussagefähigkeit der in Tabelle 12 errechneten marginalen Kapitalproduktivitäten Ost- und Westpakistans sehr begrenzt. Anhand der errechneten Werte kann jedoch festgestellt werden:

(1) Die marginalen *Kapitalproduktivitäten* Ost- und Westpakistans unterlagen erheblichen *Schwankungen*, die aber *in Ostpakistan weit größer* waren als in Westpakistan und sich ferner *in beiden Landesteilen im Zeitablauf verringerten*. Die stärkeren Schwankungen in Ostpakistan sind im wesentlichen darauf zurückzuführen, daß dessen Agrarproduktion, wie im vorangegangenen Abschnitt gezeigt wurde, witterungsabhängiger war [2] und einen relativ größeren Beitrag zum Regionalprodukt leistete. Analog ist die intertemporale Verringerung der Fluktuationen der Kapitalproduktivität in beiden Landesteilen sowohl auf die abnehmenden Schwankungen der Agrarproduktion als auch auf den rückläufigen Anteil der Landwirtschaft am Regionalprodukt zurückzuführen. Dieser Zusammenhang läßt sich vereinfacht auch so interpretieren, daß in beiden Landesteilen die anfänglich sehr geringe Bedeutung des Faktors Kapital für die Produktionsentwicklung mit zunehmenden Investitionen in der Landwirtschaft und mit zunehmender Industrialisierung größer wurde, wodurch sich die "Kapitalproduktivitäten" stabilisierten.

(2) Eliminiert man die starken kurzfristigen Schwankungen der Kapitalproduktivitäten durch Bildung von Periodendurchschnitten, die allerdings ebenfalls mit Vorsicht zu interpretieren sind, so errechnet sich für *Ostpakistan* für jede der vier Perioden eine *höhere durchschnittliche marginale Produktivität* als für Westpakistan; die Produktivität Westpakistans liegt in der Vorplanperiode um etwa 55 %, in der ersten und zweiten Planperiode um 25 % und in der dritten Planperiode um 15 % unter derjenigen Ostpakistans. Diese Unterschiede sind nicht darauf zurückzuführen, daß in Ostpakistan "das Kapital produktiver war", sondern darauf, daß die aus dem Zusammenwirken sämtlicher Produktionsfaktoren resultierenden Sozialproduktszuwächse in Ostpakistan (gemessen an den Investitionen) größer waren als in Westpakistan bzw. daß die Investitio-

---

1 Zu den Effekten der Infrastruktur vgl. Kapitel 2, S. 68 f.

2 Vgl. hierzu auch die Ausführungen über das Hochwasserproblem in Ostbengalen in Kapitel 5.22, S. 167 ff.

nen in Ostpakistan (gemessen an diesen Sozialproduktszuwächsen) geringer waren als in Westpakistan [1].

Nach Ansicht von *Rahman* [2] ist die geringere Kapitalproduktivität Westpakistans teilweise darauf zurückzuführen, daß Westpakistan einen größeren Anteil an den - kurz- und mittelfristig wenig produktiven - *Infrastrukturinvestitionen* des Landes erhielt. Diese Argumentation ist insofern nicht richtig, als zwar Westpakistan, wie weiter unten [3] gezeigt wird, absolut höhere Infrastrukturinvestitionen als Ostpakistan erhielt, der Anteil dieser Investitionen an den Gesamtinvestitionen (und damit ihr wachstumsschmälernder σ'-Effekt) in Westpakistan aber geringer war als in Ostpakistan.

Von einigem Erklärungswert für die höhere Kapitalproduktivität Ostpakistans könnte die *größere Bedeutung der Landwirtschaft* sein. Geht man davon aus, daß die Kapitalproduktivität im landwirtschaftlichen Bereich größer ist als im nichtlandwirtschaftlichen, so mußte schon die unterschiedliche sektorale Zusammensetzung der Regionalprodukte zu einer höheren Gesamtproduktivität in Ostpakistan führen.

Der einzige Sektor, für den konsistente Statistiken über Kapitaleinsatz und Wertschöpfung vorliegen, ist die *large-scale industry* [4]. Wie aus

---

1 Auch *Haq* errechnet für Ostpakistan höhere Kapitalproduktivitäten, die sich für die Vorplanperiode auf durchschnittlich 165 % (Westpakistan 40 %), für die erste Planperiode auf 70 % (Westpakistan 45 %) belaufen. Hierzu führt Haq aus: "It would be erroneous to interpret this experience to show higher productivity of capital in East Pakistan compared with West Pakistan: If anything, it is an index of the backwardness of East Pakistan. In the absence of a substantial expenditure on economic and social overheads, output in East Pakistan has been growing erratically in the past, led mainly by the farmers' struggle for survival, as expressed in his non-monetized investment effort which remains unestimated by cold statisticians. As such output has been keeping pace with population growth, though its relationship with monetary investment has naturally remained a nebulous one". Vgl. *Haq, M.U.*, The Strategy of Economic Planning. A Case Study of Pakistan, Karachi 1963, S. 59

2 Vgl. *Rahman, M.A.*, Regional (East-West) Per Capita Income Disparity and the Perspective Plan, in: The Third Five Year Plan and Other Papers. Papers presented at the 12th Annual Session of the Pakistan Economic Association, Qureshi, A.I. (ed.), Rawalpindi 1965, S. 235

3 Vgl. Kapitel 5.32, S. 195

4 Die Ergebnisse des *Census of Manufacturing Industries* wurden veröffentlicht für die Jahre 1954, 1955, 1957, 1958, 1959/60, 1962/63 - 1966/67 und 1969/70. Sie wurden für *beide* Landesteile nur für die Zeit bis 1965/66 einschließlich publiziert. (Bei der Publikation der Zählungen 1966/67 und 1969/70 (1972 bzw. 1973) bestand Pakistan nur noch aus Westpakistan, weshalb die Ergebnisse für das ehemalige Ostpakistan nicht mehr berücksichtigt wurden.) Die Industriezählungen beziehen sich für die Jahre bis einschl. 1962/63 auf die large-scale industry im engeren Sinne (20 Beschäftigte und mehr; Factories Act

Abbildung 18 hervorgeht, bestand in beiden Landesteilen eine außerordentlich enge Korrelation zwischen den beiden Größen [1]. In der large-scale industry dürfte der knappe Faktor Kapital tatsächlich die entscheidende Determinante der Wertschöpfung gewesen sein. (Rohstoffe stellten zumindest bis in die Mitte der sechziger Jahre keinen entscheidenden Engpaß dar, da Investitionsgenehmigungen und Importlizenzen für zukünftige Rohstoffimporte miteinander gekoppelt waren [2].) Der Vergleich der beiden Regressionsgeraden in Abbildung 18 und die Angaben in Tabelle 13 zeigen, daß zwischen den Kapitalproduktivitäten der large-scale industry in Ost- und Westpakistan, sieht man vom Jahr 1954 ab, nur relativ geringe Unterschiede bestanden, und daß sich die Produktivitäten auch im Zeitablauf nicht entscheidend veränderten.

3.4 Finanzierung der Investitionen: Ersparnis und Nettokapitalimport

Bei der Ermittlung der Finanzierungselemente der Investitionen, der Ersparnis und des Nettokapitalimports, ergeben sich zwei Probleme, durch die die Aussagefähigkeit der errechneten Werte eingeschränkt wird: Zum einen liegen für Ost- und Westpakistan keinerlei direkte Schätzungen der privaten und öffentlichen Ersparnis vor; für die Vornahme eigener Schätzungen reicht das vorhandene statistische Material nicht aus. Die *Ersparnis* mußte deshalb auf indirektem Wege, als *Residualgröße* zwischen Investitionen und Nettokapitalimport, ermittelt werden [3].

Zum anderen muß für die Deflationierung der *Exporte und Importe Ost- und Westpakistans* an das bzw. aus dem Ausland, wenn einerseits Verzerrungen der Salden (Nettokapitalimporte bzw. Nettokapitalexporte der Landes-

---

1934, Section 2j), für die Jahre danach auf die large-scale industry im weiteren Sinne (10 Beschäftigte und mehr, Section 2j und 51). Vgl. Government of Pakistan, Central Statistical Office, *Census of Manufacturing Industries*: 1954 (Karachi 1959); 1955 (1960); 1957 (1960); 1958 (1961); 1959/60 (1969); 1962/63 - 1963/64, 1965/66 (o.J.), 1964/65 (1972); 1966/67 (1972); 1969/70 (1973)

1 In den Statistiken der Industriezählungen sind - neben anderen Größen - Wertschöpfung ('Value added by manufacture'), Anlagekapital ('Fixed Capital') und Lagerbestände ('Inventories') ausgewiesen. Als 'Kapital' wird hier die Summe der beiden letztgenannten Positionen aufgefaßt. Eine Inkonsistenz zwischen den Werten für 1954 und denen für die nachfolgenden Jahre ergibt sich dadurch, daß für 1954 nicht die Lagerbestände, sondern das Umlaufvermögen ('Working Capital'), das außer den Lagerbeständen noch andere Positionen, wie z.B. den Kassenbestand, enthält, ausgewiesen ist. Ebenda

2 Vgl. auch *Lewis, S.R.*, Economic Policy and Industrial Growth in Pakistan, London 1969, S. 75; *derselbe*, Pakistan: Industrialization and Trade Policies, London 1970, S. 70 ff., 100 ff.

3 Vgl. ANHANG III, S. 350

Tabelle 13: Durchschnittliche Kapitalproduktivität der large-scale industry [a] in Ost- und Westpakistan, ausgewählte Jahre

Jahr	Ostpakistan Wertschöpfung Mio Rs	Gesamtkapital [b] Mio Rs	Kapitalprodukt. [c] v.H.	Westpakistan Wertschöpfung Mio Rs	Gesamtkapital [b] Mio Rs	Kapitalprodukt. [c] v.H.
1954	140,5	486,7	28,8	547,8	1.013,9	54,0
1955	214,2	446,9	47,9	598,4	1.222,9	48,9
1957	276,0	622,5	44,3	750,0	1.774,1	42,3
1958	321,0	806,5	39,8	1.018,0	2.218,5	45,9
1959/60	392,6	823,5	47,7	1.152,1	2.374,9	48,5
1962/63	871,5	1.663,9	52,4	1.917,6	4.497,7	42,6
1963/64	964,0	2.192,6	44,0	2.029,6	3.955,7	51,3
1964/65	1.034,6	2.299,3	45,0	2.625,4	4.824,4	54,4
1965/66	1.230,9	2.392,6	51,4	n.v.	n.v.	n.v.

a) bis 1962/63 einschließlich: Unternehmen mit 20 Beschäftigten und mehr; danach: Unternehmen mit 10 Beschäftigten und mehr. – b) einschließlich Lagerbestände. – c) durchschnittliche Kapitalproduktivität.

Quellen : Government of Pakistan, Central Statistical Office, Census of Manufacturing Industries, 1954 (Karachi 1959); 1955 (1960); 1957 (1960); 1958 (1961); 1959/60 (1969); 1962/63–1963/64, 1965/66 (o.J.); 1964/65 (1972).

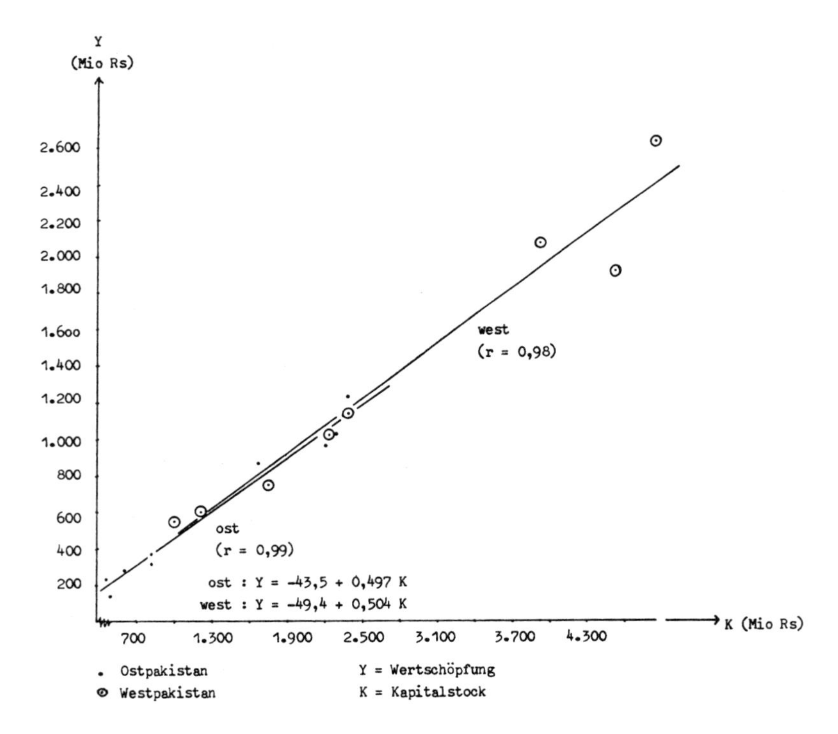

Quelle: Tabelle 13

Abbildung 18: Wertschöpfung der large-scale industry in Abhängigkeit vom Kapitalstock, Ost- und Westpakistan, ausgewählte Jahre

teile), andererseits Inkonsistenzen in bezug auf den Wert der von Ostpakistan über den Devisentransfer an Westpakistan transferierten Importe (s.u.) vermieden werden sollen, *ein- und derselbe Deflator* verwendet werden [1]. Das gleiche gilt analog für die interregionalen Exporte und Importe. Je nachdem, ob man für den Außenhandel der beiden Landesteile den Preisindex der Exporte oder Importe Ost- oder Westpakistans und ob man für den interregionalen Handel den Preisindex der Exporte Ost- oder Westpakistans verwendet, ergeben sich für die beiden Landesteile zum Teil stark differierende Gesamtsalden (Nettokapitalimporte oder -exporte gegenüber dem Ausland *und* der anderen Region). Diese wiederum beeinflussen die als Residualgröße ermittelte inländische Ersparnis. Aus Gründen, die in Anhang III [2] ausführlicher erörtert werden, wurde als gemeinsamer Deflator für den Außenhandel der gesamtpakistanische Außenhandels-Importpreisindex, für den interregionalen Handel der westpakistanische Exportpreisindex verwendet. Die Entwicklung der auf diese Weise ermittelten Nettokapitalimporte und Ersparnis Ost- und Westpakistans zeigt Tabelle 14.

In bezug auf die *Nettokapitalimporte* (die sich wie die Exporte und Importe aus einer hier nicht gesondert ausgewiesenen internationalen und einer interregionalen Komponente zusammensetzen) ist festzustellen, daß diese für Westpakistan in allen vier Perioden weit höher lagen als für Ostpakistan. In der Vorplanperiode verzeichnete Ostpakistan sogar Exportüberschüsse, die sich auf etwa die Hälfte der westpakistanischen Importüberschüsse beliefen. Für die folgenden drei Perioden ist insofern eine Verbesserung der relativen Position Ostpakistans festzustellen, als sich sein Nettokapitalimport von 12 % über 29 % auf 63 % desjenigen Westpakistans erhöhte. In den letzten beiden Jahren der dritten Planperiode lag der Importüberschuß Ostpakistans sogar über demjenigen Westpakistans.

Auch die rechnerische *Ersparnis* war - mit Ausnahme der Vorplanperiode - in Ostpakistan weit geringer als in Westpakistan, wobei sich die Differenz in diesem Falle allerdings zunehmend vergrößerte: Die Ersparnis Ostpakistans belief sich während der drei Planperioden auf 70 %, 53 % und 43 % derjenigen Westpakistans.

---

1 Die Verwendung unterschiedlicher Deflatoren für Exporte und Importe führt zu einer Verzerrung des Nettokapitalimports; sie führt bei (in jeweiligen Preisen) ausgeglichener Leistungsbilanz sogar zur künstlichen Entstehung eines (in konstanten Preisen) Kapitalimports oder -exports, der in der Realität nicht stattfand. Bei unterschiedlichen Deflatoren für Ostpakistan und für Westpakistan existieren zwei unterschiedliche Bewertungsmaßstäbe für den interregionalen Transfer von Devisen (= Transfer von Importen, s.u., S. 130). Ausführlicher hierzu und zu anderen Problemen in der Erfassung des Waren- und Dienstleistungsverkehrs der Regionen mit dem Ausland vgl. ANHANG III, S. 334 ff.

2 Ebenda, S. 342 ff.

Tabelle 14 : Finanzierung der Investitionen in Ost- und Westpakistan, 1949/50 - 1969/70 (zu Preisen von 1959/60, in Mio Rs) a)

Jahr	Investitionen		Ersparnis		Exporte		Importe		Importüberschuß	
	Ost-pakistan	West-pakistan	Ost-pakistan	West-pakistan	Ost-pakistan	West-pakistan	Ost-pakistan	West-pakistan	Ost-pakistan	West-pakistan
1949/50	304	913	340	147	1.444	1.510	1.408	2.276	-36	766
1950/51	312	967	1.323	1.114	2.417	2.974	1.406	2.827	-1.011	-147
1951/52	463	1.152	512	-150	2.002	2.035	1.953	3.337	-49	1.302
1952/53	620	1.470	846	642	1.605	2.237	1.379	3.065	-226	828
1953/54	664	1.770	806	1.070	1.430	1.727	1.288	2.427	-142	700
1954/55	601	1.955	965	1.222	1.479	1.272	1.115	2.005	-364	733
Vorplan b)	494	1.371	799	674	1.730	1.959	1.425	2.656	-305	697
1955/56	517	1.761	981	1.144	1.593	1.426	1.129	2.043	-464	617
1956/57	519	1.333	23	260	1.189	1.340	1.685	2.413	496	1.073
1957/58	818	1.753	346	581	1.258	1.157	1.730	2.329	472	1.172
1958/59	682	1.755	447	1.083	1.243	1.247	1.478	1.919	235	672
1959/60	945	2.115	1.164	1.167	1.587	1.557	1.368	2.505	-219	948
1. Plan b)	696	1.743	592	847	1.374	1.345	1.478	2.242	104	896
1960/61	1.045	2.873	813	1.655	1.658	1.508	1.890	2.726	232	1.218
1961/62	1.502	3.385	1.215	1.693	1.738	1.502	2.025	3.194	287	1.692
1962/63	1.577	4.661	1.131	3.151	1.706	2.089	2.152	3.599	446	1.510
1963/64	2.102	4.577	1.358	2.687	1.787	2.095	2.531	3.985	744	1.890
1964/65	2.708	5.595	1.724	2.679	2.065	2.403	3.049	5.319	984	2.916
2. Plan b)	1.787	4.218	1.248	2.373	1.791	1.919	2.329	3.765	539	1.845
1965/66	1.840	4.954	1.221	3.602	1.972	2.350	2.591	3.702	619	1.352
1966/67	2.126	5.163	1.480	3.431	1.993	2.402	2.639	4.134	646	1.732
1967/68	2.627	4.688	2.166	3.623	2.053	2.963	2.514	4.028	461	1.065
1968/69	2.727	4.748	1.766	3.871	2.205	3.082	3.166	3.959	961	877
1969/70	2.732	5.615	1.717	4.775	2.327	3.257	3.342	4.097	1.015	840
3. Plan b)	2.410	5.034	1.670	3.860	2.110	2.811	2.850	3.984	740	1.173

a) Aufgrund der verwendeten Deflatoren sind die Exportwerte verzerrt, nicht jedoch die Importüberschüsse. Siehe hierzu die Ausführungen im Text, S. . - b) Durchschnitt.

Quellen : ANHANG III, Tabelle 23, 29, 31.

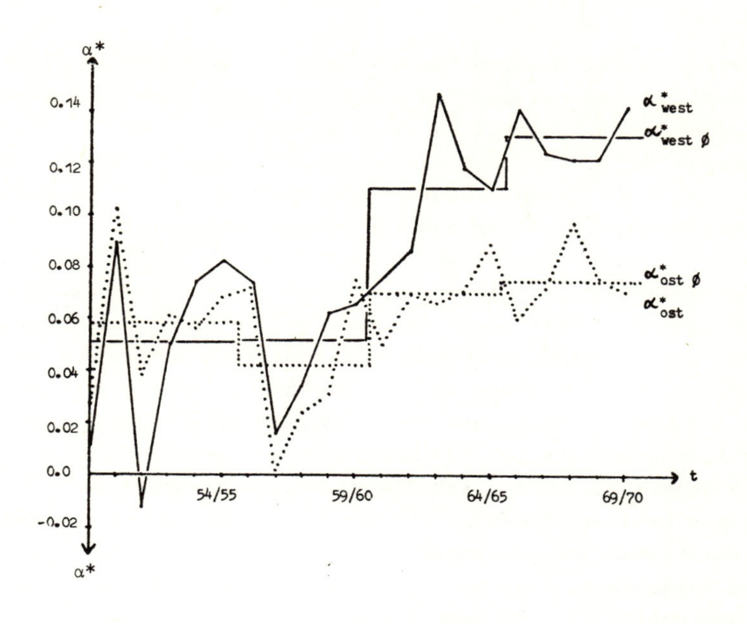

α* = durchschnittliche Sparquote

Quellen: Tabelle 10, 14

Abbildung 19: Durchschnittliche Sparquoten Ost- und Westpakistans, 1949/50-1969/70 (zu Preisen von 1959/60)

Von größerem Interesse als die absolute Ersparnis sind die *Sparquoten*. Aufgrund der starken Fluktuationen der marginalen Sparquoten, die einerseits aus den Unsicherheiten des statistischen Materials, andererseits aber auch aus der Tatsache resultieren, daß nur ein begrenzter kausaler Zusammenhang zwischen Veränderungen im Regionalprodukt und der zusätzlichen Ersparnisbildung besteht, seien hier nur die durchschnittlichen Sparquoten herangezogen. Ihre Entwicklung ist in Abbildung 19 dargestellt. Auch sie unterlagen erheblichen kurzfristigen Schwankungen, die sich allerdings im Zeitablauf verringerten. Die Sparquote Westpakistans lag bis 1952/53 unter, danach - mit Ausnahme eines einzigen Jahres (1959/60) - ständig und mit zunehmender Tendenz über derjenigen Ostpakistans. Dies zeigt deutlicher der Vergleich der Periodendurchschnitte: Die durchschnittlichen Sparquoten beliefen sich in den vier Perioden auf 6 % (Ostpakistan) und 5 % (Westpakistan), 4 % und 5 %, 7 % und 11 %, 8 % und 13 %.

Die Frage nach den Ursachen der höheren Sparquoten Westpakistans kann, solange keine gründlichen Studien vorliegen, im Rahmen dieser Arbeit nur versuchsweise beantwortet werden. Üblicherweise wird davon ausgegangen, daß die Höhe der Sparquote u.a. (a) vom Einkommensniveau und (b) von der Einkommensverteilung abhängig ist. Je größer das Einkommen, desto größer der Anteil, der gespart werden kann. Je größer der Anteil derjenigen mit höherem Einkommen und deshalb höherer Sparfähigkeit am Gesamteinkommen, desto größer die Gesamtersparnis.

(a) Den Zusammenhang zwischen Sparquote und *Einkommensniveau* für Ost- und Westpakistan zeigt Abbildung 20. Um die kurzfristigen Fluktuationen auszuschalten, wurden hier allerdings gleitende Vierjahresdurchschnitte verwendet. Es zeigt sich, daß die Korrelation für beide Landesteile, vor allem für Westpakistan, eng genug ist, um einen erheblichen Einfluß der Regionalproduktshöhe auf die Sparquote annehmen zu können [1]. Die Regressionsgeraden zeigen, daß die Sparquote Ostpakistans mit steigendem Einkommen tendenziell immer stärker hinter derjenigen Westpakistans zurückbleibt. Mit anderen Worten, die unterschiedliche Einkommenshöhe der beiden Landesteile kann nur begrenzt zur Erklärung der unterschiedlichen Sparquoten herangezogen werden.

(b) Einen gewissen Einfluß auf die höhere Ersparnisbildung in Westpakistan dürfte auch dessen "günstigere" *Einkommens- und Vermögensverteilung* gehabt haben. Im *Agrarsektor* zeigt sich diese in der Betriebsgrößenstruktur, die durch die relativ große Bedeutung der Großbetriebe gekennzeichnet war, während in Ostpakistan der landwirtschaftliche Kleinbetrieb vorherrschte (vgl. Tabelle 15). Es liegt auf der Hand, daß eine nennenswerte Ersparnisbildung zur Finanzierung von Investitionen in Brunnen, Pumpen, Traktoren usw. und in moderne ertragssteigernde Inputs wie verbessertes Saatgut und Düngemittel, hauptsächlich von den größeren Betrieben vorgenommen werden kann, während kleinere Bauern aufgrund ihrer Armut kaum zur Bildung eigener Ersparnis in der Lage sind. *Bose* faßt diesen Strukturnachteil der ostpakistanischen Landwirtschaft folgendermaßen zusammen:

---

1 Wie die Abbildung zeigt, lagen die Sparquoten für beide Landesteile in der ersten Hälfte der 60er Jahre zum Teil erheblich über, in der zweiten Hälfte der 60er Jahre unter den Werten der Regressionsgeraden. In der zweiten Hälfte der sechziger Jahre fand gewissermaßen eine Stagnation in der Entwicklung der Sparquoten statt, trotz weiter zunehmendem Regionalprodukt. Dies könnte teilweise auf die Veränderung im Zufluß externer Ressourcen, der in Pakistan auf die inländische Ersparnisbildung einen größeren Mobilisierungs- als Substitutionseffekt gehabt haben dürfte, zurückzuführen sein: Die Kapitalimporte Pakistans nahmen, wie Tabelle 14 zeigt, in der zweiten Planperiode erheblich zu, während sie in der dritten Planperiode zurückgingen. Zur Mobilisierungswirkung der Auslandshilfe auf die inländische Ersparnis vgl. auch *Government of Pakistan*, Planning Commission, The Fourth Five Year Plan 1970-75, Islamabad 1970, S. 9

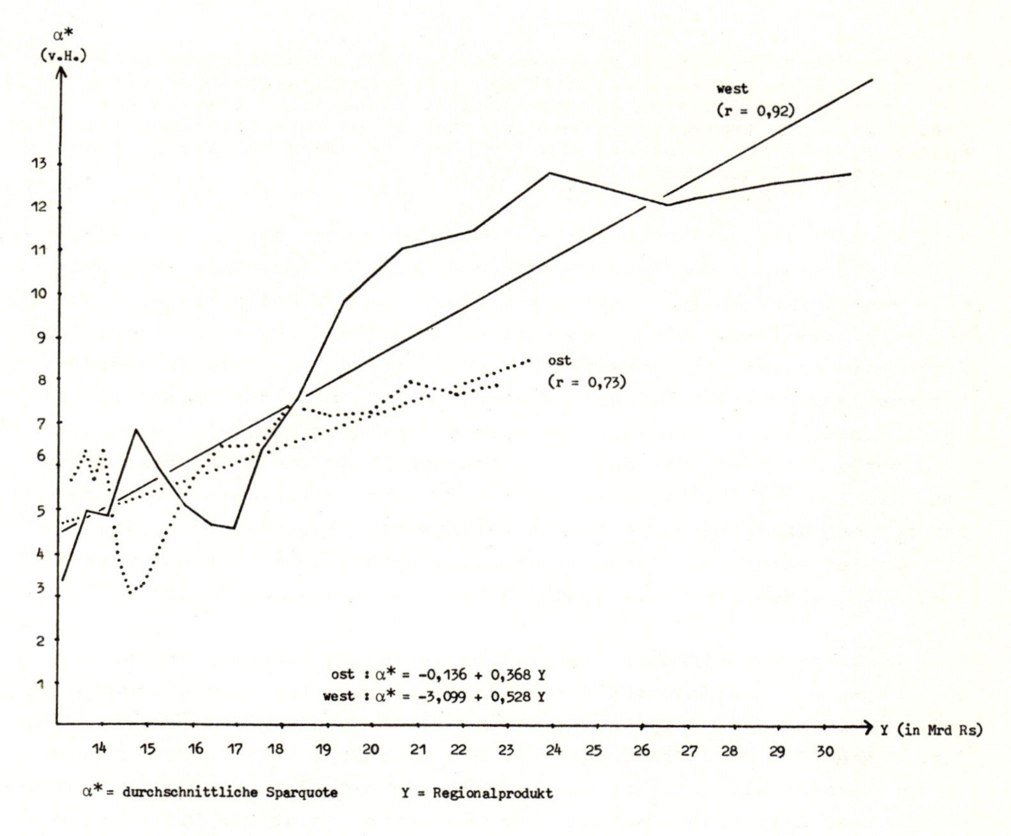

Quellen: Tabelle 10, 14

Abbildung 20: Durchschnittliche Sparquote in Abhängigkeit vom Regionalprodukt, Ost- und Westpakistan 1949/50-1969/70 (zu Preisen von 1959/60)

Tabelle 15 : Landwirtschaftliche Betriebsgrößenstruktur in West- und Ostpakistan, 1960

Betriebsgrößenklasse ha	Westpakistan: Anteil an der Gesamtzahl der Betriebe a)	Westpakistan: Anteil an der gesamten Betriebsfläche	Ostpakistan: Anteil an der Gesamtzahl der Betriebe a)	Ostpakistan: Anteil an der gesamten Betriebsfläche
unter 2,0	49	10	78	43
2,0 - 5,0	28	22	14	38
5,0 - 10,0	15	26	3	14
10,0 u. mehr	8	42	0,4	5

a) in v.H.

Quelle : Government of Pakistan, Agricultural Census Organization, 1960, Census of Agriculture, Vol. III : All Pakistan Report 1, S. 32, 64.

"A major factor hindering progress is the much greater poverty of most farmers in East Pakistan ... Although the average gross production value per acre in East Pakistan is considerably higher than that in West Pakistan, the differences in size distribution of farms indicate that the number of well-to-do farmers who may have the means to make a sizable investment of their own is very small" [1].

An dieser Stelle sei angemerkt, daß der Faktor des durch die ständige Gefahr übermäßiger Überschwemmungen bedingten *Ernterisikos* in Ostpakistan von Einfluß auf die *Investitionsbereitschaft* und damit auch auf die *Sparbereitschaft* der Bauern gewesen sein dürfte [2]. Da sich in der Landwirtschaft Sparen und Investieren nicht getrennt, sondern in enger Interdependenz vollziehen, könnten grundsätzlich alle die Investitionsbereitschaft der ostbengalischen Bauern hemmenden bzw. alle die Investitionsbereitschaft der ostpakistanischen Landwirte fördernden Faktoren, wie z.B. die größere Bedeutung der Teilpacht in Ostpakistan und das bessere landwirtschaftliche Beratungswesen Westpakistans, zur Erklärung der unterschiedlichen Sparquoten herangezogen werden, worauf jedoch im Rahmen der vorliegenden Arbeit verzichtet werden soll [3].

Als Indikator der Einkommensverteilung im *Industriesektor* können u.a. die Lohn- bzw. Gewinnquoten der large-scale industry herangezogen werden. Je größer die Gewinnquote, desto größer auch die Sparfähigkeit der Unternehmen. In den 50er Jahren lag die durchschnittliche Gewinnquote in der large-scale industry in Westpakistan mit 67 % um rund 10 Prozentpunkte über derjenigen Ostpakistans, was einer relativen Differenz von 18 % entspricht [4] [5].

---

1 Vgl. *Bose, S.R.*, East-West Contrast in Pakistan's Agricultural Development, in: Economic Development in South Asia, Proceedings of a Conference held by the International Economic Association at Kandy, Ceylon, Robinson, E.A.G. und M. Kidron (eds.), wiederabgedruckt in: Growth and Inequality in Pakistan, Griffin, K. und Khan, A.R. (eds.), London 1972, S. 79

2 Vgl. hierzu Kapitel 5.22, S. 176 ff.

3 Zu diesen Faktoren vergleiche vor allem *Bose, S.R.*, East-West Contrast in Pakistan's Agricultural Development, a.a.O.

4 Vgl. Government of Pakistan, Central Statistical Office, *Census of Manufacturing Industries:* 1954 (Karachi 1959), S. 11 ff.; 1955 (1960), S. 7 ff.; 1959 (1960), S. 20 ff.; 1958 (1961), S. 15 ff.; 1959/60 (1969), S. 36 ff.

5 Da die Ersparnisbildung der large-scale industry erheblich über derjenigen der übrigen Wirtschaftsbereiche gelegen haben dürfte, kann auch die größere relative Bedeutung der large-scale industry in Westpakistan (vgl. S. 110) als Erklärung für die unterschiedlichen Sparquoten der beiden Landesteile herangezogen werden.

Tabelle 16 : Finanzierung der Investitionen in Ost- und Westpakistan, Vorplanperiode bis Dritte Planperiode (zu Preisen von 1959/60)

Periode	Investitionsquote v.H.	Sparquote v.H.	Exportquote v.H.	Importquote v.H.	Kapitalimportquote v.H.	Finanzierung d. Investitionen intern v.H.	extern v.H.
				OSTPAKISTAN			
Vorplanperiode	3,6	5,9	12,7	10,4	-2,3	100	-
Erste Planperiode	4,8	4,1	9,4	10,1	0,7	85	15
Zweite Planperiode	10,0	7,0	10,0	13,0	3,0	70	30
Dritte Planperiode	10,9	7,5	9,5	12,9	3,4	69	31
				WESTPAKISTAN			
Vorplanperiode	10,1	5,0	14,4	19,5	5,1	50	50
Erste Planperiode	10,5	5,1	8,1	13,5	5,4	49	51
Zweite Planperiode	19,7	11,1	9,0	17,6	8,6	56	46
Dritte Planperiode	17,0	13,0	9,5	13,5	4,0	76	24

Quellen : Tabelle 12, 14.

Die *Bedeutung der Ersparnis und des Nettokapitalimports für die Finanzierung der Investitionen* in Ost- und Westpakistan zeigt Tabelle 16. In jeder Periode war sowohl die Sparquote als auch die Quote der Nettokapitalimporte in Westpakistan erheblich größer als in Ostpakistan; entsprechend ausgeprägt war der Unterschied der Investitionsquoten. Während sich die Diskrepanz der Sparquoten im Zeitablauf verschärfte, ging diejenige im Zufluß externer Ressourcen zurück. In Ostpakistan nahm die Bedeutung der externen Ressourcen, in Westpakistan diejenige der eigenen Ersparnis für die Finanzierung der Investitionen fortgesetzt zu, so daß während der dritten Planperiode in Westpakistan ein größerer Teil der Investitionen aus Eigenmitteln bestritten wurde als in Ostpakistan.

4. Bestimmungsgründe der regionalen (Ost-West-) Entwicklung in Pakistan und alternative Entwicklungsverläufe (I): Regionale Verteilung der externen Ressourcen

4.1 Einleitung

Geht man davon aus, daß das Kapital in Pakistan ein entscheidender Produktionsfaktor war, und betrachtet man die Sparquote und die Kapitalproduktivität als mehr oder weniger prädeterminierte Größen, so ist der *ungleiche Zufluß externer Ressourcen* als wichtige Ursache der ungleichgewichtigen Entwicklung in Ost- und Westpakistan anzusehen. Diese Betrachtungsweise entspricht - etwas abgemildert - derjenigen, die dem *Grundmodell des Zwei-Regionen-Wachstumsmodells* zugrundeliegt, in dessen Rahmen die Regionalentwicklung ausschließlich über die regionale Verteilung der der Gesamtwirtschaft zufließenden Kapitalimporte beeinflußt wurde.

Tatsächlich gingen die meisten *ostpakistanischen Ökonomen* davon aus, Hauptursache der wachsenden Disparität zwischen Ost- und Westpakistan sei der ungleiche Zufluß externer Ressourcen. Es wurde argumentiert, daß dieser nicht nur auf eine ungleiche Verteilung der dem Lande zufließenden *Kapitalimporte* (Auslandshilfe), sondern auch auf einen - durch das System der Devisenbewirtschaftung ermöglichten - Zwangstransfer in Ostpakistan erzielter Exporterlöse nach Westpakistan zurückzuführen sei. Dieser *Devisentransfer* ist nach Ansicht von *Khan* als "the main cause of the past stagnation [of East Pakistan]" zu betrachten[1]. Seine Hauptwirkung - so wird von den ostpakistanischen Mitgliedern des *Advisory Panel of Economists for the Fourth Five-Year Plan* ausgeführt - bestand darin, daß er "directly facilitated increased investment both in the public and private sectors of West Pakistan ...; on the other hand it restricted the growth of the private sector in East Pakistan due to ... transfer of its savings to West Pakistan" [2] [3].

---

1 *Khan, A.R.*, The Economy of Bangladesh, London 1972, S. 28

2 *Government of Pakistan*, Planning Commission, Reports of the Advisory Panels for the Fourth Five Year Plan 1970-75, Vol. I, Islamabad 1970, S. 27; ähnlich *Kabir, A.*, Break-up of Pakistan, London 1972, S. 46

3 Es sei angemerkt, daß dieses Argument im 6-Punkte-Programm der Awami-Liga, das 1970 zur Wahlplattform *Sheikh Mujibur Rahmans* wurde, unter Punkt 5 aufgegriffen wurde und zu den Forderungen führte: "(1) There shall be two separate accounts for foreign exchange earnings of the two wings, (2) earnings of East Pakistan shall be under the control of East Pakistan Government and that of West Pakistan under the control of West Pakistan Government ..." Vgl. *6-Point Formula - Our Right to Live*, issued by Sheikh Mujibur Rahman, as

Im folgenden soll versucht werden, die regionale Verteilung der Auslandshilfe und die Devisen- und Ressourcentransfers zwischen Ost- und Westpakistan zu quantifizieren und im Rahmen eines einfachen retrospektiven Modells alternative Entwicklungsverläufe unter der Annahme, die Verteilung der Auslandshilfe und die Ressourcentransfers seien Hauptursache der tatsächlichen Regionalentwicklung gewesen, zu simulieren.

4.2 Der empirische Befund: Interregionale Devisen- und Ressourcentransfers

4.21 Quantifizierung der interregionalen Transfers [1]

Bei der Analyse der Grundstruktur der regionalen Entwicklung wurden, da im Mittelpunkt des Interesses der Beitrag der gesamten externen Ressourcen zur Finanzierung der Investitionen stand, Exporte, Importe und Kapitalimporte der Regionen als *Gesamt*größen ausgewiesen, in denen jeweils

---

President of the Awami League on March 23, 1966, abgedr. in: Bangladesh, Documents, Ministry of External Affairs, New Delhi, o.J., S. 15 ff.

1 Die ersten Versuche zur Quantifizierung der Ressourcentransfers zwischen Ost- und Westpakistan wurden Anfang der 60er Jahre unternommen, wobei allerdings der Dienstleistungsverkehr mit dem Ausland aufgrund der Unzulänglichkeiten des statistischen Materials grundsätzlich unberücksichtigt blieb. Vgl. z.B. *Feldman, D.*, Unhappy East Pakistan. A Survey of Interregional Economic Inequality in Pakistan Showing the Methods Through Which the Resources of East Pakistan Are Being Transferred to West Pakistan, o.O., o.J.; *Power, J.H.*, Industrialization in Pakistan: A Case of Frustrated Take-Off?, in: The Pakistan Development Review, Vol. 3 (1963), S. 191 ff. Eine Variante stellte 1969 die Transferschätzung Islams dar, bei der versucht wurde, die Überbewertung der Rupie zum offiziellen Wechselkurs (s.u., S. 133) zu berücksichtigen. Vgl. *Islam, A.I.A.*, Regional Development in Pakistan With Special Reference to the Effects of Import Licensing and Exchange Control, unveröffentlichte Dissertation, London School of Economics and Political Science 1969. Anfang der siebziger Jahre wurden erstmals zwei Berechnungen angestellt, in denen der Dienstleistungsverkehr mit dem Ausland Berücksichtigung fand. Die Schätzungen der *westpakistanischen* Mitglieder des *Panel of Economists on the Fourth Five Year Plan* unterschieden sich dabei u.a. dadurch von denjenigen der *ostpakistanischen* Mitglieder, daß in ihnen statt des Gesamtzeitraumes seit 1948/49 nur der Zeitraum seit 1960/61 erfaßt wurde, einige Elemente des Dienstleistungsverkehrs Pakistans mit dem Ausland regional anders zugeordnet und vor allem die Außenhandelsströme ausschließlich zum offiziellen Wechselkurs bewertet wurden, während in den Schätzungen der ostpakistanischen Ökonomen unter Zugrundelegung der Arbeit Islams (s.o.) auch eine Bewertung mit 'Knappheitspreisen' der Devisen vorgenommen wurde. Vgl. *Government of Pakistan*, Planning Commission, Reports of the Advisory Panels for the Fourth Five Year Plan 1970 - 75, Vol. I, a.a.O., S. 17 ff., 103 ff. - Bei unserer *eigenen Schätzung*, deren methodische und statistische Grundlagen in ANHANG III, S. 334-346 ausführlich dargelegt sind, werden neuere (revidierte) Außenhandelsstatistiken und ansonsten teils die Annahmen bzw. Definitionen der ostpakistanischen,

die internationalen und interregionalen Ströme bzw. Salden zusammengefaßt waren. Die Größe "Nettokapitalimport" ("Nettokapitalexport") enthielt dementsprechend sowohl den Zufluß (Abfluß) realer Ressourcen aus dem (in das) Ausland als auch denjenigen aus dem (in den) jeweils anderen Landesteil. Disaggregiert man die Handelsströme in ihre internationalen und interregionalen Komponenten, so lassen sich *interregionale Ressourcentransfers* ermitteln. Interregionale Ressourcentransfers vollzogen sich zwischen Ost- und Westpakistan (a) über den interregionalen Handel und (b) über den Außenhandel.

(a) Beim *interregionalen Handel* ("Interwinghandel") läßt sich aufgrund der Unzulänglichkeit des statistischen Materials nur der Warenverkehr, nicht jedoch der Dienstleistungsverkehr ermitteln [1]. Wie Tabelle 17 zeigt, verzeichnete Westpakistan im Interwinghandel in den 50er und 60er Jahren zunehmende Exportüberschüsse. Diese stellen, real betrachtet, interregionale Ressourcentransfers (W) nach Ostpakistan dar.

(b) Im *Außenhandel* verzeichnete Ostpakistan in der Vorplanperiode und der ersten Planperiode Exportüberschüsse und erst danach - relativ geringe - Importüberschüsse, während Westpakistan in allen vier Perioden erhebliche Importüberschüsse aufwies (vgl. Tabelle 17).

Zur Beurteilung der Frage, inwieweit die Importüberschüsse Westpakistans durch Devisenerlöse Ostpakistans finanziert wurden, sei zunächst auf die Struktur der Zahlungsbilanz zurückgegriffen. Zahlungsbilanztechnisch betrachtet, muß der Leistungsbilanzsaldo Westpakistans und derjenige Ostpakistans (einschließlich der privaten Übertragungen [2])

---

teils die der westpakistanischen Mitglieder des *Panel of Economists on the Fourth Five Year Plan* zugrundegelegt. Neu ist vor allem die - relativ schwierige - Umrechnung in Preise des Jahres 1959/60. Auf die Berücksichtigung der Überbewertung der Rupie wird aus Gründen der Unzulänglichkeiten des statistischen Materials verzichtet (s.u., S. 142). Vgl. demgegenüber die - zu jeweiligen Preisen vorgenommenen - Schätzungen auf der Grundlage des von *Islam* errechneten Überbewertungsindex in: *Urff, W.v. und H. Ahrens*, Die Bedeutung der Sezession Bangladeshs für die Zahlungsbilanz (West-) Pakistans, in: Weltwirtschaftliches Archiv, Bd. 110 (1974), S. 308 ff.

1 Zur Frage des interregionalen Dienstleistungsverkehrs vgl. Kapitel 4.22, S. 133 ff.

2 Diese Definition entspricht dem englischen Begriff "Balance on Current Account". In der deutschen Terminologie wird seit einigen Jahren der Begriff "Leistungsbilanz" oft sogar einschließlich der Bilanz der privaten *und öffentlichen* Übertragungen definiert, ist also mit dem der "Bilanz der laufenden Posten" identisch. Vgl. *Stobbe, A.*, Volkswirtschaftliches Rechnungswesen, 3. Aufl., Berlin/Heidelberg/New York 1972, S. 237

Tabelle 17 : Devisen- und Ressourcentransfers zwischen Ost- und Westpakistan, 1949/50 - 1969/70 (zu Preisen von 1959/60, in Mio Rs) [a)]

Jahr	Ostpakistan								Westpakistan					Interregionaler Transfer [b)]		
	Außenhandel			Interwinghandel			Gesamt	Kapitalimport	Außenhandel			Gesamt	Kapitalimport	Devisentransfer	Interwingtransfer	Nettotransfer
	Exporte	Importe	Saldo	Exporte	Importe	Saldo	Saldo		Exporte	Importe	Saldo	Saldo				
1949/50	1.390	1.050	340	54	358	-304	36	243	1.152	2.222	-1.070	-766	487	583	(304)	279
1950/51	2.350	1.116	1.234	67	290	-223	1.011	-386	2.684	2.760	-76	147	-772	848	(223)	625
1951/52	1.925	1.668	257	77	285	-208	49	418	1.750	3.260	-1.510	-1.302	835	675	(208)	467
1952/53	1.428	1.120	308	177	259	-82	226	201	1.978	2.888	-910	-828	401	509	(82)	427
1953/54	1.270	880	390	160	408	-248	142	186	1.319	2.267	-948	-700	372	576	(248)	328
1954/55	1.243	752	491	236	363	-127	364	123	909	1.769	-860	-733	246	614	(127)	487
Vorplan	9.606	6.586	3.020	771	1.963	-1.192	1.828	785	9.792	15.166	-5.374	-4.182	1.569	3.805	(1.192)	2.613
1955/56	1.295	711	584	298	418	-120	464	51	1.008	1.745	-737	-617	102	635	(120)	515
1956/57	935	1.131	-196	254	554	-300	-496	523	786	2.159	-1.373	-1.073	1.046	327	(300)	27
1957/58	1.023	1.120	-97	235	610	-375	-472	548	547	2.094	-1.547	-1.172	1.096	451	(375)	76
1958/59	994	876	118	249	602	-353	-235	302	645	1.670	-1.025	-672	605	420	(353)	67
1959/60	1.225	799	426	362	569	-207	219	243	988	2.143	-1.155	-948	486	669	(207)	462
1. Plan	5.472	4.637	835	1.398	2.753	-1.355	-520	1.667	3.974	9.811	-5.837	-4.482	3.335	2.502	(1.355)	1.147
1960/61	1.318	1.118	200	340	772	-432	-232	483	736	2.386	-1.650	-1.218	967	683	(432)	251
1961/62	1.414	1.335	79	324	690	-366	-287	660	812	2.870	-2.058	-1.692	1.319	739	(366)	373
1962/63	1.292	1.313	-21	414	839	-425	-446	652	1.250	3.185	-1.935	-1.510	1.304	631	(425)	206
1963/64	1.385	1.826	-441	402	705	-303	-744	878	1.390	3.583	-2.193	-1.890	1.756	437	(303)	134
1964/65	1.652	2.376	-724	413	673	-260	-984	1.300	1.730	4.906	-3.176	-2.916	2.600	576	(260)	316
2. Plan	7.061	7.968	-907	1.893	3.679	-1.786	-2.693	3.973	5.918	16.930	-11.012	-9.226	7.946	3.066	(1.786)	1.280
1965/66	1.463	1.646	-183	509	945	-436	-619	657	1.405	3.193	-1.788	-1.352	1.314	474	(436)	38
1966/67	1.473	1.706	-233	520	933	-413	-646	793	1.469	3.614	-2.145	-1.732	1.585	560	(413)	147
1967/68	1.399	1.486	-87	654	1.028	-374	-461	509	1.935	3.374	-1.439	-1.065	1.017	422	(374)	48
1968/69	1.473	2.002	-529	732	1.164	-432	-961	613	1.918	3.227	-1.309	-877	1.225	84	(432)	348
1969/70	1.510	1.867	-357	817	1.475	-658	-1.015	618	1.782	3.280	-1.498	-840	1.237	261	(658)	(397)
3. Plan	7.318	8.707	-1.389	3.232	5.545	-2.313	-3.702	3.190	8.509	16.688	-8.179	-5.866	6.378	1.801	(2.313)	(512)

a) Aufgrund der verwendeten Deflatoren sind die Exporte Ostpakistans (Außenhandel und Interwinghandel) sowie die Exporte (Außenhandel) und Importe (Interwinghandel) Westpakistans verzerrt. Nicht verzerrt sind jedoch die Handelssalden, die für die Berechnung der Transfers allein relevant sind. Zur Begründung siehe die Ausführungen im Text, S. . - b) Ost-West-Transfer; in Klammern: West-Ost-Transfer.

Quellen : ANHANG III, Tabelle 29, 31; Ausführungen im Text, S. 112

jeweils durch die Summe der Salden (a) der Bilanz der öffentlichen Übertragungen, (b) der Kapitalverkehrsbilanz und (c) der Gold- und Devisenbilanz kompensiert worden sein.

Aufgrund des vorliegenden statistischen Materials lassen sich für die beiden Landesteile zwar in etwa die *Leistungsbilanzsalden*, nicht aber die *drei übrigen Salden* ermitteln [1]. Die Zahlungsbilanz Pakistans wurde naturgemäß nur für den Gesamtstaat aufgestellt. Darüberhinaus werden - entsprechend dem anglo-amerikanischen Gliederungsschema - Kapitalverkehrsbilanz und Gold- und Devisenbilanz nicht getrennt, sondern gemeinsam (unter der Bezeichnung "Capital and Monetary Gold") ausgewiesen. Hier läßt sich zwar als Unterbilanz eine "Goldbilanz" isolieren, aber die Devisenbilanz ist mit derjenigen des kurzfristigen Kapitalverkehrs verschmolzen, da auch die Devisenein- und -ausgänge als Zu- oder -abflüsse kurzfristiger Forderungen aufgefaßt werden [2].

Da die Bedeutung der Gold- und Devisenbewegungen für die Finanzierung der Leistungsbilanzdefizits Pakistans nicht zu ermitteln ist [3], wird im folgenden aus Gründen der Einfachheit unterstellt, daß die *Gold- und Devisenbilanz ausgeglichen* war. Diese Annahme dürfte bei langfristiger Betrachtung einigermaßen realistisch sein. Wenn im folgenden auch für die einzelnen Jahre von ihr ausgegangen wird, so ist dies natürlich nicht unproblematisch. Da die entscheidenden Aussagen der Analyse jedoch nicht für die einzelnen Jahre, sondern für die mittel- und langfristige Entwicklung gemacht werden, dürfte sich der entstehende Fehler in vertretbaren Grenzen halten.

---

1 Zur Methodik und zu den Problemen der Ermittlung der Leistungsbilanzsalden, vor allem der Salden der Dienstleistungsbilanzen der beiden Landesteile vgl. ANHANG III, S. 337 ff.

2 Vgl. z.B. *Government of Pakistan*, Ministry of Finance, Planning and Development, Central Statistical Office, Twenty-Five Years of Pakistan in Statistics 1947 - 1972, Karachi 1972, S. 158 ff.

3 Auch aus den Statistiken über die Veränderungen der Gold- und Devisenreserven der State Bank of Pakistan lassen sich keinerlei Rückschlüsse auf die Bedeutung der Gold- und Devisenbewegungen für die Entwicklung der Zahlungsbilanz ziehen, da hier nur die Bestände der State Bank, nicht aber des "übrigen Bankensektors" berücksichtigt sind. Naturgemäß bestehen erhebliche Unterschiede zwischen dem aus der Zahlungsbilanz zu errechnenden "Saldo des kurzfristigen Kapitalverkehrs und der Goldbewegungen" einerseits und den Veränderungen der Gold- und Devisenreserven der State Bank of Pakistan andererseits: Für die 50er Jahre beläuft sich der erstere auf -1235 Mio Rs, der letztere auf -100 Mio Rs. Vgl. *Government of Pakistan*, Ministry of Finance, Planning and Development, Central Statistical Office, Twenty-Five Years of Pakistan in Statistics 1947 - 1972, a.a.O., S. 158-163, 169

Tabelle 18 : Auslandshilfe (disbursements) an Pakistan, nach Landesteilen, 1950 - 31.6.69, (in jeweiligen Preisen)

Form der Hilfe	Pakistan	Ost-pakistan	West-pakistan	Zentral-regierung	Ost-pakistan
	Mio $	Mio $	Mio $	Mio $	v. H.
1	2	3	4	5	6=3:(3+4)
1. Projekthilfe (Kredite)	1.339	417	814	108	33,9
(davon: Indus/Tarbela)	(206)	(-)	(206)	(-)	(-)
2. Nicht-Projekthilfe	1.134	408	673	53	37,7
3. Kreditbürgschaften	986	352	623	11	36,1
4. Projektzuschüsse u. technische Hilfe	946	56	690	200	7,5
(davon: Indus/Tarbela)	(550)	(-)	(550)	(-)	(-)
5. Warenhilfe (Zuschüsse)	793	263	515	15	33,8
6. P. L. 480	1.241	445	791	5	36,0
7. Insgesamt	6.439	1.941	4.106	392	32,1

Quelle : Report of the Advisory Panel on Self-Reliance, in: GOP, Planning Commission, Reports of the Advisory Panels for the Fourth Five Year Plan 1970 - 75, Vol.I, Islamabad 1970, S. 279.

Geht man von einer ausgeglichenen Gold- und Devisenbilanz aus, so muß das Leistungsbilanzdefizit Pakistans durch die Salden der Bilanz der öffentlichen Übertragungen und der Kapitalverkehrsbilanz finanziert worden sein, deren Summe als *Kapitalimport* bezeichnet werden soll. Der weitaus größte Teil des Kapitalimports wurde von der Entwicklungshilfe gestellt.

Nach einer - relativ gründlichen - Schätzung der *Planning Commission*, deren Ergebnisse in Tabelle 18 zusammengefaßt sind, belief sich der Anteil Ostpakistans an der regional lokalisierbaren *Entwicklungshilfe* [1] im Zeitraum 1950 bis 1969 auf etwa ein Drittel [2]. Unterstellt man, daß

1 Zur Entwicklungshilfe, ihrer Struktur und Bedeutung für die wirtschaftliche Entwicklung Pakistans vgl. *Entwicklungshilfe an Pakistan. Umfang und Zusammensetzung*, Institut für international vergleichende Agrarpolitik und Agrarsoziologie am Südasien-Institut der Universität Heidelberg, Heidelberg 1972 (hekt.); *Uhrenbacher, W.J.*, Pakistan, Studie zur Entwicklungshilfe, Horn 1972;*Brecher, I. und S.A. Abbas*, Foreign Aid and Industrial Development in Pakistan, Perspectives on Development No. 1, Cambridge 1972; *Hashmi, B.*, Aid to Pakistan, National Institute of Social and Economic Research, Karachi 1973

2 Vgl. auch: *National Institute of Social and Economic Research*, Basic Facts About East and West Pakistan. Comparative Statistics on Pace of Economic Development in the Two Wings of Pakistan 1959/60 to 1969/70, Karachi 1972, S. 31 f.; *Government of Pakistan*, Economic Affairs Division, Memorandum on Pakistan's Debt Problem, Islamabad 1973, S. 69. - Ostpakistan erhielt wahrscheinlich in den 50er Jahren etwas

das Verhältnis von Schenkungen zu Krediten in beiden Landesteilen gleich war und daß sich auch die Kreditkonditionen nicht voneinander unterschieden, und unterstellt man ferner das gleiche Verhältnis (1:2) auch für die übrigen in der Größe "Kapitalimport" enthaltenen Salden, für die keinerlei Informationen über ihre regionale Aufteilung vorliegen, so kann davon ausgegangen werden, daß der *Anteil Ostpakistans am Kapitalimport Gesamtpakistans etwa ein Drittel betrug.*

Wie Tabelle 17 zeigt, lag das Leistungsbilanzdefizit gegenüber dem Ausland (F) für Westpakistan in allen vier Perioden über seinem Kapitalimport aus dem Ausland (A), während für Ostpakistan das umgekehrte Verhältnis festzustellen ist. Entsprechend Beziehung (31) des Zwei-Regionen-Wachstumsmodells [1] muß die Differenz durch einen *interregionalen Devisentransfer* (D) von Ost- nach Westpakistan - der natürlich kein monetärer, sondern, als *Übertragung von Importen,* ein realer Transfer ist - ausgeglichen worden sein [2]. Die Devisentransfers wurden in Tabelle 17 errechnet.

Als Summe aus dem über den Interwinghandel stattfindenden Ressourcentransfer (W) und dem interregionalen Devisentransfer (D) errechnet sich entsprechend Beziehung (33) des Zwei-Regionen-Wachstumsmodells [3] der *interregionale Netto-Ressourcentransfer* (T), der ebenfalls in Tabelle 17 ausgewiesen ist.

---

weniger, in den 60er Jahren etwas mehr als ein Drittel. Aus der amtlichen Veröffentlichung *Government of Pakistan,* Ministry of Economic Affairs, Foreign Aid and its Utilization in Pakistan, Karachi 1957, S. 14, errechnet sich für den Zeitraum 1950 - 55/56 zwar ebenfalls ein Anteil von rund einem Drittel an der regional aufteilbaren Hilfe; die Aussagefähigkeit dieser Quote ist jedoch dadurch begrenzt, daß nur 53 % der Gesamthilfe als regional aufteilbar ausgewiesen sind.

1 Vgl. Kapitel 2.25, S. 46

2 Der interregionale Devisentransfer wurde vor allem durch das strenge System der Devisenbewirtschaftung möglich, das 1952 eingeführt und, sieht man von einigen Liberalisierungsmaßnahmen ab (Einführung des Export Bonus Scheme (1959), der Open General License (1961), der Free List (1964) und des Cash cum Bonus Scheme (1967)) bis Anfang der siebziger Jahre beibehalten wurde. Danach hatten die Exporteure sämtliche Deviseneinnahmen an die State Bank of Pakistan abzuliefern, während andererseits die Einfuhren an Importlizenzen gebunden waren. Für eine zusammenfassende Darstellung des Devisenbewirtschaftungssystems und seiner Hauptwirkungen sowie der regionalen Verteilung der Importlizenzen vgl. *Ahrens, H.,* Umfang und Ursachen der wirtschaftlichen Disparitäten zwischen Ost- und Westpakistan, in: Internationales Asienforum, Vol. 4(1973), S. 258-261. Ausführlicher die verschiedenen Beiträge im Sammelband: *Studies on Commercial Policy and Economic Growth,* Islam, N. (ed.), The Pakistan Institute of Development Economics, Readings in Development Economics No. 2, Karachi 1970; *Lewis, S.R.,* Pakistan-Industrialization and Trade Policies, London/New York/Karachi 1970

3 Vgl. Kapitel 2.25, S. 47

Die Ergebnisse dieser Berechnungen sind in Abbildung 21 für die vier Perioden dargestellt. In der Vorplanperiode verzeichnete Westpakistan einen Importüberschuß im Außenhandel in Höhe von 5,374 Mrd Rs. Dieser wurde finanziert durch Kapitalimporte aus dem Ausland in Höhe von 1,569 Mrd Rs und einen *Devisentransfer* aus Ostpakistan in Höhe der übrigen 3,805 Mrd Rs. Letzterer wurde dadurch möglich, daß Ostpakistan, statt ein Leistungsbilanzdefizit in Höhe seiner Kapitalimporte von 785 Mio Rs, einen Leistungsbilanzüberschuß in Höhe von 3,020 Mrd Rs gegenüber dem Ausland verzeichnete. Gleichzeitig transferierte jedoch Westpakistan über den *Interwinghandel* reale Ressourcen in Höhe von 1,192 Mrd Rs nach Ostpakistan. Hierdurch wurde der Devisentransfer teilweise kompensiert. Es ergibt sich ein *interregionaler Netto-Ressourcentransfer* von Ost- nach Westpakistan in Höhe von 2,613 Mrd Rs.

Die Abbildung zeigt, daß sich im Laufe der drei Planperioden die Bedeutung des *Devisentransfers* zunehmend verringerte, während der Transfer über den Interwinghandel immer mehr an Bedeutung gewann. War der Devisentransfer in der Vorplanperiode noch über 4 1/2 mal so groß gewesen wie die Kapitalimporte Ostpakistans und hatte er rund 70 % des westpakistanischen Leistungsbilanzdefizits gegenüber dem Ausland finanziert, so belief er sich während der dritten Planperiode nur noch auf rund 55 % des ostpakistanischen Kapitalimports und finanzierte rund 20 % des westpakistanischen Leistungsbilanzdefizits. Der *Interwing-Transfer*, der in der Vorplanperiode um 70 % unter dem Devisentransfer gelegen hatte, überstieg diesen in der dritten Planperiode um 30 %. Damit fand in der dritten Planperiode erstmalig ein interregionaler Netto-Ressourcentransfer von West- nach Ostpakistan statt, der sich auf 512 Mio Rs belief [1].

4.22 Einschränkungen: Interregionale Dienstleistungstransfers und Überbewertung der pakistanischen Währung

Bevor auf die Bedeutung des Netto-Ressourcentransfers für die Höhe der Investitionen Ost- und Westpakistans eingegangen wird, sei auf die Grenzen der Aussagefähigkeit der errechneten Werte hingewiesen.

(1) Eine erhebliche Einschränkung ergibt sich aus der Tatsache, daß die pakistanische Währung zu dem bei den Berechnungen in Tabelle 17 zugrun-

---

1 Für eine Analyse der Probleme, die sich für die Zahlungsbilanz (West-) Pakistans nach der Sezession Bangladeshs dadurch stellten, daß einerseits auf den Devisentransfer aus Ostpakistan verzichtet und andererseits versucht werden mußte, die bisher nach Ostpakistan gelieferten bzw. von ihm bezogenen Waren auf dem Weltmarkt abzusetzen bzw. zu beschaffen vgl. *Urff, W.v. und H. Ahrens,* Die Bedeutung der Sezession Bangladeshs für die Zahlungsbilanz (West-) Pakistans, a.a.O.

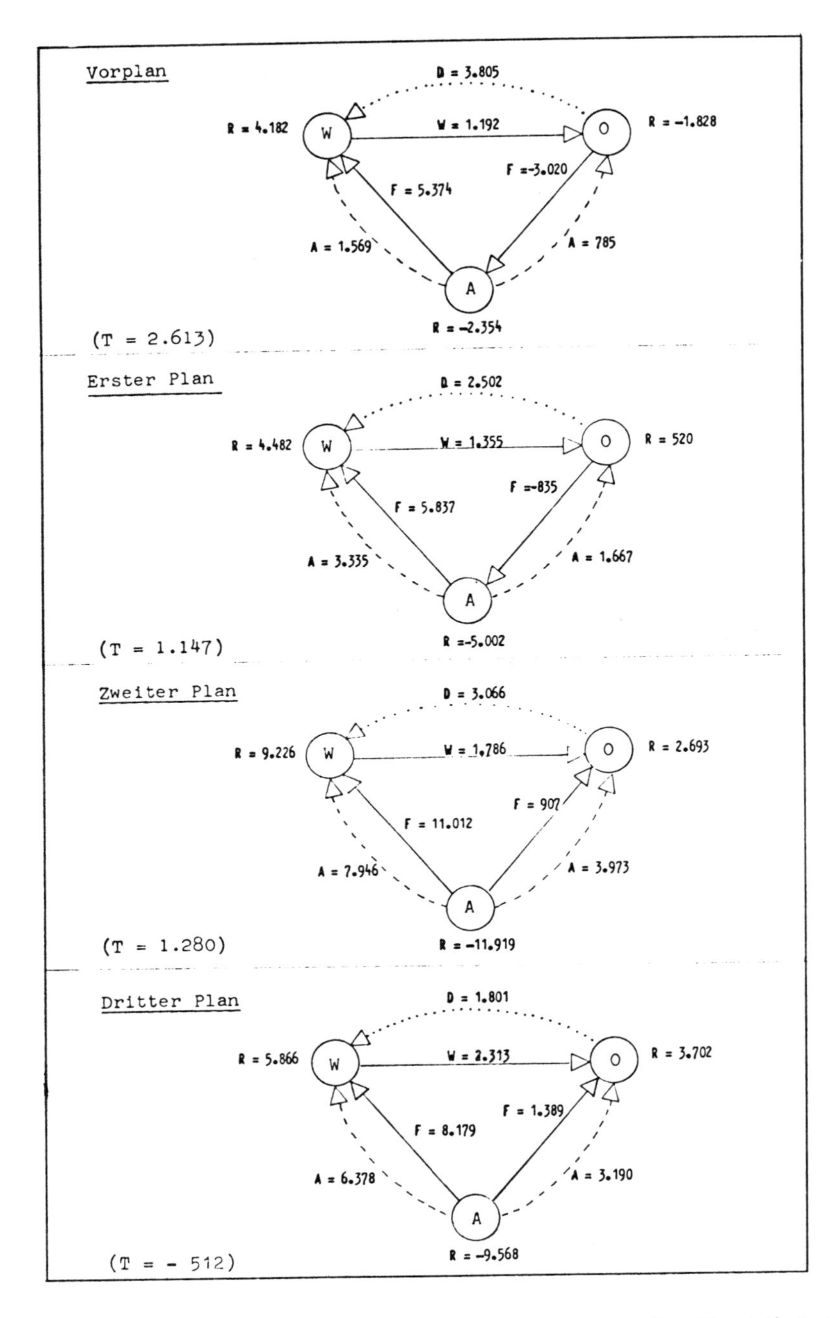

W = Westpakistan; O = Ostpakistan; A = Ausland; F = Zufluß realer Ressourcen vom Ausland (Importüberschuß); W = Transfer realer Ressourcen über den Interwinghandel; R = gesamter Zufluß realer Ressourcen über den Handel (Importüberschuß); A = Kapitalimport aus dem Ausland; D = interregionaler Devisentransfer; T = interregionaler Netto-Transfer realer Ressourcen (+ = von Ost- nach Westpakistan)

Quelle: Tabelle 17

Abbildung 21: Devisen- und Ressourcentransfer zwischen Ost- und Westpakistan, nach Perioden (zu Preisen von 1959/60, in Mio Rs)

degelegten offiziellen Wechselkurs deutlich überbewertet war [1]. "Real" betrachtet, d.h. unter Zugrundelegung des - unbekannten - effektiven Wechselkurses waren die Außenhandelsströme größer, die interregionalen Handelsströme kleiner, als sie in der Tabelle erscheinen. Eine Umbewertung des Außen- oder Interwinghandels würde zu höheren Devisentransfers oder niedrigeren Interwing-Transfers und damit zu dem Ergebnis führen, daß der Netto-Ressourcentransfer von Ost- nach Westpakistan real erheblich größer war, als er bei Zugrundelegung des offiziellen Wechselkurses erscheint.

(2) Es wurde bereits darauf hingewiesen, daß in den Zahlen über den Interwinghandel der Dienstleistungsverkehr zwischen den beiden Landesteilen nicht enthalten ist. Von westpakistanischen Ökonomen [2] wurde verschiedentlich vorgebracht, es hätten umfangreiche *Dienstleistungstransfers von West- nach Ostpakistan* stattgefunden. Verwiesen wurde insbesondere (a) auf die Direktinvestitionen westpakistanischer Firmen in Ostpakistan und (b) auf den höheren Beitrag Westpakistans zum laufenden Haushalt der Zentralregierung. Es wurde sogar argumentiert, daß, wenn man die Dienstleistungstransfers zu den interregionalen Exportüberschüssen Westpakistans im Warenhandel hinzuaddiere, der Ressourcentransfer von West- nach Ostpakistan größer gewesen sei als der von Ost- nach Westpakistan [3].

---

1 Die Überbewertung der pakistanischen Rupie geht zurück auf das Jahr 1949, als das britische Pfund und die indische Rupie abgewertet wurden, Pakistan es aber ablehnte, die Parität seiner Währung ebenfalls zu ändern. Auf die Überbewertung war auch die Einführung und Beibehaltung des Devisenbewirtschaftungssystems (s. Fußnote 2, S. 130) zurückzuführen (vgl. auch die dort angegebenen Quellen). Indikatoren der Überbewertung wurden untersucht in *Pal, M.L.*, The Determinants of the Domestic Prices of Imports, in: The Pakistan Development Review, Vol. IV, No. 4 (Winter 1964), S. 597 ff.; *derselbe*, Domestic Prices of Imports in Pakistan: Extension of Empirical Findings, in: The Pakistan Development Review, Vol. V, No. 4 (Winter 1965), S. 547 ff. Der einzige Versuch einer approximativen Quantifizierung der Überbewertung wurde von *A.I.A. Islam* unternommen in: An Estimation of the Extent of Over-Valuation of the Domestic Currency in Pakistan at the Official Rate of Exchange, 1948/49 - 1964/65, in: The Pakistan Development Review, Vol. X (1970), S. 58 ff. Es sei erwähnt, daß die pakistanische Währung im Mai 1972 mit dem Ziel, ihre Überbewertung zu beseitigen, um 57 % abgewertet wurde. Ausführlicher hierzu *Urff, W.v. et al.*, Die wirtschaftliche Situation Pakistans nach der Sezession Bangladeshs, Wiesbaden 1974, S. 87 ff.

2 Vgl. z.B. den Bericht der westpakistanischen Mitglieder des Panel of Economists on the Fourth Five Year Plan in: *Government of Pakistan*, Planning Commission, Reports of the Advisory Panels for the Fourth Five Year Plan 1970-75, a.a.O., S. 142

3 "On the basis of the available data, we have come to the conclusion that, on the one hand, there has been a transfer of resources from East Pakistan to West Pakistan in the form of surplus foreign exchange of East Pakistan used for imports into West Pakistan. On the other hand, there has been a transfer of resources from West Paki-

Auf die Diskussion der damit angesprochenen Dienstleistungsexporte kann im Rahmen dieser Arbeit nicht ausführlich eingegangen werden. Die Gewinne aus den *westpakistanischen Direktinvestitionen in Ostpakistan* sind unter Zahlungsbilanzgesichtspunkten tatsächlich als Dienstleistungsexporte, nämlich als Exporte der Faktorleistung "Kapitalnutzung", zu werten [1]. Weniger eindeutig ist die Antwort auf die Frage nach dem ökonomischen Nutzen, den Ostpakistan aus diesen Faktorleistungen zog. Hier stellen sich dieselben konzeptuellen Probleme wie in der Diskussion über die Direktinvestitionen der Industrieländer in Entwicklungsländern. Inwieweit ist z.B. die Geschäftstätigkeit der ostpakistanischen Filiale einer westpakistanischen Bank als echter Dienstleistungstransfer zu interpretieren, vor allem wenn Arbeitskräfte *und Kapital* von Ostpakistan gestellt wurden? Wurden durch die Direktinvestitionen der westpakistanischen Unternehmen in Ostpakistan "Lücken" gefüllt oder - analog zum Hirschman'schen Polarisierungseffekt über den Handel (Exporte des Nordens konkurrieren mit der Produktion des Südens) [2] - potentielle ostpakistanische Investitionen verhindert [3]?

Zahlungsbilanztechnisch stellt auch der *höhere Beitrag Westpakistans zum laufenden Haushalt der Zentralregierung* [4] einen Dienstleistungs-

---

stan to East Pakistan in the form of a favourable balance of trade of West Pakistan and a net transfer of services such as insurance, banking, profits of West Pakistan's investment in East Pakistan, etc. West Pakistan has contributed the bulk of the resources for the maintenance of the Central Government and for meeting the defence expenditure of the country. If the burden of these services is to be borne equally by the two wings of the country, irrespective of the location of expenditure, the higher contribution of West Pakistan to central revenues for meeting the cost of central expenditure, including defence, implies a transfer of resources from West Pakistan to East Pakistan. (In balance of payments terms it is an "invisible" export from West Pakistan to East Pakistan.) If all these transfers are taken into account, there is no doubt that, on balance, the transfer of resources from West Pakistan to East Pakistan has been larger than the transfer in the reverse direction". Vgl. *Government of Pakistan*, Planning Commission, Report of the Panel of Economists on the Second Five Year Plan (1960-65), Karachi 1962, S. 17

1 Vgl. z.B. *Stobbe, A.*, Volkswirtschaftliches Rechnungswesen, 3. Aufl., Berlin/Heidelberg/New York 1972, S. 235, 248

2 Vgl. *Hirschman, A.O.*, The Strategy of Economic Development, New Haven 1958, S. 188; ähnlich *Myrdal, G.*, Ökonomische Theorie und unterentwickelte Regionen, deutsche Übersetzung, Stuttgart 1959, S. 26

3 Vgl. auch *Rahman, A.*, East and West Pakistan, a.a.O., S. 14. Selbst die westpakistanischen Mitglieder des Panel of Economists for the Fourth Five Year Plan räumen ein: "... there can be some question regarding the quality of services for which invisible payments are made, particularly profits on past investment". Vgl. *Government of Pakistan*, Planning Commission, Reports of the Advisory Panels for the Fourth Five Year Plan, Vol. I, a.a.O., S. 140

4 So belief sich der Beitrag Westpakistans zu den Steuereinnahmen der Zentralregierung im Zeitraum 1960/61 - 1968/69 auf durchschnittlich

transfer nach Ostpakistan dar, wenn man davon ausgeht, daß beide Landesteile den gleichen Nutzen aus der Aktivität der Zentralregierung zogen. Unabhängig davon, daß Westpakistan offenbar einen weit größeren Nutzen aus dem laufenden Haushalt der Zentralregierung zog [1], erscheint diese Argumentation insofern absurd, als die Unterstellung, "eigentlich" hätte Ostpakistan den gleichen Beitrag zur Finanzierung des laufenden Haushaltes der Zentralregierung leisten müssen, dem Grundkonzept jedes rationalen Steuer- und Finanzsystems, das auf gleichen *Steuersätzen*, nicht aber auf *absolut gleichen Steuerbeiträgen* basiert, widerspricht.

Im Rahmen der vorliegenden Arbeit soll auf die Berücksichtigung der Überbewertung der Rupie und der Dienstleistungstransfers von West- nach Ostpakistan aufgrund der Unsicherheiten, mit denen eine Erfassung behaftet wäre, verzichtet werden [2]. Es sei darauf hingewiesen, daß sich die dadurch auftretenden Fehler z.T. gegenseitig kompensieren.

74,6 %. Vgl. *National Institute of Social and Economic Research*, Basic Facts about East and West Pakistan. Comparative Statistics on Pace of Economic Development in the Two Wings of Pakistan, 1959/60 to 1969/70, Karachi 1972, S. 21 f. Es ist jedoch zu berücksichtigen, daß dieser hohe Anteil z.T. darauf zurückzuführen ist, daß die Einkommen- und Körperschaftsteuer in Pakistan nach dem Wohn- bzw. Firmensitzprinzip ermittelt wird. Steuern, die bei ostpakistanischen Tochterunternehmen von Firmen mit Firmensitz in Westpakistan entstanden, wurden als Steuerzahlungen Westpakistans verbucht.

1 Über 75 % der laufenden Ausgaben der Zentralregierung wurden in Westpakistan getätigt, so daß die Einkommens- und Beschäftigungseffekte dieser Ausgaben auch hauptsächlich in Westpakistan anfielen. Ausführlicher hierzu *Ahrens, H.*, Umfang und Ursachen der wirtschaftlichen Disparitäten zwischen Ost- und Westpakistan, a.a.O., S. 253 ff.

2 Nach Ansicht von *Haq* sollte man bei den Transferberechnungen auch aus methodischen Gründen die Überbewertung der Rupie unberücksichtigt lassen: "It is sometimes claimed ... that the net transfer of resources from East to West Pakistan took place in the form of scarce foreign exchange and had, as such, a higher value than indicated above. The argument is correct though ... it is usually exaggerated. All foreign exchange enjoyed scarcity value during this period, whether earned by East or West Pakistan. In so far as it was surrendered to the government at the official rate of exchange by the exporters, it implied a tax on the export sector. What it really means is that the export sector was taxed more heavily in East than in West Pakistan. This partly compensated for the generally low tax receipts from that region. What is important is the transfer of real resources between the two wings and that is reflected by the net balance of payments position of each wing". (Vgl. *Haq, M.U.*, The Strategy of Economic Planning, a.a.O., S. 101.) Dieser Argumentation kann aus verschiedenen Gründen nicht zugestimmt werden: 1. Isoliert man für beide Landesteile einen 'Exportsektor' und einen 'Importsektor', so wirkte sich die Überbewertung der Rupie tatsächlich nicht nur für Ostpakistan, sondern auch für Westpakistan nachteilig aus, da auch dessen Exportsektor seine Devisenerlöse zum ungünstigen Wechselkurs beim Staat (State Bank) umtauschen mußte. Betrachtet man nur den Exportsektor, so ist Haqs Argument, im Grunde sei Ostpakistan lediglich stärker besteuert worden als Westpakistan, weil es mehr exportierte, richtig. Hierbei wird jedoch der Importsektor unberücksichtigt gelas-

4.23 Die Bedeutung der interregionalen Netto-Ressourcentransfers für die Höhe der Investitionen

Die Bedeutung der in Tabelle 17 und Abbildung 21 wiedergegebenen interregionalen Netto-Ressourcentransfers für die Höhe der Investitionen Ost- und Westpakistans zeigt Tabelle 19. Während der *Vorplanperiode* und

Tabelle 19 : Finanzierung der Investitionen Ost- und Westpakistans, unter Berücksichtigung des interregionalen Ressourcentransfers, Vorplanperiode bis Dritte Planperiode (zu Preisen von 1959/60)

Periode	in v.H. des Regionalprodukts				
	Investitionen	Ersparnis	Zufluß realer Ressourcen	Nettokapitalimport aus Ausland	interreg. Ressourcentransfer[a]
1	2=3+4	3	4=5+6	5	6
			OSTPAKISTAN		
Vorplanperiode	3,6	5,9	-2,3	0,9	-3,2
Erste Planperiode	4,8	4,1	0,7	2,3	-1,6
Zweite Planperiode	10,0	7,0	3,0	4,4	-1,4
Dritte Planperiode	10,9	7,5	3,4	2,9	0,5
			WESTPAKISTAN		
Vorplanperiode	10,1	5,0	5,1	1,9	3,2
Erste Planperiode	10,5	5,1	5,4	4,0	1,4
Zweite Planperiode	19,7	11,1	8,6	7,4	1,2
Dritte Planperiode	17,0	13,0	4,0	4,3	-0,3

a) Netto-Transfer.

Quellen : Tabelle 16, 17; ANHANG III, Tabelle 6.

---

sen. Der Importsektor Pakistans profitierte natürlich auf Kosten des Exportsektors von der Überbewertung der Rupie; er wurde gewissermaßen von diesem subventioniert. Da Westpakistan mehr Devisen erhielt, als es ablieferte, wurde sein Importsektor stärker subventioniert, als sein Exportsektor besteuert wurde. Die Differenz wurde von Ostpakistan aufgebracht, dessen Exportsektor stärker besteuert wurde, als sein Importsektor subventioniert wurde. Es genügt also nicht zu sagen, der Exportsektor Ostpakistans sei lediglich stärker besteuert worden als der Westpakistans. Entscheidend ist, daß Ostpakistan durch die Überbewertung der Rupie per saldo besteuert, Westpakistan jedoch - aus dieser 'Steuer' Ostpakistans - subventioniert wurde. 2. Selbst wenn diese 'Besteuerung' Ostpakistans dem Staat und nicht Westpakistan zugute gekommen wäre, wie *Haq* es impliziert, ist ihre Rechtfertigung als Kompensation für das niedrige Steueraufkommen Ostpakistans zumindest sehr fragwürdig. Auf ein ähnliches Argument wurde bereits oben unter (1) eingegangen. 3. Natürlich sind für den Transfer realer Ressourcen die Leistungsbilanzsalden der Landesteile entscheidend; dies widerspricht jedoch keineswegs dem Gedanken, diese

der *ersten beiden Planperioden* transferierte Ostpakistan erhebliche Ressourcen an Westpakistan, deren Umfang allerdings von durchschnittlich 55 % über 40 % auf 30 % der Ersparnis relativ zurückging. Mit diesen Transfers stellte Ostpakistan in der Vorplanperiode rund 65 % der Westpakistan per saldo (Außenhandel und Interwinghandel) zufließenden Ressourcen und finanzierte mehr als 30 % seiner Gesamtinvestitionen; in den beiden folgenden Planperioden gingen die Anteile auf 26 % bzw. 15 % und 14 % bzw. 6 % zurück.

Der in der *dritten Planperiode* stattfindende Netto-Ressourcentransfer von West- nach Ostpakistan war so gering, daß er keinen nennenswerten Einfluß auf die Höhe der Investitionen hatte.

Salden - und damit die Realtransfers - in Knappheitspreisen statt in Nominalpreisen der Devisen auszudrücken. Wenn im folgenden auf die Berücksichtigung der Überbewertung der Rupie verzichtet wird, so nur aus Gründen der Unzulänglichkeit der Statistiken, die eine einigermaßen exakte 'Messung' der Überbewertung nicht erlauben, und weil die Berücksichtigung der interregionalen Dienstleistungstransfers ebenfalls nicht möglich ist.

4.3 Alternative Entwicklungsverläufe

4.31 Der Ansatz von A.I.A. Islam

Der einzige uns bekannte Ansatz zur Quantifizierung der Auswirkungen der interregionalen Ressourcentransfers auf das Wachstum Ost- und Westpakistans findet sich bei *Islam* [1]. Dieser geht davon aus, daß

"the level of investment of the transferor region would have been more, and that of the transferee region less, by exactly the amount of the transfer. The argument here is that given the system of trade and payments restrictions, the savings of the transferor region is equal to its investment plus the amount transferred to the other region minus the receipt of any economic assistance from abroad. Similarly, the investment of the transferee region is in excess of its savings by the amount of transfer from the other region plus the receipt of any economic aid from abroad. Other things remaining the same, therefore, interregional transfer causes a loss of investment for the transferor region, and a gain for the transferee region, which are exactly equal to the amount of the transfer" [2].

Islams Berechnung der Auswirkungen der interregionalen Ressourcentransfers auf die Wachstumsraten Ost- und Westpakistans ist in Tabelle 20 zusammengefaßt. Die Berechnung bezieht sich auf den Zeitraum von 1948 bis 1965 und wird in jeweiligen Preisen durchgeführt; die Überbewertung der Rupie wird explizit berücksichtigt. *Islam* schätzt den durchschnittlichen jährlichen Ressourcentransfer (Zeile 1) und dividiert ihn für Ost- und Westpakistan durch den jeweiligen jährlichen Durchschnitt des marginalen Kapitalkoeffizienten (Zeile 2), der nach der Berechnung Islams für Westpakistan mehr als doppelt so hoch liegt wie für Ostpakistan. Der auf diese Weise errechnete durchschnittliche Verlust (Ostpakistan) bzw. Gewinn (Westpakistan) an Bruttoregionalprodukt (Zeile 4) wird durch das durchschnittliche jährliche Bruttoregionalprodukt (Zeile 3) dividiert, woraus sich der durchschnittliche, durch den interregionalen Ressourcentransfer verursachte Wachstumsverlust bzw. Wachstumsgewinn, ausgedrückt als Wachstumsrate, errechnet (Zeile 5). Dieser stellt die Differenz zwischen der tatsächlichen Wachstumsrate des Bruttoregionalproduktes (Zeile 6) und der *hypothetischen Wachstumsrate*, die ohne Transfer realisiert worden wäre, dar. Bei einer tatsächlichen durchschnittlichen Wachstumsrate von 1,4 % und einer "verlorenen" Wachstumsrate von 3,9 % beläuft sich die hypothetische Wachstumsrate für Ostpakistan auf 5,3 %, während sie für Westpakistan bei einer tatsächlichen Wachstumsrate von 3,5 % und einer "gewonnenen" Wachstumsrate von 1,5 % 2,0 % beträgt. Mit anderen Worten, die interregionalen Ressourcentransfers führten für Ostpakistan zu einer Reduzierung der durchschnittli-

1 Vgl. *Islam, A.I.A.*, Regional Development in Pakistan With Special Reference to the Effects of Import Licensing and Exchange Control, unveröffentlichte Dissertation, London School of Economics and Political Science 1969

2 Ebenda, S. 235

Tabelle 20 : Auswirkungen des interregionalen Ressourcentransfers auf das Wachstum Ost- und Westpakistans, 1948-65, bei A.I.A. Islam

	Symbol	Ostpakistan	Westpakistan
1. durchschnittl. jährl. Ressourcentransfer von Ost- nach Westpakistan (in jew. Preisen; in Mio Rs)	$\dot{T}$	448,7	- 448,7
2. durchschnittl. marginaler Kapitalkoeffizient	$\dot{k}$	1,03	2,32
3. durchschnittl. jährl. Bruttoregionalprodukt[a] (in jew. Preisen, in Mio Rs)	$\dot{Y}$	11.190,0	13.011,0[b]
4. durchschnittl. jährl. Verlust/Gewinn an Bruttoregionalprodukt aufgrund von Transfer (in jew. Preisen; in Mio Rs)	$\Delta\dot{Y}^T = \dot{T}/\dot{k}$	435,7	-193,4
5. durchschnittl. Verlust/Gewinn an Wachstumsrate aufgrund von Transfer (in v.H.)	$\dot{g}^T = (\Delta\dot{Y}^T/\dot{Y}) \cdot 100$	3,9	-1,5
6. tatsächl. exponentielle Wachstumsrate des Bruttoregionalprodukts[a] (zu Preisen von 1959/60, in v.H.)	$\dot{g}$	1,4	3,5
7. hypothetische Wachstumsrate ohne Transfer (in v.H.)	$\dot{g}^* = \dot{g} + \dot{g}^T$	5,3	2,0

a) zu Faktorkosten. - b) Übertragungsfehler im Original (dort: 12.011,0).

Quelle : Islam, A.I.A., Regional Development in Pakistan With Special Reference to the Effects of Import Licensing and Exchange Control, unveröffentlichte Dissertation, London School of Economics and Political Science 1969, S. 241.

chen jährlichen Wachstumsrate des Bruttoinlandsproduktes um rd. 75 %, während sie für Westpakistan zu einer Steigerung um - zufällig - ebenfalls rd. 75 % führten.

Bei genauerer Betrachtung von Tabelle 20 zeigt sich, daß *Islam* bei der Berechnung ein *methodischer Fehler* unterlaufen ist. Sein etwas umständliches Berechnungsverfahren führt, wie sich leicht anhand einer vereinfachten, fiktiven Beispielrechnung nachweisen läßt [1], nur dann zu

---

1 Es sei die folgende Entwicklung unterstellt:

t	Y	ΔY	I	k	S	T
1	100,0	-	50,0	-	25,0	25,0
2	110,0	10,0	55,0	5,0	27,5	27,5
3	121,0	11,0	60,5	5,0	30,2	30,2
4	133,1	12,1	66,6	5,0	33,3	33,3
Ø	121,4	11,1	55,1	5,0	27,6	27,6

In diesem Falle beträgt der durch die Transfers verursachte "durchschnittliche jährliche Gewinn am Sozialprodukt" 5,52 (27,6:5,0), der "durchschnittliche jährliche Gewinn an Wachstumsrate" 4,55 (5,52 : 121,4). Die "durchschnittliche tatsächliche Wachstumsrate" beläuft sich auf 9,1 % (11,1:121,4), die "hypothetische Wachstumsrate" (ohne Transfers) auf 4,55 %, was aufgrund der Tatsache, daß die Ersparnis mit 50 % der Investitionen angenommen wurde, genau der Hälfte der ersteren entspricht. Die Betrachtung zeigt, daß hier genaugenommen keine ("gewonnenen", "tatsächlichen" oder "hypothetischen") Wachstumsraten, sondern lediglich Quotienten aus Durchschnittswerten verwendet werden. (In dem Beispiel beläuft sich die exponentielle Wachstumsrate auf 10 %, die durchschnittliche auf 11 %.)

richtigen Ergebnissen, wenn grundsätzlich von Durchschnittswerten, also bei der Berechnung der "hypothetischen Wachstumsrate" von der - als Quotient aus durchschnittlichem jährlichem Regionalproduktszuwachs und durchschnittlichem jährlichem Regionalprodukt definierten - "durchschnittlichen tatsächlichen Wachstumsrate" ausgegangen wird. Wie Zeile 6 in der Tabelle zeigt, verwendet *Islam* jedoch die tatsächliche exponentielle Wachstumsrate, die nicht mit der so definierten "durchschnittlichen" Rate identisch ist [1]. Grundsätzlich ist der Ansatz von *Islam* insofern etwas unbefriedigend, als er die Betrachtung der tatsächlichen und hypothetischen Regionalentwicklung in Ost- und Westpakistan für den gesamten Betrachtungszeitraum auf eine einzige Durchschnittsgröße (jährlicher Durchschnitt) reduziert, so daß die *dynamischen Entwicklungen und intertemporalen Zusammenhänge* unsichtbar bleiben.

Im folgenden soll versucht werden, diesen Ansatz zu dynamisieren und zu erweitern. Dies geschieht anhand eines einfachen retrospektiven Simulationsmodells, in dessen Rahmen analog zu der Hauptprämisse Islams unterstellt wird, daß die Investitionen der beiden Landesteile in einer hypothetischen, in bezug auf Umfang und Richtung der interregionalen Ressourcentransfers von der tatsächlichen Entwicklung verschiedenen Situation genau um die Differenz im Transfer über bzw. unter denen der tatsächlichen Entwicklung gelegen hätten, während alle anderen Parameter unverändert geblieben wären.

4.32 Das retrospektive Simulationsmodell: Grundmodell

Mit Hilfe des retrospektiven Simulationsmodells werden, ausgehend von der tatsächlichen Regionalentwicklung in Ost- und Westpakistan, alternative Entwicklungsverläufe, wie sie sich aus einer hypothetischen, für Ostpakistan günstigeren Handhabung der regional differenzierenden wirtschaftspolitischen Instrumente (zunächst: regionale Allokation der Devisenerlöse (Importlizenzen) und der Kapitalimporte aus dem Ausland) hätten ergeben können, simuliert. Entsprechend dieser Intention ist das retrospektive Simulationsmodell, wie auch aus seiner Bezeichnung hervorgeht, im Gegensatz zum Zwei-Regionen-Wachstumsmodell kein Optimierungs-,

---

1 Die Berechnung Islams enthält darüberhinaus zwei weitere Schwächen: Zum einen wurde für die Berechnung der marginalen Kapitalkoeffizienten und der durchschnittlichen jährlichen Bruttoregionalprodukte lediglich der Zeitraum 1952 - 1960 zugrundegelegt, während sich die Analyse auf den Zeitraum 1948 - 1965 erstreckt (ebenda, S. 241). Zum anderen beziehen sich die tatsächlichen exponentiellen Wachstumsraten nicht auf die zu jeweiligen Preisen, sondern auf die zu Preisen des Jahres 1959/60 bewerteten Regionalprodukte (vgl. Tabelle 20).

Das retrospektive Simulationsmodell: Grundmodell[1]

(1) $Y_{t,j} = C_{t,j} + I_{t,j} + (E_{t,j} - M_{t,j}) + (e_{t,j} - m_{t,j})$

(2) $Y_{t,j} = C_{t,j} + S_{t,j}$

(3) $Y_{t,j} = Y_{t-1,j} + \sigma'_{t-1,j} \cdot I_{t-1,j}$

(4) $S_{t,j} = \alpha^*_{t,j} \cdot Y_{t,j}$

(5) $m_{t,j} = e_{t,k}$

(6) $W_{t,j} = m_{t,j} - e_{t,j}$

(7) $F_{t,j} = M_{t,j} - E_{t,j}$

(8) $F_{t,j} = A_{t,j} + D_{t,j}$

(9) $R_{t,j} = F_{t,j} + W_{t,j}$

(10) $A_{t,j} = \lambda_t \cdot \bar{A}_t$

bzw. $A_{t,k} = (1 - \lambda) \cdot \bar{A}_t$

(11) $T_{t,j} = D_{t,j} + W_{t,j}$

(12) $Y^*_{t,j} = C_{t,j} + I_{t,j}$

(13) $\hat{Y}_{t,j} = \frac{Y_{t,j}}{N_{t,j}}$

(14) $\hat{Y}^*_{t,j} = \frac{Y^*_{t,j}}{N_{t,j}}$

(15) $d_t = \frac{\hat{Y}_{t,j} - \hat{Y}_{t,k}}{\hat{Y}_{t,j}}$

(16) $d^*_t = \frac{\hat{Y}^*_{t,j} - \hat{Y}^*_{t,k}}{\hat{Y}^*_{t,j}}$

[1] Zur Definition der Symbole vgl. die ausklappbare Übersicht in ANHANG I

sondern ein reines *Konsistenzmodell*. Es besitzt keine Zielfunktion und keinen Freiheitsgrad, es existiert jeweils nur eine einzige Lösung.

Das *Gleichungssystem* des Grundmodells des retrospektiven Simulationsmodells ist auf Seite 141 wiedergegeben. Es unterscheidet sich mit Ausnahme der erwähnten Tatsache, daß es sich um ein Konsistenzmodell handelt (und deshalb auch keinerlei Mindest- oder Höchstbedingungen enthält), nur unwesentlich vom *Grundmodell des Zwei-Regionen-Wachstumsmodells*. Das Gleichungssystem bedarf deshalb auch keiner weiteren Erläuterung. Es sei lediglich darauf hingewiesen, daß die Ersparnis nicht mit Hilfe der marginalen, sondern der *durchschnittlichen Sparquote* definiert wird (Gleichung *(4)*), was insofern angebracht erscheint, als die marginalen Sparquoten (selbst bei Verwendung gleitender Vierjahresdurchschnitte, s.u.) zu starken Schwankungen unterlagen, als daß man sie sinnvollerweise für die verschiedenen Simulationen als feste Parameter zugrundelegen könnte. Schließlich sei erwähnt, daß im Grundmodell des retrospektiven Simulationsmodells einerseits noch nicht die *Absorptionskapazität für Kapital* berücksichtigt ist, während andererseits bereits die Beziehungen bezüglich der *interregionalen Devisen- und Ressourcentransfers* (Gleichung *(8)* und *(11)*) sowie bezüglich der *gesamten Güterverwendung* (Gleichung *(12)*, *(14)*, *(16)*) enthalten sind, die in das Grundmodell des Zwei-Regionen-Wachstumsmodells erst nachträglich eingeführt wurden.

Das Grundmodell des retrospektiven Simulationsmodells enthält für jede *Region* pro Periode in 14 Gleichungen ((1) - (14)) 23 Variable, von denen 9 (die exogenen Variablen N_t, E_t, e_t, σ'_t, α^*_t, D_t, τ_t und die verzögert endogenen Variablen Y_{t-1} und I_{t-1}) vorherbestimmt und 14 (Y_t, C_t, I_t, M_t, m_t, S_t, W_t, F_t, A_t, R_t, T_t, $\hat{Y}_t$, $\hat{Y}^*_t$) endogen sind.

Das Grundmodell enthält außerdem für jede Periode in den sich auf die *Gesamtwirtschaft* (genauer: auf das Verhältnis der Regionen zueinander) beziehenden Gleichungen ((15) und (16)) zwei zusätzliche endogene Variable (d_t und d^*_t). (Auf die Gesamtwirtschaft bezogen ist ferner die exogene Variable $\bar{A}$ in Gleichung (10).)

Das Modell enthält somit pro Periode *insgesamt* 30 endogene Variable in 30 Gleichungen. Für alle 17 Perioden (s.u.) zusammengenommen beläuft sich die Anzahl der Gleichungen und endogenen Variablen auf 510 [1].

---

1 Für das Rechnen mit dem Modell (wofür wie beim Zwei-Regionen-Wachstumsmodell das Computerprogramm MPS 360 verwendet wurde) wurden aus praktischen Gründen verschiedene Vereinfachungen und verschiedene Erweiterungen vorgenommen, durch die sich auch Änderungen in der Anzahl

4.33 Der "Basisfall": Tatsächliche Entwicklung in stilisierter Form

Da die tatsächliche Entwicklung Ost- und Westpakistans, wie gezeigt wurde, durch zum Teil erhebliche kurzfristige Schwankungen gekennzeichnet war, das retrospektive Simulationsmodell aber der Analyse mittel- und langfristiger Entwicklungstendenzen dient, erscheint es sinnvoll, die tatsächliche Entwicklung, die gewissermaßen den "Basisfall" oder die "Basislösung" des Modells darstellt, nicht exakt, sondern in geglätteter, *"stilisierter" Form* zugrunde zu legen. Die Stilisierung wird vorgenommen (a) durch Transformation der ursprünglichen Werte in *gleitende Vierjahresdurchschnitte* [1] und (b) durch *Bereinigung der Regionalprodukte um die witterungsbedingten kurzfristigen Schwankungen der landwirtschaftlichen Produktion* [2].

---

der Gleichungen und Variablen ergaben. So wurden die Werte für die Variablen d, d*, Y*, R, A, D und T nachträglich außerhalb des Modells errechnet. (Die Vorgabe der exogenen Variablen λ und D erfolgte, indem die endogene Variable F als exogene Variable behandelt wurde, deren Wert die - außerhalb des Modells errechnete - Summe aus A und D wiedergab.) Andererseits wurden dem Betrachtungszeitraum, obwohl dies möglicherweise nicht notwendig gewesen wäre, zwei zusätzliche Perioden nachgeschaltet. Das Grundmodell des retrospektiven Simulationsmodells enthielt in der Form, in der es gerechnet wurde, 418 Zeilen- und 835 Spaltenvektoren. Die Rechenzeit auf der Anlage IBM 360-44 betrug für jeden Modellauf 4-5 Min. CPU-Zeit.

1 Die Verwendung gleitender Durchschnitte erweist sich als günstiger als die linearer oder logarithmischer Trends. Lineare oder logarithmische Trends über den Gesamtzeitraum 1949/50 - 1969/70 haben aufgrund der starken Schwankungen der Ausgangswerte ein unvertretbar geringes Signifikanzniveau. Andererseits führt die Bildung von - aus mehreren den tatsächlichen Werten gut angepaßten-zusammengesetzten Trends in den Punkten, in denen die Segmente zusammenstoßen, zu teilweise extremen "Knicken", die größere Fluktuationen vortäuschen, als es tatsächlich je gab. - Es hätte eigentlich nahegelegen, entsprechend der üblichen Praxis entweder gleitende Dreijahresdurchschnitte oder gleitende Fünfjahresdurchschnitte zu verwenden. Während aufgrund der starken Fluktuationen der Ausgangswerte bei gleitenden Dreijahresdurchschnitten immer noch für eine Modellbetrachtung zu starke Schwankungen auftreten, ergibt sich bei gleitenden Fünfjahresdurchschnitten der Nachteil, daß am Anfang und am Ende des Betrachtungszeitraumes bereits je zwei ganze Jahre verlorengehen. Insofern stellen die gleitenden Vierjahresdurchschnitte einen gewissen Kompromiß dar. Im folgenden wird der Durchschnitt aus vier Rechnungsjahren (z.B. 1949/50 bis 1952/53) dem in der Mitte liegenden Kalenderjahr (1951) zugeordnet. Die Analyse erstreckt sich somit auf das "Basisjahr" 1951 und die 17 darauffolgenden "Jahre" 1952 - 1968. Es sei angemerkt, daß für das "Basisjahr" nicht alle Variablen fest vorgegeben, sondern einige (I, M, F, A, R, T) als Unbekannte, die von Simulation zu Simulation einen anderen Wert annahmen, behandelt wurden.

2 Zur Errechnung der Trends für die landwirtschaftliche Wertschöpfung Ost- und Westpakistans s. ANHANG III, S. 164 ff.

Tabelle 21: Die Entwicklung der wichtigsten Makrovariablen Ost- und Westpakistans: Tatsächliche Entwicklung (zu Preisen von 1959/60)

Jahr	Brutto-regional produkt Mio Rs	ges. inl. Güterverwendung Mio Rs	Verbrauch Mio Rs	Brutto-investitionen Mio Rs	Brutto-ersparnis Mio Rs	Waren- und Dienstleistungsverkehr: Außenhandel Exporte Mio Rs	Außenhandel Importe Mio Rs	Außenhandel Saldo Mio Rs	Interwinghandel Exporte Mio Rs	Interwinghandel Importe Mio Rs	Interwinghandel Saldo Mio Rs	Zufluß realer Ressourcen Mio Rs	Auslandshilfe Mio Rs	interreg. Devisen-transfer Mio Rs	interreg. Netto-transfer Mio Rs	Bevölkerung Mio	Pro-Kopf-Einkommen Rs	ges. inl. Güterverw. pro Kopf Rs	marginale Kapital-produkt. v.H.	durchschn. Sparquote v.H.	PAKISTAN: Disparität Y v.H.	PAKISTAN: Disparität Y* v.H.
	Y	Y*	C	I	S	E	M	F	e	m	W	R	A	D	T	N	Ŷ	Ŷ*	σ'	α'	d	d*
OSTPAKISTAN																						
1949/50	12.634	12.598	12.294	304	340	1.390	1.050	-340	54	358	304	-36	243	-583	-279	42,89	295	294		2,7		
1950/51	13.075	12.064	11.752	312	1.323	2.350	1.116	-1.234	67	290	223	-1.011	-386	-848	-625	43,88	298	275	145,1	10,1		
1951/52	13.507	13.458	12.995	463	512	1.925	1.668	-257	77	285	208	-49	418	-675	-467	44,89	301	300	138,5	3,8		
1952/53	13.944	13.718	13.098	620	846	1.428	1.120	-308	177	259	82	-226	201	-509	-427	45,92	304	299	94,4	6,1		
1953/54	14.445	14.303	13.639	664	806	1.270	880	-390	160	408	248	-142	186	-576	-328	46,98	307	304	80,8	5,6		
1954/55	14.174	13.810	13.209	601	965	1.243	752	-491	236	363	127	-364	123	-614	-487	48,06	295	287	-40,8	6,8		
1955/56	13.625	13.161	12.644	517	981	1.295	711	-584	298	418	120	-464	51	-635	-515	49,17	277	268	-91,3	7,2		
1956/57	14.824	15.320	14.801	519	23	935	1.131	196	254	554	300	496	523	-327	-27	50,30	295	305	231,9	0,2		
1957/58	14.642	15.114	14.296	818	346	1.023	1.120	97	235	610	375	472	548	-451	-76	51,46	284	293	-35,1	2,4		
1958/59	14.291	14.526	13.844	682	447	994	876	-118	249	602	353	235	302	-420	-67	52,64	271	276	-42,9	3,1		
1959/60	15.474	15.255	14.310	945	1.164	1.225	799	-426	362	569	207	-219	243	-669	-462	53,85	287	283	173,5	7,5	16,2	21,2
1960/61	16.363	16.595	15.550	1.045	813	1.318	1.118	-200	340	772	432	232	483	-683	-251	55,25	296	300	94,1	5,0	16,8	22,3
1961/62	17.290	17.577	16.075	1.502	1.215	1.414	1.335	-79	324	690	366	287	660	-739	-373	56,69	305	310	88,7	7,0	13,0	21,3
1962/63	17.226	17.672	16.095	1.577	1.131	1.292	1.313	21	414	839	425	446	652	-631	-206	58,16	296	304	-4,3	6,6	11,4	18,1
1963/64	19.061	19.805	17.703	2.102	1.358	1.385	1.826	441	402	705	303	744	878	-437	-134	59,67	319	331	116,4	7,1	16,8	21,4
1964/65	19.281	20.265	17.557	2.708	1.724	1.652	2.376	724	413	673	260	984	1.300	-576	-316	61,22	315	331	10,5	8,9	20,7	26,4
1965/66	20.316	20.935	19.095	1.840	1.221	1.463	1.646	183	509	945	436	619	657	-474	-38	62,87	323	333	38,2	6,0	26,7	31,8
1966/67	20.662	21.308	19.182	2.126	1.480	1.473	1.706	233	520	933	413	646	793	-560	-147	64,57	320	330	18,8	7,2	23,0	25,4
1967/68	22.397	22.858	20.231	2.627	2.166	1.399	1.486	87	654	1.028	374	461	509	-422	-48	66,31	338	345	81,6	9,7	26,2	28,9
1968/69	23.164	24.125	21.398	2.727	1.766	1.473	2.002	529	732	1.164	432	961	613	-84	348	68,09	340	354	29,2	7,6	31,4	32,7
1969/70	24.307	25.322	22.590	2.732	1.717	1.510	1.867	357	817	1.475	658	1.015	618	-261	397	69,93	348	363	41,9	7,1	26,4	30,4
WESTPAKISTAN																						
1949/50	12.619	13.385	12.472	913	147	1.152	2.222	1.070	358	54	-304	766	487	583	279	35,89	352	373		1,2	26,4	29,9
1950/51	13.146	12.999	12.032	967	1.114	2.684	2.760	76	290	67	-223	-147	-772	848	625	36,71	358	354	57,7	8,5	26,9	31,6
1951/52	12.983	14.285	13.133	1.152	-150	1.750	3.260	1.510	285	77	-208	1.302	835	675	467	37,55	346	381	-16,9	-1,2	32,3	35,0
1952/53	13.182	14.010	12.540	1.470	642	1.978	2.888	910	259	177	-82	828	401	509	427	38,42	343	365	17,3	4,9	30,2	33,1
1953/54	14.485	15.185	13.415	1.770	1.070	1.319	2.267	948	408	160	-248	700	372	576	328	39,30	369	387	88,6	7,4	34,2	38,2
1954/55	14.969	15.702	13.747	1.955	1.222	909	1.769	860	363	236	-127	733	246	614	487	40,20	372	390	27,3	8,2	33,4	34,8
1955/56	15.544	16.161	14.400	1.761	1.144	1.008	1.745	737	418	298	-120	617	102	635	515	41,12	378	393	29,4	7,4	37,4	39,2
1956/57	16.100	17.173	15.840	1.333	260	786	2.159	1.373	554	254	-300	1.073	1.046	327	27	42,07	383	409	31,6	1,6	36,7	37,6
1957/58	16.554	17.726	15.973	1.753	581	547	2.094	1.547	610	235	-375	1.172	1.096	451	76	43,03	385	412	34,1	3,5	39,1	38,2
1958/59	17.406	18.078	16.323	1.755	1.083	645	1.670	1.025	602	249	-353	672	605	420	67	44,02	395	410	48,6	6,2	39,4	38,3
1959/60	17.577	18.525	16.410	2.115	1.167	988	2.143	1.155	569	362	-207	948	486	669	462	45,03	390	411	9,7	6,6		
1960/61	18.567	19.785	16.912	2.873	1.655	736	2.386	1.650	772	340	-432	1.218	967	683	251	46,20	402	428	46,8	8,9		
1961/62	19.744	21.436	18,051	3.385	1.693	812	2.870	2.058	690	324	-366	1.692	1.319	739	373	47,40	417	453	41,0	8,6		
1962/63	21.222	22.732	18.071	4.661	3.151	1.250	3.185	1.935	839	414	-425	1.510	1.304	631	206	48,63	437	468	43,7	14,8		
1963/64	22.803	24.693	20.116	4.577	2.687	1.390	3.583	2.193	705	402	-303	1.890	1.756	437	134	49,89	457	495	33,9	11,8		
1964/65	24.518	27.434	21.839	5.595	2.679	1.730	4.906	3.176	673	413	-260	2.916	2.600	576	316	51,19	479	536	37,5	10,9		
1965/66	25.499	26.851	21.897	4.954	3.602	1.405	3.193	1.788	945	509	-436	1.352	1.314	474	38	52,57	485	511	17,5	14,1		
1966/67	27.614	29.346	24.183	5.163	3.431	1.469	3.614	2.145	933	520	-413	1.732	1.585	560	147	53,99	511	543	42,8	12,4		
1967/68	29.618	30.683	25.995	4.688	3.623	1.935	3.374	1.439	1.028	654	-374	1.065	1.017	422	48	55,45	534	553	38,8	12,2		
1968/69	31.777	32.654	27.906	4.748	3.871	1.918	3.227	1.309	1.164	732	-432	877	1.225	84	-348	56,95	558	573	46,1	12,2		
1969/70	33.570	34.410	28.795	5.615	4.775	1.782	3.280	1.498	1.475	817	-658	840	1.237	261	-397	58,49	574	588	37,8	14,2		

Tabelle 22: Die Entwicklung der wichtigsten Makrovariablen Ost- und Westpakistans: Tatsächliche Entwicklung in stilisierter Form (zu Preisen von 1959/60)

"Jahr"	Brutto-regional produkt Mio Rs	ges. inl. Güterverwendung Mio Rs	Verbrauch Mio Rs	Bruttoinvestitionen Mio Rs	Bruttoersparnis Mio Rs	Waren- und Dienstleistungsverkehr: Außenhandel: Exporte Mio Rs	Importe Mio Rs	Saldo Mio Rs	Interwinghandel: Exporte Mio Rs	Importe Mio Rs	Saldo Mio Rs	Zufluß realer Ressourcen Mio Rs	Auslandshilfe Mio Rs	interreg. Devisentransfer Mio Rs	interreg. Nettotransfer Mio Rs	Bevölkerung Mio	Pro-Kopf-Einkommen Rs	ges. inl. Güterverw. pro Kopf Rs	marginale Kapitalprodukt. v.H.	durchschn. Sparquote v.H.	PAKISTAN: Disparität $\hat{Y}$ v.H.	$\hat{Y}^*$ v.H.
	Y	Y*	C	I	S	E	M	F	e	m	W	R	A	D	T	N	$\hat{Y}$	$\hat{Y}^*$	σ'	α^*	d	d*
										OSTPAKISTAN												
1951	13.319	12.988	12.563	425	756	1.773	1.238	-535	94	298	204	-331	119	-654	-450	44,40	300	293	—	5,7		
1952	13.572	13.215	12.706	509	866	1.743	1.196	-547	120	310	190	-357	105	-652	-462	45,42	299	291	59,5	6,4		
1953	13.799	13.603	13.014	589	785	1.467	1.105	-362	163	329	166	-196	232	-594	-428	46,46	297	293	44,6	5,7		
1954	13.960	13.661	13.061	600	899	1.309	866	-443	218	362	144	-299	140	-583	-439	47,53	294	287	27,3	6,4		
1955	14.157	14.039	13.458	581	699	1.186	869	-317	237	436	199	-118	221	-538	-339	48,63	291	289	32,8	4,9		
1956	14.344	14.379	13.771	608	573	1.124	929	-195	256	486	230	-35	311	-506	-276	49,75	288	289	32,2	4,0		
1957	14.577	14.762	14.132	630	445	1.062	960	-102	259	546	287	185	356	-458	-171	50,89	286	290	38,3	3,1		
1958	14.937	15.183	14.448	735	489	1.044	981	- 63	275	584	309	246	404	-467	-158	52,06	287	292	57,1	3,3		
1959	15.380	15.560	14.681	879	699	1.140	978	-162	296	638	342	180	394	-556	-214	53,30	289	292	60,2	4,5		
1960	15.972	16.105	15.068	1.037	904	1.238	1.032	-206	319	658	339	133	422	-628	-289	54,61	293	295	67,3	5,7	14,7	21,0
1961	16.588	16.775	15.509	1.266	1.079	1.312	1.141	-171	360	718	358	187	509	-680	-322	55,99	296	300	59,4	6,5	16,3	22,3
1962	17.361	17.789	16.224	1.565	1.137	1.352	1.398	46	370	752	382	428	668	-622	-240	57,44	302	310	61,0	6,5	18,2	24,2
1963	18.132	18.748	16.783	1.965	1.349	1.436	1.713	277	388	727	339	616	872	-595	-256	58,94	308	318	49,3	7,4	20,2	25,7
1964	18.967	19.665	17.601	2.064	1.366	1.448	1.790	342	435	791	356	698	872	-530	-174	60,48	314	325	42,5	7,2		
																					22,3	26,8
1965	19.915	20.663	18.447	2.196	1.448	1.493	1.888	395	461	814	353	748	907	-512	-159	62,08	321	333	45,9	7,3	24,1	28,0
1966	20.778	21.456	19.124	2.332	1.654	1.497	1.804	307	524	895	371	678	815	-508	-137	63,74	326	337	39,3	8,0	25,5	28,4
1967	21.773	22.445	20.106	2.339	1.667	1.452	1.710	258	604	1.018	414	672	643	-385	29	65,46	333	343	42,7	7,7	25,9	28,7
1968	22.684	23.454	20.894	2.560	1.790	1.464	1.765	301	681	1.150	469	770	633	-332	137	67,23	337	349	38,9	7,9	26,5	29,6
																					26,9	30,6
										WESTPAKISTAN											28,0	31,9
1951	13.059	13.746	12.620	1.126	439	1.891	2.782	891	298	94	- 204	687	237	654	450	37,14	352	370	—	3,4	29,7	33,1
1952	13.560	14.231	12.888	1.343	672	1.933	2.794	861	310	120	- 190	671	209	652	462	38,00	357	375	44,5	5,0	31,6	35,1
1953	14.107	14.998	13.412	1.586	695	1.489	2.546	1.057	329	163	- 166	891	463	594	428	38,87	363	386	40,7	4,9	33,2	35,9
1954	14.653	15.373	13.636	1.737	1.017	1.303	2.167	864	362	218	- 144	720	281	583	439	39,76	369	387	34,4	6,9		
																					34,8	37,1
1955	15.247	16.027	14.332	1.696	915	1.006	1.985	979	436	237	- 199	780	441	538	339	40,67	375	394	34,2	6,0	35,9	37,9
1956	15.804	16.703	15.000	1.703	804	813	1.942	1.129	486	256	- 230	899	623	506	276	41,61	380	401	32,8	5,1	36,7	37,5
1957	16.365	17.248	15.595	1.653	770	747	1.917	1.170	546	259	- 287	883	712	458	171	42,56	385	405	32,9	4,7	37,9	38,1
1958	16.854	17.820	16.077	1.743	777	742	2.017	1.275	584	275	- 309	966	808	467	158	43,54	387	409	29,6	4,6		
1959	17.497	18.499	16.376	2.123	1.121	729	2.073	1.344	638	296	- 342	1.002	788	556	214	44,57	393	415	36,9	6,4		
1960	18.284	19.417	16.892	2.525	1.392	795	2.267	1.472	658	319	- 339	1.133	844	628	289	45,66	400	425	37,1	7,6		
1961	19.268	20.609	17.360	3.249	1.908	947	2.646	1.699	718	360	- 358	1.341	1.019	680	322	46,82	412	440	39,0	9,9		
1962	20.639	22.216	18.335	3.881	2.304	1.047	3.006	1.959	752	370	- 382	1.577	1.337	622	240	48,03	430	464	42,2	11,1		
1963	22.149	24.150	19.591	4.559	2.558	1.296	3.636	2.340	727	388	- 339	2.011	1.745	595	256	49,28	449	490	38,9	11,5		
1964	23.750	25.667	20.717	4.950	3.033	1.444	3.717	2.273	791	435	- 356	1.917	1.743	530	174	50,57	470	507	35,1	12,8		
1965	25.494	27.466	22.408	5.058	3.086	1.499	3.824	2.325	814	461	-353	1.972	1.813	512	159	51,91	491	529	35,2	12,1		
1966	27.108	28.874	23.783	5.091	3.325	1.635	3.772	2.137	895	524	-371	1.766	1.629	508	137	53,30	509	542	31,9	12,3		
1967	28.772	30.028	25.134	4.894	3.638	1.682	3.352	1.670	1.018	604	-414	1.256	1.285	385	-29	54,74	526	549	32,7	12,6		
1968	30.533	31.662	26.610	5.052	3.923	1.776	3.374	1.598	1.150	681	-469	1.129	1.266	332	-137	56,22	543	563	36,0	12,8		

Quelle: Tabelle 21.

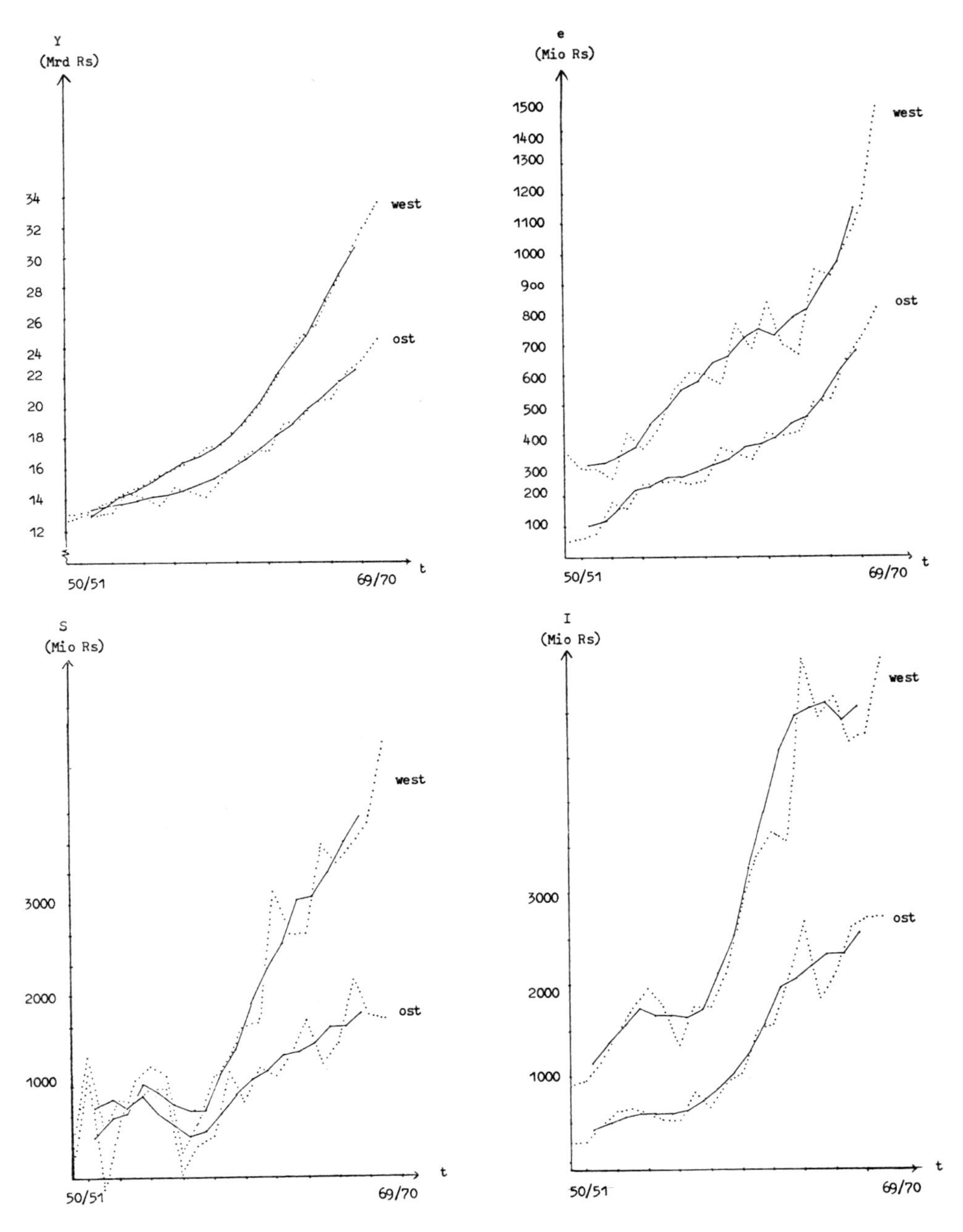

Y = Regionalprodukt; e = Exporte im interregionalen Handel; S = Ersparnis;
I = Investitionen

Quelle: Tabelle 21, 22

Abbildung 22: Entwicklung der wichtigsten Makrovariablen in Ost- und Westpakistan, tatsächliche Entwicklung und tatsächliche Entwicklung in stilisierter Form, 1949/50-1969/70 bzw. 1951-1968 (zu Preisen von 1959/60)

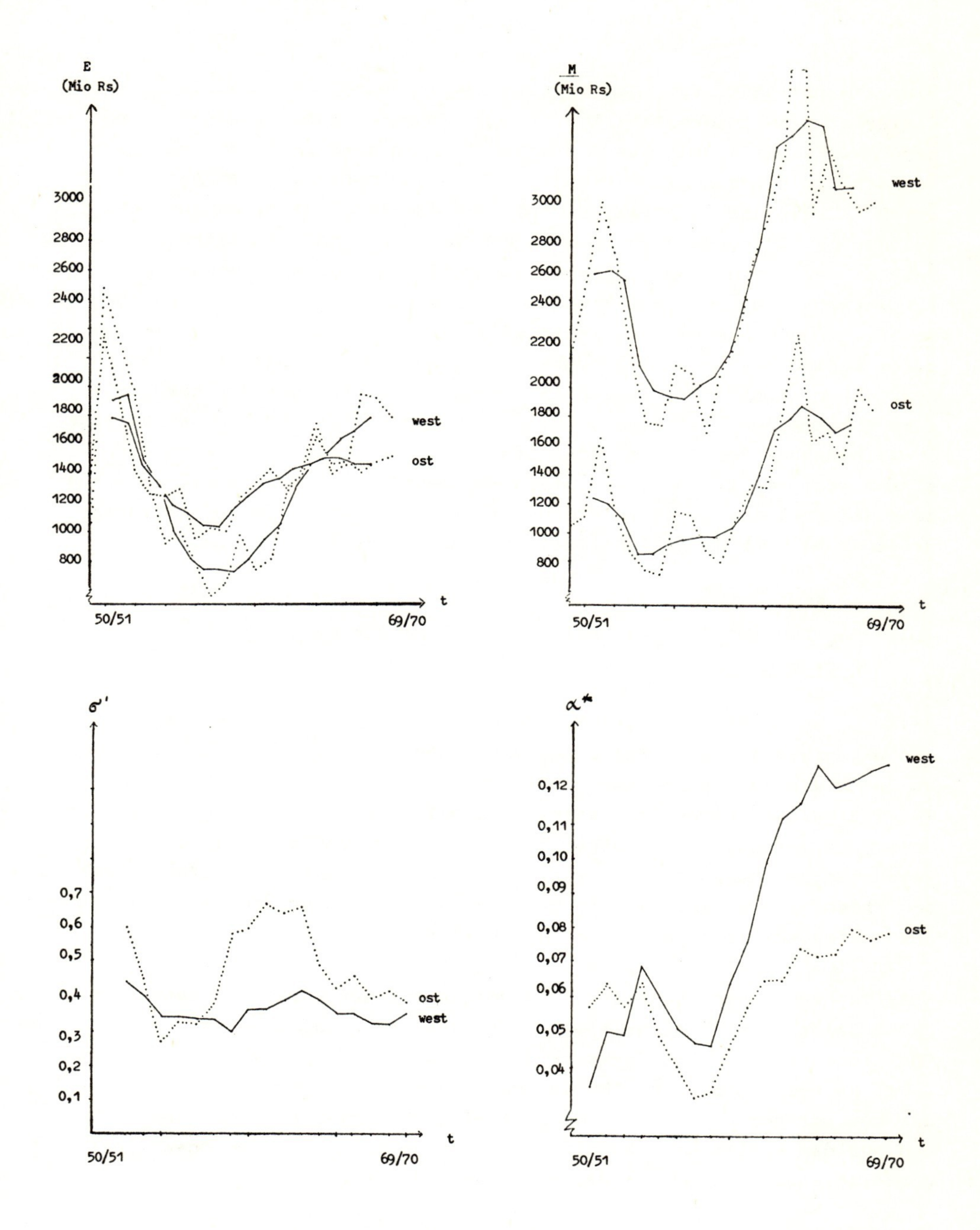

E = Exporte ins Ausland; M = Importe aus dem Ausland; σ' = marginale Kapitalproduktivität; α* = durchschnittliche Ersparnis

Quelle: Tabelle 21, 22

Abbildung 22 (Forts.): Entwicklung der wichtigsten Makrovariablen in Ost- und Westpakistan, tatsächliche Entwicklung und tatsächliche Entwicklung in stilisierter Form, 1949/50-1969/70 bzw. 1951-1968 (zu Preisen von 1959/60)

Die tatsächliche Entwicklung ist in der ursprünglichen und in der stilisierten Form in den Tabellen 21 und 22 sowie in Abbildung 22 wiedergegeben. Es sei angemerkt, daß hierbei - wie auch im folgenden - aus Gründen der Einfachheit der Begriff "Kapitalimport aus dem Ausland" durch "Auslandshilfe" ersetzt wird. Auf die Interpretation der Tabellen und der Abbildung kann angesichts der Tatsache, daß die tatsächliche Entwicklung weiter oben bereits ausführlich analysiert wurde, verzichtet werden. Was die Entwicklung der für die weiter unten untersuchte Zielbeziehung zwischen gesamtwirtschaftlichem Wachstum und gleichmäßigerer regionaler Verteilung entscheidenden Kapitalproduktivitäten und Sparquoten anbetrifft, so lag in der stilisierten Form der tatsächlichen Entwicklung [1] die (marginale) *Kapitalproduktivität* in Ostpakistan - mit Ausnahme der "Jahre" 1954 bis 1958 - zum Teil weit, wenn auch mit sinkender Tendenz, über derjenigen Westpakistans, während die (durchschnittliche) *Sparquote* in Westpakistan ab 1954 ständig und in zunehmendem Maße über derjenigen Ostpakistans lag (vgl. Abbildung 22b).

4.34 Der Einfluß der regionalen Verteilung der externen Ressourcen auf die Regionalentwicklung

Es soll nun untersucht werden, wie die regionale Entwicklung in Ost- und Westpakistan verlaufen wäre, wenn Ostpakistan einen größeren Anteil an den Pakistan zufließenden externen Ressourcen erhalten hätte, indem (a) die Devisenerlöse des Landes regional so verteilt worden wären, daß kein Netto-Ressourcentransfer von Ost- nach Westpakistan (oder ein umgekehrter Nettotransfer von West- nach Ostpakistan) stattgefunden hätte, und indem (b) Ostpakistan ein größerer Anteil an der dem Land zufließenden Auslandshilfe zugestanden worden wäre.

Entsprechend dieser Fragestellung werden von den Parameterwerten des "Basisfalls" zunächst nur diejenigen für den *Devisentransfer* (D) und für die *Anteile der Regionen an der Auslandshilfe* (λ bzw. $(1-\lambda)$) *variiert*. Es sei betont, daß für die Werte der *übrigen Parameter* die *ceteris-paribus-Annahme* gemacht wird. Daß dies insbesondere in bezug auf die Kapitalproduktivitäten und Sparquoten der Regionen nicht unproblematisch ist, wird weiter unten [2] dargelegt.

---

1 Da im folgenden ausschließlich mit der stilisierten Form der tatsächlichen Entwicklung gearbeitet wird, sei diese aus Gründen der Einfachheit verkürzt als "tatsächliche Entwicklung" bezeichnet.

2 Vgl. Kapitel 4.36, S. 154 f.

Es werden nun die folgenden drei Fälle unterschiedlicher regionaler Verteilung der Devisenerlöse und der Auslandshilfe simuliert:

Fall	$\lambda_{t,ost}$	$D_{t,j}$	$T_{t,j}$
I	0,333	$-W_{t,j}$	Null
II	0,333	Null	$W_{t,j}$
III	0,550	Null	$W_{t,j}$

Fall I: Die Devisenerlöse des Landes werden so verteilt, daß der Devisentransfer von Ost- nach Westpakistan genauso groß ist wie der über den Interwinghandel stattfindende Ressourcentransfer von West- nach Ostpakistan. Der interregionale Netto-Ressourcentransfer ist also gleich Null. Ostpakistan erhält, wie es tatsächlich der Fall war, ein Drittel der Auslandshilfe.

Fall II: Die Devisenerlöse werden so verteilt, daß jede Region die Devisen erhält, die sie erwirtschaftet hat (Devisentransfer gleich Null). Es findet also regelmäßig ein Netto-Ressourcentransfer von West- nach Ostpakistan (über den Interwinghandel) statt. Ostpakistan erhält wiederum ein Drittel der Auslandshilfe.

Fall III: Jede Region erhält wieder die selbst erwirtschafteten Devisenerlöse. Ostpakistan erhält aber den Anteil an der Auslandshilfe, der seinem Bevölkerungsanteil entspricht, d.h. 55 % [1].

Es soll nun versucht werden, die wichtigsten Implikationen der drei Fälle anhand von Abbildung 23 und 24 aufzuzeigen und mit der tatsächlichen Entwicklung sowie untereinander zu vergleichen.

Am direktesten werden bei den Fällen die *Investitionen* beeinflußt. Sie liegen schon bei Fall I für Ostpakistan erheblich über, für Westpakistan unter denjenigen der tatsächlichen Entwicklung. Noch günstiger für Ostpakistan ist das Verhältnis der Investitionen bei Fall II. Bei Fall III schließlich liegen die Werte Ostpakistans praktisch während des gesamten Zeitraumes über denjenigen Westpakistans (vgl. Abbildung 23).

Vergleicht man die Abweichungen von der tatsächlichen Entwicklung im Zeitablauf, so sind diese Anfang der 50er Jahre besonders groß. Dies ist darauf zurückzuführen, daß die bei den simulierten Verläufen eliminierten bzw. umgekehrten interregionalen Netto-Ressourcentransfers in der tatsächlichen Entwicklung Anfang der 50er Jahre besonders umfang-

---

1 Vgl. Tabelle 10, S. 104

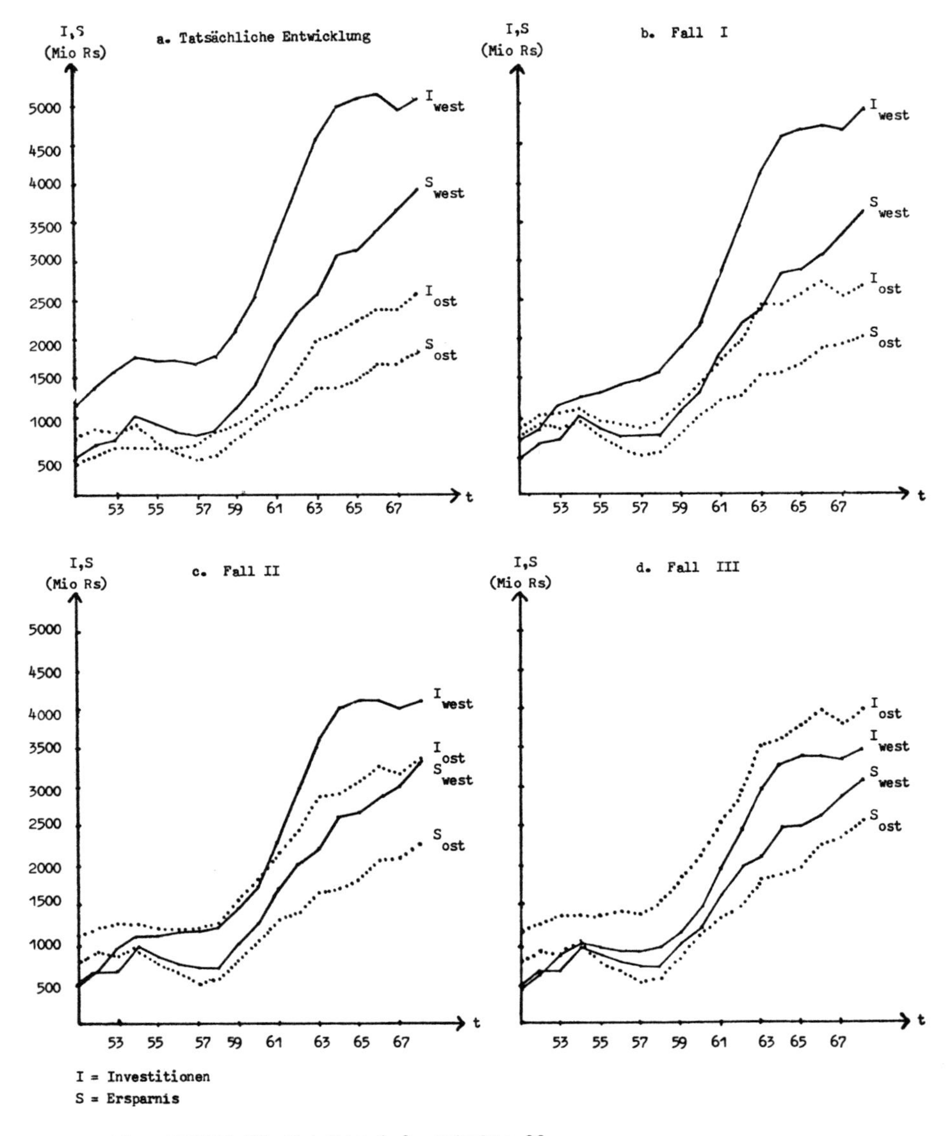

Quelle: ANHANG IV, Tabelle 1-3; Tabelle 22

Abbildung 23: Retrospektives Simulationsmodell - Die Entwicklung der Investitionen und der Ersparnis Ost- und Westpakistans: Tatsächliche Entwicklung und Fall I, II und III

reich waren. Der Anteil Ostpakistans an den Investitionen des Landes beläuft sich für 1951 (tatsächliche Entwicklung: 27 %) bei den drei Fällen auf 56 %, 70 % und 74 %, für 1968 (tatsächliche Entwicklung: 34 %) auf 35 %, 45 % und 53 % [1].

Da bei den simulierten Verläufen der Zufluß externer Ressourcen für Ostpakistan sukzessiv zu- und für Westpakistan abnimmt, ergibt sich eine erhebliche Verschiebung in der *Finanzierung der Investitionen:* Der durchschnittliche Finanzierungsbeitrag der Nettokapitalimporte erhöht sich für Ostpakistan (tatsächliche Entwicklung: 18 %) über 30 % (Fall I) und 39 % (Fall II) auf nicht weniger als 46 % (Fall III); er sinkt für Westpakistan (tatsächliche Entwicklung: 40 %) über 36 % und 29 % bis auf 19 % ab. Auch hier sind die Unterschiede zur tatsächlichen Entwicklung Anfang der 50er Jahre besonders groß: Hatte die Ersparnis Ostpakistans im Jahre 1951 in der tatsächlichen Entwicklung noch um mehr als 75 % *über* den Investitionen gelegen, so beläuft sich ihr Finanzierungsbeitrag bei Fall III nur noch auf 66 %. Umgekehrt übersteigt die Ersparnis Westpakistans, deren Finanzierungsbeitrag in der tatsächlichen Entwicklung 1951 nur 39 % betrug, bei Fall III die Investitionen um 11 % [2]. (Bei Fall III weist also in völliger Umkehrung der tatsächlichen Entwicklung *Westpakistan* zu Beginn des Betrachtungszeitraumes Nettokapitalexporte auf, da sein Anteil an der Auslandshilfe geringer ist als der Ressourcentransfer nach Ostpakistan.)

Die Veränderung in der regionalen Verteilung der Investitionen hat naturgemäß für Ostpakistan ein rascheres und für Westpakistan ein langsameres Wachstum des *Regionalprodukts* zur Folge, wie Tabelle 23 zeigt. Wichtiger für die vorliegende Analyse ist jedoch die Entwicklung der *Pro-Kopf-Einkommen*. Die regionale Disparität der Pro-Kopf-Einkommen (1951: 15 %) steigt bis zum Ende des Gesamtzeitraumes (tatsächliche Entwicklung: 38 %) bei den simulierten Verläufen nur noch auf 25 % (Fall I) bzw. sinkt im einen Fall (Fall II) auf 8 %, im anderen (Fall III) auf Null und kehrt sich dann in eine zunehmende Disparität zugunsten Ostpakistans um, die sich am Ende des Zeitraumes auf 10 % beläuft (vgl. auch Abbildung 24).

Der Einfluß der veränderten regionalen Allokation der externen Ressourcen auf die Entwicklung der *gesamten Güterverwendung pro Kopf der Bevölkerung* wird besonders deutlich beim Vergleich der tatsächlichen Entwicklung mit Fall III. Während in der tatsächlichen Entwicklung die

---

1 Vgl. die Tabellen 1 - 3 in ANHANG IV

2 Ebenda

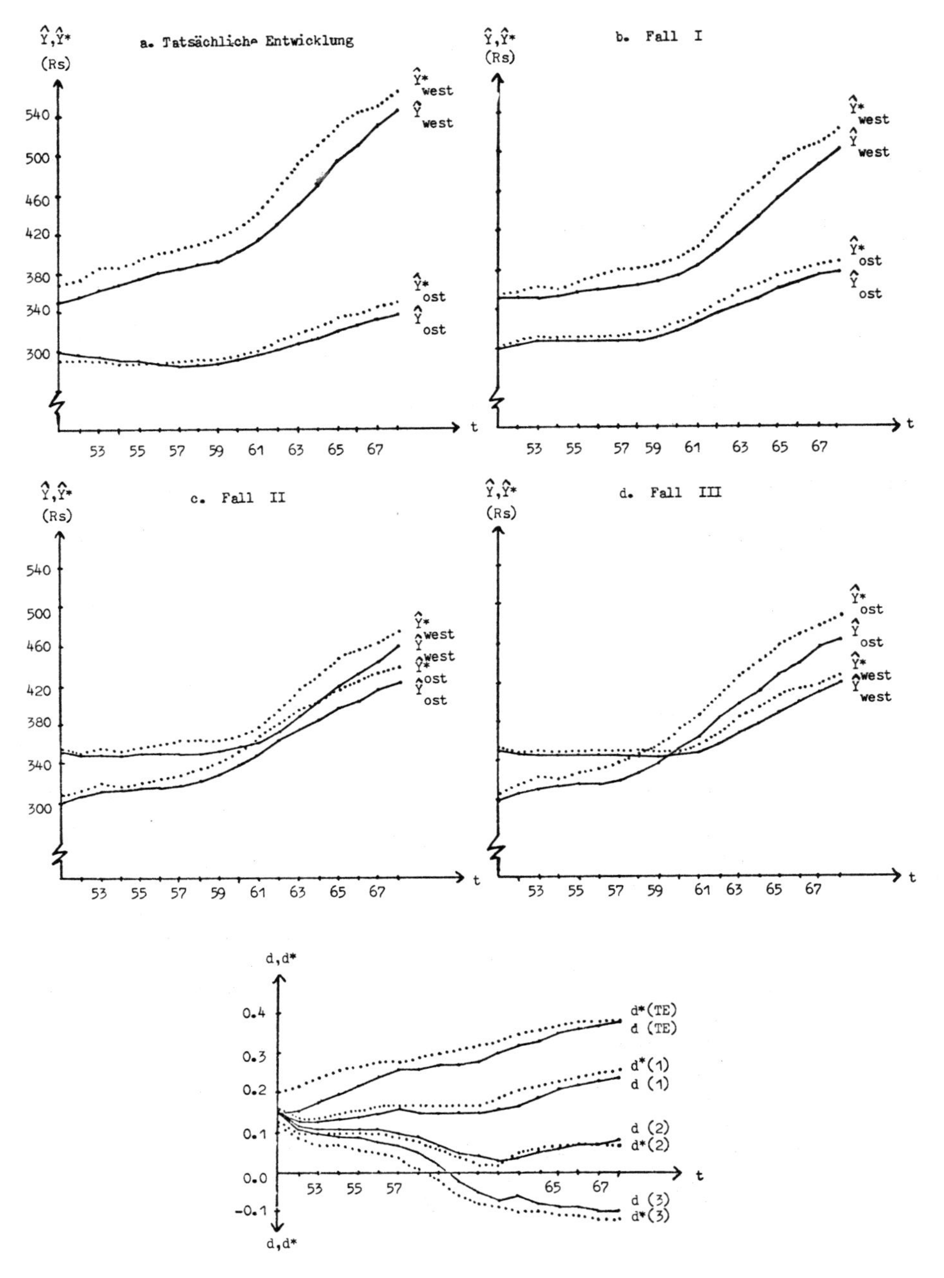

Ŷ = Pro-Kopf-Einkommen
d = Disparität der Pro-Kopf-Einkommen

Ŷ* = gesamte inländische Güterverwendung pro Kopf
d* = Disparität der ges. inl. Güterverw. pro Kopf

Quelle: ANHANG IV, Tabelle 1-3; Tabelle 22

Abbildung 24: Retrospektives Simulationsmodell - Die Entwicklung der Pro-Kopf-Einkommen und der gesamten Güterverwendung pro Kopf in Ost- und Westpakistan: Tatsächliche Entwicklung und Fall I, II und III

Disparität der Pro-Kopf-Einkommen durch die extrem ungleiche Verteilung der externen Ressourcen gewissermaßen verschärft wurde (noch größere Disparität der gesamten Güterverwendung), wird sie bei Fall III durch die höheren Ressourcenzuflüsse nach Ostpakistan so erheblich abgeschwächt, daß die Disparität der gesamten inländischen Güterverwendung schon bis 1958 praktisch auf Null absinkt. Danach trägt die Verteilung der externen Ressourcen zu einer zunehmenden Verschärfung der sich nun mit umgekehrten Vorzeichen entwickelnden Disparität bei (vgl. Abbildung 24).

Hier wird wieder deutlich, daß die zunehmende *Verschiebung in der regionalen Verteilung der externen Ressourcen* zugunsten der in der Ausgangslage ärmeren Region die *doppelte Wirkung* hat, zum einen - über die Beeinflussung der gesamten Güterverwendung - die Relevanz der Einkommensdisparität abzuschwächen und zum anderen - über den Investitionseffekt - diese Disparität selbst zu reduzieren [1].

4.35 Die Beziehung zwischen gesamtwirtschaftlichem Wachstum und regionaler Verteilung

Die sukzessive Veränderung der regionalen Allokation der externen Ressourcen zugunsten Ostpakistans führt, wie Tabelle 23 zeigt, nicht nur zu einer zunehmenden *Verbesserung der relativen Einkommensposition Ostpakistans*, sondern gleichzeitig auch aufgrund der Tatsache, daß der Wachstumsgewinn Ostpakistans größer ist als der Wachstumsverlust Westpakistans, zu einer - wenn auch vergleichsweise geringen - *Erhöhung des gesamtwirtschaftlichen Wachstums*. Bei Fall III liegt das gesamtwirtschaftliche Sozialprodukt am Ende des Betrachtungszeitraumes um 1,7 Mrd Rs, die durchschnittliche jährliche Wachstumsrate um 0,2 Prozentpunkte über derjenigen der tatsächlichen Entwicklung. Die Ursache für diese *Komplementaritätsbeziehung* liegt darin, daß sich die höhere *Kapitalproduktivität* Ostpakistans stärker auf das gesamtwirtschaftliche Wachstum auswirkt als die höhere *Sparquote* Westpakistans. Wie Abbildung 22 b zeigt, beträgt der Unterschied zwischen der marginalen Kapitalproduktivität Ost- und Westpakistans in der tatsächlichen Entwicklung rund 10,9 Prozentpunkte, während sich die Differenz bei der durchschnittlichen Sparquote auf 2,1 Prozentpunkte beläuft. Beim Übergang zu Fall III erhöht sich die marginale Kapitalproduktivität Gesamtpakistans von 39,3 % auf 42,5 %, d.h. um 3,2 Prozentpunkte, die durchschnittliche Sparquote geht von 7,3 % auf 7,0 %, h.h. um 0,3 Prozentpunkte zurück.

---

1 Vgl. auch Kapitel 2.24, S. 46 und Kapitel 3.2, S. 106

Tabelle 23 : Retrospektives Simulationsmodell - Grundmodell: Kennzahlen zur Beziehung zwischen gesamtwirtschaftlichem Wachstum und regionaler Verteilung in Pakistan

	tatsächliche Entwicklung	Fall I	Fall II	Fall III
1. Sozialprodukt 1968, Mrd. Rs.	53,2	53,6	54,3	54,9
OSTPAKISTAN	22,7	25,4	28,4	31,2
WESTPAKISTAN	30,5	28,2	25,9	23,6
2. Wachstumsrate des Sozialprodukts, v.H.[a)]	4,2	4,3	4,3	4,4
OSTPAKISTAN	3,2	3,9	4,6	5,1
WESTPAKISTAN	5,1	4,6	4,1	3,5
3. Pro-Kopf-Einkommen 1968, Rs.	431	434	440	445
OSTPAKISTAN	337	378	423	465
WESTPAKISTAN	543	502	460	421
4. Disparität der Pro-Kopf-Einkommen 1968, v.H.	37,9	24,6	8,2	-9,5
5. Disparität der gesamten Güterverwendung pro Kopf 1968, v.H.	38,1	26,1	7,5	-12,2
6. Marginale Kapitalproduktivität, v.H.[a)]	39,3	39,7	41,2	42,5
OSTPAKISTAN	47,0	47,0	47,0	47,0
WESTPAKISTAN	36,1	36,1	36,1	36,1
7. durchschnittliche Sparquote, v.H.[a)]	7,3	7,3	7,1	7,0
OSTPAKISTAN	6,0	6,0	6,0	6,0
WESTPAKISTAN	8,1	8,1	8,1	8,1

a) jährlicher Durchschnitt.

Quellen : Tabelle 22; ANHANG IV, Tabelle 1 - 3.

Zwar ist ein direkter Vergleich zwischen diesen beiden Entwicklungen nicht möglich, da es sich bei der Kapitalproduktivität um einen Marginalwert, bei der Sparquote um einen Durchschnittswert handelt, offensichtlich wird aber der Rückgang der gesamtwirtschaftlichen Sparquote durch den Anstieg der gesamtwirtschaftlichen Kapitalproduktivität überkompensiert, wobei die Bedeutung des Sparquotenrückgangs auch insofern relativ gering ist, als die Ersparnis nicht die gesamten Investitionen Pakistans, sondern nur einen Teil derselben (rd. 66 % [1]) finanziert.

4.36 Zur Aussagefähigkeit der Modellergebnisse

Aus den vorangegangenen Ausführungen wurde bereits deutlich, daß die Annahme, daß sich die Kapitalproduktivitäten und Sparquoten der beiden Regionen bei den simulierten Verläufen genauso verhalten hätten, wie sie sich in der tatsächlichen Entwicklung verhalten haben, für die Modellergebnisse in bezug auf die Beziehung zwischen gesamtwirtschaftlichem

1 Vgl. Tabelle 22 und ANHANG IV, Tabelle 1-3

Wachstum und regionaler Verteilung von ausschlaggebender Bedeutung ist. Diese Annahme ist angesichts dessen, was bei der empirischen Analyse der tatsächlichen Regionalentwicklung in Kapitel 3 über diese beiden Größen gesagt wurde, nicht unproblematisch. Es spricht einiges dafür, daß sich Kapitalproduktivität und Sparquote bei alternativen Entwicklungsverläufen anders verhalten hätten, als sie es in der tatsächlichen Entwicklung getan haben.

Auf die allgemeine Problematik des Begriffes *"Kapitalproduktivität"* und auf die Tatsache, daß diese Größe keinen Kausalzusammenhang, sondern lediglich eine statistische ex-post-Relation zwischen Regionalprodukt (bzw. Zuwachs im Regionalprodukt) und Kapitalstock (bzw. Investitionen) zum Ausdruck bringt, in der sich die Einflüsse sämtlicher anderer Produktionsfaktoren niederschlagen, wurde bereits hingewiesen. Unterstellt man eine unveränderte marginale Kapitalproduktivität, so wird damit implizit angenommen, daß sich bei einer Veränderung der Investitionshöhe (gegenüber derjenigen der tatsächlichen Entwicklung) gleichzeitig auch alle anderen, sich in dieser Größe niederschlagenden Produktionsfaktoren, einschließlich der relativen Verfügbarkeit von Rohstoffen (Kapazitätsauslastung), proportional verändert hätten, eine Annahme, die - wie noch zu zeigen sein wird - relativ unrealistisch ist. Die Annahme einer unveränderten Kapitalproduktivität impliziert aber auch eine unveränderte Investitionsstruktur, und zwar einerseits in bezug auf das Verhältnis von Infrastrukturinvestitionen und privaten Investitionen und andererseits in bezug auf die sektorale Zusammensetzung der Investitionen. Auf das Verhältnis von privaten Investitionen zu Infrastrukturinvestitionen wird im folgenden Kapitel noch ausführlich eingegangen. Die Annahme einer unveränderten sektoralen Zusammensetzung der Investitionen der beiden Landesteile muß vor allem für den privaten Sektor als unrealistisch angesehen werden.

Geht man davon aus, daß die *Sparquote* zumindest teilweise vom Einkommensniveau und von der Höhe der externen Ressourcen (Mobilisierungseffekt [1]) abhängig ist bzw. in Pakistan war, so hätte auch sie sich bei den simulierten Entwicklungsverläufen, bei denen sich gerade diese beiden Größen für die beiden Landesteile verändern, erheblich anders verhalten, als es in der tatsächlichen Entwicklung der Fall war.

Ohne daß an dieser Stelle über die hypothetische Entwicklung der Sparquote und der Kapitalproduktivität der beiden Landesteile Vermutungen angestellt werden sollen, sei darauf hingewiesen, daß die aus der ceteris-paribus-Annahme resultierenden "Fehler" sich möglicherweise teil-

---

1 Vgl. Kapitel 3.4, S. 120, Fußnote 1

weise kompensieren. So hätte die Sparquote Ostpakistans bei Fall III zwar wahrscheinlich über derjenigen der tatsächlichen Entwicklung gelegen, die Kapitalproduktivität jedoch möglicherweise unter derjenigen der tatsächlichen Entwicklung, wenn man davon ausgeht, daß der Beitrag der Landwirtschaft zum Regionalprodukt zurückgegangen und ein größeres Maß an Infrastrukturinvestitionen zur Realisierung erhöhter privater Investitionen erforderlich gewesen wäre. Andererseits sei jedoch betont, daß das Modell ohnehin zu einfach ist und die verwendeten Statistiken mit zu vielen Unsicherheitsfaktoren behaftet sind, als daß von den Modellergebnissen mehr erwartet werden könnte als größenordnungsmäßige, tendenzmäßige Aussagen.

5. Bestimmungsgründe der regionalen (Ost-West-)Entwicklung in Pakistan und alternative Entwicklungsverläufe (II): Regionale Verteilung der Infrastrukturinvestitionen

5.1 Einleitung

Im vorangegangenen Kapitel wurde implizit unterstellt, daß Ostpakistan, wenn ihm mehr Devisen zur Verfügung gestanden hätten, eine entsprechend größere Nachfrage nach Importen entfaltet hätte, um erhöhte Investitionen vorzunehmen.

Es wurde ferner angenommen, daß die *Produktivität der Investitionen* jeweils genauso hoch gewesen wäre, wie sie bei denjenigen Investitionen war, die in der tatsächlichen Entwicklung realisiert wurden. Diese Prämisse impliziert, daß die *Relation zwischen dem Umfang der öffentlichen und der privaten Investitionen*, wenn man deren Produktivitäten einmal als gegeben unterstellt, unverändert geblieben wäre. Es stellt sich die Frage, ob diese Annahme (die in gleicher Weise auch für Westpakistan gemacht wurde) realistisch ist.

Geht man, wie im "Erschließungsansatz" und im "Produktivitätsansatz", davon aus, daß die Höhe der privaten Investitionen direkt (beim Erschließungsansatz) oder indirekt (beim Produktivitätsansatz) von der Ausstattung mit Infrastruktur abhängig ist [1], so kann die Frage auch in der Weise gestellt werden, welche Form dieser Zusammenhang in Ostpakistan und in Westpakistan aufwies. Hätte eine proportionale (entsprechend der in der tatsächlichen Entwicklung realisierten Relation) Erhöhung der Infrastrukturinvestitionen in Ostpakistan ausgereicht, um die privaten Investitionen massiv über das in der tatsächlichen Entwicklung realisierte Niveau hinaus anzuheben? Oder wäre eine überproportionale Erhöhung der Infrastrukturinvestitionen erforderlich gewesen? Wären in Westpakistan genauso viel Infrastrukturinvestitionen im Verhältnis zu den privaten Investitionen notwendig gewesen, um die simulierten, im Vergleich zur tatsächlichen Entwicklung sehr geringen Niveaus der privaten Investitionen zu realisieren?

Vergleicht man anhand von Tabelle 24 die tatsächliche und die aus den drei simulierten Fällen resultierende Höhe der gesamten (öffentlichen und privaten) Investitionen für Ostpakistan, so wird die Relevanz dieser Fragestellung besonders deutlich. Bei Fall III liegen die Investitionen Ostpakistans 1951 um 172 %, 1955 um 127 % und 1959 noch um 105 % über

---

1 Vgl. Kapitel 2.3, S. 49 ff.

Tabelle 24 : Retrospektives Simulationsmodell - Grundmodell: Die Entwicklung der Investitionen und der Investitionsquote in Ostpakistan: Tatsächliche Entwicklung und Fall I, II und III

	1951	1955	1959	1964	1968
Investitionen (Mio Rs)					
Tatsächliche Entwicklung	425	581	879	2.064	2.560
Fall I	875	957	1.149	2.400	2.640
Fall II	1.079	1.172	1.530	2.904	3.344
Fall III	1.154	1.319	1.806	3.580	3.970
Investitionsquote (v.H.)					
Tatsächliche Entwicklung	3,2	4,1	5,7	10,9	11,3
Fall I	6,6	6,4	6,9	11,3	10,4
Fall II	8,1	7,7	8,8	12,5	11,8
Fall III	8,7	8,6	10,0	14,3	12,7

Quelle : Tabelle 22; ANHANG IV, Tabelle 1, 2, 3.

denjenigen der tatsächlichen Entwicklung. Die Annahme einer unveränderten Relation zwischen öffentlichen und privaten Investitionen impliziert, daß in Ostpakistan mehr als doppelt soviel private Investitionen hätten stattfinden können als in der tatsächlichen Entwicklung, ohne daß die Infrastrukturinvestitionen überproportional hätten gesteigert werden müssen. Daß an der Realitätsnähe dieser ceteris-paribus-Annahme Zweifel angebracht sind, ist offensichtlich.

Ob und in welcher Weise sich die Investitionsstrukturen Ost- und Westpakistans bei den simulierten Fällen verändert hätten bzw. hätten verändern müssen, hängt entscheidend davon ab, welchen Einfluß die Infrastruktur in den beiden Landesteilen auf die private Wirtschaftstätigkeit hatte.

Die Fragestellung läßt sich analytisch in zwei Unterfragen gliedern, denen im folgenden im Rahmen der empirischen Analyse nachgegangen werden soll: Zum einen ist generell zu fragen, ob die *Infrastruktur* in Ost- und Westpakistan überhaupt von wesentlichem *Einfluß auf die Entwicklung der privaten Wirtschaftstätigkeit* war. Stellte die Infrastruktur in Ostpakistan einen entscheidenden Engpaß dar, dessen Überwindung gewissermaßen eine conditio sine qua non für eine nennenswerte Steigerung der privaten Investitionstätigkeit gewesen wäre? Inwieweit war der größere Umfang der privaten Investitionen in Westpakistan auf eine günstigere Infrastrukturausstattung zurückzuführen? Dieser Frage wird unter 5.2 nachgegangen.

Wenn die Frage nach dem Einfluß der Infrastruktur auf die private Wirtschaftstätigkeit für Ost- und Westpakistan in etwa positiv beantwortet werden kann, erscheint es sinnvoll zu versuchen, diesen *Einfluß für jeden der Landesteile zu quantifizieren* und die resultierenden Funktionen vergleichend zu interpretieren. Dies geschieht unter 5.3.

Unter 5.4 wird dann im Rahmen einer *erweiterten Version des retrospektiven Simulationsmodells* untersucht, welche *Implikationen* die Einführung solcher Funktionen, die den *Einfluß der Infrastruktur auf die Höhe der privaten Investitionen* zum Ausdruck bringen, für die *regionalen Entwicklungsverläufe* hat.

5.2 Der empirische Befund: Infrastruktur als Determinante der privaten Wirtschaftstätigkeit in Ost- und Westpakistan

Die Frage, inwieweit die Infrastruktur in Ost- und Westpakistan eine die private Wirtschaftstätigkeit direkt oder indirekt beeinflussende Determinante darstellte, kann wissenschaftlich exakt nicht beantwortet werden. Im folgenden soll lediglich versucht werden, ihr tentativ nachzugehen.

Zunächst wird der *Umfang der privaten Wirtschaftstätigkeit* in Ost- und Westpakistan auf der Grundlage des vorhandenen statistischen Materials dargestellt. Danach wird die *Infrastrukturausstattung* der beiden Landesteile für die wichtigsten Infrastrukturbereiche (Wasserwirtschaft, Verkehrs- und Nachrichtenwesen und Energiewirtschaft) beschrieben und verglichen. Dabei wird immer wieder versucht, im Rahmen von Plausibilitätserwägungen und unter Rückgriff auf die Darlegungen kompetenter Fachökonomen der Frage nach dem *Einfluß der Infrastrukturausstattung auf Produktivität und Umfang der privaten Wirtschaftstätigkeit* Ost- und Westpakistans nachzugehen. Es sei noch einmal betont, daß eine wissenschaftlich stringente Beweisführung in bezug auf das Vorhandensein oder Nichtvorhandensein bestimmter Infrastrukturwirkungen in den beiden Landesteilen nicht beabsichtigt und auch nicht möglich ist.

Aufgrund der Tatsache, daß eine strenge Beweisführung weitgehend durch Beschreibung, Plausibilitätserwägungen und Anführung von Expertenmeinungen ersetzt wird, wobei im ersteren Falle zwangsläufig in größerem als dem bisher üblichen Umfang Detail- und Hintergrundinformationen geliefert werden, wird der Gedankengang der Untersuchung in gewisser Weise gesprengt; die nachfolgenden Abschnitte enthalten einen *Exkurs*, an den in der anschließenden Analyse gedanklich angeknüpft wird.

5.21 Der Umfang der privaten Wirtschaftstätigkeit

Die private Wirtschaftstätigkeit in Ost- und Westpakistan soll im folgenden aus Gründen der Einfachheit nur anhand der Höhe der privaten Investitionen verglichen werden.

Entsprechend der von uns verwendeten Definition der Begriffe "öffentliche Investitionen" und "private Investitionen" [1] sind die in den pakistanischen Statistiken enthaltenen Werte für diese Investitionen in der Weise zu korrigieren, daß die direkt produktiven Investitionen des Staates aus den öffentlichen Investitionen heraus- und den privaten Investitionen hinzugerechnet werden.

Tabelle 25: Öffentliche Investitionen und öffentliche Anlageinvestitionen in die Pakistan Industrial Development Corporation (PIDC), 1951/52 - 1958/59 (in jeweiligen Preisen)

Jahr	Gesamte Öffentliche Investitionen	Öffentliche Anlageinvestitionen in die PIDC	
	Mio Rs	Mio Rs	v.H.
1952/53	650	86	13,2
1953/54	680	55	8,0
1954/55	740	105	14,2
1955/56	800	105	13,1
1956/57	820	137	16,7
1957/58	1.400	230	16,4
1958/59	1.350	153	11,3

Quelle : Haq, M. U., The Strategy of Economic Planning. A Case Study of Pakistan, Karachi/Lahore/Dacca 1963, S. 225-227.

Anhand von Tabelle 25 wird versucht, einen Anhaltspunkt darüber zu gewinnen, wie groß der Anteil der direkt produktiven Investitionen an den öffentlichen Investitionen Pakistans war. Legt man die Angaben Haqs zugrunde, so belief sich der Anteil der Anlageinvestitionen der Pakistan Industrial Development Corporation (PIDC) im Zeitraum 1952/53 - 1958/59 auf durchschnittlich 13 % der gesamten öffentlichen Investitionen. Berücksichtigt man die Tatsache, daß zu den Anlageinvestitionen der PIDC die Lagerinvestitionen hinzuzuzählen wären, und daß die öffentlichen Investitionen auch im landwirtschaftlichen Sektor einige direkt produktive Investitionen enthalten, so kann davon ausgegangen werden, daß der

1 Vgl. Kapitel 2.3, S. 50

Anteil der direkt produktiven Investitionen an den gesamten öffentlichen Investitionen in etwa 15 % betrug. Die unter Verwendung dieser Quote im Sinne unserer Definition errechneten öffentlichen und privaten Investitionen Ost- und Westpakistans sind in Tabelle 26 ausgewiesen.

Tabelle 26: Öffentliche und private Investitionen in Ost- und Westpakistan (zu Preisen von 1959/60, in Mio Rs)

"Jahr"	Ostpakistan			Westpakistan		
	insgesamt	öffentlich	privat	insgesamt	öffentlich	privat
1951	425	183	242	1.126	377	749
1952	509	238	271	1.343	461	882
1953	589	277	312	1.586	607	979
1954	600	279	321	1.737	697	1.040
1955	581	259	322	1.696	684	1.012
1956	608	287	321	1.703	761	942
1957	630	313	317	1.653	778	875
1958	735	388	347	1.743	870	873
1959	879	459	420	2.123	960	1.163
1960	1.037	497	540	2.525	1.017	1.508
1961	1.266	646	620	3.249	1.226	2.023
1962	1.565	834	731	3.881	1.436	2.445
1963	1.965	1.031	934	4.559	1.769	2.790
1964	2.064	1.090	974	4.950	1.931	3.019
1965	2.196	1.104	1.092	5.058	1.925	3.133
1966	2.332	1.177	1.155	5.091	1.868	3.223
1967	2.339	1.239	1.100	4.894	1.745	3.149
1968	2.560	1.412	1.148	5.052	1.834	3.218

Quelle : Tabelle 22; eigene Annahmen (siehe Ausführungen im Text).

Im vorliegenden Zusammenhang ist vor allem das *Volumen der privaten Investitionen* von Interesse. Dieses lag, wie die Tabelle zeigt, für Ostpakistan sowohl in den fünfziger als auch in den sechziger Jahren weit unter demjenigen Westpakistans. Der Anteil Ostpakistans an den privaten Investitionen Gesamtpakistans belief sich in beiden Jahrzehnten auf durchschnittlich 25 %. Auch bezogen auf das Regionalprodukt, war die private Wirtschaftstätigkeit in Ostpakistan weit schwächer als in Westpakistan: Die Quote der privaten Investitionen belief sich in den fünfziger Jahren in Ostpakistan auf 2,2 %, in Westpakistan auf 6,2 %, in den sechziger Jahren auf 4,8 % und 11,3 % [1].

1 Vgl. zusätzlich Tabelle 10, S. 104

5.22 Wasserwirtschaft: Bewässerung und Hochwasserregulierung

Da sich die wasserwirtschaftlichen Probleme Ost- und Westpakistans stark voneinander unterscheiden, sollen sie und die Maßnahmen zu ihrer Überwindung zunächst für beide Landesteile getrennt behandelt werden.

Westpakistan [1]

Aufgrund des in Westpakistan herrschenden *semi-ariden Klimas* mit seinen außerordentlich geringen Niederschlägen [2] und seiner aus den zum Teil sehr hohen Temperaturen resultierenden starken Verdunstung [3] ist die westpakistanische Landwirtschaft traditionell in erheblichem Maße auf eine *künstliche Bewässerung* angewiesen. Künstliche Bewässerung ist möglich (a) durch Umlenkung bzw. Speicherung des Wassers des Indus und seiner Nebenflüsse mit Hilfe von Wehren bzw. Talsperren und die Anlage eines Kanalsystems, durch das das Wasser zu den Feldern geleitet wird, und (b) durch Erschließung der Grundwasserquellen mit Hilfe von Brunnen.

Schon bei *Gründung des Staates Pakistan* verfügte Westpakistan im Indusbecken über ein *umfangreiches künstliches Bewässerungssystem*, das als

---

1 Zur Bewässerung in Westpakistan vgl. *Ahmad, K.S.*, A Geography of Pakistan, London 1966, S. 29-43, 48-64; *Mohammad, G.*, Some Strategic Problems in Agricultural Development in Pakistan, in: The Pakistan Development Review, Vol. 4 (1964), S. 223 ff.; *derselbe*, Private Tubewell Development and Cropping Patterns in West Pakistan, ebenda, Vol. 5 (1965), S. 1 ff.; *Falcon, W.P. und C.H. Gotsch*, Agriculture in West Pakistan: An Analysis of Past Progress and Future Prospects, o.O. 1964; *Etienne, G.*, Progrès agricole et maîtrise de l'eau. Le cas du Pakistan, Paris 1967, S. 49-106; *Lieftinck, P., Sadove, A.R. und Th.C. Creyke*, Water and Power Resources of West Pakistan. A Study in Sector Planning, Vol. II: The Development of Irrigation and Agriculture, Vol. III: Programme for the Development of Surface Water Storage, Baltimore 1969; *Biehl, M.*, Das Entwicklungspotential der Bewässerungswirtschaft in Pakistan und Hinterindien, Kiel 1970, S. 9 - 70; *National Institute of Social and Economic Research*, Water and Power Development in West Pakistan, Karachi 1972; *Akhtar, S.M.*, Economic Development of Pakistan, Part II, Lahore 1972, S. 319-341, 366-376; ferner die entsprechenden Kapitel in den Fünfjahresplänen.

2 Die Niederschläge betragen im mittleren Indusbecken im jährlichen Durchschnitt nicht mehr als 200 - 500 mm. Sie sind darüberhinaus jahreszeitlich sehr ungleichmäßig verteilt; in den meisten Gebieten Westpakistans entfallen etwa 50 % der jährlichen Regenfälle allein auf die beiden Monsunmonate Juli und August. Vgl. *Ahmad, K.S.*, A Geography of Pakistan, a.a.O., S. 37 ff.

3 Die Temperaturen belaufen sich in den meisten Gebieten Westpakistans in den Monaten Mai - August auf 30° C - 40° C. Nach Untersuchungen von Lieftinck und Mitarbeitern ist die Verdunstung im nördlichen Indusbecken im Jahresdurchschnitt dreimal und im südlichen Indusbecken mehr als zwanzigmal so hoch wie die Niederschläge. Vgl. *Lieftinck, P., A.R. Sadove und Th.C. Creyke*, Water and Power Resources of West Pakistan. A Study in Sector Planning, Vol. II: The Development of Irrigation and Agriculture, a.a.O., S. 22

das größte der Welt galt. Das Netz von Wehren und Kanälen war, nachdem die Bewässerung zuvor hauptsächlich mit Hilfe von Kanälen zur Ableitung des Monsunhochwassers vorgenommen worden war, im wesentlichen in der zweiten Hälfte des 19. und der ersten Hälfte des 20. Jahrhunderts von den Briten angelegt worden.

In diesem Zeitraum waren nach und nach entstanden (vgl. Abbildung 25): (1) das Ravi-Wehr bei *Madhopur* (heute indisch) zur Bewässerung des oberen Bari Doab zwischen dem Chenab und Jhelum, (2) das Sutlej-Wehr bei *Rupar* (heute indisch), (3) das Jhelum-Wehr bei *Rasul* zur Bewässerung des Chaj Doab zwischen dem Chenab und Jhelum, (4) das Chenab-Wehr bei *Khanki* zur Bewässerung des Rechna Doab (zwischen Ravi und Chenab) sowie (5) - (7) drei Wehre im Sutlej: bei *Ferozepore* (heute indisch), *Suleimanke* und *Islam*, zur Speisung von Bewässerungskanälen beiderseits des Sutlej. Mit dem Bau (8) des Jhelum-Wehres bei *Mangla*, von dem Wasser über einen Kanal zum Chenab-Wehr bei Khanki und von dort in das Rechna Doab geleitet wurde, war über das von Natur anfallende Winterwasser der linken Nebenflüsse des Indus nahezu restlos verfügt worden. Ergänzungen am unteren Ende des Systems, wie (9) - (11) die Wehre bei *Trimmu* am Chenab, bei *Sidhnai* am Ravi und das *Panjnad*-Wehr, waren bereits auf den Wasserrückfluß aus den oberhalb gelegenen Bewässerungszonen angewiesen. Mit der Fertigstellung (12) eines großen Wehres im Indus bei *Sukkur* im Jahre 1932 war damit begonnen worden, die traditionellen Hochwasserkanäle in größerem Umfange durch ein neues, durch Stromwehre gespeistes Kanalsystem zu ersetzen [1].

Bei der *Teilung des Subkontinents* im Jahre 1947 fielen die Unterläufe der zum Indussystem gehörenden Flüsse an Pakistan, die Oberläufe an Indien. Damit wurde die Aufteilung der Wassernutzung zu einem brennenden Problem zwischen beiden Staaten. Nach langwierigen Disputen und Verhandlungen unter Führung der Weltbank kam es 1960 zum Abschluß des *Indus-Wasser-Abkommens* (Indus-Water-Treaty), wonach - nach einer Übergangszeit - Indien die alleinige Wassernutzung der drei östlichen Flüsse Ravi, Beas und Sutlej zugesprochen wurde, während Pakistan das Wassernutzungsrecht der drei westlichen Flüsse Indus, Jhelum und Chenab erhielt. Im Rahmen des - von mehreren Industrieländern finanzierten - *Indusbeckenprogramms* sollte Pakistan, um durch Umleitung von Wasser aus den "pakistanischen" Flüssen eine Speisung der Pakistan verbleibenden Unterläufe des Ravi und Sutlej zu erreichen, zwei große Staudämme (Mangla im Jhelum und Tarbela im Indus), acht Verbindungskanäle und fünf Wehre (an den

---

1 Hierzu ausführlicher: *Biehl, M.*, Das Entwicklungspotential der Bewässerungswirtschaft in Pakistan und Hinterindien, a.a.O., S. 9 ff.

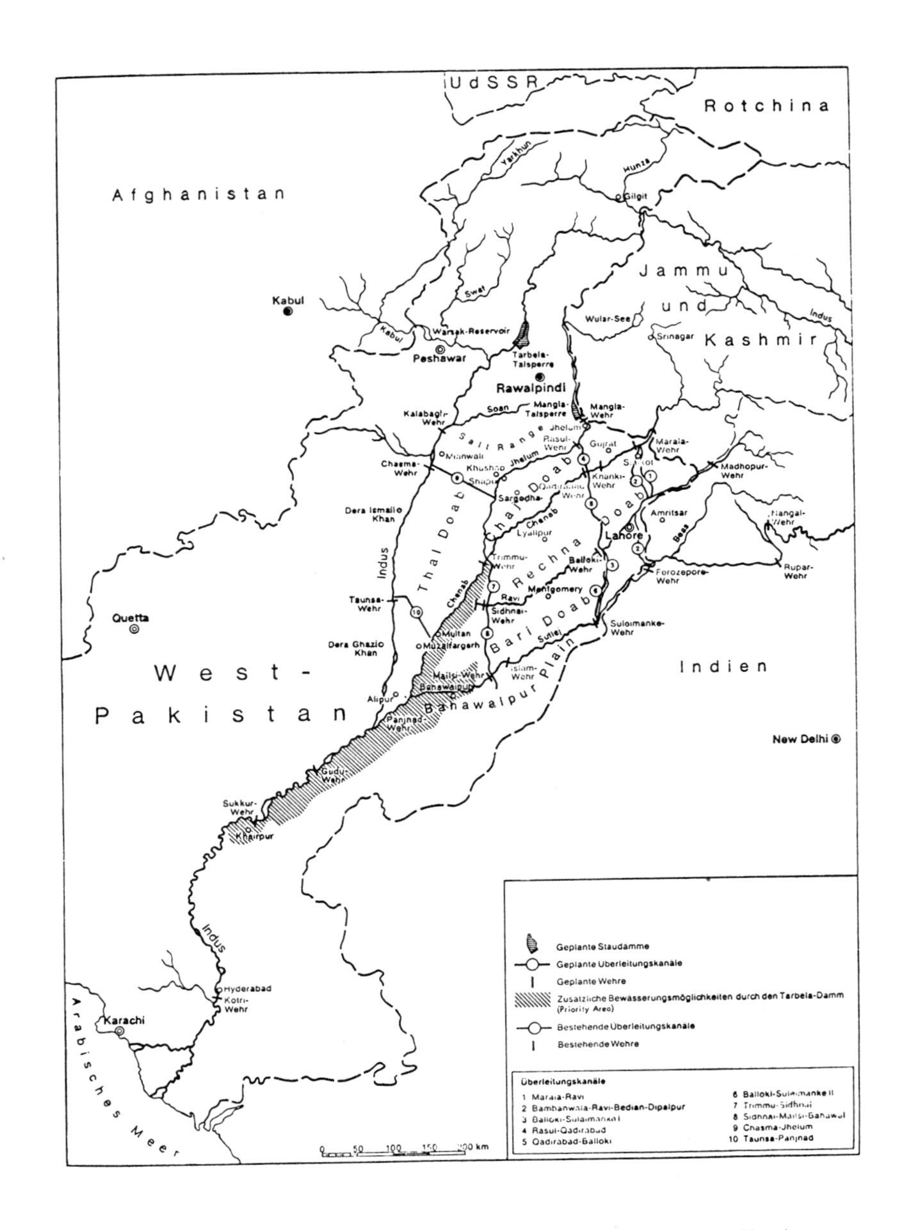

Abbildung 25: Die Bewässerung des Indusgebiets in West-pakistan

Kreuzungsstellen zwischen Überleitungskanälen und Flüssen) errichten [1].

Der *Mangla-Damm*, nach dem Tarbela-Damm einer der größten Erdschüttdämme der Welt, wurde 1967 fertiggestellt. Sein Staubecken, das überschüssiges Sommerwasser des Jhelum zur Abgabe im Winterhalbjahr speichert, hat eine Länge von 65 km und bedeckt eine Fläche von etwa 250 km^2. Die Arbeiten am *Tarbela-Damm* wurden 1967 begonnen, sind aber aufgrund im Herbst 1974 eingetretener schwerer Schäden an einem der Auslaßstollen des Dammes, deren Behebung umfangreiche Reparaturarbeiten erfordert, noch nicht ganz abgeschlossen. Wie der Mangla-Damm soll der Tarbela-Damm auch wesentlich der Elektrizitätserzeugung dienen.

Von den acht neuen Überleitungskanälen ist der größte der *Chasma-Jhelum-Verbindungskanal*, der bis zu 615 m^3/sec. Wasser aus dem Indus in den Jhelum befördert.

Zusätzlich zu den Maßnahmen des Indusbecken-Programms wurde das von Britisch-Indien übernommene Bewässerungssystem in den 50er und 60er Jahren systematisch ausgebaut und verbessert. Im Laufe der Jahre wurden vor allem mit Hilfe von vier Induswehren und den neu angeschlossenen modernen Kanalsystemen sämtliche Teile der alten Hochwasserkanalbewässerung durch ganzjährige Kanalbewässerung ersetzt: Im Sind entstanden die *Ghulam-Mohammed-Barrage* (bei Kotri) für das eigentliche Indus-Delta und die *Gudu-Barrage* für den Bereich oberhalb von Sukkur. Am Mittellauf des Indus, im Punjab, wurden die *Taunsa Barrage* und (unterhalb der Einmündung des Kurran) die *Chasma Barrage* gebaut. Damit sind auch im Indus selbst die Möglichkeiten zur Erfassung des natürlich anfallenden Winterwassers voll ausgeschöpft [2].

Die Fortschritte, die seit Gründung des Staates Pakistan in der Kanalbewässerung erzielt wurden, werden aus Tabelle 27 und 28 ersichtlich. Bis 1965 konnte die Kanalbewässerung, gemessen an der Wasserentnahme, um mehr als 30 % gesteigert werden. Die "Canal Commanded Area" wurde bis Ende 1968/69 um 55 % ausgedehnt, ihr Anteil an der gesamten landwirtschaftlichen Nutzfläche stieg von 1948/49 bis 1968/69 von 53,8 % auf 62,4 %.

---

1 Vgl. auch *Urff, W. v. et al.*, Die wirtschaftliche Situation Pakistans nach der Sezession Bangladeshs, a.a.O., S. 138 ff.

2 Vgl. *Andrus, J.R. und A.F. Mohammed*, The Economy of Pakistan, London 1958, S. 78 ff.; *Ahmad, K.S.*, A Geography of Pakistan, London 1964, S. 51 ff.

Tabelle 27: Geschätzte jährliche Wasserentnahme durch Kanalbewässerung in Westpakistan, 1921-65, nach Perioden (am Kanalanfang gemessen, in MAF)

Periode	Wasserentnahme
1921 - 1926	38
1926 - 1931	53
1931 - 1946	64
1947 - 1950	65
1951 - 1955	74
1956 - 1960	79
1961 - 1965	85

Quelle : Lieftinck, P., Sadove, A.R. and Th.C. Creyke, Water and Power Resources of West Pakistan. A Study in Sector Planning, Baltimore 1968, Vol. I, S. 10, Vol. III, S. 20.

Tabelle 28 : Anteil der kanalbewässerten Fläche an der landwirtschaftlichen Nutzfläche in Westpakistan, ausgewählte Jahre

Jahr	landwirtsch. Nutzfläche	kanalbewässerte Fläche	
	Mio ha	Mio ha	v.H.
1948/49	15,163	7,909	53,8
1953/54	15,566	8,705	55,9
1958/59	16,552	9,715	58,7
1963/64	17,301	10,655	61,6
1968/69	19,262	12,285	62,4

Quelle : Government of Pakistan, Ministry of Finance, Planning and Development, Economic Affairs Division, Central Statistical Office, 25 Years of Pakistan in Statistics 1947-72, Karachi 1972, S. 82, 102 f.

Die große *Bedeutung der Kanalbewässerung für die Landwirtschaft Westpakistans* zeigt sich u.a. in dem Beitrag der kanalbewässerten Zone zur Gesamtproduktion. In der zweiten Hälfte der sechziger Jahre stellte die kanalbewässerte Zone bei Reis, Baumwolle und Zuckerrohr praktisch 100 %, bei Weizen 75 % und bei allen Anbaufrüchten zusammengenommen rd. 82 % des Bruttoproduktionswertes [1].

Es sei allerdings auch darauf hingewiesen, daß die öffentliche Kanalbewässerung vor allem in den sechziger Jahren in zunehmendem Maße durch öffentliche und private *Rohrbrunnenbewässerung* ergänzt wurde. Der Anteil

1 Vgl. *Lieftinck, P., A.R. Sadove und Th.C. Creyke,* Water and Power Resources of West Pakistan. A Study in Sector Planning, Vol. II: The Development of Irrigation and Agriculture, a.a.O., S. 41

der Rohrbrunnenbewässerung am gesamten Wasserdargebot Westpakistans, der sich schon 1964/65 auf knapp 8 % belief, erhöhte sich bis 1969/70 auf 19 % (vgl. Tabelle 29). Dabei kam die größere Bedeutung den *privaten* Rohrbrunnen zu, deren Anzahl von 1959/60 bis 1969/70 von 4.600 über 34.400 auf nicht weniger als 85.700 anstieg [1].

Tabelle 29 Entwicklung des Wasserdargebots in Westpakistan, Dritter Fünfjahresplan

Quelle	verfügbare Wassermenge		Zuwachs 1964/65 - 1969/70	
	1964/65 Mrd m^3	1969/70 Mrd m^3	Mrd m^3	v.H.
Oberflächenwasser (am Kanalanfang gemessen)	104,8	111,1	6,3	6,0
öffentliche Rohrbrunnen	2,5	7,4	4,9	196,0
private Rohrbrunnen	6,2	18,5	12,3	198,4
Insgesamt	113,5	137,0	23,5	20,7

Quelle: Government of Pakistan, Planning Commission, Preliminary Evaluation of the Third Five Year Plan (1965-70), Islamabad 1970, S. 87.

Zusammenfassend kann festgestellt werden, daß das Bewässerungsproblem Westpakistans schon bei Gründung des Staates Pakistan durch das Vorhandensein wichtiger öffentlicher Wasserbauten teilweise gelöst war und daß in den 50er und 60er Jahren weitere erhebliche Fortschritte erzielt wurden, wozu die öffentlichen Infrastrukturmaßnahmen in Form von Talsperren, Wehren und Kanälen entscheidend beitrugen.

Ostpakistan [2]

In Ostbengalen stellen die aus der geographischen Lage (kein Teil der Region liegt mehr als 550 km vom Meer entfernt) resultierenden *reichlichen Niederschläge* und gemäßigten Temperaturen zusammen mit der hohen Fruchtbarkeit des Schwemmlandbodens grundsätzlich eine sehr günstige Ausgangsbasis für die Landwirtschaft dar. Gerade die großen Niederschlagsmengen der Region stellen die Landwirtschaft Ostbengalens aber vor schwerwiegende Probleme.

---

1 Vgl. *Eckert, J.B.*, Private Tubewell Numbers in Pakistan: A Synthesis, in: The Pakistan Development Review, Vol. 13 (1974), No. 1, S. 99

2 Zur Hochwasserregulierung und Bewässerung in Ostbengalen vgl. insbesondere: *Ahmad, N.*, An Economic Geography of East Pakistan, London 1958, S. 11-72; *Rashid, H.E.*, A Systematic Regional Geography and its Development Planning Aspects, Lahore 1965, S. 1-71; *East Pakistan*

In den dem Himalaya vorgelagerten Gebieten Indiens, aus denen die drei großen Ströme Ganges-Padma, Brahmaputra-Jamuna und Meghna mit Wasser gespeist werden, fallen während der Regenzeit (Mai bis Oktober) derartig große Niederschläge, daß es in dem in Ostbengalen gelegenen Deltagebiet dieser Ströme zu schweren *Überflutungen* kommt, die jedes Jahr etwa 1/3 der gesamten landwirtschaftlich nutzbaren Fläche Ostbengalens einen Meter oder mehr unter Wasser setzen. Auf diesen regelmäßigen Überflutungen basiert der *Überflutungsreisbau*, der die Landwirtschaft Ostbengalens beherrscht. Da auf einem großen Teil der Flutzone jährlich zwei Ernten (ohne künstliche Bewässerung) erzielt werden, stellt die Flutzone weit mehr als die Hälfte der Erntefläche und über 60 % der Erntemenge Ostpakistans.

Das Problem besteht nun darin, daß die Überflutungen in manchen Jahren durch übermäßige Regenfälle, zu denen manchmal von Zyklonen verursachte Sturmfluten aus dem Golf von Bengalen hinzukommen, zu *schweren, katastrophalen Überschwemmungen* werden, die Opfer an Menschen und Tieren und erhebliche Ernteverluste zur Folge haben. *Ernteschäden* treten aber auch dann auf, wenn das Hochwasser, dessen zeitlichem Verlauf der Reisanbau angepaßt ist, zu früh eintritt oder zu langsam zurückgeht. Die starken Schwankungen der ostpakistanischen Agrarproduktion, auf die weiter oben[1] hingewiesen wurde, sind hauptsächlich auf die jährlichen Schwankungen des Hochwasserverlaufs zurückzuführen.

Ein zweites Problem für die Landwirtschaft Ostbengalens liegt in den relativ geringen Niederschlägen, die in den auf die Regenperiode folgenden vier bis fünf Monaten fallen und die dazu führen, daß ohne *künstliche*

Water and Power Development Authority, Water Development Programme, Dacca 1962; *dieselbe*, Master Plan, Dacca 1964; *Water and Power Development in East Pakistan*. Prep. for the Government of Pakistan by the United Nations Water Control Mission, 17. November 1956 - 31. März 1957 (Krug-Mission); *Mohammad, G.*, Some Strategic Problems in Agricultural Development in Pakistan, a.a.O.; *derselbe*, Development of Irrigated Agriculture in East Pakistan: Some Basic Considerations, in: The Pakistan Development Review, Vol 6 (1966), S. 315 ff.; *Biehl, M.*, Die ernährungswirtschaftliche Nutzbarmachung des Brahmaputra-Wassers für Indien und Pakistan, Tübingen 1965; *derselbe*, Das Entwicklungspotential der Bewässerungswirtschaft in Pakistan und Hinterindien, a.a.O., S. 71 - 121; *Naqvi, S.N.*, The Meteorological Problems of the Deltaic Flood-Plains of East Pakistan, in: Scientific Problems of the Humid Tropic Zone Deltas And Their Implications, UNESCO, Paris 1966; *Etienne, G.*, Progrès agricole et maîtrise de l'eau. Le cas du Pakistan, a.a.O., S. 107 - 158; *International Bank for Reconstruction and Development/International Development Association*, Proposals For An Action Program. East Pakistan Agriculture And Water Development, Washington 1970; ferner die entsprechenden Kapitel in den Fünfjahresplänen.

1 Vgl. Kapitel 3.2, S. 107

Bewässerung in vielen Gebieten ein ertragreicher Anbau in dieser Periode kaum möglich ist.

Von größter Bedeutung für die Landwirtschaft Ostbengalens sind deshalb
(a) Hochwasserregulierung, Drainage und Küstenschutz für den Sommer und
(b) die Schaffung von Bewässerungseinrichtungen für den Winter.

(a) Das Problem der *Hochwasserregulierung* ist im Vergleich zum Bewässerungsproblem außerordentlich komplex und sehr schwer zu bewältigen. Die sinnvollste Maßnahme zur Hochwasserregulierung bestünde zweifellos im Bau von Talsperren, in Aufforstung und anderen Bodenschutzmaßnahmen in dem in Indien gelegenen oberen Einzugsgebiet der drei großen Ströme. Eine indisch-pakistanische Zusammenarbeit z.B. auf dem Gebiet der Brahmaputra-Regulierung hat es jedoch nie gegeben. In Ostbengalen selbst ist der Bau von Tiefland-Reservoiren wegen der Flachheit des Gebietes sowie der Breite und Instabilität der Flußbetten außerordentlich problematisch und wäre mit extrem hohem Kostenaufwand verbunden. Auch der sich sonst oft anbietende Bau von Hochwasserauffangbecken (mit langen Wehren zur Seite der Ströme, die bei Eintreffen der Hochwasserspitze geöffnet werden), ist aufgrund der örtlichen Umstände praktisch nicht möglich [1].

Als praktikable Maßnahmen zur Hochwasserregulierung verbleiben somit nur (1) der *Bau von Deichen und Dämmen* mit Einlaufwehren (die dem normalen Hochwasser Zutritt geben, das extreme Hochwasser aber abwehren können), (2) das *Ausbaggern von Flußläufen und Entwässerungskanälen* zur Erhöhung der Wasserablaufgeschwindigkeit und (3) die *Anlage von Pumpstationen und Schleusen* für örtliche Drainage. Zum Schutz gegen die Sturmfluten des Meeres (und zur Reduzierung der Seewasserinfiltration während der Trokkenzeit) bietet sich die Möglichkeit (4) des *Baus von Seedeichen*.

Auch diese Maßnahmen sind allerdings nicht gänzlich unproblematisch. Deichbauten am Brahmaputra und Ganges führen für die stromabwärts gelegenen Gebiete einerseits zu einer vermehrten Sedimentablagerung, andererseits zu ausgeprägteren Hochwasserspitzen, weshalb eine einmal begonnene Eindeichung die fortgesetzte Eindeichung immer weiterer Flußteile erzwingt. Aber auch technisch ist die Eindeichung der großen Ströme relativ schwierig. Die totale Eindeichung des Ganges, Brahmaputra und Meghna, die trotz verschiedener mit ihr verbundener Probleme häufig als Ideallösung betrachtet wird, setzt Investitionen voraus, für die die Finanzierungsmittel nur in einem sehr langen Zeitraum aufzubringen wä-

---

1 Ausführlicher hierzu: *Biehl, M.*, Die ernährungswirtschaftliche Nutzbarmachung des Brahmaputra-Wassers für Indien und Pakistan, a.a.O., S. 100 ff.

ren [1].

Angesichts dieser Probleme ist es nicht verwunderlich, daß *vor Gründung des Staates Pakistan* in Ostbengalen, dem landwirtschaftlichen Hinterland Kalkuttas, *kaum effektive Maßnahmen zur Hochwasserregulierung* ergriffen worden waren. Es existierten lediglich kleinere örtliche Dämme mit Überflutungsschleusen und künstliche Entwässerungskanäle.

Ende der vierziger und in den fünfziger Jahren wurden von der Provinzregierung Ostpakistans nur *relativ kleine Drainageprojekte* durchgeführt, d.h. Ausbaggerung verschlammter Flußbetten und Kanäle zur Beschleunigung des Wasserablaufs am Ende der Regenzeit. Aufgrund der ständig neuen Verschlammung handelte es sich hierbei häufig um Projekte, die eher der Erhaltung des status quo als einer echten Verbesserung der Gesamtlage dienen konnten. Im Ersten Fünfjahresplan wird festgestellt, daß, während in Westpakistan "a large programme of irrigation development was under way", das in Ostpakistan laufende wasserwirtschaftliche Programm "much smaller" sei "than is required" [2]. Im Zweiten Fünfjahresplan heißt es, der "progress in flood abatement ... has been disappointingly slow ... most of the drainage schemes are far behind schedule" [3].

Einige, wenn auch bescheidene, Fortschritte wurden in den sechziger Jahren erzielt. Auch hier handelte es sich zunächst hauptsächlich um Baggerungs- und Drainageprojekte, während nennenswerte *Deichbauprojekte erst während der dritten Planperiode* in Angriff genommen wurden.

Fertiggestellt wurden in den 60er Jahren vor allem (1) das Entwässerungsprojekt für den Distrikt Faridpur, (2) das Deichverstärkungs- und Baggerungsprojekt am Gumti, (3) das "Coastal Embankment Projekt", in dessen Rahmen entlang der Bucht von Bengalen Böschungsbefestigungen erstellt wurden, die eine Fläche von etwa 0,5 Mill. ha schützen sollten, (4) das Dacca-Narayanganj-Demra-Projekt, das für ein Gebiet von 5.160 ha Überschwemmungsschutz bieten sollte, und schließlich (5) das Deichbauprojekt am rechten Ufer des Brahmaputra, in dessen Rahmen ein rund 215 km langer Deich mit einem Überschwemmungsschutz für 235.000 ha gebaut wurde. Begonnen wurde während der dritten Planperiode erstmals ein größeres Küstenschutzprojekt, durch das bis Ende 1970 Überflutungsschutz

---

1 Vgl. auch die hohen Kostenschätzungen in: *International Bank for Reconstruction and Development/International Development Association*, Proposals for an Action Program, a.a.O.

2 Vgl. *Government of Pakistan*, National Planning Board, The First Five Year Plan 1955-60, a.a.O., S. 17

3 Vgl. *Government of Pakistan*, Plannung Commission, The Second Five Year Plan 1960-65, a.a.O., S. 200 f.

für eine Fläche von 0,7 Mill. ha geschaffen wurde [1].

Fragt man nach den Ursachen der geringen Fortschritte auf dem Gebiet der Hochwasserregulierung, so dürfte an erster Stelle das *Fehlen des Know-how für die Aufstellung und Durchführung eines umfassenden und praktikablen Hochwasserregulierungsplanes* zu nennen sein, der der *Schwierigkeit und Komplexität des Überschwemmungsproblems* hätte gerecht werden können. Schon im Ersten Fünfjahresplan wurde auf das Fehlen gründlicher Untersuchungen und auf die Notwendigkeit einer umfassenden und langfristigen Planung auf dem Gebiet der Wasserwirtschaft hingewiesen [2]:

"Comprehensive investigations ... are needed to ... draw up tentative plans and schedules for attaining ... the maximum practical reduction of flood dammage. Any comprehensive plan must take into account ... anticipation and routing of flood through existing channels, which should be improved in a manner consistent with the natural regiment of the rivers, in order to reduce the destructive effects of floods ... The deltaic rivers of East Pakistan form a single river system. Improvements on one river have their effects, beneficial or destructive, on the others. A small local drainage project, for instance, may improve crop production on the lands drained, but destroy crops in an adjacent area in which the drained water may accumulate. All effects of proposed improvements must be taken into full account, by testing the consequences of any development on the river system as a whole ... Such comprehensive investigations will require the collection and analysis of vast quantities of basic data, from areas lying outside the boundaries of East Pakistan as well as from within. These data are essential to the preparation of sound plans of water regulation and development".

Im Zweiten Fünfjahresplan wird darauf hingewiesen, daß aufgrund des Fehlens der notwendigen grundlegenden Daten immer noch kein umfassendes Programm für den Hochwasserschutz formuliert werden könne [3]. Erst im Jahre 1964 wurde von einer amerikanischen Consulting-Firma im Auftrage der *East Pakistan Water and Power Development Authority* (EPWAPDA) ein *Master Plan* [4] für die Entwicklung auf dem Wasser- und Energiesektor fertiggestellt. Die in ihm enthaltenen Projektvorschläge (vorwiegend Damm- und Deichbauprojekte) wurden im Dritten Fünfjahresplan zum Teil aufgegriffen. Allerdings konnte auch für den dritten Plan noch kein Gesamt-

---

1 Ausführlicher hierzu *Government of Pakistan*, Planning Commission, The Third Five Year Plan 1965-70, a.a.O., S. 296-303; *dieselbe*, The Fourth Five Year Plan 1970-75, a.a.O., S. 316-322

2 Vgl. *Government of Pakistan*, National Planning Board, The First Five Year Plan 1955-60, a.a.O., S. 346 f.

3 Vgl. *Government of Pakistan*, Planning Commission, The Second Five Year Plan 1960-65, a.a.O., S. 210: "For want of adequate basic data, no comprehensive flood control measures have so far been formulated ...".

4 Vgl. *East Pakistan Water and Power Development Authority*, Master Plan, Dacca 1964

konzept für die Hochwasserregulierung entwickelt werden [1]. In welchem Maße die Kenntnisse und Erfahrungen für ein effektives Hochwasserregulierungsprogramm noch Anfang der siebziger Jahre fehlten, geht aus der Tatsache hervor, daß die Weltbank in ihrem Aktionsprogramm als wichtigste Maßnahme auf diesem Gebiet die Durchführung von "flood control investigations ... leading to flood control planning" vorschlug [2].

(b) Ein *Bewässerungssystem* existierte bei Gründung des Staates Pakistan in Ostbengalen ebenfalls nicht. Sieht man von den geringen Ansätzen zu einer kontrollierten Überflutungsbewässerung ab [3], so bestand die Bewässerung praktisch ausschließlich in der natürlichen Überflutung während der Monsunzeit. *Nennenswerte öffentliche Bewässerungsprojekte* waren *vor 1947 nicht durchgeführt* worden.

Tabelle 30 : Erstellung von Pumpen in Ostpakistan durch die Agricultural Development Corporation (ADC), 1960/61-1969/70

Jahr	Pumpen Anzahl	bewässerte Fläche ha
1960/61	1.367	25.168
1961/62	1.555	29.938
1962/63	2.024	53.882
1963/64	2.477	63.484
1964/65	2.239	53.201
1965/66	3.420	70.065
1966/67	3.990	90.763
1967/68	6.558	128.751
1968/69	10.852	172.044
1969/70	18.000	283.500

Quelle : Government of East Pakistan, Planning Department, Economic Survey of East Pakistan 1969/70, Dacca 1970, S. 46.

1 Vgl. z.B. *Government of Pakistan*, Planning Commission, The Third Five Year Plan 1965-70, a.a.O., S. 298 f.: "Long years will be required for planning and implementing a programme of total solution, besides the cooperation of other riparian states ... The difficulties of water development planning without adequate information were felt and appreciated during the Second Plan period. Hence, all research, investigation and survey efforts will be accelerated under the Third Five Year Plan ...".

2 Vgl. *International Bank for Reconstruction and Development/International Development Association*, Proposals For An Action Program, a.a.O., S. 129, 131

3 Diese Ansätze bestanden im wesentlichen darin, daß an den Ufern Einstiche vorgenommen und zu den Reisfeldern breite, flache Kanäle gebaut wurden, so daß das Wasser nicht nur etwas kontrollierter zu den Reisfeldern geleitet, sondern - nach Ende der Hochwassersaison - durch Schließen der Einstiche auch am Ablaufen gehindert werden konnte.

In den fünfziger und sechziger Jahren wurden zwei größere Mehrzweckprojekte durchgeführt, deren Hauptzweck in der Bewässerung lag: Das *Ganges-Kobadak-Projekt*, dessen Ziel darin bestand, Wasser des Ganges für Bewässerungszwecke in Kanäle zu pumpen, und das *Teesta-Projekt*, das dem Bau eines Wehres bei Gaddimari und dem Bau von zugehörigen Bewässerungskanälen diente.

Sieht man von diesen beiden Projekten ab, so ist an größeren Vorhaben vor allem das "*Low-Lift-Pump-Scheme*" der East Pakistan Agricultural Development Corporation (EPADC) zu nennen. Nachdem die EPADC während der zweiten Planperiode eine relativ geringe Anzahl von Pumpen installiert hatte, erhielt das Low-Lift-Pump-Scheme während der dritten Planperiode unter den reinen Bewässerungsprojekten die höchste Priorität. Während des dritten Planes wurde auf dem Wassersektor erstmalig in der Hoffnung auf kurzfristig spürbare Erfolge eindeutig das Schwergewicht statt auf die Hochwasserregulierung auf die Bewässerung mit Hilfe von Low-Lift-Pumps und Rohrbrunnen gelegt [1]. Im Rahmen des EPADC-Programms, "[which is] one of the major sources of agricultural and economic growth during the third plan period" [2], sollten in Ostpakistan überall entlang den

Tabelle 31 : Bewässerungsfläche[a)] und bewässerte Fläche[b)] in Ostpakistan 1969/70 (in ha)

Bezeichnung des Projektes	Bewässerte Fläche	Bewässerungsfläche
1. East Pakistan Water and Power Development Authority (EWAPDA)	71.500	110.600
a. Ganges-Kobadak, Phase 1	36.400	48.600
b. Teesta-Barrage	2.400	-
c. Northern Tubewells	25.000	32.400
d. Northern Lift Pumps	4.100	23.500
e. Dacca-Narayanganj-Demra	3.600	6.100
2. Agricultural Development Corporation	303.500	381.600
a. Low Lift Pumps (18.000)	291.400	364.200
b. Tubewells	8.900	14.200
c. Comilla Cooperatives	3.200	3.200
3. Insgesamt	375.000	492.200

a) Commanded Area. - b) Irrigated Area, net.

Quelle : International Bank for Reconstruction and Development, Proposals for an Action Program: East Pakistan Agriculture and Water Development , Vol. I, Washington 1970, Table 5.24.

---

1 Vgl. auch Kapitel 7.4, S. 280 f.

2 Vgl. *Government of Pakistan*, Planning Commission, The Third Five Year Plan 1965-70, a.a.O., S. 302

Flüssen und Strömen insgesamt 12.000 Low-Lift-Pumps installiert und auf diese Weise die Bebauung (vor allem im Winter) von rund 300.000 zusätzlichen ha ermöglicht werden [1]. Wie Tabelle 30 zeigt, konnten schließlich über 15.000 Pumpen installiert werden.

Trotz dieses Erfolges war der *Umfang der Bewässerung in Ostpakistan Ende der sechziger Jahre immer noch außerordentlich gering*. Wie Tabelle 31 zeigt, waren 1969/70 nur rund 375.000 ha, das sind etwa 4 % der gesamten Anbaufläche [2], bewässert. Hiervon sind mehr als drei Viertel auf die von der EPADC installierten 18.000 Low-Lift-Pumps zurückzuführen [3], von denen, wie Tabelle 30 zeigt, knapp 90 % erst während der dritten Planperiode installiert worden waren.

Vergleich und Wirkungen auf die private Wirtschaftstätigkeit

Vergleicht man die Entwicklung auf dem Gebiet der Wasserwirtschaft in Ost- und Westpakistan, so ist festzustellen, daß, während in *Westpakistan* das Problem der künstlichen Bewässerung schon in der Ausgangslage teilweise gelöst war und in den fünfziger und sechziger Jahren durch umfangreiche öffentliche Maßnahmen weitere erhebliche Fortschritte erzielt wurden, in *Ostpakistan* auf dem schwierigen Gebiet der Hochwasserregulierung und auf demjenigen der Winterbewässerung, nachdem in diesen Bereichen vor 1947 nur geringe öffentliche Investitionen stattgefunden hatten, bis zum Ende der sechziger Jahre keine nennenswerten Fortschritte erzielt werden konnten.

Die Tatsache, daß sich die bereits in der Ausgangslage beträchtliche "Disparität der wasserwirtschaftlichen Infrastruktur" in den fünfziger und sechziger Jahren erheblich vergrößerte, war weitgehend auf die *Diskrepanz der öffentlichen Investitionen* zurückzuführen. Wie Tabelle 32 zeigt, war diese Diskrepanz in der Vorplanperiode, während der die öffentlichen Investitionen auf dem wasserwirtschaftlichen Sektor in Westpakistan knapp zehnmal so hoch waren wie in Ostpakistan [4], besonders groß.

---

1 Vgl. *Government of Pakistan*, Planning Commission, The Third Five Year Plan 1965-70, a.a.O., S. 302

2 Vgl. *Government of Pakistan*, Central Statistical Office, Twenty-Five Years of Pakistan in Statistics 1947-1972, a.a.O., S. 82

3 Der Vergleich von Tabelle 30 und 31 zeigt, daß die Angaben über die durch die 18.000 Pumpen bewässerte Fläche nicht ganz übereinstimmen. Die Abweichung ist jedoch relativ gering.

4 Während dieses Zeitraumes wurden in Westpakistan 552 Mio Rs für Bewässerung, in Ostpakistan nur 21 Mio Rs für Hochwasserregulierung

Tabelle 32 : Öffentliche Investitionen im Wasser- und Energiesektor in Ost- und Westpakistan, Vorplanperiode bis Dritter Plan (in jeweiligen Preisen, in Mio Rs)

Sektor	Vorplan		Erster Plan		Zweiter Plan		Dritter Plan	
	Ost	West	Ost	West	Ost	West	Ost	West
Wasser[a)]	62	603	n.v.	n.v.	1.130	1.573	1.325	1.513
Energie	14	177	n.v.	n.v.	359[b)]	1.279[b)]	1.749	1.760
Insgesamt	76	780	350	1.060	1.489	2.852	3.074	3.273

a) einschl. Mehrzweckprojekte des Bereiches Wasser und Energie. - b) Annahme: Das - sektoral nicht differenzierte - Programm der Zentralregierung teilt sich im Verhältnis 1 : 1 auf die beiden Sektoren auf.

Quellen : Government of Pakistan, National Planning Board, The First Five Year Plan 1955-60, Karachi 1958, S. 332; dieselbe, Planning Commission, The Second Five Year Plan 1960-65, Karachi 1960, S. 203; dieselbe, Planning Commission, Final Evaluation of the Second Five Year Plan (1960-65), Islamabad 1966, S. 199 ff.; dieselbe, Planning Commission, Evaluation of the Third Five Year Plan (1965-70), Islamabad 1971, S. 269 f.

Der Anteil Ostpakistans an den gesamten Investitionen auf dem Wassersektor verbesserte sich, nachdem er auch in der zweiten Hälfte der fünfziger Jahre relativ niedrig gelegen haben dürfte, erst in den sechziger Jahren auf rund 40 % (Zweiter Fünfjahresplan) bzw. 45 % (Dritter Fünfjahresplan) - womit er allerdings, gemessen an dem gewaltigen Bedarf der Provinz, immer noch außerordentlich niedrig lag.

Ferner sei betont, daß in den in der Tabelle ausgewiesenen Werten die - offiziell nicht als "Planausgaben" bezeichneten - Ausgaben für das Indus-Tarbela-Programm nicht enthalten sind [1]. Diese beliefen sich für die zweite Planperiode auf 2.910 Mio Rs und für die dritte Planperiode auf 3.600 Mio Rs [2], also in beiden Fällen auf mehr als die "Planausgaben" für den gesamten Wasser- *und* Energiesektor Westpakistans. Damit lag der

---

ausgegeben. Vgl. *Government of Pakistan*, National Planning Board, The First Five Year Plan 1955-60, a.a.O., S. 332

1 Die Nichteinbeziehung der Indusbecken-Ausgaben in den zweiten und dritten Fünfjahresplan wurde offiziell damit begründet, das Indusbecken-Projekt unterliege einem besonderen Vertrag ("Special Treaty"); ferner handele es sich nur um "Ersatzinvestitionen", die für Westpakistan keinen zusätzlichen Nutzen stifteten. Vgl. z.B. *Government of Pakistan*, Planning Commission, The Second Five Year Plan 1960-65, a.a.O., S. 10; *dieselbe*, Planning Commission, The Third Five Year Plan 1965-70, a.a.O., S. 42. Beide Argumente sind wenig stichhaltig. Die ökonomischen Wirkungen eines Projektes sind unabhängig von dessen juristischem oder institutionellem Status. Ferner gehen auch von Ersatzinvestitionen multiplikative Wirkungen auf Einkommen und Nachfrage aus. Normalerweise sind deshalb die Planausgaben - auch in Pakistan - nicht als Netto-, sondern als Bruttoinvestitionen definiert, d.h. sie schließen generell Ersatzinvestitionen ein. Darüber hinaus enthält das Indusbecken-Projekt auch erhebliche Neuinvestitionen, da (1) die Speisung der Bewässerungskanäle durch ein Reservoir statt durch einen Fluß erhebliche Vorteile mit sich bringt und (2) zusätzliche Stromerzeugungskapazitäten geschaffen wurden.

2 Vgl. ANHANG III, Tabelle 16 und 20

Anteil Ostpakistans an den gesamten im Bereich der Wasserwirtschaft getätigten Investitionen schon dann, wenn man nur die Hälfte der Indus-Tarbela-Ausgaben dem Wassersektor zurechnet, in den 60er Jahren bei weniger als 30 %.

Daß die *unterschiedliche infrastrukturelle Ausstattung auf dem Wassersektor eine entscheidende Ursache für die divergierende Entwicklung der Agrarproduktion Ost- und Westpakistans* war, ist nach dem oben Gesagten offensichtlich [1]. Der Unterschied machte sich (a) in einer unterschiedlichen "Produktivität" des in der Landwirtschaft eingesetzten Kapitals (bzw. der eingesetzten laufenden Inputs) und (b) in einer unterschiedlichen Investitionsneigung bzw. Innovationsbereitschaft der Bauern bemerkbar.

(a) Durch die in verschiedenen Jahren auftretenden gewaltigen *Überschwemmungen* wurde in Ostpakistan die landwirtschaftliche Produktion und damit die *Produktivität des eingesetzten Kapitals* (bzw. der eingesetzten laufenden Inputs) erheblich geschmälert [2].
(b) Die mit dem unregelmäßigen Auftreten übermäßiger Überschwemmungen verbundenen *Unsicherheitsfaktoren* wirkten sich äußerst nachteilig auf die *Bereitschaft der Bauern zum Einsatz verbesserter landwirtschaftlicher Produktionsmittel* (Düngemittel, verbessertes Saatgut, Pflanzenschutzmittel usw.) aus. Der Reisanbau wird durch jede Abweichung des Hochwasserverlaufs vom Normalverlauf erheblich beeinträchtigt. Erhalten die Pflanzen in kritischen Entwicklungsstadien zu wenig oder zu viel Wasser, so hat dies beträchtliche Ertragseinbußen zur Folge. Zwar konnte diesem Problem z.B. durch die Anpassung der Reisvarietäten an verschiedene Varianten des Hochwasserverlaufs durch jahrhundertelange natürliche Auslese einerseits und durch Züchtung [3] andererseits begegnet werden;

---

1 Besonders deutlich wird dies bei: *Maddison, A.*, Class Structure and Economic Growth. India and Pakistan Since the Moghuls, London 1971, S. 148 ff.; *Bose, S.R.*, East-West Contrast in Pakistan's Agricultural Development, a.a.O.; *Mannan, M.A.*, Economic Problems and Planning in Pakistan, 4. Aufl., Lahore 1970, S. 240; *May, B.*, Die Entwicklung der Landwirtschaft in Bangladesh und Pakistan, in: Internationales Asienforum, Vol. 4(1973), S. 284 ff.

2 Besonders stark waren die durch gewaltige Überschwemmungen hervorgerufenen Ernteschäden in den Katastrophenjahren 1954 (geschätzter Verlust der Reisernte: 443.000 t), 1955 (474.000 t), 1956 (800.000 t), 1962 (754.000 t), 1966 (459.400 t), 1968 (1.105.570 t) und 1970 (1.190.000 t). Vgl. *International Bank for Reconstruction and Development/International Development Association*, Proposals For An Action Program. East Pakistan Agriculture And Water Development, Vol. III: The Water Program, Washington 1970, S. 2

3 Neben den Sorten für Gebiete seichter Überflutung - bis 1,50 m - gibt es den Tiefwasserreis, der bis zu 30 cm am Tage wachsen und eine Halmlänge von insgesamt 5 m erreichen kann.

die Reissorten mit hoher vegetativer Leistungsfähigkeit haben aber den Nachteil, daß sie geringere Erträge bringen als diejenigen mit geringerer Wachstumsfähigkeit. Damit sind die Bauern praktisch vor die Alternative gestellt, ertragreichere Reissorten anzubauen und damit einen Totalverlust der Ernte (bei zu starker Überschwemmung) zu riskieren, oder aber eine weitgehende Sicherung gegen solche Verluste anzustreben und damit geringere Erträge in kauf zu nehmen. In beiden Fällen wird der Anreiz zum Einsatz verbesserter landwirtschaftlicher Produktionsmittel und zur Durchführung von Anlageinvestitionen für die Bauern geschmälert [1].

Auch die *unzureichenden Möglichkeiten der Winterbewässerung* dürften sich in Ostpakistan negativ auf die *Innovationsbereitschaft der Bauern* ausgewirkt haben. Zwischen dem Einsatz von Bewässerungswasser, Düngemitteln, verbessertem Saatgut und Pflanzenschutzmitteln besteht ein durch stark abnehmende Grenzerträge gekennzeichnetes Faktoreinsatzverhältnis, so daß bei Fehlen eines Inputs wie z.B. Wasser die Rentabilität der anderen Inputs weit unter diejenige absinkt, die bei optimalem Faktoreinsatz zu erzielen ist [2].

---

1 Schon im sog. *Krug-Report* (1959) wurde betont: "The cost of floods is not limited to outright destruction ... The cost of floods is hidden to a large extent because farmers do not risk an investment in seed and labour when an adequate return is not probable. Furthermore, the probability of floods in many locations requires that they select varieties such as deep water aman, which are not as high yielding as other varieties". Vgl. *Water and Power Development in East Pakistan.* Prep. for the Government of Pakistan by the United Nations Water Control Mission, 17. November 1956 - 31. March 1957 (Krug-Mission), S. 50., zitiert in: *Biehl, M.,* Die ernährungswirtschaftliche Nutzbarmachung des Brahmaputra-Wassers für Indien und Pakistan, a.a.O., S. 43. Mit den gleichen Überlegungen wird bei *Bose* die Notwendigkeit umfangreicher Infrastrukturinvestitionen auf dem Gebiet der Hochwasserregulierung begründet: "The apprehension of excessive flooding and consequent crop failure very greatly increases the element of risk and uncertainty, and reduces the willingness to use improved agricultural inputs. The variance of past yields due largely to flooding is overwhelmingly important in farmers' decision-making ... Flood control and drainage is important not only because it can prevent reduction in output resulting from excessive flooding. ... The improvement in farmers' income resulting from protection of crops will also increase their capacity to invest for agricultural development. But more importantly, with the reduction of risk of crop failure, farmers would be more willing to adopt new innovations and make investment in new agricultural inputs to raise output and income. The much needed responsiveness of large numbers of farmers will be more likely to come in an improved economic climate of reduced risk". Vgl. *Bose, S.R.,* East-West Contrast in Pakistan's Agricultural Development, a.a.O., S. 90; ähnlich *Khan, A.R.,* The Economy of Bangladesh, a.a.O., S. 83

2 Für eine Fallstudie über den Zusammenhang zwischen Bewässerung, Einsatz anderer Inputs und Kapitalbildung in Ostbengalen vgl. *Farouk, A.,* Irrigation in a Monsoon Land. Economics of Farming in the Ganges-Kobadak, Dacca 1968

Tabelle 33 : Einsatz von Düngemitteln und Pflanzenschutzmitteln in Ost- und Westpakistan, 1952/53 - 1969/70

Jahr	Düngemittel 1000 t N		Pflanzenschutzmittel[a] t	
	Ost	West	Ost	West
1952/53	1,8	1,0	-	2
1953/54	2,7	14,8	-	63
1954/55	3,5	14,1	9	162
1955/56	2,3	6,6	25	155
1956/57	5,1	9,0	172	712
1957/58	7,5	16,4	307	716
1958/59	8,4	18,0	101	430
1959/60	11,2	19,4	758	1.328
1960/61	22,5	31,4	1.031	4.901
1961/62	22,5	37,5	544	1.949
1962/63	27,0	40,2	3.226	4.522
1963/64	49,0	68,7	1.643	1.644
1964/65	45,0	87,2	1.623	813
1965/66	54,9	71,0	480	869
1966/67	77,8	116,2	3.311	2.405
1967/68	102,1	189,2	1.986	5.072
1968/69	108,5	238,9	148	1.442
1969/70	129,7	310,4	10.172	18.972

a) importiert.

Quelle : Government of Pakistan, Ministry of Food, Agriculture and Underdeveloped Areas, Yearbook of Agricultural Statistics 1971/72, Islamabad 1972, S. 202 f., 209.

Die in Ost- und Westpakistan eingesetzten Mengen an *Düngemitteln und Pflanzenschutzmitteln* zeigt Tabelle 33. Düngemittel und Pflanzenschutzmittel wurden in Ostpakistan in erheblichem Maße subventioniert. Wenn die ostbengalischen Bauern dennoch eine weit geringere Nachfrage nach diesen Inputs entfalteten als die Bauern in Westpakistan, so lag dies weitgehend an dem größeren *Ernterisiko*. *Bose* stellt in bezug auf den unterschiedlichen Düngemitteleinsatz fest[1]:

"By and large, farmers in East Pakistan have not been exposed to fertiliser use. Their primary concern before accepting fertilisers will be to weigh the potential gains from their use in present conditions against the additional risk that they have to bear. The most important additional risk is that in case of a crop failure he will lose the capital (own or borrowed) invested in fertiliser. Obviously this risk is greater the higher the probability of a crop failure. The probability of a crop failure is greater on monsoon land which is rain-fed and subject to occasional excessive flooding, as in East Pakistan, than on land reliably irrigated, such as tubewell farms in the Indus Basin. Hence, in this respect, the farmers in the Indus Basin may be more easily persuaded to use fertilisers than those in East Pakistan. Hence the need for eliminating or reducing the probability of crop failure due to excessive flooding".

Es sei jedoch darauf hingewiesen, daß der zunehmende Einsatz verbesser-

1 Vgl. *Bose, S.R.*, East-West Contrast in Pakistan's Agricultural Development, a.a.O., S. 82

ter landwirtschaftlicher Produktionsmittel in Westpakistan nur zum Teil auf die öffentlichen Bewässerungseinrichtungen zurückzuführen ist. Wie bereits ausgeführt wurde, darf die *Bedeutung der privaten Rohrbrunnenbewässerung* nicht unterschätzt werden. Selbst wenn man sich die fragwürdigen Ergebnisse der Analyse von *Falcon und Gotsch* [1] nicht zu eigen macht, wonach das 5 %ige Wachstum der Agrarproduktion in der zweiten Planperiode in Westpakistan zu etwa 50 % auf zusätzliche Bewässerung aus privaten Rohrbrunnen zurückzuführen war (und nur zu 3 % bis 4 % auf zusätzliches Oberflächenwasser aus öffentlichen Kanälen) [2], dürfte der Beitrag der privaten Rohrbrunnenbewässerung in den sechziger Jahren beachtlich gewesen sein [3].

Nach den bisherigen Ausführungen wirkte sich die Disparität in der Ausstattung mit wasserwirtschaftlicher Infrastruktur zunächst eher auf den *Einsatz laufender landwirtschaftlicher Inputs* als - Hauptthese beim Erschließungs- und Produktivitätsansatz - auf die Höhe der (als Anlageinvestitionen definierten) privaten Investitionen aus. Die Berücksichtigung dieser Infrastrukturwirkungen im Rahmen des retrospektiven Simulationsmodells würde die Einführung des Produktionsfaktors 'laufende Inputs' erforderlich machen, was im Rahmen der vorliegenden Arbeit nicht möglich ist.

Es kann jedoch davon ausgegangen werden, daß die unterschiedliche Infrastrukturausstattung indirekt doch von gewissem Einfluß auf das Verhältnis der *privaten Investitionstätigkeit* war. Sieht man von dem importierten Teil der in der Landwirtschaft eingesetzten Inputs ab, so setzte die Verfügbarkeit dieser Inputs private Investitionen (z.B. in Düngemittelfabriken) voraus. Daß diese Investitionen im außerlandwirtschaftlichen Bereich (Industriesektor) stattfanden, ist im Rahmen eines Makro-Modells (keine sektorale Differenzierung) ohne Belang.

---

1 Vgl. *Falcon W. und Gotsch, C.H.*, Agriculture in West Pakistan: An Analysis of Past Progress and Future Prospects, o.O. 1964

2 Ebenda, S. 3-23, 39

3 Natürlich war die rasche Ausdehnung der privaten Rohrbrunnen ihrerseits teilweise auf öffentliche Infrastrukturinvestitionen, nämlich auf die starke Ausdehnung des Elektrizitätsnetzes, verbunden mit der erheblichen Subventionierung der Strompreise für landwirtschaftliche Verbraucher, zurückzuführen. Vgl. *Mohammad, G.*, Private Tubewell Development and Cropping Patterns in West Pakistan, in: The Pakistan Development Review, Vol. 5(1965), S. 16 ff.; *Government of West Pakistan*, Programme For Attainment of Self-Sufficiency in Food During Third Plan (1965-70), Lahore 1967

5.23 Verkehrs- und Nachrichtenwesen [1]

Der Vergleich der verkehrs- und nachrichtenmäßigen Infrastruktur zwischen Ost- und Westpakistan stößt auf erhebliche Schwierigkeiten angesichts der Tatsache, daß das Verkehrs- und Nachrichtenwesen der beiden Regionen aufgrund der *unterschiedlichen topographischen und klimatischen Bedingungen* eine völlig unterschiedliche Struktur aufweist. Westpakistan ist etwa 5,6 mal so groß wie Ostbengalen [2]. In Ostbengalen werden aufgrund der aus den schweren Monsun-Überflutungen und der Existenz zahlloser Flüsse und Mündungsarme resultierenden Schwierigkeiten eines Ausbaus des Straßen- und Eisenbahnnetzes etwa drei Viertel des gesamten Transportaufkommens über die Binnenschiffahrt abgewickelt [3], die in Westpakistan praktisch keine Rolle spielt.

Bei *Gründung des Staates Pakistan* - so kann trotz dieser Einschränkungen allgemein gesagt werden - war die Verkehrs- und Nachrichteninfrastruktur in Ostpakistan schlechter als in Westpakistan. Durch die willkürliche Grenzziehung war das Verkehrsnetz in Bengalen weit unglücklicher zerschnitten worden als im Punjab. Ostbengalen, das traditionelle Hinterland Kalkuttas, war von seinem Haupthafen abgeschnitten worden. Das auf Kalkutta ausgerichtete Verkehrsnetz entsprach in keiner Weise den Bedürfnissen der unabhängigen Region mit ihren neuen Schwerpunkten Dacca und Chittagong. Da es während des zweiten Weltkrieges als wichtigste Nachschubbasis für die Burma-Assam-Front gegen die Japaner stark gelitten hatte, befand es sich darüber hinaus in einem außerordentlich

---

1 Zum Verkehrs- und Nachrichtenwesen in Ost- und Westpakistan vgl. insbesondere: *Vakil, C.N.*, Economic Consequences of Divided India, Bombay 1950, S. 402-430; *Government of Pakistan*, Ministry of Railways and Communications, Report by the Railway Division of Pakistan Railways Excluding Junagadh Railway for 1948-49, Karachi 1954; *Malik, M., B.K.*, Hundred Years of Pakistan Railways, Karachi 1962; *U.S. Department of the Army*, Corps of Engineers, Transportation Survey of East Pakistan 1961, o.O., 1961; *Government of West Pakistan*, Transport Commission, Report of the Transport Commission, Karachi 1970; *Report of the Advisory Panel on Inland Water Transport of East Pakistan*, in: Government of West Pakistan, Planning Commission, Reports of the Advisory Panels For the Fourth Five-Year Plan, 1970-75, Vol. II, Islamabad 1970, S. 167-182; *Report of the Advisory Panel on Roads and Road Transport in East Pakistan*, ebenda, S. 79-96; *Report of the Advisory Panel on Roads and Road Transport in West Pakistan*, ebenda, S. 97-140; *Akhtar, S.M.*, Economic Development of Pakistan, Part I, Lahore 1971, S. 220-264; ferner die entsprechenden Kapitel in den Fünfjahresplänen.

2 Vgl. *Government of Pakistan*, Central Statistical Office, Twenty-Five Years of Pakistan in Statistics 1947-72, a.a.O., S. 82

3 Vgl. z.B. *Report of the Advisory Panel on Inland Water Transport in East Pakistan*, in: Government of Pakistan, Planning Commission, Reports of the Advisory Panels for the Fourth Five Year Plan 1970-75, Vol. II, a.a.O., S. 167

schlechten Zustand [1].

Da die *Binnenschiffahrt* in Ostbengalen der wichtigste Verkehrsträger ist, soll zunächst sie beschrieben werden, bevor die Entwicklung im Eisenbahn- und Straßenwesen Ost- und Westpakistans verglichen wird. In Ostbengalen bilden die zahllosen Mündungsarme des Ganges-Brahmaputra-Deltas oft die einzigen Verkehrsverbindungen, vor allem während der Monsunzeit, in der weite Teile des Straßen- und Eisenbahnnetzes überflutet werden und unpassierbar sind.

Im Jahre 1947 befand sich die Binnenschiffahrt in Ostbengalen auf einem außerordentlich niedrigen Niveau. Ein großer Teil der schiffbaren Wasserwege war verschlammt, man besaß praktisch keinerlei Navigationshilfen [2]; Binnenschiffahrtshäfen existierten nicht. Die Anzahl der mechanisch angetriebenen Boote und ihre Transportkapazitäten waren sehr gering [3].

In den fünfziger Jahren wurden, wie aus Tabelle 34 hervorgeht, nur geringe Fortschritte im Ausbau des Binnenschiffahrtssystems erzielt. Im Rahmen des Ersten Fünfjahrsplanes sollte der Schwerpunkt auf die Unterstützung privater Schiffseigner zur Instandsetzung ihrer Binnenschiffahrtsflotte, und, da von den rund 6.500 km potentiell schiffbarer Wasserwege nur rund 4.000 km aufgrund der Verschlammung schiffbar waren, auf umfangreiche Ausbaggerungsarbeiten gelegt werden. Darüberhinaus sollten Bojen, Beleuchtung und andere Navigationshilfen zur Verfügung gestellt, Binnenhäfen entwickelt und ein "craft and towage project" für neue Antriebs- und Schleppmethoden sowie ein Projekt zur Mechanisierung und Modernisierung der Schiffahrtsflotte durchgeführt werden [4].

Wie wenig tatsächlich während der ersten Planperiode geschah, läßt sich aus Tabelle 34 nur teilweise ablesen. Im Zweiten Fünfjahresplan wird

---

1 Vgl. *Ahmad, N.*, An Economic Geography of East Pakistan, a.a.O., S. 250; vgl. auch *Khan, K.M.*, Regionale Wirtschaftsentwicklung in Pakistan, Stuttgart 1971, S. 57 f.; *Waterston, A.*, Planning in Pakistan, Baltimore 1963, S. 44

2 Vgl. auch *Government of Pakistan*, Planning Commission, The Second Five Year Plan 1960-65, a.a.O., S. 277

3 Es muß allerdings hinzugefügt werden, daß der größte Teil des Transports in Ostbengalen über die kleinen "countryboats" abgewickelt wird, von denen es schon 1947 über 100.000 für den Gütertransport und über 200.000 für den Personentransport gab. Ebenda, S. 298. Naturgemäß gibt es keine Statistiken über Anzahl und Leistung dieser Boote, wodurch jeder intertemporale Vergleich der Binnenschiffahrt Ostbengalens auf enge Grenzen stößt.

4 Vgl. *Government of Pakistan*, National Planning Board, The First Five Year Plan 1955-60, a.a.O., S. 499-503

Tabelle 34: Kennzahlen zur Binnenschiffahrt[a)] in Ostpakistan, ausgewählte Jahre

	Einheit	1949/50	1959/60	1964/65	1969/70
Schiffbares Kanalnetz	km	2.882	3.373	4.984	4.995
Anzahl der Boote	Anzahl	1.332	1.517	2.136	2.572
Motorboote	Anzahl	1.332	821	1.340	1.577
Sonstige Boote	Anzahl	-	696	796	995
Personentransportkapazität	Pers.	72.037	80.836	102.978	116.025
Gütertransportkapazität	t	135.074	155.264	199.491	281.865
Schiffstationen	Anzahl	n.v.	1.148	1.407	1.426
Personentransport	Mio Pers.	n.v.	12,2	23,6	25,1 c)
Gütertransport	1000 t	n.v.	1.909 b)	2.098	2.648 c)
davon: Inlandsgüter	1000 t	n.v.	347 b)	368	370 c)

a) nur die bei der Inland Water Transport Authority registrierten Schiffe. b) 1961/62.- c) 1967/68.

Quellen: Central Statistical Office, 25 Years of Pakistan in Statistics, 1947-1972, Karachi 1972, S. 138 f; Government of Pakistan, Economic Development in East Pakistan, a.a.O., S. 53; Government of East Pakistan, Statistical Digest of East Pakistan, No.3:1965, Dacca 1966, S. 354 f.

festgestellt, daß bis Mitte 1959 statt der vorgesehenen 30 Mio Rs nur 4 Mio Rs für die Unterstützung der privaten Bootseigner verausgabt worden seien, und daß die (1958 geschaffene) *Inland Water Transport Authority* (IWTA) höchstens 11 Mio Rs für die Einleitung von Baggerungsprojekten, die Verbesserung von Navigationshilfen und den Bau von Binnenhäfen verausgabt hätte. "In total, about 15 million rupees will have been spent, against the provision of 83 million rupees in the Plan. No progress was made on the pilot project for new craft and towage methods. The pilot project for mechanizing and modernizing craft was not implemented, but is now to be undertaken by the private sector" [1].

Ob das schiffbare Kanalnetz in den fünfziger Jahren tatsächlich in dem Maße ausgedehnt werden konnte, wie es in Tabelle 34 dargestellt ist, muß angesichts dieser Angaben (und der Inkonsistenz der Quellen) fraglich bleiben. Realistischer dürften die Angaben über die Entwicklung der bei der IWTA registrierten größeren Boote sein, deren Anzahl kaum zunahm, wobei die Anzahl der Motorboote offenbar sogar rückläufig war.

Gewisse Fortschritte im Binnenschiffahrtsbereich konnten offenbar erst in den sechziger Jahren über die Aktivität der IWTA erzielt werden. Sowohl die Personentransportkapazität als auch die Gütertransportkapazi-

1 Vgl. *Government of Pakistan*, Planning Commission, The Second Five Year Plan 1960-65, a.a.O., S. 339

tät der bei der IWTA registrierten Schiffe konnte gesteigert, die Anzahl der Schiffsstationen erhöht werden. In der zweiten Hälfte der sechziger Jahre wurden fünf Binnenhäfen (Dacca, Narayanganj, Chandpur, Barisal und Khulna) ausgebaut [1]. Erwähnt sei ferner die Gründung der *East Pakistan Shipping Corporation* (1964), die 1970 vier Küstenschiffe zwischen Dacca und Chittagong in Betrieb hatte [2].

Wenn die Fortschritte dennoch relativ begrenzt blieben, so deshalb, weil der Ausbau der Binnenschiffahrt nicht mit besonderer Priorität verfolgt wurde: In der zweiten Planperiode flossen in diesen Bereich nur rd. 13 %, in der dritten Planperiode rd. 10 % der für den Verkehrssektor in Ostpakistan verausgabten öffentlichen Mittel (vgl. Tabelle 36, S. 186).

Das *Straßennetz* Ostpakistans war von Anfang an unzureichender und wurde in den 50er und 60er Jahren schlechter ausgebaut als dasjenige Westpakistans. Wie aus Tabelle 35 hervorgeht, belief sich sein Umfang im Jahre 1947/48 mit nur 386 km auf weniger als 2 % des Straßennetzes Westpakistans. Selbst wenn man in Rechnung stellt, daß die Fläche Ostpakistans wesentlich kleiner ist als diejenige Westpakistans, daß die Bedeutung des Straßennetzes für den Güter- und Personentransport in Ostpakistan geringer ist als in Westpakistan, und auch wenn man nur die sogenannten "high type roads" (gut ausgebaut, mit fester Oberdecke) betrachtet (deren Gesamtlänge in Ostpakistan etwa 5 % derjenigen Westpakistans betrug), so ist festzustellen, daß das Straßennetz Ostpakistans, gemessen an demjenigen Westpakistans, außerordentlich klein war.

Wie Tabelle 35 zeigt, konnte das Straßennetz Ostpakistans in den fünfziger und sechziger Jahren in stärkerem Maße ausgedehnt werden als dasjenige Westpakistans. Berücksichtigt man jedoch die extrem niedrige Ausgangsbasis oder betrachtet man die absoluten Zuwächse, so waren die Fortschritte eher geringer als in Westpakistan.

Aus Tabelle 36 geht hervor, daß die *öffentlichen Investitionen* in das Straßenverkehrswesen vom zweiten auf den dritten Plan in Ostpakistan um rund 15 %, in Westpakistan (wo sie allerdings während der zweiten Planperiode relativ gering waren) um 130 % gesteigert wurden. Sieht man von der Knappheit der zur Verfügung stehenden Investitionsmittel ab, so scheiterte ein rascherer Ausbau des Straßennetzes in Ostpakistan an dem Zwang, die Unzahl von Wasserläufen durch Brücken (oder Fähren) zu über-

---

1 Vgl. *Akhtar, S.M.*, Economic Development of Pakistan, Part I, a.a.O., S. 254

2 Ebenda, S. 256

Tabelle 35: Kennzahlen zum Verkehrs- und Nachrichtenwesen in Ost- und Westpakistan, ausgewählte Jahre

	Einheit	1948/49	1954/55	1959/60	1964/65	1969/70
Straßenverkehrswesen						
Gesamtes Straßennetz	km	22.624	31.491	33.345	40.790	36.313
OSTPAKISTAN		386	756	1.673	5.781	5.900
WESTPAKISTAN		22.238	30.735	31.672	35.009	30.413
High Type Roads	km	8.516	13.355	15.546	19.201	20.304
OSTPAKISTAN		386	515	1.432	3.158	3.722
WESTPAKISTAN		8.130	12.840	14.114	16.043	16.582
Low Type Roads	km	14.108	18.136	17.798	21.588	16.589
OSTPAKISTAN		-	241	241	2.623	2.179
WESTPAKISTAN		14.108	17.895	17.557	18.965	14.410
Gesamtbestand an Kraftfahrzeugen	Anzahl	24.737	76.614	116.096	240.542	347.318
OSTPAKISTAN		3.528	8.356	14.600	39.383	66.170
WESTPAKISTAN		21.209	68.258	101.496	201.159	286.148
Eisenbahnwesen						
Gesamte Streckenlänge	km	7.413	7.527	7.526	7.533	7.588
OSTPAKISTAN		1.731	1.826	1.832	1.831	1.899
WESTPAKISTAN		5.682	5.701	5.694	5.702	5.689
Gesamte Schienenlänge	km	10.630	10.713	10.796	10.883	11.073
OSTPAKISTAN		2.662	2.708	2.771	2.779	2.955
WESTPAKISTAN		7.968	8.005	8.025	8.104	8.118
Personenkilometer	Mio km	6.604	6.176	7.917	8.745	8.004
OSTPAKISTAN		2.311	1.462	1.941	2.056	2.204
WESTPAKISTAN		4.293	4.714	5.976	6.689	5.800
Tonnenkilometer	Mio km	3.823	5.442	7.660	9.551	8.459
OSTPAKISTAN		1.041	775	1.425	1.461	1.569
WESTPAKISTAN		2.782	4.667	6.235	8.090	6.890
Nachrichtenwesen						
Postämter	Anzahl	n.v.	8.886	10.261	11.766	14.257
OSTPAKISTAN		n.v.	3.797	4.466	5.209	6.106
WESTPAKISTAN		n.v.	5.089	5.795	6.557	8.151
Fernsprechanschlüsse	Anzahl	n.v.	37.000	75.000	129.000	199.000
OSTPAKISTAN		n.v.	5.800	14.900	27.000	50.040
WESTPAKISTAN		n.v.	31.200	60.800	102.000	148.960
Telegraphenämter	Anzahl	n.v.	964	1.086	1.146	1.267
OSTPAKISTAN		n.v.	386	421	462	546
WESTPAKISTAN		n.v.	596	665	684	721

Quellen : Government of Pakistan, Central Statistical Office, Twenty-five Years of Pakistan in Statistics 1947-1972, Karachi 1972, S. 134 ff.; dieselbe, Department of Films and Publications, Economic Development in East Pakistan, Role of Central Government, Karachi 1971, S. 54.

winden, an der Notwendigkeit, die Straßen vor Überschwemmungen zu schützen, am Mangel an geeigneten Baumaterialien und an der Schwierigkeit des wenig tragfähigen Untergrundes [1].

Von größerer Bedeutung als der Straßenverkehr war in beiden Landesteilen der *Eisenbahnverkehr*. Auch das Eisenbahnwesen war in Ostpakistan bei der Staatsgründung weit schlechter entwickelt als in Westpakistan. Die *East Bengal Railway* hatte infolge ihres massiven militärischen Einsatzes im zweiten Weltkrieg gegen die Japaner erheblich gelitten [2]. Das Schienennetz bestand aus verschiedenen unverbundenen Teilen mit - wie in Westpakistan - drei verschiedenen Spurbreiten [3] ohne Zugang zum bisherigen Anschlußhafen Kalkutta. Die Situation der Eisenbahnen Ost- und Westpakistans nach der Unabhängigkeit wird im Ersten Fünfjahresplan folgendermaßen verglichen [4]:

"The division created important problems for the railways. New sections had to be constructed on the *East Bengal Railway* to link the broken parts into an integrated system. Due to the loss of Calcutta and the consequent change in the pattern of traffic a new harbour had to be constructed at Chittagong. The workshops at Chittagong which had been dismantled as a measure of denial to the enemy during World War II had to be rebuilt. Because of the diversion of traffic from Calcutta to Chittagong and the stoppage of India's cross traffic between Calcutta and Assam, the broad gauge section lost most of its traffic.
The *North Western Railway* (Westpakistan, d.V.) was better placed; its most serious problem rose from the uncertain and reduced supplies of coal from India, solved in a part by converting some of its steam engines from coal to furnace oil and purchasing diesel electric locomotives".

Sowohl in den fünfziger als auch in den sechziger Jahren wurden in Westpakistan erheblich höhere *öffentliche Investitionen* im Eisenbahnwesen getätigt. Auch hier liegen für die fünfziger Jahre allerdings keine Ist-Werte vor. Für die erste Planperiode waren für Ostpakistan Investitionen in Höhe von etwa einem Drittel des für Westpakistan veranschlagten Betrages vorgesehen. Wie Tabelle 36 ferner zeigt, beliefen sich die Investitionen Ostpakistans für die zweite Planperiode auf 39 %, für die dritte Planperiode auf 46 % derjenigen Westpakistans, eine immer noch relativ große Diskrepanz.

---

1 Vgl. *Report of the Advisory Panel on Roads and Road Transport in East Pakistan*, a.a.O., S. 80 ff.

2 Vgl. *Akhtar, S.M.*, Economic Development of Pakistan, Vol. I, a.a.O., S. 227

3 Vgl. *Jane's World Railways*, London 1965

4 Vgl. *Government of Pakistan*, National Planning Board, The First Five Year Plan 1955-60, a.a.O., S. 487

Tabelle 36: Öffentliche Investitionen im Verkehrs- und Nachrichtenwesen in Ost- und Westpakistan, Erster bis Dritter Plan (in jeweiligen Preisen, in Mio Rs)

Sektor	Erster Plan		Zweiter Plan		Dritter Plan	
	Ost (Soll)	West (Soll)	Ost (Ist)	West (Ist)	Ost (Ist)	West (Ist)
Verkehrswesen	456	957	969	1.464	1.262	1.900
Binnenschiffahrt[a)]	83	-	131	-	127	-
Straßen	165	215	378	318	435	733
Eisenbahn	167	512	439	1.138	528	1.150
Sonstiges	41	230	21	8	172	17
Nachrichtenwesen	124[c)]	124[c)]	474	164	467	683
Insgesamt	580	1.081	1.443	1.629	1.729	2.583

a) Inland Water Transport Authority (IWTA). - b) einschl. Straßenverkehrsmittel (East Pakistan and West Pakistan Road Transport Corporation). - c) Annahme : regionale Aufteilung im Verhältnis 1 : 1.

Quellen : Government of Pakistan, National Planning Board, The First Five Year Plan 1955-60, Karachi 1958, S. 510 ff; dieselbe, Planning Commission, Final Evaluation of the Second Five Year Plan (1960-65), Islamabad 1966, S. 209 f.; dieselbe, Planning Commission, Evaluation of the Third Five Year Plan (1965-70), Islamabad 1971, S. 287 f.

Wie aus Tabelle 35 hervorgeht, belief sich die gesamte Streckenlänge des Eisenbahnnetzes in Ostpakistan auf rund 30 % desjenigen Westpakistans. In keinem der beiden Landesteile wurden in den fünfziger oder sechziger Jahren nennenswerte Erweiterungen des Schienennetzes vorgenommen.

Aufgrund des in der Ausgangslage desolaten Zustandes des Schienennetzes und Wagenparks lag der Schwerpunkt der Investitionen im Eisenbahnwesen in beiden Landesteilen auf der Streckenerneuerung und der Modernisierung des Wagenparks. Daß bei letzterer in Westpakistan, vor allem in den fünfziger Jahren, erheblich größere Fortschritte erzielt wurden als in Ostpakistan, geht aus Tabelle 37 hervor.

Angaben über die tatsächlichen Leistungen der Eisenbahnen (Personenbeförderung und Gütertransport) enthält Tabelle 35. Während in Ostpakistan sowohl in bezug auf die Personenbeförderung als auch in bezug auf den Gütertransport im Zeitablauf ein nur geringes Wachstum festzustellen ist, weist Westpakistan, in besonderem Maße beim Gütertransport, eine erhebliche Expansion auf. (Allerdings ist hier während der dritten Planperiode ein deutlicher Rückgang der Leistungen festzustellen.)

Theoretisch könnten die geringeren Leistungen der *Pakistan Eastern Railways* (Nachfolgerin der *East Bengal Railway*) auch auf eine geringere Nachfrage zurückzuführen sein. Daß dies nicht der Fall war, läßt sich aus verschiedenen Quellen entnehmen. So heißt es z.B. im Zweiten Fünfjahresplan in bezug auf die Pakistan Eastern Railways, daß "about fifteen per cent more freight traffic could have moved if the railways

Tabelle 37: Anschaffung von rollendem Material in Ost- und Westpakistan, Erster bis Dritter Plan

	Erster Plan (1955/56 - 1959/60)	Zweiter Plan (1960/61 - 1964/65)	Dritter Plan (1965/66 - 1969/70)
Dampfloks	26	1.045	1.046
OSTPAKISTAN	26[a]	350	340
WESTPAKISTAN	109[a]	695	706
Dieselelektrische Loks	n.v.[b]	418	526
OSTPAKISTAN	n.v.[b]	102	160
WESTPAKISTAN	n.v.[b]	316	366
Personenwagen	628	3.461	5.492
OSTPAKISTAN	146	1.300	1.950
WESTPAKISTAN	482	2.161	3.542
Güterwaggons	7.253	56.787	61.616
OSTPAKISTAN	294	19.454	21.400
WESTPAKISTAN	6.959	37.333	40.216

a) einschl. dieselelektrische Loks. Eine Differenzierung liegt nicht vor. b) s. Anmerkung a).

Quellen: Government of Pakistan, Planning Commission, The Second Five Year Plan (1960-65), Karachi 1960, S. 413; The Third Five Year Plan (1965-70), Karachi 1965, S. 146; The Fourth Five Year Plan (1970-75), Islamabad 1970, S. 460 f.

had possessed the capacity to carry it" [1]. *Khan* betont, daß "the (railway) system is being utilized at more than optimum capacity", woraus "a good deal of delay in commodity and personnel movement" resultiere, "thereby raising the working capital needs of the whole economy" [2].

Auch im *Nachrichtenwesen* bestand, wie Tabelle 35 zeigt, eine erhebliche Disparität zwischen Ost- und Westpakistan, die sich jedoch im Zeitablauf etwas verringerte.

Zusammenfassend kann festgestellt werden, daß die *Infrastruktur auf dem Gebiet des Verkehrs- und Nachrichtenwesens in Ostpakistan von Anfang an schlechter ausgebaut* war als in Westpakistan, und daß sich die *Differenz im Zeitablauf vergrößerte*. Die verkehrs- und nachrichtenmäßige Infrastruktur stellte zwar auch in Westpakistan einen gewissen Engpaß dar, dürfte sich aber in *Ostpakistan in weit stärkerem Maße hemmend auf die private Wirtschaftstätigkeit* ausgewirkt haben. Im Vierten Fünfjahresplan hieß es hierzu: "The growth of the economy still remains handicapped by limitations in the transport and communications system ... Inadequate transport is a most serious bottleneck in growth of East Pakistan's economy" [3].

---

1 Vgl. *Government of Pakistan*, Planning Commission, The Second Five Year Plan 1960-65, a.a.O., S. 278

2 Vgl. *Khan, A.R.*, The Economy of Bangladesh, a.a.O., S. 80

3 Vgl. *Government of Pakistan*, Planning Commission, The Fourth Five Year Plan 1970-75, a.a.O., S. 440

5.24 Energiewirtschaft [1]

Auch auf dem Energiesektor befand sich Westpakistan bei der Staatsgründung in einer weit günstigeren Lage als Ostpakistan. Die gesamte installierte Leistung belief sich auf etwa das Zehnfache derjenigen Ostpakistans, die tatsächliche Erzeugung auf das Fünfzehnfache, wie Tabelle 38 zeigt.

Im Laufe der fünfziger und sechziger Jahre verringerte sich die Diskrepanz relativ, erhöhte sich aber absolut in erheblichem Maße. Betrachtet man zunächst die *öffentlichen* Kraftwerke, so betrug der Anteil Ostpakistans an der installierten Leistung Gesamtpakistans 1960 nicht mehr als 16 %, 1970 knapp 24 %. Sowohl in den fünfziger als auch in den sechziger Jahren herrschte in beiden Landesteilen eine ausgesprochene Elektrizitätsknappheit, die allerdings in Ostpakistan weit gravierender war als in Westpakistan [2]. In Ostpakistan führten die höheren Kosten der Energieerzeugung und die Knappheit dazu, daß relativ hohe Gebühren festgesetzt werden mußten [3].

Die unzureichende, teure und wegen der häufigen Ausfälle relativ unsichere öffentliche Stromversorgung hatte zur Folge, daß sich vor allem in Ostpakistan viele *private* Betriebe ihre eigenen Kraftwerkskapazitäten errichteten. Wie Tabelle 38 zeigt, belief sich der Anteil der privaten Kraftwerke an der gesamten Erzeugungskapazität, der bei der Staatsgründung in beiden Landesteilen verschwindend gering war, 1955 in Ostpakistan auf 57 %, in Westpakistan auf 37 %. Er ging danach in beiden Landesteilen zurück, in Westpakistan aufgrund des zügigeren Aus-

---

1 Zur Energiewirtschaft Ost- und Westpakistans vgl. insbesondere: *Vakil, C.N.*, Economic Consequences of Divided India, a.a.O., S. 224-246; *Government of Pakistan*, Central Statistical Office, Electric Power Statistics 1962, Karachi 1963; *Government of Pakistan*, Central Statistical Office, Census of Electricity Undertakings 1962-63, Karachi 1965; *Rashid, H.E.*, East Pakistan. A Systematic Regional Geography And Its Development Planning Aspects, a.a.O., S. 307-329; *Khan, A.R.*, The Economy of Bangladesh, a.a.O., S. 77-79; *Water and Power Development Authority*, WAPDA Annual Report (Periodical); *Harza Engineering Company International*, A Program for Water and Power Development in West Pakistan: 1963-1975, prep. for the Water and Power Development Agency of West Pakistan, Lahore 1963; *Lieftinck, P., A. Sadove und Th.C. Creyke*, Water and Power Resources of West Pakistan, Vol. IV: Programme for the Development of Power, Baltimore 1966; *National Institute of Social and Economic Research*, Water and Power Development in West Pakistan 1947-1972, a.a.O; ferner die entsprechenden Kapitel in den Fünfjahresplänen.

2 Vgl. hierzu auch *Government of Pakistan*, National Planning Board, The First Five Year Plan 1955-60, a.a.O., S. 372

3 Vgl. *Khan, A.R.*, The Economy of Bangladesh, a.a.O., S. 76

Tabelle 38 : Kennzahlen zur Elektrizitätserzeugung in Ost- und Westpakistan, ausgewählte Jahre

	Einheit	1946	1955	1960	1965	1970
O S T P A K I S T A N						
Installierte Leistung	MW	7	74	175	300	670
öffentlich	MW	7	32	103	200	550
privat	MW	-	42	72	100	120
Wasser	MW	-	-	n.v.	80	80
Dampf	MW	3	n.v.	n.v.	61	371
Diesel	MW	4	n.v.	n.v.	59	99
Erzeugung	Mio Kwh	9	n.v.	441	830	1.300
Kapazitätsauslastung	v.H.[a)]	29	n.v.	58	63	44
Fernleitungsnetz	km[b)]	n.v.	72	1.000	3.800	10.400
W E S T P A K I S T A N						
Installierte Leistung	MW	68	268	730	1.000	1.923
öffentlich	MW	68	169	550	815	1.743
privat	MW	-	99	180	185	180
Wasser	MW	10	n.v.	n.v.	269	668
Dampf	MW	32	n.v.	n.v.	488	1.029
Diesel	MW	26	n.v.	n.v.	58	47
Erzeugung	Mio Kwh	134	n.v.	1.622	3.600	6.700
Kapazitätsauslastung	v.H.[a)]	45	n.v.	51	82	80
Fernleitungsnetz	km[b)]	n.v.	2.172	7.300	22.300	62.700

a) unter Zugrundelegung einer Betriebszeit von 4.380 Std./Jahr (bei 100 %-iger Auslastung entspricht die Kapazität von 1 MW mithin 4,38 Mio Kwh., etc.). - b) 11 KV und darüber.

Quellen: 1946: Vakil, C.N., Economic Consequences of Divided India, Bombay 1959, S. 225; 1955: Government of Pakistan, Planning Commission, The Second Five Year Plan 1960-65, Karachi 1960, S. 198, 214; 1960: Ebenda, S. 212, dieselbe, Planning Commission, The Third Five Year Plan 1965-70, Islamabad 1965, S. 305, 308; 1965: Ebenda, S. 144, 305, 308, The Fourth Five Year Plan 1970-75, Islamabad 1970, S. 421 ff.; 1970: Ebenda.

baus der öffentlichen Elektrizitätsversorgung aber in weit stärkerem Maße. Anfang der sechziger Jahre belief sich der Anteil der privaten Kapazitäten in Ostpakistan auf 41 %, in Westpakistan auf 25 %. In den sechziger Jahren brauchten in Westpakistan praktisch keine zusätzlichen privaten Erzeugungskapazitäten geschaffen zu werden, während in Ostpakistan in der zweiten Planperiode eine Steigerung um knapp 40 % und in der dritten Planperiode eine solche um weitere 20 % festzustellen ist. Ende der sechziger Jahre war der Anteil der privaten Kapazitäten damit in Ostpakistan mit knapp 18 % zweieinhalbmal so groß wie in Westpakistan (7 %).

Vergleicht man anhand von Tabelle 38 die installierte Leistung mit der tatsächlichen Stromerzeugung, so fällt auf, daß die Kapazitätsauslastung in Ostpakistan geringer war als in Westpakistan, was der obigen Aussage, in Ostpakistan habe eine weit stärkere Elektrizitätsknappheit geherrscht, zu widersprechen scheint.

Bei genauerer Analyse zeigt sich jedoch, daß die Ursache für die geringe Kapazitätsauslastung in Ostpakistan nicht etwa in einer zu geringen Nachfrage, sondern in dem völlig *unzureichenden Distributionssystem* lag. Der Ausbau des Fernleitungsnetzes und der kommunalen Elektrizitätsnetze hinkte gewissermaßen hinter dem Ausbau der Erzeugungskapazitäten hinterher und bildete damit eine entscheidende Restriktion für den Umfang der tatsächlichen Erzeugung. Im Jahre 1955 belief sich, wie die Tabelle zeigt, das Fernleitungsnetz in Ostpakistan auf kaum mehr als 3 % desjenigen Westpakistans. Obwohl es im Zweiten Fünfjahresplan hieß, man gebe nun "a higher priority to transmission and distribution of existing power than to generation of additional power" [1], erhöhte sich der Kapazitätsauslastungsgrad in Ostpakistan im Gegensatz zu Westpakistan nur geringfügig. Im dritten Plan wird zur Elektrizitätslage in Ostpakistan selbstkritisch festgestellt, daß "a part of the recently added generating capacity was not fully utilized because of delays in the creation of a sufficiently wide and efficient distribution system. Thus, there was large unsatisfied demand for electric power ..." [2]. Daß sich an dieser Situation auch in der dritten Planperiode nichts änderte, sondern daß sich das Ungleichgewicht zwischen Erzeugungskapazitäten und Distributionssystem in Ostpakistan sogar verschlechterte, geht aus Tabelle 38 hervor.

Fragt man nach den Ursachen der ungleichgewichtigen regionalen Entwicklung im Energiebereich, so ist wieder an erster Stelle die unterschiedliche Höhe der *öffentlichen Investitionen* zu nennen. Die öffentlichen Investitionen im Energiebereich (ausschließlich Mehrzweckprojekte) beliefen sich in der Vorplanperiode in Ostpakistan auf rund 8 % derjenigen Westpakistans. Während der ersten Planperiode, für die keine Statistiken über die tatsächlichen Planausgaben vorliegen, sollten sich die Ausgaben für Ostpakistan auf rund 1/4 derjenigen Westpakistans belaufen. Nachdem der Anteil Ostpakistans an den Gesamtausgaben Pakistans im Energiesektor während der ersten Hälfte der sechziger Jahre knapp 22 % betragen hatte, erhöhte er sich erst in der zweiten Hälfte der sechziger auf rund 50 % (vgl. Tabelle 32, S. 175). [3]

---

1 Vgl. *Government of Pakistan*, Planning Commission, The Second Five Year Plan 1960-65, a.a.O., S. 214

2 Vgl. *Government of Pakistan*, Planning Commission, The Third Five Year Plan 1965-70, a.a.O., S. 307

3 Es muß aber auch darauf hingewiesen werden, daß die Energieerzeugung

Daß die schlechte und teure öffentliche Stromversorgung vor allem in Ostpakistan nicht ohne Einfluß auf *Rentabilität und Wachstum der privaten Investitionen* bleiben konnte, liegt auf der Hand. Im *Industrial Survey of East Pakistan* wird festgestellt, zwar gehe üblicherweise von niedrigen Strom- und Brennstoffpreisen keine besondere Attrahierungswirkung auf die Industrie aus, aber:

"... on the other hand, high energy costs do have a seriously inhibiting effect on industrial growth. We believe that the price of power in East Pakistan has had this effect ... Most of the larger industrial plants have had to build their own power generation facilities which has resulted in inflated investment costs" [1].

Ähnlich heißt es bei *Khan* in bezug auf die wirtschaftliche Bedeutung der schlechten öffentlichen Energieversorgung in Ostpakistan [2]:

"Over the years expensive electric power has not only been one of the causes of the relatively high cost of manufacturing but its uncertain supply has often been a major cause of the underutilization of capacity. To insure against such uncertainty, many manufacturing units have set up their own generating plants, thereby raising the capital cost both because of the higher capital cost in electricity generation than in manufacturing industries and because of the uneconomic size and/or excess capacity in these industrial power generating plants".

Es ist offensichtlich, daß in den ländlichen Gebieten Ostpakistans die schlechte Elektrizitätsversorgung eine der Ursachen für die anfangs sehr langsame Verbreitung (bzw. zum Teil geringe Nutzung) der *Low-Lift-Pumps* war. Das gleiche gilt für die Installierung und Nutzung von *Pumpen für Drainagezwecke*. Demgegenüber wurde in Westpakistan, wie weiter oben [3] ausgeführt, die Ausbreitung der *privaten Rohrbrunnen* dadurch beschleunigt, daß den Bauern genügend Elektrizität zu niedrigen Preisen zur Verfügung gestellt wurde.

---

in Ostpakistan ungleich teurer war als in Westpakistan. Keiner der beiden Landesteile verfügte über nennenswerte Kohle- und Erdölvorkommen, die in stärkerem Maße für die Stromerzeugung hätten genutzt werden können. Während Westpakistan vor allem im Norden über ein erhebliches Wasserkraftpotential verfügte, das allmählich für die Energieerzeugung genutzt wurde, schied in Ostpakistan, sieht man vom *Karnaphuli* ab, die Nutzung der Wasserkraft wegen der extremen Flachheit der Region praktisch aus. Damit war Ostpakistan in stärkerem Maße auf Dampfkraftwerke und auf die unrentablen, weil zumeist mit importiertem Brennstoff arbeitenden Dieselkraftwerke angewiesen, deren Kapazität 1970 immer noch 15 % der Gesamtkapazität stellte, während der Anteil sich in Westpakistan nur noch auf rund 2 % belief (vgl. Tabelle 38).

1 Vgl. *Industrial Survey of East Pakistan*, Report to the Planning Commission, Government of Pakistan, Dacca 1961, S. 12

2 Vgl. *Khan, A.R.*, The Economy of Bangladesh, a.a.O., S. 77 f.

3 Vgl. Kapitel 5.22, S. 179

5.25 Zusammenfassung

Faßt man die Ergebnisse der obigen Ausführungen zusammen, so kann - etwas verallgemeinernd - gesagt werden, daß *Ostpakistan* bei Gründung des Staates Pakistan über eine *weit unzureichendere Infrastruktur* verfügte als Westpakistan, und daß sich diese *Diskrepanz im Zeitablauf* aufgrund der unterschiedlichen Höhe der *öffentlichen Infrastrukturinvestitionen* sowie einiger anderer Faktoren erheblich *verschärfte*. Es gibt verschiedene Anzeichen, die darauf hindeuten, daß die unterschiedliche Infrastrukturausstattung der beiden Landesteile eine wichtige Ursache für das *unterschiedliche Niveau der privaten Wirtschaftstätigkeit* war.

Vor allem im Falle Ostpakistans kann davon ausgegangen werden, daß der Einfluß des ausgeprägten Engpaßfaktors Infrastruktur auf die Höhe der privaten Investitionen beträchtlich war. Im Dritten Fünfjahresplan wurde hierzu in aller Deutlichkeit ausgeführt [1]:

"One of the causes for the relatively unfavourable record of the private sector in East Pakistan is the absence of infrastructure and of social overheads required to promote and support private enterprise. Although conditions for profitable private investment are much more favourable now than at the end of the First Plan, there is still considerable leeway to be made up.
This calls for a substantial investment for the creation of infrastructure and institutional framework in East Pakistan in the absence of which private enterprise cannot play its role. The implication is that there must be sufficient investment in the public sector to provide this need. This complementarity between public and private investments must be realized. Public investment is a pre-requisite to private investment, at least in the early phase of development. Until enough has been done to train the rivers and to regulate and distribute water for irrigation, the private farmers are severely hampered. Construction and improvement of roads, railways, waterways, ports, etc., are indispensable for private enterprise to transport and market their output".

Ob die Wirkung der Infrastruktur auf die private Wirtschaftstätigkeit eher direkter Natur (Erschließungsaspekt) oder indirekter Natur (Produktivitätseffekt) war, kann nicht eindeutig gesagt werden. In dem obigen Zitat wird offenbar der *Erschließungseffekt* stärker betont als der *Produktivitätseffekt*.

---

1 Vgl. *Government of Pakistan*, Planning Commission, The Third Five Year Plan 1965-70, a.a.O., S. 101 f.

5.3 Versuch einer Quantifizierung der Infrastrukturwirkungen

5.31 Vorüberlegungen

Es soll nun versucht werden, den Einfluß der Infrastruktur auf die private Wirtschaftstätigkeit Ost- und Westpakistans im Rahmen des in Kapitel 2 [1] entwickelten Produktivitäts- und des Erschließungsansatzes zu quantifizieren.

Der *Produktivitätsansatz* enthält zwei grundlegende Funktionen:

(a) die *Gesamtproduktivitätsfunktion*, die den - als linear angenommenen - Zusammenhang zwischen der relativen Ausstattung mit Infrastruktur (Quotient aus Infrastrukturkapital und privatem Kapitalstock; τ) und der Gesamtproduktivität des privaten Kapitalstocks (σ^P) zum Ausdruck bringt:

$$(57) \quad \sigma_t^P = \sigma^{P*} + \pi(\tau_t - \tau^*)$$

und

(b) die *P-Absorptionsfunktion*, die eine - ebenfalls lineare - Beziehung zwischen der Gesamtproduktivität (σ^P) und der Wachstumsrate (β) des privaten Kapitalstocks postuliert:

$$(63) \quad \beta_t = \dot{a} + \mu \cdot \sigma_{t-1}^P .$$

Durch Einsetzen von (57) in (63) erhält man

(c) die *I-Absorptionsfunktion*, die den Zusammenhang zwischen der relativen Ausstattung mit Infrastruktur (τ) und dem Wachstum des privaten Kapitalstocks (β) zum Ausdruck bringt:

$$(64) \quad \beta_t = \dot{a} + \mu[\sigma^{P*} + \pi(\tau_{t-1} - \tau^*)]$$

Aufgrund der angenommenen Linearität der Beziehungen kann - wie in Kapitel 2 [2] ausgeführt wurde - jede der drei Funktionen von einer "Durchschnittsfunktion" in eine "Marginalfunktion" transformiert werden, indem Infrastrukturkapitalstock und privater Kapitalstock durch Infrastrukturinvestitionen und private Investitionen ersetzt werden. Die "marginali-

---

1 Vgl. Kapitel 2.3, S. 49 ff.

2 Vgl. Kapitel 2.34, S. 72 ff.

sierten Funktionen" lauten in vereinfachter Form [1]:

$$\sigma_t^{\prime p} = a + b \cdot \tau_{t-1}^{\prime}$$

$$\beta_t^{\prime} = c + d \cdot \sigma_t^{\prime p}$$

$$\beta_t^{\prime} = c + d(a + b \cdot \tau_{t-1}^{\prime})$$

$$= e + f \cdot \tau_{t-1}^{\prime} .$$

Die in der *Funktion der privaten Investitionen* des *Erschließungsansatzes:*

$$(45) \quad I_t^p = I_{t-1}^p (1 - \omega + \xi \cdot I_{t-1}^{ö})$$

implizit enthaltene I-Absorptionsfunktion:

$$\beta^{\prime} = - \omega + \xi \cdot \tau_{t-1}^{\prime}$$

entspricht genau der vereinfachten Form der marginalisierten I-Absorptionsfunktion des Produktivitätsansatzes.

Wenn im folgenden versucht wird, diese Funktionen zu testen, so soll damit Aufschluß darüber gewonnen werden, ob und inwieweit der Erschließungsansatz und/oder der Produktivitätsansatz geeignet ist, den Einfluß der Infrastruktur auf die private Wirtschaftstätigkeit in Ost- und Westpakistan zum Ausdruck zu bringen.

---

1 Man beachte, daß sich hierbei der lag von der P-Absorptionsfunktion auf die Gesamtproduktivitätsfunktion verschoben hat, da $\sigma^{\prime p}$ nicht der Periode zugeordnet wird, in der die privaten Investitionen stattfinden, sondern der darauffolgenden, in der annahmegemäß der Ertrag aus diesen Investitionen erzielt wird: $\sigma_t^{\prime p} = \Delta Y_t / I_{t-1}^p$. Die Verschiebung der lags sei am folgenden Beispiel verdeutlicht, dem die Gesamtproduktivitätsfunktion $\sigma_t^p = 0{,}5\tau_t$ bzw. $\sigma_t^{\prime p} = 0{,}5\ \tau_{t-1}^{\prime}$ und die P-Absorptionsfunktion $\beta_t = 0{,}4\sigma_{t-1}^p$ bzw. $\beta_t^{\prime} = 0{,}4\ \sigma_t^{\prime p}$ zugrundeliegen:

t	Durchschnittsbetrachtung					Marginalbetrachtung				
	$K^{ö}$	K^p	τ	σ^p	Y	$I^{ö}$	I^p	τ'	σ'^p	ΔY
1	100,0	100,0	1,0	0,50	50	140	20,0	7,00	--	-
2	240,0	120,0	2,0	1,00	120	12	48,0	0,25	3,500	70
3	252,0	168,0	1,5	0,75	126	10,1	50,4	0,20	0,125	6
4	262,1	218,4	1,2	0,60	131	-	-	-	0,100	5

5.32 Die Gesamtproduktivitätsfunktion

Wie aus Tabelle 26 hervorgeht, war die regionale Disparität bei den Infrastrukturinvestitionen geringer als bei den privaten Investitionen. Bezogen auf die privaten Investitionen, waren die Infrastrukturinvestitionen in Ostpakistan mithin größer als in Westpakistan: Der in Tabelle 39 errechnete Quotient τ' belief sich für Ostpakistan im jährlichen Durchschnitt auf 1,00, für Westpakistan auf 0,6.

Errechnet man die Gesamtproduktivität der privaten Investitionen, so ist die zugunsten Ostpakistans bestehende Diskrepanz wegen des in Ostpakistan größeren Anteils der privaten an den gesamten Investitionen noch größer als bei der weiter oben [1] verglichenen Produktivität der gesamten Investitionen. Wie sich aus Tabelle 39 errechnen läßt, lag die Gesamtproduktivität der privaten Investitionen für Ostpakistan im jährlichen Durchschnitt bei 95 %, für Westpakistan bei 60 %.

Von größerem Interesse als die Durchschnittswerte ist der für die beiden Landesteile feststellbare *Zusammenhang zwischen relativer Höhe der Infrastrukturinvestitionen und Gesamtproduktivität der privaten Investitionen*. In Abbildung 26 sind die letzteren in Abhängigkeit von den ersteren dargestellt, wobei ein time lag von einer Periode angenommen wird.

Es zeigt sich, daß die *Ursprungswerte* für beide Landesteile zu *stark streuen*, als daß man hieraus einen ausgeprägten Kausalzusammenhang zwischen den beiden Größen vermuten könnte. Sofern ein Einfluß der Infrastrukturinvestitionen auf die Höhe der privaten Gesamtproduktivität bestand, muß dieser durch verschiedene Ursachen überlagert worden sein.

Sieht man von der *Unsicherheit des statistischen Ausgangsmaterials* ab, so ist zunächst darauf hinzuweisen, daß der unterstellte *time lag von nur einer Periode zu kurz* ist [2]. Vor allem aber muß wieder darauf hinge-

---

1 Vgl. Kapitel 4.33, S. 113 ff.

2 Unterstellt man einen lag von 2 t (3 t), so erhöht sich r für Westpakistan auf 0,60 (0,73), während es für Ostpakistan auf 0,42 (0,30) sinkt. Die Steigung der Regressionsgeraden, die die (indirekte) Produktivität der Infrastrukturinvestitionen repräsentiert, steigt für Westpakistan auf 0,27 (0,34) und sinkt für Ostpakistan auf 0,91 (0,66). Damit ändert sich nichts an der grundlegenden Feststellung, daß die (indirekte) Produktivität der Infrastrukturinvestitionen in Ostpakistan weit über derjenigen Westpakistans lag. Die oben beschriebenen Tendenzen setzen sich bei einer Vergrößerung des lags über 3 t hinaus nicht fort.

Tabelle 39: Investitionsstruktur und Gesamtproduktivität der privaten Investitionen in Ost- und Westpakistan, 1951 - 1968 (zu Preisen von 1959/60)

"Jahr"	Ostpakistan		Westpakistan	
	τ'	σ'^{P}	τ'	σ'^{P}
1951	0,76	-	0,50	-
1952	0,88	1,04	0,52	0,67
1953	0,89	0,84	0,62	0,62
1954	0,87	0,52	0,67	0,56
1955	0,80	0,61	0,68	0,57
1956	0,89	0,58	0,80	0,55
1957	0,99	0,73	0,88	0,60
1958	1,12	1,14	1,00	0,56
1959	1,09	1,28	0,83	0,74
1960	0,92	1,41	0,67	0,68
1961	1,04	1,14	0,60	0,65
1962	1,14	1,25	0,59	0,68
1963	1,10	1,05	0,63	0,62
1964	1,12	0,98	0,64	0,57
1965	1,01	0,97	0,61	0,58
1966	1,02	0,79	0,58	0,52
1967	1,13	0,86	0,55	0,52
1968	1,23	0,83	0,57	0,56

Quelle : Tabelle 22, 32.

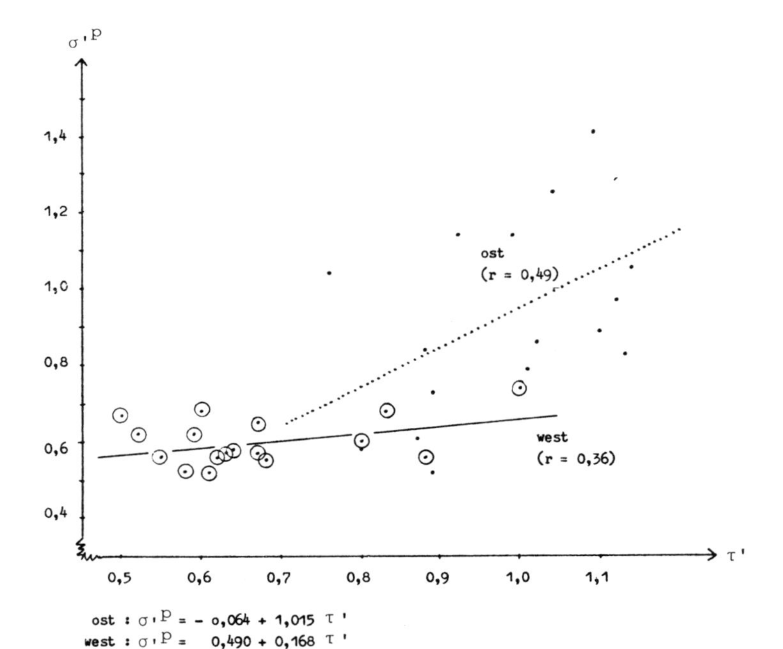

ost : $\sigma'^{P} = -0{,}064 + 1{,}015\ \tau'$
west : $\sigma'^{P} = 0{,}490 + 0{,}168\ \tau'$

Quelle: Tabelle 39

Abbildung 26: Gesamtproduktivitätsfunktionen Ost- und Westpakistans, 1951-1968 (zu Preisen von 1959/60)

wiesen werden, daß sich in der ex-post-Größe "Gesamtproduktivität der privaten Investitionen" außer der Infrastrukturausstattung eine *Vielzahl "sonstiger" Produktionsfaktoren* niederschlugen, deren Zusammenspiel zu den erheblichen Abweichungen der Ursprungs- von den Trendwerten führte. So dürfte die aus Tabelle 39 ersichtliche rückläufige Tendenz der Gesamtproduktivität in Ost- und Westpakistan in der zweiten Hälfte der 60er Jahre teilweise auf die aus der Devisenknappheit resultierende *Unterauslastung der industriellen Produktionskapazitäten* zurückzuführen sein [1].

Geht man davon aus, daß in den beiden Landesteilen tatsächlich ein gewisser Zusammenhang zwischen der relativen Höhe der Infrastrukturinvestitionen und der Gesamtproduktivität der privaten Investitionen bestand, der in etwa durch die Regressionsgeraden in Abbildung 26 wiedergegeben wird (wobei unterstellt wird, daß die Schwankungen um diese Geraden durch die Summe der "übrigen" produktionsbeeinflussenden Faktoren verursacht wurden), so ergeben sich einige interessante Schlußfolgerungen, die an dieser Stelle kurz diskutiert werden sollen.

Unterstellt man die durch die Regressionsgeraden repräsentierten Gesamtproduktivitätsfunktionen, so war der *Einfluß der Infrastrukturinvestitionen auf die Gesamtproduktivität der privaten Investitionen in Ostpakistan erheblich größer als in Westpakistan*. Die in der Steigung der Geraden zum Ausdruck kommende (indirekte) Produktivität der Infrastrukturinvestitionen beläuft sich für Westpakistan auf rd. 17%, für Ostpakistan auf 102%. Die höheren Gesamtproduktivitäten der privaten Investitionen Ostpakistans sind deshalb weniger auf die (relativ) höheren Infrastrukturinvestitionen als auf die höhere (indirekte) Produktivität dieser Infrastrukturinvestitionen zurückzuführen.

Bei oberflächlicher Betrachtung scheint die Tatsache, daß Ostpakistan (relativ) höhere Infrastrukturinvestitionen und eine höhere Gesamtproduktivität der privaten Investitionen aufwies als Westpakistan, den in Kapitel 5.2 plausibel gemachten Vermutungen zu widersprechen, daß die schlechtere Infrastrukturausstattung in Ostpakistan zu einer im Vergleich zu Westpakistan niedrigen Gesamtproduktivität des privaten Kapitalstocks führte.

---

1 Vgl. insbesondere *Winston, G.C.*, Excess Capacity in Underdeveloped Countries: The Pakistan Case, Research Memorandum, No. 25, Williams College, Williamstown/Mass. 1968; *Thomas, P.S.*, Import Licensing and Import Liberalization in Pakistan, in: The Pakistan Development Review, Vol. 6(1966), S. 500 ff.; *Lewis, S.R.*, Pakistan. Industrialization and Trade Policies, a.a.O., S. 114 ff.; *Government of Pakistan*, Planning Commission, The Fourth Five Year Plan 1970-75, a.a.O.

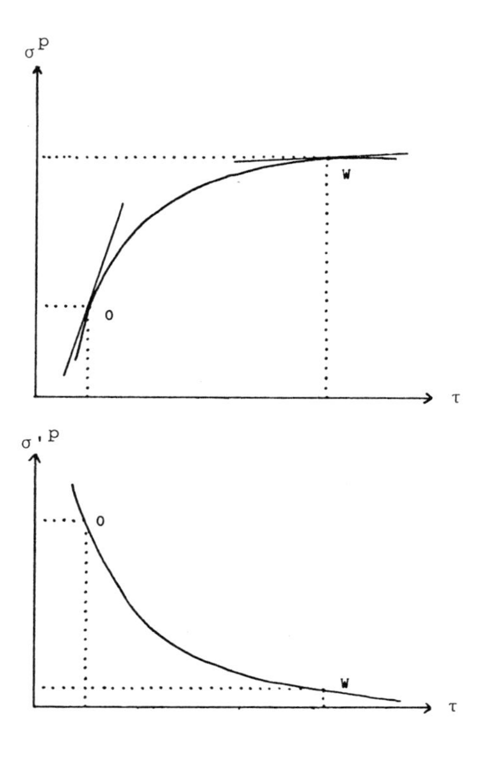

Abbildung 27: Ableitung der Gesamtproduktivität des privaten Kapitals nach dem Verhältnis von öffentlichem und privatem Kapital

Daß bei genauerer Analyse kein Widerspruch besteht, sondern daß im Gegenteil unter gewissen Annahmen die hohe Gesamtproduktivität der privaten Investitionen in Ostpakistan gerade durch dessen schlechtere Infrastrukturausstattung erklärt werden kann, zeigt Abbildung 27: Im oberen Teil wird die für beide Landesteile als identisch angenommene Funktion der Gesamtproduktivität des privaten Kapitalstocks in der von *Frey* postulierten Form (abnehmende Grenzerträge der Infrastruktur) wiedergegeben. Aufgrund der ungünstigeren Infrastrukturausstattung ist zwar in Ostpakistan die *durchschnittliche* Gesamtproduktivität des privaten Kapitals geringer, die *marginale* Gesamtproduktivität aber größer als in Westpakistan, wie im oberen Teil der Abbildung aus der Steigung der Kurve in den Punkten O und W, im unteren Teil aus dem Ordinatenabstand der beiden Punkte deutlich wird.

355 ff.; *Islam, N.*, Comparative Costs, Factor Proportions and Industrial Efficiency in Pakistan, in: The Pakistan Development Review, Vol. 7(1967), S. 211 ff.

Folgt man dieser Interpretation, so lassen sich sowohl die unterschiedliche Lage als auch die unterschiedliche Steigung der durch die Regressionsgeraden in Abbildung 26 repräsentierten Gesamtproduktivitätsfunktionen vereinfacht so erklären, daß, während in *Westpakistan* aufgrund hoher vorangegangener Infrastrukturinvestitionen eine *weitgehende "Sättigung" mit infrastruktureller Ausstattung* eingetreten war, durch die die (indirekte) Produktivität dieser Investitionen relativ gering war, in *Ostpakistan* eine derartige *"Infrastrukturknappheit"* herrschte, daß der volkswirtschaftliche Ertrag von Infrastrukturinvestitionen außerordentlich groß war.

5.33 Die P-Absorptionsfunktion

Wie Tabelle 40 zeigt, waren die Wachstumsraten der privaten Investitionen in Ost- und Westpakistan bei längerfristiger Betrachtung etwa gleich groß. (Die durchschnittliche Wachstumsrate betrug für Ostpakistan 10,0 %, für Westpakistan 9,6 %.)

Bezogen auf die Gesamtproduktivität, die in Westpakistan erheblich geringer war als in Ostpakistan, lagen die Wachstumsraten der privaten Investitionen in Westpakistan jedoch weit über denen Ostpakistans.

Die Wachstumsraten der privaten Investitionen sind in Abbildung 28 in Abhängigkeit von der Gesamtproduktivität dargestellt, wobei in Abweichung von der oben marginalisierten Funktion ein lag von einer Periode unterstellt wurde. Die Streuung der Ursprungswerte um die Regressionsgerade ist für beide Landesteile geringer als bei der Gesamtproduktivitätsfunktion.

Auf die Determinanten, auf die die Streuung zurückzuführen sein könnte, sei hier nicht im einzelnen eingegangen. Unter methodischem Aspekt sei darauf hingewiesen, daß die Investitionsneigung der Privaten in der Realität genaugenommen nicht von der *gesamtwirtschaftlichen Produktivität* der privaten Investitionen (auf diese bezogene gesamte Wertschöpfung, d.h. Summe *aller* Faktorentgelte, einschl. Löhne und Gehälter), sondern von deren *betriebswirtschaftlicher Rentabilität* (auf die privaten Investitionen bezogene Gewinne) abhängig ist. Daß die Ergebnisse durch die Verwendung der gesamtwirtschaftlichen Produktivität verzerrt sein könnten, geht schon aus der weiter oben [1] erwähnten Tatsache hervor, daß in der *large-scale industry* die Produktivität für beide Landesteile gleich

1 Vgl. Kapitel 3.4, S. 122

Tabelle 40: Gesamtproduktivität und Wachstumsrate der privaten Investitionen in Ost- und Westpakistan, 1951 - 1968 (zu Preisen von 1959/60)

"Jahr"	Ostpakistan		Westpakistan	
	σ'^P	β'	σ'^P	β'
1951	-	-	-	-
1952	1,04	0,120	0,67	0,178
1953	0,84	0,151	0,62	0,110
1954	0,52	0,029	0,56	0,062
1955	0,61	0,003	0,57	-0,027
1956	0,58	-0,003	0,55	-0,069
1957	0,73	-0,013	0,60	-0,071
1958	1,14	0,095	0,56	-0,002
1959	1,28	0,210	0,74	0,332
1960	1,41	0,289	0,68	0,297
1961	1,14	0,148	0,65	0,342
1962	1,25	0,179	0,68	0,209
1963	1,05	0,278	0,62	0,141
1964	0,89	0,043	0,57	0,082
1965	0,97	0,121	0,58	0,038
1966	0,79	0,058	0,52	0,029
1967	0,86	-0,048	0,52	-0,023
1968	0,83	0,043	0,56	0,023

Quelle : Tabelle 32, 39.

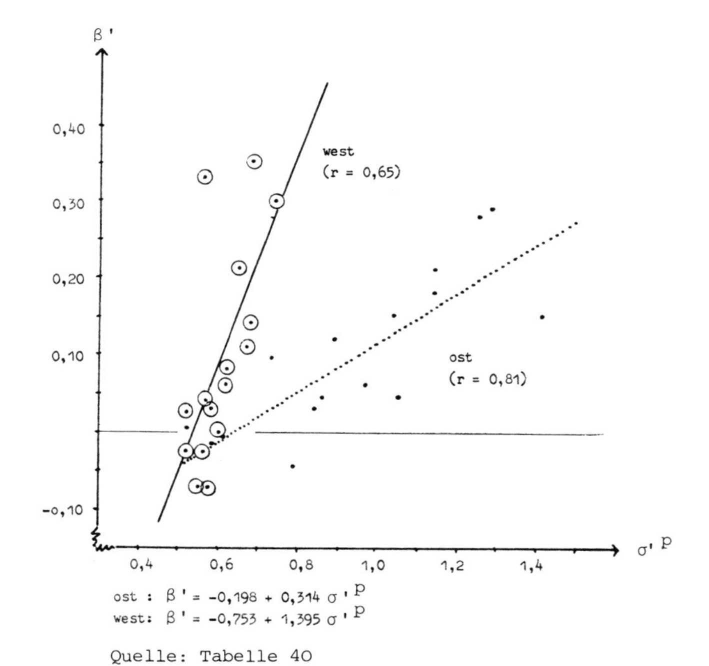

ost : $\beta' = -0{,}198 + 0{,}314\,\sigma'^P$

west: $\beta' = -0{,}753 + 1{,}395\,\sigma'^P$

Quelle: Tabelle 40

Abbildung 28: P-Absorptionsfunktionen Ost- und Westpakistans, 1951-1968 (zu Preisen von 1959/60)

groß, die Rentabilität für Westpakistan aber erheblich größer war als für Ostpakistan.

Der Vergleich der beiden Regressionsgeraden zeigt, daß die *Absorptionsfunktion Westpakistans* insofern *"günstiger"* war als diejenige Ostpakistans, als die Gesamtproduktivität der privaten Investitionen einen stärkeren Einfluß auf das Wachstum dieser Investitionen hatte. Trotz weit geringerer Gesamtproduktivität konnten in Westpakistan in etwa die gleichen Wachstumsraten der privaten Investitionen realisiert werden wie in Ostpakistan.

Die Frage, warum das Wachstum der privaten Investitionen in Ostpakistan weit schwächer auf deren Produktivität reagierte, kann im Rahmen der vorliegenden Arbeit nur tentativ beantwortet werden. Offenbar waren in Ostpakistan investitionshemmende Faktoren wirksam, die in Westpakistan weniger Platz griffen, oder investitionsfördernde Faktoren weniger wirksam, die in Westpakistan von größerer Bedeutung waren.

Da die private Investitionstätigkeit entscheidend von der *Verfügbarkeit von Finanzierungsmitteln* abhängig ist, könnten die geringere Ersparnisbildung und der geringere Zufluß externer Ressourcen eine Ursache für den schwächeren Einfluß der Produktivität auf das Wachstum der privaten Investitionen in Ostpakistan gewesen sein. Wie weiter oben [1] ausgeführt wurde, hatte in der *Landwirtschaft* in Ostpakistan das *Risiko übermäßiger Überschwemmungen* einen stark investitionshemmenden Einfluß.

Ein gewisser retardierender Einfluß dürfte in der Landwirtschaft auch von dem in Ostpakistan herrschenden *Teilpachtsystem* ausgegangen sein. Hierzu führt *Bose* aus [2]:

"The share-cropping system under which a considerable proportion of land is cultivated in East Pakistan may be another hindrance. The largely absentee owners of share-cropped land do not make investments for irrigation or drainage, and take no interest in improving farm practices. The share-croppers usually retain half of the produce, bear all costs of production but have no right of occupancy to the land. Even if they have the means they can hardly be expected to make investments for irrigation or any land improvement. The use of improved current inputs by share-croppers also may not be very attractive unless the financial return over cost of such inputs is very high!"

---

1 Vgl. Kapitel 5.22, S. 176 ff.

2 Vgl. *Bose, S.R.*, East-West Contrast in Pakistan's Agricultural Development, a.a.O., S. 80. Ausführlicher *May, B.*, Die Entwicklung der Landwirtschaft in Bangladesh und Pakistan, a.a.O., S. 287 ff.

Im *industriellen Bereich* dürfte das relativ stärkere Wachstum der privaten Investitionen in Westpakistan unter anderem darauf zurückzuführen sein, daß die Region über ein *erfahreneres, dynamischeres Unternehmertum* verfügte. Vor der Teilung des Subkontinents war das wirtschaftliche (und politische) Leben auch in den Gebieten des späteren Pakistan von Hindus dominiert gewesen, die als Händler, Kaufleute und Unternehmer fast alle Schlüsselpositionen innegehabt hatten. Das durch den Exodus der Hindus in den Jahren nach Gründung des Staates Pakistan entstandene Vakuum blieb in Ostpakistan weitgehend bestehen, während es in Westpakistan durch verschiedene aus Indien zugewanderte "business communities" (vor allem die Memons, Bohras, Khoja Isnaharis und Khoja Ismailis) ausgefüllt wurde [1]. Die Mitglieder dieser business communities waren im Gegensatz zu fast allen anderen Muslim-Gruppen, die als wenig aufgeschlossen, wenig pragmatisch, wenig modern geschildert werden, dynamische und risikobereite Geschäftsleute mit ausgeprägten unternehmerischen Fähigkeiten und langer unternehmerischer Erfahrung. Sie investierten bald auch in den Aufbau industrieller Produktionskapazitäten und stellten dann weitgehend das Industrieunternehmertum des Landes [2]. *Rahman* führt in diesem Sinne die raschere industrielle Entwicklung Westpakistans - etwas überschwänglich - zurück auf die "existence, in West Pakistan, of different classes of persons, practical-minded, experienced, hardworking, dedicated, adventurous, ready to face risk and uncertainty, keen to force their will to grow upon others and lead them forward; ... the presence of a group of leaders imbued with what T.S. Ashton calls 'the impulse to contrive' or rather to contrive 'purposefully', in order to forge ahead and carry the economy forward by breaking the bottlenecks, and smashing through the barriers which block the onward journey" [3].

---

1 Es war in Ostpakistan allerdings geringer, da ein größerer Teil der Hindus in Ostbengalen verblieb. Verschiedene Hindufirmen, einschließlich einiger wichtiger Textilbetriebe, blieben auch nach der Teilung des Subkontinents für längere Zeit in Händen von Hindus.

2 Vgl. insbesondere *Papanek, G.F.*, The Development of Entrepreneurship, in: AER, Papers and Proceedings, Vol. 52(1952), S. 46 ff.; *derselbe*, Pakistan's Industrial Entrepreneurs - Education, Occupational Background, and Finance, in: Development Policy II: The Pakistan Experience, *Falcon, W.P. und G.F. Papanek* (eds.), Cambridge/Mass., S. 237 ff.; *derselbe*, Pakistan's New Industrialists and Businessmen: Focus on the Memons, Paper presented to the Conference on Occupational Cultures in Changing South Asia, University of Chicago, May 15-16, 1970; *Gankovski, Y.V. und L.R. Gordon-Polonskaya*, A History of Pakistan 1947-1958, Moscow 1964, S. 115; *Lewis, S.R.*, Pakistan. Industrialization and Trade Policies, a.a.O., S. 44 ff. Zum Unternehmertum in Ostpakistan vgl. *Papanek, H.*, Entrepreneurs in East Pakistan, in: Bengal Change and Continuity, *Paul, R. und J.R. Beech* (eds.), Asian Studies Center, Michigan State University, South Asia Series, Occasional Paper No. 16, o.J., S. 119 ff.

3 Vgl. *Rahman, H.*, Growth Models and Pakistan. A Discussion of Planning Problems, Karachi 1962, S. 135 f.

5.34 Die I-Absorptionsfunktion

Die Wachstumsraten der privaten Investitionen sind in Abbildung 29 für Ost- und Westpakistan in Abhängigkeit von der relativen Höhe der Infrastrukturinvestitionen dargestellt. Unterstellt man eine durch die Regressionsgerade repräsentierte Kausalität zwischen den beiden Größen, so war die I-Absorptionsfunktion Westpakistans in dem Sinne günstiger als diejenige Ostpakistans, als der Einfluß der Infrastrukturinvestitionen auf das Wachstum der privaten Investitionen stärker war. Umgekehrt formuliert, setzte eine Beschleunigung der privaten Wirtschaftstätigkeit in Ostpakistan relativ höhere Infrastrukturinvestitionen voraus als in Westpakistan.

Auf einige der Ursachen für das relativ geringe Wachstum der privaten Investitionen Ostpakistans wurde bereits eingegangen. Es sei hinzugefügt, daß der für die Beschleunigung der privaten Investitionstätigkeit erforderliche finanzielle Aufwand für Infrastrukturinvestitionen in Ostpakistan auch deshalb relativ groß war, weil ein Teil dieser Investitionen aufgrund der *schwierigen topographischen und klimatischen Bedingungen* besonders kostspielig war.

5.4 Alternative Entwicklungsverläufe

5.41 Zur Anwendbarkeit des Erschließungs- und des Produktivitätsansatzes

Die bisherigen Ausführungen haben gezeigt, daß zwar vieles dafür spricht, daß die Infrastruktur in Ost- und Westpakistan von erheblicher Bedeutung für Produktivität und Wachstum des privaten Kapitals war, daß sich ein solcher Einfluß statistisch aber kaum nachweisen läßt: Die *Korrelationskoeffizienten* sind *zu gering*, als daß sich die vermuteten Kausalzusammenhänge eindeutig bestätigt fänden.

Für eine gründliche Analyse des Einflusses der Infrastruktur auf die private Wirtschaftstätigkeit bedürfte es *komplexerer Funktionen*, in denen zumindest die wichtigsten der im Produktivitäts- und Erschließungsansatz unter die ceteris-paribus-Klausel subsumierten Einflußgrößen, auf die die starke Streuung der Ursprungswerte um die Regressionsgeraden zurückzuführen war, explizit berücksichtigt werden. Daß hierzu die statistischen Grundlagen fehlen, braucht nicht besonders betont zu werden.

Wenn trotz der beschriebenen Unzulänglichkeiten versucht werden soll, den Einfluß der Infrastruktur auf die private Wirtschaftstätigkeit mit

Tabelle 41: Investitionsstruktur und Wachstumsrate der privaten Investitionen in Ost- und Westpakistan, 1951 - 1968 (zu Preisen von 1959/60)

"Jahr"	Ostpakistan		Westpakistan	
	τ'		τ'	β'
1951	0,76	-	0,50	-
1952	0,88	0,120	0,52	0,178
1953	0,89	0,151	0,62	0,110
1954	0,87	0,029	0,67	0,062
1955	0,80	0,003	0,68	-0,027
1956	0,89	-0,003	0,80	-0,069
1957	0,99	-0,013	0,88	-0,071
1958	1,12	0,095	1,00	-0,002
1959	1,09	0,210	0,83	0,332
1960	0,92	0,289	0,67	0,297
1961	1,04	0,148	0,60	0,342
1962	1,14	0,179	0,59	0,209
1963	1,10	0,278	0,63	0,141
1964	1,12	0,043	0,64	0,082
1965	1,01	0,121	0,61	0,038
1966	1,02	0,058	0,58	0,029
1967	1,13	-0,048	0,55	-0,023
1968	1,23	0,043	0,57	0,023

Quelle : Tabelle 39, 40.

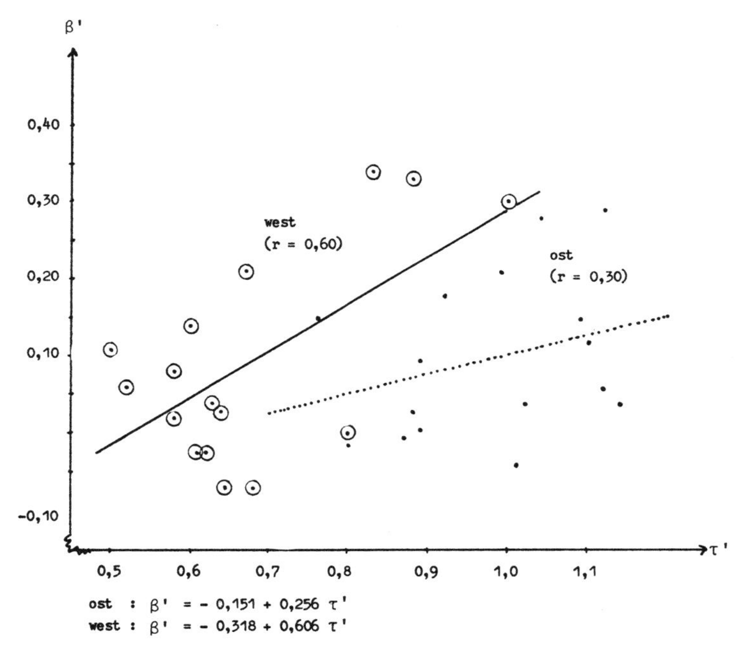

Quelle: Tabelle 41

Abbildung 29: I-Absorptionsfunktionen Ost- und Westpakistans, 1951-1968 (zu Preisen von 1959/60)

Hilfe des Produktivitätsansatzes oder des Erschließungsansatzes in das retrospektive Simulationsmodell einzuführen, so deshalb, weil die rückblickenden Simulationen der Ost-West-Entwicklung weniger dem konkreten Ziel dienen sollen, alternative Entwicklungsverläufe realistisch-exakt zu fixieren und damit genaue Auskunft auf die hypothetische Fragestellung zu geben, "was wäre gewesen, wenn ..." - dies ist aus grundsätzlichen sowie aus in der Natur solcher Modelle liegenden Gründen wie auch aufgrund der vorgenommenen statistischen und methodischen Vereinfachungen ohnehin nicht möglich - sondern vor allem dem allgemeineren Ziel, durch Aufzeigen der sich für Ost- und Westpakistan ergebenden Implikationen simulierter alternativer Entwicklungsverläufe *generelle Einsichten in grundlegende Zusammenhänge* zwischen den relevanten Größen, zu denen nun die im Produktivitäts- oder Erschließungsansatz berücksichtigten Variablen und Parameter hinzukommen, zu gewinnen.

Von den beiden Ansätzen erscheint der *Produktivitätsansatz* insofern als problematisch, als die unterstellte Linearität der Gesamtproduktivitätsfunktion besonders unrealistisch ist. Bei Verwendung dieser Funktion würde auch für den Fall (auf den die folgende Analyse weitgehend ausgerichtet ist), daß im Rahmen einer regionalpolitisch engagierten Infrastrukturpolitik über einen längeren Zeitraum in Ostpakistan weit höhere und in Westpakistan weit geringere Infrastrukturinvestitionen stattgefunden hätten, als es in der tatsächlichen Entwicklung der Fall war, für beide Landesteile eine gegenüber der tatsächlichen Entwicklung unveränderte (indirekte) Produktivität der Infrastrukturinvestitionen unterstellt. Tatsächlich ist aber aufgrund dessen, was bisher gesagt wurde, davon auszugehen, daß in diesem Falle die (indirekte) Produktivität der Infrastrukturinvestitionen entsprechend dem in der Gesamtproduktivitätskurve in Abbildung 27 ausgedrückten "Ertragsgesetz der Infrastruktur" in Ostpakistan (zunehmende "Sättigung" mit Infrastruktur) gesunken und in Westpakistan (zunehmende "Knappheit" an Infrastruktur) gestiegen wäre. Dieser Mangel dürfte für die Ergebnisse simulierter Entwicklungsverläufe so gravierend sein, daß aus diesem Grunde auf die Verwendung des - umfassenderen - Produktivitätsansatzes verzichtet werden muß.

Beim *Erschließungsansatz* bleibt - neben der allerdings weniger gravierenden Problematik der Linearität der Funktion der privaten Investitionen - vor allem das Problem der geringen empirischen Korrelation zwischen den beiden Variablen (relative Höhe der Infrastruktur-und Wachstumsrate der privaten Investitionen). Dieses Problem erscheint allerdings weniger gravierend, wenn man sich vor Augen führt, daß beim Erschließungsansatz die Funktion von Infrastrukturinvestitionen in der Erschließung von Investitions*möglichkeiten* für den privaten Sektor besteht [1] und daß nur aus Gründen der Einfachheit angenommen wurde, daß diese jeweils entsprechend der Funktion der privaten Investitionen, die im folgenden aus Gründen der Einfachheit ebenfalls als 'Absorptionsfunktion' bezeichnet werden soll, voll ausgenutzt werden [2]. In der Realität Ost- und Westpakistans, so könnte man sagen, war der Ausnutzungsgrad jedoch erheblichen Fluktuationen unterworfen aufgrund der Tatsache, daß verschiedene Restriktionen, wie z.B. die Verfügbarkeit von Devisen für den Import von Maschinen und Ersatzteilen, in den einzelnen Jahren in unterschiedlichem Maße wirksam waren.

Verzichtet man nun aus Gründen der Verfügbarkeit statistischer Daten darauf, diese Restriktionen explizit einzuführen, so läßt sich die Absorptionsfunktion (Funktion des *potentiellen* Wachstums der privaten Investitionen) schlechterdings nicht quantifizieren. Die Wahl der Parameter ist insofern relativ willkürlich, als sie von Annahmen darüber abhängig ist, in welchem Maße die durch die Infrastruktur geschaffene Absorptionskapazität der beiden Landesteile für private Investitionen in der tatsächlichen Entwicklung ausgeschöpft war.

Auf diese Willkürlichkeit sei besonders hingewiesen, bevor im folgenden trotz der genannten Bedenken der *Erschließungsansatz in das retrospektive Simulationsmodell eingeführt* wird. Ferner sei betont, daß die damit verbundene Außerachtlassung des Produktivitätseffektes der Infrastruktur nicht unproblematisch ist; in Kapitel 5.463 wird deshalb zumindest verbal diskutiert, wie sich die Modellergebnisse bei Einbeziehung dieses Effektes tendenziell verändern würden.

5.42 Die erweiterte Version des retrospektiven Simulationsmodells

Die erweiterte Version des retrospektiven Simulationsmodells unterscheidet sich vom Grundmodell dadurch, daß sie zusätzlich durch Einführung des "Erschließungsansatzes" die Wirkungen der Infrastrukturinvestitionen auf die Höhe der privaten Investitionen berücksichtigt.

An die Stelle der Gleichung des Grundmodells:

$$(3) \quad Y_{t,j} = Y_{t-1,j} + \sigma'_{t,j} \cdot I_{t-1,j}$$

treten die Gleichungen:

---

1 Vgl. Kapitel 2.31, S. 57

2 Vgl. Kapitel 2.32, S. 61 f.

$$(3a) \quad Y_{t,j} = Y_{t-1,j} + \sigma'^{p}_{t,j} \cdot I^{p}_{t-1,j}$$

$$(17) \quad I^{p}_{t,j} \leq I^{p,max}_{t,j}$$

$$(18) \quad I^{p,max}_{t,j} = I^{p,max}_{t-1,j} (1-\omega_j) + \xi_j \cdot I^{ö}_{t-1,j}$$

$$(19) \quad I_{t,j} = I^{ö}_{t,j} + I_{t,j} \quad .$$

Aufgrund von Gleichung (17) enthält das Modell nun pro Periode und Region einen Freiheitsgrad, der im folgenden mit Hilfe einer zusätzlichen Gleichung (Gleichung 20 bzw. 21) beseitigt wird.

Es stellt sich nun die Frage nach der Bestimmung der *Absorptionsfunktion Ost- und Westpakistans* bzw. ihrer Parameter (Gleichung *(18)*) sowie nach dem Verhältnis von tatsächlichen und maximalen privaten Investitionen (Gleichung *(17)*); beide Aspekte sind eng miteinander verknüpft.

(a) Geht man davon aus, daß die *Infrastruktur* in der tatsächlichen Entwicklung einen derartigen *Engpaß* darstellte, daß höhere private Investitionen entsprechend höhere Infrastrukturinvestitionen vorausgesetzt hätten, während geringere Infrastrukturinvestitionen auch nur geringere private Investitionen zugelassen hätten, so ist die Absorptionsfunktion so zu bestimmen, daß die durch sie definierte Absorptionskapazität für private Investitionen für den "Basisfall" in etwa der tatsächlichen Höhe der privaten Investitionen entspricht, während gleichzeitig für die zu simulierenden Entwicklungsverläufe die Identität von tatsächlichen und maximalen privaten Investitionen:

$$(20) \quad I^{p,max}_{t,j} - I^{p}_{t,j} = 0$$

zu postulieren ist.

(b) Geht man demgegenüber davon aus, daß die *Infrastruktur* in der tatsächlichen Entwicklung insofern *keinen Engpaß* darstellte, als die durch sie geschaffene Absorptionskapazität für private Investitionen nicht ausgeschöpft war und bei alternativen Entwicklungsverläufen auch nicht ausgeschöpft worden wäre, so ist die Absorptionsfunktion so zu bestimmen, daß Gleichung (20) bei keiner der Simulationen erfüllt und damit Gleichung (17) zusammen mit Gleichung (18) redundant wird. Unterstellt man diesen Fall für eine der beiden Regionen [1], so behält das Modell

1 Die Annahme, daß dieser Fall für beide Regionen zutrifft, ließe den

für jede Periode einen Freiheitsgrad: Das Verhältnis zwischen öffentlichen und privaten Investitionen ist nicht determiniert. Um den Freiheitsgrad zu eliminieren, bietet es sich an, die zusätzliche Bedingung einzuführen, daß das Verhältnis von öffentlichen zu privaten Investitionen für die Gesamtwirtschaft gegenüber der tatsächlichen Entwicklung unverändert bleibt [1]:

$$(21) \qquad I^{ö}_{t,j} + I^{ö}_{t,k} = \nu(I_{t,j} + I_{t,k}) \; .$$

Bei der empirischen Analyse der Infrastruktur Ost- und Westpakistans wurde der Engpaßcharakter der Infrastruktur für Ostpakistan besonders deutlich. Während einiges dafür spricht, daß die fiktive, durch die Höhe der Infrastrukturinvestitionen determinierte Absorptionskapazität für private Investitionen in Ostpakistan mehr oder weniger ausgeschöpft war, erscheint die Antwort im Falle Westpakistans schwieriger.

In den folgenden Abschnitten werden zwei Varianten der erweiterten Version des retrospektiven Simulationsmodells, Variante A und Variante B, untersucht.

Variante A: Es wird davon ausgegangen, die Absorptionskapazität Ostpakistans sei in der tatsächlichen Entwicklung ausgeschöpft gewesen, während dies für Westpakistan nicht der Fall war. In Westpakistan sei der Spielraum für private Investitionen so groß gewesen, daß Westpakistan auch bei (im Rahmen der nachfolgenden Simulationen unterstellten) geringeren Infrastrukturinvestitionen stets die postulierten privaten Investitionen hätte realisieren können. (Fall (a) für Ostpakistan, Fall (b) für Westpakistan.)

Variante B: In bezug auf die Ausschöpfung der Absorptionskapazität wird für Westpakistan dieselbe Annahme gemacht wie für Ostpakistan, d.h. es wird unterstellt, daß die Infrastruktur auch in Westpakistan einen derartigen Engpaß darstellte, daß sich eine Reduzierung der Infrastrukturinvestitionen Westpakistans restriktiv auf die Höhe der privaten Investitionen dieses Landesteiles ausgewirkt hätte. (Fall (a) für Ostpakistan und für Westpakistan.)

---

ganzen Erschließungsansatz überflüssig werden; sie ist theoretisch und empirisch (Ostpakistan - Westpakistan) ohne Belang.

1 Hierfür sprechen vor allem institutionelle Gründe. Es erscheint im Rahmen der vorliegenden Arbeit sinnvoll, den ordnungspolitischen Rahmen der Entwicklungspolitik Pakistans mit seinen Ausprägungen im institutionellen, vor allem im steuerpolitischen und haushaltspolitischen Bereich und damit die Relation von öffentlichen und privaten Investitionen als gegeben anzunehmen.

Im Rahmen der erweiterten Version des retrospektiven Simulationsmodells lassen sich mit Hilfe der zusätzlichen Gleichungen:

(22) $$I^{ö}_{t,j} = \theta (I^{ö}_{t,j} + I^{ö}_{t,k})$$

bzw.

$$I^{ö}_{t,k} = (1-\theta) \cdot (I^{ö}_{t,j} + I^{ö}_{t,k})$$

oder

(22a) $$\theta = \frac{I^{ö}_{t,j}}{I^{ö}_{t,j} + I^{ö}_{t,k}}$$

bzw.

$$(1-\theta) = \frac{I^{ö}_{t,k}}{I^{ö}_{t,j} + I^{ö}_{t,k}}$$

die für die Realisierung der bisher im Rahmen des Grundmodells simulierten Fälle I bis III erforderlichen Anteile der Regionen an den Infrastrukturinvestitionen des Landes als endogene Variable errechnen [1].

5.43 Bestimmung der Parameterwerte (Variante A)

Für die Simulationen im Rahmen der erweiterten Version des retrospektiven Modells, Variante A, werden Werte für die Parameter σ'^{p} (Ost- und Westpakistan), ν (Pakistan), ω und ξ (Ostpakistan) benötigt. In bezug auf die beiden erstgenannten Parameter wird im folgenden von der ceteris-paribus-Annahme ausgegangen, d.h. es wird unterstellt, daß im Rahmen der simulierten Entwicklungsverläufe in jedem Jahr sowohl die Gesamtproduktivitäten der privaten Investitionen in beiden Landesteilen als auch die Zusammensetzung der Investitionen des Landes gegenüber der tatsächlichen Entwicklung unverändert geblieben wären. Die Werte sind in Tabelle 42, Spalte 2 und 3, wiedergegeben.

Was die Parameter der *Absorptionsfunktion Ostpakistans* betrifft, so erscheint es hier sinnvoller, nicht die stark schwankenden Werte der tatsächlichen Entwicklung (vgl. Tabelle 42, Spalte 4 und 5) zu übernehmen, sondern eine zeitinvariante Funktion zu unterstellen.

---

1 Die erweiterte Version des retrospektiven Simulationsmodells, Variante B, enthält damit gegenüber dem Grundmodell pro Periode und Region in 5 zusätzlichen Gleichungen ((17) - (20), (22)) 7 zusätzliche Variable, von denen 2 ($I^{p,max}_{t-1}$, $I^{ö}_{t-1}$) verzögert-endogen und 5 ($I^{ö}_{t}$, I^{p}_{t}, $I^{p,max}_{t}$, θ und die Schlupfvariable) endogen sind. Sie enthält also ins-

Tabelle 42: Erweiterte Version des retrospektiven Simulationsmodells, Variante A: Ausprägung der relevanten Parameter in der tatsächlichen Entwicklung, Ost- und Westpakistan, 1951-1968

"Jahr"	Gesamtproduktivität der privaten Investitionen	Anteil der öff. an gesamten Investitionen Pakistans [a]	Parameter der Absorptionsfunktion $I^p_t = I^p_{t-1}(1-w) + \xi I^ö_{t-1}$		Anteil an öffentlichen Investitionen Pakistans
	σ'^P	ν [a]	ω [a]	ξ [a]	θ [a]
(1)	(2)	(3)	(4)	(5)	(6)
		OSTPAKISTAN			
1951		-	5	22,5	67,3
1952	1,04	-	5	22,9	66,0
1953	0,84	-	5	8,9	68,7
1954	0,52	-	5	6,1	71,4
1955	0,61	-	5	5,8	72,5
1956	0,58	-	5	4,2	72,6
1957	0,73	-	5	14,6	71,3
1958	1,14	-	5	23,3	69,2
1959	1,28	-	6	30,7	67,7
1960	1,41	-	5	21,5	67,2
1961	1,14	-	5	22,0	65,5
1962	1,25	-	5	28,7	63,3
1963	1,05	-	5	8,4	63,2
1964	0,89	-	5	15,3	63,9
1965	0,97	-	5	10,7	63,6
1966	0,79	-	5	0,2	61,3
1967	0,86	-	5	8,3	58,5
1968	0,83	-	5	-	56,5
		WESTPAKISTAN [b]			
1951		36,1	-	-	32,7
1952	0,67	37,7	-	-	34,0
1953	0,62	40,6	-	-	31,3
1954	0,56	41,8	-	-	28,6
1955	0,57	41,4	-	-	27,5
1956	0,55	45,4	-	-	27,4
1957	0,60	47,8	-	-	28,7
1958	0,56	50,8	-	-	30,8
1959	0,74	47,3	-	-	32,3
1960	0,68	42,5	-	-	32,8
1961	0,65	41,5	-	-	34,5
1962	0,68	41,7	-	-	36,7
1963	0,62	42,9	-	-	36,8
1964	0,57	31,4	-	-	36,1
1965	0,58	41,8	-	-	36,4
1966	0,52	41,0	-	-	38,7
1967	0,52	41,3	-	-	41,5
1968	0,56	42,6	-	-	43,5

a) in v.H. - b) Die Werte in Spalte (3) beziegen sich nicht auf Westpakistan, sondern auf Gesamtpakistan.

Quellen: Tabelle 26, 39.

Geht man davon aus, daß die durch die Infrastrukturinvestitionen gegebene Absorptionskapazität für private Investitionen in Ostpakistan in der tatsächlichen Entwicklung in etwa ausgeschöpft war, so sind die Werte für die Parameter ω und ξ in der Weise zu wählen, daß nach Vorgabe der tatsächlichen Infrastrukturinvestitionen die resultierenden jährlichen Absorptionskapazitäten für private Investitionen jeweils auch etwa der tatsächlich realisierten Höhe der privaten Investitionen entsprechen.

Die tatsächliche Entwicklung der privaten Investitionen Ostpakistans ist in Abbildung 30 dargestellt. Unter der obigen Annahme läßt sich die Absorptionsfunktion, wie durch längeres Experimentieren herausgefunden wurde, am besten durch die Werte 0,05 für ω und 0,18 für ξ rekonstruieren. Die Funktion sei als *Absorptionsfunktion A* bezeichnet; die aus ihr für die tatsächliche Entwicklung resultierende Absorptionskurve ist in Abbildung 30 als Kurve $I^{p,max}(A)$ dargestellt. Ob durch diese Kurve die "tatsächliche" Absorptionskapazität auch nur einigermaßen adäquat wiedergegeben ist, muß natürlich offen bleiben. Die Antwort auf diese Frage hängt sowohl vom Realitätsgehalt der These, daß die Absorptionskapazität tatsächlich bis Mitte der 60er Jahre in etwa ausgeschöpft war, als auch vom Realitätsgehalt des hier unterstellten Zusammenhanges zwischen Infrastrukturinvestitionen und Absorptionskapazität für private Investitionen ab.

Nimmt man alternativ für ξ einen Wert von 0,20 an, so ergibt sich bei dieser *Absorptionsfunktion B* für jedes Jahr eine höhere Absorptionskapazität, die in der Abbildung durch die Kurve $I^{p,max}(B)$ dargestellt ist. Noch größer ist die Absorptionskapazität bei *Absorptionsfunktion C*, für die ein ξ von 0,20 und ein ω von 0,03 angenommen wurden. Wie "optimistisch" Absorptionsfunktion C ist, zeigt die Tatsache, daß sie impliziert, ohne größere Infrastrukturinvestitionen als die tatsächlichen sei für die privaten Investitionen statt der tatsächlichen Wachstumsrate von 9,5 % (und statt der 11,6 %igen Wachstumsrate von Absorptionsfunktion A) eine solche von 13 % möglich gewesen [1].

---

gesamt pro Periode 36 Gleichungen in 36 endogenen Variablen. Für alle 17 Perioden zusammengenommen beläuft sich die Anzahl der Gleichungen und endogenen Variablen auf 612.

1 Die drei Absorptionsfunktionen lauten, umgewandelt in I-Absorptionsfunktionen des Produktivitätsansatzes:
A: $\beta' = -0{,}05 + 0{,}18\ \tau'$
B: $\beta' = -0{,}05 + 0{,}20\ \tau'$
C: $\beta' = -0{,}03 + 0{,}20\ \tau'$;
auf ihre nachträgliche Einzeichnung in Abbildung 29 wurde aus Gründen der Klarheit verzichtet.

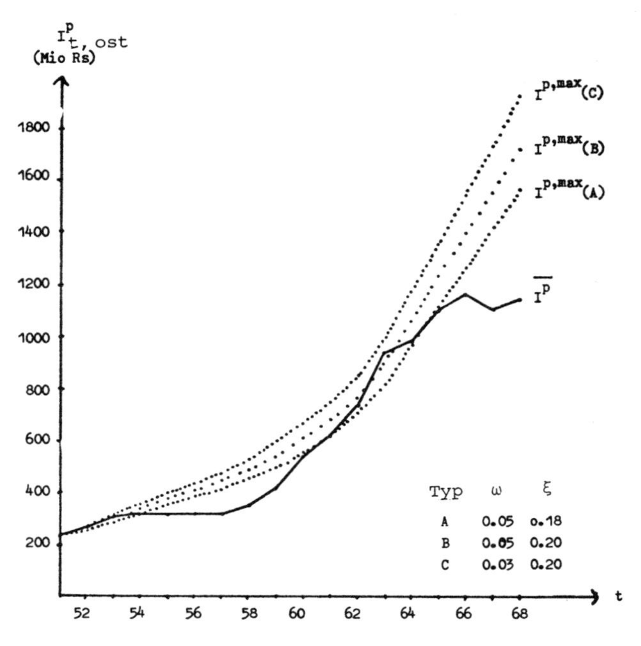

Quelle: Tabelle 26

Abbildung 30: Erweiterte Version des retrospektiven Simulationsmodells - Zur Bestimmung der Absorptionsfunktion Ostpakistans

5.44 Die alternativen Entwicklungsverläufe des Grundmodells im Lichte der erweiterten Version des retrospektiven Simulationsmodells

Es sei nun zu der in Kapitel 5.1 gestellten Frage zurückgekehrt, ob die im Rahmen des Grundmodells implizit gemachte Annahme gegenüber der tatsächlichen Entwicklung unveränderter Relationen von öffentlichen zu privaten Investitionen realistisch ist. Die Frage kann auch so formuliert werden, ob die im Rahmen der simulierten Entwicklungsverläufe I bis III implizit unterstellten privaten Investitionen Ostpakistans mit Hilfe der implizit unterstellten Infrastrukturinvestitionen hätten realisiert werden können, wenn man für Ostpakistan die im vorangegangenen Abschnitt definierten Absorptionsfunktionen unterstellt.

Zur Beantwortung dieser Frage wurde Fall II des Grundmodells im Rahmen der erweiterten Version des retrospektiven Modells, Variante A, neu simuliert. Der Fall wird je nach der unterstellten Absorptionsfunktion als "Fall II'(A)", "Fall II'(B)" oder "Fall II'(C)" bezeichnet.

Die wichtigsten Ergebnisse dieser Simulationen sind in Abbildung 31 dargestellt. Hier sind für Ostpakistan zum einen die *privaten Investitionen*

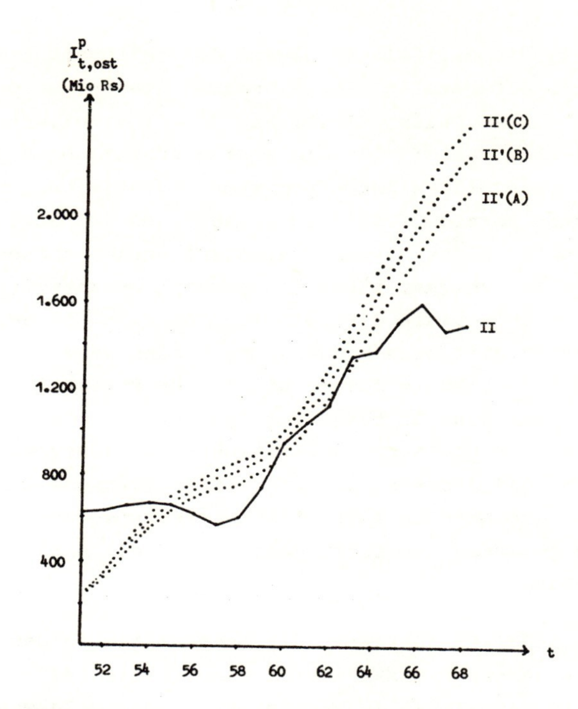

Quelle: Tabelle 42; ANHANG IV, Tabelle 2; Computerberechnungen

Abbildung 31: Retrospektives Simulationsmodell - Private Investitionen Ostpakistans: Fall II und Fall II' (A) bis II' (C)

Tabelle 43 : Retrospektives Simulationsmodell: Infrastrukturinvestitionen Ostpakistans: Fall II und Fall II'(A) bis II'(C)

"Jahr"	Infrastrukturinvestitionen Ostpakistans							
	in Mio Rs				in v.H. der Infrastrukturinvestitionen Pakistans			
	II	II'(A)	II'(B)	II'(C)	II	II'(A)	II'(B)	II'(C)
1951	465	558	558	558	75	100	100	100
1952	556	704	704	704	71	100	100	100
1953	574	747	736	712	61	84	83	80
1954	576	639	622	589	57	65	63	60
1955	523	493	469	432	54	54	50	46
1956	550	436	405	368	52	42	39	35
1957	563	371	332	296	51	35	31	28
1958	666	472	429	396	53	37	34	31
1959	799	698	653	623	55	49	46	44
1960	866	894	848	817	55	58	55	53
1961	1.091	1.105	1.057	1.023	55	60	57	55
1962	1.289	1.232	1.180	1.137	54	54	52	50
1963	1.497	1.504	1.450	1,402	52	54	52	50
1964	1.533	1.350	1.286	1.226	50	45	43	41
1965	1.534	1.340	1.268	1.204	50	44	42	40
1966	1.636	1.385	1.308	1.245	52	45	43	41
1967	1.664	1.143	1.554	986	54	39	36	33
1968	1.846	1.279	1.182	1.121	55	39	36	33

Quellen : Tabelle 42; ANHANG IV, Tabelle 2; Computerberechnungen (Fall II'(A) bis II'(C)).

eingezeichnet, die bei Fall II (keine Absorptionsfunktion für Ostpakistan) implizit unterstellt [1], zum anderen diejenigen privaten Investitionen, die bei den Fällen II'(A) bis II'(C) simuliert werden. Es zeigt sich, daß die bei Fall II für die ersten fünf "Jahre" des Betrachtungszeitraumes unterstellten hohen privaten Investitionen unter den Annahmen der erweiterten Version (Variante A) aufgrund des unzureichenden Ausbaus der Infrastruktur nicht hätten realisiert werden können. Wie die Kurven für die Fälle II' zeigen, hätte die Absorptionskapazität für private Investitionen erst im Laufe der Zeit (in dem Maße, in dem entsprechende Infrastrukturinvestitionen vorgenommen worden wären) erhöht werden können. Dies gilt unabhängig davon, welche Absorptionsfunktion angenommen wird. Fall II muß also in bezug auf das für die ersten fünf Jahre unterstellte Niveau der privaten Investitionen als außerordentlich unrealistisch gelten. Daß diese ersten fünf Jahre aufgrund der von den privaten Investitionen ausgehenden Multiplikatorwirkungen von besonderer Bedeutung für den gesamten Entwicklungsverlauf sind, braucht nicht besonders betont zu werden [2].

Die *Infrastrukturinvestitionen*, die Ostpakistan in den Fällen II' zur Steigerung der Absorptionskapazität für private Investitionen benötigt hätte, sind in Tabelle 43 im Vergleich zu den im Rahmen von Fall II unterstellten wiedergegeben. Sie liegen für die ersten Jahre weit über den letzteren. Wie hoch diese Investitionen hätten sein müssen, zeigen die Anteile an den Infrastrukturinvestitionen Gesamtpakistans, die ebenfalls in Tabelle 43 wiedergegeben sind. Für die ersten beiden Jahre wird ein Anteil von 100 % impliziert. Dieses Ergebnis kommt dadurch zustande,

---

1 Wie in Kapitel 5.1 ausgeführt wurde, impliziert die Annahme gegenüber der tatsächlichen Entwicklung unveränderter Produktivitäten der Gesamtinvestitionen bei konstanten Grenzproduktivitäten der beiden Investitionsarten auch eine unveränderte Relation zwischen öffentlichen und privaten Investitionen. Aufgrund dieser Relation wurden die privaten und öffentlichen Investitionen für Fall II nachträglich errechnet.

2 Auf die aus den Fällen II' resultierenden Entwicklungsverläufe Ost- und Westpakistans braucht nicht im einzelnen eingegangen zu werden. Bei Fall II'(A) verschärft sich die regionale Disparität der Pro-Kopf-Einkommen zunächst, statt wie in Fall II von vornherein zurückzugehen. Sie liegt auch danach für jedes Jahr über derjenigen von Fall II, wobei sich die Differenz allerdings in den letzten Jahren, für die für Ostpakistan schon bei Fall II'(A) außerordentlich hohe private Investitionen simuliert werden (vgl. Abbildung 31), wieder verringert. Hierbei wird deutlich, daß die Annahme der einfachen Absorptionsfunktion ohne Berücksichtigung der zusätzlichen Determinanten der privaten Investitionstätigkeit, die in der tatsächlichen Entwicklung in der zweiten Hälfte der sechziger Jahre zu einer beträchtlichen Diskrepanz zwischen der theoretischen, durch die einfache Absorptionsfunktion definierten Absorptionskapazität und der tatsächlichen Höhe der privaten Investitionen führten, nicht unproblematisch ist.

daß Ostpakistan, um die zur Verfügung stehenden Investitionsmittel absorbieren zu können, bei noch geringer Absorptionskapazität für private Investitionen außerordentlich hohe Infrastrukturinvestitionen hätte tätigen "müssen".

Daß die für die ersten Jahre simulierte regionale Verteilung der Infrastrukturinvestitionen *unrealistisch* ist, liegt auf der Hand. Es wäre möglicherweise sinnvoller gewesen, für Westpakistan einen Mindestanteil an den Infrastrukturinvestitionen Pakistans oder absolute Mindestbeträge an Infrastrukturinvestitionen zu unterstellen. Entscheidend ist hier die Erkenntnis, daß, wenn der Anteil Ostpakistans an den Infrastrukturinvestitionen des Landes in den ersten Jahren, wie sinnvollerweise anzunehmen ist, geringer gewesen wäre als bei den Fällen II' postuliert, die Absorptionskapazität für private Investitionen noch geringer gewesen wäre, wodurch die in Fall II simulierten privaten Investitionen noch unrealistischer erscheinen, als dies beim Vergleich mit den Fällen II' ohnehin schon der Fall ist.

Die obigen Ausführungen gelten, wie unmittelbar einleuchtet und auch durch entsprechende Simulationen bestätigt wurde, in geringerem Maße für Fall I und Fall I', in noch stärkerem Maße für Fall III und Fall III'.

5.45 Der Einfluß der regionalen Verteilung der Infrastrukturinvestitionen auf die Regionalentwicklung

5.451 Anteil Ostpakistans an den Infrastrukturinvestitionen und Disparität der Pro-Kopf-Einkommen

Aus den obigen Ausführungen ließ sich bereits entnehmen, daß eine Politik, die die regionale Verteilung der Infrastrukturinvestitionen von bestimmten *Vorstellungen über die Vermeidung oder Herbeiführung interregionaler Devisen- und Ressourcentransfers sowie über die regionale Allokation der Kapitalimporte* abhängig gemacht hätte, unter regionalpolitischem Aspekt wenig sinnvoll gewesen wäre; sie hätte gewissermaßen "den Karren vor den Gaul gespannt".

Im folgenden soll deshalb die *regionale Verteilung der Infrastrukturinvestitionen* (θ) als Instrumentvariable behandelt werden, während der interregionale Devisentransfer (D) gleich Null gesetzt und die regionale Allokation der Kapitalimporte aus dem Ausland (λ) "endogenisiert" wird. Ziel dieser Simulationen ist es zu quantifizieren, welchen Einfluß eine auf regionalen Ausgleich gerichtete *Infrastrukturpolitik* auf die *Entwicklung der regionalen Verteilung* gehabt und welche *Implikationen* sich in bezug auf die Entwicklung der *wichtigsten anderen Variablen* ergeben hätten. Die Untersuchung unterstellt weiterhin Variante A und geschieht im Rahmen von "Fall IV".

Fall IV: Ostpakistan erhält einen bestimmten Anteil an den Infrastrukturinvestitionen des Landes, der für jedes Jahr als gleich groß angenommen wird. Gleichzeitig wird unterstellt, daß alle Maßnahmen, einschließlich einer entsprechenden Devisenzuteilung, ergriffen werden, um es Ostpakistan zu ermöglichen, diejenigen privaten Investitionen zu realisieren, die bei der gegebenen Absorptionsfunktion aufgrund der Infrastrukturinvestitionen grundsätzlich möglich sind.

Es werden alternativ die Absorptionsfunktionen A, B und C unterstellt. Der Anteil Ostpakistans an den Infrastrukturinvestitionen des Landes wird systematisch in Intervallen von 5 Prozentpunkten von 30 % bis 70 % variiert. Wird Absorptionsfunktion A und ein Anteil Ostpakistans an den Infrastrukturinvestitionen von 30 % unterstellt, so sei der Fall als "Fall IV(A-0,3)" bezeichnet, usw.

Die wichtigsten Ergebnisse der so simulierten Entwicklungsverläufe sind in Abbildung 32 zusammengefasst. Die Abbildung zeigt in ihrem unteren Teil schematisch den Zusammenhang zwischen dem *Anteil Ost-*

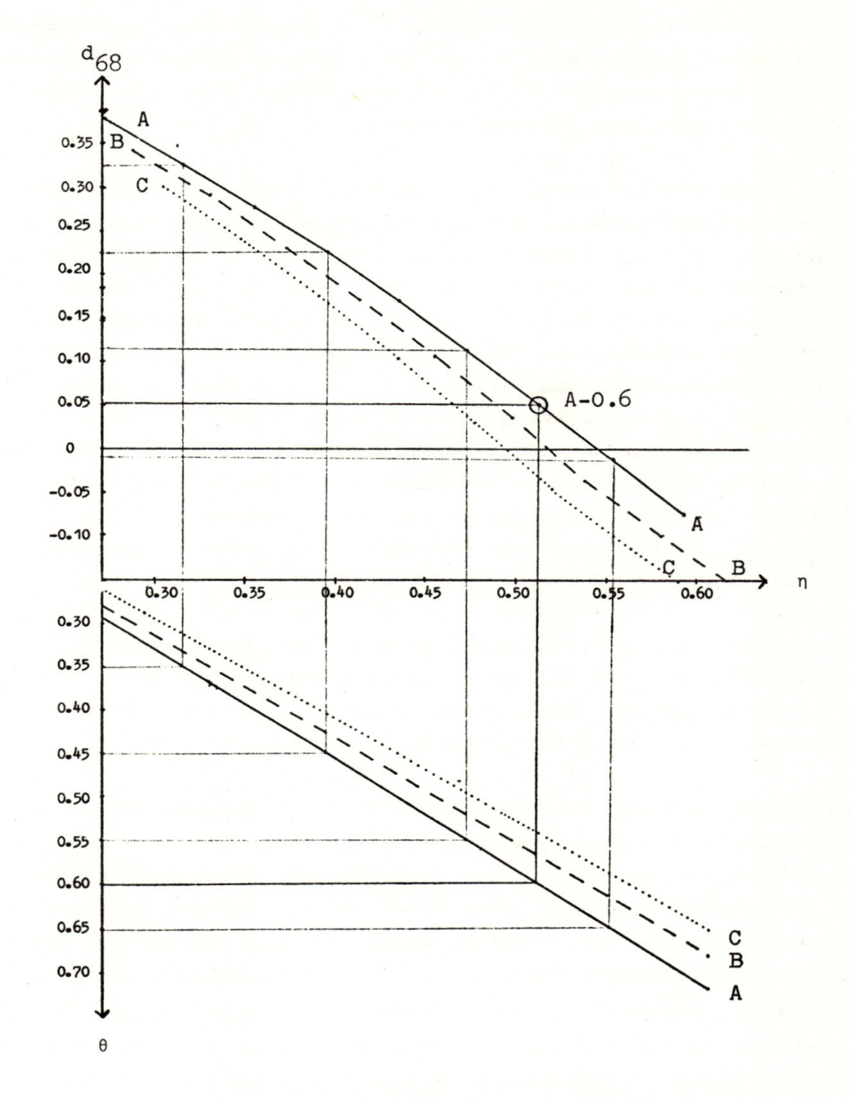

θ = jährlicher Anteil Ostpakistans an den Infrastrukturinvestitionen Pakistans

η = durchschnittlicher Anteil Ostpakistans an den privaten Investitionen Pakistans

d_{68} = Disparität der Pro-Kopf-Einkommen zwischen Ost- und Westpakistan im Jahre 1968 (negatives Vorzeichen: Disparität zugunsten Ostpakistans)

Abbildung 32: Erweiterte Version des retrospektiven Simulationsmodells - Anteil Ostpakistans an den Infrastrukturinvestitionen, an den privaten Investitionen und Disparität der Pro-Kopf-Einkommen Ost- und Westpakistans: Fall IV (A), IV (B) und IV (C)

pakistans an den Infrastrukturinvestitionen einerseits und dem dadurch ermöglichten *Anteil an den privaten Investitionen* andererseits. In ihrem oberen Teil ist der Zusammenhang zwischen dem letzteren und der bei gegebenen Kapitalproduktivitäten und Sparquoten resultierenden *regionalen Einkommensverteilung (Disparität der Pro-Kopf-Einkommen) am Ende des Betrachtungszeitraumes* dargestellt.

Aus der Abbildung ist ersichtlich, daß die Disparität der Pro-Kopf-Einkommen relativ sensibel auf *Veränderungen in der regionalen Verteilung der Infrastrukturinvestitionen* reagiert. Die Disparität der Pro-Kopf-Einkommen betrug im "Basisjahr" 1951 14,7 %. Unterstellt man Absorptionsfunktion A und einen jährlichen Anteil Ostpakistans an den Infrastrukturinvestitionen von 30 %, so erhöht sich die Disparität der Pro-Kopf-Einkommen bis zum "Jahr" 1968 auf rund 37,3 %, was in etwa der tatsächlichen Entwicklung (38,1 %) entspricht[1]. Ein Anteil Ostpakistans an den Infrastrukturinvestitionen von 45 % führt bis zum Jahre 1968 zu einer Erhöhung der Einkommensdisparität auf 22,5 %, ein solcher von 55 % bereits zu einem leichten Rückgang auf 11,3 %. Ein Anteil von 70 % hat die Entstehung einer umgekehrten Disparität zur Folge, die sich für 1968 auf -7,4 % beläuft.

Sehr sensibel reagiert das Modell auch auf die *Variation der Absorptionsfunktion.* So ermöglicht bei Absorptionsfunktion C ein Anteil von 45 % bereits einen Rückgang der Disparität auf 10,5 %, ein solcher von 55 % einen Rückgang auf -4,5 % (vgl. Abbildung 32).

Interpretiert man die tatsächliche Entwicklung genauso vereinfacht, wie das Modell die alternativen Entwicklungsverläufe simuliert, so könnte man sagen, daß die Infrastrukturinvestitionen Ostpakistans mit 30 % (fünfziger Jahre) bzw. 37 % (sechziger Jahre) der Infrastrukturinvestitionen Pakistans zu gering waren, als daß die private Wirtschaftstätigkeit soweit hätte ausgedehnt werden können, daß eine Verschärfung des regionalen Ungleichgewichts vermieden worden wäre. Unter den Bedingungen des Modells und unter der Annahme von Absorptionsfunktion A (deren Unterstellung, wie bereits ausgeführt wurde, am re-

---

1 In der tatsächlichen Entwicklung belief sich der Anteil Ostpakistans an den Infrastrukturinvestitionen des Landes in den fünfziger Jahren auf durchschnittlich 30 %, in den sechziger Jahren auf 37 % (vgl. Tabelle 42). Wenn trotzdem im Rahmen der Simulation ein durchschnittlicher jährlicher Anteil von 30 % (sowohl für die fünfziger als auch für die sechziger Jahre) zu einem Ergebnis führt, das weitgehend dem der tatsächlichen Entwicklung entspricht, so deshalb, weil schon die Absorptionsfunktion A eine für (das produktivere) Ostpakistan günstigere Relation von privaten zu öffentlichen Investitionen impliziert, als in der tatsächlichen Entwicklung anzutreffen war (vgl. die "slacks" in Abbildung 30).

alistischsten erscheint), hätte der Anteil Ostpakistans an den Infrastrukturinvestitionen des Landes mindestens 50 % betragen müssen, um eine Verschärfung der Einkommensdisparität zu verhindern. Wären die Infrastrukturinvestitionen im Verhältnis der Bevölkerungsanteile auf Ost- und Westpakistan verteilt worden, so wäre zwar eine Verschärfung des regionalen Ungleichgewichts verhindert, aber keine entscheidende Verbesserung erzielt worden. *Um das regionale Ungleichgewicht bis zum Ende des Betrachtungszeitraumes zu beseitigen, hätte Ostpakistan, folgt man den Ergebnissen des Modells, mindestens 60 bis 65 % der Infrastruktur-strukturinvestitionen des Landes erhalten müssen* - ein außerordentlich hoher Anteil, dessen Realisierung in der Realität auf eine Vielzahl von Hindernissen gestoßen wäre, auf die im Rahmen der vorliegenden Arbeit allerdings - mit einer entscheidenden Ausnahme (personale Absorptionskapazität für Infrastrukturinvestitionen)-nicht im einzelnen eingegangen werden kann.

5.452 Implikationen einer auf regionalen Ausgleich gerichteten Infrastrukturpolitik

Um die wichtigsten Implikationen einer disparitätsvermindernden Infrastrukturpolitik aufzuzeigen, sei im folgenden der für Fall IV(A-O,6) simulierte Entwicklungsverlauf analysiert.

Im Rahmen von Fall IV(A-O,6) wird, wie Abbildung 33 zeigt, eine allmähliche Annäherung der *Pro-Kopf-Einkommen* Ost- und Westpakistans erreicht, deren Disparität bis zum Jahre 1968 auf etwa 5 % abgebaut werden kann. Für die ersten Jahre ist allerdings - analog zur tatsächlichen Entwicklung - ein Anstieg der Disparität unvermeidbar, weil sich die höheren Infrastrukturinvestitionen Ostpakistans erst mit einem lag von zwei Jahren in einem entsprechend höheren Regionalprodukt niederschlagen. Es sei betont, daß auch dieser lag noch unrealistisch kurz ist. Erst ab 1957 ist ein Rückgang der Einkommensdisparität zu verzeichnen, die 1960 erstmals ihr Ausgangsniveau von 15 % unterschreitet.

Etwas günstiger verläuft die Entwicklung der *gesamten Güterverwendung.* In den ersten Jahren ist die Pro-Kopf-Disparität allerdings auch hier noch größer als bei den Pro-Kopf-Einkommen, weil Ostpakistan - im Gegensatz zum kapitalimportierenden Westpakistan - Kapital exportiert. Ostpakistan erhält zwar zur Finanzierung seiner hohen Infrastrukturinvestitionen einen hohen Anteil an den öffentlichen Importen (wobei die Importe im Modell allerdings nicht in die öffentliche und private Komponente zerlegt sind), seine Absorptionskapazität für private Investitionen ist anfangs aber noch so gering, daß es selbst unter Ein-

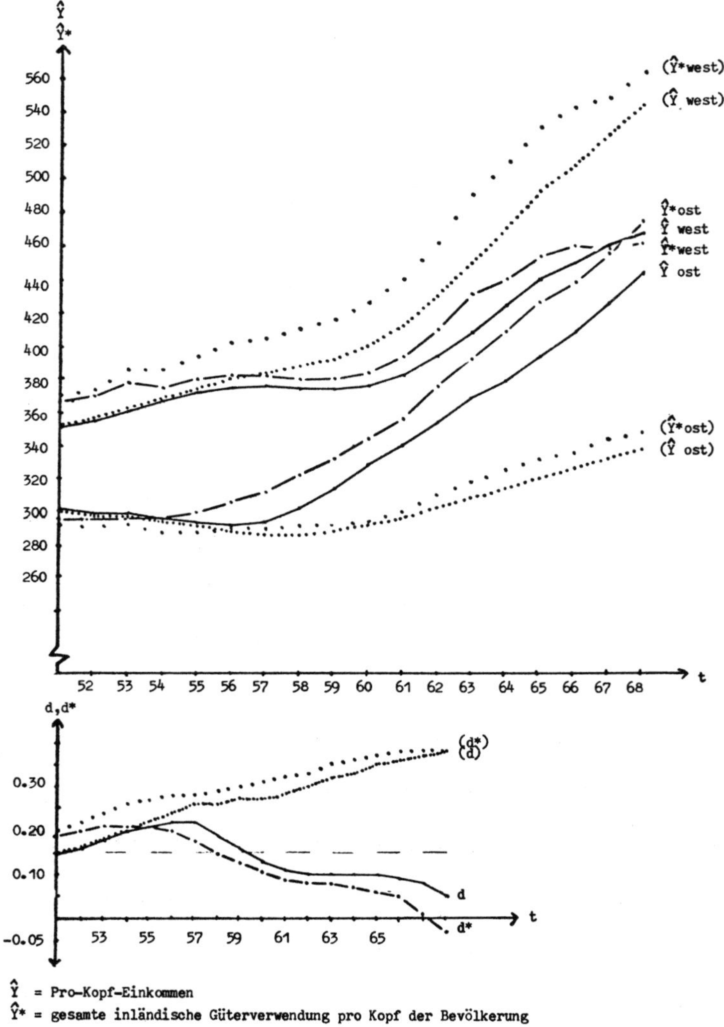

$\hat{Y}$ = Pro-Kopf-Einkommen

$\hat{Y}^*$ = gesamte inländische Güterverwendung pro Kopf der Bevölkerung

d = Disparität der Pro-Kopf-Einkommen

d* = Disparität der gesamten inländischen Güterverwendung pro Kopf der Bevölkerung

in Klammern : tatsächliche Entwicklung; ohne Klammern: Fall IV(A-0,6)

Quelle: ANHANG IV, Tabelle 5 ; Tabelle 22

Abbildung 33: Erweiterte Version des retrospektiven Simulationsmodells - Entwicklung der Pro-Kopf-Einkommen und der gesamten Güterverwendung pro Kopf in Ost- und Westpakistan: Tatsächliche Entwicklung und Fall IV (A-O,6)

beziehung des Interwinghandels noch zu Nettokapitalexporten kommt; die gesamte Güterverwendung Ostpakistans liegt damit für Ostpakistan bis 1954 unter dem Pro-Kopf-Einkommen (vgl. Abbildung 33). Mit wachsender Absorptionskapazität entfällt auf Ostpakistan ein immer größerer Teil der Kapitalimporte des Landes (vgl. auch Tabelle 45), so daß die Pro-Kopf-Disparität der gesamten Güterverwendung schon 1955 unter derjenigen der Einkommen liegt. Die als Residualgröße bestimmten Kapitalimporte Westpakistans sinken so stark, daß sie am Ende des Betrachtungszeitraumes unter dem Interwing-Transfer nach Ostpakistan liegen, so daß Westpakistan in den letzten beiden Jahren per saldo Kapital *ex*portiert; die gesamte Güterverwendung pro Kopf der Bevölkerung liegt damit für Westpakistan in diesen beiden Jahren unter dem Pro-Kopf-Einkommen. Wie Abbildung 33 zeigt, ist die gesamte Güterverwendung pro Kopf der Bevölkerung in Ostpakistan im letzten Jahr des Betrachtungszeitraumes größer als in Westpakistan, womit sich die Disparität zugunsten Ostpakistans umgekehrt hat.

Die Entwicklung der *Investitionen*, durch welche die Angleichung der Pro-Kopf-Einkommen herbeigeführt wird, zeigt Abbildung 34. Die regionale Aufteilung der Infrastrukturinvestitionen ist bei Fall IV(A-O,6) praktisch umgekehrt zu derjenigen der tatsächlichen Entwicklung. Aufgrund der hohen Infrastrukturinvestitionen können die privaten Investitionen Ostpakistans erheblich schneller (mit einer durchschnittlichen Wachstumsrate von 15,5 %) wachsen als in der tatsächlichen Entwicklung (9,5 %), so daß sie bis zum Ende des gesamten Zeitraumes mehr als das Doppelte des in der tatsächlichen Entwicklung realisierten Niveaus erreichen. Da für Westpakistan kein Zusammenhang zwischen Infrastrukturinvestitionen und Wachstum der privaten Investitionen angenommen wurde, sind die im Vergleich zur tatsächlichen Entwicklung weit geringeren privaten Investitionen Westpakistans nicht etwa auf den geringen Anteil an den Infrastrukturinvestitionen zurückzuführen, sondern auf die Tatsache, daß nach Befriedigung des hohen Importbedarfs Ostpakistans (für öffentliche und private Investitionen) und nach Befriedigung des Importbedarfs Westpakistans für die öffentlichen Investitionen nur noch in begrenztem Umfang Devisen für Importe zur Realisierung der privaten Investitionen dieses Landesteils zur Verfügung stehen.

Hier zeigt sich deutlich der Residualcharakter, durch den bei Fall IV die private Investitionstätigkeit Westpakistans und damit dessen gesamter Entwicklungsverlauf gekennzeichnet sind. Im Zeitraum 1953 bis 1958 und im Zeitraum 1966 bis 1968 sind die privaten Investitionen Westpakistans, da in diesen Jahren eine relative Knappheit an Kapitalimporten herrscht, bei weiterer konsequenter Förderung Ostpakistans

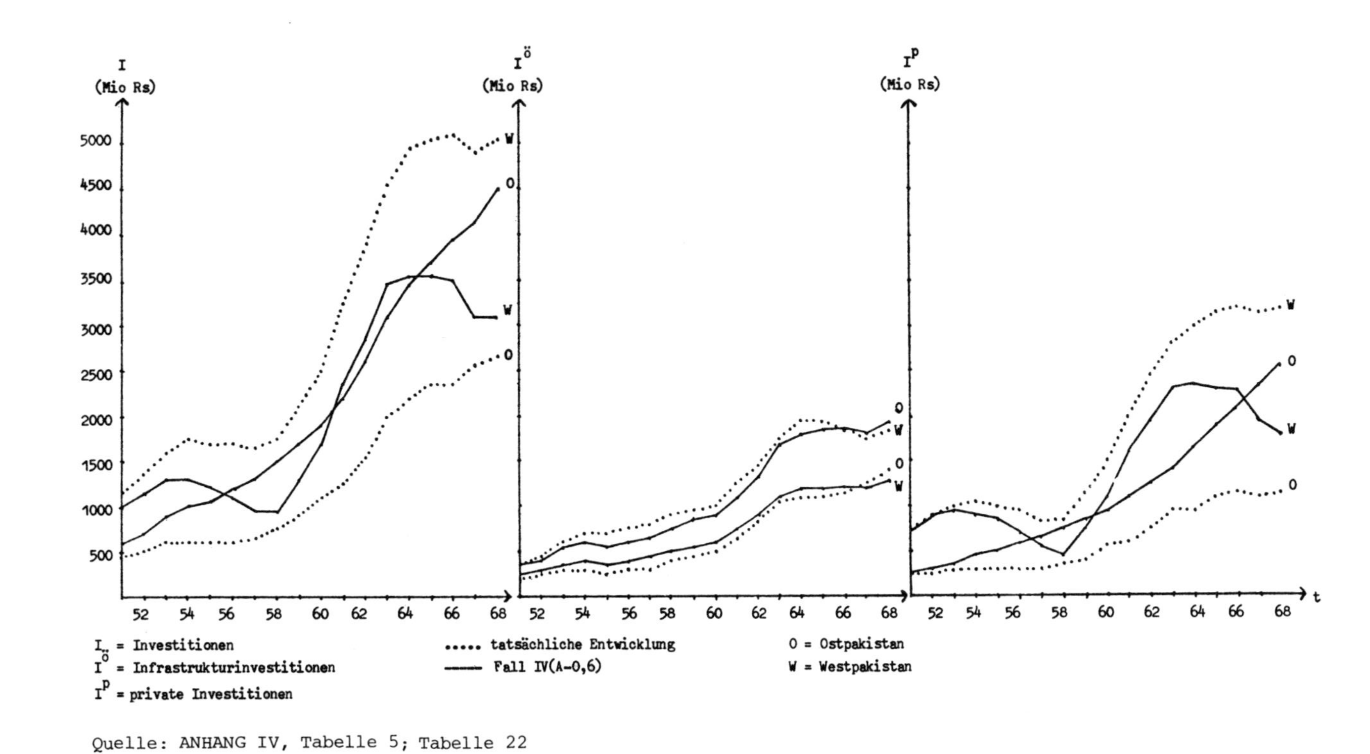

Quelle: ANHANG IV, Tabelle 5; Tabelle 22

Abbildung 34: Erweiterte Version des retrospektiven Simulationsmodells - Entwicklung der Investitionen Ost- und Westpakistans: Tatsächliche Entwicklung und Fall IV (A-O,6)

Tabelle 44: Erweiterte Version des retrospektiven Simulationsmodells, Variante A : Investitionsstruktur und Produktivität der Gesamtinvestitionen in Ost- und Westpakistan - Tatsächliche Entwicklung und Fall IV(A-0,6)

Jahr	Tatsächliche Entwicklung				IV (A - 0,6)			
	τ'		σ'		τ'		σ'	
	Ost	West	Ost	West	Ost	West	Ost	West
1951	0,76	0,50	-	-	1,35	0,29	-	-
1952	0,88	0,52	0,60	0,44	1,46	0,33	0,43	0,52
1953	0,89	0,62	0,45	0,41	1,53	0,38	0,34	0,47
1954	0,87	0,67	0,27	0,34	1,37	0,42	0,21	0,40
1955	0,80	0,68	0,33	0,34	1,09	0,45	0,26	0,40
1956	0,89	0,80	0,32	0,33	1,06	0,61	0,28	0,38
1957	0,99	0,88	0,38	0,33	0,96	0,80	0,35	0,37
1958	0,12	1,00	0,57	0,30	1,01	1,09	0,37	0,31
1959	1,09	0,83	0,60	0,37	0,99	0,76	0,63	0,35
1960	0,92	0,67	0,67	0,37	0,96	0,57	0,71	0,39
1961	1,04	0,60	0,59	0,39	1,03	0,47	0,58	0,42
1962	1,14	0,59	0,61	0,42	1,12	0,47	0,61	0,46
1963	1,10	0,63	0,49	0,39	1,20	0,49	0,50	0,42
1964	1,12	0,64	0,42	0,35	1,10	0,51	0,40	0,39
1965	1,01	0,61	0,46	0,35	0,97	0,52	0,46	0,38
1966	1,02	0,58	0,39	0,32	0,87	0,54	0,40	0,34
1967	1,13	0,55	0,43	0,33	0,76	0,62	0,46	0,34
1968	1,23	0,57	0,40	0,36	0,77	0,73	0,47	0,35

Quelle: Tabelle 39; ANHANG IV, Tabelle 4.

entsprechend Fall IV(A-0,6) stark rückläufig (vgl. Abbildung 34). Es liegt auf der Hand, daß Fall IV in dem extremen Maße, wie er vom Modell simuliert wird, weder sinnvoll noch realistisch gewesen wäre.

Die *Investitionsstrukturen* und damit die *Produktivitäten der Gesamtinvestitionen* (öffentlich plus privat) Ost- und Westpakistans ändern sich zum Teil erheblich gegenüber der tatsächlichen Entwicklung. Wie aus Abbildung 34 hervorgeht, liegen die öffentlichen Investitionen Ostpakistans von Anfang an weit über denjenigen der tatsächlichen Entwicklung; der Absorptionseffekt auf die privaten Investitionen wird aber erst allmählich wirksam, greift dann aber - in den sechziger Jahren - um so stärker Platz. Für Westpakistan werden umgekehrt die Infrastrukturinvestitionen von Anfang an erheblich beschnitten, während die "Einbuße" an privaten Investitionen erst in den sechziger Jahren stärkere Ausmaße annimmt.

Die Veränderungen der Investitionsstrukturen und die daraus resultierenden Änderungen der Produktivitäten der Gesamtinvestitionen gegenüber der tatsächlichen Entwicklung sind in Tabelle 44 wiedergegeben. In der ersten Hälfte der fünfziger Jahre steigt der Quotient aus öffentlichen und privaten Investitionen (τ') für Ostpakistan von durchschnittlich 0,85 (tatsächliche Entwicklung) auf 1,43 (Fall IV(A-0,6)), wodurch die Produktivität der Gesamtinvestitionen (σ') von durchschnittlich 0,41 auf 0,31 absinkt. Für Westpakistan sinkt der Quotient aus öffentlichen und privaten Investitionen von 0,58 (tatsächliche Entwicklung) auf 0,36 (Fall IV(A-0,6)), wobei die Produktivität der Gesamtinvestitionen von 0,38 auf 0,45 ansteigt.

Nachdem sich in Ostpakistan die hohen Infrastrukturinvestitionen in wachsendem Maße auf die private Wirtschaftstätigkeit ausgewirkt haben und der Anteil der privaten Investitionen an den Gesamtinvestitionen nun wieder zunimmt, liegt in der zweiten Hälfte der sechziger Jahre der Quotient aus öffentlichen und privaten Investitionen für Ostpakistan mit durchschnittlich 0,84 weit unter demjenigen der tatsächlichen Entwicklung (1,10), die Produktivität der Gesamtinvestitionen mit 0,45 über derjenigen der tatsächlichen Entwicklung (0,42). Für Westpakistan liegt der Quotient in der zweiten Hälfte der sechziger Jahre mit durchschnittlich 0,6 über demjenigen der tatsächlichen Entwicklung (0,58), die marginale Produktivität mit 0,35 ebenfalls knapp über derjenigen der tatsächlichen Entwicklung (0,34).

Die für die Realisierung von Fall IV(A-0,6) erforderliche regionale Verteilung der *Kapitalimporte* bzw.- bei gegebenen Exporten - der *Importe* aus dem Ausland zeigen Tabelle 45 und Abbildung 35. Während Ostpakistan in der tatsächlichen Entwicklung bis einschließlich 1961 Kapital in das Ausland exportierte, übersteigen bei Fall IV(A-0,6) schon ab 1956 die Importe seine Exporte. Sie wachsen danach so rasch an, daß sie gegen Ende des Betrachtungszeitraumes fast doppelt so groß sind wie in der tatsächlichen Entwicklung. Entsprechend müssen die Importe Westpakistans weit unter das in der tatsächlichen Ent-

Tabelle 45: Anteil Ostpakistans an den Nettokapitalimporten Pakistans : Tatsächliche Entwicklung und Fall IV(A-0,6)[a]

Jahr	Anteil (v.H.)		Jahr	Anteil (v.H.)	
	Tats. Ent.	IV(A-0,6)		Tats. Ent.	IV(A-0,6)
1951	- 150,3	- 108,1	1960	- 16,3	42,3
1952	- 174,2	- 110,0	1961	- 11,2	39,4
1953	- 52,1	- 9,0	1962	2,3	44,2
1954	- 105,2	- 6,5	1963	17,1	43,9
1955	- 47,9	25,7	1964	13,1	55,4
1956	- 20,9	42,9	1965	14,5	58,3
1957	- 9,6	53,3	1966	12,6	62,2
1958	- 5,2	56,8	1967	13,4	82,3
1959	- 13,7	50,7	1968	15,9	89,5

a) bei negativem Vorzeichen: Kapitalexporte Ostpakistans, bezogen auf die Nettokapitalimporte Pakistans.

Quelle : Tabelle 22; ANHANG IV, Tabelle 4.

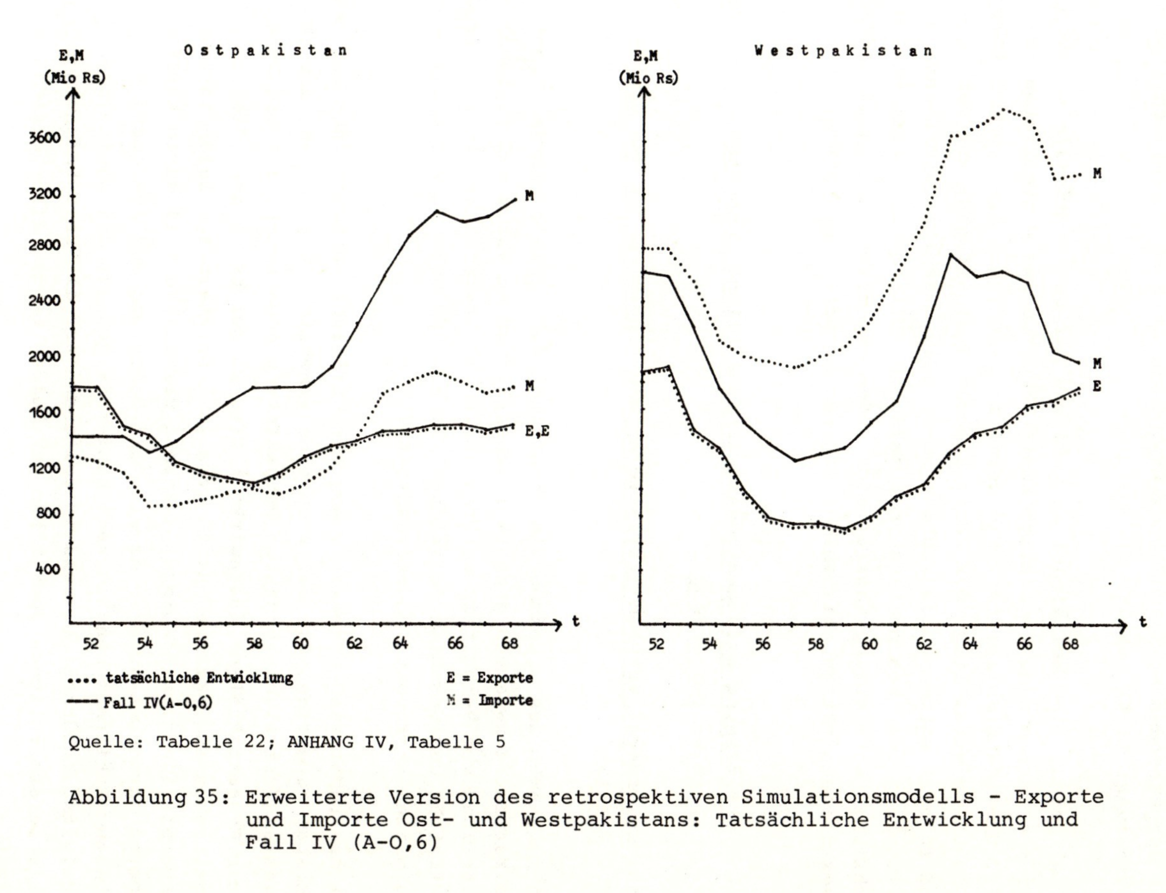

Quelle: Tabelle 22; ANHANG IV, Tabelle 5

Abbildung 35: Erweiterte Version des retrospektiven Simulationsmodells - Exporte und Importe Ost- und Westpakistans: Tatsächliche Entwicklung und Fall IV (A-0,6)

wicklung realisierte Niveau absinken. Ihr Residualcharakter wird für die Zeit nach 1963 besonders deutlich, für die das Modell einen absoluten Rückgang der Importe Westpakistans von insgesamt fast 30 % postuliert. Wie extrem diese Veränderung gegenüber der tatsächlichen Entwicklung ist, zeigt auch die Tatsache, daß sie für 1968 einen Anteil Ostpakistans am Nettokapitalimport von rund 90 % (tatsächliche Entwicklung: 16 %) impliziert.

Es sei betont, daß bei dieser Betrachtung der *interregionale Handel*, über den Ostpakistan zusätzlich Kapitalimporte aus Westpakistan erhält, unberücksichtigt ist. Wie bereits erwähnt und wie aus Abbildung 35 deutlich wird, liegt der Kapitalimport Westpakistans aus dem Ausland in den letzten beiden Jahren unter seinem Kapitalexport nach Ostpakistan, so daß Westpakistan per saldo in völligem Gegensatz zur tatsächlichen Entwicklung Kapital nach außen exportiert und damit weniger Investitionen tätigt, als seiner eigenen Ersparnis entspricht.

5.46 Die Beziehung zwischen gesamtwirtschaftlichem Wachstum und regionaler Verteilung

5.461 Erweiterte Version (Variante A) und Vergleich mit dem Grundmodell

Wie im Rahmen des Grundmodells in Kapitel 4.35 gezeigt wurde, hängt die Beziehung zwischen gesamtwirtschaftlichem Wachstum und regionaler Verteilung vom Verhältnis der regionalen Kapitalproduktivitäten (Produktivität der Gesamtinvestitionen) einerseits und vom Verhältnis der regionalen Sparquoten andererseits ab.

Bei den regionalen *Sparquoten* war die Differenz zwischen Ost- und Westpakistan zu gering, als daß sich eine erhebliche Veränderung der regionalen Verteilung zugunsten Ostpakistans nennenswert auf die Sparquote Gesamtpakistans ausgewirkt hätte. Da darüber hinaus die Investitionen in Pakistan nur zu etwa zwei Dritteln aus inländischer Ersparnis finanziert wurden, während der übrige Teil durch Kapitalimporte abgedeckt wurde - da also die Bedeutung der Sparquote für das Wachstum Pakistans ohnehin weit hinter derjenigen der Kapitalproduktivität zurückblieb, soll im folgenden auf die Berücksichtigung der unterschiedlichen Sparquoten der beiden Landesteile verzichtet werden.

Was die *Produktivität der Gesamtinvestitionen* betrifft, so ist diese, wenn man zwischen privaten und öffentlichen Investitionen differenziert und nur den privaten Investitionen eine (Gesamt-)Produktivität zumißt, während die Produktivität der öffentlichen Investitionen - wie es in der erweiterten Version des retrospektiven Modells geschieht - mit Null angenommen wird, einerseits von der Höhe der *Gesamtproduktivität der privaten Investitionen*, andererseits vom *Verhältnis zwischen öffentlichen und privaten Investitionen* abhängig. Je höher die Gesamtproduktivität der privaten Investitionen und je geringer der Anteil der öffentlichen Investitionen an den Gesamtinvestitionen, desto größer die Produktivität der letzteren. Bezogen auf den Fall Pakistan bedeutet dies, wenn man die unterschiedlichen Sparquoten außer acht läßt, daß zwischen gesamtwirtschaftlichem Wachstum und verbesserter regionaler Verteilung dann Komplementarität bestand, wenn eine Veränderung der regionalen Verteilung zugunsten Ostpakistans für Gesamtpakistan eine Erhöhung der Gesamtproduktivität der gesamten Investitionen und/oder eine Verringerung des Anteils der öffentlichen Investitionen an den Gesamtinvestitionen zur Folge gehabt hätte.

Bei der hier analysierten *Variante A* der erweiterten Version des retrospektiven Simulationsmodells wurde das Verhältnis von Infrastrukturinvestitionen und privaten Investitionen für Gesamtpakistan als gegenüber der tatsächlichen Entwicklung unverändert unterstellt. Da die Gesamtproduktivität der privaten Investitionen in Ostpakistan über derjenigen Westpakistans lag, bestand mithin *Komplementarität zwischen gesamtwirtschaftlichem Wachstum und gleichmäßiger regionaler Verteilung*, zumal für Westpakistan die Infrastruktur nicht als Engpaß angesehen wurde.
Dies sei durch den Vergleich von Fall IV(A-0,6) mit der tatsächlichen Entwicklung anhand von Tabelle 46 gezeigt. Fall IV(A-0,6) hätte nicht nur zu einer Reduzierung der Disparität der Pro-Kopf-Einkommen auf 5,2 % gegenüber einer Steigerung auf 38 % in der tatsächlichen Entwicklung geführt (Zeile 3), sondern gleichzeitig auch eine Erhöhung der durchschnittlichen jährlichen Wachstumsrate des Sozialprodukts Pakistans von 4,2 % auf 4,5 % zur Folge gehabt (Zeile 6). Dies ist darauf zurückzuführen, daß die durchschnittliche jährliche Gesamtproduktivität der privaten Investitionen Pakistans wegen des wachsenden Anteils Ostpakistans an den privaten Investitionen (von 25 % auf 45 %) von 68,9 % auf 74,2 % angestiegen wäre (Zeile 5), während der Quotient aus öffentlichen und privaten Investitionen mit 0,74 unverändert geblieben wäre (Zeile 7). Die durchschnittliche jährliche Produktivität der Gesamtinvestitionen Pakistans hätte damit bei Fall IV(A-0,6) mit 42,4 % um nicht weniger als 2,5 Prozentpunkte über derjenigen der tatsächlichen Entwicklung gelegen (Zeile 9), eine Differenz, die größer ist, als sie auf den ersten Blick erscheinen mag.

Tabelle 46: Retrospektives Simulationsmodell: Kennzahlen zur Beziehung zwischen gesamtwirtschaftlichem Wachstum und regionaler Verteilung in Pakistan

	Tatsächliche Entwicklung	Grundmodell Fall II	Variante A Fall IV(A-0,6)
(1)	(2)	(3)	(4)
1. Sozialprodukt 1968, Mrd. Rs	53,219	54,387	56,044
OSTPAKISTAN	22,684	28,411	29,780
WESTPAKISTAN	30,533	25,876	26,264
2. Wachstumsrate des Sozialprodukts, v.H. [a)]	4,2	4,3	4,5
OSTPAKISTAN	3,2	4,6	4,8
WESTPAKISTAN	5,1	4,1	4,2
3. Disparität der Pro-Kopf-Einkommen 1968, v.H.	37,9	8,2	5,2
4. Private Investitionen, Mio Rs	44.190	42.245	44.249
OSTPAKISTAN	11.167	17.659	19.930
WESTPAKISTAN	33.023	24.586	24.319
5. Gesamtproduktivität der privaten Investitionen, v.H. [a)]	68,9	71,3	74,2
OSTPAKISTAN	94,0	94,0	94,0
WESTPAKISTAN	60,0	60,0	60,0
6. Infrastrukturinvestitonen, Mio Rs	32.659	33.731	32.735
OSTPAKISTAN	11.713	18.219	19.641
WESTPAKISTAN	20.946	15.512	13.094
7. Quotient aus Infrastruktur- und privaten Investitionen [b)]	0,74	0,80	0,74
8. OSTPAKISTAN	1,05	1,03	0,99
WESTPAKISTAN	0,63	0,63	0,54
9. Produktivität der Gesamtinvestitionen, v.H. [a)]	39,9	41,2	42,4
OSTPAKISTAN	46,9	46,9	44,0
WESTPAKISTAN	36,1	36,1	39,2

a) Jährlicher Durchschnitt. - b) Durchschnitt des Gesamtzeitraumes.

Quelle: Tabelle 22, 26, 42; ANHANG IV, Tabelle 4.

Die Komplementaritätsbeziehung zwischen gesamtwirtschaftlichem Wachstum und gleichmäßigerer regionaler Verteilung, die aus der erweiterten Version des retrospektiven Simulationsmodells (Variante A), Fall IV(A-0,3) bis IV(A-0,7) resultiert, ist in Abbildung 36 als obere der beiden durchgezogenen Linien dargestellt.

In Abbildung 36 ist ferner als untere der beiden durchgezogenen Linien die sich aus dem *Grundmodell* (tatsächliche Entwicklung; Fall I, II und III) ergebende Komplementaritätsbeziehung wiedergegeben. Der Vergleich der beiden Linien zeigt, daß die *Komplementarität in der erweiterten Version (Variante A) ausgeprägter ist als im Grundmodell:* Bei ersterer

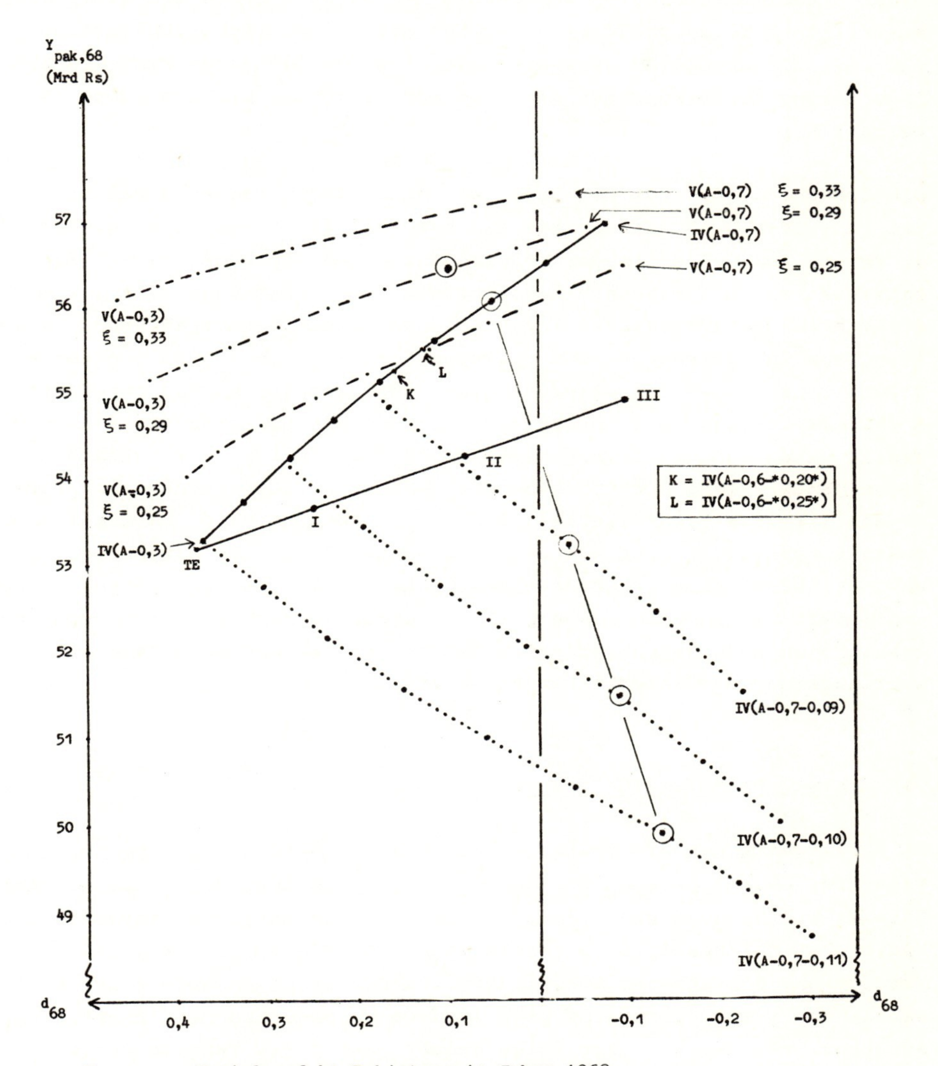

$Y_{pak,68}$ = Sozialprodukt Pakistans im Jahre 1968

d_{68} = Disparität der Pro-Kopf-Einkommen Ost- und Westpakistans im Jahre 1968 (negatives Vorzeichen: Disparität zugunsten Ostpakistans)

Abbildung 36: Retrospektives Simulationsmodell - Substitution zwischen gesamtwirtschaftlichem Wachstum und regionaler Verteilung: Grundmodell und erweiterte Version, Variante A und B

erhöht sich bei sukzessiver Verbesserung der regionalen Verteilung gegenüber der tatsächlichen Entwicklung das gesamtwirtschaftliche Wachstum stärker als beim Grundmodell. So führt z.B. Fall IV(A-O,6) zu einer erheblich stärkeren Steigerung der Wachstumsrate des gesamtwirtschaftlichen Sozialprodukts gegenüber der tatsächlichen Entwicklung als Fall II, obwohl er eine etwa gleich große (genaugenommen größere) Reduzierung der Disparität der Pro-Kopf-Einkommen bis zum Jahre 1968 herbeiführt.

Die Ursache dafür, daß das gesamtwirtschaftliche Wachstum Pakistans bei Fall IV(A-O,6) stärker ist als bei Fall II, liegt, wie Tabelle 46 zeigt, zum einen in dem höheren Anteil des "produktiveren" Ostpakistan an den privaten Investitionen (45 % gegenüber 41 %), zum anderen in der günstigeren Investitionsstruktur Gesamtpakistans (Quotient aus Infrastruktur- und privaten Investitionen: 0,74 gegenüber 0,80). Letztere ist ihrerseits darauf zurückzuführen, daß bei Variante A der erweiterten Version für jede Periode für *Gesamtpakistan* unterstellt wird, daß die Investitionsstruktur derjenigen der tatsächlichen Entwicklung entsprochen hätte, während diese Annahme im Grundmodell (implizit) für die *beiden Regionen* gemacht wird. Da die Investitionsstruktur Ostpakistans "ungünstiger" war als diejenige Westpakistans (relativ größere Bedeutung der Infrastrukturinvestitionen), impliziert die im Rahmen von Fall II vorgenommene Verlagerung von Investitionen nach Ostpakistan für Gesamtpakistan die oben genannte Verschlechterung der Investitionsstruktur.

5.462 Erweiterte Version (Variante B)

Es stellt sich nun die Frage, ob die bei Variante A gemachte Annahme einer für Gesamtpakistan für jede Periode gegenüber der tatsächlichen Entwicklung unveränderten Relation zwischen Infrastrukturinvestitionen und privaten Investitionen realistisch ist. Sie impliziert, daß jede Veränderung der Investitionsstruktur Ostpakistans gegenüber der tatsächlichen Entwicklung eine gegenläufige Veränderung der Investitionsstruktur Westpakistans zur Folge gehabt hätte. Wie Tabelle 46 zeigt, wäre bei Fall IV(A-O,6) der durchschnittliche Quotient aus Infrastruktur- und privaten Investitionen für Westpakistan von 0,63 auf 0,54 gesunken. Es fragt sich, ob die simulierten privaten Investitionen Westpakistans mit den derart reduzierten Infrastrukturinvestitionen hätten realisiert werden können.

Die tatsächliche Entwicklung der privaten Investitionen Westpakistans ist im linken Teil von Abbildung 37 dargestellt. Unter der Annahme, daß die durch die Infrastrukturinvestitionen geschaffene theoretische

Absorptionskapazität in der ersten Hälfte der fünfziger und in der ersten Hälfte der sechziger Jahre ausgeschöpft war, läßt sich die *Absorptionsfunktion Westpakistans* etwa durch die Werte 0,05 für ω und 0,29 für ξ rekonstruieren. Sie ist damit *erheblich günstiger als diejenige Ostpakistans*, deren Wert für ξ bei Absorptionsfunktion A 0,18 beträgt.

Führt man diese Absorptionsfunktion im Rahmen von *Variante B* in das Modell ein, und bezeichnet man diesen Fall als *"Fall V"*, so impliziert Fall V(A-0,6) für Westpakistan die im rechten Teil von Abbildung 37 durch die gestrichelte Kurve wiedergegebenen privaten Investitionen. Es zeigt sich, daß diese nur für wenige Jahre hinter den privaten Investitionen von Fall IV(A-0,6) zurückbleiben. Da sie andererseits für einige Jahre in z.T. erheblichem Maße über die letzteren hinausgehen, hat die Einführung der Absorptionsfunktion insgesamt keinen abschwächenden, sondern einen verstärkenden Effekt auf das Wachstum Westpakistans.

Dabei stellt sich die Frage, ob die Einführung einer Absorptionsfunktion sinnvoll ist, die einerseits selbst - für die entsprechenden Jahre - einen geringen restriktiven Einfluß hat, andererseits aber Determinanten, die in der tatsächlichen Entwicklung in z.T. starkem Maße restriktiv wirkten, ausschaltet, indem sie eine ständige Vollausnutzung der durch sie definierten Absorptionskapazität unterstellt[1].

Wenn im folgenden dennoch mit dieser Absorptionsfunktion gearbeitet wird, so nicht, um die Ergebnisse der Fälle IV(A-0,6) und V(A-0,6) zu vergleichen, sondern mit der allgemeineren Zielsetzung, die Bedeutung der unterschiedlichen Fähigkeit der beiden Landesteile zur Absorption privater Investitionen für die Beziehung zwischen gesamtwirtschaftlichem Wachstum und regionaler Verteilung aufzuzeigen.

Wie bereits ausgeführt wurde, ist die oben definierte *Absorptionsfunktion Westpakistans günstiger als diejenige Ostpakistans*, da jede Einheit Infrastrukturinvestitionen in Westpakistan einen erheblich stärkeren Einfluß auf die private Investitítonstätigkeit gehabt hätte als in Ostpakistan. Damit hätte jede mit dem Ziel eines Abbaus der regionalen Disparität vorgenommene *Vergrößerung des Anteils Ostpakistans an den Infrastrukturinvestitionen* zwar einerseits immer noch wie bei Variante A zu einem höheren Anteil Ostpakistans an den

---

1 Vgl. hierzu auch die Ausführungen in Kapitel 5.41, S. 203 f.

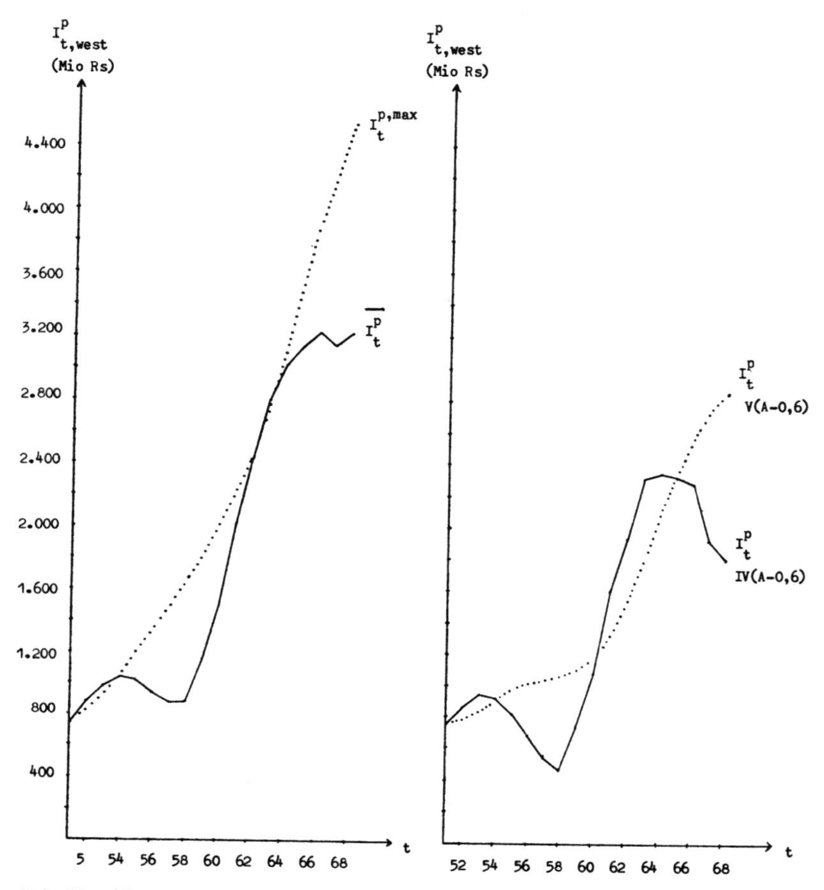

Quelle: Tabelle 26; ANHANG IV, Tabellen 4 und 5

Abbildung 37: Erweiterte Version des retrospektiven Simulationsmodells - Entwicklung der privaten Investitionen Westpakistans: Tatsächliche Entwicklung, Fall IV(A-0,6) und Fall V(A-0,6)

privaten Investitionen geführt, was sich wegen der höheren Produktivität dieser Investitionen in Ostpakistan positiv auf das gesamtwirtschaftliche Wachstum ausgewirkt hätte, andererseits aber auch zu einer Verschlechterung der "Absorptionsfunktion" Gesamtpakistans, d.h. zu einer *Erhöhung der Relation zwischen öffentlichen und privaten Investitionen*, was sich tendenziell negativ auf das gesamtwirtschaftliche Wachstum ausgewirkt hätte. Die mittlere der drei gestrichelten Kurven in Abbildung 36 zeigt, daß die *Komplementarität zwischen gesamtwirtschaftlichem Wachstum und gleichmäßigerer regionaler Verteilung bei Variante B (Fall V) erheblich schwächer ist als bei Variante A(Fall IV).* Diese Feststellung gilt unabhängig von der oben genannten Unzulänglichkeit der Absorptionsfunktion Westpakistans, die sich in dem Niveau der Kurve, nicht aber in ihrer den Komplementaritätsgrad repräsentierenden Steigung niederschlägt. Der Vergleich der mittleren mit den beiden anderen gestrichelten Kurven zeigt den *Einfluß des Verhältnisses der Absorptionsfunktion Ost- und Westpakistans* auf die Beziehung zwischen den beiden Zielen. Unterstellt man für den Koeffizienten ξ in der Absorptionsfunktion Westpakistans einen niedrigeren Wert (z.B. 25 %), so ist die Komplementarität naturgemäß stärker (untere gestrichelte Kurve), unterstellt man einen höheren Wert (z.B. 33 %), so ist sie entsprechend schwächer. Andererseits wird deutlich, *daß auch aus relativ "großzügigen" Annahmen über die Absorptionsfunktion Westpakistans aufgrund der hohen Produktivität der privaten Investitionen Ostpakistans immer noch kein Zielkonflikt abgeleitet werden kann.*

5.463 Berücksichtigung des indirekten Produktivitätseffektes der Infrastrukturinvestitionen

In dem in beiden Varianten der erweiterten Version des retrospektiven Simulationsmodells verwendeten Erschließungsansatz bleibt der indirekte Produktivitätseffekt der Infrastrukturinvestitionen unberücksichtigt. Wie sich die Ergebnisse der simulierten alternativen Entwicklungsverläufe bei Einführung von Gesamtproduktivitätsfunktionen für Ost- und Westpakistan verändern würden, hängt ausschließlich von der Form dieser Funktionen ab.

In Kapitel 5.32 wurde festgestellt, daß der *Einfluß der Infrastrukturinvestitionen auf die Gesamtproduktivität der privaten Investitionen*, sofern überhaupt ein solcher Einfluß bestand, *in Ostpakistan erheblich größer* war als in Westpakistan. Als Ursache hierfür kann die größere Infrastrukturknappheit Ostpakistans angesehen werden. Geht man davon aus, daß die (indirekte) Produktivität der Infrastrukturinvestitionen auch bei den alternativen Entwicklungsverläufen größer gewesen wäre als für Westpakistan, so wäre bei sukzessiver Erhöhung des Anteils Ostpakistans an den Infrastrukturinvestitionen eine zunehmend stärkere Steigerung der Gesamtproduktivität der privaten Investitionen Gesamtpakistans und damit gleichzeitig eine zunehmend stärkere Steigerung der Produktivität der Gesamtinvestitionen Pakistans die Folge gewesen. Daß dies eine *Verstärkung der Komplementaritätsbeziehung* zwischen gesamtwirtschaftlichem Wachstum und verbesserter regionaler Verteilung bedeutet, liegt auf der Hand.

5.464 Der Importbedarf Westpakistans und zusätzliche interregionale Transfers

Nachdem in Abschnitt 5.462 die Frage gestellt wurde, ob die im Rahmen von Fall IV(A-O,6) für Westpakistan simulierten geringeren Infrastrukturinvestitionen ausgereicht hätten, um die für Westpakistan simulierten privaten Investitionen zu ermöglichen, soll nun analog gefragt werden, ob die für Westpakistan simulierten, im Vergleich zur tatsächlichen Entwicklung extrem geringen Importe ausgereicht hätten, um das für Westpakistan simulierte Wachstum zu ermöglichen.

Bei Fall IV(A-O,6) hätten die Importe Westpakistans um durchschnittlich 33 % unter dem in der tatsächlichen Entwicklung realisierten Niveau gelegen[1]. Zwar wäre auch das Regionalprodukt hinter dem tatsächlich realisierten zurückgeblieben, aber hier wäre die Differenz weit geringer gewesen. Der Vergleich der in Abbildung 38 a dargestellten *durchschnittlichen Importquoten* γ (Quotient aus Importvolumen und Regionalprodukt) zeigt, daß die Importquote für Westpakistan bei Fall IV(A-O,6) um durchschnittlich etwa ein Viertel unter der in der tatsächlichen Entwicklung realisierten Quote gelegen hätte. Damit stellt sich die Frage nach der *"Mindestimportquote"* Westpakistans, d.h. die Frage, welches Importvolumen das jeweilige Regionalprodukt mindestens erfordert hätte, um realisiert werden zu können.

Diese Fragestellung enthält eine komplexe grundsätzliche Problematik, auf die im Rahmen dieser Arbeit nicht im einzelnen eingegangen werden kann. Die Importabhängigkeit eines Landes oder einer Region hängt von einer Vielzahl von Faktoren ab, von denen verschiedene keineswegs unveränderbar, sondern als durch die Wirtschafts- und sonstige Politik beeinflußte Größen zu betrachten sind. Bei unserer retrospektiven Betrachtung der Entwicklung Pakistans, bei der im Grunde nur eine andere *Regionalpolitik* unterstellt wird (und die anderen Politiken als unverändert angenommen werden), erscheint es sinnvoll, für die simulierten Entwicklungsverläufe grundsätzlich dieselbe Importabhängigkeit zu unterstellen, wie sie in der tatsächlichen Entwicklung bestand. Schließlich wurden auch die Sparquoten und die Kapitalimporte, beides Determinanten der Importabhängigkeit, unter die ceteris-paribus-Klausel subsumiert.

Aus den in Abbildung 38 a wiedergegebenen tatsächlich realisierten Importquoten Westpakistans läßt sich noch nicht entnehmen, ob und in-

---

1 Vgl. Tabelle 21; ANHANG IV, Tabelle 4

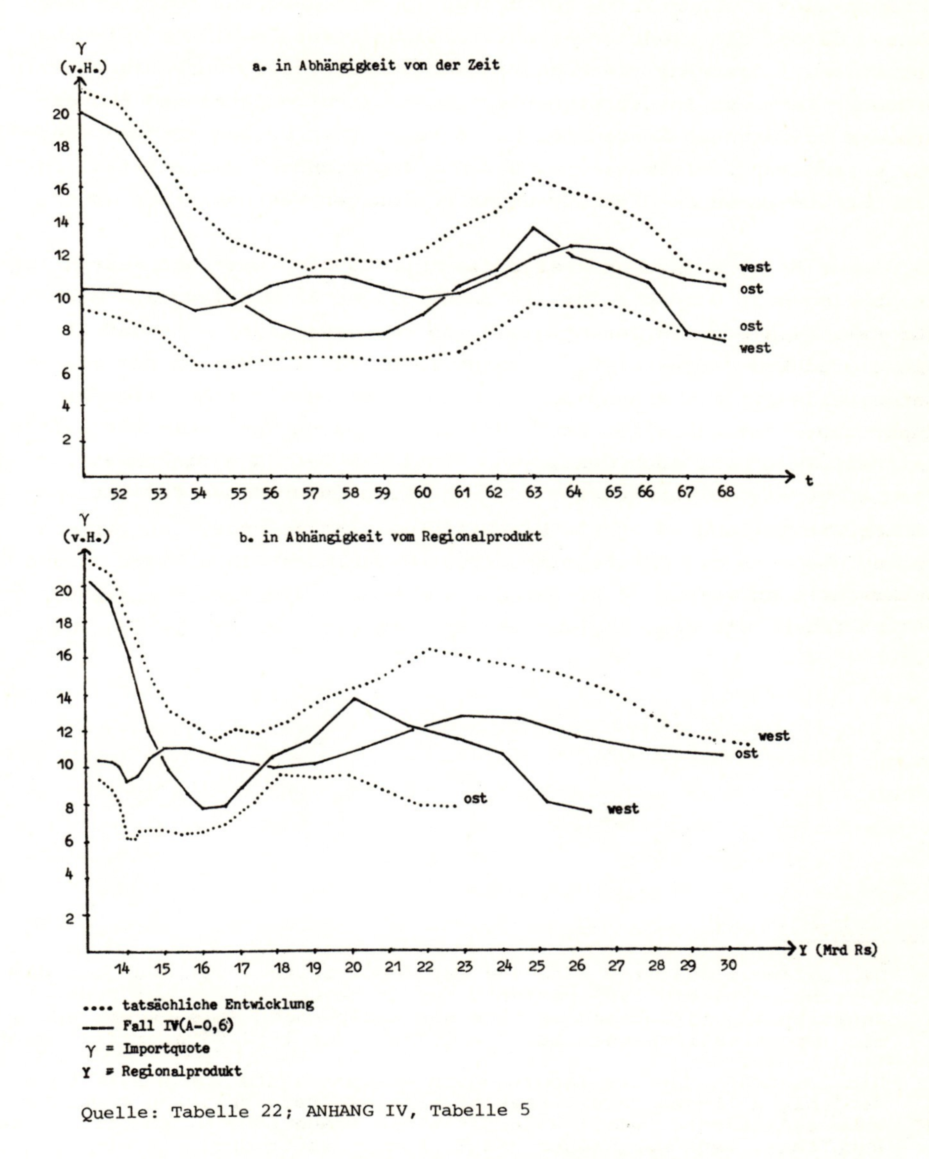

Quelle: Tabelle 22; ANHANG IV, Tabelle 5

Abbildung 38: Erweiterte Version des retrospektiven Simulationsmodells - Entwicklung der Importquoten Ost- und Westpakistans: Tatsächliche Entwicklung und Fall IV (A-0,6)

wieweit diese in dem hypothetischen Entwicklungsverlauf von Fall IV (A-0,6) "hätten reduziert werden können". Es ließe sich argumentieren, daß das geringere Wachstum Westpakistans nicht nur einen *absolut*, sondern auch einen *relativ* geringeren Importbedarf zur Folge gehabt hätte, da bei dem niedrigeren Entwicklungsniveau, d.h. vor allem bei geringerem Industrialisierungsgrad und Konsumniveau, auch ein relativ größerer Teil der Investitionen sowie des intermediären und Endverbrauchs aus eigenen Ressourcen hätte bestritten werden können. Hierfür spräche z.B. die Tatsache, daß die Importquoten Ostpakistans in der tatsächlichen Entwicklung unter denjenigen Westpakistans lagen.

Um dieser Frage nachzugehen, sind die Importquoten Ost- und Westpakistans in Abbildung 38 b sowohl für die tatsächliche Entwicklung als auch für Fall IV(A-0,6) in Abhängigkeit von der jeweiligen Höhe des Regionalprodukts dargestellt. Es zeigt sich, daß für keinen der beiden Landesteile ein mit zunehmendem Einkommen eindeutiger Anstieg der Importquote festzustellen ist[1]. Die Importquoten Westpakistans hätten bei Fall IV(A-0,6) auch dann, wenn statt der Zeit das Einkommen als Vergleichsmaßstab verwendet wird, erheblich unter denen der tatsächlichen Entwicklung gelegen[2]. Die Differenz ist so groß, daß vermutet werden muß, daß die "Mindestimportquote" zumindest in einigen Jahren unterschritten worden, d.h. daß das vom Modell simulierte Wachstum Westpakistans mit den simulierten Importen nicht zu realisieren gewesen wäre[3].

---

1 Der anfänglich starke Rückgang der Importquoten, der sich auf den Zeitraum 1951 bis 1955 bezieht, ist in beiden Fällen auf den scharfen Importrückgang infolge des abflauenden Korea-Booms und auf die Importrestriktionen zurückzuführen, die 1952/53 ergriffen wurden.

2 Die Tatsache, daß die Importquoten Westpakistans immer noch über denjenigen liegen, die Ostpakistan in der tatsächlichen Entwicklung realisierte, wirft allerdings die Frage auf, wieso Ostpakistan - auch dann, wenn man wieder das Einkommen statt der Zeit als Vergleichsmaßstab verwendet - eine so erheblich geringere Importnachfrage hatte als Westpakistan. Auf diese Frage kann im Rahmen der vorliegenden Arbeit nicht eingegangen werden.

3 Hier stellt sich die Frage, ob die Importe *Ostpakistans* ausgereicht hätten, um dessen im Vergleich zur tatsächlichen Entwicklung sehr rasches Wachstum zu ermöglichen. Aus Abbildung 38 b läßt sich entnehmen, daß es durchaus plausibel ist, hierauf eine positive Antwort zu geben, obwohl die Importquoten unter den von Westpakistan bei gleich hohem Einkommen tatsächlich realisierten liegen.

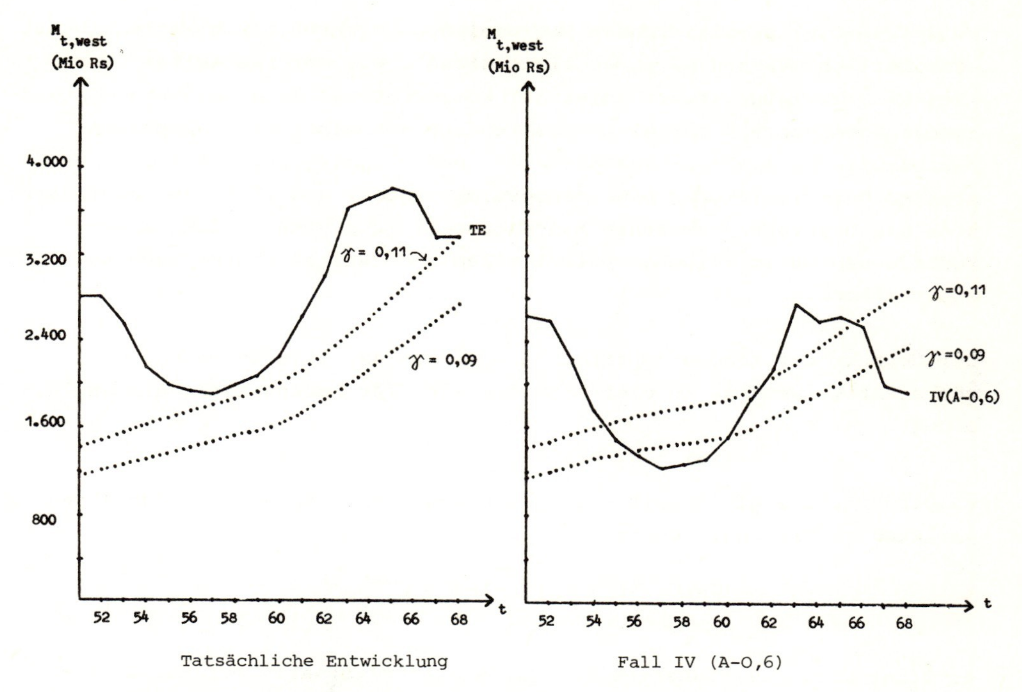

M = Importe; γ = Mindestimportquote; TE = Tatsächliche Entwicklung

Quelle: Tabelle 22; ANHANG IV, Tabelle 4

Abbildung 39: Erweiterte Version des retrospektiven Simulationsmodells - Importe und Mindestimporte Westpakistans: Tatsächliche Entwicklung und Fall IV (A-O,6)

Im linken Teil von Abbildung 39 sind die von Westpakistan in der tatsächlichen Entwicklung realisierten Importe in absoluten Beträgen wiedergegeben. Unterstellt man, daß sie in den Jahren der stärksten Importknappheit, d.h. in den Jahren 1956 bis 1959 sowie 1967 und 1968 in etwa das Importminimum darstellten, das zur Realisierung des jeweiligen Regionalprodukts erforderlich war, so kann die fiktive "Mindestimportquote" mit 11 % angenommen werden. Die dieser Quote entsprechenden absoluten Mindestimporte der einzelnen Jahre sind in der Abbildung durch die obere gepunktete Kurve dargestellt.

Geht man demgegenüber davon aus, daß auch in den Jahren der Importknappheit die tatsächlich realisierten Importe noch beträchtlich über den Mindestimporten lagen, postuliert man z.B. eine Mindestimportquote von 9 %, so ergeben sich die durch die untere gepunktete Linie wiedergegebenen absoluten Mindestimporte.

Errechnet man nun unter Annahme der beiden alternativen Mindestimportquoten den absoluten Mindestimportbedarf, der zur Realisierung der aus

Fall IV(A-0,6) resultierenden Regionalproduktsentwicklung Westpakistans erforderlich gewesen wäre, so liegt dieser, wie der rechte Teil von Abbildung 39 zeigt, schon unter der konservativen Annahme einer Mindestimportquote von 9 % für einige Jahre über den simulierten Importen: *Das simulierte Wachstum Westpakistans hätte nicht realisiert werden können.* Unterstellt man eine Mindestimportquote von 11 %, so vergrößert sich die Diskrepanz zwischen Mindestimport- und simuliertem Importvolumen und damit zwischen potentiellem und realisierbarem Wachstum entsprechend.

Der Gedanke der Mindestimportquote soll nun explizit im *Modell* berücksichtigt werden. Zu diesem Zwecke wird für Westpakistan die Ungleichung:

$$(23) \quad M_t \geqq \gamma \cdot Y_t$$

eingeführt, bei gleichzeitiger Umwandlung von Gleichung (3) für Westpakistan in die Ungleichung:

$$(3a) \quad Y_t \leqq Y_{t-1} + \sigma'^{p} \cdot I^{p}_{t-1}.$$ [1]

Zunächst wird der bisherige Fall IV(A-0,6) alternativ mit Mindestimportquoten von 9 %, 10 % und 11 % neu simuliert[2]. Die neuen Fälle seien als *"Fall IV(A-0,6-0,09)"*, usw. bezeichnet.

Die wichtigsten Ergebnisse dieser Modelläufe zeigt Tabelle 47. Schon wenn man eine Mindestimportquote von nur 9 % unterstellt, hätte sich das Regionalprodukt *Westpakistans* für das Jahr 1968 gegenüber dem Fall ohne Mindestimport-Restriktion um 2,5 Mrd. Rs verringert, was einen Rückgang der durchschnittlichen jährlichen Wachstumsrate Westpakistans von 4,2 % auf 3,6 % entspricht. Unterstellt man eine Mindestimportquote von 11 %, so hätte sich die Wachstumsrate um weitere 0,8 Prozentpunkte vermindert.

Der Wachstumsverlust wäre dadurch zustande gekommen, daß Westpakistan in den Jahren, in denen die Importrestriktion bindend gewesen wäre, ein geringeres Wachstum realisiert hätte, als es "eigentlich" auf-

---

1 Das Modell erhält damit einen Freiheitsgrad, der durch die zusätzliche Forderung, daß das tatsächliche Regionalprodukt Westpakistans gleich dem maximal möglichen Regionalprodukt sei, beseitigt wurde.

2 Die Annahme einer über 0,11 liegenden Mindestimportquote ist, wie der linke Teil von Abbildung 39 zeigt, unrealistisch, während die Annahme einer Mindestimportquote von weniger als 0,09, wie der rechte Teil der Abbildung zeigt, kaum noch zu einer Veränderung des Entwicklungsverlaufes gegenüber dem bisherigen Fall IV(A-0,6) führt, da die Restriktion dann redundant wird.

Tabelle 47 : **Erweiterte Version des retrospektiven Simulationsmodells, Variante A: Regionales und gesamtwirtschaftliches Wachstum bei unterschiedlichen Mindestimportquoten für Westpakistan**

	Fall IV(A-0,6)	Fall IV(A-0,6-0,09)	Fall IV(A-0,6-0,10)	Fall IV(A-0,6-0,11)
Bruttoregionalprodukt im Jahre 1968 (Mrd Rs)				
Ostpakistan	29,8	29,4	29,1	28,9
Westpakistan	26,3	23,8	22,2	21,0
Pakistan [a]	56,0	53,2	51,4	49,9
durchschn. jährliche Wachstumsrate des Bruttoregionalprodukts (v.H.)				
Ostpakistan	4,8	4,8	4,7	4,7
Westpakistan	4,2	3,6	3,2	2,8
Pakistan [b]	4,5	4,2	4,0	3,8
Disparität der Pro-Kopf-Einkommen im Jahre 1968 (v.H.)	5,2	-3,2	-8,8	-13,3

a) Bruttosozialprodukt. b) Wachstumsrate des Bruttosozialprodukts.

Quelle: ANHANG IV, Tabelle 4,6,7,8.

grund der zur Verfügung stehenden Investitionsmittel (inländische Ersparnis und Nettokapitalimport) hätte realisieren können. Diese Reduzierung des Wachstum hätte im Zeitablauf durch den Einfluß auf die absolute Höhe der Ersparnis Westpakistans kumulative Wirkungen gehabt, die dadurch, daß die Wachstumsbeeinträchtigung bereits relativ früh (1956-1959) erfolgt wäre, erhebliche Ausmaße angenommen hätte.

Interessanterweise hätte das zu niedrige Importvolumen Westpakistans, wie Tabelle 47 zeigt, auch für *Ostpakistan* zu einer - wenn auch weit weniger bedeutenden - Schmälerung des Wachstums geführt. Dies erklärt sich daraus, daß die niedrigere Ersparnis Westpakistans, da sie das gesamtpakistanische Investitionsvolumen und damit die Höhe der gesamtpakistanischen Infrastrukturinvestitionen geschmälert hätte, sich auch restriktiv auf den Umfang der Infrastrukturinvestitionen Ostpakistans und damit auf dessen Absorptionskapazität für private Investitionen ausgewirkt hätte.

Für *Gesamtpakistan* hätte sich als Kombination der beiden oben beschriebenen wachstumsschmälernden Effekte ein nicht unbeträchtlicher Wachstumsverlust bei der Einführung bzw. Verschärfung der Mindestimportrestriktionen ergeben. Bei einer Mindestimportquote von 11 % hätte das Sozialprodukt für 1968 mit 49,9 Mrd. Rs um mehr als 10 %, das durchschnittliche jährliche Wachstum des Sozialprodukts mit 3,8 % um 0,7 % Prozentpunkte unter demjenigen gelegen, das das Modell für den Fall ohne Mindestimportrestriktion simuliert.

Es soll nun gefragt werden, welchen Einfluß die Mindestimportrestriktion auf die *Beziehung zwischen gesamtwirtschaftlichem Wachstum und regionaler Verteilung* hat. Da die Importlücke Westpakistans umso größer gewesen wäre, je mehr Investitionen (und damit: Importe) in Ostpakistan getätigt worden wären, ist *a priori* anzunehmen, daß sich die Komplementaritätsbeziehung von FallIV bei wachsendem Anteil Ostpakistans an den Infrastrukturinvestitionen in immer stärkerem Maße abschwächt bzw. in einen Zielkonflikt umschlägt.

Daß dies tatsächlich der Fall ist, zeigen die gepunkteten Linien in Abbildung 36 (Seite 229). Unterstellt man eine Mindestimportquote von 9 % und erhöht sukzessiv den Anteil Ostpakistans an den Investrukturinvestitionen des Landes, so bleibt die Komplementaritätsbeziehung von Fall IV, wie die oberste der drei Linien zeigt, zunächst unverändert bestehen. Der Entwicklungsverlauf bleibt, solange die Mindestimportrestriktion noch nicht bindend ist, gänzlich unverändert. Von dem Punkt an jedoch, in dem die Restriktion zu "greifen" beginnt (bei einem Anteil Ostpakistans an den Infrastrukturinvestitionen von 50 %), wirkt sich die sukzessive Erhöhung des Anteils Ostpakistans an den Infrastrukturinvestitionen, Gesamtinvestitionen und Importen des Landes negativ auf das Wachstum Westpakistans und damit auch Gesamtpakistans aus, und zwar so negativ, daß dieser Effekt den positiven Effekt, der in der Erhöhung des Anteils des "produktiveren" Ostpakistan an den privaten Investitionen des Landes besteht, überkompensiert: *Die Komplementarität schlägt in einen Konflikt um.*

Unterstellt man eine Mindestimportquote von 10 %, so vollzieht sich der Umschlag von Komplementarität zu Konflikt eher als im vorangegangenen Fall. Postuliert man schließlich eine Quote von 11 %, so ergibt sich, wie die untere der drei gepunkteten Linien in Abbildung 36 zeigt, von Anfang an ein Konflikt zwischen den beiden Zielen.

Die oben beschriebenen Zusammenhänge können auch in der Weise interpretiert werden, daß mit zunehmendem Anteil Ostpakistans an den Investitionen und Importen des Landes für Westpakistan ein immer größerer Teil der jeweiligen *Devisenlücke* (foreign exchange gap) ungedeckt und damit das tatsächliche Wachstum in immer stärkerem Maße unter dem potentiellen (aufgrund des Ressourcenaufkommens theoretisch möglichen) geblieben wäre. Demgegenüber wäre das Wachstum Ostpakistans nur durch die Höhe der Investitionen begrenzt worden, wobei lediglich sicherzustellen gewesen wäre, daß die bei gegebener Ersparnis verbleibende *Ressourcenlücke* (resource gap) abgedeckt worden wäre, und zwar unabhängig davon, inwieweit diese Ressourcen aus dem Ausland oder aus Westpakistan zugeflossen wären. Hätte man Westpakistan zur Verhinderung von Wachstumsverlusten die Devisen zugestehen wollen, die es zur Schließung seiner Devisenlücke benötigte, und hätte man Ostpakistan dennoch soviel Ressourcen zukommen lassen wollen, wie zur Schließung seiner Ressourcenlücke erforderlich waren, so hätte *Westpakistan* einen *größeren Anteil an den Kapitalimporten aus dem Ausland* erhalten, dafür aber in stärkerem Maße *Kapitalexporte nach Ostpakistan* leisten müssen[1].

Wollte man diesen Gedanken im Modell berücksichtigen, so müßte die Ungleichung (3a) in die Gleichung (3) zurückverwandelt und die exogene Bestimmung der Exporte Westpakistans nach Ostpakistan aufgegeben werden. Die Importe Westpakistans aus dem Ausland und seine Exporte nach Ostpakistan würden vom Modell endogen so bestimmt, daß für Westpakistan die Mindestimportrestriktion (23) erfüllt, gleichzeitig das Ressourcenaufkommen aber nicht vergrößert würde. Die bei gegebener Mindestimportquote erforderlichen zusätzlichen Kapitalexporte von West- nach Ostpakistan ließen sich auch leicht nachträglich ohne zusätzliche Modelläufe errechnen. Auf eine Quantifizierung des Zusammenhangs zwischen Mindestimportquote und erforderlichem zusätzlichem interregionalem Kapitalexport bzw. Kapitalimport soll an dieser Stelle jedoch verzichtet werden.

Statt dessen erscheint es angebracht, darauf hinzuweisen, daß die obigen Überlegungen nicht rein abstrakt sind, sondern in der *Diskussion der pakistanischen Entwicklungsplanung* durchaus eine Rolle gespielt haben. Sie wurden insbesondere in dem Bericht der ostpakistanischen Mitglieder des *Panel of Economists for the Fourth Five Year Plan* zum Ausdruck gebracht. Diese kamen in einer Modellrechnung zum Vierten Fünfjahresplan (1970/71-1974/75) zu dem Ergebnis, daß unter der Annahme eines Planvolumens von 75 Mrd. Rs bei der von ihnen vorgeschlagenen regionalen Verteilung der Investitionen (Anteil Ostpakistans: 54 %) und den unterstellten marginalen Kapitalkoeffizienten (beide Regionen: 2,6) und Sparquoten (beide Regionen: 25 %) für Ostpakistan eine Ressourcenlücke von 14,35 Mrd. Rs, für Westpakistan eine

---

1 Möglicherweise wäre die Zielkomplementarität hierbei nicht nur wiederhergestellt, sondern sogar noch verstärkt worden: Genau genommen müßte man die Absorptionskapazität Ostpakistans für privates Kapital differenzierter ausdrücken, als es bisher geschehen ist, indem zwischen Investitionen, die durch Kapitalimporte aus dem Ausland finanziert und solchen, die durch Kapitalimporte aus dem anderen Landesteil gedeckt werden, unterschieden wird. Es dürfte nicht unrealistisch sein, davon auszugehen, daß die Absorptionskapazität für durch Auslandshilfe finanzierte Investitionen geringer war als für den anderen Typ von Investitionen.

solche von 1,36 Mrd. Rs entstehen würde[1]. Die notwendigen "net resource inflows" könnten durch eine entsprechende regionale Aufteilung der Auslandshilfe sichergestellt werden. Die ostpakistanischen Ökonomen fahren jedoch fort:[2]

"If, however, West Pakistan's need for net resource inflows in foreign exchange is larger than its resource gap of Rs 136 crores, more foreign aid can be given to West Pakistan in exchange for an equivalent transfer of West Pakistan's own resources to East Pakistan via interwing trade .... As far as East Pakistan is concerned, it needs resources from outside to finance its development programme, but part of this can come from West Pakistan and the remaining part is needed from abroad as foreign aid .... thus trading foreign aid with domestic goods .... The extent of this transaction, furthermore, will have to be determined by inquiring into the practical possibilities of increasing West Pakistan's balance of trade with East Pakistan. The mechanism for effecting any agreed rise in this balance will have to be spelled out to avoid frustration; for example, if the intended interwing trade balance exceeds what the normal market mechanism can be expected to generate, state trading in selected items may become necessary."

Diese Überlegungen entsprechen relativ genau den oben im Rahmen des retrospektiven Simulationsmodells angestellten; der Unterschied besteht lediglich darin, daß sich die Reflektionen der ostpakistanischen Ökonomen nicht auf die Vergangenheit, sondern auf die Zukunft bezogen.

---

1 Vgl. *Government of Pakistan*, Planning Commission, Reports of the Advisory Panels for the Fourth Five Year Plan 1970-75, Vol. I, a.a.O., S. 45 f.

2 Ebenda, S. 46

6. Ursachen der ungleichen regionalen (Ost-West-) Verteilung der Infrastrukturinvestitionen in Pakistan (I): Personale Infrastruktur in Ostpakistan

6.1 Einleitung

Im Rahmen der im vorangegangenen Kapitel simulierten Fälle wurde implizit unterstellt, daß Ostpakistan ohne weiteres in der Lage gewesen wäre, die für eine nennenswerte Steigerung seiner Absorptionskapazität für private Investitionen erforderlichen massiven Infrastrukturinvestitionen durchzuführen. Wie Abbildung 40 zeigt, liegen die bei Fall IV(A-O,6) simulierten absoluten Infrastrukturinvestitionen für Ostpakistan vor allem für die Vorplanperiode und die erste Planperiode weit über denjenigen, die in der tatsächlichen Entwicklung realisiert wurden.

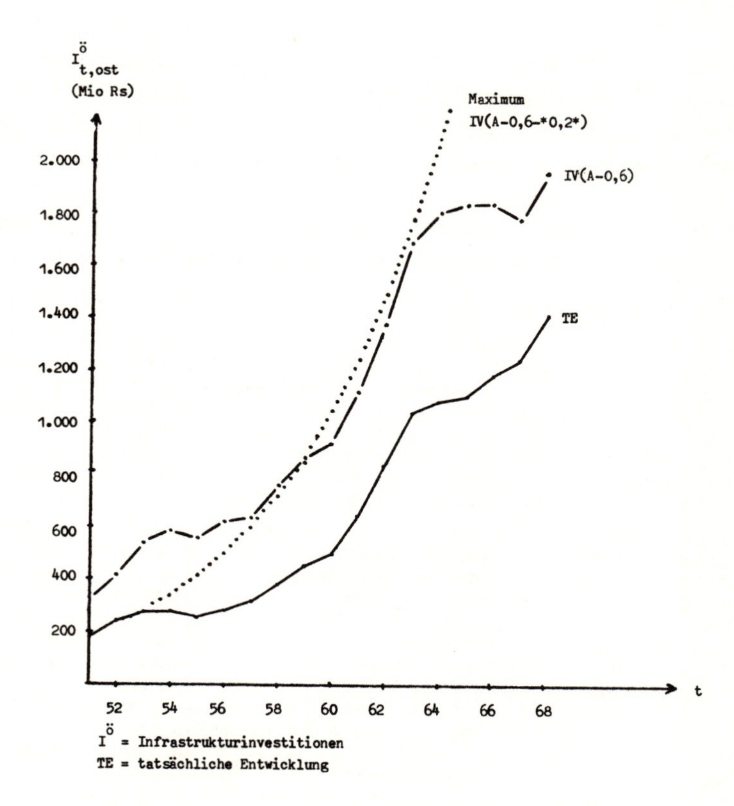

Quelle: Tabelle 26; ANHANG IV, Tabelle IV; Computerberechnungen

Abbildung 40: Erweiterte Version des retrospektiven Simulationsmodells - Infrastrukturinvestitionen Ostpakistans: Tatsächliche Entwicklung, Fall IV (A-O,6) und Fall IV (A-O,6-*O,2*)

Es stellt sich die Frage, ob Ostpakistan wirklich in der Lage gewesen wäre, derart hohe Infrastrukturinvestitionen durchzuführen. Anders formuliert, ob Ostpakistan, wenn ihm die für die zusätzlichen Infrastrukturinvestitionen erforderlichen externen Ressourcen aus Westpakistan und aus dem Ausland zur Verfügung gestanden hätten, in der Lage gewesen wäre, diese mit Hilfe seiner personalen Infrastruktur (Verwaltung, Fach- und Führungskräfte, Organisationen[1]) zu absorbieren.

Nachdem im vorangegangenen Kapitel die "infrastrukturelle Absorptionskapazität für private Investitionen" untersucht wurde, wird damit die "personale Absorptionskapazität für Infrastrukturinvestitionen" in den Mittelpunkt der Analyse gerückt[2].

6.2 Der empirische Befund: Verwaltungs- und Fachkräfteengpaß in Ostpakistan

Bei Gründung des Staates Pakistan verfügte Ostbengalen über eine ausgesprochen schlechte personale Infrastruktur, insbesondere über eine sehr geringe Anzahl von Führungskräften und qualifizierten Verwaltungs- und Fachkräften wie Ingenieure, Techniker, Ökonomen, Agrarökonomen, usw.

Auf die *historischen Ursachen* dieser Situation kann im Rahmen der vorliegenden Arbeit nur kursorisch eingegangen werden[3]. Nach dem Verfall

---

1 Der Begriff 'personale Infrastruktur' wird hier und im folgenden nur in diesem Sinne verwendet. Er bezieht sich vorwiegend auf den Teil des Faktors Arbeit, der im betriebswirtschaftlichen Kontext als 'dispositiver Faktor' (Gutenberg) bezeichnet wird. Nicht berücksichtigt werden die 'vollziehenden' Arbeitskräfte, die in Pakistan offenbar keinen 'knappen' Faktor darstellen, weshalb sie auch im Modell keine Berücksichtigung fanden.

2 Aufgrund der großen Bedeutung der personalen Infrastruktur für die Absorptionskapazität einer Region oder eines Landes für Kapital wird der Begriff "Absorptionskapazität" häufig in einem engeren Sinne definiert, der nur die personale Absorptionskapazität beinhaltet. Vgl. z.B. *Improving the Quality of Aid - Note*, in: Leading Issues in Economic Development, Meier, G.M. (ed.), Stanford 1970, S. 187: "It has besome increasingly evident that not every poor country is immediately able to employ considerable amounts of capital productively.... At least in the short run, the country may not have the capacity to absorb a large amount of ... capital because ... knowledge and skills are limited and well conceived projects are not readily forthcoming. The deficiencies in managerial, technical, supervisory, and skilled manpower seriously restrain absorptive capacity."

3 Zur Geschichte der Muslims in Indien vgl. *Hardy, P.*, The Muslims of British India, Cambridge 1972; *A Short History of Pakistan*, 4 Bde, Qureshi, J.H. (ed.), Karachi 1967; *Mujeeb, M.*, The Indian Muslims, London 1967; *Husain, S.A.*, The Destiny of Indian Muslims, London 1965

des Moghul-Reiches hatten die Muslims des Subkontinents ihre führende Stellung im politischen und wirtschaftlichen Leben zunehmend an die Hindus verloren, die sich besser an die Anforderungen der *East Indian Company* und der Kolonialmacht hatten anpassen können.

Einer der Faktoren, der zu diesem Niedergang entscheidend beigetragen hatte, war das *islamische Erziehungssystem*[1] gewesen, das primär religiös ausgerichtet gewesen war und dessen orthodoxe Träger jede Hinwendung zum 'westlichen' Lebensstil als 'Sünde' betrachtet und auch die Aufnahme der englischen Sprache in die Lehrpläne von Schulen und Colleges abgelehnt hatten. Nachdem in der ersten Hälfte des 19. Jahrhunderts einerseits der Bedarf der britischen Verwaltung an einheimischen Kräften für den unteren und mittleren Verwaltungsdienst und für die Abwicklung von Handel und Verkehr beträchtlich gestiegen und andererseits (1837) Voraussetzung für die Einstellung in diese Positionen die Beherrschung des Englischen geworden war, waren in zunehmendem Maße Hindus in die früher weitgehend von Muslims besetzten oberen Positionen im wirtschaftlichen und sozialen Leben gelangt. Erst 1875, 58 Jahre nach Gründung der ersten Hindu-Hochschule, des *Hindu-College* in Calcutta, war das muslimische *Anglo-Oriental College* in Aligarh, mit europäisch ausgerichteter Erziehung, gegründet worden.

Eine weitere Ursache für den sozialen Abstieg der Muslims hatte darin gelegen, daß die Briten die *Muslims* nicht nur als wenig anpassungsfähig, sondern als ihnen gegenüber ablehnend-feindselig und als *Gefahr für die Kolonialherrschaft* betrachtet und z.T. gegenüber den Hindus diskriminiert hatten. Für die *Sepoy*[2]-Meuterei und den Aufstand im Jahre 1857 waren vor allem die Muslims verantwortlich gemacht worden; die Ermordung des *Chief Justice* des *Calcutta High Court, Norman,* (1871) und des *Viceroy, Lord Mayo* (1872) durch Muslims hatten den

---

1 Zum islamischen Erziehungssystem zur Zeit der britischen Kolonialherrschat vgl. *Mukerji, S.N.*, History of Education in India, Modern Period, Baroda 1955; *Thorpe, C.L.*, Education and the Development of Muslim Nationalism in Pre-Partition India, Karachi 1965

2 So schrieb z.B. *Lord Ellenborough* 1843 an den *Duke of Wellington:* "I cannot close my eyes to the belief that the race (Mohammedans) is fundamentally hostile to us and our true policy is to reconcile the Hindus". *Hunter* schrieb 1871: "The Musalmans of India are, and have been for many years, a source of chronic danger to the British power in India. The English Government can hold no parley with traitors in arms. Those who appeal to the sword must perish by the sword". Zitiert in: *A Short History of Pakistan,* Book Four: Alien Rule and the Rise of Muslim Nationalism (Section 1. From 1497 to 1857, by Rahim, M.A.) Karachi 1967, S. 130 f. *Rahim* zitiert dann verschiedene Beispiele, die die Diskriminierung der Muslims im einzelnen aufzeigen.

Eindruck einer Verschwörung gegen die Briten verstärkt, der bis ins 20. Jahrhundert bestehen geblieben war[1].

Der Status der Muslims war in *Bengalen* einerseits schon vor der britischen Kolonialzeit geringer gewesen, andererseits von der Kolonialherrschaft aber auch stärker betroffen worden als in anderen Regionen des Subkontinents. Von den (Muslim-) Nawabs, *Murshid Quli Khan* und *Ali Vardi Khan*, die in der ersten Hälfte des 18. Jahrhunderts in Bengalen geherrschat hatten, war das *Steuerwesen Hindus* anvertraut worden, die ihrerseits Hindus beschäftigt hatten[2]. Im Jahre 1777 waren im Distrikt Chittagong von 47 Beschäftigten der Steuerverwaltung nur 5 Muslims gewesen[3]. Das von den Briten geschaffene *Permanent Settlement* (Permanent Settlement Act, 1773), durch das die *Zamindars* (Steuereintreiber) als Eigentümer ihres Steuerbezirks (für den sie einen Grundsteuerbetrag abzuführen hatten) eingesetzt worden waren, hatte vor allem den Hindus genutzt, die in Bengalen etwa 9/10 der Zamindars gestellt hatten[4]. Nachdem in die unteren Ränge der britischen Armee ohnehin vor allem Muslims aus dem Punjab und Sikhs eingestellt worden waren, waren die *Bengalen* nach der Meuterei von 1857 *gänzlich und für immer aus der Armee ausgeschlossen worden*[5].

Die Muslims Bengalens waren offenbar noch weniger bereit oder in der Lage gewesen als die der anderen Provinzen, die *britischen Erziehungs- und Bildungsinhalte zu assimilieren.* Im Punjab und den North-Western Provinces war darüberhinaus - bzw. deswegen - die britische Erziehung von Muslims seitens der Briten stärker gefördert worden[6], so daß dort der Anteil der Muslims an den im britischen Dienst Beschäftigten weit höher gewesen war als in Bengalen.

---

1 Vgl. auch *Pakistan.* A Compendium, Platt, R.R. (ed.), New York 1961, S. 11

2 Vgl. *A Short History of Pakistan,* Book Four: Alien Rule and the Rise of Muslim Nationalism (Section : From 1497 to 1857, by *Rahim, M.A.,* a.a.O., S. 44 ff.

3 Vgl. *Cotton, H.J.S.,* Memorandum on the Revenue History of Chittagong, Calcutta 1880, S. 169 ff, zitiert in: *Hardy, P.,* The Muslims of British India, a.a.O., S. 37

4 Vgl. *Sinha, N.K.,* The Economic History of Bengal from Plassey to the Permanent Settlement,Vol. II, Calcutta 1962, S. 229, zitiert in: *Hardy, P.,* The Muslims of British India, a.a.O., S. 44

5 Vgl. *Pakistan,* A Compendium, a.a.O.

6 "It is probable that without special measures to encourage English education among the Muslims of upper India, they would have found themselves where the Muslims of Bengal found themselves in 1871, holding a tiny minority of official appointments". Vgl. *Hardy, P.,* The Muslims of British India, a.a.O., S. 18

Der geringere Status, den die Muslims in Bengalen im 19. Jahrhundert innehatten, geht aus Tabelle 48 hervor. Wenn auch ein Vergleich zwischen Ostbengalen und den Regionen des späteren Westpakistan wegen der unterschiedlichen geographischen Abgrenzung nicht möglich ist, so deutet sich hier der Unterschied zwischen dem späteren Ost- und Westpakistan im Erziehungs-, Ausbildungs- und Berufsniveau an.

Für die Jahre 1910-1945 lagen dem Verfasser keine entsprechenden Statistiken vor. Offenbar verbesserte sich in diesem Zeitraum die Position der Muslims in Indien etwas[1], während der große Unterschied zwischen den Regionen des späteren Ostpakistan und des späteren Westpakistan sich zumindest im mittleren und höheren Verwaltungsdienst kaum verringert haben dürfte. Zum Zeitpunkt der Teilung Indiens (1947) gab es im Indian Civil Service (ICS) und im Indian Political Service (IPS) insgesamt 1.157 Beamte (officers), von denen 608 Briten, 448 Hindus und 101 Muslims waren. Von den 95 dieser Muslims, die für Pakistan optierten, kamen mindestens ein Drittel aus dem Punjab und nur einer oder zwei aus Bengalen[2]. Auch hieraus wird deutlich, wie unzulänglich die "personale Infrastruktur" Ostpakistans bei der Teilung des Subkontinents gewesen sein muß.

Der Verwaltungs- und Expertenengpaß Ostpakistans wurde Mitte der fünfziger Jahre bei der *Aufstellung des Ersten Fünfjahresplans* (1955-60) besonders deutlich. Im Jahre 1956 erläuterte der Leiter des *Planning Board, Zahid Husain*, den Teilnehmern der *Special Conference of Economists of East Pakistan on the Draft Five Year Plan*, auf der darüber geklagt wurde, daß im Planentwurf für Ostpakistan geringere Planausgaben vorgesehen waren als für Westpakistan, wie dieser Planentwurf zustande gekommen war:

Der *Planning Board* habe die Provinzregierungen und die halböffentlichen Körperschaften 1954 aufgefordert, diejenigen Projekte zu formulieren, die sie durchführen wollten und "with the knowledge and personnel likely to be available" durchführen zu können glaubten, und zwar ohne Rücksicht auf den Umfang der zur Verfügung stehenden Finanzierungsmittel, nur unter dem Aspekt der wirtschaftlichen und technischen "feasibility". Nachdem von ostpakistanischer Seite nur Projektvorschläge mit einem Gesamtvolumen von 1,55 Mrd. Rs eingegangen seien, habe der Board die Vorschläge so modifiziert und ausgedehnt,

---

1 Ebenda, S. 92 ff.

2 Vgl. *Sayeed, K.B.*, The Political System of Pakistan, Boston 1967, S. 132 ff.

Tabelle 48 : Anteile der Muslims an der Beschäftigung im Staatsdienst in Bengalen, in den North-Western Provinces[a] und im Punjab, 1850 - 1905

Jahr	Region	Gruppe	Anteil v.H.[g]
		Bengalen	
1856	CH.D.[b]	Beschäftigte in der Steuerverwaltung und im Rechtswesen, mit Monatsgehalt von 50 Rs und darüber	14,8
1871	B[c]	Gazetted officers (Beamte im höheren Dienst)	4,4
1871	B	Appointments to gazetted posts (Einstellung von Beamten in den höheren Dienst)	11,0
1886	B	Beamte im Uncovenanted Civil Service (gehobener Dienst): Verwaltung	12,9
1886	B	Beamte im Uncovenanted Civil Service (gehobener Dienst): Rechtswesen	3,1
1887	B	Untergeordnete Richter insgesamt	2,1
1887	B	Munsifs (einheimische Zivilrichter der untersten Stufe)	3,4
1887	B	Beamte im Statutory Civil Service (gehobener Dienst)	18,2
1905	OB[d]	Polizeiinspektoren	7,4
1905	OB	Polizeiunterinspektoren	12,4
		North-Western Provinces/Punjab	
1850	NWP[e]	Sadr amin (einheimischer Zivilrichter der zweituntersten Stufe)	72,0
1859	NWP	Deputy Collector (leitender Beamter auf Distriktsebene)	54,2
1864	NWP	Tahsildar (leitender Verwaltungsbeamter eines Unterdistrikts)	52,8
1871	NWP	Beschäftigte in der Verwaltung mit Monatsgehalt von 150 Rs und darüber	35,0
1887	NWP	Beamte im Statutory Civil Service (gehobener Dienst)	45,5
1871	P[f]	Beschäftigte in der Verwaltung mit Monatsgehalt von 150 Rs und darüber	38,0
1886	P	Beamte im Uncovenanted Civil Service (gehobener Dienst): Verwaltung	41,8
1886	P	Beamte im Uncovenanted Civil Service (gehobener Dienst): Rechtswesen	33,6
1901	P	Einstellungen in den öffentlichen Dienst	30,0

a) heute: Uttar Pradesh. - b) Chittagong Distrikt. - c) Bengalen. - d) Ostbengalen. - e) North-Western Provinces. - f) Punjab. - g) Anteil der Muslims an der Bevölkerung (1886): 31,2 %; North-Western Provinces: 13,4 %; Punjab: 51,3 %.

Quelle : Verschiedene Quellen, zitiert in: Hardy, P., The Muslims of British India, Cambridge 1972, S. 38, 80 f., 123 f.

daß sich ein Gesamtbetrag von rund 1,76 Mrd. Rs ergab. Nach verschiedenen Diskussionen mit der ostpakistanischen Provinzregierung und der Vorlage weiterer Projektvorschläge seitens der letzteren sei das Gesamtprogramm auf einen Betrag von insgesamt 2 Mrd. Rs angehoben worden. Da der Board auch dieses Programm "in view of the capacity of the economy of East Pakistan" für unzureichend gehalten und zusätzliche Projekte auf dem Gebiet der Bewässerung, der Hochwasserregulierung sowie der Fachausbildung für notwendig erachtet habe, sei 1956 mit Billigung der ostpakistanischen Provinzregierung beschlossen worden, einen zusätzlichen Reservebetrag (block allocation) in Höhe von 1 Mrd. Rs einzuplanen. Dieser Betrag sollte während der Planperiode für zusätzliche, von ostpakistanischer Seite vorzulegende Projektvorschläge zur Verfügung stehen[1].

Die Ausführungen von *Husain* schließen mit dem Appell an die ostpakistanischen Ökonomen, statt in erster Linie für Ostpakistan einen höheren Anteil an den Planausgaben zu fordern, sich mit besonderer Priorität der Frage zu widmen, welche Maßnahmen ergriffen werden könnten, um die administrativ-personell-organisatorische Absorptionskapazität der Provinz für die grundsätzlich zur Verfügung stehenden öffentlichen Finanzierungsmittel entscheidend zu steigern[2]:

"No one can question the right of the people of East Pakistan to ask for maximum allocation, and the economists here should certainly devote their time to this important aspect of the plan. I would, however, plead most strongly that the other, and in every way most important aspect of the plan, that is the steps needed to execute the plan, to increase the capacity of the administration and technical establishments to absorb production expenditures and accelerate the rate of development, to develop, increase and exploit the sources of manpower, to develop new organizations, to improve administrative methods and techniques ... should not be overlooked. Large allocations will serve no purpose unless they can be used productively ... As the economists know it is totally unrealistic to assume that money is the only bottleneck. The inadequacies of public administration and shortages of technical men are far more difficult a bottleneck to break ...".

Im *Ersten Fünfjahresplan* selbst wird das Problem der Planung und Durchführung von Investitionsvorhaben an verschiedenen Stellen als

---

1 Vgl. *Husain, Z.*, Address Delivered At a Special Economic Conference Held in Dacca on the 24th August, 1956, to Consider the First Five Year Plan, in: *Government of Pakistan*, Planning Board, Report of the Special Conference of Economists of East Pakistan on the Draft Five Year Plan and Connected Papers, Dacca 1956, S. 65 ff.

2 Ebenda, S. 7 f.

wichtigste Entwicklungsproblem Pakistans bezeichnet[1]. Der Verwaltungs- und Fachkräfteengpaß sei allerdings besonders gravierend in *Ostpakistan*, wo "for about two centuries the Muslims ... had been denied their share in administration, business, and industry except in low positions"[2]. Die für Ostpakistan vorgesehenen Infrastrukturinvestitionen, die sich, wie Tabelle 49 zeigt, mit 4,0 Mrd. Rs[3] auf rd. 43 % der Infrastrukturinvestitionen des Landes beliefen, seien zwar relativ gering im Vergleich zu denjenigen Westpakistans, gemessen am Verwaltungs- und Fachkräftepotential Ostpakistans jedoch außerordentlich hoch, wenn nicht gar zu hoch:[4]

"The development programme we have prepared for East Pakistan is the maximum - perhaps more than the maximum - that we consider feasible. The limit is set, not by claims of the rest of the country on the available resources, but by the administrative and technical organization which exists or can quickly be created in the province and by the availability of trained personnel ...
The shortages of trained personell, both technical and administrative, and of detailed schemes are very great. It will necessarily be several years before East Pakistan will be able to plan and execute a development programme commensurate with the needs of the province. The limiting factor in almost every field of development in East Pakistan will not be finance but trained personnel and competent organizations".

---

1 "We have been deeply impressed in the course of preparing this plan by the great difficulties which will be encountered in executing ist. In virtually every field the country is extremely short of trained technicians and administrators to carry out development work and, what is at least as serious, in many fields the country is also short of organizations with sufficient tradition, staff and experience to implement large development schemes. In a great many cases the shortage of trained manpower or of experienced organizations, rather than lack of finance, is the factor limiting the speed of development". Vgl. *Government of Pakistan*, National Planning Board, The First Five Year Plan, a.a.O., S. 26. Ähnlich S. 92: "We are of the view that in the period immediately ahead the inadequacies of Pakistan's administrative machinery will operate as the most serious single impediment to a maximum economical use of the country's resources. The popular belief is that the rate of progress will be primarily regulated by the magnitude of resources, in terms of internal finance and foreign exchange. This is true, but only partly true. In actual fact, the pace of the implementation of economic and social program is likely to be governed even more by the capabilities of the Nation's administrative and technical organization. This view is supported by the fact that the various central and provincial agencies responsible for development are experiencing difficulty in utilizing fully the budget allotments sanctioned for their program. Actual expenditures often fall short of the allocated grants. This phenomenon ist attributive to a variety of administrative and technical shortcomings".

2 Ebenda, S. 74

3 Die Differenz zu dem obengenannten Betrag (2 Mrd. Rs plus 1 Mrd. Rs) in Höhe von 1 Mrd. Rs stellt offenbar den Beitrag der Zentralregierung zum Programm Ostpakistans dar.

4 Ebenda, S. 75, 20

Tabelle 49 : Der Erste Fünfjahresplan Pakistans (1955/56 - 1959/60) : Geplante und tatsächliche Entwicklungsausgaben, nach Landesteilen (in jeweiligen Preisen)

	Pakistan Mio Rs	Ostpakistan Mio Rs	Westpakistan Mio Rs	Ostpakistan v.H.
Soll				
öffentlich	9.352[a)]	4.001[b)]	5.351[c)]	42,8
privat	3.300	(1.100)[d)]	(2.200)[d)]	(33,3)
insgesamt	12.652	(5.101)	(7.551)	(40,3)
Ist				
öffentlich	6.610	1.970	4.640	29,8
privat	3.660	730	2.930	19,9
insgesamt	10.270	2.700	7.570	26,3

a) ohne Berücksichtigung des eingeplanten shortfall in Höhe von 1,852 Mrd Rs. - b) einschl. 700 Mio Rs. für noch vorzulegende oder zu genehmigende Projekte.- d) Annahme: auf Ostpakistan entfällt ein Drittel.

Quellen : Government of Pakistan, National Planning Board, The First Five Year Plan 1955-60, Karachi 1958, S. 13, 15; Government of Pakistan, Planning Commission, Reports of the Advisory Panels for the Fourth Five Year Plan 1970-75, Vol. I, Islamabad 1970, S. 25.

Nachdem nach der Aufstellung des Planentwurfs von ostpakistanischer Seite noch Projektvorschläge beim *Planning Board* eingegangen und z.T. (in Höhe von insgesamt 300 Mio Rs) in den Fünfjahresplan aufgenommen worden waren, war in dem Betrag für Ostpakistan (4Mrd. Rs) immer noch ein Reservebetrag in Höhe von 700 Mio Rs enthalten[1]. Ostpakistan wurde aufgefordert, in entsprechendem Umfange zusätzliche Projektvorschläge einzureichen, um während der Planperiode noch einen möglichst großen Teil dieses Betrages auszuschöpfen.

Von den 700 Mio Rs sollten möglichst 300 Mio für Projekte aus dem Wasser- und Energiesektor bereitgehalten werden. Allerdings wird betont, daß - wie weiter oben[2] bereits gezeigt wurde - eine Ausdehnung des unzureichenden Wasser- und Energieprogrammes Ostpakistans detaillierte Untersuchungen, solide Pläne und generell Fortschritte in organisatorischer und fachkräftemäßiger Hinsicht voraussetzt. So heißt es:[3]

"The attainment of the [water and power] programme now proposed for East Pakistan will ... barely meet [the requirements for] increased

1 Vgl. auch Anmerkung b) in Tabelle 49

2 Vgl. Kapitel 5.22, S. 171 f.

3 Vgl. *Government of Pakistan*, National Planning Board, The First Five Year Plan 1955-60, a.a.O. (Hervorhebungen von mir. H.A.)

agricultural production. If progress in the first two years comes up to expectations we recommend that the programme should be enlarged by expanding the flood regulation and drainage programme. This would require further *expansion and improvement of organisation and, most important of all, sound plans.* Provision has been made in the programme for initiating general *investigations for water and power resources development;* we should like to see plans based on them. We hope the East Pakistan Government will be able to bring forward new detailed schemes, especially for flood regulation and drainage, within the plan period."

Daß die unzureichende personale Infrastruktur in Ostpakistan einen stark limitierten Faktor darstellte, zeigt sich auch in der *Implementierung des öffentlichen Ausgabenprogrammes* während des Ersten Fünfjahresplanes. Wie aus Tabelle 44 hervorgeht, belief sich die Implementierungsquote für Ostpakistan auf 49 %, während sie für Westpakistan bei 87 % lag[1]. Der *Reservebetrag* für Ostpakistan konnte nur zu einem geringen Teil ausgefüllt werden, da offenbar nicht in genügendem Umfange solide Projektvorschläge ausgearbeitet werden konnten und "several of the projects formulated (and presented to the Planning Board) were found faulty, technically unsound, economically unjustified"[2]. Vor allem aber die Durchführung der bereits im Plan *genehmigten Projekte* bereitete erhebliche Schwierigkeiten. Im *Preliminary Evaluation Report* zum ersten Fünfjahresplan heißt es, die geringen Fortschritte Ostpakistans seien vorwiegend auf den Mangel an erforderlichen Erhebungen und Untersuchungen und auf Verzögerungen in der Projektdurchführung (wie bei der Tangon Barrage) zurückzuführen[3]. Es bestehe ferner kein Zweifel, daß auf dem Gebiet des *Agrarkredits* gerade in Ostpakistan "organizational difficulties, particularly in the handling of credit, played an important part in short-falls"[4].

---

1 Hierbei ist der von vornherein eingeplante "shortfall" für die öffentlichen Ausgaben in Höhe von 1,852 Mrd. Rs für Gesamtpakistan, über dessen regionale Aufteilung keine Angaben gemacht wurden, nicht berüсksichtigt. Vgl. auch Anmerkung a) in Tabelle 49. Von ostpakistanischer Seite wurde verschiedentlich darauf hingewiesen, eine wichtige Ursache der unterplanmäßigen öffentlichen Investitionen habe auch daran gelegen, daß die ostpakistanischen Entwicklungsprojekte von der Zentralregierung nicht rasch genug genehmigt und Mittel für genehmigte Projekte zu langsam ausgezahlt wurden. Ein Teil der Projekte habe wegen der fehlenden Importlizenzen nicht oder zu langsam durchgeführt werden können, so daß die bereitgestellten inländischen Mittel teilweise "liegenblieben". Vgl. z.B. *Rahman,M.A.*, Regional (East-West) Per Capita Income Disparity and the Perspective Plan, a.a.O., S. 239 f.; ferner *Government of Pakistan*, Planning Commission, Reports of the Advisory Panels for the Fourth Five Year Plan 1970-75, Vol. I, a.a.O., S. 26

2 Vgl. *Rahman, H.*, Growth Models and Pakistan, a.a.O., S. 107 f.

3 Vgl. *Government of Pakistan*, Planning Commission, First Five Year Plan, Preliminary Evaluation Report 1955-56 to 1958-59, Karachi 1959, S. 23

4 Ebenda, S. 21

Rahman verweist in bezug auf die unterplanmäßigen Ausgaben Ostpakistans auf die

"inefficient and faulty execution of projects because of which the completion dates were delayed, gestation periods unduly elongated, and undue rises occured in project costs. There was a serious shortage of trained and competent engineers, supervisors, other technicians and skilled personnel which prevented a faster rate of plan implementation."[1]

Auch in den *sechziger Jahren* wurde, wenn auch weniger betont, auf das Problem der begrenzten personalen Absorptionskapazität Ostpakistans eingegangen. Im Zweiten Fünfjahresplan heißt es, die vorgesehene Vervierfachung der Planausgaben gegenüber den tatsächlichen Ausgaben des ersten Planes erfordere einen "major effort on the part of the East Pakistan authorities to implement a programme of this size."[2] Die Durchführung der Entwicklungsprogramme werde in Ostpakistan besondere Probleme aufwerfen. Hierzu müßten nicht nur die dortige Verwaltung gestärkt und die "technical skills" entwickelt, sondern vielleicht auch Verwaltungs- und Fachpersonal von West- nach Ostpakistan transferiert werden. Wenn die Entwicklungsanstrengungen in Ostpakistan zu sehr hinter den Planzielen zurückblieben, könne es für die Zentralregierung notwendig werden, die Durchführung einiger wichtiger Entwicklungsprojekte selbst zu übernehmen[3].

In der *Outline of the Third Plan* wurde darauf hingewiesen, die Reduzierung der regionalen Disparität bringe einige erhebliche Probleme mit sich. So sei es falsch zu glauben, finanzielle Ressourcen seien das einzig Notwendige zur Bewältigung des Problems: "Resources can be wasted and produce no benefit. If they are to contribute to development they must be used wisely, effectively and productively. this depends not on steel and concrete but upon men, organization, experience; on the capability to plan and implement an effective development programme"[4]. Und in bezug auf das im *Dritten Fünfjahresplan* vorgesehene Ausgabevolumen für Ostpakistan fragte *Matin*, einer der führenden Ökonomen Westpakistans 1965, ob die Wirtschaft Ostpakistans dieses Volumen wirklich ertragbringend absorbieren könne; eine Extrapolation der Absorptionskapazität der Provinz aus den bisherigen Trends könne erhebliche Zweifel aufwerfen am Realismus und an

---

1 Vgl. *Rahman, H.*, Growth Models and Pakistan, a.a.O.

2 Vgl. *Government of Pakistan*, Planning Commission, The Second Five Year Plan 1960-65, a.a.O., S. 409

3 Ebenda, S. 410

4 Zitiert in *Khan, A.G.*, Planning and Regional Development in Pakistan, in: The Third Five Year Plan and Ohter Papers, Papers presented at the 12th Annual Session of the Pakistan Economic Association, *Qureshi, A.I.*, (ed.), Rawalpindi 1965, S. 255

der Praktikabilität der geplanten Investitionen[1].

6.3 Berücksichtigung des Verwaltungs- und Fachkräfteengpasses Ostpakistans im Rahmen der erweiterten Version des retrospektiven Simulationsmodells

Angesichts der obigen Ausführungen erscheint die bei den bisherigen Simulationen implizit gemachte Annahme einer "unbegrenzten" (keinen Engpaß darstellenden) Absorptionskapazität Ostpakistans für Infrastrukturinvestitionen als außerordentlich unrealistisch, vor allem für die fünfziger Jahre, in denen einerseits in der tatsächlichen Entwicklung die Begrenzung durch die personale Infrastruktur besonders deutlich war, andererseits bei den simulierten Fällen besonders stark über die tatsächlichen Werte hinausgehende Infrastrukturinvestitionen impliziert werden.

Es könnte nun reizvoll erscheinen, das retrospektive Simulationsmodell um eine zusätzliche Stufe zu erweitern und den Einfluß der personalen Infrastruktur auf die Absorptionskapazität Ostpakistans für Infrastrukturinvestitionen modellendogen zu berücksichtigen, um abzuschätzen, in welchem Maße die personale Infrastruktur hätte ausgebaut werden müssen, um die Absorptionskapazität Ostpakistans für Infrastrukturinvestitionen in dem jeweils notwendigen Maße zu steigern.

Ein solcher Versuch erscheint jedoch wenig sinnvoll angesichts der Tatsache, daß sich die *"personale Infrastruktur"* in dem hier verwendeten Sinne (Verwaltung, Fach- und Führungskräfte, Organisationen) *nicht quantifizieren* läßt. Hier spielen *qualitative Aspekte* eine entscheidende Rolle, die sich in einem Modell von der Art des vorliegenden, will man es nicht völlig überstrapazieren, nicht mehr berücksichtigen lassen.

Aus diesem Grund soll im folgenden auf den Versuch einer modellendogenen Berücksichtigung des Einflusses der personalen Infrastruktur auf die Absorptionskapazität Ostpakistans für Infrastrukturinvestitionen verzichtet werden. Statt dessen sei lediglich gezeigt, wie sich eine - willkürlich angenommene - Begrenzung der Absorptionskapazität für Infrastrukturinvestitionen im Rahmen des Modells auf die regionalen Entwicklungsverläufe ausgewirkt hätte.

---

1 Vgl. Matin, A., Problem of Inter-Wing Development and Strategy of the Third Five Year Plan, in: The Third Five Year Plan and Other Papers, a.a.O., S. 218

Betrachtet man die tatsächliche Entwicklung der Infrastrukturinvestitionen Ostpakistans in Abbildung 40, so sind diese im jährlichen Durchschnitt mit einer Rate von 12 % gewachsen. Unterstellt man wieder Fall IV(A-0,6), führt aber die zusätzliche Bedingung ein, daß die Infrastrukturinvestitionen Ostpakistans maximal um 20 % hätten wachsen können - eine nach dem oben Gesagten relativ "großzügige" Annahme[1] -, so ist der so definierte *Fall IV(A-0,6-*0,2*)* zunächst dadurch charakterisiert, daß die Infrastrukturinvestitionen Ostpakistans in den ersten Jahren weit unter den bei Fall IV(A-0,6) simulierten gelegen hätten, und daß sie und damit der gesamte *Entwicklungsverlauf Ostpakistans bis Ende der fünfziger Jahre durch die Absorptionskapazität für Infrastrukturinvestitionen begrenzt* worden wären (vgl. Abbildung 40). Der Anteil Ostpakistans an den Infrastrukturinvestitionen des Landes hätte in den fünfziger Jahren erst allmählich ansteigen können auf den postulierten Anteil von 60 %[2], durch den dann in den sechziger Jahren die Höhe der Infrastrukturinvestitionen und der gesamte Entwicklungsverlauf Ostpakistans determiniert worden wäre.

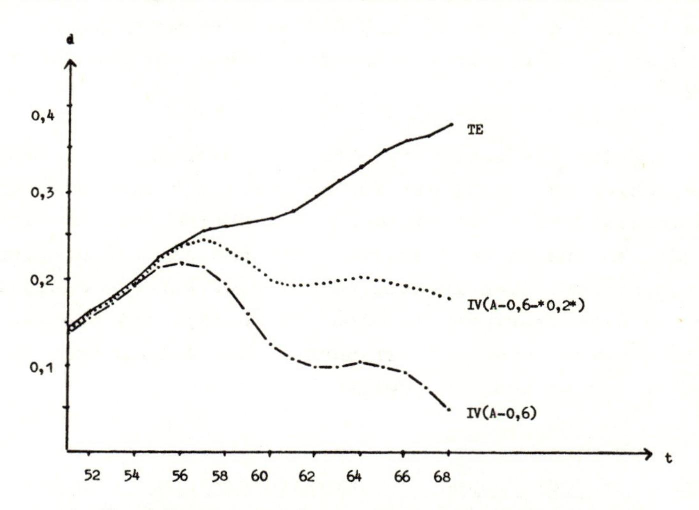

Quelle: Tabelle 22; ANHANG IV, Tabelle 4

Abbildung 41: Erweiterte Version des retrospektiven Simulationsmodells - Disparität der Pro-Kopf-Einkommen Ost- und Westpakistans: Tatsächliche Entwicklung, Fall IV (A-0,6) und Fall IV (A-0,6-*0,2*)

1 Auf die Maßnahmen, die zur Erhöhung der Absorptionskapazität Ostpakistans hätten ergriffen werden können, wird weiter unten (s. Abschnitt 6.4) eingegangen.

2 Modelltechnisch wurde zur Vermeidung einer *infeasible solution* die Gleich-Bedingung in Gleichung (34) in eine Kleiner-Gleich-Bedingung umgewandelt.

Daß damit auch die *Absorptionskapazität Ostpakistans für private Investitionen* langsamer ausgebaut worden wäre als bei Fall IV(A-O,6) simuliert, mit allen Konsequenzen für die regionale Verteilung des Wachstums, liegt auf der Hand. Die Konsequenzen, die sich für die Entwicklung der *Disparität der Pro-Kopf-Einkommen* ergeben hätten, zeigt Abbildung 41. Die Disparität wäre noch länger als bei Fall IV(A-O,6) angestiegen wie in der tatsächlichen Entwicklung, und der danach einsetzende Abbau wäre erheblich geringer gewesen; damit hätte die Disparität auch am Ende der sechziger Jahre noch über dem Ausgangsniveau vom Anfang der fünfziger Jahre gelegen.

Was die *Beziehung zwischen gesamtwirtschaftlichem Wachstum und regionaler Verteilung* betrifft, so wird diese durch die Einwirkung der begrenzten Absorptionskapazität für Infrastrukturinvestitionen *nicht beeinflußt*. Abbildung 36 (Seite 229) zeigt, daß die Komplementarität von Fall IV(A-O,6) bei Variation der maximalen Wachstumsrate der Infrastrukturinvestitionen unverändert bleibt. Die Verschärfung der Restriktion hat die gleiche Wirkung wie eine Reduzierung des Anteils Ostpakistans an den Infrastrukturinvestitionen, auf die sie ja auch hinausläuft.

Ein Einfluß auf die Zielbeziehung hätte sich nur ergeben, wenn das Absorptionsproblem so formuliert worden wäre, daß sich die Höhe der jährlichen Infrastrukturinvestitionen nach Überschreitung einer Obergrenze auf die indirekte Produktivität (im Modell: auf die Gesamtproduktivität der privaten Investitionen) oder auf die Ausreifungszeiten der Infrastrukturinvestitionen (im Modell: auf den lag zwischen Infrastrukturinvestitionen und Veränderung der Absorptionskapazität für private Investitionen) ausgewirkt hätte.

6.4 Maßnahmen zur Überwindung des Verwaltungs- und Fachkräfteengpasses in Ostpakistan

6.41 Mögliche Maßnahmen

Die Maßnahmen zur Überwindung eines Verwaltungs- und Fachkräfteengpasses lassen sich grundsätzlich in zwei Gruppen gliedern: Die erste Gruppe umfasst all jene Maßnahmen, die darauf abzielen, den Engpaß kurzfristig durch *Transfer von Knowhow aus anderen Regionen*, in unserem Falle aus Westpakistan oder aus dem Ausland, zu überwinden. Zur zweiten Gruppe gehören diejenigen Maßnahmen, die der *Heranbildung eines eigenen Verwaltungs- und Fachkräftenachwuchses dienen*. Sie erstrecken sich auf den Bereich des Bildungs- und Ausbildungswesens und sind grundsätzlich erst mittel-und langfristig wirksam.

Transfer von Know-How aus Westpakistan und aus dem Ausland

Da nur diese Maßnahmen kurzfristig wirksam sind, hätten gerade sie in den fünfziger Jahren mit besonderer Dringlichkeit ergriffen werden müssen.

Wie bereits ausgeführt wurde, wurde die *Special Conference of Economists of East Pakistan on the Draft Five Year Plan* Mitte der fünfziger Jahre vom Leiter des *Planning Board* aufgefordert, Vorschläge zur Verbesserung der personalen Absorptionskapazität Ostpakistans für die Entwicklungsausgaben des Ersten Fünfjahresplanes zu unterbreiten. Tatsächlich wurde auf der Konferenz eine Reihe von Anregungen formuliert, die vorwiegend auf einen Transfer von know-how nach Ostpakistan hinausliefen.

(1) Es wurde vorgeschlagen, die *Zentralregierung* solle sich direkt an der *Ausarbeitung und Durchführung von Infrastrukturprojekten in Ostpakistan* beteiligen, wobei insbesondere an die Mitwirkung des *Planning Board* gedacht war[1]. Dieser Vorschlag wurde Ende der fünfziger Jahre vom (gesamtpakistanischen) *Panel of Economists on the Second Five Year Plan* wiederaufgegriffen und wie folgt formuliert:[2]

"If in East Pakistan the existing provincial machinery is inadequate to the task of preparing a sound development programme to be included in the second plan, the centre should directly take over the responsibility for the formulation of East Pakistan's development programme. The possibility of shifting technical and administrative personnel from the Centre and from West Pakistan to East Pakistan for the preparation and implementation of the second plan should be seriously considered."

(2) Ein zweiter Vorschlag ging dahin, *der Zentralregierung* solle *in Ostpakistan ein Gebiet juristisch und verwaltungsmäßig direkt unterstellt* werden, für dessen infrastrukturelle Entwicklung die Zentral-

---

1 "In view of the over-riding importance of economic development in East Pakistan the Central Government on the advice of the Planning Board should intervene in cases in which the provincial Government was found to be unequal to the task. The Centre should assume responsibility for the implementation of schemes which the provincial Government, for one reason or another, was unable to undertake." Vgl. *Government of Pakistan*, Planning Board, Report of the Special Conference of Economists of East Pakistan on the Draft Five Year Plan and Connected Papers, a.a.O., S. 31

2 Vgl. *Government of Pakistan*, Planning Commission, Report of the Panel of Economists on the Second Five Year Plan (1960-65), a.a.O., S. 19

regierung allein zuständig wäre[1].

(3) Ferner wurde vorgeschlagen, der *Planning Board* solle die Befugnis erhalten "to *allocate manpower resources as between different ... geographical areas*"[2]. Was hiermit genau gemeint war, blieb allerdings offen. Ende der sechziger Jahre stellten die ostpakistanischen Mitglieder des *Panel of Economists for the Fourth Five Year Plan* rückblickend eine offenbar ähnliche Überlegung an, indem sie betonten, Westpakistans "administrative,technical and managerial ability could have moved, given the political will and the inducements on the part of the Central Government, to East Pakistan to formulate and implement development projects in that region"[3].

(4) Als wichtig wurde schließlich die Anregung angesehen, *Ostpakistan* solle einen *größeren Anteil an der* vom Ausland im Rahmen der Entwicklungshilfe zur Verfügung gestellten *Technischen Hilfe* erhalten[4].

Heranbildung eines eigenen qualifizierten Führungsnachwuchses

Der verstärkte Ausbau des Bildungswesens, insbesondere des Berufs-, Fach- und Hochschulwesens Ostpakistans wurde von ostpakistanischer Seite immer wieder gefordert, wobei naturgemäß der Schwerpunkt auf die Notwendigkeit einer *massiven finanziellen und organisatorischen Unterstützung durch die Zentralregierung* gelegt wurde. Von den Ökonomen der "Special Conference" wurde argumentiert, die größere Knappheit an qualifizierten Fachkräften in Ostpakistan sei weitgehend zurückzuführen auf die im Vergleich zu Westpakistan extrem geringen Zuschüsse der Zentralregierung für Universitäten und Ausbildungsinstitute in der Vorplanperiode. Diese Tendenz solle während des Ersten Fünfjahresplanes umgekehrt werden "by making far greater allocation to East Pakistan for extending the internal training facilities as emergency measures"[5]. Ferner sollten in Ostpakistan durch die Zentralregierung (oder mit ihrer Unterstützung) eine Bundesuniversität, eine technische

---

1 Vgl. *Government of Pakistan*, Planning Board, Report of the Special Conference of Economists of East Pakistan on the Draft Five Year Plan and Connected Papers, a.a.O., S. 16, 26 f, 31

2 Ebenda, S. 40

3 Vgl. *Government of Pakistan*, Planning Commission, Reports of the Advisory Panels for the Fourth Five Year Plan 1970-75, Vol I, a.a.O., S. 92

4 Vgl. *Government of Pakistan*, Planning Board, Report of the Special Conference of Economists of East Pakistan On the Draft Five Year Plan and Connected Papers, a.a.O., S. 26

5 Ebenda

Hochschule, eine medizinische Hochschule, ein "Development Training Centre" und andere Institutionen für die Ausbildung von Fachkräften errichtet werden[1]. Schließlich wurde gefordert, für ostpakistanische Studenten an den technischen und medizinischen Hochschulen Westpakistans Studienplätze zu reservieren[2].

6.42 Ergriffene Maßnahmen

Von den genannten Maßnahmen zur Überwindung des Verwaltungs- und Fachkräfteengpasses Ostpakistans wurde in den fünfziger und in den sechziger Jahren praktisch keine in dem erforderlichen Maße realisiert.

In den fünfziger Jahren war die *Haltung der Planer* gegenüber dem Absorptionsproblem Ostpakistans durch eine *weitgehende Passivität* gekennzeichnet. Statt zur Beseitigung des Planungs- und Durchführungsengpasses beizutragen, gab sich die Zentralregierung damit zufrieden, Geldmittel in der vagen Hoffnung zur Verfügung oder in Aussicht zu stellen, daß geeignete Programme und Projekte aus Ostpakistan nachfolgen würden[3], obwohl man wissen mußte, daß dies aufgrund der dortigen Knappheit an Fachleuten unmöglich war[4].

Der Vorschlag, die Zentralregierung solle sich direkt an der Planung und Durchführung von Infrastrukturprojekten in Ostpakistan beteiligen, wurde vom *Planning Board* mit der Begründung abgelehnt, er sei "based on a misunderstanding of the functions of a central planning organization and the strength and composition of its staff"[5]. Eine solche Beteiligung wurde zwar, wie gezeigt wurde, von der Nachfolgerin, der *Planning Commission*, im Zweiten Fünfjahresplan erwogen, tatsächlich aber offenbar nie realisiert.

---

1 Ebenda, S. 26 ff., 37 ff.

2 Ebenda, S. 38

3 *Rahman* illustriert diese Einstellung mit einem Zitat aus dem *Draft (First) Five Year Plan*, in dem es heißt, Ostpakistan sei offenbar "in special need of increasing her engineering educational facilities, and *if sound and feasible schemes are prepared it would be possible to find resources to finance them*". Vgl. *Rahman, A.*, East and West Pakistan, a.a.O., S. 20. (Hervorhebung von mir. H.A.)

4 Vgl. auch *Khan, K.M.*, Regionale Wirtschaftsentwicklung in Pakistan, Stuttgart 1972, S. 93

5 Vgl. *Government of Pakistan*, Planning Board, Report of the Special Conference of Economists of East Pakistan On the Draft Five Year Plan and Connected Papers, a.a.O., S. 7

Der Umfang der *Technischen Hilfe* aus dem Ausland an Ostpakistan blieb auch in den sechziger Jahren relativ begrenzt, während Westpakistan in den Genuß massiver Technischer Hilfe im Rahmen des Indusbeckenprogramms kam, wodurch seine Absorptionskapazität für Infrastrukturinvestitionen (auf dem Wasser- und Energiesektor) erheblich gesteigert werden konnte[1].

Im *Erziehungs- und Bildungswesen*, vor allem auf den höheren Stufen, konnten in Ostpakistan im Vergleich zu Westpakistan nur geringe Fortschritte erzielt werden[2]. Nachdem das Erziehungssystem in Bengalen traditionell breiter angelegt gewesen war als in den Regionen Westpakistans, mit einer größeren Bedeutung des Grundschulbesuches und stärkerer *Vernachlässigung der College- sowie der Hoch- und Fachschulausbildung*, hätte es in Ostpakistan besonderer Anstrengungen bedurft, um die vorhandene Lücke zu schließen und auf diese Weise eine allmähliche Überwindung des Verwaltungs-, Fach- und Führungskräfteengpasses zu erreichen.

Daß dies nicht gelang, geht für die fünfziger Jahre aus Tabelle 50 hervor. Die Tabelle zeigt, daß die Alphabetenquote Ostpakistans Anfang der fünfziger Jahre weit über derjenigen Westpakistans lag. Der Unterschied war jedoch ausschließlich auf die größere Anzahl von Alphabeten mit geringem Bildungsniveau (Grundschulabschluß und darunter) zurückzuführen; bei den oberen Bildungsstufen war die Situation in Westpakistan erheblich günstiger. Aufgrund des schlechteren Ausbaus seines Bildungswesens verringerte sich in den fünfziger Jahren der

---

1 "Pakistan made judicious use of foreign technical assistance to supplement its own scarce skilled labour supply. The preponderant proportion of such imported skilled manpower was used in West Pakistan where nearly 2500 man-years of technical assistance were made available over an eight-year period to assist in the preparation of projects for water and power sectors. The massive use of such technical assistance undoubtedly raised the absorptive capacity of West Pakistan province, and a study on a similar scale dealing with the Ganges-Brahmaputra river basin in East Pakistan would undoubtedly permit equally vast and profitable investment projects to be undertaken there." Vgl. *Stern, J.J.*, Growth, Development, and Regional Equity in Pakistan, a.a.O., S. 35

2 Vgl. hierzu vor allem *Curle, A.*, Planning for Education in Pakistan, London/ Sydney/ Wellington 1966; *Akhtar, J.*, Literacy and Education: First Release from the 1961 Census of Pakistan, in: The Pakistan Development Review, Vol. 3(1963), S. 424 ff. *Jillani, M.S.*, Changes in Levels of Educational Attainment in Pakistan: 1951-1961, in: The Pakistan Development Review, Vol. 4 (1964), S. 69 ff; *Fuhr, R.*, Das Erziehungswesen in Westpakistan, Materialien des Arnold-Bergstraesser-Instituts für Kulturwissenschaftliche Forschung, Bd. 23, Freiburg 1969; *Zingel, W.-P.*, Das Erziehungswesen in Pakistan, in: Internationales Asienforum, Vol. 4 (1973), S. 306 ff.

Tabelle 50 : Bildungsniveau in Ost- und Westpakistan, 1951 und 1961

Bildungsniveau	absolut in 000				in v.H. der Bevölkerung				Steigerung in v.H.	
	Ost		West		Ost		West		Ost	West
	1951	1961	1951	1961	1951	1961	1951	1961	1951-1961	
1) Alphabeten	7.474	8.956	2.252	5.380	17,9	17,8	6,8	12,7	19,8	138,9
2) kein Grundschulabschluß	2.991	5.271	152	1.628	7,2	10,5	0,5	3,8	72,9	970,9
3) Grundschulabschluß[a]	4.150	3.397	1.801	3.088	10,0	6,8	5,5	7,3	-19,4	71,5
4) Hauptschulabschluß[b] und Abschluß von Intermediate College oder Fachschule[c]	282	300	240	584	0,7	0,6	0,7	1,4	6,3	143,7
5) unterer Universitätsgrad[d]	41	28	45	54	0,10	0,06	0,14	0,13	-32,3	21,3
6) oberer Universitätsgrad[e]	8	7	14	24	-	-	-	-	-12,0	68,6

a) 4 bzw. 5 Klassen. - b) 10 Klassen. - c) 12 Klassen. - d) B.A. oder B.Sc. . - e) M.A., M.Sc. oder Ph.D.

Quellen : Jillani, M.S., Changes in Levels of Educational Attainment in Pakistan: 1951-1961, in: The Pakistan Development Review, Vol. 4 (1964), S. 76 f.; ANHANG III, Tabelle 1.

"Vorsprung" Ostpakistans auf den unteren Stufen, während sich die *Diskrepanz auf den oberen Bildungsstufen verschärfte.* Entscheidend für das Problem der Absorptionskapazität ist die Tatsache, daß die Anzahl der Hauptschul-, Intermediate College- und Fachschulabsolventen nur geringfügig anstieg, während die Zahl der Hochschulabsolventen offenbar sogar rückläufig war[1].

1961 belief sich die Zahl der Hauptschul-, Intermediate College- und Fachschulabsolventen sowie diejenige der Hochschulabsolventen mit unterem Abschluß auf 50 %, die der Hochschulabsolventen mit oberem Abschluß sogar auf nur 30 % derjenigen Westpakistans.

Daß diese Entwicklung weitgehend auf die *unzureichenden Ausgaben für den Erziehungs- und Bildungssektor Ostpakistans* zurückzuführen war, ist offensichtlich. Im Zeitraum 1951 bis 1961 belief sich der Anteil Ostpakistans im Hauptschul-, Intermediate College- und Fachschulbereich auf durchschnittlich 26 %, im Hochschulbereich auf 24 % der Ausgaben Gesamtpakistans[2].

Auch in den sechziger Jahren gelang es in Ostpakistan nicht, das Erziehungs- und Bildungswesen auf den oberen Stufen in dem notwendigen Maße auszubauen. Aus den wenigen verfügbaren Daten kann geschlossen werden, daß die Diskrepanz zwischen den beiden Landesteilen unverändert groß blieb. 1969/70 belief sich die Zahl der Fachschüler in Ostpakistan auf rd. 60 %, der Absolventen von Polytechnika und Universitäten auf jeweils 35 % derjenigen Westpakistans[3].

---

1 *Jillani* führt die absoluten Rückgänge im wesentlichen auf die Abwanderung gebildeter Hindus nach 1951 zurück. Vgl. *Jillani, M.S.*, Changes in Levels of Educational Attainment in Pakistan: 1951-1961, a.a.O., S. 79-83

2 Vgl. *Jillani, M.S.*, Changes in Levels of Educational Attainment in Pakistan: 1951-1961, a.a.O., S. 90

3 Vgl. *Government of Pakistan*, Ministry of Education, zitiert in: *Zingel, W.-P.*, Das Erziehungswesen in Pakistan, a.a.O., S. 324

7. Ursachen der regionalen (Ost-West-)Verteilung der Infrastrukturinvestitionen in Pakistan (II): Die Strategie der kurzfristigen Wachstumsmaximierung

7.1 Einleitung

Folgt man den Ergebnissen des retrospektiven Simulationsmodells, so bestand in Pakistan eine - wenn auch nicht sehr stark ausgeprägte - Komplementarität zwischen dem Ziel einer Maximierung des gesamtwirtschaftlichen Wachstums und demjenigen einer gleichmäßigeren regionalen (Ost-West-)Verteilung. Sieht man von dem im vorangegangenen Kapitel analysierten Problem der begrenzten personalen Infrastruktur Ostpakistans ab und geht man - was eine starke Vereinfachung der wesentlich komplexeren Realität darstellt - davon aus, daß der tatsächlichen Regionalentwicklung eine bewußte entwicklungspolitische "Strategie" zugrunde lag, so muß man auf der Grundlage der Modellergebnisse zu dem Ergebnis kommen, daß diese Strategie irrational war in dem Sinne, daß mit Westpakistan diejenige der beiden Regionen stärker gefördert wurde, die pro Investitionseinheit den geringeren Beitrag zum gesamtwirtschaftlichen Wachstum leistete.

Im folgenden soll gezeigt werden, daß in der pakistanischen *Entwicklungsplanung* im Gegensatz zu den Ergebnissen des Modells explizit oder implizit davon ausgegangen wurde, daß zwischen dem Ziel einer Maximierung des gesamtwirtschaftlichen Wachstums, insbesondere einer *kurzfristigen* Maximierung dieses Wachstums, und dem einer Reduzierung der regionalen Disparität zwischen Ost- und Westpakistan nicht Zielkomplementarität, sondern ein *Zielkonflikt* bestand. Ferner soll deutlich gemacht werden, daß diese Meinung, zusammen mit der Tatsache, daß dem *Wachstumsziel eine weit größere Priorität* eingeräumt wurde, eine - neben der unzureichenden personalen Infrastruktur Ostpakistans - wichtige Ursache für die ungleiche *regionale Verteilung der Infrastrukturinvestitionen* war.

Hierzu werden vor allem die *Fünfjahrespläne*, d.h. (1) die in ihnen enthaltenen Ausführungen über die Planziele und (2) die – expliziten oder impliziten – Aussagen über die Beziehungen zwischen gesamtwirtschaftlichem Wachstum und regionaler Verteilung, herangezogen[1].

---

1 Zur Behandlung des Regionalproblems in den Fünfjahresplänen vgl. auch *Urff, W.v.*, Das Ost-West-Problem in der pakistanischen Entwicklungsplanung, a.a.O.; *Ahrens, H.*, Zur Frage des Zielkonflikts zwischen gesamtwirtschaftlichem Wachstum und regionaler Verteilung in der pakistanischen Entwicklungsplanung, a.a.O.

Es sei jedoch betont, daß die Fünfjahrespläne in Pakistan, wie auch in anderen Entwicklungsländern, keineswegs klare Programme mit eindeutiger, geschweige denn voll quantifizierter, Ziel-Mittel-Planung waren bzw. sind. In ihnen spiegelt sich eine Vielzahl unterschiedlicher, teils widersprüchlicher Interessen, Zielsetzungen sowie Vorstellungen über die Zielrealisierung[1], so daß jeder Versuch, die relevanten Schwerpunkte der Pläne auf kurzem Raum darzustellen, zwangsläufig eine starke Vereinfachung der wesentlich komplexeren Planungsrealität darstellt.

7.2 Der Erste Fünfjahresplan (1955/56-1959/60)

Im Zielkatalog des Ersten Fünfjahresplanes werden die Erhöhung des Volkseinkommens und die Beschleunigung der Entwicklung in Ostpakistan und anderen relativ unterentwickelten Gebieten - neben anderen Zielen - als *gleichrangige Ziele* genannt[2]. Es läßt sich jedoch zeigen, daß bei der konkreten Projektauswahl zur Aufstellung der Sektorprogramme dem *Wachstumsziel* eine weit größere Bedeutung zugemessen wurde als dem Ziel einer gleichmäßigeren regionalen Verteilung[3].

Im Rahmen der *Planformulierung* wurden - schematisch wiedergegeben - nach (a) einer ersten vorläufigen Aufteilung der für die Planperiode erwarteten, vom Staat kontrollierten Ressourcen auf die wichtigsten Infrastrukturbereiche (b) für jeden Infrastrukturbereich die *"most-productive schemes"*[4] ausgewählt. Nach (c) Durchführbarkeitsprüfungen und (d) Konsistenztests für die Sektorprogramme wurden schließlich (e) die "marginalen" Projekte der Sektoren, d.h. die Projekte mit den schlechtesten zu erwartenden *Kosten-Ertrags-Relationen* miteinander verglichen und - unter Verzicht auf die absolut unrentabelsten Projekte - entsprechende Veränderungen im Umfang der Sektorprogramme vorgenommen[5].

---

1 Vgl. auch *Taake, H.H.*, Politische Planungs- und administrative Entscheidungsprozesse bei der Aufstellung und Durchführung von Entwicklungsplänen. Empirische Analyse einiger ostasiatischer Länder unter besonderer Herausstellung Taiwans, Berlin 1973

2 Vgl. *Government of Pakistan*, Planning Board, The First Five Year Plan 1955-60, a.a.O., S. 13

3 Ebenda, S. 71 f, 83; vgl. auch *Waterston, A.*, Planning in Pakistan, a.a.O., S. 41 f

4 Ebenda, S. 83

5 Ebenda

Wie stark bei diesen Korrekturen der Sektorprogramme das Ziel der gesamtwirtschaftlichen Wachstumsmaximierung im Vordergrund stand, geht aus den im Plandokument gemachten Ausführungen zur Problematik der Projektauswahl hervor:[1]

"The question of priorities arises because the supplies of resources available are inadequate to accomplish everything thought desirable. In order to do more in one sector, something has to be sacrified elsewhere: the problem is one of balancing the gains from one against the loss of others. As an initial statement it may be said that the solution requires the distribution of development funds among different uses so that no possibility exists of increasing the total value of output by transferring funds from one use to another... There are obviously high priority schemes in all sectors concerning which no serious question need be raised. The difficult problem is the determination of what schemes are marginal in relation to the possibly greater productivity of resources used elsewhere."

Ähnlich wird an anderer Stelle darauf hingewiesen, angesichts der "current shortage of development resources" sei es notwendig, "to ensure that they are so distributed among various possible uses as to maximize their contribution to the national income"[2]. Diese Ausführungen stehen in einem gewissen Widerspruch zu den im vorangegangenen Kapitel zitierten Darlegungen der Planer, wonach nicht der Umfang der *Finanzmittel*, sondern lediglich das für ihre Absorption erforderliche *Know-how*, d.h. die Fähigkeit zur Planung und Durchführung solider Infrastrukturprojekte, begrenzt sei.

Inwieweit der mit 43 % relativ geringe Anteil Ostpakistans an den Infrastrukturinvestitionen des Planes[3] außer auf die geringere Absorptionskapazität der Provinz auch auf die Annahme eines Konfliktes zwischen dem Ziel einer Maximierung des gesamtwirtschaftlichen Wachstums und einer stärkeren Berücksichtigung Ostpakistans zurückzuführen war, wird aus dem Plandokument selbst nicht ersichtlich.

Wie bereits ausgeführt wurde, war zwischen der Aufstellung des Entwurfs zum Ersten Fünfjahresplan und der Aufstellung des endgültigen Fünfjahresplans von ostpakistanischer Seite eine Reihe von Projektvorschlägen beim *Planning Board* eingereicht worden, von denen nur ein Teil in den Plan aufgenommen worden war. Ob die Ablehnung der übrigen Projektvorschläge auf die mangelnde Solidität der Ausarbeitungen oder eher auf die geringere zu erwartende Produktivität der Projekte zurückzuführen war, läßt sich im einzelnen nicht nachvollziehen.

---

1 Ebenda, S. 77

2 Ebenda, S. 63

3 Vgl. Kapitel 6.2, Tabelle 49

Tatsache ist jedoch, daß bei einigen der von ostpakistanischer Seite vorgelegten Projekte die erwartete *geringere Produktivität* zur Ablehnung führte. Dies geht aus den Ausführungen von *Waterston* hervor, der als Mitglied der Harvard-Beratergruppe aktiv an der Projektauswahl für den ersten Plan beteiligt war. *Waterston* führt aus:[1]

"In order to promote more rapid development in East Pakistan, the Board had included in the Plan some projects in that Province which were expected to yield lower returns than some in West Pakistan which had been excluded from the Plan. In taking this action, the Board felt that a modest restriction of the rate of growth was not too big a price to pay for bringing about a better balance in the country's geographical distribution of income. *However, the Board did not include in the Plan many other proposals from East Pakistan on which yields were expected to be so low that they would seriously restrict the planned increase in national income."*

7.3 Der Zweite Fünfjahresplan (1960/61-1964/65)

Nach den besonders enttäuschenden Ergebnissen des Ersten Fünfjahresplanes in Ostpakistan[2] bestand weitgehende Übereinstimmung darüber, daß nun verstärkte Anstrengungen unternommen werden müßten, die Infrastruktur Ostpakistans auszubauen, da nur auf diese Weise die relative Stagnation der privaten Investitionen der Provinz überwunden werden könne. Diese Einsicht war vom *Panel of Economists on the Second Five Year Plan* folgendermaßen zum Ausdruck gebracht worden:[3]

"There is likely to be a scarcity of local private capital in East Pakistan. If economic and social overheads are not created rapidly in East Pakistan (and a suitable fiscal policy is not devised soon), even the private capital of East Pakistan may move to West Pakistan in search of better profit opportunities... We suggest that the public sector programme should be used as the primary instrument for achieving a better regional balance. The aim of the public sector should be to create external economies in East Pakistan primarily through the creation of economic and social overheads such as technical training, power, transport and communication facilities, irrigation, drainage and flood control."

Wenn im Gegensatz zu diesen Anregungen im Zweiten Fünfjahresplan für Ostpakistan mit einem Anteil von 44 % wieder geringere Infrastruktur-

---

1 Vgl. *Waterston, A.*, Planning in Pakistan, a.a.O., S. 45 (Hervorhebung von mir. H.A.)

2 Vgl. z.B. die Entwicklung der wichtigsten Variablen in diesem Zeitraum für Ostpakistan in Kapitel 3; ferner die Planimplementierung in Kapitel 6

3 Vgl. *Government of Pakistan*, Planning Commission, Report of the Panel of Economists on the Second Five Year Plan, a.a.O., S. 18 f.

Tabelle 51 : Der Zweite Fünfjahresplan Pakistans (1960/61 - 1964/65): Geplante und tatsächliche Entwicklungsausgaben, nach Landesteilen (in jeweiligen Preisen)

	Pakistan Mio Rs	Ostpakistan Mio Rs	Westpakistan Mio Rs	Ostpakistan v.H.
Soll[a]				
öffentlich	14.620	6.391	8.229	43,7
privat	8.380	3.160	5.520	37,7
insgesamt	23.000	9.551	13.449	41,5
Ist (A)[a]				
öffentlich	13.950	6.250	7.700	44,8
privat	13.700	3.000	10.700	21,9
insgesamt	27.650	9.250	18.400	33,5
Ist (B)[b]				
öffentlich	16.710	6.700	10.010	40,1
privat	13.700	3.000	10.700	21,9
insgesamt	30.410	9.700	20.710	32,0

a) ohne das - nicht im Plan enthaltene - Indusbeckenprojekt und das Rural Works Programme. - b) einschl. Indusbeckenprojekt (2.110 Mio Rs) und Rural Works Programme (Ostpakistan: 450 Mio Rs; Westpakistan: 200 Mio Rs).

Quellen : Government of Pakistan, Planning Commission, Revised List of Schemes Included in the Second Five Year Plan 1960-65, Karachi 1961, S. 3. - Government of Pakistan, Planning Commission, Reports of the Advisory Panels for the Fourth Five Year Plan 1970-75, Islamabad 1970, S. 25.

investitionen vorgesehen waren als für Westpakistan (vgl. Tabelle 51)[1], so dürfte dies auf die auch diesem Plan zugrundeliegende einseitige Wachstumsstrategie zurückzuführen sein:

Der Zweite Fünfjahresplan enthält im Gegensatz zum ersten keinen expliziten Zielkatalog, aber klare Aussagen über die bei der Ausarbeitung des Entwicklungsprogrammes, d.h. bei der Projektauswahl zugrundegelegten Prioritäten. Hier wird an erster Stelle der *Wachstumsaspekt* genannt. Es heißt, die Prioritäten für die Allokation der Entwicklungsressourcen seien auf der Grundlage der während der Planperiode zu erreichenden Ziele festgelegt worden: Hauptziel sei die Steigerung des

1 Hierbei sind die Indusbecken-Ausgaben (und das Rural Works Programme) nicht berücksichtigt. Addiert man zu den geplanten öffentlichen Entwicklungsausgaben die (tatsächlichen) Indusbecken-Ausgaben (und die Ausgaben für das Rural Works Programme) hinzu (vgl. Tabelle 51, Anmerkung b), so ergibt sich für Ostpakistan ein Anteil an den geplanten - oben mit Infrastrukturausgaben gleichgesetzten - öffentlichen Entwicklungsausgaben von 38 %. Zur Nichteinbeziehung der Indusbeckenausgaben in die Planausgaben vgl. Kapitel 5.22, S. 175

Sozialprodukts um 20 % bei gleichzeitigem Aufbau des Potentials für zukünftiges Wachstum.[1] Erst an späterer Stelle werden weitere Ziele, wie Selbstversorgung mit Nahrungsmitteln, Verbesserung der Zahlungsbilanz, Wachstumsbeschleunigung in den *"relatively less developed areas"* und eine Verbesserung der Beschäftigungsmöglichkeiten genannt.[2] Zum ersten Mal wird deutlich ausgesprochen, daß das Wachstumsziel nicht Wachstum schlechthin, sondern *kurzfristiges Wachstum* bis zum Ende der Fünfjahresperiode zum Inhalt hat:[3]

"The emphasis of the plan on increasing production rapidly ...... means that priority must be given to expenditures which produce results as quickly as possible ..... Where projects with relatively high capital-output ratios and long gestation periods have been included in the plan, these have been scrutinized with particular care from the standpoint of economic use of resources".

Damit waren von vornherein massive Infrastrukturinvestitionen für Ostpakistan, die, wie z.B. auf dem Gebiet der Hochwasserregulierung, im Rahmen umfangreicher und langfristiger Programme zu realisieren gewesen wären und deren Erträge erst während der nächsten Planperioden angefallen wären, weitgehend ausgeschlossen.

Ferner gingen die Planer davon aus, daß die *Kapitalproduktivität in Ostpakistan geringer* sei alsin Westpakistan. Diese Annahme wurde wegen ihrer politischen Brisanz allerdings an keiner Stelle explizit formuliert. Daß sie tatsächlich eine entscheidende Rolle bei den Überlegungen der Planer gespielt hat, wird von Kennern der pakistanischen Wirtschaftsplanung betont. So heißt es bei *Khan*, die Plannungskommission habe bei der Erstellung des zweiten Planes, wie schon bei der Erstellung des ersten, argumentiert, "that East Pakistan was the less productive of the two regions and that any attempt to reduce interregional disparity would entail loss in terms of GDP".[4]

---

1 Vgl. *Government of Pakistan*, Planning Commission, The Second Five Year Plan 1960-65, a.a.O., S. 7

2 Ebenda, S. 8

3 Ebenda, S. 7 f.

4 Vgl. *Khan, A.R.*, The Use of Multisectoral Models in Pakistan's Planning with Special Reference to Regional Allocation of Resources, in: The Pakistan Development Review, Vol. 11 (1971), S. 23. Vgl. auch *Huda, M.N.*, Planning for Regional Development, in: The Third Five Year Plan and Other Papers, Papers Presented at the 12th Annual Session of the Pakistan Economic Association, A.I. Qureshi (ed.), Rawalpindi 1965, S. 193: "The First and Second Plans were both drawn up on the basis of a lower (capital-output) ratio in West Pakistan justifying higher development expenditure in that wing in the interest of maximizing national income".

Im Zweiten Fünfjahresplan selbst wird die Annahme eines *Zielkonfliktes* zwischen einer gleichmäßigeren regionalen Verteilung und einem möglichst großen gesamtwirtschaftlichen Wachstum wesentlich vorsichtiger formuliert. Im Kapitel "Regional Development" wird ausgeführt, es sei zwar wichtig, "to maximize development in the less developed parts of the country", aber "without prejudicing national development as a whole".[1]

Tabelle 52: Sektorale und regionale Verteilung der Investitionen der Pakistan Industrial Development Corporation (PIDC), 1.1.1952 - 31.12.1958

Industriezweig	Projekte		Investitionsvolumen		
	Ost Anzahl	West Anzahl	Ost Mio Rs	West Mio Rs	Ost v.H.
Jute	14	-	84,5	-	100,0
Papier	2	2	126,2	7,7	5,8
Schwermaschinen a)	-	2	-	2,1	-
Schiffbau	2	2	33,8	57,9	36,9
Heavy Chemicals b)	-	3	-	6,2	-
Düngemittel	1	2	224,6	249,4	47,3
Zucker	3	4	58,2	66,3	46,7
Zement	-	4	-	97,9	-
Textilien	1	7	20,0	12,7	61,2
Chemikalien c), Arzneimittel	-	4	-	15,8	-
Erdgas	-	4	-	115,5	-
Stromerzeugung d)	-	3	-	255,0	-
Sonstige e)	-	4	-	120,7	-
Insgesamt	23	41	547,3	1.007,3	35,2

a) einschl. Eisen und Stahl. b) Ätznatron, DDT, Schwefelsäure, Superphosphat. c) einschl. Farbstoffe. d) aus Erdgas. e) Die Ursprungstabelle enthält einen Druckfehler, der nicht zu identifizieren ist. Die Differenz der sich errechnenden und der ausgewiesenen Summe der Einzelprojekte (97,2 Mio Rs) wurde hier unter "Sonstige" subsumiert.

Quelle: ANHANG II, Tabelle 36.

Aufgrund der geringen Infrastrukturinvestitionen der fünfziger Jahre und der unzureichenden im zweiten Plan vorgesehenen Infrastrukturmaßnahmen war eine nennenswerte Belebung der schwachen privaten Wirt-

1 Vgl. *Government of Pakistan*, Planning Commission, The Second Five Year Plan 1960-65, a.a.O., S. 398. An anderer Stelle (S. 7) wird betont, daß eine "accelerated development of relatively less developed areas requires that production facilities be located in these areas as far as possible", jedoch "without seriously affecting the national production target".

schaftstätigkeit in Ostpakistan für die nächsten Jahre nicht zu erwarten. Dies wurde von den Planern auch erkannt. Im Plandokument wird betont, die Lücke solle durch zusätzliche produktive Investitionen des Staates, d.h. durch ein verstärktes Engagement der *Pakistan Industrial Development Corporation* (PIDC) in Ostpakistan, geschlossen werden.[1]

Hierbei wurde jedoch übersehen, daß auch die (halbstaatliche) PIDC[2] aufgrund der unzureichenden Infrastruktur in Ostpakistan kaum zur Durchführung der notwendigen Investitionen in der Lage bzw. bereit sein würde. Sie hatte in den fünfziger Jahren aus diesem Grunde[3], wie aus Tabelle 52 deutlich wird, in Ostpakistan erheblich weniger Investitionen getätigt und weit weniger zur Diversifizierung des Industriesektors beigetragen als in Westpakistan. Dieser Trend sollte sich dann auch während des zweiten Planes, wenn auch etwas abgeschwächt, fortsetzen.[4]

Daß eine nennenswerte Ausdehnung des Industriesektors in Ostpakistan ohne effektive Maßnahmen zur Verbesserung der *Produktionsvoraussetzungen* wie der Infrastruktur nicht möglich war, zeigte sich während der zweiten Planperiode auch am Beispiel der *Industrial Investment Schedule* (IIS).

---

1 "At present there is reason to believe that private capital may not be forthcoming in required measure to ensure a satisfactory industrial growth in East Pakistan... The PIDC will, in such case, take the initiative." Ebenda, S. 226

2 Die Aufgabe der PIDC bestand in der Errichtung wichtiger Industrien, die nicht das Interesse der Privatwirtschaft fanden; sie sollte insbesondere zur Förderung des Industriesektors in Ostpakistan beitragen. Die PIDC hatte ein Eigenkapital von 10 Mio Rs; von den 100 Kapitalanteilen wurden 50 von der pakistanischen Regierung gehalten. Vgl. *Government of Pakistan*, Ministry of Finance, Government sponsored Corporations, Karachi 1959, S. 25

3 Als Ursachen für das bevorzugte Engagement der PIDC in Westpakistan nennt *Papanek* die frühe *Entdeckung von Erdgas* (bei Sui) und die bessere *Infrastruktur* Westpakistans. Da auch in Ostpakistan relativ früh (Mitte der fünfziger Jahre) erhebliche Erdgasreserven entdeckt wurden und sich die PIDC dort trotzdem nicht engagierte, kann davon ausgegangen werden, daß die bessere Infrastruktur Westpakistans die bedeutendere Rolle gespielt hat. Vgl. *Papanek, G.*, Pakistan's Development. Social Goals and Private Incentives, Second Impression, Cambridge/Mass., 1970, S. 101

4 Die PIDC wurde 1962 in zwei Gesellschaften, die westpakistanische WPDIC und die ostpakistanische EPIDC aufgespalten. Bis zum Ende der zweiten Planperiode hatte die WPIDC 70 Projekte abgeschlossen mit einem Investitionswert von 860 Mio Rs, die EPIDC 21 Projekte mit einem Investitionswert von 561 Mio Rs. Ebenda

Tabelle 53: Die Industrial Investment Schedule für den Zweiten Fünfjahresplan: Vorgesehenes Investitionsvolumen (allocations) und tatsächliche Investitionsgenehmigungen (sanctions) (in jeweiligen Preisen)

Industriezweig	Ostpakistan			Westpakistan		
	allocations	sanctions		allocations	sanctions	
	Mio Rs	Mio Rs	v.H.	Mio Rs	Mio Rs	v.H.
Maschinenbau	257,1	155,1	60,3	282,2	960,5	340,1
Chemie	180,6	169,4	93,8	512,8	1.081,1	210,8
Elektroindustrie	30,4	26,8	88,2	55,1	145,8	264,6
Nichtmet. mineral. Produkte [a]	68,4	77,1	112,7	258,2	344,0	133,2
Holz und Papier	79,0	44,9	56,8	19,0	489,2	2.574,7
Leder und Gummi	46,7	23,4	50,1	40,2	55,3	137,6
Textilien	738,1	779,1	105,6	488,8	898,0	183,7
Nahrungsmittel	160,6	129,0	80,3	154,4	575,5	372,7
Bodenschätze u. Energie	142,0	8,8	6,2	462,2	23,2	5,0
Sonstige	142,7	120,7	84,6	251,7	331,2	131,6
Insgesamt	1.845,6	1.534,3	83,1	2.525,0	4.903,8	194,2

a) Non - metallic Mineral Products.

Quelle: Aziz, S., Industrial Location Policy in Pakistan, Karachi 1969, S. 62.

Die Schedule, die als Grundlage für sämtliche Entscheidungen über die *Vergabe von Investitionsgenehmigungen*[1] dienen sollte, spezifizierte, in welchem Umfang und in welchen Industriezweigen in Ost- und Westpakistan private Investitionen zugelassen werden sollten. Dahinter stand u.a. der Gedanke, daß in den Fällen, in denen die Beträge ("allocations") Westpakistans ausgeschöpft, diejenigen Ostpakistans aber zum Teil noch frei waren, Investitionen von West- nach Ostpakistan umgelenkt würden.

Wie Tabelle 53 zeigt, konnten die vorgesehenen Beträge für Ostpakistan nicht ausgeschöpft werden, während sie für Westpakistan um beinahe 100 % *überschritten* wurden. (Die Überschreitung wurde nachträglich durch Anhebung der Beträge für Westpakistan sanktioniert.)

7.4. Der Perspektivplan (1965/66-1984/85) und der Dritte Fünfjahresplan (1965/66-1969/70)

Mitte der sechziger Jahre fand zum ersten Mal in der pakistanischen Entwicklungsplanung der Gedanke Berücksichtigung, daß eine geplante

1 Zum System der Investitionslizenzierung vgl. vor allem *Durrani, M.T.*, The Pattern of Private Industrial Investment in Pakistan During the Second Five Year Plan Period (1960-65), Research Report No. 54, Pakistan Institute of Development Economics; *Aziz, S.*, Industrial Location Policy in Pakistan, Karachi 1969; *Lewis, S.R.*, Pakistan: Industrialization and Trade Policies, London 1970

wirtschaftliche Entwicklung nicht durch eine Aneinanderreihung von Fünfjahresplänen herbeigeführt werden kann, sondern daß es hierfür einer langfristigen Konzeption bedarf. Der Dritte Fünfjahresplan (1965/66-1969/70) war daher als Bestandteil eines langfristigen Perspektivplanes (1965/66-1984/85) konzipiert.

Im *Perspektivplan* sollten - gleichrangig neben anderen Zielen -
(a) die *Vervierfachung des Bruttosozialproduktes* und
(b) die *Parität der Pro-Kopf-Einkommen zwischen Ost- und Westpakistan bis zum Ende der Perspektivplanperiode*
angestrebt werden.[1]

Damit wurde zum ersten Mal in der Entwicklungsplanung eine eindeutige Aussage in bezug auf den angestrebten Abbau der regionalen (Ost-West-) Disparität gemacht. Die Zielsetzung einer vollständigen Beseitigung der Disparität war zurückzuführen auf ein entsprechendes Postulat der *Verfassung von 1961*, in der in Artikel 154 (4) gefordert wurde:

"A primary object ... in formulating the plans ... shall be to ensure that disparities between the provinces and between different areas within each province, in relation to income per capita, are removed and that the resources of Pakistan (including the resources in foreign exchange) are used and allocated in such manner as to achieve that object in the shortest possible time, and it shall be the duty of each Government to make the utmost endeavour to achieve that object".

Wie das Paritätsziel erreicht werden sollte, d.h. welche zeitliche Entwicklung der Regionalprodukte angestrebt wurde und welche regionale Verteilung der öffentlichen und privaten Investitionen sie etwa voraussetzte, wurde im Perspektivplan nicht ausgeführt. Das ihm zugrundeliegende *makroökonomische Modell*, dessen Annahmen bzw. Ergebnisse in bezug auf die Entwicklung der wichtigsten gesamtwirtschaftlichen Parameter bzw. Variablen im Perspektivplan explizit wiedergegeben wurden, war *regional nicht differenziert*.[2] Es wurde lediglich das in Tabelle 54 wiedergegebene "possible pattern of regional

---

1 Vgl. *Government of Pakistan*, Planning Commission, The Third Five Year Plan 1965-70, a.a.O., S. 18

2 Es wird lediglich angekündigt, daß die regionale Differenzierung des Perspektivplanes "nachgeliefert" wird: "The strategy for investment, savings and balance of payments is currently being worked out separately for the two regions...". Ebenda, S. 29

growth which could equalize per capita incomes by 1985" aufgezeigt:

Tabelle 54 : Mögliches Wachstum Ost- und Westpakistans im Perspektivplan (1965/66 - 1984/85)[a)]

Jahr	Pro-Kopf-Einkommen			Wachstum der Regionalprodukte		
	Ostpakistan Rs	Westpakistan Rs	Pakistan Rs	Ostpakistan v.H.	Westpakistan v.H.	Pakistan v.H.
1959/60	297	391	340			
1964/65	340	442	386	5,4	5,0	5,2
1969/70	416	531	467	7,0	6,1	6,5
1974/75	537	627	577	8,3	6,2	7,3
1979/80	709	750	727	8,6	6,3	7,5
1984/85	932	932	932	8,1	6,8	7,5

a) in Preisen von 1964/65.

Quelle: Government of Pakistan, Planning Commission, The Third Five Year Plan 1965-70, Islamabad 1965, S. 29.

Aufgrund welcher regionalen Kapitalkoeffizienten, Sparquoten und Kapitalimporte diese Entwicklung zu erreichen wäre, wird nicht ausgeführt. Offenbar scheuten sich die Planer, die Konsequenzen einer ernsthaften Paritäts-Politik für die regionale Verteilung der Kapitalimporte, der Infrastrukturinvestitionen und der privaten Investitionen zu nennen.[1]

Im Dritten Fünfjahresplan wurden die Zielsetzungen in bezug auf das gesamtwirtschaftliche Wachstum und seine regionale Verteilung zum ersten Mal quantifiziert und operationalisiert: Das *Bruttosozialprodukt* sollte um 37 % (6,5 % jährlich) gesteigert werden, wobei das Wachstum für Ostpakistan 40 % (7,0 %) für Westpakistan 35 % (6,2 %) betragen sollte.[2] Geht man von dem im Plan ausgewiesenen Wert für

---

1 Am Rande sei angemerkt, daß dem in Tabelle 54 wiedergegebenen Entwicklungsverlauf einige modelltheoretische Überlegungen zugrunde zu liegen scheinen, die interessanterweise genau den Ergebnissen unseres Zwei-Regionen-Wachstumsmodells entsprechen. Wie in Kapitel 2.22 ausgeführt wurde, entsteht, wenn die Disparität der Pro-Kopf-Einkommen lediglich in der letzten Periode des Planzeitraumes den Wert von Null annehmen soll, in den nächsten Perioden leicht eine Disparität mit umgekehrtem Vorzeichen. Soll dies verhindert werden, so muß das Wachstum der in der Ausgangslage ärmeren Region in den letzten Perioden des Planzeitraumes, nachdem es zuvor stark beschleunigt wurde, wieder gebremst werden, während das Wachstum der anderen Region, nachdem es stark verlangsamt wurde, in den letzten Perioden wieder beschleunigt werden muß. Das "possible pattern of regional growth" in Tabelle 54 entspricht genau einem solchen Wachstumsverlauf.

2 Vgl. *Government of Pakistan*, Planning Commission, The Third Five Year Plan 1965-70, a.a.O., S. 39

die Höhe der Bruttoregionalprodukte im Jahre 1964/65[1] aus, so implizierte dieser Wachstumsverlauf eine Reduzierung der Pro-Kopf-Disparität von 23 % auf 20 % im Jahre 1969/70.

Tabelle 55: Der Dritte Fünfjahresplan Pakistans (1965/66 - 1969/70): Geplante und tatsächliche Entwicklungsausgaben, nach Landesteilen (in jeweiligen Preisen)

	Pakistan Mio Rs	Ostpakistan Mio Rs	Westpakistan Mio Rs	Ostpakistan v.H.
Soll[a)]				
öffentlich	30.000	16.000	14.000	53,3
privat	22.000	11.000	11.000	50,0
insgesamt	52.000	27.000	25.000	51,9
Ist[b)]				
öffentlich	25.000	11.391	13.804	45,2
privat	21.255	5.455	15.800	25,7
insgesamt	46.450	16.846	29.604	36,3

a) ohne das - nicht im Plan enthaltene - Indusbeckenprojekt. - b) einschl. Indusbeckenprojekt (3.600 Mio Rs).

Quellen: Government of Pakistan, Planning Commission, The Third Five Year Plan 1965-70, Islamabad 1965, S. 42; Government of Pakistan, Planning Commission, Evaluation of the Third Five Year Plan 1965-70, Islamabad 1971, S. 207.

Es liegt auf der Hand, daß die für *Ostpakistan* angesetzte hohe Wachstumsrate eine *erhebliche Steigerung der privaten Investitionen* voraussetzte. Wie Tabelle 55 zeigt, beliefen sich die im Plan vorgesehenen privaten Investitionen für Ostpakistan auf 11 Mrd. Rs, womit sie genau so hoch liegen sollten wie diejenigen Westpakistans. Sie waren für Ostpakistan natürlich unrealistisch angesichts der geringen Absorptionskapazität der Provinz. Während der zweiten Planperiode hatten sich die privaten Investitionen Ostpakistans nur auf 3,2 Mrd. Rs - nicht mehr als 40 % des westpakistanischen Niveaus - belaufen.[2]

Unrealistisch waren die angesetzten privaten Investitionen Ostpakistans auch deswegen, weil der Plan keine nennenswerten Maßnahmen vorsah, um wenigstens in der dritten Planperiode die *Absorptions-*

---

1 Ebenda, S. 11

2 Vgl. Kapitel 5.21, Tabelle 26

kapazität Ostpakistans für private Investitionen in dem notwendigen Maße zu steigern.[1] Der Anteil der Provinz an den Infrastrukturinvestitionen des Landes wurde zwar mit 53,3 % angegeben, sollte aber faktisch, bezieht man für Westpakistan die Indusbecken-Ausgaben ein, rd. 45 % betragen.

Hinweise dafür, warum für Ostpakistan nicht entfernt die Infrastrukturinvestitionen vorgesehen waren, die für die notwendige starke Steigerung der privaten Investitionen erforderlich gewesen wären, sind im Plandokument kaum enthalten. Offenbar spielte auch hier wieder die Zielsetzung der *kurzfristigen Maximierung des gesamtwirtschaftlichen Wachstums* in Verbindung mit der Annahme eines Konfliktes zwischen dieser Zielsetzung und derjenigen einer gleichmässigeren regionalen Verteilung eine erhebliche Rolle.

Der Gesichtspunkt der kurzfristigen Wachstumsmaximierung wird im Plandokument an verschiedenen Stellen deutlich hervorgehoben.[2] Dies gilt insbesondere für den *wasserwirtschaftlichen Sektor Ostpakistans*, auf dem die langfristigen und kostspieligen Maßnahmen zur Hochwasserregulierung zugunsten kurzfristig wirksamer Maßnahmen auf dem Gebiet der Bewässerung zurücktreten sollten. Diese zuvor auch von den beiden amerikanischen Agrarökonomen *Falcon* und *Gotsch* mit besonderer Deutlichkeit vorgeschlagene[3] Strategie wird folgendermaßen definiert:[4]

---

1 Vgl. auch *Urff, W.v.*, Das Ost-West-Problem in der pakistanischen Entwicklungsplanung, a.a.O., S. 221

2 Vgl. *Government of Pakistan*, Planning Commission, The Third Five Year Plan 1965-70, a.a.O., S. 39, 49

3 "This strategy for East Pakistan's agricultural development consists in the selection of those factors which (a) have the *most immediate effect on production*, (b) stimulate the use of other improved inputs..., and (c) develop most rapidly the management capability of farmers... The time element is the critical consideration in the above approach ... This is not to say that ... projects with longer gestation periods are not now required for ultimate progress. What is suggested, however, is that *the bulk of resources should flow into fertilizer and small-scale pumps and irrigation facilities where capital-output ratios are extremely favourable, and where is little time-lag between investment and output...* Controlling (or at least modifying) the massive runoff in the monsoon season with drainage and flood control projects will radically change the status of Bengal agriculture during the next 20 years. However, the critical question for immediate planning is the rapidity with which various types of projects can be implemented during the next five years..." Vgl. *Falcon, W.* und *C. Gotsch*, An Analysis of East Pakistan Agriculture During the Second and Third Plan Periods, a.a.O., S. 29, 33. (Hervorhebungen von mir. H.A.)

4 Vgl. *Government of Pakistan*, Planning Commission, The Third Five Year Plan 1965-70, a.a.O., S. 132. (Hervorhebungen von mir. H.A.)

"The strategy for water resources development is dictated by a number of factors, chief among which are the need to accelerate agricultural growth rates ..., the extremely difficult nature of many of the flood control projects and the limited number of fully engineered projects currently available. *There is thus the dilemma of having many projects with long-gestation periods while at the same time requiring projects that can produce economic growth in the short-run.*

The course chosen has been to proceed as rapidly as possible with the engineering necessary for the regional and project planning of large flood-control projects and to begin several of the more advanced projects, but *to rely for Third Plan growth on several short gestation schemes, e.g. the low-lift pump and tubewell schemes."*

Noch mehr an Bedeutung gewann der Aspekt der kurzfristigen Wachstumsmaximierung, als der *Dritte Fünfjahresplan im Jahre 1966 revidiert* werden mußte. Nachdem infolge des Krieges mit Indien (1965) sowohl aus inländischer Ersparnis als auch aus Kapitalimporten (die Mitgliedsländer des Weltbankkonsoriums setzten die Auslandshilfe aus) weit weniger Investitionsmittel für Entwicklungszwecke zur Verfügung standen als im Plan vorgesehen, wurde versucht, die temporale, sektorale und subsektorale Verteilung der öffentlichen Investitionen so zu verändern, daß die für den Dritten Fünfjahresplan vorgesehenen Wachstumsziele dennoch erreicht werden könnten. Zu diesem Zwecke wurde eine noch stärkere als die bereits im ursprünglichen Fünfjahresplan vorgesehene *Konzentration der Mittel auf kurzfristig wirksame Projekte* vorgesehen:[1]

"Both in agriculture and industry the programmes have thus been readjusted to protect the growth rate despite some reductions in financial outlays. This improvement in capital-output ratio to be achieved by postponing long gestation projects ... will be the cornerstone of Pakistan's new development strategy".

1 Ebenda, Anhang ("Revised Phasing, Sectoral Priorities and Allocations of the Third Five Year Plan (1965-70)"), S. 3

8. Zielkomplementarität oder Zielkonflikt? Zur Divergenz zwischen dem retrospektiven Simulationsmodell und der pakistanischen Entwicklungsplanung

Die obigen Ausführungen haben gezeigt, daß der - gemessen an dem erheblichen Infrastrukturnachholbedarf der Provinz und im Vergleich zu Westpakistan - geringe Umfang der Infrastrukturinvestitionen Ostpakistans und damit indirekt die divergierende Regionalentwicklung zwischen Ost- und Westpakistan weitgehend darauf zurückzuführen war, daß in der pakistanischen Entwicklungsplanung zum einen eine Strategie der kurzfristigen Wachstumsmaximierung verfolgt und zum anderen ein Konflikt zwischen dieser Strategie und einer Politik des Abbaus der regionalen Disparität angenommen wurde.

Da die Annahmen und Ergebnisse des retrospektiven Simulationsmodells in deutlichem Gegensatz zu den Prämissen und Ergebnissen der pakistanischen Entwicklungsplanung stehen, erscheint es sinnvoll, der Frage nach der Ursache dieser Diskrepanz nachzugehen.

Wie weiter oben gezeigt wurde, hängt die Beziehung zwischen gesamtwirtschaftlichem Wachstum und regionaler Verteilung, sieht man von dem Verhältnis der Sparquoten ab, einerseits von der Relation der Gesamtproduktivitäten der privaten Investitionen, andererseits vom Verhältnis der Absorptionsfunktionen für private Investitionen ab.

Was das Verhältnis der *Sparquoten* betrifft, so wurde sowohl in der pakistanischen Entwicklungsplanung als auch im retrospektiven Simulationsmodell davon ausgegangen, daß die Sparquote Westpakistans über derjenigen Ostpakistans lag bzw. gelegen hätte.

In bezug auf die *Gesamtproduktivität der privaten Investitionen* wurde im Modell davon ausgegangen, daß diese bei alternativen Entwicklungsverläufen, in deren Rahmen Ostpakistan einen größeren Anteil an den Infrastrukturinvestitionen des Landes erhalten hätte, genau in demselben Maße über derjenigen Westpakistans gelegen hätte, wie dies in der tatsächlichen Entwicklung der Fall war. Ein Einfluß der Veränderung der regionalen Aufteilung der Infrastrukturinvestitionen auf die Gesamtproduktivität der privaten Investitionen in den beiden Landesteilen wurde aus Gründen der Einfachheit ausgeschlossen, wobei jedoch darauf hingewiesen wurde, daß der Einfluß der Infrastruktur auf die Gesamtproduktivität der privaten Investitionen aufgrund der erheblichen "Infrastrukturknappheit" in Ostpakistan größer gewesen zu sein scheint als in Westpakistan, woraus gefolgert werden könnte, daß bei alternativer, für Ostpakistan günstigerer Aufteilung der Infrastrukturinvestitionen die Gesamtproduktivität der privaten Investitionen in Ostpakistan stärker angestiegen wäre, als sie in dem mit Infrastruktur "gesättigten" Westpakistan abgesunken wäre.

Demgegenüber scheint in der pakistanischen Entwicklungsplanung - in unsere Terminologie übersetzt - der Eindruck vorgeherrscht haben, die Gesamtproduktivität der privaten Investitionen sei in Ostpakistan eher geringer als in Westpakistan und würde vor allem weit weniger positiv durch zusätzliche Infrastrukturinvestitionen beeinflußt werden können als in Westpakistan, so daß eine Verlagerung von Infrastrukturinvestitionen von West- nach Ostpakistan eine Wachstumseinbuße zur Folge hätte.

Theoretisch ließe sich die Annahme einer geringeren (indirekten) Produktivität zusätzlicher Infrastrukturinvestitionen in Ostpakistan unter anderem damit begründen, daß bei Erhöhung der Infrastrukturinvestitionen für Ostpakistan andere, *komplementäre Produktionsfaktoren* extrem knapp geworden wären und damit die Produktivität der Infrastrukturinvestitionen erheblich beeinträchtigt hätten.

Hier stoßen wir wieder auf die schon in der tatsächlichen Entwicklung offenbar sehr begrenzte *personale Infrastruktur Ostpakistans*. Während in Kapitel 6 im Rahmen der abschließenden Simulationen aus Gründen der Einfachheit lediglich davon ausgegangen wurde, die begrenzte personale Infrastruktur hätte den Umfang der möglichen Infrastrukturinvestititionen in Ostpakistan begrenzt, könnte auch davon ausgegangen werden, daß die begrenzte personale Infrastruktur sich weniger auf den Umfang als auf die (indirekte) *Produktivität der Infrastrukturinvestitionen* ausgewirkt hätte. Höhere Infrastrukturinvestitionen wären zwar möglich, bei Fehlen einer entsprechenden Ausweitung der personalen Infrastruktur jedoch mit erheblichen Mängeln in der Projektplanung und -durchführung verbunden gewesen. Grundsätzlich ließe sich dieser Gedanke in ähnlicher Weise wie im Grundmodell des Zwei-Regionen-Wachstumsmodells berücksichtigen, in dem für die Investitionen (allerdings die Gesamtinvestitionen) abnehmende Grenzerträge, approximiert durch eine "Stufenfunktion", unterstellt wurden.

Was den Einfluß der Infrastrukturinvestitionen auf die *Absorptionskapazität für private Investitionen* betrifft, so wurde im retrospektiven Simulationsmodell unterstellt, daß dieser in Ostpakistan geringer war bzw. gewesen wäre als in Westpakistan. Wäre die Absorptionskapazität für private Investitionen nicht entsprechend dem "Erschließungsansatz" direkt in Abhängigkeit von der Höhe der Infrastrukturinvestitionen ausgedrückt worden, sondern entsprechend dem "Produktivitätsansatz" in Abhängigkeit von der Gesamtproduktivität der privaten Investitionen, so wäre der damit indirekte Einfluß der Infrastrukturinvestitionen auf die Höhe der privaten Investitionen in Ostpakistan im Vergleich zu Westpakistan dann noch geringer gewesen, als dies in der erweiterten Version des retrospektiven Simulationsmodells der Fall war, wenn man gleichzeitig entsprechend der obigen These für Ostpakistan einen geringeren Einfluß der Infrastrukturinvestitionen auf die Gesamtproduktivität der privaten Investitionen unterstellt hätte.

Wie weiter oben ausgeführt wurde, wurde in Pakistan eine Strategie der *kurzfristigen* Wachstumsmaximierung betrieben, wobei für einen Großteil der Planungsentscheidungen der Planungshorizont kaum über das Ende des jeweiligen Fünfjahresplanes hinausging. Ferner ließ sich aus der Analyse der Pläne entnehmen, daß die Planer davon ausgingen, daß die Realisierung umfangreicherer Entwicklungsprogramme in Ostpakistan aufgrund des Verwaltungs-, Organisations-, und Fachkräfteengpasses sowie z.T. auch aufgrund der besonderen Komplexität der Probleme (Hochwasserregulierung) nur unter Inkaufnahme längerer Planungs- und Durchführungszeiten möglich wäre.

Der Gedanke, daß die Begrenzung der personalen Infrastruktur bei erheblicher Erhöhung der *Infrastrukturinvestitionen* in Ostpakistan zu *längeren Ausreifungszeiten* bei diesen Investitionen geführt hätte, wurde im Rahmen des retrospektiven Simulationsmodells nicht berücksichtigt. Es liegt auf der Hand, daß seine Berücksichtigung aufgrund der Tatsache, daß längere Ausreifungszeiten der Infrastrukturinvestitionen sowohl deren (indirekten) Produktivitätseffekt als auch deren Absorptionseffekt für private Investitionen verzögert hätte, tendenziell in Richtung Zielkonflikt gewirkt hätte, vor allem dann, wenn das Ziel "gesamtwirtschaftliches Wachstum" nicht für den Gesamtzeitraum der fünfziger und sechziger Jahre, sondern nur für jeweils eine Planperiode definiert worden wäre. In diesem Falle wäre mit zunehmendem Anteil Ostpakistans an den Infrastrukturinvestitionen des Landes ein zunehmender Teil der Infrastrukturinvestitionen sowohl in bezug auf den Produktivitätseffekt als auch in bezug auf den Absorptionseffekt erst nach Ende der Planperiode wirksam geworden und hätte damit keinen Beitrag mehr zum für das Ende der Planperiode definierten Wachstumsziel mehr leisten können.

9. Zusammenfassung

Das Ziel der vorliegenden Arbeit bestand darin, Bestimmungsgründe und Alternativen regional divergierender Wachstumsverläufe in Entwicklungsländern am Beispiel der Regionalentwicklung im früheren Gesamtstaat Pakistan (Ostpakistan - Westpakistan) zu untersuchen. Gedanklicher Ausgangspunkt der Untersuchung war die Frage nach dem Einfluß des interregionalen Devisentransfers auf die Entwicklung des regionalen Ungleichgewichts zwischen Ost- und Westpakistan. Im Mittelpunkt der weiterführenden Analyse standen zum einen die Bedeutung der Absorptionskapazität einer Region für Kapital für den regionalen und den gesamtwirtschaftlichen Entwicklungsverlauf und die Voraussetzungen und Implikationen einer Erhöhung dieser Absorptionskapazität, zum anderen die Bedeutung verschiedener Determinanten, insbesondere auch der Absorptionskapazität der Regionen für Kapital, für die Beziehung zwischen dem Ziel einer Maximierung des gesamtwirtschaftlichen Wachstums und demjenigen einer gleichmäßigeren regionalen Verteilung.

Zur Klärung einiger grundlegender Zusammenhänge wurde zunächst eine *allgemeine theoretische Analyse* vorgenommen. Anhand des Modells von A.M. Rahman wurde die Bedeutung der Kapitalproduktivität und der Sparquote für den regionalen Entwicklungsverlauf und für die Beziehung (Konflikt , Neutralität, Komplementarität) zwischen dem Ziel einer Maximierung des gesamtwirtschaftlichen Wachstums und demjenigen einer gleichmäßigeren regionalen Verteilung aufgezeigt. Daß zusätzlich die *Absorptionskapazität für Kapital* von großem Einfluß auf die tatsächliche und die optimale Regionalentwicklung ist, wurde anhand der Ergebnisse des Modells von J.J. Stern verdeutlicht. Auf der Grundlage dieses Modells wurde ein *allgemeines Zwei-Regionen-Wachstumsmodell*, ebenfalls ein Optimierungsmodell, aufgestellt, mit dessen Hilfe die konkreten Ergebnisse Sterns verallgemeinert und erweitert wurden.

Im Rahmen des *Grundmodells* des Zwei-Regionen-Wachstumsmodells wurde anhand der Ergebnisse verschiedener für den "Basisfall" durchgeführter Modelläufe gezeigt, welche Konsequenzen die Verfolgung unterschiedlicher *"Strategien" in bezug auf die regionale Entwicklung* für die *optimale regionale und temporale Verteilung der Kapitalimporte* und für die Entwicklung der übrigen Variablen der regionalen Entwicklungsverläufe hat. Nachdem die aus dem Basisfall resultierende *Beziehung zwischen dem Ziel einer Maximierung des gesamtwirtschaftlichen Wachstums und demjenigen einer gleichmäßigeren regionalen Verteilung* quantifiziert worden war, wurde im Rahmen von Sensitivitätsanalysen untersucht, welchen *Einfluß* die *Relation der Absorptionskapazitäten der beiden Regionen* auf diese Beziehung hat. Es wurde gezeigt, daß ein Zielkonflikt, der aufgrund des Verhältnisses der Sparquoten und der Kapitalproduktivitäten besteht, umso schärfer ist, je geringer die Absorptionskapazität der in der Ausgangslage "ärmeren" Region im Vergleich zu der anderen Region ist, da die ärmere Region bei sukzessiv geringerer Absorptionskapazität zum einen einen immer längeren Zeitraum für die für den Abbau der regionalen Disparität notwendige Wachstumssteigerung benötigt, wodurch ein zunehmender Teil der Kapitalimporte auf spätere Perioden verschoben werden muß, und zum anderen eine immer geringere Produktivität der Investitionen aufweist. Besteht grundsätzlich Zielkomplementarität, so wird diese umso schwächer, je geringer die Absorptionskapazität der in der Ausgangslage ärmeren Region im Verhältnis zu der anderen Region ist, und schlägt dann sogar in einen Zielkonflikt um.

Im Rahmen des Grundmodells wurde ferner gezeigt, daß, wenn der Kapitalimport, den die ärmere Region aus dem Ausland erhält, hinter dem Nettokapitalimport zurückbleibt, den sie im Rahmen einer Strategie des Disparitätsabbaus benötigt, die Differenz durch einen *interregionalen Devisentransfer* ausgeglichen werden kann.

Der großen Bedeutung der Absorptionskapazität für Kapital wurde im Rahmen einer *erweiterten Version des Zwei-Regionen-Wachstumsmodells* dadurch Rechnung getragen, daß die Absorptionskapazität in zwei Komponenten zerlegt wurde, von denen die erste, die Absorptionskapazität für privates Kapital, modellendogen, in Abhängigkeit von der Infrastrukturausstattung, ausgedrückt und die zweite, die diese Infrastrukturausstattung begrenzende Absorptionskapazität für Infrastrukturkapital, exogen vorgegeben wurde.

Hierzu wurden zunächst zwei mögliche Ansätze zur Berücksichtigung des Einflusses der Infrastrukturausstattung auf die private Wirtschaftstätigkeit entwickelt. Beim *Erschließungsansatz*, dem die Vorstellung eines limitationalen Einsatzverhältnisses der Faktoren privates Kapital und öffentliches Kapital zugrunde liegt, wodurch der primäre Effekt von Infrastrukturinvestitionen in der Zurverfügungstellung von Infrastrukturleistungen, die überhaupt erst die Voraussetzungen für die Entfaltung privater Produktions- und Investitionstätigkeit schaffen, gesehen wird, wurde das Wachstum der privaten Investitionen direkt in Abhängigkeit von der Höhe der Infrastrukturinvestitionen ausgedrückt. Beim *Produktivitätsansatz*, bei dem davon ausgegangen wird, daß zwischen privatem und öffentlichem Kapital ein substitutionales Faktoreinsatzverhältnis besteht und daß der primäre Effekt der Infrastruktur in der Entfaltung ihrer Produktivität besteht, wurde zunächst nur die "Gesamtproduktivität" des privaten Kapitals (gesamte Wertschöpfung, bezogen auf den privaten Kapitalstock) in Abhängigkeit von der Infrastrukturausstattung ausgedrückt, worauf allerdings in einem zweiten

Schritt der Einfluß der Gesamtproduktivität auf das Wachstum des privaten Kapitalstocks berücksichtigt wurde.

Nachdem der zweite der beiden Ansätze in das Zwei-Regionen-Wachstumsmodell eingeführt worden war, wurde im Rahmen der nun erweiterten Version untersucht, welche *Implikationen* die im Rahmen des Grundmodells behandelten "Strategien" bzw. die aus ihnen resultierenden optimalen Entwicklungsverläufe für die Entwicklung der *Infrastrukturausstattung*, der *Gesamtproduktivität und des Wachstums des privaten Kapitalstocks* haben. Nachdem die *Beziehung zwischen dem Ziel einer Maximierung des gesamtwirtschaftlichen Wachstums und demjenigen einer gleichmäßigeren regionalen Verteilung* für den Basisfall quantifiziert worden war, wurde anhand der Ergebnisse verschiedener Modelläufe im einzelnen aufgezeigt, in welchem Maße sich Unterschiede in dem Einfluß der Infrastrukturausstattung auf die Gesamtproduktivität des privaten Kapitals, dem Einfluß der Gesamtproduktivität des privaten Kapitals auf die Wachstumsrate des privaten Kapitalstocks, der durchschnittlichen Ausreifungszeit der Infrastrukturinvestitionen, der Absorptionskapazität für Infrastrukturinvestitionen sowie in der Länge des Zeitraumes, auf den sich die Planung bezieht, auf diese Beziehung auswirken, wobei insbesondere auch auf die Ursachen dieser Einflüsse eingegangen wurde.

In den anschließenden Kapiteln wurde vor dem Hintergrund dieser theoretisch-grundsätzlichen Untersuchungen die *Regionalentwicklung im früheren Pakistan* (Ostpakistan-Westpakistan) analysiert in bezug auf

a) die Entwicklung der regionalen Verteilung zwischen den beiden Landesteilen,

b) Ursachen dieser Entwicklung,

c) Voraussetzungen alternativer Entwicklungsverläufe und

d) die Beziehung zwischen gesamtwirtschaftlichem Wachstum und regionaler Verteilung.

Zunächst wurde gezeigt, daß die Entwicklung der *regionalen Verteilung* zwischen Ost- und Westpakistan durch die ständige Verschärfung des schon bei der Staatsgründung bestehenden Ungleichgewichtes zugunsten Westpakistans gekennzeichnet war. Aufgrund der extrem ungleichen regionalen Verteilung des Nettokapitalimports - in den fünfziger Jahren wurde von Ostpakistan sogar Kapital *ex*portiert - war die Disparität der gesamten Güterverwendung zunächst erheblich größer als die Disparität der Pro-Kopf-Einkommen. Die Differenz verringerte sich mit der allmählichen Verbesserung der regionalen Verteilung der Kapitalimporte zugunsten Ostpakistans zunehmend, bis Ende der sechziger Jahre die

Disparität der gesamten Güterverwendung sogar unter derjenigen der Pro-Kopf-Einkommen lag. Die unterschiedliche wirtschaftliche Entwicklung der beiden Landesteile war weitgehend auf eine divergierende Entwicklung im landwirtschaftlichen Bereich zurückzuführen, vor allem in der zweiten Hälfte der sechziger Jahre.

Der Vergleich der *Investitionstätigkeit* in den beiden Landesteilen zeigte, daß diese in Ostpakistan weit schwächer war als in Westpakistan. Verantwortlich hierfür war zum einen die geringere Ersparnisbildung, zum anderen die geringere Beteiligung am Kapitalimport des Landes. Was die *Ersparnis* betrifft, so erwies sich die Ermittlung aus Gründen der Unzulänglichkeit des statistischen Materials als außerordentlich problematisch. Offenbar lag die Sparquote Westpakistans - mit Ausnahme der ersten Jahre - ständig und mit zunehmender Tendenz über derjenigen Ostpakistans. Zur Erklärung der Unterschiede kann das unterschiedliche Einkommensniveau nur begrenzt herangezogen werden; eine gewisse Bedeutung dürfte der unterschiedlichen - in Westpakistan offenbar ungleicheeren - Einkommens- und Vermögensverteilung sowie der Tatsache zukommen, daß in Ostpakistan in der Landwirtschaft durch die ständige Gefahr übermäßiger Überschwemmungen und das daraus resultierende Ernterisiko Anreize zur Ersparnisbildung und Durchführung von Investitionen fehlten oder schwächer waren als in Westpakistan. Auch die Tatsache, daß der *Nettokapitalimport* Westpakistans zunächst erheblich und dann in abnehmendem Maße über demjenigen Ostpakistans lag, wurde bereits hingewiesen. Unter Berücksichtigung des interregionalen Handels überstieg der Nettokapitalimport Ostpakistans Ende der sechziger Jahre sogar - geringfügig - denjenigen Westpakistans.

Die Berechnung und Interpretation der *Kapitalproduktivitäten* Ost- und Westpakistans erwies sich sowohl aus Gründen der Unzulänglichkeit des statistischen Materials als auch aus methodischen Gründen als problematisch. Die marginalen Kapitalproduktivitäten lagen in Ostpakistan sowohl in den fünfziger als auch in den sechziger Jahren zum Teil weit über denen Westpakistans, wobei sich die Differenz allerdings im Zeitablauf deutlich verringerte. Im Industriesektor, zumindest in der large-scale industry, war die Kapitalproduktivität offenbar etwa gleich groß; die höheren gesamtwirtschaftlichen Produktivitäten Ostpakistans scheinen teils auf die größere Produktivität der Landwirtschaft Ostpakistans, teils auf die größere Bedeutung des landwirtschaftlichen Sektors im Rahmen der Regionalwirtschaft zurückzuführen zu sein.

Auf der Grundlage der vorliegenden Statistiken und einiger zusätzlicher Annahmen wurde der *Devisentransfer* von Ost- nach Westpakistan errechnet, der dadurch zustande kam, daß Ostpakistan im Rahmen der staatlichen Devisenbewirtschaftung weit weniger Devisen für Importe erhielt, als seinen Exporterlösen (fünfziger Jahre) bzw. der Summe aus Exporterlösen und Kapitalimporten (sechziger Jahre) entsprach. Der Anteil Ostpakistans am Kapitalimport des Landes belief sich auf etwa ein Drittel. Dem Devisentransfer stand ein über den *interregionalen Handel* stattfindender *Ressourcentransfer* von West- nach Ostpakistan gegenüber; dieser kompensierte den ersteren allerdings nur zum Teil, so daß insgesamt ein *Netto-Ressourcentransfer* von Ost- nach Westpakistan stattfand. Die Bedeutung dieses Netto-Ressourcentransfers, der sich in der ersten Hälfte der fünfziger Jahre auf etwa die Hälfte der Ersparnis Ostpakistans und auf ein Drittel der Investitionen Westpakistans belief, ging im Zeitablauf allerdings zunehmend zurück. In der zweiten Hälfte der sechziger Jahre fand praktisch kein Netto-Ressourcentransfer mehr statt.

Im Anschluß an diese Berechnungen und ihre Interpretation wurde im Rahmen des Grundmodells eines *retrospektiven Simulationsmodells* untersucht, wie die regionale Entwicklung in Ost- und Westpakistan ceteris paribus verlaufen wäre, wenn Ostpakistan einen größeren Anteil an den dem Land zufließenden *externen Ressourcen* erhalten hätte, indem (a) die *Devisenerlöse* und (b) *die Auslandshilfe* "gerechter" aufgeteilt worden wären. Folgt man den Ergebnissen des Modells, so wäre die Disparität der Pro-Kopf-Einkommen, die in der tatsächlichen Entwicklung erheblich anstieg, schon dann allmähnlich zurückgegangen, wenn lediglich die interregionalen Devisentransfers unterbunden worden wären. Hätte Ostpakistan darüber hinaus den seinem Bevölkerungsanteil entsprechenden Anteil an der Auslandshilfe erhalten, so wäre die Disparität nicht nur vollständig abgebaut worden, sie hätte sich sogar zugunsten Ostpakistans umgekehrt. Das Modell führt ferner zu dem Ergebnis, daß das gesamtwirtschaftliche Wachstum bei den alternativen Entwicklungsverläufen etwas stärker gewesen wäre als in der tatsächlichen Entwicklung. Die Ursache für diese *Komplementarität zwischen gesamtwirtschaftlichem Wachstum und gleichmäßigerer regionaler Verteilung* liegt darin, daß sich die höhere Kapitalproduktivität Ostpakistans stärker auf das gesamtwirtschaftliche Wachstum ausgewirkt hätte als die niedrigere Sparquote, deren Bedeutung auch deshalb relativ gering war, weil die inländische Ersparnis nur einen Teil der Investitionen finanzierte.

Die Ergebnisse des Modells beruhen unter anderem auf der nicht unproblematischen Annahme, die Kapitalproduktivitäten und Sparquoten der beiden Regionen hätten sich bei den alternativen Entwicklungsverläufen genau so verhalten, wie dies in der tatsächlichen Entwicklung der Fall war. Möglicherweise hätte bei einer für Ostpakistan günstigeren Regionalentwicklung die zumindest teilweise vom Einkommensniveau und von der Höhe der externen Ressourcen abhängige Sparquote für Ostpakistan über, für Westpakistan unter dem tatsächlich realisierten Niveau gelegen, während es sich bei der Kapitalproduktivität aufgrund der Veränderungen der sektoralen Zusammensetzung der Produktion sowie aufgrund der Notwendigkeit, in Ostpakistan stärkere Infrastrukturinvestitionen durchzuführen, tendenziell umgekehrt verhalten hätte.

Nachdem im Rahmen des Grundmodells mit der Annahme gegenüber der tatsächlichen Entwicklung unveränderter Produktivitäten implizit unterstellt worden war, das Verhältnis von öffentlichen und privaten Investitionen sei in beiden Landesteilen ebenfalls unverändert geblieben, wurde die Frage untersucht, inwieweit es notwendig und möglich sei, den Zusammenhang zwischen den beiden Investitionsarten wie in der erweiterten Version des Zwei-Regionen-Wachstumsmodells explizit zum Ausdruck zu bringen. Im Rahmen einer Analyse der Infrastrukturentwicklung in den Bereichen Wasserwirtschaft, Verkehrs- und Nachrichtenwesen und Energiewirtschaft wurde gezeigt, (a) daß Ostpakistan bei der Staatsgründung über eine weit unzureichendere *Infrastruktur* verfügte als Westpakistan, (b) daß sich die Diskrepanz im Zeitablauf aufgrund des unterschiedlichen Umfangs der *Infrastrukturinvestitionen* erheblich verschärfte und (c) daß verschiedene Anzeichen darauf hindeuten, daß die unterschiedliche Infrastrukturausstattung eine wichtige *Ursache für das unterschiedliche Niveau der privaten Wirtschaftstätigkeit* Ost- und Westpakistans war.

Der Versuch, die Wirkungen der Infrastruktur auf die private Wirtschaftstätigkeit mit Hilfe einfacher Regressionen unter Zugrundelegung der im Produktivitätsansatz und im Erschließungsansatz enthaltenen Funktionen zu quantifizieren, führte zu dem Ergebnis, daß die statistische Korrelation zwischen der (relativen) Höhe der Infrastrukturinvestitionen und der Gesamtproduktivität der privaten Investitionen sowie zwischen der Gesamtproduktivität und der Wachstumsrate der privaten Investitionen relativ gering war. Sofern zwischen diesen Größen Kausalitäten bestanden, müssen diese durch die *Einflüsse anderer Determinanten* weitgehend überlagert worden sein. Interpretiert man die Regressionsgeraden als Funktionen, denen entsprechende Kausalitäten zugrundeliegen, so wäre die (indirekte) *Produktivität der Infrastrukturinvestitionen in Ostpakistan erheblich größer* gewesen als in Westpakistan. Dies ließe sich so erklären, daß, während in Westpakistan aufgrund der hohen Infrastrukturinvestitionen eine weitgehende "Sättigung" mit infrastruktureller Ausstattung eingetreten war, die zu einer relativ geringen Produktivität der zusätzlichen Infrastrukturinvestitionen führte, in Ostpakistan eine derartige "Infrastrukturknappheit" herrschte, daß der volkswirtschaftliche Ertrag der Infrastrukturinvestitionen vergleichsweise groß war. Umgekehrt wäre der *Einfluß der Gesamtproduktivität auf das Wachstum der privaten Investitionen in Westpakistan größer* als in Ostpakistan gewesen, wo offenbar verschiedene investitionshemmende Faktoren, wie das Risiko übermäßiger Überschwemmungen und das Teilpachtsystem in der Landwirtschaft, wirksam waren; auch die Tatsache, daß Westpakistan über ein dynamischeres, "aggressiveres" Unternehmertum verfügte, könnte von Bedeutung für die Differenz gewesen sein.

Aus der Kombination der beiden Einflüsse - oder bei Unterstellung eines direkten Zusammenhanges - ergäbe sich, daß der *Einfluß der Infrastrukturinvestitionen auf das Wachstum der privaten Investitionen in Westpakistan größer* war als in Ostpakistan, d.h. daß Ostpakistan zur Entfaltung der privaten Wirtschaftstätigkeit relativ höhere Infrastrukturinvestitionen benötigte.

Wenn trotz der Problematik der Quantifizierung der Infrastrukturwirkungen versucht wurde, diese in einer erweiterten Version des retrospektiven Simulationsmodells zu berücksichtigen, so deshalb, weil die rückblickenden Simulationen der Ost-West-Entwicklung nicht dem konkreten Ziel dienen sollen - und auch nicht können -, alternative Entwicklungsverläufe realistisch-exakt zu fixieren, d.h. genaue Auskunft auf die hypothetische Fragestellung zu geben, "was wäre gewesen, wenn ... ", sondern dem allgemeineren Ziel, *generelle Einsichten in grundlegende Zusammenhänge*, die weitgehend unabhängig von der Genauigkeit des statistischen Materials sind, zu gewinnen.

Im Rahmen von *Variante A der erweiterten Version*, die den Erschließungsansatz nur für Ostpakistan enthält, wurde zunächst gezeigt, daß die im Rahmen des Grundmodells bei den alternativen Entwicklungsverläufen unterstellten hohen privaten Investitionen Ostpakistans vor allem in der ersten Hälfte der fünfziger Jahre aufgrund der unzureichenden Infrastrukturausstattung dieses Landesteils nicht annähernd hätten realisiert werden können, da die Absorptionskapazität für private Investitionen erst im Laufe der Zeit und in dem Maße, in dem entsprechende Infrastrukturinvestitionen vorgenommen worden wären, hätte erhöht werden können.

Im Rahmen einer Sensitivitätsanalyse wurde der *Einfluß der regionalen Verteilung der Infrastrukturinvestitionen auf die Entwicklung der Disparität der Pro-Kopf-Einkommen* analysiert. Folgt man den Ergebnissen des Modells, so hätte die Beseitigung des regionalen Ungleichgewichtes vorausgesetzt, daß Ostpakistan jährlich mindestens 60% der Infrastrukturinvestitionen erhalten hätte.

Im Anschluß hieran wurden die Implikationen einer auf regionalen Ausgleich gerichteten Politik, in deren Rahmen Ostpakistan 60 % der Infrastrukturinvestitionen erhalten hätte, untersucht. Die Simulation zeigte, daß die *Disparität der Pro-Kopf-Einkommen*, nachdem sie zunächst weiterhin angestiegen wäre, *nur allmählich hätte abgebaut werden können*.

Im Gegensatz zu den *Infrastrukturinvestitionen*, die sich von vornherein auf beinahe das Doppelte der tatsächlichen Entwicklung belaufen hätten, hätten die *privaten Investitionen* Ostpakistans erst in den sechziger Jahren nennenswert über denjenigen der tatsächlichen Entwicklung gelegen, nachdem die Absorptionskapazität für diese Investitionen in den fünfziger Jahren erst allmählich mit Hilfe der Infrastrukturinvestitionen hätten ausgebaut werden können. Die *Produktivität der gesamten Investitionen* (öffentlich und privat) hätte in Ostpakistan vor allem in der ersten Hälfte der fünfziger Jahre aufgrund der überproportionalen Zunahme der Infrastrukturinvestitionen weit unter derjenigen der tatsächlichen Entwicklung gelegen, während es sich für Westpakistan umgekehrt verhalten hätte. Aus diesem Grunde hätte zunächst trotz des höheren Anteils Ostpakistans an den Gesamtinvestitionen Pakistans im Gegensatz zu den Ergebnissen des Grundmodells zunächst nur ein begrenzter Abbau der regionalen Disparität stattfinden können. In den sechziger Jahren hätten sich die hohen Infrastrukturinvestitionen Ostpakistans insofern zunehmend "ausgezahlt", als nun die privaten Investitionen auf ein Niveau hätten ansteigen können, das weit über demjenigen der tatsächlichen Entwicklung gelegen hätte, wobei gleichzeitig die Produktivität der Gesamtinvestitionen aufgrund des rückläufigen Anteils der Infrastrukturinvestitionen über diejenige der tatsächlichen Entwicklung angestiegen wäre.

Diese Entwicklung hätte sich auch in der Entwicklung der *Kapitalimporte* widergespiegelt. Aufgrund der geringen Absorptionskapazität für Kapital hätte Ostpakistan in der ersten Hälfte der fünfziger Jahre analog zur tatsächlichen Entwicklung noch Kapital exportiert; es wäre also auch hier bei gegenüber der tatsächlichen Entwicklung unveränderter regionaler Aufteilung der Auslandshilfe zu einem *Devisentransfer nach Westpakistan* gekommen. In der zweiten Hälfte der fünfziger Jahre und in den sechziger Jahren wäre der Anteil Ostpakistans am Nettokapitalimport des Landes relativ rasch angestiegen, bis er Ende der sechziger Jahre rund neun Zehntel betragen hätte - eine Voraussetzung, die auch bei einer bewußten Politik des regionalen Ausgleichs wohl kaum erfüllt worden wäre. (In der tatsächlichen Entwicklung hatte dieser Anteil weniger als zwei Zehntel betragen). Wie extrem die Konsequenzen dieses Entwicklungsverlaufes sind, geht auch aus der Tatsache hervor, daß Westpakistan Ende der sechziger Jahre unter Einbeziehung des interregionalen Handels in völligem Gegensatz zur tatsächlichen Entwicklung Kapital hätte *ex*portieren müssen.

Die Untersuchung zeigte, daß Variante A der erweiterten Version wie das Grundmodell eine *Komplementarität zwischen gesamtwirtschaftlichem Wachstum und gleichmäßigerer regionaler Verteilung* impliziert, die jedoch stärker ausgeprägt ist. Die Ursache hierfür liegt vor allem darin, daß im *Grundmodell* durch die Annahme, die Produktvitität der Gesamtinvestitionen (öffenlich und privat) wäre für beide Landesteile gegenüber der tatsächlichen Entwicklung unverändert geblieben, *für Ostpakistan und für Westpakistan eine gegenüber der tatsächlichen Entwicklung unveränderte Investitionsstruktur* unterstellt worden war. Da die Investitionsstruktur Ostpakistans "ungünstiger" war als diejenige Westpakistans (relativ größere Bedeutung der Infrastrukturinvestitionen), hätte die im Rahmen der alternativen Entwicklungsverläufe stattfindende Verlagerung von Investitionen von West- nach Ostpakistan für Gesamtpakistan eine "Verschlechterung" der Investitionsstruktur zur Folge gehabt. Demgegenüber wurde bei *Variante A der erweiterten Version* angenommen, die *Investitionsstruktur Gesamtpakistans* hätte *derjenigen der tatsächlichen Entwicklung entsprochen.*

Die zuletzt genannte Annahme hat zur Folge, daß jede Veränderung der Investitionsstruktur Ostpakistans gegenüber der tatsächlichen Entwicklung für Westpakistan eine gegenläufige Veränderung mit sich bringt. Eine solche vollständige Flexibilität der Investitionsstruktur Westpakistans erscheint unrealistisch, da sie impliziert, daß auch bei überproportionaler Reduzierung der Infrastrukturinvestitionen die privaten Investitionen Westpakistans nicht beeinträchtigt worden wären. Im Rahmen von *Variante B* wurde davon ausgegangen, daß auch in *Westpakistan* die Höhe der privaten Investitionen von der Infrastrukturausstattung abhängig war bzw. bei den alternativen Entwicklungsverläufen abhängig gewesen wäre; auf der Grundlage der tatsächlichen Entwicklung der beiden Investitionsarten wurde eine *Absorptionsfunktion* eingeführt, die insofern *wesentlich "günstiger"* ist *als diejenige Ostpakistans,* als die Infrastrukturinvestitionen sich erheblich stärker auf die Absorptionskapazität für private Investitionen auswirken. Dies bedeutet, daß jede mit dem Ziel eines Abbaus der regionalen Disparität vorgenommene Vergrößerung des Anteils Ostpakistans an den Infrastrukturinvestitionen zwar einerseits - wie bei Variante A - zu einem höheren Anteil Ostpakistans an den privaten Investitionen geführt hätte, was sich wegen der höheren Produktivität dieser Investitionen in Ostpakistan positiv auf das gesamtwirtschaftliche Wachstums ausgewirkt hätte, andererseits aber auch zu einer ungünstigeren Zusammensetzung der Gesamtinvestitionen Gesamtpakistans, was sich tendenziell negativ auf das gesamtwirtschaftliche Wachstum ausgewirkt hätte. Daß deshalb die *Komplementarität zwischen gesamtwirtschaftlichem Wachstum und gleichmäßigerer regionaler Verteilung bei Variante B erheblich schwächer ist als bei Variante A,* wurde anhand der Ergebnisse zusätzlicher Modellläufe gezeigt. Ferner wurde durch Variation der Absorptionsfunktion Westpakistans der Einfluß des Verhältnisses der Absorptionsfunktionen der beiden Landesteile auf die Zielbeziehung verdeutlicht.

Der *Einfluß der Infrastrukturinvestitionen auf die Gesamtproduktivität der privaten Investitionen* blieb im Rahmen auch der erweiterten Version des retrospektiven Simulationsmodells völlig unberücksichtigt. Wäre er berücksichtigt worden und hätte man auf der Grundlage des im Rahmen des Quantifizierungsversuches Gesagten unterstellt, daß auch bei den hypothetischen alternativen Entwicklungsverläufen die indirekte Produktivität der Infrastrukturinvestitionen in Ostpakistan größer gewesen wäre als in Westpakistan, so wäre die Komplementaritätsbeziehung zwischen den beiden Zielen noch ausgeprägter gewesen, als dies im Rahmen der erweiterten Version der Fall war.

Im Anschluß an diese Überlegungen wurde gezeigt, daß die Konsequenzen, die sich aus einer auf regionalen Ausgleich gerichteten Verteilung der Investitionen für die *regionale Verteilung der Importe* ergeben, von erheblichem Einfluß auf die Zielbeziehung sein können, wenn im Zuge der "Umverteilung" der Importe der Mindestimportbedarf der reicheren Region nicht mehr gedeckt wird. Bei den zuvor simulierten alternativen Entwicklungsverläufen hätten die Importe Westpakistans weit unter denen der tatsächlichen Entwicklung gelegen. Auf der Grundlage der tatsächlichen Importe wurde für Westpakistan eine "Mindestimportquote" in das Modell eingeführt mit dem Ergebnis, daß Westpakistan bei für Ostpakistan günstiger regionaler Verteilung der Investitionen wegen des Fehlens notwendiger Importe ein geringeres Wachstum realisiert hätte, als es "eigentlich" aufgrund der zur Verfügung stehenden Investitionsmittel (inländische Ersparnis und Nettokapitalimporte) hätte realisieren können. Die durch die Mindestimportquote gegebene Begrenzung hätte sich umso stärker ausgewirkt, je größer sie gewesen wäre und je günstiger die Entwicklung der regionalen Verteilung der Investitionen und damit der Importe für Ostpakistan gewesen wäre. Wie stark der Einfluß des Mindestimportbedarfs auf die Zielbeziehung sein kann, zeigte die Tatsache, daß diese schon bei Einführung einer relativ geringen Mindestimportquote in einen teilweisen *Zielkonflikt* umschlug. Hätte man diesen Zielkonflikt vermeiden wollen, indem man Westpakistan zur Verhinderung von Wachstumsverlusten die zur Deckung des Mindestimportbedarfs erforderlichen *Devisen* zugestanden hätte, ohne aber für Ostpakistan das für den Abbau des regionalen Ungleichgewichtes erforderliche *Ressourcen*aufkommen zu schmälern, so hätte *Westpakistan in stärkerem Maße über den interregionalen Handel Kapitalexporte nach Ostpakistan* leisten müssen, als dies in der tatsächlichen Entwicklung der Fall war.

Daß diese relativ theoretischen Überlegungen nicht ohne empirischen Bezug sind, wurde am Beispiel der Vorschläge ostpakistanischer Ökonomen zum Vierten Fünfjahresplan verdeutlicht.

Nachdem in den vorangegangenen Untersuchungen die Bedeutung der Infrastrukturinvestitionen für die Absorptionskapazität einer Region für private Investitionen analysiert worden war, wurde - gewissermaßen auf einer zweiten Stufe - die Absorptionskapazität für eben diese Infrastrukturinvestitionen in den Mittelpunkt der Betrachtung gerückt. Es wurde gezeigt, daß die für die Planung und Durchführung von Entwicklungsprojekten entscheidende *personale Infrastruktur* Ostpakistans, d.h. dessen Bestand an Führungs-, Fach- und Verwaltungskräften, aus verschiedenen historischen Gründen im Vergleich zu Westpakistan relativ wenig entwickelt und daß die hieraus resultierende geringe Absorptionskapazität für Infrastrukturinvestitionen vor allem in den fünfziger Jahren eine wichtige Ursache dafür war, daß für Ostpakistan im Rahmen der Fünfjahrespläne geringere Infrastrukturinvestitionen vorgesehen wurden als für Westpakistan und daß die Implementierung des Infrastrukturprogramms Ostpakistans weit hinter derjenigen des Programms Westpakistans zurückblieb. Die Ergebnisse einer zusätzlichen Simulation, bei der für das Wachstum der Infrastrukturinvestitionen Ostpakistans eine Obergrenze angenommen wurde, machten deutlich, in welch erheblichem Maße eine *geringe Absorptionskapazität für Infrastrukturinvestitionen* den *Abbau der regionalen Disparität verlangsamen* kann. Die Maßnahmen, die im Rahmen einer auf regionalen Ausgleich gerichteten Entwicklungspolitik zur Überwindung des Führungs-, Fachkräfte- und Verwaltungsengpasses in Ostpakistan hätten ergriffen werden können bzw. müssen, wurden im einzelnen diskutiert.

Folgt man den Ergebnissen des retrospektiven Simulationsmodells, so hätte die pakistanische Entwicklungsplanung, da zwischem dem Ziel eines maximalen Wachstums und demjenigen einer gleichmäßigeren regionalen Verteilung Komplementarität bestand, auch unter dem Gesichtspunkt des gesamtwirtschaftlichen Wachstums auf die Verbesserung der personalen Infrastruktur Ostpakistans und auf die Lenkung eines relativ hohen Anteils der Infrastrukturinvestitionen nach Ostpakistan abzielen müssen. Es wurde jedoch gezeigt, daß eine solche Politik unter anderem deshalb nicht oder nicht konsequent betrieben wurde, weil die *pakistanischen Entwicklungsplaner* von der Vorstellung eines deutlichen *Konflikts zwischen den beiden Zielen* ausgingen. Offenbar herrschte der Eindruck vor, zusätzliche Infrastrukturinvestitionen seien - bzw. wären - in Ostpakistan weniger produktiv als in Westpakistan. Eine der Ursachen hierfür scheint das Bewußtsein der *unzureichenden personalen Infrastruktur* Ostpakistans gewesen zu sein. Offenbar wurde unterstellt, höhere Infrastrukturinvestitionen wären in Ostpakistan mit erheblichen Mängeln in der Projektplanung und -durchführung verbunden, die zu *längeren Ausreifungszeiten* und zu einer *geringeren Produktivität der Infrastrukturinvestitionen* führen würden. Der Nachteil der längeren Ausreifungszeiten scheint von um so stärkerer Bedeutung gewesen zu sein, als im Rahmen der Fünfjahrespläne im wesentlichen eine Strategie der *kurzfristigen* Wachstumsmaximierung betrieben wurde, deren Horizont kaum über das Ende der jeweiligen Fünfjahresperiode hinausging.

Hätte man im Rahmen der erweiterten Version des retrospektiven Simulationsmodells analog zu den Ansichten der pakistanischen Entwicklungsplaner für Ostpakistan aufgrund dessen unzureichender personaler Infrastruktur eine geringere indirekte Produktivität und längere Ausreifungszeiten der Infrastrukturinvestitionen unterstellt, so hätte das Modell ebenfalls zu dem Ergebnis eines Zielkonflikts zwischen maximalem gesamtwirtschaftlichem Wachstum und gleichmäßigerer regionaler Verteilung geführt. Hierauf wurde jedoch verzichtet, weil aufgrund des vorliegenden empirischen Materials keine ausreichenden Anhaltspunkte für die Einführung solcher Prämissen in das Modell vorhanden sind und weil die aus den Ergebnissen einer entsprechenden Parameterkonstellation zu gewinnenden allgemeinen Erkenntnisse über die Bedeutung bestimmter Determinanten für die Zielbeziehung in ihrem Kern auch ohne zusätzliche Modelläufe formuliert werden können.

ANHANG I: Definition der im Zwei-Regionen-Wachstumsmodell und im retrospektiven Simulationsmodell verwendeten Symbole

WF	Welfare
Y	Bruttoregionalprodukt zu Marktpreisen
Y^*	gesamte Güterverwendung
$\hat{Y}$	Pro-Kopf-Einkommen
$\hat{Y}^*$	gesamte Güterverwendung pro Kopf der Bevölkerung
N	Bevölkerung
C	Konsum
I	Investitionen
I^1	Investitionen mit der Produktivität σ^1
I^2	Investitionen mit der Produktivität σ^2
I^3	Investitionen mit der Produktivität σ^3
I^{max}	maximale Investitionen
E	Exporte in das Ausland
M	Importe aus dem Ausland
e	Exporte in die andere Region
m	Importe aus der anderen Region
S	Ersparnis
W	Transfer realer Ressourcen (Nettokapitalimport) aus der anderen Region
F	Transfer realer Ressourcen (Nettokapitalimport) aus dem Ausland
$\bar{F}$	maximaler Transfer realer Ressourcen (Nettokapitalimport) aus dem Ausland für t = 1-21 (für die Gesamtwirtschaft)
A	Kapitalimport aus dem Ausland ("Auslandshilfe")
$\bar{A}$	Kapitalimport der Gesamtwirtschaft aus dem Ausland
D	Devisentransfer aus der anderen Region
R	Transfer realer Ressourcen (Nettokapitalimport) von außen
T	interregionaler Netto-Ressourcentransfer (+ = Zufluß)
K	Kapitalstock
K^p	privater Kapitalstock
$K^ö$	öffentlicher 'Kapitalstock' (= Infrastrukturkapital)
I^p	private Investitionen
$I^ö$	öffentliche Investitionen
i	Diskontrate
d	Disparität der Pro-Kopf-Einkommen
d^*	Disparität der gesamten Güterverwendung pro Kopf der Bevölkerung
δ	Wachstumsrate der Exporte in das Ausland
ε	Wachstumsrate der Exporte in die andere Region
σ	durchschnittliche Kapitalproduktivität ("Produktivität des Kapitals")
σ	marginale Kapitalproduktivität ("Produktivität der Investitionen")

σ^1	durchschnittliche (= marginale) Kapitalproduktivität für I^1
σ^2	durchschnittliche (= marginale) Kapitalproduktivität für I^2
σ^3	durchschnittliche (= marginale) Kapitalproduktivität für I^3
$\dot{\beta}$	maximale Steigerungsrate der Investitionen
α	marginale Sparquote
α^*	durchschnittliche Sparquote
γ	marginale Mindestimportquote
ρ	Wachstumsrate der Bevölkerung
σ^p	durchschnittliche Gesamtproduktivität des privaten Kapitalstocks (Y/K^p)
σ'^p	marginale Gesamtproduktivität des privaten Kapitalstocks ($\Delta Y/I^p$)
a	Proportionalitätsfaktor zur Bestimmung der Induzierung privater Investitionen durch eine Einheit Infrastrukturinvestitionen
ω	Anteil der induzierten privaten Investitionen an den aufgrund des Infrastrukturüberschusses insgesamt induzierbaren privaten Investitionen
ξ	Produkt aus a und ω
τ	(relative) Infrastrukturausstattung: Quotient aus Infrastrukturkapital und privatem Kapitalstock
τ'	relative Höhe der Infrastrukturinvestitionen: Quotient aus Infrastrukturinvestitionen und privaten Investitionen
τ^*	"Normalrelation": "normales" τ
π	Steigung der Tangente der Gesamtproduktivitätskurve
σ^{p*}	durchschnittliche "Normal-Gesamtproduktivität" des privaten Kapitalstocks
β	Wachstumsrate des privaten Kapitalstocks
β'	Wachstumsrate der privaten Investitionen
β^*	"normale" Wachstumsrate des privaten Kapitalstocks
$\dot{a}$	Ordinatenabschnitt der P-Absorptionsfunktion
μ	Steigung der P-Absorptionsfunktion
ψ	maximale Wachstumsrate der Infrastrukturinvestitionen
λ	Anteil einer Region am Nettokapitalimport der Gesamtwirtschaft
θ	Anteil einer Region an den Infrastrukturinvestitionen der Gesamtwirtschaft
η	Anteil einer Region an den privaten Investitionen der Gesamtwirtschaft
ν	Anteil der Infrastrukturinvestitionen an den gesamten Investitionen der Gesamtwirtschaft

t	Zeit
j	jeweilige Region
k	jeweils andere Region
T	letztes Jahr des Planzeitraumes

ANHANG II: Tabellen zum Zwei-Regionen-Wachstumsmodell

Tabelle 1: Zwei-Regionen-Wachstumsmodell: "Basis-Fall" - Strategie 1 :
Unbeschränkte Maximierung des gesamtwirtschaftlichen Wachstums

t	Y	I	I^1	I^2	I^3	C	S	E	M	F	e	d
						REGION B						
00	750	115	38	38	38	660	90	30	45	15	20	25,0
01	779	128	43	43	43	684	94	32	55	22	21	25,2
02	811	142	47	47	47	712	99	35	65	30	22	25,4
03	846	157	52	52	52	742	104	38	77	39	23	25,7
04	885	175	58	58	58	775	110	41	90	49	24	26,0
05	929	194	65	65	65	812	117	44	104	60	26	26,4
06	977	215	72	72	72	853	124	48	120	73	27	26,9
07	1.031	239	80	80	80	899	132	51	138	87	28	27,4
08	1.091	257	88	88	81	950	141	56	150	94	30	28,0
09	1.156	268	95	95	77	1.005	151	60	153	93	31	28,8
10	1.224	278	99	99	80	1.063	161	65	156	91	33	29,9
11	1.296	289	103	103	83	1.124	172	70	159	89	34	31,2
12	1.370	301	107	107	86	1.187	183	76	162	86	36	32,6
13	1.446	312	111	111	90	1.252	194	82	165	83	38	34,0
14	1.526	324	115	115	93	1.320	206	88	168	79	40	35,2
15	1.609	335	120	120	96	1.390	219	95	170	75	42	36,7
16	1.695	347	124	124	99	1.463	232	103	173	70	44	37,8
17	1.784	359	128	128	102	1.539	245	111	176	65	46	39,0
18	1.876	371	133	133	105	1.617	259	120	178	59	48	40,2
19	1.971	382	137	137	108	1.697	273	129	181	51	51	41,4
20	2.069	394	141	141	111	1.781	288	140	183	43	53	42,5
						REGION A						
00	1.000	135	45	45	45	880	120	40	65	25	30	
01	1.041	153	51	51	51	913	127	43	80	36	32	
02	1.086	172	57	57	57	951	136	47	96	49	34	
03	1.138	195	65	65	65	993	145	50	114	64	37	
04	1.196	220	73	73	73	1.041	155	54	134	80	39	
05	1.262	249	83	83	83	1.095	167	59	157	98	42	
06	1.337	281	94	94	94	1.156	181	64	182	119	45	
07	1.421	318	106	106	106	1.226	196	69	210	142	48	
08	1.517	359	120	120	120	1.304	213	74	242	168	52	
09	1.624	406	135	135	135	1.392	232	80	277	197	55	
10	1.746	458	153	153	153	1.492	254	86	317	230	59	
11	1.883	486	173	173	141	1.604	279	93	329	236	63	
12	2.032	516	183	183	150	1.727	306	101	342	241	68	
13	2.190	547	194	194	159	1.856	334	109	356	247	72	
14	2.358	580	206	206	168	1.994	364	118	371	254	77	
15	2.536	615	219	219	178	2.139	396	127	387	260	83	
16	2.725	652	232	232	189	2.294	430	137	404	267	89	
17	2.924	691	246	246	200	2.458	466	148	421	273	95	
18	3.136	732	260	260	211	2.632	505	160	440	280	101	
19	3.361	775	276	276	224	2.816	545	173	460	288	108	
20	3.598	820	292	292	236	3.011	588	186	482	295	116	

Tabelle 2: Zwei-Regionen-Wachstumsmodell: "Basis-Fall" - Strategie 2 : Maximierung des gesamtwirtschaftlichen Wacshtums unter der Restriktion, eine Verschärfung der regionalen Disparität der Pro-Kopf-Einkommen zu verhindern

t	Y	I	I^1	I^2	I^3	C	S	E	M	F	e	d
						REGION B						
00	750	115	38	38	38	660	90	30	45	15	20	25,0
01	779	128	43	43	43	684	94	32	55	22	21	25,2
02	811	142	47	47	47	712	99	35	65	30	22	25,2
03	846	157	52	52	52	742	104	38	77	39	23	25,1
04	885	171	58	58	54	775	110	41	86	45	24	25,0
05	928	189	63	63	63	812	117	44	100	56	26	25,0
06	976	210	70	70	70	852	124	48	116	68	27	25,0
07	1.028	233	78	78	78	897	132	51	133	82	28	25,0
08	1.087	259	86	86	86	946	140	56	152	97	30	25,0
09	1.151	288	96	96	96	1.001	150	60	173	113	31	25,0
10	1.223	319	106	106	106	1.062	161	65	196	132	33	25,0
11	1.303	354	118	118	118	1.130	173	70	222	152	34	25,0
12	1.392	384	131	131	121	1.205	186	76	241	166	36	25,0
13	1.488	405	142	142	121	1.288	201	82	251	169	38	25,0
14	1.591	427	150	150	128	1.375	216	88	261	173	40	25,0
15	1.700	450	158	158	134	1.467	232	95	272	177	42	25,0
16	1.814	475	167	167	141	1.565	250	103	283	180	44	25,0
17	1.935	500	176	176	149	1.667	268	111	294	183	46	25,0
18	2.062	526	185	185	156	1.775	287	120	306	186	48	25,0
19	2.196	553	195	195	164	1.889	307	129	318	189	51	25,0
20	2.337	582	205	205	172	2.009	328	140	330	191	53	25,0
						REGION A						
00	1.000	135	45	45	45	880	120	40	65	25	30	
01	1.041	141	51	51	39	913	127	43	68	25	32	
02	1.084	150	53	53	43	949	135	47	74	27	34	
03	1.130	169	56	56	56	986	143	50	90	39	37	
04	1.181	191	64	64	64	1.028	153	54	108	54	39	
05	1.238	208	72	72	64	1.075	163	59	120	61	42	
06	1.301	233	78	78	77	1.127	174	64	141	77	45	
07	1.371	257	88	88	82	1.184	187	69	159	90	48	
08	1.449	286	99	99	93	1.248	201	74	182	108	52	
09	1.535	317	108	108	102	1.319	216	80	205	125	55	
10	1.631	353	120	120	113	1.397	234	86	232	145	59	
11	1.737	391	133	133	126	1.485	253	93	261	167	63	
12	1.855	424	147	147	129	1.581	274	101	282	181	68	
13	1.984	447	160	160	128	1.687	297	109	293	184	72	
14	2.122	471	168	168	135	1.800	322	118	305	187	77	
15	2.266	497	178	178	142	1.918	348	127	317	190	83	
16	2.419	524	187	187	150	2.044	375	137	331	194	89	
17	2.580	552	197	197	157	2.176	404	148	344	196	95	
18	2.750	581	208	208	165	2.315	435	160	359	199	101	
19	2.928	611	219	219	173	2.461	467	173	375	202	108	
20	3.116	642	230	230	182	2.615	501	186	391	204	116	

Tabelle 3: Zwei-Regionen-Wachstumsmodell: "Basis-Fall" - Strategie 3 : Maximierung des gesamtwirtschaftlichen Wachstums unter der Restriktion, die regionale Disparität der Pro-Kopf-Einkommen bis zum Ende des Planzeitraumes auf Null zu reduzieren

t	Y	I	I^1	I^2	I^3	C	S	E	M	F	e	d
					REGION B							
00	750	115	38	38	38	660	90	30	45	15	20	25,0
01	779	128	43	43	43	684	94	32	55	22	21	25,2
02	811	142	47	47	47	712	99	35	65	30	22	25,3
03	846	157	52	52	52	742	104	38	77	39	23	25,2
04	885	175	58	58	58	775	110	41	90	49	24	24,9
05	929	194	65	65	65	812	117	44	104	60	26	24,5
06	977	215	72	72	72	853	124	48	120	73	27	23,8
07	1.031	239	80	80	80	899	132	51	138	87	28	22,9
08	1.091	265	88	88	88	950	141	56	157	102	30	21,8
09	1.157	294	98	98	98	1.006	151	60	179	119	31	20,4
10	1.231	327	109	109	109	1.069	162	65	203	138	33	18,8
11	1.312	362	121	121	121	1.138	174	70	229	159	34	16,9
12	1.403	402	134	134	134	1.215	188	76	258	183	36	14,8
13	1.504	447	149	149	149	1.301	203	82	291	209	38	12,4
14	1.615	496	165	165	165	1.395	220	88	326	238	40	10,1
15	1.739	550	183	183	183	1.501	238	95	366	271	42	7,8
16	1.877	611	204	204	204	1.618	259	103	410	307	44	5,5
17	2.029	639	226	226	187	1.747	282	111	419	308	46	3,4
18	2.192	668	236	236	196	1.886	306	120	428	308	48	1,7
19	2.363	699	247	247	204	2.031	332	129	438	309	51	0,6
20	2.541	730	259	259	213	2.182	359	140	449	309	53	0,0
					REGION A							
00	1.000	135	45	45	45	880	120	40	65	25	30	
01	1.041	144	51	51	42	913	127	43	71	28	32	
02	1.085	150	54	54	42	949	135	47	74	27	34	
03	1.131	157	57	57	44	987	144	50	78	27	37	
04	1.179	164	59	59	46	1.027	152	54	81	27	39	
05	1.230	171	62	62	47	1.068	161	59	85	26	42	
06	1.283	178	64	64	49	1.112	171	64	89	26	45	
07	1.338	185	67	67	51	1.157	181	69	93	25	48	
08	1.395	193	70	70	53	1.204	191	74	98	24	52	
09	1.454	200	73	73	55	1.252	202	80	102	22	55	
10	1.516	207	75	75	56	1.303	213	86	107	20	59	
11	1.580	214	78	78	58	1.356	224	93	111	18	63	
12	1.646	234	80	80	73	1.410	236	101	130	29	68	
13	1.717	264	88	88	88	1.468	249	109	158	50	72	
14	1.796	298	99	99	99	1.533	263	118	190	73	77	
15	1.886	337	112	112	112	1.606	279	127	226	99	83	
16	1.987	381	127	127	127	1.689	298	137	265	128	89	
17	2.101	430	143	143	143	1.783	318	148	309	161	95	
18	2.230	486	162	162	162	1.889	341	160	358	198	101	
19	2.376	550	183	183	183	2.008	368	173	413	240	108	
20	2.541	621	207	207	207	2.144	397	186	473	287	116	

Tabelle 4: Zwei-Regionen-Wachstumsmodell: "Basis-Fall" - Strategie 4 : Maximierung des gesamtwirtschaftlichen Wachstums unter der Restriktion, die regionale Disparität der Pro-Kopf-Einkommen so rasch wie möglich auf Null zu reduzieren

t	Y	I	I^1	I^2	I^3	C	S	E	M	F	e	d
					REGION B							
00	750	115	38	38	38	660	90	30	45	15	20	25,0
01	779	128	43	43	43	684	94	32	55	22	21	25,2
02	811	142	47	47	47	712	99	35	65	30	22	25,2
03	846	157	52	52	52	742	104	38	77	39	23	25,1
04	885	175	58	58	58	775	110	41	90	49	24	24,8
05	929	194	65	65	65	812	117	44	104	60	26	24,2
06	977	215	72	72	72	853	124	48	120	73	27	23,6
07	1.031	239	80	80	80	899	132	51	138	87	28	22,6
08	1.091	265	88	88	88	950	141	56	157	102	30	21,4
09	1.157	294	98	98	98	1.006	151	60	179	119	31	20,0
10	1.231	327	109	109	109	1.069	162	65	203	138	33	18,3
11	1.312	362	121	121	121	1.138	174	70	229	159	34	16,3
12	1.403	402	134	134	134	1.215	188	76	258	183	36	14,1
13	1.504	447	149	149	149	1.301	203	82	291	209	38	11,5
14	1.615	466	165	165	136	1.395	220	88	297	209	40	8,7
15	1.734	487	172	172	142	1.497	238	95	303	208	42	6,1
16	1.858	508	180	180	148	1.602	256	103	310	207	44	3,9
17	1.988	530	188	188	154	1.712	276	111	317	206	46	2,2
18	2.124	553	196	196	161	1.827	296	120	323	204	48	0,9
19	2.265	576	205	205	167	1.947	317	129	330	201	51	0,2
20	2.412	639	213	213	213	2.073	339	140	377	237	53	0,0
					REGION A							
00	1.000	135	45	45	45	880	120	40	65	25	30	
01	1.041	141	51	51	39	913	127	43	68	25	32	
02	1.084	147	53	53	41	949	135	47	71	25	34	
03	1.129	154	56	56	43	986	143	50	75	24	37	
04	1.177	161	58	58	45	1.025	152	54	78	24	39	
05	1.226	168	61	61	46	1.066	161	59	82	23	42	
06	1.278	174	63	63	48	1.108	170	64	86	23	45	
07	1.332	181	66	66	50	1.152	180	69	90	21	48	
08	1.388	188	68	68	52	1.198	190	74	94	20	52	
09	1.446	195	71	71	53	1.246	200	80	99	19	55	
10	1.506	201	73	73	55	1.295	211	86	103	17	59	
11	1.568	208	76	76	56	1.346	222	93	108	14	63	
12	1.633	214	78	78	57	1.399	234	101	112	12	68	
13	1.699	228	81	81	67	1.453	246	109	126	17	72	
14	1.769	258	86	86	86	1.510	258	118	154	37	77	
15	1.846	291	97	97	97	1.574	272	127	187	60	83	
16	1.933	329	110	110	110	1.645	288	137	223	86	89	
17	2.032	372	124	124	124	1.726	306	148	263	115	95	
18	2.143	420	140	140	140	1.818	326	160	307	147	101	
19	2.269	475	158	158	158	1.921	349	173	357	184	108	
20	2.412	531	179	179	174	2.038	374	186	407	220	116	

Tabelle 5: Zwei-Regionen-Wachstumsmodell: "Basis-Fall" - Strategie 3 *: Maximierung des gesamtwirtschaftlichen Wachstums unter der Restriktion, die regionale Disparität der gesamten inländischen Güterverwendung pro Kopf der Bevölkerung bis zum Ende des Planzeitraumes auf Null zu reduzieren

t	Y	I	I^1	I^2	I^3	C	S	E	M	F	e	d *
					REGION B							
00	750	115	38	38	38	660	90	30	45	15	20	23,7
01	779	128	43	43	43	684	94	32	55	22	21	23,8
02	811	142	47	47	47	712	99	35	65	31	22	24,1
03	846	157	52	52	52	742	104	38	77	39	23	24,3
04	885	175	58	58	58	775	110	41	90	49	24	24,7
05	929	194	65	65	65	812	117	44	104	60	26	24,7
06	977	215	72	72	72	853	124	48	120	73	27	24,2
07	1.031	239	80	80	80	899	132	51	138	87	28	23,4
08	1.091	265	88	88	88	950	141	56	157	102	30	22,4
09	1.157	294	98	98	98	1.006	151	60	179	119	31	21,3
10	1.231	327	109	109	109	1.069	162	65	203	138	33	19,8
11	1.312	362	121	121	121	1.138	174	70	229	159	34	18,2
12	1.403	402	134	134	134	1.215	188	76	258	183	36	16,3
13	1.504	447	149	149	149	1.301	203	82	291	209	38	14,2
14	1.615	496	165	165	165	1.395	220	88	326	238	40	11,8
15	1.739	550	183	183	183	1.501	238	95	366	271	42	9,1
16	1.877	604	204	204	197	1.618	259	103	403	300	44	6,3
17	2.028	632	224	224	185	1.747	282	111	412	301	46	4,7
18	2.190	661	234	234	193	1.884	306	120	422	302	48	2,9
19	2.358	691	245	245	202	2.027	331	129	431	302	51	1,6
20	2.534	722	256	256	211	2.177	358	140	442	302	53	0,0
					REGION A							
00	1.000	135	45	45	45	880	120	40	65	25	30	
01	1.041	153	51	51	51	913	127	43	80	36	32	
02	1.086	172	57	57	57	951	136	47	96	49	34	
03	1.138	195	65	65	65	993	145	50	114	64	37	
04	1.196	220	73	73	73	1.041	155	54	134	80	39	
05	1.262	240	83	83	74	1.095	167	59	148	89	42	
06	1.335	253	90	90	72	1.155	180	64	154	90	45	
07	1.413	266	95	95	76	1.219	194	69	160	92	48	
08	1.495	280	100	100	80	1.286	209	74	167	93	52	
09	1.581	295	106	106	84	1.356	225	80	174	94	55	
10	1.671	310	111	111	88	1.431	241	86	182	95	59	
11	1.767	325	117	117	92	1.509	258	93	190	96	63	
12	1.867	342	123	123	96	1.591	276	101	198	97	68	
13	1.972	358	129	129	101	1.677	295	109	207	98	72	
14	2.082	375	135	135	105	1.767	315	118	216	98	77	
15	2.198	393	141	141	110	1.862	336	127	225	99	83	
16	2.319	411	148	148	115	1.961	357	137	235	98	89	
17	2.445	429	155	155	120	2.065	380	148	246	98	95	
18	2.578	448	162	162	124	2.174	404	160	257	97	101	
19	2.716	474	169	169	137	2.287	429	173	276	103	108	
20	2.861	493	179	179	136	2.406	455	186	288	101	116	

ANHANG III: Daten zur Entwicklung Ost- und Westpakistans: statistischer und methodischer Hintergrund

1. Bevölkerung

In Pakistan wurden im Zeitraum 1949/50 bis 1969/70 zwei Volkszählungen durchgeführt.

Nach dem *Zensus von 1951* belief sich die Bevölkerung Pakistans auf 75,7 Mio, wovon 41,9 Mio auf Ostpakistan und 33,8 Mio auf Westpakistan entfielen[1].

Der Zensus enthielt jedoch einige Untererfassungen. Unter der Annahme einer fünfprozentigen Untererfassung der Stadtbevölkerung und unter Einbeziehung der Bevölkerung von Gwadur (13.000) und der Mohmand-Agency (24.000) wurde die Bevölkerung Pakistans von der *Census Organization* der *Home Affairs Division* nachträglich für den 31. Januar 1951 auf 75,84 Mio (42,06 Mio in Ostpakistan und 33,78 Mio in Westpakistan) geschätzt[2].

Nach dem *Zensus von 1961* belief sich die Bevölkerung Pakistans am 31. Januar 1961 auf 93,38 Mio, wovon 50,85 Mio auf Ostpakistan und 42,98 Mio auf Westpakistan entfielen [3].

Auf der Grundlage der revidierten Zensusergebnisse von 1951 und der Ergebnisse von 1961 wurde von der *Census Organization* für den Gesamtzeitraum 1950-1970 eine Schätzung der Bevölkerungsentwicklung durchgeführt, wobei die Werte jeweils für den 1. Juli des Jahres angegeben wurden. Unter der Annahme einer konstanten geometrischen Wachstumsrate zwischen den beiden Zensusjahren, die sich für Ostpakistan auf 1.8935 % und für Westpakistan auf 2,3555 % jährlich errechnet, und unter Fortschreibung dieser Raten für den Zeitraum 1962-1970 wurde die Bevölkerungsentwicklung wie im linken Teil von Tabelle 1 wiedergegeben geschätzt.

Nach allgemeiner Auffassung enthielten jedoch sowohl die revidier-

---

1 Vgl. *Government of Pakistan*, Central Statistical Office, Twenty Years of Pakistan in Statistics 1947-1967, Karachi 1968, S. 19

2 Vgl. *Government of Pakistan*, Central Statistical Office, Twenty-Five Years of Pakistan in Statistics 1947-1972, Karachi 1972, S.4

3 Ebenda

Tabelle 1 : Bevölkerungsschätzung der Census Organization und der Planning Commission, 1950 - 1970, in Mio Einwohnern

Schätzung der Census Organization				Schätzung der Planning Commission			
Jahr (1. Juli)	Pakistan	Ost-pakistan	West-pakistan	Fiskaljahr (1.Januar)	Pakistan	Ost-pakistan	West-pakistan
1950	74,62	41,63	32,99	1949/50	78,78	42,89	35,89
1951	76,81	42,42	34,39	1950/51	80,59	43,88	36,71
1952	78,43	43,23	35,20	1951/52	82,44	44,89	37,55
1953	80,08	44,06	36,02	1952/53	84,34	45,92	38,42
1954	81,77	44,90	36,87	1953/54	86,28	46,98	39,30
1955	83,50	45,76	37,74	1954/55	88,26	48,06	40,20
1956	85,26	46,63	38,63	1955/56	90,29	49,17	41,12
1957	87,06	47,52	39,54	1956/57	92,37	50,30	42,07
1958	88,90	48,43	40,47	1957/58	94,49	51,46	43,03
1959	90,78	49,36	41,42	1958/59	96,66	52,64	44,02
1960	92,70	50,30	42,40	1959/60	98,88	53,85	45,03
1961	94,65	51,25	43,40	1960/61	101,45	55,25	46,20
1962	96,64	52,22	44,42	1961/62	104,09	56,69	47,40
1963	98,68	53,21	45,47	1962/63	106,79	58,16	48,63
1964	100,75	54,21	46,54	1963/64	109,56	59,67	49,89
1965	102,88	55,24	47,64	1964/65	112,41	61,22	51,19
1966	105,04	56,29	48,75	1965/66	115,44	62,87	52,57
1967	107,26	57,36	49,90	1966/67	118,56	64,57	53,99
1968	109,52	58,44	51,08	1967/68	121,76	66,31	55,45
1969	111,83	59,55	52,28	1968/69	125,04	68,09	56,95
1970	114,19	60,67	53,51	1969/70	128,42	69,93	58,49

Quelle : Central Statistical Office, Twenty Years of Pakistan in Statistics 1947 - 1967, Karachi 1968, S. 25. - Central Statistical Office, Twenty-five Years of Pakistan in Statistics 1947 - 1972, Karachi 1972, S. 4, 298 f.

ten Zensusergebnisse von 1951 als auch die Ergebnisse von 1961 noch Untererfassungen. Von der *Planning Commission* wurde deshalb eine eigene Schätzung aufgestellt, die sich allerdings nicht auf die Mitte der Kalenderjahre, sondern - da sie den Zwecken der Planung dienen sollte - auf die Mitte der Fiskaljahre (jeweils 1. Januar) bezog. Danach belief sich die Bevölkerung Pakistans im Jahre 1960/61 auf 101,45 Mio, wovon Ostpakistan 55,25 Mio und Westpakistan 46,2 Mio stellte. Für die 50er Jahre wurde für beide Landesteile eine konstante Wachstumsrate von 2,3 % angenommen, für die zweite Planperiode von 2,6 % und für die dritte Planperiode von 2,7 % jährlich [1]. Die Ergebnisse dieser Schätzung sind im rechten Teil von

1 Vgl. *Government of Pakistan*, Central Statistical Office, Twenty Years of Pakistan in Statistics, a.a.O., S. 25

Tabelle 1 wiedergegeben [1]. Sie werden von uns bei allen Berechnungen von Pro-Kopf-Größen zugrundegelegt.

2. Regionalprodukt

Da es in der pakistanischen Statistik keine zufriedenstellenden Schätzungen der Abschreibungen gibt, muß mit den *Brutto*regionalprodukten gearbeitet werden.

Für die *fünfziger Jahre* liegen seitens des *Central Statistical Office (CSO)* Schätzungen des Brutto- und Nettosozialproduktes zu Faktorkosten in jeweiligen Preisen und in Preisen von 1959/60 vor, die sich jedoch nur auf Gesamtpakistan beziehen [2].

Die einzige nach Landesteilen differenzierte Sozialproduktsschätzung für die 50er Jahre ist die von *Khan und Bergan* [3], die auf der Grundlage der im CSO vorhandenen Daten vorgenommen wurde; sie bezieht sich auf das *Bruttosozialprodukt zu Faktorkosten, zu Preisen von 1959/60* [4].

Die Ergebnisse dieser Schätzung sind in den Tabellen 2 und 3 wiedergegeben. Es sei angemerkt, daß die den Regionen nicht direkt zuzuordnenden Teile des Sozialprodukts (die Wertschöpfung der Zentralregierung (laufende Ausgaben), des Banken- und Versicherungsgewerbes und der

---

1 Vgl. auch die gründliche Studie von *Bean, L., Khan, M.R. und A.R. Rukanuddin* (Population Projections for Pakistan 1960-2000, Pakistan Institute of Development Economics, Monographs in the Economics of Development, No. 17, Karachi 1968), in der für das Jahr 1960 (1. Juli) in relativ geringer Abweichung von der Schätzung der Planning Commission für Westpakistan eine Bevölkerung von 52,62 Mio errechnet wird (S. 29).

2 Vgl. *Government of Pakistan*, Central Statistical Office, Twenty Years of Pakistan in Statistics, a.a.O., S. 4-11

3 Vgl. *Khan, T.M. und A. Bergan*, Measurement of Structural Change in the Pakistan Economy: A Review of National Income Estimates, 1949/50 - 1963/64, in: The Pakistan Development Review, Vol. 6 (1966), S. 163-208

4 Die Schätzung wurde nachträglich analog zu der von der *National Income Commission* für die Jahre 1959/60 - 1963/64 durchgeführten Schätzung vorgenommen, deren Werte für 1959/60 auch voll übernommen wurden. Vgl. *Government of Pakistan*, National Income Commission, Interim Report of the National Income Commission, Karachi 1964, S. 105, 106

Tabelle 2 : Bruttoregionalprodukt Ostpakistans zu Faktorkosten, 1949/50 - 1959/60 (zu Preisen von 1959/60, in Mio Rs)

Sektor	1949/50	1950/51	1951/52	1952/53	1953/54	1954/55	1955/56	1956/57	1957/58	1958/59	1959/60
Landwirtschaft	8.074	8.344	8.394	8.751	9.048	8.704	8.043	9.012	8.696	8.234	9.042
(Haupt- u. Nebenanbaufrüchte)	(6.507)	(6.734)	(6.734)	(7.064)	(7.034)	(6.915)	(6.217)	(7.141)	(6.790)	(6.270)	(7.039)
(Sonstige Landwirtschaft)	(1.567)	(1.610)	(1.660)	(1.687)	(1.744)	(1.789)	(1.826)	(1.871)	(1.906)	(1.964)	(2.003)
Bergbau, Steine, Erden	-	-	-	-	-	-	-	-	-	-	-
Verarbeitendes Gewerbe	472	497	522	577	603	651	712	759	802	850	912
(Groß- u. Mittelbetriebe)	(69)	(85)	(101)	(126)	(162)	(200)	(251)	(287)	(319)	(356)	(406)
(Kleinbetriebe)	(403)	(412)	(421)	(431)	(441)	(451)	(461)	(472)	(483)	(494)	(506)
Bausektor	58	51	94	102	156	126	135	193	172	144	224
Elektrizität, Gas, Wasser, sanitäre Dienste	06	07	08	08	09	10	11	12	13	14	20
Transport, Lagerung, Verkehrs- und Nachrichtenwesen	631	637	684	706	713	779	790	802	832	833	900
Groß- und Einzelhandel	1.379	1.453	1.535	1.525	1.548	1.478	1.433	1.516	1.547	1.495	1.560
Bank- und Versicherungswesen	38	42	46	49	54	55	67	83	81	92	112
Hausbesitz	755	771	788	799	817	835	853	872	893	913	935
Dienstleistungen	525	542	558	575	593	611	630	648	660	680	701
Öffentliche Verwaltung (lokal)	114	134	171	169	184	151	162	188	188	199	195
Zentralregierung und Verteidigung	340	351	430	398	378	415	417	338	320	379	387
Faktoreinkommen aus der übrigen Welt	-18	-17	-10	-12	-26	-02	-19	-16	-03	-09	-16
Bruttoregionalprodukt	12.374	12.812	13.220	13.627	14.077	13.816	13.234	14.407	14.201	13.824	14.972

Quelle : Khan, T. M. und Bergan, A., Measurement of Structural Change in the Pakistan Economy: A Review of National Income Estimates, 1949 - 1950 to 1963 - 1964, in: PDR, Vol. 6 (1966), S. 201, 202.

Tabelle 3 : Bruttoregionalprodukt Westpakistans zu Faktorkosten, 1949/50 – 1959/60 (zu Preisen von 1959/60, in Mio Rs)

Sektor	1949/50	1950/51	1951/52	1952/53	1953/54	1954/55	1955/56	1956/57	1957/58	1958/59	1959/60
Landwirtschaft	6.595	6.768	6.155	6.166	7.005	6.948	7.093	7.254	7.393	7.689	7.711
(Haupt- u. Nebenanbaufrüchte)	(4.250)	(4.368)	(3.697)	(3.653)	(4.432)	(4.320)	(4.405)	(4.502)	(4.578)	(4.822)	(4.775)
(Sonstige Landwirtschaft)	(2.345)	(2.400)	(2.458)	(2.513)	(2.573)	(2.628)	(2.687)	(2.752)	(2.815)	(2.867)	(2.936)
Bergbau, Steine, Erden	27	37	41	42	45	45	50	55	59	64	70
Verarbeitendes Gewerbe	961	1.042	1.123	1.235	1.396	1.569	1.727	1.821	1.889	1.968	2.018
(Groß- u. Mittelbetriebe)	(277)	(342)	(406)	(502)	(646)	(802)	(942)	(1.018)	(1.068)	(1.128)	(1.159)
(Kleinbetriebe)	(684)	(700)	(717)	(733)	(570)	(767)	(785)	(803)	(821)	(840)	(859)
Bausektor	179	187	247	262	283	289	323	337	386	459	427
Elektrizität, Gas, Wasser, sanitäre Dienste	27	29	31	30	35	37	43	57	63	66	87
Transport, Lagerung, Verkehrs- und Nachrichtenwesen	608	645	658	712	754	810	832	866	877	1.051	921
Groß- und Einzelhandel	1.477	1.567	1.575	1.585	1.685	1.777	1.818	1.876	1.939	1.988	2.105
Bank- und Versicherungswesen	39	42	46	50	54	56	68	83	81	92	112
Hausbesitz	632	649	670	686	704	725	745	769	792	815	837
Dienstleistungen	955	993	1.033	1.074	1.117	1.162	1.208	1.256	1.307	1.359	1.411
Öffentliche Verwaltung (lokal)	269	271	275	285	297	276	289	402	412	403	397
Zentralregierung und Verteidigung	340	351	431	399	379	416	418	339	321	379	388
Faktoreinkommen aus der übrigen Welt	-18	-18	-11	-13	-27	-04	-20	-17	-04	-10	-17
Bruttoregionalprodukt	12.091	12.563	12.275	12.513	13.727	14.106	14.594	15.098	15.515	16.323	16.467

Quelle : Khan, T. M. und A. Bergan, Measurement of Structural Change in the Pakistan Economy: A Review of National Income Estimates, 1949 – 1950 to 1963 – 1964, in: PDR, Vol.6 , S. 199, 200.

Pakistan International Airlines (PIA) sowie die Faktoreinkommen aus der übrigen Welt), die sich zusammen auf etwa 3 - 5 % des Sozialprodukts belaufen, von den Autoren im Verhältnis 50 : 50 auf Ost- und Westpakistan aufgeteilt wurden, was in etwa dem Verhältnis der übrigen 95 - 97 % des Sozialprodukts entspricht.

Eine Schätzung der Regionalprodukte in jeweiligen Preisen liegt für die fünfziger Jahre nicht vor.

Für die sechziger Jahre gibt es eine nach Landesteilen differenzierte Schätzung des pakistanischen Bruttoinlandsprodukts in jeweiligen Preisen und zu Preisen von 1959/60 seitens des CSO und der *Planning Commission*, bei der die oben genannten Positionen nicht regional zugeordnet werden. Schlüsselt man diese entsprechend der üblichen Praxis proportional zu den übrigen Regionalproduktsteilen auf Ost- und Westpakistan auf, so ergeben sich die in Tabelle 4 und 5 wiedergegebenen Bruttoregionalproduktswerte.

Im Rahmen der Analyse der Regionalentwicklung Pakistans müssen die Regionalprodukte nicht zu Faktorkosten, sondern zu *Marktpreisen* bewertet werden, um eine Konsistenz zu den übrigen Makrogrößen herzustellen. Über die *indirekten Steuern* und die *Subventionen* liegen für *Gesamtpakistan* nur für den Zeitraum 1959/60 - 1969/70 statistische Angaben vor, die aus den Budgets der Zentral- und Provinzregierungen gewonnen wurden [1]. Danach beliefen sich die indirekten Steuern abzüglich der Subventionen (die nur rund 5 % der indirekten Steuern betrugen) während der zweiten und dritten Planperiode auf etwa 56 % bzw. 57% der Wertschöpfung des verarbeitenden Gewerbes, wobei sich die Schwankungen in relativ engen Grenzen halten (die Werte liegen zwischen 51% und 61% bei den Subventionen und zwischen 55% und 59% bei den indirekten Steuern). Da das Verhältnis von Wertschöpfung zu Bruttoproduktionswert im verarbeitenden Gewerbe in den 50er Jahren nicht wesentlich anders war als in den 60er Jahren, und da die Sätze der indirekten Steuern ebenfalls relativ unverändert blieben , kann man

1 Vgl. *Government of Pakistan*, Central Statistical Office, Twenty-Five Years of Pakistan in Statistics, a.a.O., S. 304, 547

Tabelle 4 : Bruttoregionalprodukt Ostpakistans zu Faktorkosten, 1960/61 – 1969/70 (zu Preisen von 1959/60, in Mio Rs)

Sektor	1960/61	1961/62	1962/63	1963/64	1964/65	1965/66	1966/67	1967/68	1968/69	1969/70
Landwirtschaft	9.590	10.012	9.765	10.598	10.485	10.757	10.467	11.542	11.450	12.165
(Hauptanbaufrüchte)	(6.175)	(6.506)	(6.011)	(6.910)	(6.824)	(6.991)	(6.555)	(7.474)	(7.308)	(7.775)
(Nebenanbaufrüchte)	(1.360)	(1.398)	(1.490)	(1.455)	(1.388)	(1.441)	(1.540)	(1.645)	(1.757)	
(Viehwirtschaft)	(906)	(928)	(946)	(868)	(970)	(985)	(1.006)	(1.026)	(1.037)	
(Fischerei)	(1.070)	(1.099)	(1.142)	(1.170)	(1.212)	(1.244)	(1.268)	(1.295)	(1.322)	(4.389)
(Forstwirtschaft)	(79)	(81)	(86)	(89)	(91)	(94)	(98)	(102)	(106)	
Bergbau, Steine, Erden	1	2	4	4	9	4	8	8	10	10
Verarbeitendes Gewerbe	986	1.054	1.110	1.165	1.210	1.433	1.539	1.658	1.753	1.905
(Groß- und Mittelbetriebe)	(466)	(520)	(562)	(603)	(633)	(841)	(932)	(1.036)	(1.115)	(1.250)
(Kleinbetriebe)	(520)	(534)	(548)	(562)	(577)	(592)	(607)	(622)	(638)	(655)
Bausektor	184	386	386	797	892	847	952	1.075	1.289	1.414
Elektrizität, Gas, Wasser, sanitäre Dienste	21	26	51	91	111	128	135	149	169	188
Transport, Lagerung, Verkehrs- und Nachrichtenwesen	943	967	1.069	1.128	1.104	1.189	1.197	1.173	1.273	1.319
Groß- und Einzelhandel	1.687	1.814	1.884	1.921	1.943	2.028	2.182	2.298	1.354	2.392
Bank- und Versicherungswesen	-	-	-	-	-	-	-	-	-	-
Hausbesitz	956	972	1.001	1.023	1.041	1.062	1.091	1.114	1.141	1.167
Öffentliche Verwaltung und Verteidigung	222	231	246	340	358	285	299	351	420	437
Dienstleistungen	720	742	764	788	812	836	864	890	917	945
Sonstige a)	496	506	491	499	612	923	1.023	1.022	1.301	1.249
Bruttoregionalprodukt	15.806	16.712	16.621	18.354	18.577	19.492	19.757	21.380	22.167	23.191

a) Anteil an den nicht direkt regional zurechenbaren Positionen, einschl. Faktoreinkommen aus der übrigen Welt (Schlüsselung im Verhältnis der direkt zurechenbaren Positionen).

Quelle : Central Statistical Office und Planning Commission, in: International Bank for Reconstruction and Development/International Development Agency, Current Economic Position and Prospects of Pakistan, Vol. II, 1970, Tables 2.2, 2.22., 2.6.

Tabelle 5 : Bruttoregionalprodukt Westpakistans zu Faktorkosten, 1960/61 - 1969/70 (zu Preisen von 1959/60, in Mio Rs)

Sektor	1960/61	1961/62	1962/63	1963/64	1964/65	1965/66	1966/67	1967/68	1968/69	1969/70
Landwirtschaft	7.695	8.171	8.597	8.813	9.276	9.318	9.829	10.982	11.661	12.140
(Hauptanbaufrüchte)	(3.840)	(4.209)	(4.595)	(4.509)	(4.888)	(4.821)	(5.137)	(6.078)	(6.525)	(6.800)
(Nebenanbaufrüchte)	(869)	(818)	(891)	(1.129)	(1.130)	(1.172)	(1.284)	(1.406)	(1.543)	
(Viehwirtschaft)	(2.887)	(2.940)	(2.996)	(3.048)	(3.121)	(3.178)	(3.242)	(3.307)	(3.373)	(5.341)
(Fischerei)	(67)	(70)	(77)	(85)	(91)	(97)	(114)	(135)	(160)	
(Forstwirtschaft)	(32)	(34)	(38)	(42)	(46)	(50)	(52)	(56)	(60)	
Bergbau, Steine, Erden	81	86	96	113	122	133	133	137	141	146
Verarbeitendes Gewerbe	2,276	2.576	2.863	3.186	3.501	3.516	3.807	4.018	4.265	4.675
(Groß- u. Mittelbetriebe)	(1.394)	(1.671)	(1.934)	(2.233)	(2.523)	(2.513)	(2.777)	(2.960)	(3.179)	(3.560)
(Kleinbetriebe)	(882)	(905)	(929)	(953)	(978)	(1.003)	(1.030)	(1.058)	(1.086)	(1.115)
Bausektor	612	596	700	897	1.029	978	1.100	1.180	1.419	1.538
Elektrizität, Gas, Wasser, sanitäre Dienste	99	99	122	142	172	197	207	244	251	276
Transport, Lagerung, Verkehrs- und Nachrichtenwesen	1.023	987	1.086	1.124	1.228	1.462	1.743	1.775	1.870	2.079
Groß- und Einzelhandel	2.551	2.427	2.665	2.935	3,166	3.309	3.525	3.638	3.918	4.036
Bank- und Versicherungswesen	-	-	-	-	-	-	-	-	-	-
Hausbesitz	858	888	916	943	976	1.006	1.039	1.067	1.099	1.133
Öffentliche Verwaltung und Verteidigung	398	443	472	518	591	744	926	1.001	1.089	1.230
Dienstleistungen	1.478	1.537	1.601	1.665	1.732	1.801	1.878	1.953	2.031	2.114
Sonstige a)	509	521	545	534	693	1.012	1.183	1.178	1.524	1.486
Bruttoregionalprodukt	17.280	18.331	19.663	20.870	22.481	23.476	25.376	27.155	29.268	30.852

a) Anteil an den nicht direkt regional zurechenbaren Positionen, einschl. Faktoreinkommen aus der übrigen Welt (Schlüsselung im Verhältnis der direkt zurechenbaren Positionen).

Quelle : Central Statistical Office and Planning Commission, in: International Bank for Reconstruction and Development/International Development Agency, Current Economic Position and Prospects of Pakistan, Vol. II, 1970, Tables 2.2, 2.2.1, 2.6.

davon ausgehen, daß sich auch im Zeitraum 1949/50 - 1958/59 die indirekten Steuern (abzüglich Subventionen) auf etwa 55 % der Wertschöpfung des verarbeitenden Gewerbes beliefen.

Tabelle 6 : Schätzung der Bruttoregionalprodukte Ost- und Westpakistans, zu Faktorkosten und zu Marktpreisen, 1949/50 - 1969/70 (zu Preisen von 1959/60, in Mio Rs) [a]

Jahr	OSTPAKISTAN			WESTPAKISTAN		
	BSP(F)	T(I)-SU	BSP(M)	BSP(F)	T(I)-SU	BSP(M)
1949/50	12.374	260	12.634	12.091	528	12.619
1950/51	12.812	263	13.075	12.563	583	13.146
1951/52	13.220	287	13.507	12.275	618	12.893
1952/53	13.627	317	13.944	12.513	669	13.182
1953/54	14.077	368	14.445	13.727	731	14.458
1954/55	13.816	358	14.174	14.106	863	14.969
1955/56	13.234	391	13.625	14.594	950	15.544
1956/57	14.407	417	14.824	15.098	1.002	16.100
1957/58	14.201	441	14.642	15.515	1.039	16.554
1958/59	13.824	467	14.291	16.323	1.083	17.406
1959/60	14.972	502	15.474	16.467	1.110	17.577
1960/61	15.806	557	16.363	17.280	1.287	18.567
1961/62	16.712	578	17.290	18.331	1.413	19.744
1962/63	16.621	605	17.226	19.663	1.559	21.222
1963/64	18.354	707	19.061	20.870	1.933	22.803
1964/65	18.577	704	19.281	22.481	2.037	24.518
1965/66	19.492	824	20.316	23.476	2.023	25.499
1966/67	19.757	905	20.662	25.376	2.238	27.614
1967/68	21.380	1.017	22.397	27.155	2.463	29.618
1968/69	22.167	997	23.164	29.268	2.509	31.777
1969/70	23.191	1.116	24.307	30.852	2.718	33.570

a) BSP(F) = Bruttoregionalprodukt zu Faktorkosten. - BSP(M) = Bruttoregionalprodukt zu Marktpreisen. - T(I) = indirekte Steuern. - SU = Subventionen. - Zu den Annahmen über T(I) - SU (1949/50 - 1959/60) sowie deren regionale Aufteilung siehe die Ausführungen im Text.

Quelle : BSP(F) : Tabellen 2 - 5 . - T(I)-SU (1960/61 - 1969/70): Central Statistical Office, Twenty-five Years of Pakistan in Statistics, 1947 - 1972, Karachi 1972, S. 304.

Die *regionale Gliederung* der indirekten Steuern und der Subventionen ist in der genannten Quelle nicht angegeben. Nach einer Schätzung von *Tims* [1] betrug der Anteil Ostpakistans an den indirekten Steuern des

1 Vgl. *Tims, W.*, An Estimate of Regional Indirect Taxes, 1959/60 - 1964/65, Karachi 1966 (hekt.), zitiert in: *Stern, J.J.*, Growth, Development and Regional Equity in Pakistan, in: Development Policy II: The Pakistan Experience, Falcon, W.P. und G.F. Papanek (eds.), Cambridge/Mass. 1970, S. 17. *Stern* weist die Werte für das Jahr 1959/60 nicht aus.

Landes während der zweiten Planperiode 26 %. Interessanterweise entspricht dieser Anteil ziemlich genau demjenigen Ostpakistans an der Wertschöpfung des verarbeitenden Gewerbes, der sich für diesen Zeitraum auf 28 % beläuft (vgl. Tabelle 4 und 5). Geht man davon aus, daß sich die Position "Indirekte Steuern abzüglich Subventionen" im gesamten Zeitraum 1949/50 - 1969/70 entsprechend dem Verhältnis der Wertschöpfung des verarbeitenden Gewerbes auf die beiden Landesteile aufteilte, so errechnen sich für die Bruttoregionalprodukte zu Marktpreisen die in Tabelle 6 wiedergegebenen Werte.

Unterzieht man die in den Tabellen 2-5 wiedergegebenen Schätzungen der Regionalprodukte bzw. ihre Methodik einer genaueren Analyse, so zeigt sich, daß die ausgewiesenen Werte vor allem aus zwei Gründen für Ostpakistan zu hoch und für Westpakistan zu niedrig angesetzt sind.

1. Wie bereits ausgeführt wurde, sind in den Schätzungen die *regional nicht direkt zuzuordnenden Teile des Sozialprodukts* im Verhältnis 50 : 50 bzw. im Verhältnis der übrigen (der regional zuzuordnenden) Teile des Sozialprodukts aufgeteilt worden.

Diesem Verfahren liegt die Überlegung zu Grunde, daß beide Landesteile aus der fraglichen Wertschöpfung in etwa den *gleichen Nutzen* zogen. So heißt es z.B. bei *Khan und Bergan* [1]:

"The headquarters of the Central Government, most of the banks and insurance companies as well as that of PIA are located in West Pakistan, but their field of operation was the entire country."

Noch deutlicher wird dieser Gedanke in dem Bericht des *Committee of Experts on the National Accounts of Pakistan*, in dem in Kapitel X ("Construction of Provincial Accounts") ausgeführt wird [2]:

"The Committee has considered very carefully the problems involved in the construction of separate accounts for East and West Pakistan. In the construction of Domestic Product Account ... for each Province, the main problem concerns the distribution of public administration and defence services provided by the Central Government. In the Domestic Expenditure Account ... this item corresponds to the central government consumption expenditures on wages, salaries and pay of persons employed in general administration, defence, and

---

1 Vgl. *Khan, T.M. und A. Bergan*, Measurement of Structural Change in the Pakistan Economy: A Review of National Income Estimates, 1949/50 to 1963/64, a.a.O., S.154f.

2 Vgl. *Report of the Committee of Experts on the National Accounts of Pakistan*, Karachi 1962, S. 66-68

national judiciary institutions. These payments measure the contribution of public administration and defence services to Domestic Product.

The Committee recommends that the indivisible consumption expenditure by the Central Government should be distributed between the two Provinces in proportion to the respective population figures, and that this item should be included in the Product and Expenditure Accounts of the two Provinces. The logical principle underlying this recommendation flows from the theory of welfare economics whose basic premise is that the indivisible collective services benefit each citizen to the same extent. The distribution of central government expenditure in proportion to the population of the two Provinces should apply only to wages, salaries and pay in general administration and defence. However, central government expenditure on purchases from enterprises and abroad should be distributed on the basis of actual geographical disbursement."

Dieser Überlegung liegt allerdings ein *methodischer Fehler* zugrunde. Das Sozialprodukt - bzw. das Regionalprodukt - ist als "Gesamtproduktion von Gütern und Dienstleistungen" definiert, wobei die Produktion (genauer: die Wertschöpfung) naturgemäß demjenigen zugerechnet wird, bei dem die entsprechenden *Einkommen* anfallen. Wem der *Nutzen* aus den Gütern und Dienstleistungen zufließt, d.h. wer diese "verwendet" (absorbiert), ist dabei irrelevant. So geht auch die Exportproduktion in das Regionalprodukt ein, obwohl sie vom Ausland absorbiert wird. (Will man die Absorption von Gütern und Dienstleistungen messen, so ist statt auf das Regionalprodukt, auf die "gesamte inländische Güterverwendung" der Region (Regionalprodukt plus Nettokapitalimport) abzuheben.)

Ein Versuch, die nicht direkt zurechenbaren 3 bis 5 % des Sozialprodukts regional einigermaßen realistisch zuzuordnen,findet sich bei *Rahman*. Dieser errechnet anhand der *Statistics of Scheduled Banks of Pakistan* für das Jahr 1963 für Ostpakistan einen Anteil von 27 % an den Einlagen und Krediten der pakistanischen Banken. Etwa gleich hoch dürfte der Anteil an der Wertschöpfung des gesamten Banken- und Versicherungsgewerbes gewesen sein. Einen Anhaltspunkt über die regionale Verteilung der Wertschöpfung der Zentralregierung biete die Verteilung der im (gesamten) öffentlichen Dienst Beschäftigten; hier belief sich der Anteil Ostpakistans, geht man von der einzigen verfügbaren Quelle, dem sich hierzu auf das Jahr 1955 beziehenden *Pakistan Statistical Yearbook 1962* aus, auf rund 25 % (wobei der Anteil an den Beschäftigten der Zentralregierung allerdings noch geringer gewesen sein dürfte). Aufgrund der Zahlen geht *Rahman* davon aus, daß es nicht unrealistisch sei anzunehmen, daß Ostpakistan nicht die Hälfte, sondern maximal ein Viertel der nicht direkt zurechenbaren Sozialproduktsteile gestellt habe [1].

2. Bei den Regionalproduktsschätzungen wurden zwar inter*temporale* Preisdeflatoren, aber kein inter*regionaler* Preisdeflator (für die Basisperiode 1959/60) verwendet.

Im Basisjahr 1959/60 lag das Preisniveau Ostpakistans - wie in den meisten übrigen Jahren - nicht unerheblich über demjenigen Westpakistans. So wurde im Zweiten Fünfjahresplan festgestellt, daß "prices of similar goods have generally been higher in East Pakistan than in West Pakistan, the difference in prices sometimes far exceeding the cost of transport and distribution between the provinces" [2]. Die Preisunterschiede für 1959/60 zeigt Tabelle 7 am Beispiel der 10 wichtigsten in Ost- und Westpakistan konsumierten Nahrungsmittel.

Tabelle 7: Durchschnittliche Einzelhandelspreise der wichtigsten Nahrungsmittel in Ost- und Westpakistan, 1959/60 [a)]

Produkt	Ostpakistan Rs/seer	Westpakistan Rs/seer	Ostpakistan (Westp.=100)
Grobreis	0,71	0,62	115
Weizenmehl	0,51	0,34	150
Gram	0,67	0,53	126
Rindfleisch	1,56	1,23	127
Lammfleisch	2,51	2,51	100
Milch	0,68	0,65	105
Ghee	8,39	6,30	133
Senföl	2,93	2,22	132
Zucker (raff.)	1,37	1,34	102
Gur	0,74	0,81	91

a) Aufgeführt sind die Preise für die in der Quelle sowohl für Ost- als auch für Westpakistan ausgewiesenen Nahrungsmittel. Ostpakistan: Durchschnitt der Preise von Dacca und Narayanganj; Westpakistan: Durchschnitt von Karachi und Lahore.

Quelle: Central Statistical Office, Twenty-five Years of Pakistan in Statistics 1946-1972, Karachi 1972, S. 350-359.

---

1 Vgl. *Rahman, A.*, Regional (East-West) Per Capita Income Disparity and the Perspective Plan, in: The Third Five Year Plan and Other Papers, Papers presented at the 12th Annual Session of the Pakistan Economic Association, Qureshi, A.I. (ed.), Rawalpindi 1965, S. 227 f.; *derselbe*, East and West Pakistan. A Problem in the Political Economy of Regional Planning, Harvard 1968, S. 4f.

2 *Government of Pakistan*, Planning Commission, The Second Five Year Plan (1960-65), Karachi 1960, S. 59

Daß die Nahrungsmittelpreise keine Ausnahme darstellen, geht aus einer Untersuchung von *Ghafur*[1] hervor. Dieser vergleicht auf der Grundlage der vom *CSO* für die Errechnung der Indexziffern der Lebenshaltungskosten für Industriearbeiter (Basis: 1961) verwendeten Daten die *Kaufkraft der Industrielöhne* in Karachi, Lahore und Narayanganj für die Jahre 1961 und 1965/66. Er kommt dabei zu dem Ergebnis, daß die Lebenshaltungskosten der Industriearbeiter in Narayanganj im Jahre 1961 um rund 16 % (Mengengerüst: Narayanganj) bzw. 12 % (Mengengerüst: Karachi) über denjenigen von Karachi und um 18 % bzw. 5 % über denjenigen von Lahore lagen. Für das Jahr 1965/66 errechnet Ghafur eine Differenz von 11 % bzw. 9 % zu Karachi und 20 % bzw. 12 % zu Lahore. Nimmt man das geometrische Mittel der Werte von Karachi und Lahore und der sich aus den unterschiedlichen Mengengerüsten ergebenden Werte, so kann vereinfacht gesagt werden, daß die Lebenshaltungskosten für Industriearbeiter in Narayanganj in beiden Jahren um etwa 13 % über denjenigen von Karachi/Lahore lagen. (Die Differenz betrug bei Nahrungsmitteln 12 % (1961) bzw. 13 % (1964/65), bei Kleidung 11 % bzw. 16 %, für Wohnung 18 % bzw. 22 % und für "Sonstiges" 10 % bzw. 3 %)[2].

3. Bei Preisvergleichen wie dem von *Ghafur* durchgeführten werden die Preise entweder mit dem Mengengerüst der einen Region, dem der anderen Region oder einer Kombination von beiden gewichtet. Vergleicht man die für den Konsum relevanten Mengengerüste Ost- und Westpakistans, so zeigt sich, daß diese grundverschieden sind: In dem ersteren stellt Reis, in dem zweiten Weizen das Grundnahrungsmittel dar. *Papanek* hat jedoch darauf hingewiesen, daß Reis und Weizen in bezug auf ihren Kaloriengehalt pro Tonne in etwa gleichwertige Produkte sind und daß sie bei einem Ost-West-Preisvergleich auch als gleiche Produkte angesehen werden können. Angesichts der Tatsache, daß eine Tonne Reis mindestens doppelt so teuer war wie eine Tonne Weizen[3], müßte die "nominale" Wertschöpfung der Reisproduktion eigentlich um 50 % "herunterdeflationiert" werden, um vergleichbare "reale" Regionalprodukts-

---

1 Vgl. *Ghafur, A.*, A Comparison of the Interregional Purchasing Power of Industrial Wages in Pakistan, in: The Pakistan Development Review, Vol. 7 (1967), No. 4, S. 534 ff.

2 Ebenda, S. 540 f.

3 Im Jahre 1959/60 betrug der Preis einer Tonne Weizen *(in Karachi)* 361 Rs, der einer Tonne Reis *(in Dacca)* 871 Rs. Vgl. *Government of Pakistan*, Central Statistical Office, Twenty-Five Years of Pakistan in Statistics 1947-1972, a.a.O., S. 323

werte zu erhalten. Da dies in der pakistanischen Statistik jedoch nicht geschah, war das Regionalprodukt Ostpakistans im Vergleich zu demjenigen Westpakistans erheblich zu hoch angesetzt. *Haq* hat versucht, seine eigene Schätzung der Pro-Kopf-Einkommen Ost- und Westpakistans um diese Überbewertung zu korrigieren [1]. Da solche Korrekturen jedoch bereits in das komplizierte Problem interregionaler Wohlfahrtsvergleiche hineinführen, soll hierauf nicht weiter eingegangen werden [2].

Tabelle 8 : Revidierte Schätzung der Pro-Kopf-Einkommen und der Disparitäten der Pro-Kopf-Einkommen, Vorplanperiode bis dritte Planperiode (zu Preisen von 1959/60)

	Vorplanperiode (1949/50–-1954/55)[a]	erste Planperiode (1955/56–1954/55[a]	zweite Planperiode (1960/61–1964/65)[a]	dritte Planperiode (1965/66–1969/70)[a]
1. offizielle Schätzungen[b]				
Pro-Kopf-Einkommen, Rs				
OSTPAKISTAN	300	283	306	334
WESTPAKISTAN	357	386	438	532
Disparität der Pro-Kopf-Einkommen, v.H.	16,0	26,7	30,1	37,2
2. revidierte Schätzung, Variante A[c]				
Pro-Kopf-Einkommen, Rs				
OSTPAKISTAN	295	279	302	327
WESTPAKISTAN	362	391	443	541
Disparität der Pro-Kopf-Einkommen, v.H.	18,5	28,6	31,8	39,6
3. revidierte Schätzung, Variante B[d]				
Pro-Kopf-Einkommen, Rs				
OSTPAKISTAN	266	251	272	294
WESTPAKISTAN	362	391	443	541
Disparität der Pro-Kopf-Einkommen, v.H.	26,5	35,8	38,6	45,7

a) Durchschnitt. - b) genauer: Schätzung auf der Grundlage der in Tabelle 6 wiedergegebenen Werte. - c) Annahme: Der Anteil Ostpakistans an den nicht direkt regional zurechenbaren Teilen des Sozialprodukts beträgt 25 %. - d) zusätzliche Annahme: Die Kaufkraft der Rupie lag im Basisjahr um 10 % unter derjenigen Westpakistans.

Quellen: Tabelle 1, 6; eigene Annahmen (s.o.).

---

1 Vgl. *Haq, M.U.*, The Strategy of Economic Planning, a.a.O., S. 93

2 Ein weiterer systematischer Fehler der offiziellen Sozialproduktsstatistik dürfte darin bestehen, daß die Wertschöpfung der Landwirtschaft und der Kleinindustrie für Ostpakistan über- und für Westpakistan unterschätzt wurde. So wurde bei der Ermittlung der Wertschöpfung der Kleinindustrie unter Zugrundelegung veralteter Erhebungen angenommen, die durchschnittliche Wertschöpfung pro

In Tabelle 8 wurden zunächst auf der Grundlage von Tabelle 6 (Grundlage: offizielle Sozialproduktsschätzungen) für die Vorplanperiode und für die drei Planperioden die durchschnittlichen Pro-Kopf-Einkommen und deren Disparitäten (relative Differenz, gemessen am Pro-Kopf-Einkommen Westpakistans) errechnet. Darunter sind zwei auf der Grundlage der obigen Ausführungen *revidierte Schätzungen der Pro-Kopf-Einkommen und der Disparitäten der Pro-Kopf-Einkommen* wiedergegeben.

3. Investitionen

Die in Pakistan vorliegenden, nach Landesteilen differenzierten Investitionsschätzungen beziehen sich ausschließlich auf die Bruttoinvestitionen; Schätzungen der Abschreibungen liegen nicht vor.

1. Für die *fünfziger Jahre* gibt es nur eine umfassende Schätzung der Investitionen Ost- und Westpakistans: die von *Haq* [1]. Dieser legt seiner Schätzung der (Brutto-) Investitionen das Konzept der *Entwicklungsausgaben* zugrunde, wie es im Zweiten Fünfjahresplan definiert ist. Danach werden beim öffentlichen Sektor - im Gegensatz zur Praxis des Ersten Fünfjahresplans - außer den Investitionsausgaben (Capital Expenditure) nur wenige laufende Ausgaben (Revenue Expenditure) der öffentlichen Haushalte, vor allem die Ausgaben für das Village-Aid-Programme und Subventionen für Düngemittel, als Entwicklungsausgaben betrachtet. Die Entwicklungsausgaben des privaten Sektors beinhalten die Lagerinvestitionen, nicht jedoch die nicht-monetären Investitionen in der Landwirtschaft [2].

Die *öffentlichen Investitionen* ermittelte *Haq* vor allem anhand der jährlichen Budgets der Zentralregierung und der Provinzregierungen,

---

Arbeiter habe in Ostpakistan 800 Rs, in Westpakistan 900 Rs pro Jahr betragen. Aus den Erhebungen der *East Pakistan Small Industries Corporation* und der *West Pakistan Small Industries Corporation* läßt sich jedoch errechnen, daß die durchschnittliche Wertschöpfung in Ostpakistan höchstens bei 570, in Westpakistan dagegen bei 1.610 gelegen haben dürfte. Vgl. *Government of Pakistan*, Planning Commission, Reports of the Advisory Panels for the Fourth Five Year Plan 1970-75, Vol. I, a.a.O., S. 32 f.

1 Vgl. *Haq, M.U.*, The Strategy of Economic Planning. Case Study of Pakistan, Karachi/ Lahore/ Dacca 1966, S. 224 ff., 254 f.

2 Ebenda, S. 224 f.

und zwar als Summe der direkten Investitionsausgaben (Capital Expenditure), der Entwicklungskredite an die Gebietskörperschaften (Local Bodies) und der als Entwicklungsausgaben zu betrachtenden laufenden Ausgaben. Für die Aufteilung der Entwicklungsausgaben der Zentralregierung auf Ost- und Westpakistan legt *Haq* eine Schätzung der *Planning Commission* zugrunde, die "on the basis of detailed project-wise information available to the Commission" durchgeführt worden sei [1]. Die so geschätzten öffentlichen Investitionen Ost- und Westpakistans zeigt Tabelle 9.

Tabelle 9 : Öffentliche Investitionen in Ost- und Westpakistan, 1949/50 - 1959/60 (in jeweiligen Preisen, in Mio Rs)

Jahr	Zentralregierung		Provinzregierungen		Insgesamt	
	Ost-pakistan	West-pakistan	Ost-pakistan	West-pakistan	Ost-pakistan	West-pakistan
1949/50	40	80	40	160	80	240
1950/51	30	50	60	160	90	210
1951/52	90	140	90	200	180	340
1952/53	110	170	140	270	250	440
1953/54	110	200	130	260	240	460
1954/55	110	210	70	390	180	600
Vorplan	490	850	530	1440	1020	2290
1955/56	130	270	60	400	190	670
1956/57	130	310	140	300	270	610
1957/58	240	600	260	400	500	1000
1958/59	160	600	240	440	400	1040
1959/60	230	760	380	550	610	1310
1.Plan	890	2540	1080	2090	1970	4630

Quelle: Haq, M. U., The Strategy of Economic Planning. A Case Study of Pakistan, Karachi/ Lahore/ Dacca 1966, S. 254.

Die *privaten* Investitionen setzen sich in Haqs Schätzung aus den drei Komponenten "Anlageinvestitionen in Industrie, Transport- und Baugewerbe", "Lagerinvestitionen" und "Sonstige" zusammen. Für die Ermittlung der ersteren wird eine grobe Schätzung der *Planning Commission* zugrundegelegt, die auf den Daten über die Verfügbarkeit (Inlandsproduktion minus Exporte plus Importe) wichtiger Inputs wie Zement und Baustahl, sowie auf bestimmten Annahmen über die technischen Koeffizienten zwischen diesen und dem Gesamtvolumen der Anlageinvestitionen basiert. Bei den Lagerinvestitionen werden aufgrund der

1 Ebenda, S. 254 f.

schlechten Datenlage ausschließlich diejenigen der large-scale-industry berücksichtigt, wobei *Haq* auf der Grundlage der *Census of Manufacturing Industries* von 1955 und 1957 von der Annahme ausgeht, daß sich die Lagerbestände auf etwa 75 % der Bruttowertschöpfung belaufen. Für den - sehr kleinen - Posten "Sonstige", der die privaten monetären Investitionen in der Landwirtschaft und die Selbstfinanzierung der halböffentlichen Körperschaften umfaßt, wurde ein "very rough estimate" vorgenommen, "just for the sake of comprehensiveness"[1].

Was die *regionale Aufteilung* der privaten Investitionen betrifft, so nimmt *Haq* bei den Anlageinvestitionen in der Industrie eine Ost-West-Relation entsprechend der Wertschöpfung des verarbeitenden Gewerbes an. Es sei darauf hingewiesen, daß die von ihm verwendete Relation (Anteil Ostpakistans in der Gesamtperiode: 43 %) für Ostpakistan als zu günstig erscheint; später durchgeführte Untersuchungen wie die von *Khan und Bergan* weisen für Ostpakistan einen durchschnittlichen Anteil von 31 % aus (s. Tabelle 2 und 3). Die regionale Aufteilung der Anlageinvestitionen im Transportwesen und Baugewerbe wird von *Haq* entsprechend der geschätzten Eigenproduktion und den Importen von Transportmitteln bzw. Zement und Stahl vorgenommen. Bei den Lagerinvestitionen geht der Autor von einer Verteilung entsprechend der - für Ostpakistan relativ hoch angesetzten - Wertschöpfung des *gesamten* verarbeitenden Gewerbes aus, obwohl sie sich ausschließlich auf die *large-scale industry* beziehen (s.o.).Die regionale Aufteilung der Position "Sonstige" wird grob geschätzt.

Teilt man die Lagerinvestitionen korrekterweise im Verhältnis der Wertschöpfung der *large-scale industry* auf, so ergeben sich für die privaten Investitionen Ost- und Westpakistans die in Tabelle 10 wiedergegebenen Werte.

2. Für die *zweite Planperiode* (1960/61 - 1964/65) wurden von der *Planning Commission* Schätzungen (a) der Anlageinvestitionen, (b) der Lagerinvestitionen, (c) der "Planinvestitionen" sowie (d) der "Entwicklungsausgaben" vorgenommen [2], die allerdings nur teilweise konsistent sind.

---

1 Ebenda, S. 225

2 Vgl. *Government of Pakistan*, Planning Commission, Final Evaluation of the Second Five Year Plan (1960-65), Islamabad 1966

Tabelle 10 : Private Investitionen in Ost- und Westpakistan, 1949/50 - 1959/60 (in jeweiligen Preisen, in Mio Rs)

Jahr	Anlageinvestitionen						Lagerinvestitionen		Insgesamt	
	Industrie u. Transport		Bausektor		Sonstige					
	Ost-pakistan	West-pakistan	Ost-pakistan	West-pakistan	Ost-pakistan	West-pakistan	Ost-pakistan	West-pakistan	Ost-pakistan	West-pakistan
1949/50	70	250	50	90	-	20	10	30	130	390
1950/51	70	270	50	110	-	20	10	50	130	450
1951/52	95	315	60	140	10	20	15	55	170	530
1952/53	70	300	60	120	10	30	20	80	160	530
1953/54	60	330	60	120	20	50	35	145	175	645
1954/55	100	370	50	90	10	30	20	80	180	570
Vorplan	465	1835	330	670	50	170	110	440	945	3115
1955/56	95	395	60	110	10	20	40	150	205	675
1956/57	110	330	70	160	30	90	30	120	240	700
1957/58	125	315	90	180	30	80	15	55	260	630
1958/59	125	315	70	160	40	100	20	70	255	645
1959/60	140	320	80	160	40	110	75	215	335	805
1.Plan	595	1675	370	770	150	400	180	610	1295	3455

Quelle: Haq, M. U., The Strategy of Economic Planning. A Case Study of Pakistan, Karachi/ Lahore/ Dacca 1966, S. 229, 252 f., 254 f.

Tabelle 11 : Investitionen in Ost- und Westpakistan, 1949/50 - 1959/60 (in jeweiligen Preisen, in Mio Rs)

Jahr	Öffentlich		Privat						Insgesamt	
			Anlageinvestitionen a)		Lagerinvestitionen b)		Gesamt			
	Ost-pakistan	West-pakistan	Ost-pakistan	West-pakistan	Ost-pakistan	West-pakistan	Ost-pakistan	West-pakistan	Ost-pakistan	West-pakistan
1949/50	80	240	120	360	10	30	130	390	210	630
1950/51	90	210	120	400	10	50	130	450	220	660
1951/52	180	340	155	475	15	55	170	530	350	870
1952/53	250	440	140	450	20	80	160	530	410	970
1953/54	240	460	140	500	35	145	175	645	415	1105
1954/55	180	600	160	490	20	80	180	570	360	1170
Vorplan	1020	2290	835	2675	110	440	945	3115	1965	5405
1955/56	190	670	165	525	40	150	205	675	395	1345
1956/57	270	610	210	580	30	120	240	700	510	1310
1957/58	500	1000	245	575	15	55	260	630	760	1630
1958/59	400	1040	235	575	20	70	255	645	655	1685
1959/60	610	1310	260	590	75	215	335	805	945	2115
1.Plan	1970	4630	1115	2845	180	610	1295	3455	3265	8085

a) ohne nicht-monetäre Investitionen in der Landwirtschaft.- b) nur large-scale industry. Aufteilung entsprechend deren Wertschöpfung.

Quelle: Tabelle 9, 10.

Für *Gesamtpakistan* wurden die Werte in Tabelle 12 zusammengestellt. Kernstück dieser Tabelle ist die Schätzung der *Anlageinvestitionen*, die als Summe der Investitionen in Maschinen und Transportmittel sowie der Bauinvestitionen ermittelt wurden.

Dabei wurden die *Maschineninvestitionen* in der Weise errechnet, daß zu dem Gesamtangebot (total availability) an Maschinen - geschätzt anhand der Produktionsindices für elektrische und nicht-elektrische Maschinen und der entsprechenden interregionalen und internationalen Importe/Exporte einschließlich Importzölle - Schätzwerte über Umsatzsteuern sowie über Transport- und Installationskosten hinzuaddiert wurden (vgl. Tabelle 13). Mit der gleichen Methode wurden die *Transportmittel-Investitionen* geschätzt (vgl. Tabelle 14).

Bei den *Bauinvestitionen* wurde zunächst der Verbrauch von Zement und Baustahl mit Hilfe der entsprechenden Produktionsindices, der Werte der interregionalen und internationalen Importe/Exporte sowie bestimmter technischer Koeffizienten des Einsatzverhältnisses von Zement und Stahl ermittelt, einschließlich Zöllen, Umsatzsteuern und Transportkosten. Dieser Gesamtverbrauch wurde mit Hilfe des Wertes der Maschineninvestitionen sowie eines Koeffizienten, der die Relation zwischen diesen und dem Einsatz von Zement und Baustahl beim Bau von Fabrikgebäuden und ähnlichen Bauten wiedergibt, in die beiden Gruppen "Verbrauch von Zement und Baustahl für den Bau von Fabriken etc." und "Verbrauch von Zement und Baustahl für andere Zwecke" aufgeteilt. Für beide Gruppen wurde dann ein - im Zeitablauf variierender - Multiplikator vorgegeben, anhand dessen sich die monetären Gesamtausgaben für Bauinvestitionen errechnen ließen. Zu diesen wurden Schätzwerte der im Eisenbahnwesen durchgeführten sowie der nicht-monetären Bauinvestitionen hinzuaddiert (vgl. Tabelle 15).

Diese Anlageinvestitionen lassen sich in öffentliche und private Investitionen aufteilen, wenn man die *öffentlichen* als Summe der investiven Entwicklungsausgaben, der Ausgaben für das *Rural Works Programme* und der Indusbecken-Ausgaben errechnet und die *privaten* Anlageinvestitionen als Residualgröße definiert, die sich ihrerseits aus einer monetären Komponente (die die Selbstfinanzierung des halböffentlichen Sektors einschließt) und einer nicht-monetären Komponente (vor allem: Agrarsektor) zusammensetzt (vgl. Tabelle 12). Als Summe aus Anlageinvestitionen und *Lagerinvestitionen* errechnen sich die *Gesamtinvestitionen*. Zieht man von den Anlageinvestitionen die Indusbecken-Ausgaben und die nicht-monetären privaten Investitionen ab, so erhält man die *Planinvestitionen*. Die *Entwicklungsausgaben* sind dem-

Tabelle 12 : Investitionen, "Planinvestitionen" und Entwicklungsausgaben Pakistans, 1960/61 – 1964/65 (in jeweiligen Preisen, in Mio Rs)[a)]

Jahr	Investitionen										"Planinvestitionen"	Entwicklungsausgaben			
	Anlageinvestitionen								Lagerinvestitionen	Gesamtinvestitionen		Öffentlich		Privat[d)]	Gesamt
	Öffentlich				Privat[b)]			Gesamt							
	iE	RW	IB	Gesamt	m	nm	Gesamt					lfd[c)d)]	Gesamt		
	1	2	3	4=1+2+3	5	6	7=5+6	8=4+7	9	10=8+9	11=1+2+5	12	13=1+12	14=5	15=12+13
1960/61	1.590	-	100	1.690	2.095	530	2.625	4.315	290	4.605	3.685	239	1.829	2.095	3.924
1961/62	2.005	-	210	2.215	2.555	580	3.135	5.350	360	5.710	4.560	362	2.367	2.555	4.922
1962/63	2.270	100	780	3.150	2.620	560	3.180	6.330	380	6.710	4.990	461	2.731	2.620	5.351
1963/64	2.775	280	890	3.945	2.860	580	3.440	7.385	240	7.625	5.915	541	3.316	2.860	6.176
1964/65	3.080	260	930	4.270	3.440	580	4.020	8.290	810	9.100	6.780	627	3.707	3.440	7.147
2. Plan	11.720	640	2.910	15.270	13.570	2.830	16.400	31.670	2.080	33.750	25.930	2.230	13.950	13.570	27.520

a) Abkürzungen: iE = investive öffentliche Entwicklungsausgaben; RW = Rural Works Programme; IB = Indusbecken-Ausgaben; m = monetäre Investitionen; nm = nicht-monetäre Investitionen; lfd = laufende öffentliche Entwicklungsausgaben. – b) Bei den monetären und nicht-monetären Investitionen wurde der Fehler im Original korrigiert, der dadurch entstanden sein dürfte, daß bei den nicht-monetären Investitionen für das Jahr 1960/61 der Wert von 1959/60 eingesetzt wurde, etc.; entsprechend falsch sind in der Quelle die Werte für die monetären Investitionen, bei korrekten Werten für die gesamten privaten Investitionen (vgl. S. 8 und S. 180/81). – c) als Residualgröße errechnet. – d) Aufgrund von Inkonsistenzen in der Quelle ergeben sich kleinere Abweichungen zu den auf S. 181 der Quelle angegebenen Werten.

Quelle : Zusammengestellt nach GOP, Planning Commission, Final Evaluation of the Second Five Year Plan (1960 – 65), Islamabad 1966, S. 8 (Bruttoinvestitionen), 12 (öffentliche Entwicklungsausgaben), 181 (Planinvestitionen).

Tabelle 13 : Produktion und Gesamtangebot (total availability) von Maschinen in Ost- und Westpakistan, 1960/61 - 1964/65 (in jeweiligen Preisen, in Mio Rs)

	1960/61	1961/62	1962/63	1963/64	1964/65
OSTPAKISTAN					
Produktionsindex: a)					
nicht-elektrische Maschinen	296	320	348	312	330
elektrische Maschinen	192	187	375	376	508
Produktionswert (ab Werk)	16,3	17,4	20,8	19,1	21,4
Exporte ins Ausland (fob)	1,3	1,7	3,3	1,1	2,3
Importe aus Westpakistan	12,3	16,3	19,8	39,4	38,3
Gesamtes Inlandsprodukt (verfügbar für Investitionen)	27,3	32,0	37,3	57,4	57,4
Importe aus dem Ausland (cif)	168,4	188,0	236,2	268,7	392,8
Importwert, einschl. Zoll (7,5%)	181,0	202,1	253,9	288,9	422,3
Gesamtangebot	208,3	234,1	291,2	346,3	479,7
Gesamtkosten, einschl. Umsatzsteuern, Transport u. Installation	293,4	329,7	410,1	487,7	675,6
WESTPAKISTAN					
Produktionsindex: a)					
nicht-elektrische Maschinen	219	351	365	401	332
elektrische Maschinen	143	185	181	250	343
Produktionswert (ab Werk)	127,7	196,4	202,1	236,9	217,2
Exporte ins Ausland (fob)	5,6	9,0	10,2	8,5	15,0
Exporte nach Ostpakistan	12,3	16,4	19,8	39,4	38,3
Gesamtes Inlandsprodukt (verfügbar für Investitionen)	109,8	171,1	172,1	189,0	163,9
Importe aus dem Ausland (cif)	408,3	527,8	852,6	794,4	802,2
Importwert, einschl. Zoll (12,5%)	459,3	593,8	959,2	893,7	902,5
Gesamtangebot	569,1	764,9	1.131,3	1.082,7	1.066,4
Gesamtkosten, einschl. Umsatzsteuern, Transport u. Installation	770,4	1.046,4	1.528,8	1.463,1	1.441,1

a) 1959/60 = 100.

Quelle: GOP, Planning Commission, Final Evaluation of the Second Five Year Plan (1960 - 65), Karachi 1966, S. 177.

Tabelle 14 : Produktion und Gesamtangebot (total availability) von Transportmitteln[a] in Ost- und Westpakistan, 1960/61 - 1964/65 (in jeweiligen Preisen, in Mio Rs)

	1960/61	1961/62	1962/63	1963/64	1964/65
O S T P A K I S T A N					
Produktionsindex[b]	217	194	314	382	416
Produktionswert (ab Werk)	29,7	26,6	43,0	52,3	57,0
Exporte ins Ausland	0,2	0,1	0,5	0,5	-
Importe aus Westpakistan	2,0	6,2	2,3	2,7	12,5
Gesamtes Inlandsprodukt	31,5	32,7	44,8	54,5	69,5
Importe aus dem Ausland (cif)	32,0	37,6	42,6	97,4	127,0
Importwert, einschl. Zoll (15%)	36,8	43,2	49,0	112,0	146,1
Gesamtangebot	68,3	75,9	93,8	166,5	215,6
Gesamtkosten, einschl. Umsatzsteuer u. Transportkosten	80,7	89,9	110,8	196,6	254,6
W E S T P A K I S T A N					
Produktionsindex[b]	133	148	210	391	455
Produktionswert (ab Werk)	140,2	198,1	221,3	412,3	479,6
Exporte ins Ausland	7,7	8,8	7,6	3,4	2,0
Exporte nach Ostpakistan	2,0	6,2	2,3	2,7	12,5
Gesamtes Inlandsprodukt	130,5	183,1	211,4	406,0	465,1
Importe aus dem Ausland (cif)	125,5	158,1	165,3	198,1	244,8
Importwert, einschl. Zoll (15%)	144,3	181,8	190,0	327,6	281,5
Gesamtangebot	274,8	364,9	401,4	633,8	746,6
Gesamtkosten, einschl. Umsatzsteuer u. Transportkosten	323,2	429,1	472,0	745,3	878,0

a) i.w.S. : "transport equipment". - b) 1959/60 = 100.

Quelle : GOP, Planning Commission, Final Evaluation of the Second Five Year Plan (1960 - 65), Karachi 1966, S. 178.

Tabelle 15 : Bautätigkeit in Ost- und Westpakistan, 1960/61 - 1964/65 (in jeweiligen Preisen, in Mio Rs)

	1960/61	1961/62	1962/63	1963/64	1964/65
OSTPAKISTAN					
Gesamtverbrauch von Zement und Stahl	140,6	264,9	215,8	340,2	396,6
Maschineninvestitionen	293,4	329,7	410,1	487,7	675,6
Relation zw. Verbrauch v. Zement/Stahl u. Maschineninv.	0,20	0,20	0,20	0,20	0,20
Verbrauch v. Zement/Stahl für Bau von Fabriken, etc.	58,6	66,0	82,0	97,6	135,2
Verbrauch von Zement/Stahl für andere Bauinvestitionen	82,0	198,9	133,8	242,6	261,6
Anteil von Zement/Stahl an gesamten Bauausgaben:					
a. für Fabrikgebäude, etc.	0,280	0,285	0,290	0,295	0,300
b. für andere Bauinvestitionen	0,205	0,205	0,185	0,220	0,220
Bauausgaben:					
a. Fabrikgebäude, etc.	210,4	231,6	282,8	330,8	450,7
b. andere monetäre Bauinvestitionen	400,0	795,6	723,2	1.102,7	1.188,0
c. nicht-monetäre Bauinvestitionen	250,0	274,0	264,0	274,0	274,0
Eisenbahnen	27,9	41,5	43,8	49,9	46,3
Insgesamt	888,3	1.342,7	1.313,8	1.757,4	1.959,2
WESTPAKISTAN					
Gesamtverbrauch von Zement und Stahl	496,5	531,2	582,4	715,6	812,2
Maschineninvestitionen	770,4	1.046,4	1.528,8	1.463,1	1.441,1
Relation zw. Verbrauch v. Zement/Stahl u. Maschineninv.	0,16	0,16	0,16	0,16	0,16
Verbrauch v. Zement/Stahl für Bau von Fabriken, etc.	123,3	167,4	244,6	234,1	230,1
Verbrauch v. Zement/Stahl für andere Bauinvestitionen	373,2	363,8	337,8	481,5	581,1
Anteil von Zement/Stahl an gesamten Bauausgaben:					
a. für Fabrikgebäude, etc.	0,380	0,380	0,385	0,390	0,395
b. für andere Bauinvestitionen	0,290	0,290	0,240	0,280	0,280
Bauausgaben:					
a. Fabrikgebäude, etc.	324,5	440,5	635,5	600,3	582,5
b. andere monetäre Bauinvestitionen	1.286,9	1.254,5	1.407,5	1.719,6	2.075,4
c. nicht-monetäre Bauinvestitionen	279,8	305,8	295,8	305,8	305,8
Eisenbahnen	67,9	113,8	156,0	110,6	119,2
Insgesamt	1.959,1	2.114,6	2.494,6	2.736,3	3.082,9

Quelle : GOP, Planning Commission, Final Evaluation of the Second Five Year Plan (1960 - 65), Karachi 1966, S. 180.

gegenüber definiert als Planinvestitionen abzüglich der Rural-Works-Ausgaben [1] und zuzüglich der laufenden öffentlichen Entwicklungsausgaben: Sie setzen sich dementsprechend zusammen aus den investiven und laufenden öffentlichen Entwicklungsausgaben einerseits und den privaten Entwicklungsausgaben andererseits (die mit den monetären privaten Anlageinvestitionen identisch sind).

Von den Schätzungen dieser Investitions-/Ausgabenarten wurden nur die der gesamten (öffentlichen plus privaten) Anlageinvestitionen und die der gesamten öffentlichen (einschließlich der laufenden) Entwicklungsausgaben nach Landesteilen differenziert, so daß sich die *regionale Verteilung* der Gesamtinvestitionen (einschließlich Lagerinvestitionen) und der öffentlichen sowie der privaten Komponente der Anlageinvestitionen nicht ohne weiteres errechnen läßt. Geht man jedoch von den beiden Annahmen aus, daß sich die Lagerinvestitionen entsprechend der Wertschöpfung der *large-scale industry* und die investiven öffentlichen Entwicklungsausgaben entsprechend den gesamten (einschließlich laufenden) öffentlichen Entwicklungsausgaben auf die beiden Landesteile verteilen, so stellt sich die regionale Verteilung der verschiedenen Investitions-/Ausgabenarten wie in Tabelle 16 wiedergegeben dar.

Eine regionale *und* sektorale Aufteilung der Investitionen wurde von der *Planning Commission* nicht vorgenommen. Sie liegt lediglich für die *öffentlichen Entwicklungsausgaben* vor und ist in Tabelle 17 wiedergegeben. Für die privaten Entwicklungsausgaben, d.h. die privaten monetären Anlageinvestitionen, wurde die sektorale Verteilung nur für Gesamtpakistan geschätzt. Danach entfielen auf die Landwirtschaft sowie das Wasser- und Energiewesen rund 25 % der privaten Entwicklungsausgaben, auf Industrie und Handel 39 %, auf Brennstoffe und Bodenschätze 4 %, auf Verkehrs- und Nachrichtenwesen 12 %, auf Stadtplanung und Wohnungsbau 19 % und auf den Erziehungs- und Bildungssektor sowie das Gesundheitswesen und die Sozialfürsorge knapp 2 % der privaten Entwicklungsausgaben [2]. Diese Schätzung ist jedoch mit erheblichen Unsicherheiten behaftet, denn "for some sectors, especially in social services and housing, the estimates are weak and

---

1 Der Begriff "Entwicklungsausgaben" wird in der *Final Evaluation of the Second Five Year Plan* teils einschließlich, teils ausschließlich *Rural Works Programme* definiert (ebenda, S. 10-13 und S. 181). Hier wird die zweitgenannte Definition zugrundegelegt.

2 Vgl. *Government of Pakistan*, Planning Commission, Final Evaluation of the Second Five Year Plan, a.a.O., S. 32

Tabelle 16 : Investitionen, "Planinvestitionen" und Entwicklungsausgaben in Ost- und Westpakistan, 1960/61 - 1964/65 (in jeweiligen Preisen, in Mio Rs)

Landesteil/ Jahr	Investitionen										"Plan-inve-stiti-onen"	Entwicklungsausgaben			
	Anlageinvestitionen								Lager-investi-tionen c)	Gesamt-investi-tionen		Öffentlich		Privat	Gesamt
	Öffentlich				Privat			Ge-samt b)				lfd d)	Gesamt		
	iE	RW	IB	Gesamt	m	nm	Gesamt								
	1	2	3	4=1+2+3	5	6	7=5+6	8=4+7	9	10=8+9	11=1+2+5	12	13=1+12	14=5	15=12+13
OSTPAKISTAN															
1960/61	600	-	-	600	412	250	662	1.262	75	1.337	1.012	90	690	412	1.102
1961/62	788	-	-	788	699	274	973	1.762	90	1.851	1.487	142	930	699	1.629
1962/63	1.058	100	-	1.158	413	264	677	1.835	85	1.920	1.571	215	1.273	413	1.686
1963/64	1.362	190	-	1.552	615	274	889	2.442	50	2.491	2.167	278	1.640	615	2.255
1964/65	1.430	155	-	1.585	1.029	274	1.303	2.889	165	3.053	2.614	291	1.721	1.029	2.750
2. Plan	5.238	445	-	5.683	3.168	1.336	4.504	10.190	465	10.352	8.851	1.016	6.254	3.168	9.422
WESTPAKISTAN															
1960/61	990	-	100	1.090	1.683	280	1.963	3.053	215	3.268	2.673	149	1.139	1.683	2.822
1961/62	1.217	-	210	1.427	1.856	306	2.162	3.590	270	3.859	3.073	220	1.437	1.856	3.293
1962/63	1.212	-	780	1.992	2.207	296	2.503	4.495	295	4.790	3.419	246	1.458	2.207	3.665
1963/64	1.413	90	890	2.393	2.245	306	2.551	4.944	190	5.134	3.748	263	1.676	2.245	3.921
1964/65	1.650	105	930	2.685	2.411	306	2.717	5.402	645	6.047	4.166	336	1.986	2.411	4.397
2. Plan	6.482	195	2.910	9.587	10.402	1.494	11.896	21.484	1.615	23.098	17.079	1.214	7.696	10.402	18.098

a) Abkürzungen: iE = investive öffentliche Entwicklungsausgaben; RW = Rural Works Programme; IB = Indusbecken-Ausgaben; m = monetäre Investitionen; nm = nicht-monetäre Investitionen; lfd = laufende öffentliche Entwicklungsausgaben. - b) Aufgrund von Inkonsistenzen in der Quelle (S. 8 u. S. 181) ergeben sich kleinere Abweichungen zur Summe der Spalten 4 und 7 sowie zu Tabelle 103 , Spalte 8. - c) Annahme: Verteilung auf die beiden Landesteile entsprechend der Wertschöpfung der large-scale industry. - d) Annahme: Verteilung auf die beiden Landesteile entsprechend den gesamten öffentlichen Entwicklungsausgaben.

Quelle : Gesamtpakistan: Tabelle 12. - Regionale Aufteilung: GOP, Planning Commission, Final Evaluation of the Second Five Year Plan (1960 - 65), Isalamabad 1966, S. 12 (öffentliche Entwicklungsausgaben), 131 (Rural Works Programme), 180 (nicht-monetäre Anlageinvestitionen), 181 (gesamte Anlageinvestitionen).

Tabelle 17 : Öffentliche Entwicklungsausgaben[a] in Ost- und Westpakistan, nach Sektoren 1960/61 - 1964/65 (in jeweiligen Preisen)

Landesteil/Sektor	1960/61 Mio Rs	1961/62 Mio Rs	1962/63 Mio Rs	1963/64 Mio Rs	1964/65 Mio Rs	Zweiter Plan Mio Rs	 v.H.
			OSTPAKISTAN				
1. Landwirtschaft	126,4	162,8	221,0	230,8	210,8	951,8	15,2
4. Wasserversorgung 5. Energiewesen	170,8	201,8	239,1	376,7	501,0	1.489,3	23,8
2. Verarbeitendes Gewerbe	74,2	114,0	181,4	221,6	235,8	827,0	13,2
3. Bergbau	11,0	15,5	14,0	28,5	31,0	100,1	1,6
6. Verkehrs- u. Nachrichtenwesen	181,9	213,6	275,9	402,8	369,0	1.443,2	23,1
7. Stadtplanung u. Wohnungsbau[b]	67,0	125,2	168,8	185,5	168,8	715,2	11,4
8. Erziehungs- u. Bildungswesen	37,4	61,7	119,0	116,4	122,1	456,7	7,3
9. Gesundheitswesen	16,6	26,6	43,4	66,1	63,8	216,5	3,5
10. Ausbildung und Arbeit	4,3	5,3	6,0	4,5	6,7	26,8	0,4
11. Sozialfürsorge	1,2	3,6	4,6	6,3	11,5	27,2	0,5
12. Insgesamt	690,8	930,1	1.273,2	1.639,2	1.720,5	6.253,8	100,0
			WESTPAKISTAN				
1. Landwirtschaft	145,9	142,7	156,4	207,9	251,1	903,9	11,8
4. Wasserversorgung 5. Energiewesen	535,2	611,6	446,4	570,5	688,0	2.851,7	37,1
2. Verarbeitendes Gewerbe	62,5	73,2	149,5	75,6	117,7	478,5	6,2
3. Bergbau	19,7	43,2	42,3	61,0	55,5	221,6	2,9
6. Verkehrs- u. Nachrichtenwesen	202,9	316,3	355,7	355,6	398,3	1.628,7	21,2
7. Stadtplanung u. Wohnungsbau[b]	118,5	162,5	169,6	242,3	257,7	950,6	12,4
8. Erziehungs- u. Bildungswesen	41,6	62,2	96,9	119,8	135,5	455,9	5,9
9. Gesundheitswesen	10,7	22,8	35,7	36,5	77,5	183,2	2,4
10. Ausbildung und Arbeit	0,6	0,9	2,2	2,2	1,0	6,9	0,1
11. Sozialfürsorge	1,3	1,9	3,3	4,0	4,2	14,6	0,2
10. Insgesamt	1.138,9	1.437,3	1.458,0	1.675,4	1.986,5	7.695,6	100,0

a) ohne Rural Works Programme und Indusbecken-Ausgaben. - b) Physical Planning & Housing.

Quelle : Zusammengestellt nach: GOP, Planning Commission, Final Evaluation of the Second Five Year Plan (1960 - 65), Islamabad 1966, S. 186 - 237.

liable to doubt" [1].

3. Für die *dritte Planperiode* (1965/66 - 1969/70) liegen wiederum von der *Planning Commission* vorgenommene Schätzungen der Investitionen und der Planausgaben vor, die in der *Evaluation of the Third Five Year Plan* [2] veröffentlicht wurden. An verschiedenen Stellen dieser Publikation finden sich Schätzwerte (a) der privaten Anlageinvestitionen, (b) der (privaten) Lagerinvestitionen, (c) der öffentlichen Entwicklungsausgaben und (d) der Gesamtinvestitionen (öffentlich plus privat, einschließlich Lagerinvestitionen). Keine Schätzung liegt vor über die öffentlichen Investitionen (die sich von den öffentlichen Entwicklungsausgaben, schließt man in diesen die Indusbecken-Ausgaben ein, dadurch unterscheiden, daß sie die laufenden öffentlichen Entwicklungsausgaben nicht enthalten). Mit Ausnahme der Lagerinvestitionen sind sämtliche Schätzungen nach Landesteilen differenziert.

In Tabelle 18 wurde versucht, auf der Grundlage dieser Schätzungen die öffentlichen und privaten Investitionen Ost- und Westpakistans zusammenzustellen, wobei die Lagerinvestitionen im Verhältnis der Wertschöpfung der *large-scale industry* auf die beiden Landesteile verteilt und die öffentlichen Investitionen als Residualgröße, d.h. als Differenz der gesamten und der privaten Investitionen, errechnet wurden. Die in der Tabelle enthaltenen Schätzwerte der *privaten Anlageinvestitionen* beruhen nach Angaben der *Planning Commission* auf einer vom *Central Statistical Office* durchgeführten, sektoral und regional differenzierten Schätzung, über deren Methode jedoch nur vage Aussagen gemacht werden. Hierzu heißt es im Kapitel "Private Investment"[3]:

"Previously, the total magnitude of private (plus public, d.V.) fixed investment had been derived indirectly on the basis of available data on the use of cement, steel and machinery. In the last couple of years, the Central Statistical Office has completed a study of physical investment in the economy with a sectoral break-up of investment in the public and private sectors. This has considerably improved the estimates of private investment but sectoral figures still leave much to be desired and need to be reviewed in the light of the information regarding physical inputs and financial flows. In the meantime, estimates need to be used with some caution".

---

1 Ebenda

2 Vgl. *Government of Pakistan*, Planning Commission, Evaluation of the Third Five Year Plan (1965-70), Islamabad 1971

3 Ebenda, S. 19

Tabelle 18 : Investitionen Pakistans, nach Landesteilen, 1965/66 - 1969/70 (in jeweiligen Preisen, in Mio Rs)

Landesteil/Jahr	Öffentlich[a)]	Privat			Insgesamt[a)]
		Anlage-investitionen[b)]	Lager-investitionen[c)]	Gesamt-investitionen	
		PAKISTAN			
1965/66	3.695	3.979	575	4.554	8.249
1966/67	4.245	4.203	1.335	5.538	9.783
1967/68	4.888	4.292	518	4.810	9.698
1968/69	5.098	4.206	915	5.121	10.219
1969/70	5.811	4.575	1.000	5.575	11.386
3. Plan	23.737	21.255	4.343	25.598	49.335
		OSTPAKISTAN			
1965/66	1.181	955	147	1.102	2.283
1966/67	1.536	1.053	333	1.386	2.922
1967/68	2.328	1.122	123	1.245	3.573
1968/69	2.426	1.164	228	1.392	3.818
1969/70	2.408	1.161	262	1.423	3.831
3. Plan	9.879	5.455	1.093	6.548	16.427
		WESTPAKISTAN			
1965/66	2.514	3.024	428	3.452	5.966
1966/67	2.709	3.150	1.002	4.152	6.861
1967/68	2.560	3.170	395	3.565	6.125
1968/69	2.672	3.042	687	3.729	6.401
1969/70	3.403	3.414	738	4.152	7.555
3. Plan	13.858	15.800	3.250	19.050	32.908

a) einschl. Indusbecken-Ausgaben und Rural Works Programme. - b) einschl. nicht-monetäre Investitionen. - c) Annahme: Verteilung auf die beiden Landesteile im Verhältnis der Wertschöpfung der large-scale industry.

Quelle : Zusammengestellt nach GOP, Planning Commission, Evaluation of the Third Five Year Plan (1965 - 70), Islamabad 1971, S. 12 (Lagerinvestitionen), 22 (Private Anlageinvestitionen), 217 (Insgesamt).

Das Ergebnis dieser Schätzungen der privaten Anlageinvestitionen ist in Tabelle 19 zusammengestellt. Die Tabelle zeigt, daß für einige Sektoren nur die Werte Gesamtpakistans, nicht jedoch die der beiden Landesteile angegeben sind. Im übrigen sind die privaten Anlageinvestitionen hier definiert als identisch mit den *Private Development Expenditures*[1], die damit im Gegensatz zum ersten und zweiten Plan

1 Ebenda, S. 207

einschließlich der nicht-monetären Investitionen in der Landwirtschaft definiert sind. Warum bei den letzteren für Ostpakistan mit 843 Mio Rs ein wesentlich höherer Wert als für Westpakistan (507 Mio Rs) angenommen wird, bleibt offen. Für alle Sektoren zusammengenommen ergibt sich für Ostpakistan ein durchschnittlicher Anteil von rund 26 % an den privaten Anlageinvestitionen Pakistans (vgl. Tabelle 19).

Tabelle 20 zeigt die *regionale und sektorale Verteilung der öffentlichen Entwicklungsausgaben*. Danach ergibt sich für Ostpakistan ein durchschnittlicher Anteil von 52,7 %; rechnet man die Indusbecken-Ausgaben hinzu, so reduziert sich dieser Anteil auf 45,2 %[1]. Demgegenüber liegt der Anteil Ostpakistans an den öffentlichen Investitionen, so wie sie in Tabelle 18 errechnet wurden, bei 41,5 %. Der Vergleich von Tabelle 18 und 20 zeigt, daß dieser Unterschied offenbar auf die unterschiedliche regionale Verteilung der laufenden Entwicklungsausgaben zurückzuführen ist: Für die Gesamtperiode liegen die öffentlichen Entwicklungsausgaben, einschließlich Indusbecken, für *Gesamtpakistan* mit rund 25,2 Mrd Rs um etwa 6 % über den öffentlichen Investitionen (23,7 Mrd Rs); während für *Westpakistan* öffentliche Entwicklungsausgaben und öffentliche Investitionen mit 13,8 Mrd Rs praktisch identisch sind, liegen für *Ostpakistan* die ersteren mit 11,4 Mrd Rs um rund 15 % über den letzteren (9,9 Mrd Rs).

Wie bereits ausgeführt wurde, sind die öffentlichen Investitionen Ost- und Westpakistans als Residualgröße ermittelt und deshalb von der Annahme über die regionale Verteilung der privaten Lagerinvestitionen abhängig. Würde man diese Annahme (Anteil Ostpakistans etwa 25 %) zugunsten Ostpakistans revidieren, so ergäben sich noch geringere öffentliche Investitionen und damit eine noch größere Diskrepanz zwischen diesen und den öffentlichen Entwicklungsausgaben.

4. Die obigen Ausführungen zeigen, daß die drei *Investitionsschätzungen* (fünfziger Jahre, zweite Planperiode, dritte Planperiode) *relativ grob* sind und mit Hilfe z.T. *unterschiedlicher Methoden* durchgeführt wurden.

Am unterschiedlichsten dürfte die Behandlung der *nicht-monetären In-*

---

1 Für die Höhe der Indusbecken-Ausgaben vgl. Anmerkung a) der Tabelle

Tabelle 19 : Private Anlageinvestitionen Pakistans, nach Landesteilen, 1965/66 - 1969/70 (in jeweiligen Preisen)

Landesteil/Sektor	1965/66 Mio Rs	1966/67 Mio Rs	1967/68 Mio Rs	1968/69 Mio Rs	1969/70 Mio Rs	Dritter Plan Mio Rs	Dritter Plan v.H.
P A K I S T A N							
1. Landwirtschaft	455	502	543	563	603	2.666	12,5
2. Bergbau	12	9	9	9	9	49	0,2
3. Verarbeitendes Gewerbe	1.589	1.650	1.729	1.732	1.995	8.696	40,9
3a. (Groß- und Mittelbetriebe)	(1.384)	(1.424)	(1.488)	(1.478)	(1.723)	(7.498)	(35,3)
3b. (Kleinbetriebe)	(205)	(226)	(241)	(254)	(271)	(1.197)	(5,6)
4. Bauwesen	69	77	42	82	63	333	1,6
5. Elektrizität und Gas	150	197	233	172	114	866	4,1
6. Verkehrs- und Nachrichtenwesen	546	581	482	381	483	2.473	11,6
7. Haus- und Grundbesitz	721	725	773	738	764	3.720	17,5
8. Banken, Versicherungen u. Sonstige	49	37	44	84	77	290	1,4
9. Dienstleistungen	390	425	437	445	467	2.164	10,2
10. Insgesamt	3.981	4.203	4.292	4.206	4.575	21.257	100,0
O S T P A K I S T A N							
1. Landwirtschaft	139	170	227	230	241	1.006	18,4
1a. (Transportausrüstungen)	(27)	(28)	(28)	(29)	(30)	(142)	(2,6)
1b. (Maschinen u. Anlagen, einschl. Pumpen)	(3)	(4)	(5)	(3)	(7)	(21)	(0,4)
1c. (Nicht-monetäre Investitionen)	(109)	(138)	(194)	(199)	(204)	(843)	(15,5)
3a. (Verarb.Gewerbe: Groß- u. Mittelbetriebe)	355	441	454	489	491	2.230	40,9
7. Haus- und Grundbesitz	180	171	193	167	149	860	15,8
7a. (in Städten (Urban))	(64)	(44)	(62)	(54)	(47)	(270)	(5,0)
7b. (auf dem Lande (Rural))	(116)	(127)	(131)	(114)	(101)	(589)	(10,8)
Sonstige	281	271	248	278	280	1.359	24,9
10. Insgesamt	955	1.053	1.122	1.164	1.161	5.455	100,0
W E S T P A K I S T A N							
1. Landwirtschaft	316	333	316	332	362	1.660	10,5
1a. (Transportausrüstungen)	(12)	(14)	(18)	(18)	(18)	(79)	(0,5)
1b. (Maschinen u. Anlagen, einschl. Pumpen)	(194)	(218)	(202)	(217)	(245)	(1.074)	(6,8)
1c. (Nicht-monetäre Investitionen)	(110)	(101)	(97)	(99)	(100)	(507)	(3,2)
3a. (Verarb.Gewerbe: Groß- u. Mittelbetriebe)	1.029	983	1.035	989	1.233	5.268	33,3
7. Haus- und Grundbesitz	541	554	580	570	615	2.861	18,1
7a. (in Städten (Urban))	(427)	(433)	(459)	(451)	(487)	(2.256)	(14,3)
7b. (auf dem Lande (Rural))	(114)	(121)	(121)	(119)	(129)	(604)	(3,8)
Sonstige	1.138	1.280	1.239	1.151	1.204	6.011	38,0
10. Insgesamt	3.024	3.150	3.170	3.042	3.414	15.800	100,0

Quelle : Zusammengestellt nach GOP, Planning Commission, Evaluation of the Third Five Year Plan (1965 - 70), Islamabad 1971, S. 23 (Pakistan), 22 (Ost- und Westpakistan: Insgesamt), 24, 28f., 183 (Ost- und Westpakistan, sektorale Angaben).

Tabelle 20 : Öffentliche Entwicklungsausgaben[a)] Ost- und Westpakistans, nach Sektoren, 1965/66 - 1969/70 (in jeweiligen Preisen)

Landesteil/Sektor	1965/66 Mio Rs	1966/67 Mio Rs	1967/68 Mio Rs	1968/69 Mio Rs	1969/70 Mio Rs	Zweiter Plan Mio Rs	Zweiter Plan v.H.
O S T P A K I S T A N							
1. Landwirtschaft	127,7	223,0	308,3	400,4	631,1	1.690,4	14,8
2. Verarbeitendes Gewerbe	225,2	261,1	340,2	354,9	363,9	1.545,2	13,6
3. Bergbau	33,1	47,9	51,8	48,0	58,9	293,7	2,6
4. Wasserversorgung	211,6	283,2	297,7	238,4	294,1	1.325,0	11,6
5. Energiewesen	130,8	249,2	336,8	525,5	507,1	1.749,3	15,4
6. Verkehrs- u. Nachrichtenwesen	279,9	312,1	253,1	371,6	412,2	1.728,9	15,2
7. Stadtplanung u. Wohnungsbau[b)]	155,5	191,3	201,9	191,3	208,5	948,4	8,3
8. Erziehungs- und Bildungswesen	77,8	124,7	163,1	175,6	250,3	791,5	7,0
9. Gesundheitswesen	82,1	75,6	95,5	117,9	114,9	486,0	4,3
10. Ausbildung und Arbeit	2,3	4,5	4,2	5,6	7,0	23,5	0,2
11. Sozialfürsorge	2,6	3,6	6,3	4,9	5,9	23,4	0,2
12. Rural Works Programme	101,0	150,0	183,0	196,0	210,0	840,0	7,4
13. Insgesamt	1.429,6	1.926,1	2.341,9	2.629,9	3.063,8	11.391,2	100,0
W E S T P A K I S T A N							
1. Landwirtschaft	184,8	199,2	264,5	325,8	315,6	1.289,9	12,6
2. Verarbeitendes Gewerbe	70,7	123,3	193,2	253,2	145,5	785,9	7,7
3. Bergbau	44,0	53,7	68,6	52,2	52,0	270,5	26,5
4. Wasserversorgung	234,1	309,1	326,1	333,5	310,4	1.513,0	14,8
5. Energiewesen	279,1	272,9	342,1	393,8	475,5	1.760,4	17,3
6. Verkehrs- u. Nachrichtenwesen	392,9	533,8	582,6	545,8	528,0	2.583,1	25,3
7. Stadtplanung u. Wohnungsbau[b)]	121,8	141,3	130,9	146,0	147,6	687,6	6,7
8. Erziehungs- u. Bildungswesen	59,7	69,8	98,0	127,1	182,3	536,8	5,3
9. Gesundheitswesen	61,2	50,5	100,6	101,1	112,7	426,1	4,2
10. Ausbildung und Arbeit	1,2	3,0	3,1	4,0	14,8	26,0	0,3
11. Sozialfürsorge	3,3	2,8	5,1	7,6	9,3	28,1	0,3
12. Rural Works Programme	88,0	20,0	58,0	55,0	75,0	296,0	2,9
13. Insgesamt	1.540,8	1,779,1	2.172,7	2.345,1	2.365,7	10.203,5	100,0

a) ohne Indusbecken-Ausgaben; diese betrugen insgesamt 3,6 Mrd Rs (1965/66 : 530 Mio Rs; 1966/67 : 500 Mio Rs; 1967/68 : 850 Mio Rs; 1968/69 : 930 Mio Rs; 1969/70 : 790 Mio Rs). - b) Physical Planning & Housing.

Quelle : GOP, Planning Commission, Evaluation of the Third Five Year Plan (1965 - 70), Islamabad 1971, S. 179f., 206.

vestitionen sein. Bei der Schätzung von *Haq* (für die Periode 1949/50 bis 1959/60) wird auf ihre Berücksichtigung vollständig verzichtet. Die Schätzungen der *Planning Commission* enthalten zwar Werte für die nicht-monetären Investitionen, über die bei der Ermittlung verwendete Methode werden jedoch keinerlei Ausführungen gemacht. Offensichtlich

Tabelle 21 : Investitionen[a] Ost- und Westpakistans, 1949/50 - 1969/70 (in jeweiligen Preisen, in Mio Rs)

Jahr	Öffentlich		Privat		Insgesamt	
	Ost-pakistan	West-pakistan	Ost-pakistan	West-pakistan	Ost-pakistan	West-pakistan
1949/50	80	240	130	390	210	630
1950/51	90	210	130	450	220	660
1951/52	180	340	170	530	350	870
1952/53	250	440	160	530	410	970
1953/54	240	460	175	645	415	1.105
1954/55	180	600	180	570	360	1.170
Vorplan	1.020	2.290	945	3.115	1.965	5.405
1955/56	190	670	205	675	395	1.345
1956/57	270	610	240	700	510	1.310
1957/58	500	1.000	260	630	760	1.630
1958/59	400	1.040	255	645	655	1.685
1959/60	610	1.310	335	805	945	2.115
1. Plan	1.970	4.630	1.295	3.455	3.265	8.085
1960/61	600	1.090	487	1.898	1.087	2.988
1961/62	788	1.427	789	2.126	1.577	3.553
1962/63	1.158	1.992	498	2.502	1.656	4.494
1963/64	1.552	2.393	665	2.435	2.217	4.828
1964/65	1.585	2.685	1.194	3.056	2.779	5.741
2. Plan	5.683	9.587	3.633	12.017	9.316	21.614
1965/66	1.181	2.514	993	3.342	2.174	5.856
1966/67	1.536	2.709	1.248	4.051	2.784	6.760
1967/68	2.328	2.560	1.051	3.468	3.379	6.028
1968/69	2.426	2.672	1.193	3.630	3.619	6.302
1969/70	2.408	3.403	1.219	4.052	3.627	7.455
3. Plan	9.879	13.858	5.704	18.543	15.583	32.401

a) Bruttoinvestitionen, einschl. Lagerinvestitionen, ohne nicht-monetäre Investitionen.

Quelle : Tabelle 11, 16, 18, 19.

wurden für die beiden Zeiträume jedoch völlig unterschiedliche Schätzverfahren angewendet, was dazu führt, daß der Wert für 1965/66 um 59 % *unter* dem für 1964/65 (und der für den gesamten dritten Plan um 52 % unter dem für den zweiten Plan) liegt (vgl. Tabelle 16 und 19).

Aus diesen Gründen seien die Investitionen im folgenden in der Weise definiert, daß sie die nicht-monetären Investitionen nicht enthalten. Für die Entwicklung der so definierten Investitionen Ost- und Westpakistans im Zeitraum 1949/50 - 1969/70 ergeben sich die in Tabelle 21 wiedergegebenen Werte.

Die *Umrechnung der Investitionen in Preise des Jahres 1959/60* erfordert (a) die Aufspaltung in die Inlands- und die Auslandskomponente und (b) die Deflationierung der beiden Komponenten.

(a) Anhand von Tabelle 13 bis 15 errechnet sich für die zweite Planperiode ein durchschnittlicher Anteil der Investitionsgüterimporte [1] an den Anlageinvestitionen [2] von 27 % für beide Landesteile (Ostpakistan: Bauinvestitionen: 12 %; Investitionen in Maschinen: 61 %; Investitionen in Transportmittel: 53 %; Westpakistan: Bauinvestitionen: 5 %; Investitionen in Maschinen: 61 %; Investitionen in Transportmittel: 40 %).

Auf der Grundlage dieser Werte sei angenommen, daß der *Inlandsanteil an den Gesamtinvestitionen* in der Vorplanperiode 65 %, in der ersten Planperiode 70 %, in der zweiten Planperiode 75 % und in der dritten Planperiode 80 % betrug. Die Anteile für die 50er Jahre stimmen mit den Annahmen im Ersten Fünfjahresplan überein, aus denen *Haq* einen Inlandsanteil von 65 % errechnet [3]. Die Annahme einer gewissen Importsubstitution auch bei Investitionsgütern im Laufe der 50er und 60er Jahre dürfte der Realität entsprechen [4].

---

1 cif, zuzüglich Einfuhrzoll; bei Bauinvestitionen: Importe von Zement und Baustahl.

2 einschließlich Umsatzsteuern auf die Investitionsgüter, sowie Transport- und Installationskosten; bei Bauinvestitionen: gesamte Bauausgaben.

3 Vgl. *Haq, M.U.*, The Strategy of Economic Planning. A Case Study of Pakistan, a.a.O., S. 228

4 Nach *Lewis/Soligo* erhöhte sich der Anteil der Inlandsproduktion am Gesamtangebot der Gruppe "Investitionsgüter und verwandte Produkte" von 1954/55 bis 1963/64 von 24 % auf 35 %. Vgl. *Lewis, St.R. und R. Soligo*, Growth and Structural Change in Pakistan's Manufacturing Industry, 1954 - 1964, in: The Pakistan Development Review, Vol 5 (1965), S. 121 ff. Der Unterschied zwischen diesen Werten und den von uns errechneten Anteilen der Investitionsgüterimporte an den Gesamtinvestitionen ist deshalb relativ groß, weil bei uns die Umsatzsteuern, Transport- und Installationskosten sowie - bei den Bauinvestitionen - die sehr hohen sonstigen Kosten in den Investitionswerten enthalten sind.

Tabelle 22 : Index der Großhandelspreise und Index der Importpreise für Maschinen und Transportmittel (1959/60 = 100), Gesamtpakistan, 1949/50 - 1969/70 a)

Jahr	Großhandels-preise	Import-preise b)	Jahr	Großhandels-preise	Import-preise b)
1949/50	90 c)	48	1959/60	100	100
1950/51	85 c)	50	1960/61	103	107
1951/52	82	66	1961/62	106	102
1952/53	86	46	1962/63	105	105
1953/54	71	51	1963/64	105	107
1954/55	57	66	1964/65	112	82
1955/56	72	89	1965/66	118	119
1956/57	94	110	1966/67	134	120
1957/58	91	98	1967/68	129	127
1958/59	94	101	1968/69	136	121
1959/60	100	100	1969/70	140	110

a) Indices nach Laspeyres, umbasiert auf die Referenzbasis 1959/60. Gewichtungsbasis der Indexziffern der Großhandelspreise für den Zeitraum 1951/52 - 1959/60 ist das Jahr 1951/52, für 1960/61 - 1969/70 das Jahr 1960/61; bei den Indexziffern der Importpreise für Maschinen und Transportmittel ist die Gewichtungsbasis für den Zeitraum 1949/50 - 1953/54 das Jahr 1950/51, für 1954/55 - 1964/65 das Jahr 1954/55 und für 1965/66 - 1969/70 das Jahr 1960/61. - b) für Maschinen und Transportmittel. - c) Schätzung.

Quelle : Index der Großhandelspreise: 1951/52 - 1959/60: The Institute of Development Economics, A Measure of Inflation in Pakistan 1951 - 60, Monographs in the Economics of Development No. 4, Karachi 1961, S. 16; 1959/60 - 1969/70: Central Statistical Office, Twenty-five Years of Pakistan in Statistics, 1947 - 1972, Karachi 1972, S. 314. - Index der Importpreise für Maschinen und Transportmittel: 1949/50 - 1953/54: State Bank of Pakistan, Currency and Finance Report, 1959/60, S. 187 f., zitiert in: Haq, M. U., The Stategy of Economic Planning. A Case Study of Pakistan, Karachi/Lahore/Dacca 1966, S. 228; 1954/55 - 1969/70: Central Statistical Office, Twenty-five Years of Pakistan in Statistics, a.a.O., S. 497, 501.

(b) Deflationiert man den Inlandsanteil der Investitionen mangels eines Index der inländischen Investitionsgüterpreise mit dem gesamtpakistanischen *Index der Großhandelspreise* und den Auslandsanteil mit dem gesamtpakistanischen *Index der Importpreise für Maschinen und Transportmittel* (Tabelle 22), so ergeben sich für die Investitionen zu Preisen von 1959/60 die in Tabelle 23 ausgewiesenen Werte.

4. Waren- und Dienstleistungsverkehr mit dem Ausland

Außenhandelsstatistiken werden in Pakistan zum einen vom *Central Statistical Office*, zum anderen von der *State Bank of Pakistan* geführt.

Tabelle 23 : Investitionen Ost- und Westpakistans, 1949/50 - 1969/70 (in jeweiligen Preisen und zu Preisen von 1959/60, in Mio Rs)

Jahr	OSTPAKISTAN in jeweiligen Preisen			OSTPAKISTAN zu Preisen von 1959/60			WESTPAKISTAN in jeweiligen Preisen			WESTPAKISTAN zu Preisen von 1959/60		
	Insgesamt	Inlandsanteil[a)]	Auslandsanteil	Inlandsanteil	Auslandsanteil	Insgesamt	Insgesamt	Inlandsanteil	Auslandsanteil	Inlandsanteil	Auslandsanteil	Insgesamt
1949/50	210	137	73	152	152	304	630	410	220	455	458	913
1950/51	220	143	77	168	144	312	660	429	231	505	462	967
1951/52	350	228	122	278	185	463	870	566	304	690	462	1.152
1952/53	410	267	143	310	310	620	970	631	339	734	736	1.470
1953/54	415	270	145	380	284	664	1.105	718	387	1.011	759	1.770
1954/55	360	234	126	410	191	601	1.170	761	409	1.335	620	1.955
Vorplan	1.965	1.279	686	1.698	1.266	2.964	5.405	3.515	1.890	4.730	3.497	8.227
1955/56	395	277	118	384	133	517	1.345	942	403	1.308	453	1.761
1956/57	510	357	153	380	139	519	1.310	917	393	976	357	1.333
1957/58	760	532	228	585	233	818	1.630	1.141	489	1.254	499	1.753
1958/59	655	459	196	488	194	682	1.685	1.180	505	1.255	500	1.755
1959/60	945	662	283	662	283	945	2.115	1.481	634	1.481	634	2.115
1. Plan	3.265	2.287	978	2.499	982	3.481	8.085	5.661	2.424	6.274	2.443	8.717
1960/61	1.087	815	272	791	254	1.045	2.988	2.241	747	2.175	698	2.873
1961/62	1.577	1.183	394	1.116	386	1.502	3.553	2.665	888	2.514	871	3.385
1962/63	1.656	1.242	414	1.183	394	1.577	4.494	3.771	1.123	3.591	1.070	4.661
1963/64	2.217	1.663	554	1.584	518	2.102	4.828	3.621	1.207	3.449	1.128	4.577
1964/65	2.779	2.084	695	1.861	847	2.708	5.741	4.306	1.435	3.845	1.750	5.595
2. Plan	9.316	6.987	2.329	6.535	2.399	8.934	21.604	16.604	5.400	15.574	5.517	21.091
1965/66	2.174	1.739	435	1.474	366	1.840	5.856	4.685	1.171	3.970	984	4.954
1966/67	2.784	2.227	557	1.662	464	2.126	6.760	5.408	1.352	4.036	1.127	5.163
1967/68	3.379	2.703	676	2.095	532	2.627	6.028	4.822	1.206	3.738	950	4.688
1968/69	3.619	2.895	724	2.129	598	2.727	6.302	5.042	1.260	3.707	1.041	4.748
1969/70	3.627	2.902	725	2.073	659	2.732	7.455	5.964	1.491	4.260	1.355	5.615
3. Plan	15.583	12.466	3.117	9.433	2.619	12.052	32.401	25.921	6.480	19.711	5.457	25.168

a) Annahme: Der Inlandsanteil betrug in den vier Perioden 65% (Vorplanperiode), 70% (Erster Plan), 75% (Zweiter Plan) und 80% (Dritter Plan).

Quelle : Tabelle 21, 22.

Das *Central Statistical Office* erfaßt ausschließlich die Warenexporte und -importe. Die Erfassung erfolgt nach dem "Fälligkeitsprinzip" bei der physischen Grenzüberschreitung der Waren, zu cif- bzw. fob-Preisen; die Aufzeichnungen der Importe und Exporte sind ein Nebenprodukt der Zollverwaltung. Importe von Rüstungsgütern werden nicht erfaßt. Sämtliche Exporte und Importe werden nach Landesteilen (Ost- und Westpakistan) getrennt ausgewiesen.

Die *State Bank of Pakistan* erfaßt den Waren- und Dienstleistungsverkehr im Rahmen der für Gesamtpakistan erstellten Zahlungsbilanzstatistik. Nach dem "Kassenprinzip" werden die monetären Eingänge und Ausgänge der Exporteure/Importeure zu cif.- bzw. fob-Preisen erfaßt. Die Aufzeichnungen werden für die Zwecke der Devisenkontrolle vorgenommen und erstrecken sich naturgemäß auch auf die Importe von Rüstungsgütern.

Aus diesen Unterschieden in der Erfassungsmethodik ergeben sich erhebliche *Unterschiede zwischen den von den beiden Institutionen veröffentlichten Außenhandelsstatistiken*. Bei der Erstellung einer nach Landesteilen differenzierten Statistik des Waren- und Dienstleistungsverkehrs mit dem Ausland ergibt sich für uns vor allem die doppelte Schwierigkeit, daß (a) zwar der Warenverkehr nach Landesteilen getrennt, der Dienstleistungsverkehr aber nur für Gesamtpakistan erfaßt wurde und deshalb auf Grund bestimmter Annahmen regional aufzuspalten ist und daß (b) der Dienstleistungsverkehr von einer anderen Institution *(State Bank of Pakistan)* nach einer anderen Ermittlungsmethode aufgezeichnet wurde als der Warenverkehr *(Central Statistical Office)*.

Den *Warenverkehr* Ost- und Westpakistans mit dem Ausland für den Zeitraum 1949/50 bis 1969/70 zeigt Tabelle 24. In den vom *Central Statistical Office* veröffentlichten Statistiken sind bei den Exporten die Reexporte enthalten.

Bei dem folgenden Versuch einer Aufspaltung des *Dienstleistungsverkehrs* Pakistans auf die beiden Landesteile wird im wesentlichen auf die in den beiden Reports des *Panel of Economists for the Fourth Five Year Plan* durchgeführten Schätzungen zurückgegriffen:

Für den Zeitraum 1961/62 bis 1969/70 verwendeten sowohl die ostpakistanischen als auch die westpakistanischen Mitglieder des Panel ein von der *Planning Commission* anhand der revidierten Schätzung für das *Ex-*

Tabelle 24 : Warenverkehr Ost- und Westpakistans mit dem Ausland, 1949/50 - 1969/70 (in jeweiligen Preisen, in Mio Rs)

Jahr	OSTPAKISTAN			WESTPAKISTAN		
	Exporte	Importe	Saldo	Exporte	Importe	Saldo
1949/50	683	410	273	535	874	339
1950/51	1.211	453	758	1.342	1.167	175
1951/52	1.087	763	324	922	1.474	552
1952/53	643	366	277	867	1.017	150
1953/54	645	294	351	641	824	183
1954/55	732	320	412	491	783	292
Vorplan	5.001	2.606	2.395	4.798	6.139	1.341
1955/56	1.041	361	680	743	964	221
1956/57	910	819	91	698	1.516	818
1957/58	988	736	252	434	1.314	880
1958/59	881	554	327	444	1.024	580
1959/60	1.080	655	425	763	1.806	1.043
1. Plan	4.900	3.125	1.775	3.082	6.624	3.542
1960/61	1.259	1.015	244	540	2.173	1.633
1961/62	1.300	873	427	543	2.236	1.693
1962/63	1.249	1.019	230	998	2.800	1.802
1963/64	1.224	1.448	224	1.075	2.982	1.907
1964/65	1.268	1.702	434	1.140	3.672	2.532
2. Plan	6.300	6.057	243	4.296	13.863	9.567
1965/66	1.514	1.328	186	1.204	2.880	1.676
1966/67	1.575	1.567	8	1.338	3.626	2.288
1967/68	1.484	1.327	157	1.864	3.327	1.463
1968/69	1.543	1.850	307	1.773	3.047	1.274
1969/70	1.670	1.813	143	1.667	3.285	1.618
3. Plan	7.786	7.885	99	7.846	16.165	8.319

Quelle : 1949/50 - 1964/65 : Central Statistical Office, Twenty Years of Pakistan in Statistics, 1947 - 1967, Karachi 1967, S. 107. - 1965/66 - 1969/70 : Central Statistical Office, Monthly Statistical Bulletin, Vol. 19 (1971), S. 697.

change-Control Budget vorgeschlagenes Zuordnungsschema; für den Zeitraum 1949/50 bis 1960/61 wurde von den ostpakistanischen Mitgliedern des Panel eine eigene Schätzung vorgenommen [1].

1949/50 - 1960/61: Bei der Ermittlung des Dienstleistungsverkehrs *Gesamtpakistans* mit dem Ausland für diesen Zeitraum ergibt sich die

1 Vgl. *Government of Pakistan*, Planning Commission, Reports of the Advisory Panels for the Fourth Five Year Plan 1970-75, Vol. I, Islamabad 1970, S. 85

doppelte Schwierigkeit, daß in der Zahlungsbilanzstatistik (a) die Waren- und Dienstleistungsimporte des Staates unter der Bezeichnung *Government Expenditure, not elsewhere included* als undifferenzierter Gesamtbetrag ausgewiesen und (b) die in das Ausland überwiesenen bzw. aus dem Ausland empfangenen Arbeitseinkommen nicht in der Dienstleistungsbilanz berücksichtigt, sondern(unter der Rubrik *Private Remittances and Migrants' Transfers*) in der Schenkungsbilanz mit den einseitigen Leistungen zusammengefaßt sind[1].

(a) Was den Anteil der Dienstleistungsimporte an der Position *Government Expenditure, not elsewhere included* betrifft, so wird im folgenden von der von den ostpakistanischen Mitgliedern des Panel of Economists gemachten Annahme ausgegangen, daß dieser etwa 50 % betrug [2].

(b) Da der größte Teil der *Private Remittances and Migrants' Transfers* (ab 1964/65: *Private Transfer Payments*) auf Arbeitseinkommen im weiteren Sinne entfallen dürfte[3], wird diese Position im folgenden ganz in die Dienstleistungsbilanz übernommen. Die hierdurch entstehende Ungenauigkeit ist, gemessen an den gesamten Dienstleistungstransaktionen, relativ gering.

In bezug auf die *regionale Aufteilung* des Dienstleistungsverkehrs sei auf die von den ostpakistanischen Mitgliedern des Panel gemachten Annahmen zurückgegriffen, die im wesentlichen der von der *Planning Commission* für den Zeitraum 1961/62 - 1969/70 vorgeschlagenen Schlüsselung entsprechen. Danach entfielen auf Ostpakistan bei den Dienstleistungsexporten 33 % des Reiseverkehrs, der Einnahmen des Staates, der pri-

---

1 Vgl. *Government of Pakistan*, Central Statistical Office, Twenty-Five Years of Pakistan in Statistics 1947-1972, a.a.O., S. 158 f.

2 Dies läßt sich aus den für die drei Perioden 1948/49 - 1949/50, 1950/51 - 1954/55 und 1955/56 - 1960/61 geschätzten Salden des Dienstleistungsverkehrs (Ostpakistan: 195 Mio Rs; - 587 Mio Rs; - 907 Mio Rs; Westpakistan: - 412 Mio Rs; - 1399 Mio Rs; - 2304 Mio Rs;) sowie aus den Annahmen über die regionale Aufteilung der Dienstleistungsimporte und -exporte entnehmen. Vgl. *Government of Pakistan*, Planning Commission, Reports of the Advisory Panels for the Fourth Five Year Plan 1970-75, Vol. I, a.a.O., S. 84 f.

3 Vgl. den hohen Anteil der Überweisungen nach dem *Home Remittances Bonus Scheme* an den *Private Transfers* in den Jahren 1961/62 - 1969/70 (ebenda); für die 50er Jahre liegen keine getrennten Angaben vor.

Tabelle 25 : Dienstleistungsexporte und -importe Ost- und Westpakistans, 1949/50 - 1960/61 (in jeweiligen Preisen, in Mio Rs) [a]

Landesteil/Position	49/50	50/51	51/52	52/53	53/54	54/55	55/56	56/57	57/58	58/59	59/60	60/61
OSTPAKISTAN : EXPORTE												
Reiseverkehr	-	-	-	-	-	0,8	1,9	1,0	0,9	1,4	1,4	2,1
Frachten, Versicherungen	-	6,1	18,4	12,9	11,7	16,2	31,8	33,6	32,8	35,6	40,4	39,9
Kapitalerträge	-	3,0	9,3	7,4	6,6	9,7	16,4	22,2	15,7	13,8	17,4	22,2
Dienstleistungsexporte d. Staates	-	1,7	5,9	8,2	7,4	7,2	9,9	12,2	12,5	20,3	22,5	32,2
Private Überweisungen [b]	-	-	0,2	-	-	3,1	6,0	9,5	8,4	11,7	10,3	10,1
Sonstiges [c]	26,3	48,1	52,7	42,9	23,4	17,8	29,0	27,5	28,9	50,4	52,5	51,0
Insgesamt	26,3	58,9	86,5	71,4	49,1	54,8	95,0	106,0	99,2	133,2	144,5	157,5
OSTPAKISTAN : IMPORTE												
Reiseverkehr	6,5	6,6	10,5	7,6	8,5	12,0	18,1	18,7	14,8	6,9	7,3	9,5
Frachten, Versicherungen	9,5	31,3	78,6	37,5	26,2	29,5	34,0	54,1	53,9	50,5	57,6	81,8
Kapitalerträge	6,1	8,3	10,5	9,1	14,0	7,9	20,9	25,2	12,7	15,6	22,7	25,6
Dienstleistungsimporte d. Staates	56,7	72,3	100,3	104,3	109,1	80,0	152,0	272,4	332,0	231,7	15,1	16,9
Private Überweisungen [b]	8,8	7,5	6,7	9,4	12,2	11,1	13,1	13,9	12,7	11,8	12,3	11,8
Sonstiges	35,8	24,4	41,8	22,6	16,9	15,4	25,3	25,9	29,5	23,5	29,2	41,0
Insgesamt	123,4	150,4	248,4	190,5	186,9	155,9	263,4	410,2	455,6	340,0	144,2	186,6
WESTPAKISTAN : EXPORTE												
Reiseverkehr	-	-	-	-	-	1,6	3,9	2,1	1,5	2,8	2,9	4,1
Frachten, Versicherungen	-	6,0	18,4	12,8	11,6	16,2	31,7	33,6	32,8	35,5	40,5	39,8
Kapitalerträge	-	2,9	9,3	7,3	6,5	9,8	16,3	22,2	15,6	13,8	17,4	22,2
Dienstleistungsexporte d. Staates	-	3,5	11,8	16,5	14,9	14,3	19,8	24,4	25,0	40,5	45,1	64,5
Private Überweisungen [b]	-	-	0,4	-	-	6,3	12,1	19,1	16,7	23,5	20,6	20,1
Sonstiges [c]	52,6	96,3	105,4	85,7	46,8	35,3	56,9	54,9	56,7	98,2	98,4	100,6
Insgesamt	52,6	108,7	145,3	122,3	79,8	83,5	140,7	156,3	148,3	214,3	224,9	251,3
WESTPAKISTAN : IMPORTE												
Reiseverkehr	19,4	19,8	31,5	22,7	25,5	36,1	54,4	55,9	44,5	20,5	22,0	28,5
Frachten, Versicherungen	20,1	80,3	152,5	106,8	74,5	72,1	92,0	100,5	95,7	93,8	155,8	173,9
Kapitalerträge	12,3	16,6	20,9	18,2	38,1	15,9	41,8	50,3	25,5	31,3	45,4	51,1
Dienstleistungsimporte d. Staates	113,4	144,5	200,8	208,6	218,2	159,8	303,8	544,7	663,9	463,4	30,3	33,9
Private Überweisungen [b]	17,5	15,1	13,4	18,7	24,4	22,3	26,3	27,7	25,3	23,6	24,6	23,7
Sonstiges	71,6	48,9	83,5	45,2	33,9	30,7	50,6	51,7	59,1	46,9	58,4	82,0
Insgesamt	254,3	325,2	501,8	420,2	414,6	336,9	568,9	830,8	914,0	679,5	336,5	393,1

a) Zu den dieser Schätzung zugrundeliegenden Annahmen siehe die Ausführungen im Text. - b) einschließlich Transfers von Aus- bzw. Einwanderern. - c) einschließlich der - nicht in der Warenverkehrsstatistik enthaltenen - Netto-Exporte von Handelsgold.

Quelle : Central Statistical Office, Twenty-Five Years of Pakistan in Statistics 1947 - 1972, Karachi 1972, S. 158 - 163.

vaten Überweisungen und der sonstigen Dienstleistungsexporte, sowie 50 % der Fachten, Versicherungen und Kapitalerträge; bei den Dienstleistungsimporten 25 % des Reiseverkehrs und 33 % der übrigen Positionen (mit Ausnahme der empfangenen Frachten und Versicherungen, die im Verhältnis der Importe aufgeteilt werden[1]). Geht man von diesen Annahmen aus, so ergeben sich für den Dienstleistungsverkehr Ost- und Westpakistans mit dem Ausland im Zeitraum 1949/50 bis 1960/61 die in Tabelle 25 wiedergegebenen Werte [2].

---

1 Vgl. *Government of Pakistan*, Planning Commission, Reports of the Advisory Panels for the Fourth Five Year Plan 1970-75, Vol. I, a.a.O., S. 85

2 Addiert man die aus der Tabelle zu errechnenden Leistungsbilanzsalden Ost- und Westpakistans, so ergibt sich für die Vorplan-

1961/62 - 1969/70: Für diesen Zeitraum werden im folgenden für *Gesamtpakistan* die dem *Panel of Economists for the Fourth Five Year Plan* von der *Planning Commission* vorgelegten Werte der Dienstleistungsexporte und -importe verwendet. Hierbei stellt sich allerdings das Problem der *Behandlung des staatlichen Schuldendienstes*. Während die westpakistanischen Ökonomen nur die Zinszahlungen als staatlichen Import von "Invisibles" betrachteten, wurde von den ostpakistanischen Ökonomen der gesamte Schuldendienst (Zinsen und Rückzahlungen) einbezogen. Für die Berechnung des Leistungsbilanzsaldos erscheint das Verfahren der westpakistanischen Ökonomen sinnvoller, da nur die Zinszahlungen als Kosten des Importes der Dienstleistung "Kreditgewährung" aufgefaßt werden können. Der Saldo der Leistungsbilanz entspricht dann dem - um die Veränderung der Reservemittelposition korrigierten - Nettokapitalimport, der seinerseits definiert ist als Bruttokapitalimport abzüglich der Rückzahlungen, nicht aber abzüglich der Zinszahlungen[3].

Die *regionale Aufteilung* des Dienstleistungsverkehrs wird anhand der folgenden, von den ostpakistanischen Mitgliedern des Panel verwendeten Koeffizienten vorgenommen[2]. Danach entfielen auf Ostpakistan bei den Dienstleistungsexporten 33 % des Reiseverkehrs, 50 % der geleisteten Frachten (vor allem: *Pakistan International Airlines*), der Kapitalerträge (aus staatlichem Vermögen im Ausland) und der Einnahmen der Zentralregierung aus ausländischen Missionen und pakistanischen Missionen im Ausland sowie 25 % der Überweisungen nach dem *Home Remit-*

---

periode ein Gesamtsaldo von 1306 Mio Rs und für die erste Planperiode von 5248 Mio Rs. In der Zahlungsbilanzstatistik betragen diese beiden Salden 1o44 Mio Rs bzw. 4007 Mio Rs. Die Differenzen dürften weitgehend durch die unterschiedliche Erfassung des Warenverkehrs (Fälligkeitsprinzip - Kassenprinzip) sowie dadurch erklärbar sein, daß in der von uns vorgenommenen Rechnung ein Teil der Importe der Dienstleistung "Versicherungen" doppelt gezählt wurde, da er einerseits in den cif bewerteten Warenimporten, andererseits - da die State Bank die Warenimporte cif verbucht - in der Dienstleistungsrubrik "Frachten und Versicherungen" enthalten ist.

1 Vgl. auch die Ausführungen der westpakistanischen Ökonomen, Reports of the Advisory Panels for the Fourth Five Year Plan 1970-75, a.a.O., S. 110

2 Diese Koeffizienten wurden auch von den westpakistanischen Mitgliedern verwendet, mit Ausnahme derjenigen für die "privaten Transfers", die im Verhältnis 50 : 50 auf die beiden Landesteile aufgeteilt wurden. Ebenda, S.153

Tabelle 26 : Dienstleistungsexporte und -importe Ost- und Westpakistans, 1961/62 - 1969/70 (in jeweiligen Preisen, in Mio Rs)[a)b)]

Landesteil/Position	61/62	62/63	63/64	64/65	65/66	66/67	67/68	68/69	69/70
OSTPAKISTAN:EXPORTE									
Reiseverkehr	3,0	1,3	2,6	3,5	3,4	4,8	9,0	18,3	20,0
Frachten	17,5	17,5	25,8	31,0	23,5	22,6	30,7	38,1	41,2
Versicherungen	1,2	0,7	1,3	1,3	4,7	2,3	1,3	5,1	5,3
Kapitalerträge	23,7	18,2	13,1	8,2	21,7	21,7	16,0	28,3	40,0
Dienstleistungsexporte/Einnahmen d. Staates	42,6	38,2	52,7	62,5	77,6	39,1	30,1	29,0	30,0
Private Transfers	14,4	10,0	41,0	34,3	53,2	78,6	99,4	128,1	150,0
Rückerstattungen u. Vergütungen	1,1	0,3	1,3	4,1	0,2	2,1	5,7	2,0	2,1
Sonstige Dienstleistungsexporte	39.7	53,5	37.1	62,2	43,7	48,1	50,8	26,6	27,9
Insgesamt	143,2	139,7	174,9	207,1	228,0	219,3	243,0	275,5	316,5
OSTPAKISTAN:IMPORTE									
Reiseverkehr	11,6	12,6	15,5	9,2	5,9	5,6	6,7	7,7	8,1
Frachten	30,0	25,0	38,6	44,7	47,6	39,7	48,4	56,4	57,0
Versicherungen	5,7	7,6	8,1	7,4	6,0	8,4	12,9	16,1	16,4
Kapitalerträge	25,8	34,9	29,3	26,5	19,1	30,0	35,5	34,2	36,7
Dienstleistungsimporte d. Staates	379,3	277,2	263,6	278,2	508,4	387,5	354,9	474,1	488,7
(davon: Zinszahlungen)	(36,0)	(48,0)	(57,0)	(62,1)	(58,8)	(60,3)	(70,5)	(87,3)	(96,2)
Private Transfers	8,5	8,2	7,4	7,3	7,4	6,3	6,1	6,3	6,5
Rückerstattungen u. Vergütungen	3,6	4,0	4,9	5,0	5,6	7,2	8,2	6,3	8,3
Sonstige Dienstleistungsimporte	24,5	23.6	28,5	42.0	32,2	29,0	34,7	19,8	21,6
Insgesamt	489,0	393,1	395,9	420,1	632,2	513,7	507,4	620,9	643,3
WESTPAKISTAN:EXPORTE									
Reiseverkehr	6,0	2,6	5,3	7,0	6,9	9,6	18,0	36,7	40,0
Frachten	17,6	17,6	25,8	31,0	23,4	22,6	30,7	38,1	41,3
Versicherungen	3,1	1,8	2,8	4,6	10,1	5,3	3,4	8,4	9,7
Kapitalerträge	23,8	18,3	13,1	8,3	21,7	21,8	16,0	28,4	40,0
Dienstleistungsexporte/Einnahmen d. Staates	86,5	124,2	55,9	67,5	92,4	51,4	38,6	55,2	60,0
Private Transfers	28,7	20,0	113,1	93,4	147,4	195,9	255,6	344,9	400,0
Rückerstattungen u. Vergütungen	1,5	0,4	2,0	6,6	0,3	3,2	10,5	2,9	2,9
Sonstige Dienstleistungsimporte	119,1	160,6	111.2	186.4	131.1	144.1	152,2	79.9	83,6
Insgesamt	286,3	345,5	329,2	404,8	433,3	453,9	525,0	594,5	677,5
WESTPAKISTAN:IMPORTE									
Reiseverkehr	34,8	37,7	46,5	27,7	17,6	16,8	19,9	22,9	24,4
Frachten	76,8	68,6	79,5	96,4	103,0	91,6	121,4	92,8	103,0
Versicherungen	14,7	20,8	16,8	15,9	13,1	19,5	32,4	26,4	29,6
Kapitalerträge	51,6	69,9	58,7	53,1	38,3	59,9	70,9	68,3	73,3
Dienstleistungsimporte d. Staates	427,5	341,3	339,6	361,1	586,9	468,0	448,9	590,6	617,0
(davon : Zinszahlungen)	(84,0)	(112,0)	(133,0)	(144,9)	(137,2)	(140,7)	(164,5)	(203,7)	(224,5)
Private Transfers	25,5	24,6	22,3	47,5	78,8	46,6	48,4	80,8	119,4
Rückerstattungen u. Vergütungen	4,9	6,7	7,4	8,1	8,0	11,4	15,3	8,9	13,7
Sonstige Dienstleistungsimporte	57,0	55,0	66,6	98.0	75.1	67.6	80.9	46.1	50,4
Insgesamt	692,8	624,6	637,4	707,8	920,8	781,4	838,1	936,8	1.030,8

a) Zu den dieser Schätzung zugrundeliegenden Annahmen siehe die Ausführungen im Text. - b) Die Gesamtwerte für Pakistan wurden aus den Einzelpositionen errechnet; sie weichen teilweise von denen des Originals ab, das einige Druck- und/oder Rechenfehler enthält.

Quelle : Pakistan: GOP, Planning Commission, Reports of the Advisory Panels for the Fourth Five Year Plan (1970 - 75), Vol. I, Islamabad 1970, S. 87 f., 145. - Ost- und Westpakistan: eigene Berechnung.

tances Bonus Scheme und 33 % der sonstigen Transferzahlungen; die geleisteten Versicherungen werden im Verhältnis der Warenimporte und die empfangenen Rückerstattungen und Vergütungen im Verhältnis des Handelsvolumens der beiden Landesteile aufgeschlüsselt; für die "Sonstigen Dienstleistungen" wird für Ostpakistan ein Anteil von 25 % angenommen. Bei den Dienstleistungsimporten entfielen auf Ostpakistan 25 % des Reiseverkehrs, 33 % der Kapitalerträge, 30 % der Zinszahlungen und 50 % der sonstigen Ausgaben der Zentralregierung, sowie 25 % der privaten Transfers, mit Ausnahme der Repatriierung ausländischen Kapitals (Westpakistan = 100 %); die empfangenen Frachten und Versicherungen werden im Verhältnis der Warenimporte und die geleisteten Rückerstattungen und Vergütungen im Verhältnis des Handelsvolumens der beiden Landesteile aufgeschlüsselt; für die "Sonstigen Dienstleistungen" wird für Ostpakistan ein Anteil von 30 % angenommen.

Auf Grund dieser Annahmen errechnen sich für den Zeitraum 1961/62 - 1969/70 die in Tabelle 26 wiedergegebenen Dienstleistungsexporte und -importe.

Bei der *Umrechnung der Waren- und Dienstleistungsexporte und -importe in Preise des Jahres 1959/60* stellen sich ebenfalls einige schwierige Probleme, auf die ausführlich eingegangen werden soll. Das erste Problem ergibt sich aus der Tatsache, daß *nur für den Warenverkehr Export- und Importpreisindices* vorliegen[1].

Während bei den Dienstleistungsimporten der Fehler möglicherweise nicht allzu groß ist, wenn man davon ausgeht, daß sich die Preise etwa analog zu denen der Warenimporte entwickelten, wäre eine solche Annahme bei den Dienstleistungsexporten zumindest für die 50er Jahre absolut unrealistisch: Wie Tabelle 27 zeigt, sind die beiden Preisindices der Warenexporte, die schon 1949/50 bei 100 bzw. über 1oo lagen, in den beiden folgenden Jahren infolge des Koreabooms drastisch angestiegen und dann wieder rapide gesunken, um bereits wieder im Jahre 1956/57 das Niveau von 100 bzw. über 100 zu erreichen. Es ist zu vermuten, daß die Preise der Dienstleistungsexporte der Entwicklung der Preise der Warenexporte auch nicht annähernd gefolgt sind.

Ein weiteres Problem ergibt sich aus der Tatsache, daß sich bei der *Deflationierung der Importe und Exporte mit den jeweiligen Import- und Exportpreisen für die Vorplanperiode aufgrund der stark divergierenden Entwicklung von Import- und Exportpreisen unsinnig hohe Salden* ergeben. Da diese Salden real betrachtet Nettokapitalimporte (Nettokapitalexporte) darstellen, müßten sie eigentlich von den in jeweiligen Preisen ausgedrückten Salden genau um den Importpreis-Deflator (Exportpreis-Deflator) differieren. Daß dies nicht der Fall ist,

---

1 Wie der Vergleich von Tabelle 25 bzw. 26 mit Tabelle 24 zeigt, belief sich der Anteil der Dienstleistungsexporte an den Gesamtexporten für Ostpakistan in den vier Perioden auf 6 %, 11 %, 12 % und 14 % und für Westpakistan auf 11 %, 22 %, 27 % und 25 %, der der Dienstleistungsexporte für Ostpakistan auf 29 %, 34 %, 24 % und 27 % und für Westpakistan auf 27 %, 33 %, 18 % und 22 %.

Tabelle 27 : Indices der Export- und Importpreise Ost- und Westpakistans (1959/60 = 100)[a], 1949/50 - 1969/70

Jahr	Pakistan		Ostpakistan		Westpakistan	
	Index der Exportpreise	Index der Importpreise	Index der Exportpreise	Index der Importpreise	Index der Exportpreise	Index der Importpreise
1949/50	108	51	111	52	99	51
1950/51	130	54	116	55	156	54
1951/52	137	61	130	62	147	61
1952/53	81	50	69	51	103	50
1953/54	79	55	71	55	93	54
1954/55	79	63	78	70	82	60
Vorplan[b]	102	56	96	58	113	330
1955/56	94	87	96	94	92	84
1956/57	104	108	107	118	99	105
1957/58	113	107	114	110	115	112
1958/59	101	102	104	107	97	101
1959/60	100	100	100	100	100	100
1. Plan[b]	102	101	104	106	101	100
1960/61	147	107	174	114	104	104
1961/62	123	102	134	109	106	101
1962/63	114	107	119	118	106	101
1963/64	112	101	116	102	102	101
1964/65	125	90	139	104	104	84
2. Plan[b]	124	101	136	109	522	98
1965/66	122	119	148	121	113	118
1966/67	133	122	177	122	110	122
1967/68	121	123	155	129	113	120
1968/69	120	124	152	135	112	120
1969/70	112	131	149	140	110	127
3. Plan[b]	122	124	156	129	112	121

a) Indices nach Laspeyres, umbasiert auf die Referenzbasis 1959/60. Gewichtungsbasis der Indexziffern für 1949/50 - 1953/54 ist das Jahr 1948/49 (Ost- und Westpakistan) bzw. 1951/52 (Gesamtpakistan, für 1954/55 - 1964/65 : 1954/55, für 1965/66 - 1969/70 : 1960/61. - b) ungewichteter Durchschnitt.

Quelle : Ost- und Westpakistan 1949/50 - 1953/54 : Islam, N., Some Aspects of Interwing Trade and Terms of Trade in Pakistan, in: PDR, Vol. 3 (1963), wiederabgedr. in: Studies on Commercial Policy and Economic Growth, Islam, N. (ed.), Readings in Development Economics No. 2, The Pakistan Insitute of Development Economics, S. 317 - 355, S. 343. - Übrige Werte: Central Statistical Office, Twenty-Five Years of Pakistan in Statistics 1947 - 1972, Karachi 1972, S. 490 - 494, 500 f.

zeigt der Vergleich von Tabelle 28 a und b. Die Deflationierung der Exporte und Importe mit den jeweiligen Indices führt dazu, daß sich für die Vorplanperiode der positive Saldo Ostpakistans (+ 1687) in einen negativen Saldo (- 780) verwandelt; für Westpakistan erhöht sich das Defizit (- 3001) auf mehr als das Dreifache (- 10561).

Diese Inkonsistenz sei an einem einfachen Beispiel verdeutlicht: Nimmt man an, daß in Periode t Exporte und Importe in jeweiligen Preisen je 5000 betragen, daß die Region also - vereinfacht ausgedrückt - keiner-

Tabelle 28 : Exporte und Importe Ost- und Westpakistans, in jeweiligen Preisen und in Preisen von 1959/60, deflationiert mit verschiedenen Indices, Vorplanperiode bis 3. Planperiode (in Mio Rs)

Für die Deflationierung verwendete Indices		Vorplanperiode			1. Planperiode			2. Planperiode			3. Planperiode		
		Exporte	Importe	Saldo	Exporte	Importe	Saldo	Exporte	Importe	Saldo	Exporte	Importe	Saldo
a. Keine Deflationierung (jeweilige Preise)	Ost	5.348	3.661	1.687	5.479	4.738	741	7.123	7.942	-819	9.070	10.802	-1.732
	West	5.391	8.392	-3.001	3.966	9.953	-5.987	5.319	16.919	11.006	10.531	20.673	-10.142
b. Export-/Importpreisindices Ost-/Westpakistans	Ost	5.655	6.435	-780	5.281	4.421	860	5.322	7.369	-2.047	5.845	8.336	-2.491
	West	4.867	15.248	-10.561	3.999	9.865	-5.866	5.560	17.549	-11.989	9.416	17.019	-7.603
c. Exportpreisindex Pakistans	Ost	5.247	3.597	1.650	5.373	4.582	791	5.784	6.508	-724	7.494	8.940	-1.446
	West	5.301	8.398	-3.097	3.912	9.682	-5.770	4.881	13.866	-8.985	8.729	17.045	-8.316
d. Importpreisindex Pakistans	Ost	9.606	6.586	3.020	5.472	4.637	835	7.061	7.968	-907	7.318	8.707	-1.389
	West	9.792	15.166	-5.374	3.974	9.811	-5.837	5.918	16.930	-11.012	8.509	16.688	-8.179

Quelle : Exporte und Importe in jeweiligen Preisen : Tabelle 29 . - Indices : Tabelle 27 .

lei Auslandshilfe erhält, und geht man ferner davon aus, daß der Preisindex in Periode t (bei einem Wert von 100 in Periode t+1) für die Exporte ebenfalls 100 und für die Importe 50 beträgt, so erhält man für die Periode t in Preisen von Periode t+1 eine Auslandshilfe von 5 000. Um solche Inkonsistenzen zu vermeiden, muß für die Deflationierung ein *einheitlicher Index für Exporte und Importe* verwendet werden.

Größe	Exporte	Importe	Saldo
Absoluter Wert in jeweiligen Preisen (Preise von t)	5 000	5 000	0
Preisindex für t (t+1 = 100)	100	50	-
Absoluter Wert in Preisen von t+1	5 000	10 000	5 000

Ein weiteres methodisches Problem resultiert aus der Tatsache, daß Ost- und Westpakistan in der Regionalanalyse nicht isoliert betrachtet, sondern daß u.a. Devisentransfers zwischen den beiden ermittelt werden. Würde man für die Deflationierung dieser Transfers auf Seiten des "Gebers" dessen (für Exporte und Importe einheitlichen) Index und auf Seiten des "Nehmers" dessen eigenen, normalerweise von dem ersteren differierenden (für Exporte und Importe einheitlichen) Index verwenden, so ergäben sich für ein und denselben Sachverhalt zwei unterschiedliche Transferbeträge, so daß sich keine konsistente Analyse durchführen ließe. Es muß also auch ein *einheitlicher Index für Ost- und für Westpakistan* verwendet werden. Hierzu bietet sich der Index Gesamtpakistans an.

Ob für die Deflationierung (der ostpakistanischen *und* westpakistanischen Importe *und* Exporte) der gesamtpakistanische Exportpreis- oder Importpreisindex - oder ein "gemischter" Index - herangezogen wird, hängt naturgemäß von der Zielsetzung der Untersuchung ab. Wird der erstere verwendet, so werden die Importe und, was entscheidend ist, damit auch die Kapitalimporte verzerrt wiedergegeben, während beim letzteren die Exporte "falsch" ausgewiesen werden. Da in der vorliegenden Arbeit hinsichtlich des Außenhandels vor allem die Kapitalimporte und die Devisentransfers (die real Transfers von Importen darstellen) von Bedeutung sind, wobei beide auch für die Berechnung des zentralen Parameters "Sparquote" benötigt werden, soll der *gesamtpakistanische Importpreisindex* verwendet werden. Hierfür spricht ferner die Tatsache, daß die Importpreisindices der beiden Landesteile wesentlich näher beieinander liegen als die Exportpreisindices (vgl. Tabelle 27), so daß die durch die Notwendigkeit, einen gesamtpakistanischen Index statt zweier regionaler Indices verwenden zu müssen, entstehenden Verzerrungen minimiert werden. Schließlich dürfte die Preiseintwicklung der Dienstleistungsexporte und -importe, sofern man hierüber überhaupt eine Aussage machen kann, eher derjenigen der Warenimporte als der Warenexporte entsprochen haben [1, 2].

Tabelle 29 zeigt die Exporte und Importe Ost- und Westpakistans für die einzelnen Jahre im Zeitraum 1949/50 bis 1969/70 in jeweiligen Preisen und in Preisen von 1959/60.

5. Handel zwischen Ost- und Westpakistan (Interwing Trade)

Der Warenhandel zwischen Ost- und Westpakistan wurde vom *Central Statistical Office* anhand der *Daily Lists* der *Custom Houses* in Chittagong, Khulna und Karachi bzw. der *Bills of Entry* (Karachi ab Juli 1967) erfaßt und veröffentlicht. Der über den Luftweg abgewickelte Handel wurde nur nach dem Gewicht der Waren erfaßt und ist deshalb in den Statistiken des wertmäßigen Warenverkehrs zwischen den beiden Landesteilen (Interwing Trade) nicht enthalten; seine Bedeutung war jedoch relativ gering.

---

1 Auch *Haq* verwendet für die Deflationierung der Importe und Exporte der beiden Landesteile den gesamtpakistanischen Importpreisindex, ohne allerdings die Notwendigkeit eines gemeinsamen Index und die Auswahl des Importpreisindex zu begründen. Vgl. *Haq, M.U.*, The Strategy of Economic Planning. A Case Study of Pakistan, a.a.O., S. 236, 256

2 Die bei der Verwendung des Importpreisindex auftretenden Verzerrungen der Exportwerte sind am gravierendsten in der Vorplanperiode. Dies zeigt der Vergleich von Tabelle 28 c und 28 d. Durch das von uns gewählte Verfahren (d) werden die Exportwerte Ostpakistans um insgesamt 83 % und diejenigen Westpakistans um knapp 85 % höher ausgewiesen als bei einer Deflationierung mit dem pakistanischen Exportpreisindex. Für die erste Planperiode beträgt die Differenz wegen der relativ geringen Abweichungen der beiden Indices dagegen nur 1,8 % bzw. 1,6 %. Für die zweite Planperiode belaufen sich die Abweichungen auf 22 % bzw. 21 % und für die dritte Planperiode auf 2,3 % bzw. 2,5 %.

Tabelle 29 : Waren- und Dienstleistungsverkehr Ost- und Westpakistans mit dem Ausland, 1949/50 - 1969/70 (in jeweiligen Preisen und in Preisen von 1959/60 a), in Mio Rs)

Jahr	in jeweiligen Preisen						in Preisen von 1959/60					
	Ostpakistan			Westpakistan			Ostpakistan			Westpakistan		
	Exporte	Importe	Saldo	Exporte	Importe	Saldo	Exporte	Importe	Saldo	Exporte	Importe	Saldo
1949/50	709	533	176	588	1.128	-540	1.390	1.050	340	1.152	2.222	-1.070
1950/51	1.270	603	667	1.451	1.492	-41	2.350	1.116	1.234	2.684	2.760	-76
1951/52	1.174	1.011	163	1.067	1.976	-909	1.925	1.668	257	1.750	3.260	-1.510
1952/53	714	557	157	989	1.437	-448	1.428	1.120	308	1.978	2.888	-910
1953/54	694	481	213	721	1.239	-518	1.270	880	390	1.319	2.267	-948
1954/55	787	476	311	575	1.120	-545	1.243	752	491	909	1.769	-860
Vorplan	5.348	3.661	1.687	5.391	8.392	-3.001	9.606	6.586	3.020	9.792	15.166	-5.374
1955/56	1.136	624	512	884	1.531	-647	1.295	711	584	1.008	1.745	-737
1956/57	1.016	1.229	-213	854	2.347	-1.493	935	1.131	-196	786	2.159	-1.373
1957/58	1.088	1.192	-104	582	2.228	-1.646	1.023	1.120	-97	547	2.094	-1.547
1958/59	1.014	894	120	658	1.704	-1.046	994	876	118	645	1.670	-1.025
1959/60	1.225	799	426	988	2.143	-1.155	1.225	799	426	988	2.143	-1.155
1. Plan	5.479	4.738	741	3.966	9.953	-5.987	5.472	4.637	835	3.974	9.811	-5.837
1960/61	1.417	1.202	215	791	2.566	-1.775	1.318	1.118	200	736	2.386	-1.650
1961/62	1.443	1.362	81	829	2.929	-2.100	1.414	1.335	79	812	2.870	-2.058
1962/63	1.389	1.412	-23	1.344	3.425	-2.081	1.292	1.313	-21	1.250	3.185	-1.935
1963/64	1.399	1.844	-445	1.404	3.619	-2.215	1.385	1.826	-441	1.390	3.583	-2.193
1964/65	1.475	2.122	-647	1.545	4.380	-2.835	1.652	2.376	-724	1.730	4.906	-3.176
2. Plan	7.123	7.942	-819	5.913	16.919	-11.006	7.061	7.968	-907	5.918	16.930	-11.012
1965/66	1.742	1.960	-218	1.637	3.801	-2.164	1.463	1.646	-183	1.405	3.193	-1.788
1966/67	1.796	2.081	-285	1.792	4.407	-2.615	1.473	1.706	-233	1.469	3.614	-2.145
1967/68	1.727	1.834	-107	2.389	4.165	-1.776	1.399	1.486	-87	1.935	3.374	-1.439
1968/69	1.818	2.471	-653	2.368	3.984	-1.616	1.473	2.002	-529	1.918	3.227	-1.309
1969/70	1.987	2.456	-469	2.345	4.316	-1.971	1.510	1.867	-357	1.782	3.280	-1.498
3. Plan	9.070	10.802	-1.732	10.531	20.673	-10.142	7.318	8.707	-1.389	8.509	16.688	-8.179

a) deflationiert mit dem Importpreisindex Pakistans.

Quelle : Tabelle 24 - 27.

Tabelle 30 : Exportpreise und Exportpreisindices Westpakistans im Handel mit Ostpakistan, 1959/60 - 1969/70

Produkt/Produktgruppe	Einheit/ Gewichtung a)	1959/60	1960/61	1961/62	1962/63	1963/64	1964/65	1965/66	1966/67	1967/68	1968/69	1969/70
		EXPORTPREISE										
Zement	Rs/longton	245	164	156	152	173	66	157	172	154	155	155
Reis	Rs/longton	557	559	1.057	538	533	620	533	577	543	515	673
Gram	Rs/longton	591	807	595	595	595	709	628	660	791	808	959
Salz	Rs/longton	78	105	119	88	108	78	54	77	147	184	125
Gewürze	Rs/cwt	179	208	232	146	132	241	239	204	173	147	154
Rohbaumwolle	Rs/longton	2.215	2.636	1.762	2.111	2.136	2.563	2.603	2.435	2.301	2.166	2.326
Baumwollgarn	Rs/100 lbs	253	256	289	248	284	268	276	500	295	336	267
Baumwollstoff	Rs/100 yds	157	149	191	142	162	148	232	192	171	181	148
Tabak b)	Rs/100 lbs	77	113	122	272	325	334	170	244	191	149	160
		EXPORTPREISINDICES										
Zement	0,034	100	67	64	62	71	27	64	70	63	63	63
Reis	0,143	100	100	190	97	96	111	96	104	97	92	121
Gram	0,016	100	137	101	101	101	120	106	112	134	137	162
Salz	0,034	100	135	153	113	138	100	69	99	188	236	160
Gewürze	0,023	100	116	130	82	74	135	134	114	97	82	87
Rohbaumwolle	0,195	100	119	80	95	96	116	118	110	104	98	105
Baumwollgarn	0,152	100	101	114	98	112	106	109	198	117	133	106
Baumwollstoff	0,320	100	95	122	90	103	94	148	122	109	115	94
Tabak b)	0,082	100	147	158	353	422	434	221	317	248	193	208
Gewichteter Durchschnitt	1,000	100	107	124	114	127	130	128	142	120	119	113

a) In dieser Spalte sind in den Zeilen der Exportpreisindices die Gewichtungsfaktoren (Gewichtungsbasis = 1959/60) angegeben, anhand derer der durchschnittliche Exportpreisindex in der letzten Zeile errechnet wurde. - b) unverarbeitet.

Quelle : Central Statistical Office, Twenty-five Years of Pakistan in Statistics 1947 - 1972, Karachi 1972, S. 512 - 523.

Tabelle 31 : Exporte Ost- und Westpakistans im Interwinghandel (in jeweiligen Preisen und zu Preisen von 1959/60)

Jahr	in jeweiligen Preisen Ostpakistan Mio Rs	in jeweiligen Preisen Westpakistan Mio Rs	Preisindex (1959/60=100)	in Preisen von 1959/60 Ostpakistan Mio Rs	in Preisen von 1959/60 Westpakistan Mio Rs
1949/50 a)	51	336	94	54	358
1950/51	63	273	94	67	290
1951/52	66	245	86	77	285
1952/53	149	218	84	177	259
1953/54	152	387	95	160	408
1954/55	198	305	84	236	363
Vorplan	679	1.764		771	1.963
1955/56	238	334	80	298	418
1956/57	244	532	96	254	554
1957/58	270	701	115	235	610
1958/59	284	686	114	249	602
1959/60	362	569	100	362	569
1. Plan	1.398	2.642		1.398	2.753
1960/61	364	826	107	340	772
1961/62	402	855	124	324	690
1962/63	472	957	114	414	839
1963/64	511	895	127	402	705
1964/65	537	875	130	413	673
2. Plan	2.286	4.408		1.893	3.679
1965/66	652	1.209	128	509	945
1966/67	739	1.325	142	520	933
1967/68	785	1.233	120	654	1.028
1968/69	871	1.385	119	732	1.164
1969/70	923	1.667	113	817	1.475
3. Plan	3.970	6.819		3.232	5.545

a) Für das Jahr 1949/50 läßt sich aufgrund fehlender Mengenangaben kein Indexwert errechnen; er wurde als mit dem des Jahres 1950/51 identisch angenommen.

Quellen : Exporte in jeweiligen Preisen: 1949/50 - 1951/52: GOP, Ministry of Finance, Pakistan Economic Survey 1969/70, Islamabad 1970, Statistical Appendix, S. 92; 1952/53 -1969/70: Central Statistical Office, Twenty-five Years of Pakistan in Statistics 1947 - 1972, Karachi 1972, S. 503. - Indices der Exportpreise: 1950/51 - 1959/60: Islam, N., Some Aspects of Interwing Trade and Terms of Trade in Pakistan, in: PDR, Vol. 3 (1963), wiederabgedruckt in: Studies on Commercial Policy and Economic Growth, Islam, N. (ed.), The Pakistan Institute of Development Economics, Readings in Development Economics No. 2, S. 317 - 355, S. 329; 1959/60 - 1969/70: Tabellen 301, 302 .

Die obigen Ausführungen über das *Problem der Deflationierung* beim Außenhandel gelten analog für den Handel zwischen Ost- und Westpakistan. Auch hier müssen die gegenseitigen Exporte und Importe beider Landesteile mit einem einheitlichen Index deflationiert werden, um eine Verzerrung der Export-Import-Relation zu vermeiden. Da für die Analyse der vorliegenden Arbeit vor allem der Saldo des Interwinghandels, d.h. der mit dem Exportüberschuß Westpakistans identische Importüberschuß Ostpakistans relevant ist, erscheint es am zweckmäßigsten, für die Deflationierung der beiderseitigen Handelsströme den - mit dem *Exportpreisindex Westpakistans* identischen - Importpreisindex Ostpakistans zu verwenden.

Die Indices der Exportpreise Westpakistans im Handel mit Ostpakistan wurden für den Zeitraum 1950/51 - 1959/60 von *Islam* errechnet [1]. Zugrundegelegt wurde dabei das Mengengerüst des Jahres 1950/51, für das Islam 78 % der wertmäßigen Exporte identifiziert. Für den Zeitraum 1960/61 - 1969/70 muß der Index selbst konstruiert werden. Dies geschieht in Tabelle 30. Zugrundegelegt werden hier die Mengen des Basisjahres 1959/60, wobei 63 % der wertmäßigen Exporte identifiziert werden können. (Für die übrigen Produkte liegen keine mengenmäßigen Angaben vor.)

Tabelle 31 zeigt den auf dem Schiffsweg abgewickelten Warenverkehr zwischen Ost- und Westpakistan in jeweiligen Preisen und in Preisen von 1959/60.

Der *Dienstleistungsverkehr* zwischen Ost- und Westpakistan wurde naturgemäß nicht erfaßt.

6. Konsum und Ersparnis

Konsum und Ersparnis müssen als Residualgrößen ermittelt werden. Die *Ersparnis* wird als Differenz aus Investitionen und Nettokapitalimporten errechnet, der *Konsum* als Differenz aus dem Regionalprodukt zu Marktpreisen und der Ersparnis. Da es sich bei den Investitionen um Bruttowerte handelt, ist die Ersparnis ebenfalls als Bruttogröße zu verstehen, die - mit dem Kapitalimport - Nettoinvestitionen plus Abschreibungen finanziert. Der Konsum ist genaugenommen die Differenz zwischen dem Bruttoregionalprodukt und dieser "Brutto-Ersparnis".

7. Landwirtschaftliche und industrielle Produktion und gesamte Güterverwendung (produktspezifische Analyse)

7.1 Landwirtschaftliche Produktion

Die landwirtschaftliche Produktion Ost- und Westpakistans sei im folgenden anhand der *Erntemengen der Hauptfruchtarten* dargestellt

1 Vgl. *Islam, N.*, Some Aspects of Interwing Trade and Terms of Trade in Pakistan, in: The Pakistan Development Review, Vol. 3 (1963), S.1 ff.

und verglichen. Die Erntenmengen der Hauptfruchtarten sind in Tabelle 32 und 33 für die einzelnen Jahre im Zeitraum 1947/48 bis 1969/70 wiedergegeben.

Die Hauptfruchtarten[1] stellten im Jahre 1968/69 in Westpakistan 51,5 %, in Ostpakistan 63 % des Beitrages der Landwirtschaft zum Bruttoinlandsprodukt.
In *Ostpakistan* lag das Schwergewicht der Agrarproduktion beim Anbau von Reis, der mehr als 3/4 der Anbaufläche beanspruchte und das Hauptnahrungsmittel der ostbengalischen Bevölkerung darstellt. Den zweitgrößten Anteil an der Anbaufläche hatte mit etwa 7,5 % Jute, das Haupthandelsgewächs und zugleich wichtigster Exportartikel Ostpakistans. In *Westpakistan* entfiel etwa 1/3 der Anbaufläche auf Weizen, das Hauptnahrungsgetreide in diesem Landesteil. Weitere 10 % der Anbaufläche wurden für Baumwolle, das Haupthandelsgewächs, verwandt. Etwas weniger als 1/10 entfiel auf Reis, gefolgt von Kichererbsen und den beiden Hirsesorten Bajra und Jowar, die in Westpakistan die Hauptnahrung der armen Bevölkerung darstellen, weil sie nicht nur nahrhaft, sondern zugleich auch billig sind (vgl. Tabelle 34 und 35).

Um die witterungsbedingten Produktionsschwankungen zu eliminieren, wurden in Tabelle 36 die *Periodendurchschnitte* errechnet. Der Vergleich der durchschnittlichen Erntemengen - vor allem für Reis, Jute und Tee (Ostpakistan) und Weizen, Reis und Baumwolle (Westpakistan) - zeigt deutlich die günstigere Entwicklung der Agrarproduktion Westpakistans:

Für die *fünfziger Jahre* ist für beide Landesteile, vor allem aber für Ostpakistan, eine Stagnation der Agrarproduktion festzustellen. Tabelle 36 zeigt, daß die durchschnittliche jährliche Reisproduktion während der ersten Planperiode in Ostpakistan noch unter derjenigen der Vorplanperiode lag (-0,2 %), und daß mit Ausnahme der Jute, für die sich ein Anstieg von rund 14 % errechnet, auch für die meisten anderen Produkte eine relative Stagnation Platz griff. Demgegenüber lag in Westpakistan bei Weizen und Reis die Produktion der ersten Planperiode um knapp 10 % über derjenigen der Vorplanperiode; für die Baumwollproduktion errechnet sich sogar ein Anstieg von 13 %. Während der *zweiten Planperiode* konnte in Ostpakistan zwar die Reisproduktion - mit einem Zuwachs von 29 % gegenüber der ersten Planperiode - beträchtlich gesteigert werden, dafür war aber die Juteproduktion rückläufig (-2,8 %), während der Teeanbau weiter stagnierte (+4,3 %). In Westpakistan konnten erstmalig bei allen drei Produkten größere Zuwächse erzielt werden, die sich für Weizen auf 13 %, für Reis auf 27 % und für Baumwolle auf 21 % beliefen.

---

1 Vgl. *Government of Pakistan*, Central Statistical Office, Pakistan Statistical Yearbook 1968, S. 118-125

Tabelle 32 : Erntemengen der Hauptfruchtarten in Ostpakistan, 1947/48 - 1969/70 (in Mio Tonnen)[a]

Fruchtart	47/48	48/49	49/50	50/51	51/52	52/53	53/54	54/55	55/56	56/57	57/58	58/59	59/60	60/61	61/62	62/63	63/64	64/65	65/66	66/67	67/68	68/69	69/70
Reis (geschält)	6,857	7,811	7,510	7,745	7,161	7,467	8,394	7,725	6,499	8,332	7,735	7,046	8,635	9,691	9,636	8,887	10,644	10,523	10,521	9,594	11,193	11,365	12,029
Weizen	0,020	0,019	0,023	0,020	0,023	0,024	0,024	0,027	0,022	0,023	0,022	0,026	0,030	0,033	0,040	0,045	0,035	0,035	0,036	0,059	0,059	0,094	0,105
Bajra	..	..	..	..	..	..	..	..	..	..	..	..	..	..	..	..	..	..	..	..	..	..	..
Jowar	..	..	..	..	..	..	..	..	..	..	..	..	..	0,001	0,001	0,001	..	..	..	..	..	..	..
Mais	0,002	0,002	0,003	0,003	0,002	0,003	0,003	0,002	0,003	0,002	0,002	0,001	0,002	0,007	0,007	0,005	0,004	0,003	0,003	0,003	0,003	0,003	0,003
Gerste	0,015	0,016	0,017	0,015	0,016	0,016	0,016	0,018	0,017	0,016	0,012	0,014	0,012	0,017	0,018	0,022	0,013	0,012	0,012	0,015	0,016	0,018	0,019
Kichererbsen	0,052	0,051	0,053	0,048	0,053	0,054	0,055	0,064	0,045	0,036	0,036	0,039	0,029	0,036	0,038	0,035	0,033	0,038	0,044	0,049	0,048	0,055	0,050
Zuckerrohr	3,329	3,472	3,156	3,400	3,492	3,746	4,041	3,767	4,052	3,980	3,838	3,909	3,675	4,021	4,500	4,835	5,457	6,343	7,686	8,216	7,725	7,429	7,552
Raps- u. Senfsamen	0,078	0,085	0,087	0,091	0,102	0,105	0,102	0,107	0,106	0,095	0,068	0,107	0,085	0,099	0,105	0,106	0,090	0,091	0,097	0,104	0,122	0,130	0,129
Sesam	0,029	0,025	0,021	0,028	0,029	0,031	0,031	0,031	0,032	0,028	0,021	0,029	0,027	0,025	0,027	0,027	0,026	0,023	0,025	0,028	0,031	0,032	0,031
Leinsamen	0,012	0,011	0,012	0,009	0,011	0,011	0,011	0,012	0,011	0,008	0,003	0,013	0,012	0,010	0,010	0,011	0,009	0,009	0,009	0,009	0,007	-	-
Baumwolle (Rohfaser)	0,002	0,003	0,003	0,003	0,003	0,003	0,003	0,003	0,003	0,002	0,002	0,003	0,003	0,003	0,003	0,003	0,003	0,003	0,003	0,002	0,003	0,002	0,002
Jute	1,244	0,996	0,606	1,092	1,151	1,240	0,818	0,847	1,182	1,003	1,127	1,090	1,010	0,810	1,266	1,145	1,068	0,971	1,220	1,166	1,225	1,049	1,343
Tee	0,013	0,015	0,017	0,017	0,021	0,023	0,023	0,024	0,023	0,024	0,020	0,024	0,025	0,019	0,026	0,023	0,025	0,029	0,027	0,029	0,030	0,029	0,030
Tabak	0,046	0,046	0,043	0,044	0,046	0,050	0,050	0,054	0,041	0,041	0,035	0,043	0,028	0,026	0,032	0,030	0,029	0,028	0,028	0,038	0,040	0,041	0,042

a) alle Werte wurden von long tons in metric tons umgerechnet. - Werte nicht verfügbar. - ... vernachlässigbare Werte. - * Schätzung.

Quellen : Government of Pakistan, Central Statistical Office, Pakistan Statistical Yearbook 1968, Karachi 1968, S. 118-125 (bis 1966/67); Government of Pakistan, Finance Division, Pakistan Economic Survey 1970/71, Islamabad, Statistical Section, S. 12/13.

Tabelle 33 : Erntemengen der Hauptfruchtarten in Westpakistan, 1947/48 - 1969/70 (in Mio Tonnen)[a)]

Fruchtart	47/48	48/49	49/50	50/51	51/52	52/53	53/54	54/55	55/56	56/57	57/58	58/59	59/60	60/61	61/62	62/63	63/64	64/65	65/66	66/67	67/68	68/69	69/70
Reis (geschält)	0,695	0,749	0,806	0,866	0,732	0,834	0,922	0,840	0,843	0,846	0,877	0,993	0,996	1,032	1,129	1,098	1,194	1,353	1,319	1,367	1,501	2,036	2,388
Weizen	3,361	4,046	3,932	4,001	3,016	2,410	3,652	3,192	3,377	3,646	3,572	3,914	3,916	3,821	4,034	4,178	4,169	4,599	3,923	4,343	6,431	6,630	7,308
Bajra	0,301	0,346	0,377	0,393	0,270	0,272	0,469	0,355	0,346	0,370	0,279	0,315	0,330	0,306	0,371	0,423	0,362	0,447	0,371	0,372	0,414	0,331	0,302
Jowar	0,206	0,247	0,272	0,248	0,209	0,224	0,232	0,225	0,253	0,260	0,186	0,216	0,233	0,221	0,248	0,251	0,238	0,293	0,275	0,278	0,291	0,263	0,284
Mais	0,359	0,349	0,408	0,388	0,384	0,352	0,409	0,434	0,458	0,470	0,448	0,490	0,487	0,440	0,487	0,484	0,527	0,529	0,541	0,588	0,793	0,627	0,668
Gerste	0,113	0,178	0,149	0,132	0,101	0,094	0,130	0,106	0,129	0,116	0,160	0,161	0,140	0,120	0,116	0,124	0,111	0,118	0,084	0,089	0,108	0,097	0,109
Kichererbsen	0,473	0,767	0,610	0,757	0,430	0,322	0,572	0,605	0,700	0,693	0,664	0,578	0,609	0,611	0,624	0,683	0,611	0,673	0,540	0,636	0,431	0,529	0,512
Zuckerrohr	5,538	6,963	7,869	5,518	5,405	7,279	8,969	8,938	8,215	8,969	11,310	12,511	10,679	11,666	14,384	18,477	16,176	18,704	22,352	22,024	18,696	22,013	26,419
Raps- u. Senfsamen	0,200	0,189	0,155	0,227	0,204	0,125	0,173	0,233	0,224	0,226	0,233	0,273	0,239	0,215	0,205	0,257	0,212	0,216	0,182	0,203	0,275	0,223	0,250
Sesam	0,009	0,006	0,006	0,008	0,007	0,006	0,006	0,006	0,006	0,006	0,006	0,006	0,008	0,007	0,011	0,008	0,008	0,009	0,007	0,007	0,009	0,008	0,006
Leinsamen	0,001	0,001	0,001	0,002	0,001	0,001	0,004	0,002	0,002	0,004	0,002	0,002	0,003	0,003	0,002	0,004	0,003	0,004	0,003	0,003	0,004	-	-
Baumwolle (Rohfaser)	0,187	0,171	0,226	0,256	0,235	0,302	0,266	0,289	0,298	0,305	0,304	0,283	0,292	0,301	0,325	0,367	0,419	0,378	0,415	0,465	0,518	0,527	0,539*
Jute	..	..	..	..	..	..	..	..	..	..	..	..	..	..	..	..	..	..	..	..	..	..	..
Tee	..	..	..	..	..	..	..	..	..	..	..	..	..	..	..	..	..	..	..	..	..	..	..
Tabak	0,014	0,018	0,025	0,029	0,035	0,026	0,039	0,073	0,049	0,047	0,057	0,058	0,062	0,060	0,070	0,071	0,075	0,082	0,110	0,140	0,130	0,125	0,122

a) alle Werte wurden von long tons in metric tons umgerechnet. - - Werte nicht verfügbar. - ... vernachlässigbare Werte. - * Schätzung.

Quellen : Government of Pakistan, Central Statistical Office, Pakistan Statistical Yearbook 1968, Karachi 1968, S. 118-125 (bis 1966/67); Government of Pakistan, Finance Division, Pakistan Economic Survey 1970/71, Islamabad, Statistical Section, S. 12/13

Tabelle 34 : Anbaufläche der Hauptfruchtarten in Ostpakistan, 1947/48 - 1969/70 (in Mio Hektar)

Fruchtart	47/48	48/49	49/50	50/51	51/52	52/53	53/54	54/55	55/56	56/57	57/58	58/59	59/60	60/61	61/62	62/63	63/64	64/65	65/66	66/67	67/68	68/69	69/70
Reis	7,70	7,87	7,91	8,10	8,22	8,41	8,91	8,64	7,89	8,12	8,20	7,96	8,57	8,87	8,49	8,70	9,01	9,23	9,37	9,08	9,90	9,75	10,32
Weizen	0,03	0,04 1)	0,04 1)	0,04 1)	0,04 1)	0,04 1)	0,04 1)	0,04 1)	0,04 1)	0,06 1)	0,05 1)	0,04	0,06	0,06	0,06	0,07	0,06	0,06	0,05	0,07	0,08	0,12	0,12
Bajra	..1)	..1)	..1)	..1)	..1)	..1)	..1)	..1)	..1)	..1)	..1)	..1)	..1)	..2)	..2)	..2)	..2)	..2)	..2)	..2)	..2)	..2)	– 2)
Jowar	..3)	..3)	..3)	..3)	..3)	..3)	..3)	..3)	..3)	..3)	..3)	..3)	..3)	..	..	..	..	..3)	..3)	..3)	..3)	..3)	..3)
Mais	..	..	..	..	..	..	..	..	..	..	..	..	..	0,01	0,01	0,01	0,01	..	..	..	..	..	..
Gerste	0,03	0,04	0,04	0,03	0,03	0,04	0,03	0,04	0,04	0,03	0,02	0,02	0,03	0,03	0,03	0,03	0,02	0,02	0,02	0,02	0,03	0,02	0,03
Kichererbsen	0,09	0,09	0,08	0,08	0,08	0,08	0,08	0,09	0,07	0,07	0,06	0,06	0,06	0,06	0,06	0,06	0,05	0,05	0,06	0,05	0,06	0,07	0,07
Zuckerrohr	0,09	0,09	0,09	0,09	0,09	0,10	0,11	0,11	0,10	0,10	0,10	0,10	0,11	0,11	0,12	0,13	0,14	0,15	0,15	0,17	0,17	0,17	0,16
Raps- u. Senfsamen	0,17	0,19	0,19	0,20	0,20	0,20	0,20	0,21	0,22	0,19	0,16	0,22	0,24	0,23	0,24	0,23	0,20	0,18	0,19	0,20	0,22	0,22	0,21
Sesam	0,05	0,05	0,05	0,06	0,06	0,06	0,06	0,07	0,07	0,07	0,05	0,06	0,06	0,06	0,06	0,05	0,05	0,05	0,05	0,05	0,05	0,05	0,05
Leinsamen	0,03	0,03	0,03	0,03	0,03	0,03	0,03	0,03	0,03	0,02	0,01	0,03	0,03	0,02	0,02	0,02	0,02	0,02	0,02	0,02	0,02	–	–
Baumwolle	0,02	0,02	0,02	0,02	0,02	0,02	0,02	0,02	0,02	0,02	0,02	0,02	0,02	0,02	0,01	0,01	0,01	0,01	0,01	0,01	0,01	0,02	0,01
Jute	0,83	0,76	0,63	0,69	0,72	0,77	0,39	0,50	0,66	0,50	0,63	0,67	0,56	0,61	0,83	0,70	0,69	0,67	0,89	0,88	0,95	0,88	1,00
Tee	0,03	0,03	0,03	0,03	0,03	0,03	0,03	0,03	0,03	0,03	0,03	0,03	0,03	0,03	0,03	0,03	0,03	0,04	0,04	0,04	0,04	0,04	0,04
Tabak	0,05	0,05	0,05	0,05	0,05	0,05	0,05	0,06	0,05	0,04	0,04	0,04	0,04	0,04	0,04	0,04	0,04	0,04	0,04	0,05	0,05	0,05	0,05

1) ca. 400 ha. - 2) ca. 800 ha. - 3) zwischen 2000 und 5000 ha.

Quellen : Government of Pakistan, Central Statistical Office, Pakistan Statistical Yearbook 1968, Karachi 1968, S. 118-125 (bis 1966/67); Government of Pakistan, Finance Division, Pakistan Economic Survey 1970/71, Islamabad 1971, Statistical Section, S. 10/11.

Tabelle 35 : Anbaufläche der Hauptfruchtarten in Westpakistan, 1947/48 - 1969/70 (in Mio Hektar)

Fruchtart	47/48	48/49	49/50	50/51	51/52	52/53	53/54	54/55	55/56	56/57	57/58	58/59	59/60	60/61	61/62	62/63	63/64	64/65	65/66	66/67	67/68	68/69	69/70
Reis	0,79	0,84	0,93	0,97	0,89	0,91	1,02	0,96	0,97	0,97	1,07	1,15	1,20	1,18	1,22	1,19	1,29	1,36	1,39	1,41	1,42	1,56	1,57
Weizen	3,96	4,29	4,19	4,37	4,11	3,82	4,22	4,27	4,52	4,69	4,61	4,83	4,88	4,64	4,93	5,03	5,02	5,32	5,15	5,35	5,99	6,16	6,23
Bajra	0,81	0,94	0,96	0,97	0,82	0,90	1,05	0,89	0,89	0,93	0,75	0,81	0,81	0,75	0,83	0,85	0,74	0,91	0,84	0,84	0,91	0,74	0,63
Jowar	0,43	0,48	0,55	0,51	0,45	0,53	0,61	0,46	0,54	0,55	0,39	0,44	0,46	0,48	0,51	0,49	0,57	0,59	0,59	0,56	0,59	0,47	0,49
Mais	0,37	0,39	0,41	0,38	0,40	0,40	0,43	0,43	0,43	0,43	0,43	0,46	0,49	0,48	0,47	0,46	0,50	0,49	0,55	0,56	0,61	0,62	0,65
Gerste	0,17	0,23	0,20	0,18	0,18	0,19	0,21	0,18	0,18	0,18	0,20	0,20	0,23	0,19	0,19	0,20	0,18	0,19	0,16	0,16	0,17	0,16	0,16
Kichererbsen	0,88	1,13	0,97	1,12	0,86	0,82	1,04	1,23	1,32	1,28	1,21	1,22	1,14	1,11	1,19	1,22	1,12	1,21	1,07	1,24	1,12	0,96	0,94
Zuckerrohr	0,19	0,20	0,22	0,19	0,19	0,25	0,29	0,30	0,29	0,32	0,40	0,43	0,40	0,39	0,44	0,53	0,48	0,50	0,60	0,65	0,50	0,54	0,62
Raps- u. Senfsamen	0,43	0,45	0,37	0,46	0,56	0,43	0,44	0,52	0,59	0,55	0,55	0,61	0,56	0,50	0,45	0,50	0,48	0,49	0,44	0,46	0,54	0,42	0,48
Sesam	0,03	0,02	0,02	0,02	0,02	0,02	0,03	0,02	0,02	0,02	0,03	0,02	0,03	0,03	0,04	0,03	0,03	0,03	0,03	0,03	0,03	0,03	0,02
Leinsamen	..	..	..	..	..	..	..	..	..	0,01	..	0,01	0,01	..	..	0,01	0,01	0,01	0,01		..	–	–
Baumwolle	1,24	1,05	1,11	1,22	1,35	1,39	1,17	1,27	1,41	1,44	1,45	1,33	1,34	1,29	1,40	1,38	1,46	1,47	1,57	1,63	1,79	1,74	1,76
Jute	..	..	..	..	..	..	..	..	..	..	..	..	..	..	..	..	..	..	..	..	..	..	..
Tee	..	..	..	..	..	..	..	..	..	..	..	..	..	..	..	..	..	..	..	..	..	..	..
Tabak	0,01	0,02	0,02	0,02	0,02	0,02	0,03	0,04	0,03	0,03	0,04	0,04	0,04	0,04	0,05	0,05	0,04	0,05	0,06	0,07	0,07	0,06	0,06

1) ca. 400 ha. - 2) ca. 800 ha. - 3) zwischen 2000 und 5000 ha.

Quellen : Government of Pakistan, Central Statistical Office, Pakistan Statistical Yearbook 1968, Karachi 1968, S. 118-125 (bis 1966/67); Government of Pakistan, Finance Division, Pakistan Economic Survey 1970/71, Statistical Section, S. 10/11.

Tabelle 36 : Erntemengen der Hauptfruchtarten in Ost- und Westpakistan, Vorplanperiode bis Dritter Plan (in Mio Tonnen)

	Vorplan[a)]	1. Plan[a)]	2. Plan[a)]	3. Plan[a)]
	OSTPAKISTAN			
Reis (geschält)	7.667	7.649	9.876	10.940
Weizen	0.024	0.025	0.038	0.071
Bajra	-	-	-	-
Jowar	-	-	-	-
Mais	0.003	0.002	0.005	0.003
Gerste	0.016	0.014	0.016	0.016
Kichererbsen	0.055	0.037	0.036	0.051
Zuckerrohr	3.600	3.891	5.035	7.722
Raps- und Senfsamen	0.099	0.092	0.098	0.116
Sesam	0.029	0.027	0.026	0.029
Leinsamen	0.011	0.009	0.010	0.008
Baumwolle (Rohfaser)	0.003	0.003	0.003	0.002
Jute	0.959	1.082	1.052	1.201
Tee	0.021	0.023	0.024	0.029
Tabak	0.048	0.038	0.029	0.038
	WESTPAKISTAN			
Reis (geschält)	0.833	0.911	1.161	1.722
Weizen	3.367	3.685	4.160	5.727
Bajra	0.356	0.328	0.382	0.358
Jowar	0.235	0.230	0.250	0.278
Mais	0.396	0.471	0.493	0.643
Gerste	0.119	0.141	0.118	0.097
Kichererbsen	0.659	0.649	0.640	0.540
Zuckerrohr	7.330	10.337	15.881	22.300
Raps- und Senfsamen	0.186	0.239	0.221	0.227
Sesam	0.006	0.006	0.009	0.007
Leinsamen	0.002	0.003	0.003	0.003
Baumwolle (Rohfaser)	0.262	0.296	0.358	0.492
Jute	-	-	-	-
Tee	-	-	-	-
Tabak	0.038	0.055	0.072	0.125

a) jährlicher Durchschnitt

Quellen: ANHANG III, Tabelle 32, 33.

Tabelle 37 : Jährliche Wachstumsraten der Erntemengen und Ernteerträge bei Weizen und Reis in West- und Ostpakistan 1965/66 - 1969/70 (in v.H.)

Jahr	Westpakistan				Ostpakistan	
	Weizen		Reis		Reis	
	Mengen-zuwachs	Ertrags-zuwachs	Mengen-zuwachs	Ertrags-zuwachs	Mengen-zuwachs	Ertrags-zuwachs
1965/66	-14,7	-11,8	-2,5	-4,6	0,0	-1,5
1966/67	10,7	6,6	3,6	2,2	-8,8	-5,9
1967/68	48,1	32,3	9,8	9,0	16,7	7,0
1968/69	3,1	0,2	35,6	23,5	1,5	3,1
1969/70	10,2	9,0	17,3	16,6	5,8	-

Quellen: ANHANG III, Tabellen 32, 33, 38, 39.

In der *dritten Planperiode*, in der Westpakistan bei Weizen und Reis aufgrund der Einführung verbesserten Saatgutes und erhöhten Düngemitteleinsatzes eine erhebliche Steigerung der Produktion gelang, verschärfte sich die Disparität beträchtlich. Das unterschiedliche Maß, in dem die "Grüne Revolution" in den beiden Landesteilen Platz ergriff, zeigt Tabelle 37. In Westpakistan konnte nach Einführung der hochertragreichen Sorten die Weizenproduktion um 48 % (1967/68) und die Reisproduktion um 36 % (1968/69) gesteigert werden, während in Ostpakistan (das keinen nennenswerten Weizenanbau betrieb) die Reisproduktion im Jahre 1967/68 um 17 % angehoben werden konnte[1]. Wichtiger ist allerdings die Tatsache, daß in den folgenden Jahren zwar in beiden Landesteilen diese beträchtlichen Zuwachsraten wieder zurückgingen, der Rückgang in Ostpakistan aber erheblich stärker war. Schließlich zeigt die Tabelle auch, daß die "revolutionäre" Steigerung der Reisproduktion in Ostpakistan im Jahre 1967/68 nur zu rd. 40 % auf eine entsprechende Steigerung der Flächenerträge zurückzuführen war, während sich der Prozentsatz für Westpakistan für beide Produkte auf rd. 66 % beläuft. Noch deutlicher werden die Unterschiede in der Agrarentwicklung während der dritten Planperiode, wenn man anhand von Tabelle 36 die Erntemengen mit denjenigen der zweiten Planeriode vergleicht: In Ostpakistan lag die Reisproduktion nur um 11 % über derjenigen der Vorperiode; für die Jute- und Teeproduktion errechnet sich ein Zuwachs von 14 bzw. 13 %. Demgegenüber belaufen sich die Steigerungen für Westpakistan bei Weizen auf 38 %, bei Reis auf 48 % und bei Baumwolle auf 37 %. Aufschlußreich ist schließlich auch der Periodenvergleich der Hektarerträge: Während diese in Ostpakistan bei Reis nur um 1,3 % über denjenigen der zweiten Planperiode lagen und bei Jute und Tee sogar rückläufig waren (-13,1 % und -5,2 %), errechnen sich für Westpakistan Steigerungen von 25 % für Weizen, 18 % für Reis und 13 % für Baumwolle (errechnet aus Tabelle 38 und 39).

Die unterschiedlichen Wachstumsraten der Agrarproduktion führten dazu, daß Westpakistan bis 1969/70 das im dritten Plan vorgesehene Ziel der Selbstversorgung mit Nahrungsgetreide erreichen konnte, während der östliche Landesteil von der Erfüllung dieses Planziels weit entfernt blieb. Die Nahrungsgetreideproduktion pro Kopf der Bevölkerung lag in Westpakistan 1969/70 mit 185 kg um 10 % über derjenigen Ostpakistans

---

1 Es darf allerdings nicht übersehen werden, daß in diesen Fällen - vor allem im Falle Ostpakistans - aufgrund der negativen Zuwachsraten der Vorjahre von einer sehr niedrigen Basis ausgegangen wurde.

Tabelle 38 : Ernteerträge der Hauptfruchtarten in Ostpakistan, 1947/48 - 1969/70 (in dz/ha)

Fruchtart	47/48	48/49	49/50	50/51	51/52	52/53	53/54	54/55	55/56	56/57	57/58	58/59	59/60	60/61	61/62	62/63	63/64	64/65	65/66	66/67	67/68	68/69	69/70
Reis (geschält)	8,91	9,93	9,49	9,23	8,71	8,88	9,42	8,94	8,24	10,26	9,43	8,85	10,08	10,93	11,35	10,21	11,81	11,40	11,23	10,57	11,31	11,66	11,66
Weizen	6,67	4,75	5,75	5,00	5,75	6,00	6,00	6,75	5,50	3,83	4,40	6,50	5,00	5,50	6,67	6,43	5,83	5,83	6,00	8,43	7,38	7,83	8,75
Bajra	..	..	..	..	..	..	..	..	..	..	..	..	..	..	..	..	..	..	..	..	..	..	..
Jowar 2)	..	..	..	..	..	..	..	..	..	..	..	..	..	..	..	..	..	..	..	..	..	.. 3)	.. 3)
Mais	8,38	7,18	6,28	6,28	5,59	7,54	7,54	5,59	8,38	8,38	7,18	5,03	7,18	8,00	8,00	7,39	7,73	7,54	7,54	8,38	8,38	9,38	9,38
Gerste	5,00	4,00	4,25	5,00	5,33	4,00	5,33	4,50	4,25	5,33	6,00	7,00	4,00	5,67	6,00	7,33	6,50	6,00	6,00	7,50	5,33	9,00	6,33
Kichererbsen	5,78	5,67	6,63	6,00	6,63	6,75	6,88	7,11	6,43	5,14	6,00	6,50	4,83	6,00	6,33	5,83	6,60	7,60	7,33	8,17	8,00	7,85	8,29
Zuckerrohr	369,89	385,78	350,67	377,78	388,00	374,60	367,36	342,45	405,20	398,00	383,80	390,90	334,09	365,54	375,00	371,92	389,79	422,87	512,40	483,29	454,41	437,00	472,00
Raps- u. Senfsamen 2)	4,59	4,47	4,58	4,55	5,10	5,25	5,10	5,10	4,82	5,00	4,25	4,86	3,54	4,30	4,38	4,61	4,50	5,06	5,11	5,20	5,55	5,91 3)	6,14 3)
Sesam 2)	5,14	4,71	4,67	4,75	4,92	5,13	5,06	4,99	5,09	4,44	4,26	5,06	4,60	4,54	4,60	4,99	4,87	4,39	4,86	5,47	5,85	5,89	6,07
Leinsamen 2)	4,37	4,07	4,08	3,77	4,53	4,38	4,25	4,64	4,32	4,19	3,77	4,19	4,08	5,24	5,13	4,85	4,44	4,27	4,19	5,14	4,76	.. 3)	.. 3)
Baumwolle (Rohfaser)	0,92	1,37	1,37	1,37	1,32	1,30	1,30	1,30	1,45	0,95	0,99	1,48	1,45	1,60	1,93	1,89	1,98	2,15	2,04	1,40	2,09	1,65	1,75
Jute	14,99	13,11	9,62	15,83	15,99	16,10	20,97	19,94	17,91	20,06	17,89	17,58	18,04	13,28	15,25	16,36	15,48	14,49	13,71	13,25	12,89	11,92	13,43
Tee	4,33	5,00	5,67	5,67	7,00	7,67	7,67	8,00	7,67	8,00	6,67	8,00	8,33	6,33	8,67	7,67	8,33	7,25	6,75	7,25	7,50	7,25 3)	7,50 3)
Tabak	8,63	8,98	8,25	8,42	8,69	9,40	9,40	9,85	8,87	9,20	7,97	9,27	6,16	6,16	7,21	7,14	6,96	6,58	6,21	8,22	8,75	8,83	8,74

Quellen : ANHANG III, Tabelle 32, 34; Government of Pakistan, Central Statistical Office, Pakistan Statistical Yearbook 1968, Karachi 1968, S. 118-125 (2); Government of Pakistan, Finance Division, Pakistan Economic Survey 1970/71, Islamabad 1971, S. 14/15 (3)

Tabelle 39 : Ernteerträge der Hauptfruchtarten in Westpakistan, 1947/48 - 1969/70 (in dz/ha)

Fruchtart	47/48	48/49	49/50	50/51	51/52	52/53	53/54	54/55	55/56	56/57	57/58	58/59	59/60	60/61	61/62	62/63	63/64	64/65	65/66	66/67	67/68	68/69	69/70
Reis (geschält)	8,80	8,92	8,67	8,93	8,22	9,16	9,04	8,75	8,69	8,72	8,20	8,63	8,30	8,75	9,25	9,23	9,26	9,95	9,49	9,70	10,57	13,05	15,21
Weizen	8,49	9,43	9,38	9,16	7,34	6,31	8,65	7,48	7,47	7,77	7,75	8,10	8,02	8,23	8,18	8,31	8,30	8,64	7,62	8,12	10,74	10,76	11,73
Bajra	3,72	3,68	3,93	4,05	3,29	3,02	4,47	3,99	3,89	3,98	3,72	3,89	4,07	4,08	4,47	4,98	4,89	4,91	4,42	4,43	4,55	4,47	4,79
Jowar [2]	4,79	5,15	4,95	4,86	4,64	4,23	3,80	4,89	4,69	4,73	4,77	4,91	-5,07	4,63	4,88	5,14	4,18	4,97	4,66	4,96	4,93	5,60	5,80
Mais	9,70	8,95	9,95	10,21	9,60	8,80	9,51	10,09	10,65	10,93	10,42	10,65	9,94	9,17	10,40	10,52	10,54	10,80	9,84	10,50	13,00	10,11	10,28
Gerste	6,65	7,74	7,45	7,33	5,61	4,95	6,19	5,89	7,17	6,44	8,00	8,05	6,09	6,32	6,11	6,20	6,17	6,21	5,25	5,56	6,35	6,06	6,81
Kichererbsen	5,38	6,79	6,29	6,76	5,00	3,93	5,50	4,92	5,30	5,41	5,49	4,74	5,34	5,50	5,24	5,60	5,46	5,56	5,05	5,13	4,29	5,51	5,45
Zuckerrohr	291,47	348,15	357,68	290,42	284,47	291,16	309,28	297,93	283,28	280,28	282,75	290,95	266,98	299,13	326,91	348,62	337,00	374,08	372,53	338,53	373,92	407,65	426,11
Raps- u. Senfsamen [2]	4,65	4,20	4,19	4,93	3,64	2,91	3,93	4,48	3,80	4,11	4,24	4,48	4,27	4,30	4,56	5,14	4,42	4,41	4,14	4,41	5,09	5,31	5,21
Sesam [2]	3,48	3,51	3,08	3,47	2,84	2,51	2,25	2,51	2,60	2,47	2,36	2,56	2,65	2,26	2,56	2,72	3,05	2,73	2,51	2,35	2,86	2,67	3,00
Leinsamen	5,03	4,19	4,19	7,18	3,14	3,14	5,91	4,57	4,57	4,67	4,57	3,35	4,71	5,80	4,57	6,28	4,95	6,28	4,95	4,71	5,59	..	..
Baumwolle (Rohfaser)	1,51	1,63	2,03	2,10	1,74	2,17	2,27	2,28	2,11	2,12	2,10	2,13	2,18	2,33	2,32	2,66	2,87	2,57	2,64	2,85	2,89	3,03	3,06
Jute	..	..	..	..	..	..	..	..	..	..	..	..	..	..	..	..	..	..	..	..	..	..	..
Tee [2]	..	..	..	..	..	..	..	..	..	..	..	..	..	..	..	..	..	..	..	..	..	..	..
Tabak	11,73	12,22	15,32	14,27	16,28	15,56	15,91	16,89	15,45	16,03	15,81	16,08	16,13	15,43	15,48	15,43	17,04	16,81	18,85	19,60	18,49	18,86 [3]	18,58 [3]

Quellen : ANHANG III, Tabelle 33, 35; Government of Pakistan, Central Statistical Office, Pakistan Statistical Yearbook 1968, Karachi 1968, S. 118-125 (2); Government of Pakistan, Finance Division, Pakistan Economic Survey 1970/71, Islamabad 1971, S. 14/15 (3)

(163 kg). Damit war Westpakistan in der Lage, 490 000 t Weizen nach Ostpakistan zu liefern, das mehr als ein Zehntel seines Nahrungsgetreideverbrauchs durch Importe bestreiten mußte[1].

7.2 Industrielle Produktion

In der *industriellen Produktion* herrschte zwischen Ost- und Westpakistan eine gewisse *Spezialisierung*, die durch den Warenaustausch über den Interwinghandel möglich wurde.

Tabelle 40 zeigt die *Produktion wichtiger Industriezweige* in den beiden Landesteilen, wobei allerdings nur einige Industriezweige, und auch nur solche der *large-scale industry*, aufgeführt sind[2]. Nach dem, was oben über die Anbaustruktur in der Landwirtschaft gesagt wurde, überrascht es nicht, daß sich Ostpakistan auf die Produktion von Tee, Jutewaren, Streichhölzern und Papier, und daß sich Westpakistan u.a. auf die Herstellung von Baumwollgarn und Baumwollstoff spezialisierte[3].

Ostpakistan war außer in der Produktion von Tee, Jutewaren, Papier (Anteil an der Produktion jeweils 100 %) und Streichhölzern (Anteil 1969/70: 92 %) in keinem der aufgeführten Industriezweige stärker engagiert als Westpakistan. Demgegenüber war Westpakistan führend z.B. in der Produktion von Zucker (86 %), Pflanzenöl (95 %), Zigaretten (56 %), Kunstfasern (94 %), Gummireifen und -schläuchen (90 %), sämtlichen Düngemitteln und Chemikalien (70-100 %), sowie in der Produktion von Pappe (100 %), Farben und Lacken (94 %) und von Zement (98 %).

Vergleicht man das *Wachstum* der Industriezweige in den beiden Landesteilen, so wird die größere Dynamik Westpakistans besonders deutlich. So konnte die Produktion von *Tee* in Ostpakistan während der gesamten

---

1 Vgl. *May, B.*, Die Entwicklung der Landwirtschaft in Bangladesh und Pakistan, in: Internationales Asienforum, Vol. 4 (1973), S. 284

2 In der Tabelle ist vor allem die Maschinenbau- und Schwerindustrie nicht enthalten, die beinahe ausschließlich in Westpakistan angesiedelt war. Leider liegt jedoch für den Betrachtungszeitraum keine detailliertere Statistik vor.

3 Diese Beispiele zeigen im übrigen, daß das häufig vertretene Argument, Westpakistan habe Ostpakistan ökonomisch "wie eine Kolonie behandelt", indem es von diesem vorwiegend unverarbeitete Rohstoffe bezog, die es selbst verarbeitete und dann wieder als Fertigwaren nach Ostpakistan lieferte, statistisch nicht zu belegen ist.

Tabelle 40: Produktion wichtiger Industriezweige in Ost- und Westpakistan, ausgewählte Jahre

Produkt	Einheit	1949/50		1954/55		1959/60		1964/65		1969/70	
		Ost	West	Ost	West	Ost	West	Ost	West	Ost	West
Nahrungs- und Genußmittel											
Tee	Mio lbs	53,3	-	53,8	-	50,3	-	62,3	-	69,9	-
Zucker	1000 tons	16,0	17,0	47,0	48,0	61,0	83,0	77,0	156,0	89,0	551,0
Pflanzenöl	1000 tons	-	4,0	-	13,0	1,8	28,0	4,9	90,0	6,4	121,5
Meersalz	1000 tons	-	181,0	-	270,0	-	206,0	-	216,0	-	249,0
Zigaretten	Mrd Stck.	-	1,5	0,4	4,4	1,1	8,2	5,5	14,3	17,8	22,4
Textilien											
Baumwollgarn	Mio lbs	16,0	27,0	23,0	252,0	49,0	354,0	64,0	454,0	106,0	602,0
Baumwollstoff	Mio yards	51,0	55,0	64,0	389,0	62,0	544,0	49,0	715,0	59,0	726,0
Kunstseide und -fasern	Mio yards²	-	-	-	-	0,3	14,2	-	32,1	5,0	79,3
Jutewaren	1000 tons	n.v.	-	103,0	-	265,0	-	289,0	-	580,0	-
Gummiwaren a)	10.000 Stck.	-	11,2	3,0	200,0	5,0	308,0	7,0	678,0	28,0	629,0
Düngemittel und Chemikalien											
Superphosphat	1000 tons	-	-	-	-	-	0,8	-	8,0	-	22,9
Ammoniumsulphat	1000 tons	-	-	-	-	-	42,2	-	34,9	-	57,4
Harnstoff	1000 tons	-	-	-	-	-	-	72,0	44,0	94,3	203,1
Schwefelsäure	1000 tons	-	-	-	-	1,3	12,0	2,0	18,9	6,5	31,0
Soda	1000 tons	-	-	-	28,5	-	26,6	-	33,8	-	68,8
Holz- und Papierwaren											
Streichhölzer	10 Mio Scht. b)	1,6	6,1	35,0	6,1	123,8	7,8	154,1	16,8	186,6	16,0
Papier	1000 tons	-	-	19,2	-	39,2	-	78,8	-	77,9	-
Pappe	1000 tons	-	-	-	-	-	13,7	-	24,4	-	37,3
Farben und	1000 cwt	-	-	-	-	5,6	69,5	13,6	93,3	4,7	71,1
Lacke	1000 galls	-	-	-	-	50,3	521,8	93,0	1.133,1	80,9	1.441,3
Zement	1000 tons	20,0	390,0	50,0	630,0	61,0	970,0	56,0	1.630,0	53,0	2.570,0

a) Gummireifen und -schläuche b) à 40-60 Stck.

Quelle: Government of Pakistan, Ministry of Finance, Pakistan Economic Survey 1970/71, Islamabad 1971, Statistical Section, S. 22 - 25.

Periode nur um rund 30 % gesteigert werden. Die Produktion von *Zucker*, die 1949/50 in beiden Landesteilen mit 16.000 bis 17.000 t etwa gleich groß war, konnte in Westpakistan um mehr als das Dreißigfache, in Ostpakistan um weniger als das Sechsfache ausgedehnt werden. Etwa gleich dynamisch war demgegenüber die Entwicklung der *Zigarettenproduktion*.

Auch in der Produktion von *Gummireifen und -schläuchen*, *Harnstoff* und *Schwefelsäure* konnte Westpakistan nicht nur weit eher die Produktion aufnehmen, sondern im Zeitablauf auch erheblich höhere Steigerungsraten aufweisen. Der neben der Jutewarenproduktion wichtigste Produktionsschwerpunkt Ostpakistans, die *Holz- und Papierwarenproduktion*, konnte zwar zunächst erheblich ausgedehnt werden, stieß dann jedoch auf relativ enge Grenzen: Während der dritten Planperiode belief sich die durchschnittliche Wachstumsrate der *Papier*industrie, die in den beiden Vorperioden noch über 20 % betragen hatte, auf -0,2 %, die der *Streichholz*industrie, die nach dem enormen Wachstum der Vorplanperiode in der ersten Planperiode immer noch um jährlich 50 % zugenommen hatte, nur noch auf rund 4 %. Demgegenüber betrug die durchschnittliche Wachstumsrate der westpakistanischen *Pappe*produktion etwa 10 %.

In der Produktion von *Farben und Lacken* verlief die Entwicklung Westpakistans, das von Anfang an einen erheblichen Vorsprung hatte, ebenfalls weit günstiger als diejenige Ostpakistans. Dasselbe gilt in noch weit stärkerem Maße für den *Zement*sektor, auf dem Westpakistan,ausgehend von einem weit höheren Ausgangsniveau, während des Gesamtzeitraumes eine Expansion auf das Sechseinhalbfache verzeichnen konnte, während die Produktion in Ostpakistan bis Ende der 50er Jahre verdreifacht werden konnte, dann aber absolut rückläufig war.

Am aufschlußreichsten für den Vergleich des Industrialisierungstempos der beiden Landesteile dürfte jedoch die Entwicklung der *Baumwollwarenproduktion* und der *Jutewarenproduktion*, des jeweils wichtigsten Sektors West- und Ostpakistans, sein. Während in Westpakistan die Produktion von Baumwollgarn und Baumwollstoff schon während der Vorplanperiode mit durchschnittlichen jährlichen Wachstumsraten von 165 % bzw. 140 % rasch ausgedehnt werden konnte, danach aber, selbst unter Berücksichtigung der höheren Ausgangsbasis, weit weniger rasch wuchs, vollzogen sich Aufbau und Expansion der Jutewarenindustrie in der Vorplanperiode weniger stürmisch, so daß erst in der zweiten Planperiode ein Rückgang der Wachstumsraten zu verzeichnen war. Andererseits ist festzustellen, daß die Jutewarenindustrie in der dritten Planperiode mit einer durchschnittlichen Wachstumsrate von rund 20 % wieder einen erheblichen Aufschwung nahm, während die Baumwollgarnindustrie und Baumwollstoffindustrie in Westpakistan nur noch mit 7 % bzw. 3 % jährlich expandierten. Diese Tatsache, wie auch die starke Ausdehnung der Baumwollgarnproduktion in Ostpakistan selbst (rund 13 % jährlich), dürften die wichtigsten Ursachen dafür sein, daß die *large-scale industry* in der zweiten Hälfte der 60er Jahre in Ostpakistan wie erwähnt[1] insgesamt stärker wuchs als in Westpakistan.

7.3 Gesamte Güterverwendung

Quantitative Angaben über die *gesamte Verwendung* der wichtigsten Güter in Ost- und Westpakistan liegen nur für die 50er Jahre vor. Sie sind in der Monographie des *Pakistan Institute of Development Economics*, "A Measure of Inflation in Pakistan, 1951-1960" (Karachi 1961) enthalten, wo sie - und die dazugehörigen Preisangaben - der Errechnung von Preisindices für Ost- und Westpakistan dienen. In der Monographie werden für Westpakistan die Verbrauchsmengen für 35, für Ostpakistan die für 25 wichtige Güter errechnet. Auf der Grundlage dieser Werte (und einiger zusätzlicher Angaben von *Haq*) wurden die in Tabelle 41 wiedergegebenen Mengenangaben der Pro-Kopf-Verwendung ausgewählter Güter in Ost- und Westpakistan errechnet. Um den Überblick zu erleichtern, wird hier allerdings nur der jährliche Durchschnitt wiedergegeben. Es wird deutlich, daß der *Pro-Kopf-Verbrauch Westpakistans bei fast allen wichtigen Konsum- und Produktionsgütern weit über dem Ostpakistans* lag. Die einzigen typischen Ausnahmen bildeten Reis und Fisch, die in Ostpakistan Grundnahrungsmittel darstellten, in Westpakistan dagegen nur von untergeordneter Bedeutung waren.

Der Unterschied im Lebensstandard der beiden Landesteile zeigt sich auch darin, daß die Nahrung in Ostpakistan beinahe ausschließlich aus Reis bestand, während in Westpakistan das Hauptnahrungsmittel Weizen durch Reis und eine Vielfalt von sonstigem Nahrungsgetreide ergänzt wurde. Noch deutlicher wird der unterschiedliche Diversifizierungsgrad des Konsumgüterangebots bei der Betrachtung der Luxusgüter, z.B. der Autos und Radios, wo der Pro-Kopf-Verbrauch Westpakistans mehr als siebenmal bzw. knapp zehnmal so groß war wie derjenige Ostpakistans. Die langsamere Industrialisierung Ostpakistans kommt in dem vergleichsweise geringen Verbrauch von Kohle, Elektrizität und Benzin zum Ausdruck.

---

1 Vgl. Kapitel 3.2, S. 108 f.

Tabelle 41 : Pro-Kopf-Verbrauch ausgewählter Güter in Ost- und Westpakistan, Durchschnitt der Jahre 1951/52 - 1959/60

Produkt	Einheit	Ostpakistan	Westpakistan	Disparität v.H.
Nahrungsmittel				
Weizen	kg	2,1	93,1	97,7
Reis	kg	155,2	17,6	- 88,7
Sonst. Nahrungsgetreide	kg	1,0	40,4	97,5
Rohzucker	kg	7,3	21,2	65,7
Raffinierter Zucker	kg	1,2	3,1	60,3
Tee	kg	–	0,4	87,5
Fisch	kg	3,8	1,4	- 63,2
Salz	kg	5,2	7,6	31,7
Andere wichtige Konsumgüter				
Stoff	qm	1,8	6,5	71,8
Streichhölzer	Anzahl	7,0	11,0	36,4
Zigaretten	Anzahl	21,0	121,0	82,6
Kerosinöl	l	2,3	1,8	- 21,7
Papier	kg	0,2	0,5	60,0
Produktionsgüter				
Kohle	kg	14,5	29,9	51,5
Elektrizität	kW	1,0	18,8	94,7
Benzin	l	0,5	3,6	87,5
Luxusgüter				
Autos	Anzahl pro	1,0	9,8	89,8
Radios	1000 Personen	6,4	46,5	88,4

Quellen: Pakistan Institute of Development Economics, A Measure of Inflation in Pakistan, 1951-1960, Karachi 1961, S. 40-99; Khan, S.U., A Measure of Economic Growth in East and West Pakistan, in: The Pakistan Development Review, Vol.I.No. 2 (Autumn 1961), S. 53; Haq, M.U., The Strategy of Economic Planning, A Case Study of Pakistan, Karachi, Lahore, Dacca 1966, S. 95.

8. Bereinigung der Regionalprodukte um die Schwankungen der landwirtschaftlichen Wertschöpfung

Die Regionalprodukte Ost- und Westpakistans unterlagen in der tatsächlichen Entwicklung aufgrund der witterungsbedingten Fluktuationen der landwirtschaftlichen Produktion relativ starken Schwankungen. Diese wurden für die Zwecke des retrospektiven Simulationsmodells durch die in Tabelle 42 und Abbildung 1 wiedergegebene Trendbildung für die Wertschöpfung der Landwirtschaft eliminiert.

Tabelle 42: Bruttoregionalprodukt Ost- und Westpakistans: Ursprungswerte und um die Schwankungen der landwirtschaftlichen Wertschöpfung bereinigte Werte, 1949/50 - 1969/70

Jahr	Wertschöpfung der Landwirtschaft[a)]		Differenz	Bruttoregionalprodukt zu Marktpreisen	
	Ursprungswerte Mio Rs	Trendwerte[b)] Mio Rs	Mio Rs	Ursprungswerte Mio Rs	korrigierte Werte Mio Rs
OSTPAKISTAN					
1949/50	8.074	8.356	282	12.634	12.936
1950/51	8.344	8.399	55	13.075	13.130
1951/52	8.394	8.442	48	13.507	13.555
1952/53	8.751	8.485	- 266	13.944	13.678
1953/54	9.048	8.528	- 520	14.445	13.925
1954/55	8.704	8.571	- 133	14.174	14.041
1955/56	8.043	8.614	571	13.625	14.196
1956/57	9.012	8.657	- 355	14.824	14.469
1957/58	8.696	8.700	4	14.642	14.646
1958/59	8.234	8.940	706	14.291	14.997
1959/60	9.042	9.205	163	15.474	15.637
1960/61	9.590	9.470	- 120	16.363	16.243
1961/62	10.012	9.735	- 277	17.290	17.013
1962/63	9.765	10.000	235	17.226	17.461
1963/64	10.598	10.265	- 333	19.061	18.728
1964/65	10.485	10.530	45	19.281	19.326
1965/66	10.757	10.795	38	20.316	20.354
1966/67	10.467	11.060	593	20.662	21.255
1967/68	11.542	11.325	- 217	22.397	22.180
1968/69	11.450	11.590	140	23.164	23.304
1969/70	12.165	11.855	- 310	24.307	23.997
WESTPAKISTAN					
1949/50	6.595	6.292	- 303	12.619	12.316
1950/51	6.768	6.429	- 339	13.146	12.807
1951/52	6.155	6.566	411	12.983	13.394
1952/53	6.166	6.703	537	13.182	13.719
1953/54	7.005	6.840	- 165	14.485	14.320
1954/55	6.948	6.977	29	14.969	14.998
1955/56	7.093	7.114	21	15.544	15.575
1956/57	7.254	7.251	- 3	16.100	16.097
1957/58	7.393	7.388	- 5	16.554	16.549
1958/59	7.689	7.525	- 164	17.406	17.242
1959/60	7.711	7.662	- 49	17.577	17.528
1960/61	7.695	7.799	104	18.567	18.671
1961/62	8.171	8.123	- 48	19.744	19.696
1962/63	8.597	8.572	- 25	21.222	21.179
1963/64	8.813	9.021	208	22.803	23.011
1964/65	9.276	9.470	194	24.518	24.712
1965/66	9.318	9.919	601	25.499	26.100
1966/67	9.829	10.368	539	27.614	28.153
1967/68	10.982	10.817	- 165	29.618	29.453
1968/69	11.661	11.266	- 395	31.777	31.382
1969/70	12.140	11.715	- 425	33.570	33.145

a) zu Preisen von 1959/60.

b) Die Trendgleichungen lauten: Ostpakistan: 1949/50 - 1959/60: T = 8.313 + 43 X; 1959/60 - 1969/70: T = 8.940 + 265 X; Westpakistan: 1949/50 - 1959/60: T = 6.155 + 137 X; 1959/60 - 1969/70: T = 6.776 + 449 X.

Quellen: ANHANG III, Tabellen 2 - 6.

<u>Abbildung 1</u>: Wertschöpfung der Landwirtschaft in Ost- und Westpakistan: Tatsächliche Entwicklung und Trendentwicklung

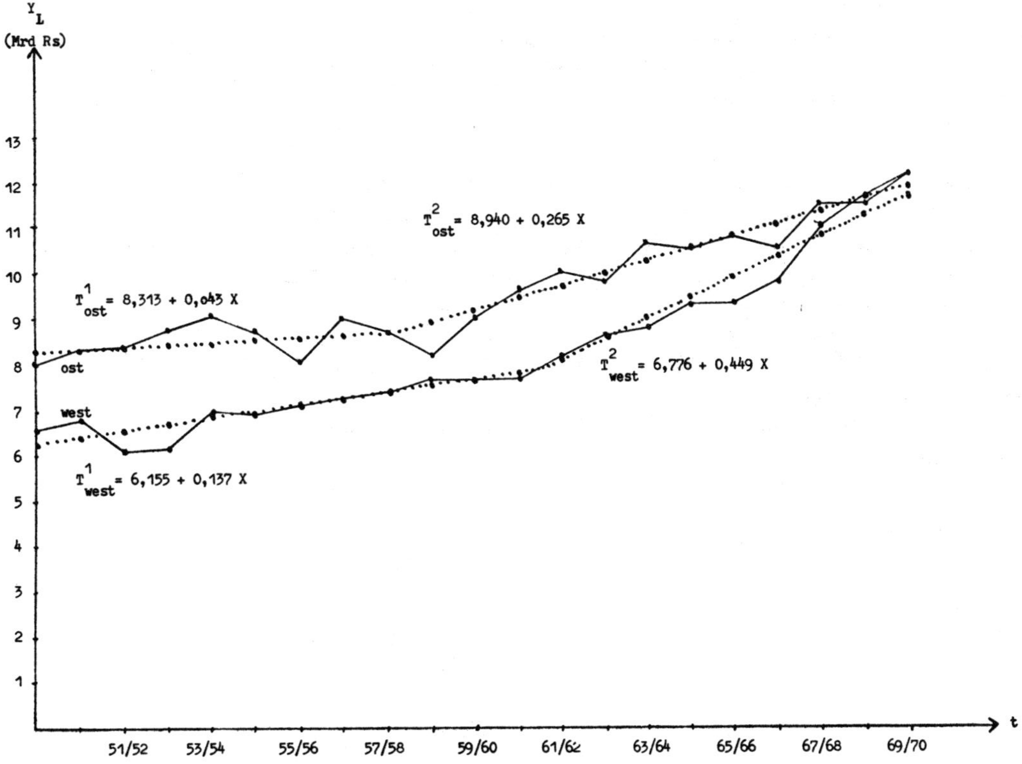

Y_L = Wertschöpfung der Landwirtschaft   T = Trend   —— tatsächliche Entwicklung   ... Trendentwicklung

<u>Quelle</u>: ANHANG III, Tabelle 1.

Tabelle 1: Retrospektives Simulationsmodell - Fall I : Ostpakistan erhält - entsprechend der tatsächlichen Entwicklung - ein Drittel der Auslandshilfe. Der Devisentransfer von Ost- nach Westpakistan wird auf den Umfang des über den Interwinghandel stattfindenden Ressourcentransfers von West- nach Ostpakistan festgesetzt

"Jahr"	Brutto-regional-produkt Mio Rs	ges. inl. Güterver-wendung Mio Rs	Ver-brauch Mio Rs	Brutto-investi-tionen Mio Rs	Brutto-erspar-nis Mio Rs	Waren- und Dienstleistungsverkehr: Außenhandel: Exporte Mio Rs	Importe Mio Rs	Saldo Mio Rs	Interwinghandel: Exporte Mio Rs	Importe Mio Rs	Saldo Mio Rs	Zufluß realer Ressourcen Mio Rs	Aus-lands-hilfe Mio Rs	interreg. Devisen-transfer Mio Rs	interreg. Netto-transfer Mio Rs	Bevöl-kerung Mio	Pro-Kopf-Einkommen Rs	ges. inl. Güterverw. pro Kopf Rs	PAKISTAN: Disparität: Disp. der $\hat{Y}$ v.H.	Disp. der $\hat{Y}^*$ v.H.
	Y	Y^*	C	I	S	E	M	-F	e	m	-W	R	A	D	T	N	$\hat{Y}$	$\hat{Y}^*$	d	d^*
									OSTPAKISTAN											
1951	13.319	13.438	12.563	875	756	1.773	1.688	85	94	298	- 204	119	119	- 204	-	44,40	300	303	14,7	15,5
1952	13.840	13.944	12.956	988	883	1.743	1.658	85	120	310	- 190	105	105	- 190	-	45,42	305	307	13,3	14,0
1953	14.281	14.512	13.468	1.044	812	1.467	1.533	- 66	163	329	- 166	231	231	- 166	-	46,46	307	312	12,9	14,4
1954	14.566	14.706	13.628	1.078	938	1.309	1.305	4	218	362	- 144	140	140	- 144	-	47,53	307	309	13,6	14,5
1955	14.920	15.141	14.183	958	737	1.186	1.208	- 22	237	436	- 199	221	221	- 199	-	48,63	307	311	14,2	15,5
1956	15.228	15.539	14.620	919	608	1.124	1.205	- 81	256	486	- 230	311	311	- 230	-	49,75	306	312	14,9	16,7
1957	15.581	15.937	15.105	832	476	1.062	1.131	- 69	259	546	- 287	356	356	- 287	-	50,89	306	313	15,5	17,4
1958	16.056	16.460	15.530	930	526	1.044	1.139	- 95	275	584	- 309	406	404	- 309	-	52,06	308	316	15,3	17,4
1959	16.616	17.009	15.861	1.149	755	1.140	1.192	- 52	296	638	- 342	394	394	- 342	-	53,30	312	319	15,4	17,4
1960	17.390	17.812	16.406	1.406	984	1.238	1.321	- 83	319	658	- 339	422	422	- 339	-	54,61	318	326	15,0	17,0
1961	18.225	18.734	17.040	1.694	1.185	1.312	1.463	- 151	360	718	- 358	509	509	- 358	-	55,99	326	335	15,0	17,4
1962	19.260	19.927	17.999	1.928	1.261	1.352	1.637	- 285	370	752	- 382	668	668	- 382	-	57,44	335	347	15,8	18,5
1963	20.210	21.082	18.706	2.376	1.504	1.436	1.969	- 533	388	727	- 339	872	872	- 339	-	58,94	343	358	17,4	20,6
1964	21.219	22.092	19.692	2.400	1.528	1.448	1.964	- 516	435	791	- 356	872	872	- 356	-	60,48	351	365	19,0	21,9
1965	22.322	23.229	20.699	2.530	1.623	1.493	2.047	- 554	461	814	- 353	907	907	- 353	-	62,08	360	374	20,6	23,3
1966	23.316	24.131	21.460	2.671	1.856	1.497	1.941	- 444	524	895	- 371	815	815	- 371	-	63,74	366	379	22,0	24,2
1967	24.455	25.098	22.583	2.515	1.872	1.452	1.681	- 229	604	1.018	- 414	643	643	- 414	-	65,46	374	384	22,9	24,5
1968	25.435	26.068	23.428	2.640	2.007	1.464	1.628	- 164	681	1.150	- 469	633	633	- 469	-	67,23	378	388	24,6	26,1
									WESTPAKISTAN											
1951	13.059	13.296	12.620	676	439	1.891	2.332	- 441	298	94	204	237	237	204	-	37,14	352	358		
1952	13.360	13.569	12.698	871	662	1.933	2.332	- 399	310	120	190	209	209	190	-	38,00	352	357		
1953	13.715	14.178	13.039	1.139	676	1.489	2.118	- 629	329	163	166	463	463	166	-	38,87	353	365		
1954	14.107	14.388	13.128	1.260	979	1.303	1.728	- 425	362	218	144	282	281	144	-	39,76	355	362		
1955	14.538	14.978	13.665	1.313	872	1.006	1.646	- 640	436	237	199	441	441	199	-	40,67	358	368		
1956	14.969	15.592	14.207	1.385	762	813	1.666	- 853	486	256	230	623	623	230	-	41,61	360	375		
1957	15.425	16.137	14.699	1.438	726	747	1.746	- 999	546	259	287	712	712	287	-	42,56	362	379		
1958	15.850	16.659	15.120	1.539	731	742	1.859	- 1.117	584	275	309	808	808	309	-	43,54	364	383		
1959	16.418	17.206	15.366	1.840	1.052	729	1.859	- 1.130	638	296	342	788	788	342	-	44,57	368	386		
1960	17.100	17.944	15.798	2.146	1.302	795	1.978	- 1.183	658	319	339	844	844	339	-	45,66	375	393		
1961	17.936	18.955	16.160	2.795	1.776	947	2.324	- 1.377	718	360	358	1.019	1.019	358	-	46,82	383	405		
1962	19.116	20.454	16.982	3.472	2.134	1.047	2.767	- 1.720	752	370	382	1.337	1.337	382	-	48,03	398	426		
1963	20.466	22.212	18.103	4.109	2.364	1.296	3.380	- 2.084	727	388	339	1.745	1.745	339	-	49,28	415	451		
1964	21.909	23.652	19.111	4.541	2.798	1.444	3.543	- 2.099	791	435	356	1.743	1.743	356	-	50,57	433	468		
1965	23.509	25.322	20.663	4.659	2.846	1.499	3.665	- 2.166	814	461	353	1.813	1.813	353	-	51,91	453	488		
1966	24.996	26.625	21.930	4.695	3.066	1.635	3.635	- 2.000	895	524	371	1.629	1.629	371	-	53,30	469	500		
1967	26.530	27.816	23.176	4.640	3.355	1.682	3.381	- 1.699	1.018	604	414	1.285	1.285	414	-	54,74	485	508		
1968	28.200	29.466	24.577	4.889	3.623	1.776	3.511	- 1.735	1.150	681	469	1.266	1.266	469	-	56,22	502	524		

Tabelle 2 : Retrospektives Simulationsmodell - Fall II : Ostpakistan erhält ein Drittel der Auslandshilfe. Devisentransfers werden vollständig unterbunden

"Jahr"	Brutto-regional-produkt Mio Rs	ges. inl. Güterver-wendung Mio Rs	Ver-brauch Mio Rs	Brutto-investi-tionen Mio Rs	Brutto-erspar-nis Mio Rs	Waren- und Dienstleistungsverkehr: Außenhandel: Exporte Mio Rs	Außenhandel: Importe Mio Rs	Außenhandel: Saldo Mio Rs	Interinghandel: Exporte Mio Rs	Interinghandel: Importe Mio Rs	Interinghandel: Saldo Mio Rs	Zufluß realer Ressourcen Mio Rs	Aus-lands-hilfe Mio Rs	interreg. Devisen-transfer Mio Rs	interreg. Netto-transfer Mio Rs	Bevöl-kerung Mio	Pro-Kopf-Einkom-men Rs	ges. inl. Güterverw. pro Kopf Rs	PAKISTAN: Disparität: Disp. der $\hat{Y}$ v.H.	PAKISTAN: Disparität: Disp. der $\hat{Y}^*$ v.H.
	Y	Y*	C	I	S	E	M	-F	e	m	-W	R	A	D	T	N	$\hat{Y}$	$\hat{Y}^*$	d	d*
										OSTPAKISTAN										
1951	13.319	13.642	12.563	1.079	756	1.773	1.892	- 119	94	298	- 204	323	119	-	204	44,40	300	307	14,7	12,9
1952	13.961	14.256	13.070	1.186	891	1.743	1.848	- 105	120	310	- 190	295	105	-	190	45,42	307	314	12,0	10,2
1953	14.490	14.888	13.666	1.222	824	1.467	1.699	- 232	163	329	- 166	397	231	-	166	46,46	312	320	10,5	10,0
1954	14.824	15.109	13.870	1.239	955	1.309	1.449	- 140	218	362	- 144	284	140	-	144	47,53	312	318	10,6	9,8
1955	15.231	15.651	14.479	1.172	752	1.186	1.407	- 221	237	436	- 199	420	221	-	199	48,63	313	322	10,6	9,7
1956	15.608	16.150	14.985	1.165	624	1.124	1.435	- 311	256	486	- 230	541	311	-	230	49,75	314	325	10,7	10,0
1957	16.054	16.697	15.564	1.133	490	1.062	1.418	- 356	259	546	- 287	643	356	-	287	50,89	316	328	10,4	9,4
1958	16.702	17.415	16.155	1.260	547	1.044	1.448	- 404	275	584	- 309	713	404	-	309	52,06	321	335	8,8	8,0
1959	17.461	18.198	16.668	1.530	794	1.140	1.534	- 394	296	638	- 342	736	394	-	342	53,30	328	341	7,4	6,2
1960	18.491	19.253	17.445	1.808	1.047	1.238	1.660	- 422	319	658	- 339	761	422	-	339	54,61	339	353	5,2	4,3
1961	19.565	20.432	18.293	2.139	1.272	1.312	1.821	- 509	360	718	- 358	867	509	-	358	55,99	349	365	3,7	3,2
1962	20.871	21.922	19.505	2.417	1.367	1.352	2.020	- 668	370	752	- 382	1.050	668	-	382	57,44	363	382	2,9	3,2
1963	22.062	23.273	20.421	2.852	1.641	1.436	2.308	- 872	388	727	- 339	1.211	872	-	339	58,94	374	395	3,6	5,2
1964	23.274	24.502	21.598	2.904	1.676	1.448	2.320	- 872	435	791	- 356	1.228	872	-	356	60,48	385	405	4,6	6,0
1965	24.608	25.868	22.819	3.049	1.789	1.493	2.400	- 907	461	814	- 353	1.260	907	-	353	62,08	396	417	5,6	7,0
1966	25.806	26.992	23.752	3.240	2.054	1.497	2.312	- 815	524	895	- 371	1.186	815	-	371	63,74	405	424	6,6	7,4
1967	27.189	28.246	25.107	3.139	2.082	1.452	2.095	- 643	604	1.018	- 414	1.057	643	-	414	65,46	415	432	7,0	6,7
1968	28.411	29.513	26.169	3.344	2.242	1.464	2.097	- 633	681	1.150	- 469	1.102	633	-	469	67,23	423	439	8,2	7,5
										WESTPAKISTAN										
1951	13.059	13.092	12.620	472	439	1.891	2.128	-237	298	94	204	33	237	-	- 204	37,14	352	353		
1952	13.269	13.288	12.611	677	658	1.933	2.142	-209	310	120	190	19	209	-	- 190	38,00	349	350		
1953	13.545	13.841	12.877	964	667	1.489	1.952	-463	329	163	166	297	463	-	- 166	38,87	349	356		
1954	13.877	14.013	12.913	1.100	963	1.303	1.584	-281	362	218	144	137	281	-	- 144	39,76	349	352		
1955	14.253	14.495	13.398	1.097	855	1.006	1.447	-441	436	237	199	242	441	-	- 199	40,67	350	356		
1956	14.613	15.006	13.870	1.136	743	813	1.436	-623	486	256	230	393	623	-	- 230	41,61	351	361		
1957	14.988	15.412	14.282	1.130	705	747	1.459	-712	546	259	287	425	712	-	- 287	42,56	352	362		
1958	15.322	15.821	14.616	1.205	706	742	1.550	-808	584	275	309	499	808	-	- 309	43,54	352	363		
1959	15.767	16.212	14.756	1.456	1.010	729	1.517	-788	638	296	342	446	788	-	- 342	44,57	354	364		
1960	16.306	16.811	15.065	1.746	1.241	795	1.639	-844	658	319	339	505	844	-	- 339	45,66	357	368		
1961	16.987	17.648	15.305	2.343	1.682	947	1.966	-1.019	718	360	358	661	1.019	-	- 358	46,82	363	377		
1962	17.976	18.931	15.969	2.962	2.007	1.047	2.384	-1.337	752	370	382	955	1.337	-	- 382	48,03	374	394		
1963	19.128	20.534	16.919	3.615	2.209	1.296	3.041	-1.745	727	388	339	1.406	1.745	-	- 339	49,28	388	417		
1964	20.397	21.784	17.792	3.992	2.605	1.444	3.187	-1.743	791	435	356	1.387	1.743	-	- 356	50,57	403	431		
1965	21.804	23.264	19.165	4.099	2.639	1.499	3.312	-1.813	814	461	353	1.460	1.813	-	- 353	51,91	420	448		
1966	23.112	24.370	20.277	4.093	2.835	1.635	3.264	-1.629	895	524	371	1.258	1.629	-	- 371	53,30	434	457		
1967	24.450	25.320	21.358	3.962	3.091	1.682	2.967	-1.285	1.018	604	414	871	1.285	-	- 414	54,74	447	463		
1968	25.876	26.673	22.551	4.122	3.325	1.776	3.042	-1.266	1.150	681	469	797	1.266	-	- 469	56,22	460	475		

Tabelle 3 : Retrospektives Simulationsmodell - Fall III : Ostpakistan erhält den Anteil an der Auslandshilfe, der seinem Anteil an der Bevölkerung entspricht (55%). Devisentransfers werden vollständig unterbunden

"Jahr"	Brutto-regional-produkt Mio Rs	ges. inl. Güterver-wendung Mio Rs	Ver-brauch Mio Rs	Brutto-investi-tionen Mio Rs	Brutto-erspar-nis Mio Rs	Waren- und Dienstleistungsverkehr: Außenhandel: Exporte Mio Rs	Importe Mio Rs	Saldo Mio Rs	Interzonenhandel: Exporte Mio Rs	Importe Mio Rs	Saldo Mio Rs	Zufluß realer Ressourcen Mio Rs	Aus-lands-hilfe Mio Rs	interreg. Devisen-transfer Mio Rs	interreg. Netto-transfer Mio Rs	Bevöl-kerung Mio	Pro-Kopf-Einkommen Rs	ges. inl. Güterverw. pro Kopf Rs	PAKISTAN: Disparität: Disp. der Ŷ v.H.	Disp. der Ŷ* v.H.
	Y	Y*	C	I	S	E	M	-F	e	m	-W	R	A	D	T	N	Ŷ	Ŷ*	d	d*
										OSTPAKISTAN										
1951	13.319	13.717	12.563	1.154	756	1.773	1.967	- 194	94	298	- 204	398	194	-	204	44,40	300	309	14,7	11,9
1952	14.006	14.367	13.112	1.255	894	1.743	1.914	- 171	120	310	- 190	361	171	-	190	45,42	308	316	11,5	8,9
1953	14.566	15.111	13.737	1.374	829	1.467	1.846	- 379	163	329	- 166	545	379	-	166	46,46	314	325	9,6	7,3
1954	14.941	15.314	13.979	1.335	962	1.309	1.538	- 229	218	362	- 144	373	229	-	144	47,53	314	322	9,2	7,3
1955	15.379	15.939	14.620	1.319	759	1.186	1.547	- 361	237	436	- 199	560	361	-	199	48,63	316	328	8,8	6,2
1956	15.804	16.543	15.173	1.370	631	1.124	1.633	- 509	256	486	- 230	739	509	-	230	49,75	318	333	8,3	5,3
1957	16.329	17.199	15.831	1.367	499	1.062	1.644	- 582	259	546	- 287	869	582	-	287	50,89	321	338	7,3	3,7
1958	17.111	18.080	16.550	1.530	560	1.044	1.705	- 661	275	584	- 309	970	661	-	309	52,06	329	347	4,5	0,7
1959	18.033	19.019	17.213	1.806	820	1.140	1.784	- 644	296	638	- 342	986	644	-	342	53,30	338	357	1,7	- 2,3
1960	19.249	20.278	18.159	2.119	1.090	1.238	1.928	- 690	319	658	- 339	1.029	690	-	339	54,61	353	371	- 2,0	- 5,6
1961	20.507	21.699	19.174	2.525	1.334	1.312	2.145	- 833	360	718	- 358	1.191	833	-	358	55,99	366	388	- 4,8	- 8,1
1962	22.049	23.524	20.605	2.919	1.444	1.352	2.445	- 1.093	370	752	- 382	1.475	1.093	-	382	57,44	384	410	- 7,0	- 10,1
1963	23.487	25.252	21.739	3.513	1.747	1.436	2.863	- 1.427	388	727	- 339	1.765	1.426	-	339	58,94	399	429	- 5,7	- 10,3
1964	24.980	26.761	23.181	3.580	1.799	1.448	2.873	- 1.425	435	791	- 356	1.781	1.425	-	356	60,48	413	442	- 8,4	- 10,7
1965	26.624	28.459	24.688	3.771	1.936	1.493	2.975	- 1.482	461	814	- 353	1.835	1.482	-	353	62,08	429	459	- 8,9	- 11,0
1966	28.106	29.809	25.869	3.940	2.237	1.497	2.829	- 1.332	524	895	- 371	1.703	1.332	-	371	63,74	441	468	- 9,1	- 11,4
1967	29.787	31.252	27.506	3.746	2.281	1.452	2.503	- 1.051	604	1.018	- 414	1.465	1.051	-	414	65,46	455	478	- 9,8	- 12,3
1968	31.246	32.750	28.780	3.970	2.466	1.464	2.499	- 1.035	681	1.150	- 469	1.504	1.035	-	469	67,23	465	487	- 9,5	- 12,2
										WESTPAKISTAN										
1951	13.059	13.017	12.620	397	439	1.891	2.053	- 162	298	94	204	- 42	162	-	- 204	37,14	352	351		
1952	13.236	13.189	12.580	609	656	1.933	2.076	- 143	310	120	190	- 47	143	-	- 190	38,00	348	347		
1953	13.484	13.633	12.819	814	664	1.489	1.805	- 316	329	163	166	150	316	-	- 166	38,87	347	351		
1954	13.764	13.812	12.809	1.003	955	1.303	1.495	- 192	362	218	144	48	192	-	- 144	39,76	346	347		
1955	14.107	14.210	13.261	949	847	1.006	1.307	- 301	436	237	199	102	301	-	- 199	40,67	347	349		
1956	14.419	14.614	13.685	929	734	813	1.238	- 425	486	256	230	195	425	-	- 230	41,61	347	351		
1957	14.725	14.924	14.032	892	693	747	1.233	- 486	546	259	287	199	486	-	- 287	42,56	346	351		
1958	14.988	15.230	14.297	933	691	742	1.293	- 551	584	275	309	242	551	-	- 309	43,54	344	350		
1959	15.333	15.528	14.350	1.178	982	729	1.267	- 538	638	296	342	196	538	-	- 342	44,57	344	349		
1960	15.769	16.007	14.569	1.438	1.201	795	1.371	- 576	658	319	339	237	576	-	- 339	45,66	345	351		
1961	16.330	16.667	14.713	1.954	1.617	947	1.642	- 695	718	360	358	337	695	-	- 358	46,82	349	356		
1962	17.154	17.684	15.239	2.445	1.915	1.047	1.959	- 912	752	370	382	530	912	-	- 382	48,03	357	368		
1963	18.105	18.956	16.014	2.942	2.091	1.296	2.486	- 1.190	727	388	339	852	1.191	-	- 339	49,28	367	385		
1964	19.138	19.972	16.694	3.278	2.444	1.444	2.634	- 1.190	791	435	356	834	1.190	-	- 356	50,57	379	395		
1965	20.293	21.179	17.837	3.342	2.457	1.499	2.737	- 1.238	814	461	353	885	1.238	-	- 353	51,91	391	408		
1966	21.360	22.101	18.740	3.361	2.620	1.635	2.747	- 1.112	895	524	371	741	1.112	-	- 371	53,30	401	415		
1967	22.458	22.922	19.619	3.303	2.840	1.682	2.559	- 877	1.018	604	414	463	877	-	- 414	54,74	410	419		
1968	23.647	24.042	20.609	3.433	3.038	1.776	2.640	- 864	1.150	681	469	395	864	-	- 469	56,22	421	428		

Tabelle 4 : Erweiterte Version des retrospektiven Simulationsmodells, Variante A - Fall IV(A-0,6) : Ostpakistan erhält 60% der Infrastrukturinvestitionen. Durch zusätzliche Maßnahmen (einschl. einer entsprechenden Devisenzuteilung) wird es ihm ermöglicht, die dadurch erhöhte Absorptionskapazität für private Investitionen auszuschöpfen

"Jahr"	Brutto-regional-produkt Mio Rs	ges. inl. Güterver-wendung Mio Rs	Ver-brauch Mio Rs	Brutto-investi-tionen Mio Rs	prod. Investi-tionen Mio Rs	Infrastr. Investi-tionen Mio Rs	Brutto-erspar-nis Mio Rs	Waren- und Dienstleistungsverkehr: Außenhandel: Exporte Mio Rs	Außenhandel: Importe Mio Rs	Außenhandel: Saldo Mio Rs	Interwinghandel: Exporte Mio Rs	Interwinghandel: Importe Mio Rs	Interwinghandel: Saldo Mio Rs	Zufluß realer Ressourcen Mio Rs	interreg. Netto-transfer Mio Rs	Bevöl-kerung Mio	Pro-Kopf-Einkommen Rs	ges. inl. Güterverw. pro Kopf Rs	PAKISTAN: Disparität: Disp. der $\hat{Y}$ v.H.	Disp. der $\hat{Y}^*$ v.H.
	Y	Y*	C	I	I^P	I^I	S	E	M	-F	e	m	-W	R	T	N	$\hat{Y}$	$\hat{Y}^*$	d	d*
									OSTPAKISTAN											
1951	13.319	13.138	12.563	575	240	325	756	1.773	1.388	385	94	298	- 204	- 181	204	44,40	300	296	14,7	19,2
1952	13.570	13.415	12.704	711	288	422	866	1.743	1.398	345	120	310	- 190	- 155	190	45,42	299	295	16,2	20,0
1953	13.811	13.911	13.026	885	350	535	786	1.467	1.400	67	163	329	- 166	99	166	46,46	297	299	18,0	20,8
1954	13.992	14.109	13.091	1.018	429	589	901	1.309	1.282	27	218	362	- 144	117	144	47,53	294	297	19,9	20,9
1955	14.255	14.624	13.551	1.073	513	560	704	1.186	1.356	-170	237	436	- 199	369	199	48,63	293	301	21,3	20,8
1956	14.553	15.184	13.972	1.212	588	623	581	1.124	1.524	-400	256	486	- 230	630	230	49,75	293	305	22,0	20,1
1957	14.980	15.837	14.523	1.314	671	643	457	1.062	1.631	-569	259	546	- 287	856	287	50,89	294	311	21,7	18,4
1958	15.742	16.739	15.227	1.512	753	759	515	1.044	1.732	-688	275	584	- 309	997	309	52,06	302	322	19,3	15,3
1959	16.704	17.645	15.945	1.700	852	848	759	1.140	1.739	-599	296	638	- 342	941	342	53,30	313	331	16,1	12,7
1960	17.905	18.779	16.892	1.887	962	925	1.013	1.238	1.773	-535	319	658	- 339	874	339	54,61	328	344	12,7	10,5
1961	19.003	19.962	17.767	2.195	1.081	1.115	1.236	1.312	1.914	-602	360	718	- 358	960	358	55,99	339	357	11,0	9,4
1962	20.350	21.618	19.017	2.601	1.227	1.374	1.333	1.352	2.238	-886	370	752	- 382	1.268	382	57,44	354	376	10,1	8,1
1963	21.644	23.138	20.034	3.104	1.413	1.690	1.610	1.436	2.590	-1.154	388	727	- 339	1.493	339	58,94	367	393	10,1	9,0
1964	22.908	24.712	21.258	3.454	1.647	1.807	1.649	1.448	2.897	-1.449	435	791	- 356	1.805	356	60,48	379	409	10,7	7,2
1965	24.510	26.448	22.728	3.720	1.890	1.831	1.782	1.493	3.078	-1.585	461	814	- 353	1.938	353	62,08	395	426	10,2	6,2
1966	26.004	27.894	23.934	3.960	2.125	1.835	2.070	1.497	3.016	-1.519	524	895	- 371	1.890	371	63,74	408	438	9,4	5,0
1967	27.834	29.834	25.703	4.131	2.349	1.782	2.131	1.452	3.038	-1.586	604	1.018	- 414	2.000	414	65,46	425	456	7,6	0,7
1968	29.780	31.949	27.430	4.519	2.552	1.967	2.350	1.464	3.164	-1.700	681	1.150	- 469	2.169	469	67,23	443	475	5,2	2,7
									WESTPAKISTAN											
1951	13.059	13.596	12.620	976	753	223	439	1.891	2.632	-741	298	94	204	537	- 204	37,14	352	366		
1952	13.562	14.032	12.890	1.142	860	282	672	1.933	2.592	-659	310	120	190	469	- 190	38,00	357	369		
1953	14.096	14.691	13.401	1.290	934	357	695	1.489	2.250	-762	329	163	166	596	- 166	38,87	363	378		
1954	14.616	14.921	13.602	1.319	926	393	1.015	1.303	1.751	-448	362	218	144	304	- 144	39,76	368	375		
1955	15.146	15.439	14.237	1.202	829	373	909	1.006	1.498	-492	436	237	199	293	- 199	40,67	372	380		
1956	15.602	15.905	14.808	1.097	682	416	794	813	1.347	-534	486	256	230	304	- 230	41,61	375	382		
1957	16.008	16.220	15.255	965	537	428	753	747	1.246	-499	546	259	287	212	- 287	42,56	376	381		
1958	16.308	16.523	15.556	967	462	506	752	742	1.267	-525	584	275	309	216	- 309	43,54	375	380		
1959	16.647	16.889	15.581	1.308	742	566	1.067	729	1.312	-583	638	296	342	241	- 342	44,57	374	379		
1960	17.150	17.542	15.844	1.698	1.081	617	1.306	795	1.526	-731	658	319	339	392	- 339	45,66	376	384		
1961	17.855	18.423	16.087	2.336	1.593	743	1.768	947	1.873	-926	718	360	358	567	- 358	46,82	381	394		
1962	18.935	19.671	16.821	2.850	1.935	916	2.114	1.047	2.166	-1.119	752	370	382	737	- 382	48,03	394	410		
1963	20.130	21.254	17.805	3.449	2.322	1.127	2.325	1.296	2.759	-1.463	727	388	339	1.124	- 339	49,28	409	431		
1964	21.462	22.272	18.721	3.551	2.346	1.205	2.741	1.444	2.610	-1.166	791	435	356	810	- 356	50,57	424	440		
1965	22.817	23.599	20.055	3.544	2.324	1.220	2.762	1.499	2.634	-1.135	814	461	353	782	- 353	51,91	440	455		
1966	24.014	24.569	21.069	3.500	2.276	1.223	2.946	1.635	2.560	-925	895	524	371	554	- 371	53,30	451	461		
1967	25.187	25.116	22.003	3.113	1.925	1.188	3.185	1.682	2.024	-342	1.018	604	414	- 72	- 414	54,74	460	459		
1968	26.264	25.993	22.889	3.104	1.793	1.311	3.374	1.776	1.975	-199	1.150	681	469	- 270	- 469	56,22	467	462		

Tabelle 5 : Erweiterte Version des retrospektiven Simulationsmodells, Variante B - Fall V(0,6): Ostpakistan erhält 60 % der Infrastrukturinvestitionen. Durch zusätzliche Maßnahmen wird es beiden Landesteilen ermöglicht, die Absorptionskapazität für private Investitionen voll auszuschöpfen

"Jahr"	Brutto-regional-produkt Mio Rs	ges. inl. Güterver-wendung Mio Rs	Ver-brauch Mio Rs	Brutto-investi-tionen Mio Rs	prod. Investi-tionen Mio Rs	Infrastr. Investi-tionen Mio Rs	Brutto-erspar-nis Mio Rs	Waren- und Dienstleistungsverkehr: Außenhandel: Exporte Mio Rs	Importe Mio Rs	Saldo Mio Rs	Interwinghandel: Exporte Mio Rs	Importe Mio Rs	Saldo Mio Rs	Zufluß realer Ressourcen Mio Rs	interreg. Netto-transfer Mio Rs	Bevöl-kerung Mio	Pro-Kopf-Einkom-men Rs	ges. inl. Güterverw. pro Kopf Rs	PAKISTAN: Disparität: Disp. der Y v.H.	Disp. der Y* v.H.
	Y	Y^*	C	I	I^p	I^i	S	E	M	$-F$	e	m	$-W$	R	T	N	$\hat{Y}$	$\hat{Y}^*$	d	d^*
									OSTPAKISTAN											
1951	13.319	13.140	12.563	577	240	337	756	1.773	1.390	383	94	298	- 204	- 179	204	44,40	300	296	14,7	19,2
1952	13.570	13.464	12.704	760	289	472	866	1.743	1.447	296	120	310	- 190	- 106	190	45,42	299	297	16,3	19,4
1953	13.812	13.975	13.026	949	359	590	786	1.467	1.465	3	163	329	- 166	164	166	46,46	297	301	17,8	19,8
1954	13.997	14.131	13.096	1.035	447	588	901	1.309	1.299	10	218	362	- 144	134	144	47,53	295	297	19,3	20,1
1955	14.271	14.557	13.567	991	531	460	705	1.186	1.273	- 87	237	436	- 199	286	199	48,63	294	299	20,6	20,9
1956	14.580	15.010	13.997	1.013	587	426	583	1.124	1.324	- 200	256	486	- 230	430	230	49,75	293	302	21,6	21,8
1957	15.006	15.547	14.546	998	634	366	458	1.062	1.317	- 255	259	546	- 287	542	287	50,89	295	306	22,3	22,1
1958	15.726	16.341	15.211	1.130	668	461	515	1.044	1.350	- 306	275	584	- 309	615	309	52,06	302	314	21,3	21,2
1959	16.579	17.289	15.826	1.464	718	746	754	1.140	1.508	- 368	296	638	- 342	710	342	53,30	311	324	20,9	19,7
1960	17.591	18.401	16.595	1.806	816	989	996	1.238	1.709	- 471	319	658	- 339	810	339	54,61	322	337	20,8	17,8
1961	18.522	19.678	17.318	2.361	954	1.407	1.205	1.312	2.110	- 798	360	718	- 358	1.156	358	55,99	321	352	17,7	15,2
1962	19.711	21.281	18.420	2.861	1.159	1.702	1.291	1.352	2.540	- 1.188	370	752	- 382	1.570	382	57,44	343	371	17,3	12,6
1963	20.934	22.824	19.376	3.448	1.408	2.040	1.557	1.436	2.987	- 1.551	388	727	- 339	1.890	339	58,94	355	387	16,1	11,6
1964	22.192	24.231	20.594	3.637	1.704	1.933	1.598	1.448	3.131	- 1.683	435	791	- 356	2.039	356	60,48	367	401	15,3	9,9
1965	23.851	25.842	22.117	3.725	1.967	1.758	1.734	1.493	3.131	- 1.638	461	814	- 353	1.991	353	62,08	384	416	13,7	9,3
1966	25.405	27.181	23.383	3.798	2.185	1.613	2.022	1.497	2.902	- 1.405	524	895	- 371	1.776	371	63,74	399	427	12,6	9,0
1967	27.288	28.846	25.199	3.647	2.366	1.281	2.089	1.452	2.596	- 1.144	604	1.018	- 414	1.558	414	65,46	417	441	11,0	7,2
1968	29.248	30.830	26.940	3.890	2.479	1.412	2.308	1.464	2.577	- 1.113	681	1.150	- 469	1.582	469	67,23	435	458	10,0	6,3
									WESTPAKISTAN											
1951	13.059	13.594	12.620	974	750	224	439	1.891	2.630	-- 739	298	94	204	535	- 204	37,14	352	366		
1952	13.561	13.981	12.889	1.092	778	314	672	1.933	2.543	- 610	310	120	190	420	- 190	38,00	357	368		
1953	14.043	14.574	13.351	1.223	830	394	692	1.489	2.187	- 698	329	163	166	532	- 166	38,87	361	375		
1954	14.506	14.793	13.499	1.294	903	392	1.007	1.303	1.734	- 431	362	218	144	287	- 144	39,76	365	372		
1955	15.021	15.397	14.120	1.278	971	307	901	1.006	1.581	- 575	436	237	199	376	- 199	40,67	370	379		
1956	15.557	16.059	14.764	1.295	1.011	284	791	813	1.547	- 734	486	256	230	504	- 230	41,61	374	386		
1957	16.158	16.684	15.398	1.287	1.043	244	760	747	1.560	- 813	546	259	287	526	- 287	42,56	380	392		
1958	16.741	17.372	15.969	1.369	1.062	308	772	742	1.648	- 906	584	275	309	631	- 309	43,54	385	398		
1959	17.527	18.041	16.400	1.595	1.098	497	1.123	729	1.543	- 814	638	296	342	518	- 342	44,57	393	404		
1960	18.265	18.721	16.875	1.847	1.187	660	1.391	795	1.590	- 795	658	319	339	456	- 339	45,66	400	410		
1961	19.040	19.411	17.155	2.257	1.319	938	1.885	947	1.677	- 730	718	360	358	371	- 358	46,82	407	415		
1962	19.934	20.368	17.709	2.660	1.525	1.135	2.225	1.047	1.864	- 817	752	370	382	435	- 382	48,03	415	424		
1963	20.876	21.602	18.465	3.138	1.779	1.360	2.411	1.296	2.362	-1.066	727	388	339	727	- 339	49,28	434	438		
1964	21.896	22.471	19.099	3.372	2.083	1.289	2.796	1.444	2.376	- 932	791	435	356	576	- 356	50,57	433	444		
1965	23.099	23.828	20.303	3.525	2.353	1.172	2.796	1.499	2.581	- 1.082	814	461	353	729	- 353	51,91	445	459		
1966	24.311	24.980	21.329	3.650	2.575	1.075	2.982	1.635	2.674	- 1.039	895	524	371	668	- 371	53,30	456	469		
1967	25.638	26.009	22.397	3.612	2.758	854	3.242	1.682	2.466	- 784	1.018	604	414	370	- 414	54,74	468	475		
1968	27.181	27.497	23.689	3.809	2.868	941	3.492	1.776	2.562	- 786	1.150	681	469	317	- 469	56,22	484	489		

Tabelle 6 : Erweiterte Version des retrospektiven Simulationsmodells, Variante A - Fall IV(A-0,6-0,09) : Für Westpakistan wird eine Mindestimportquote von 9% angenommen. Ansonsten wie Fall IV(A-0,6)

"Jahr"	Bruttoregionalprodukt Mio Rs	ges. inl. Güterverwendung Mio Rs	Verbrauch Mio Rs	Bruttoinvestitionen Mio Rs	prod. investitionen Mio Rs	Infrastr. Investitionen Mio Rs	Bruttoersparnis Mio Rs	Waren- und Dienstleistungsverkehr: Außenhandel: Exporte Mio Rs	Importe Mio Rs	Saldo Mio Rs	Interwinghandel: Exporte Mio Rs	Importe Mio Rs	Saldo Mio Rs	Zufluß realer Ressourcen Mio Rs	interreg. Nettotransfer Mio Rs	Bevölkerung Mio	Pro-Kopf-Einkommen Rs	ges. inl. Güterverw. pro Kopf Rs	PAKISTAN: Disparität: Disp. der Ŷ v.H.	Disp. der Ŷ* v.H.
	Y	Y*	C	I	IP	I^i	S	E	M	-F	e	m	-W	R	T	N	Ŷ	Ŷ*	d	d*
									OSTPAKISTAN											
1951	13.319	13.138	12.563	575	240	335	756	1.773	1.388	385	94	298	- 204	- 181	204	44,40	300	296	14,8	19,1
1952	13.570	13.415	12.704	711	288	422	866	1.743	1.398	345	120	310	- 190	- 155	190	45,42	299	295	16,2	20,1
1953	13.811	13.911	13.026	885	350	535	786	1.467	1.400	67	163	329	- 166	99	166	46,46	297	299	18,2	20,9
1954	13.992	14.109	13.091	1.018	429	589	901	1.309	1.282	27	218	362	- 144	117	144	47,53	294	297	20,1	20,8
1955	14.255	14.622	13.551	1.071	513	557	704	1.186	1.354	-168	237	436	- 199	367	199	48,63	293	301	20,6	19,9
1956	14.553	15.158	13.972	1.186	588	598	581	1.124	1.498	-374	256	486	- 230	604	230	49,75	293	305	11,2	9,8
1957	14.980	15.791	14.523	1.268	666	602	457	1.062	1.585	-523	259	546	- 287	810	287	50,89	294	310	3,3	-
1958	15.736	16.667	15.221	1.456	741	714	515	1.044	1.675	-631	275	584	- 309	940	309	52,06	302	320	-	- 3,4
1959	16.683	17.547	15.924	1.623	833	791	758	1.140	1.663	-523	296	638	- 342	865	342	53,30	313	329	- 3,5	- 6,1
1960	17.856	18.640	16.846	1.794	933	861	1.011	1.238	1.682	-444	319	658	- 339	783	339	54,61	327	341	- 6,7	- 7,6
1961	18.921	19.765	17.690	2.075	1.042	1.033	1.230	1.312	1.798	-486	360	718	- 358	844	358	55,99	338	353	- 8,0	- 7,9
1962	20.219	21.346	18.895	2.451	1.175	1.276	1.324	1.352	2.097	-745	370	752	- 382	1.127	382	57,44	352	372	- 8,2	- 8,3
1963	21.459	22.791	19.863	2.928	1.346	1.582	1.597	1.436	2.429	-993	388	727	- 339	1.332	339	58,94	364	387	- 7,4	- 6,2
1964	22.663	24.278	21.031	3.247	1.564	1.684	1.632	1.448	2.707	-1.259	435	791	- 356	1.615	356	60,48	375	401	- 5,9	- 7,0
1965	24.185	25.925	22.426	3.499	1.789	1.711	1.759	1.493	2.881	-1.389	461	814	- 353	1.741	353	62,08	390	418	- 5,6	- 7,7
1966	25.598	27.279	23.560	3.719	2.007	1.712	2.038	1.497	2.807	-1.310	524	895	- 371	1.681	371	63,74	402	428	- 5,7	- 8,2
1967	27.327	29.101	25.235	3.866	2.215	1.651	2.092	1.452	2.811	-1.359	604	1.018	- 414	1.773	414	65,46	418	445	- 6,2	- 11,9
1968	29.161	31.080	26.860	4.220	2.401	1.819	2.301	1.464	2.914	-1.450	681	1.150	- 469	1.919	469	67,23	434	462	- 8,8	- 14,3
									WESTPAKISTAN											
1951	13.059	13.596	12.620	976	753	223	439	1.891	2.632	-741	298	94	204	537	- 204	37,14	352	366		
1952	13.562	14.032	12.890	1.142	860	282	672	1.933	2.592	-659	310	120	190	469	- 190	38,00	357	369		
1953	14.096	14.691	13.401	1.290	934	357	695	1.489	2.251	-762	329	163	166	596	- 166	38,87	363	378		
1954	14.616	14.921	13.602	1.319	926	393	1.015	1.303	1.751	-448	362	218	144	304	- 144	39,76	368	375		
1955	15.001	15.296	14.101	1.195	824	372	900	1.006	1.500	-494	436	237	199	295	- 199	40,67	369	376		
1956	13.728	14.057	13.029	1.028	630	399	698	813	1.373	-560	486	256	230	330	- 230	41,61	330	338		
1957	12.917	13.174	12.309	865	464	401	608	747	1.292	-545	546	259	287	258	- 287	42,56	304	310		
1958	13.176	13.447	12.569	879	403	476	607	742	1.323	-581	584	275	309	272	- 309	43,54	303	309		
1959	13.473	13.790	12.610	1.180	653	527	863	729	1.388	-659	638	296	342	317	- 342	44,57	302	309		
1960	13.915	14.398	12.856	1.542	968	574	1.059	795	1.617	-822	658	319	339	483	- 339	45,66	305	315		
1961	14.547	15.230	13.106	2.124	1.436	689	1.440	947	1.989	-1.042	718	360	358	684	- 358	46,82	311	325		
1962	15.520	16.398	13.787	2.611	1.760	850	1.733	1.047	2.307	-1.260	752	370	382	878	- 382	48,03	323	341		
1963	16.607	17.892	14.589	3.203	2.149	1.055	1.918	1.296	2.920	-1.624	727	388	339	1.285	- 339	49,28	337	363		
1964	17.840	18.840	15.562	3.278	2.156	1.122	2.278	1.444	2.800	-1.356	791	435	356	1.000	- 356	50,57	353	373		
1965	19.085	20.065	16.775	3.290	2.149	1.141	2.310	1.499	2.831	-1.332	814	461	353	979	- 353	51,91	368	386		
1966	20.192	20.956	17.716	3.240	2.098	1.141	2.477	1.635	2.769	-1.134	895	524	371	763	- 371	53,30	379	393		
1967	21.274	21.429	18.584	2.845	1.744	1.100	2.690	1.682	2.251	-569	1.018	604	414	155	- 414	54,74	389	392		
1968	22.249	22.230	19.391	2.839	1.622	1.216	2.859	1.776	2.225	-449	1.150	681	469	20	- 469	56,22	396	396		

Tabelle 7 : Erweiterte Version des retrospektiven Simulationsmodells, Variant A - Fall IV(A- 0,6-0,1) : Für Westpakistan wird eine Mindestimportquote von 10% angenommen. Ansonsten wie Fall IV(A-0,6)

"Jahr"	Brutto-regional produkt Mio Rs	ges. inl. Güterver-wendung Mio Rs	Ver-brauch Mio Rs	Brutto-investi-tionen Mio Rs	prod. Investi-tionen Mio Rs	Infrastr. Investi-tionen Mio Rs	Brutto-erspar-nis Mio Rs	Waren- und Dienstleistungsverkehr: Außenhandel: Exporte Mio Rs	Importe Mio Rs	Saldo Mio Rs	Interwinghandel: Exporte Mio Rs	Importe Mio Rs	Saldo Mio Rs	Zufluß realer Ressourcen Mio Rs	interreg. Netto-transfer Mio Rs	Bevöl-kerung Mio	Pro-Kopf-Einkommen Rs	ges. inl. Güterverw. pro Kopf Rs	PAKISTAN: Disparität: Disp. der $\hat{Y}$ v.H.	Disp. der $\hat{Y}^*$ v.H.
	Y	$\hat{Y}$	C	I	I^p	I^i	S	E	M	-F	e	m	-W	R	T	N	$\hat{Y}$	$\hat{Y}^*$	d	d^*
								OSTPAKISTAN												
1951	13.319	13.138	12.563	575	240	335	756	1.773	1.388	385	94	298	- 204	- 181	204	44,40	300	296	14,8	19,1
1952	13.570	13.415	12.704	711	288	422	866	1.743	1.398	345	120	310	- 190	- 155	190	45,42	299	295	16,2	20,1
1953	13.811	13.911	13.026	885	350	535	786	1.467	1.400	67	163	329	- 166	99	166	46,46	297	299	18,2	20,9
1954	13.992	14.109	13.091	1.018	429	589	901	1.309	1.282	27	218	362	- 144	117	144	47,53	294	297	20,1	20,8
1955	14.255	14.624	13.551	1.073	513	560	704	1.186	1.356	- 170	237	436	- 199	369	199	48,63	293	301	21,2	20,8
1956	14.553	15.167	13.972	1.204	588	616	581	1.124	1.517	- 393	256	486	- 230	623	230	49,75	293	305	19,1	17,3
1957	14.980	15.810	14.523	1.287	670	618	457	1.062	1.605	- 543	259	546	- 287	830	287	50,89	294	311	11,4	8,0
1958	15.741	16.704	15.225	1.479	747	732	515	1.044	1.699	- 655	275	584	- 309	964	309	52,06	302	321	8,8	4,7
1959	16.695	17.591	15.936	1.655	842	813	759	1.140	1.694	- 554	296	638	- 342	896	342	53,30	313	330	5,2	2,1
1960	17.882	18.701	16.869	1.832	946	886	1.012	1.238	1.719	- 481	319	658	- 339	820	339	54,61	327	342	1,8	-
1961	18.961	19.851	17.728	2.123	1.058	1.065	1.233	1.312	1.844	- 532	360	718	- 358	890	358	55,99	339	355	- 0,3	- 0,8
1962	20.280	21.463	18.952	2.511	1.197	1.314	1.328	1.352	2.153	- 801	370	752	- 382	1.183	382	57,44	353	374	- 0,6	- 1,6
1963	21.543	22.938	19.940	2.998	1.374	1.625	1.603	1.436	2.493	- 1.057	388	727	- 339	1.396	339	58,94	366	389	- 0,3	-
1964	22.771	24.461	21.131	3.330	1.598	1.732	1.640	1.448	2.782	- 1.334	435	791	- 356	1.690	356	60,48	377	404	1,0	- 1,2
1965	24.326	26.144	22.557	3.587	1.830	1.758	1.769	1.493	2.959	- 1.466	461	814	- 353	1.819	353	62,08	392	421	1,0	- 1,9
1966	25.772	27.535	23.720	3.815	2.054	1.760	2.051	1.497	2.889	- 1.392	524	895	- 371	1.763	371	63,74	404	432	0,5	- 2,8
1967	27.542	49.404	25.433	3.971	2.269	1.702	2.108	1.452	2.900	- 1.448	604	1.018	- 414	1.862	414	65,46	421	449	- 1,0	- 6,9
1968	29.420	30.160	27.099	3.06[illegible]	2.462	600	2.322	1.464	1.735	- 271	681	1.150	- 469	740	469	67,23	438	449	- 3,2	- 1,1
								WESTPAKISTAN												
1951	13.059	13.596	12.620	976	753	223	439	1.891	2.632	- 741	298	94	204	537	- 204	37,14	352	366		
1952	13.562	14.032	12.890	1.142	860	282	672	1.933	2.592	- 659	310	120	190	469	- 190	38,00	357	369		
1953	14.096	14.691	13.401	1.290	934	357	695	1.489	2.251	- 762	329	163	166	596	- 166	38,87	363	378		
1954	14.616	14.921	13.602	1.319	926	393	1.015	1.303	1.751	- 448	362	218	144	304	- 144	39,76	368	375		
1955	15.146	15.439	14.237	1.202	829	373	909	1.006	1.498	- 492	436	237	199	293	- 199	40,67	372	380		
1956	15.047	15.359	14.282	1.077	666	411	765	813	1.354	- 541	486	256	230	311	- 230	41,61	362	369		
1957	14.133	14.371	13.468	903	491	412	665	747	1.272	- 525	546	259	287	238	- 287	42,56	332	338		
1958	14.407	14.655	13.743	912	424	488	664	742	1.299	- 557	584	275	309	248	- 309	43,54	331	337		
1959	14.720	15.006	13.777	1.229	687	542	943	729	1.357	- 628	638	296	342	286	- 342	44,57	330	337		
1960	15.184	15.630	14.028	1.602	1.011	591	1.156	795	1.580	- 785	658	319	339	446	- 339	45,66	333	342		
1961	15.844	16.482	14.275	2.207	1.496	710	1.569	947	1.943	- 996	718	360	358	638	- 358	46,82	338	352		
1962	16.858	17.680	14.976	2.704	1.828	876	1.882	1.047	2.251	- 1.204	752	370	382	822	- 382	48,03	351	368		
1963	17.987	19.209	15.910	3.299	2.216	1.083	2.077	1.296	2.856	- 1.560	727	388	339	1.221	- 339	49,28	365	390		
1964	19.258	20.183	16.799	3.384	2.229	1.155	2.460	1.444	2.725	- 1.281	791	435	356	925	- 356	50,57	381	399		
1965	20.546	21.448	18.059	3.389	2.217	1.172	2.487	1.499	2.753	- 1.254	814	461	353	901	- 353	51,91	396	413		
1966	21.688	22.369	19.028	3.341	2.168	1.174	2.660	1.635	2.687	- 1.052	895	524	371	681	- 371	53,30	407	420		
1967	22.805	22.871	19.922	2.949	1.814	1.135	2.884	1.682	2.162	- 480	1.018	604	414	66	- 414	54,74	417	418		
1968	23.820	24.979	20.759	4.220	1.689	2.531	3.060	1.776	3.404	- 1.628	1.150	681	469	1.159	- 469	56,22	424	444		

Tabelle 8 : Erweiterte Version des retrospektiven Simulationsmodells, Variante A Fall IV(A-0,6-0,11) : Für Westpakistan wird eine Mindestimportquote von 11% angenommen. Amsonsten wie Fall IV(A-0,6)

"Jahr"	Brutto-regional-produkt Mio Rs	ges. inl. Güterver-wendung Mio Rs	Ver-brauch Mio Rs	Brutto-investi-tionen Mio Rs	prod. Investi-tionen Mio Rs	Infrastr. Investi-tionen Mio Rs	Brutto-erspar-nis Mio Rs	Waren- und Dienstleistungsverkehr: Außenhandel: Exporte Mio Rs	Importe Mio Rs	Saldo Mio Rs	Interwinghandel: Exporte Mio Rs	Importe Mio Rs	Saldo Mio Rs	Zufluß realer Ressourcen Mio Rs	interreg. Netto-transfer Mio Rs	Bevöl-kerung Mio	Pro-Kopf-Einkom-men Rs	ges. inl. Güterverw. pro Kopf Rs	PAKISTAN: Disparität: Disp. der $\hat{y}$ v.H.	Disp. der $\hat{y}^*$ v.H.
	Y	$\tilde{Y}$	C	I	IP	I^1	S	E	M	-F	e	m	-W	R	T	N	$\hat{y}$	$\hat{y}^*$	d	d*
								OSTPAKISTAN												
1951	13.319	13.138	12.563	575	240	335	756	1.773	1.388	385	94	298	- 204	- 181	204	44,40	300	296	14,8	19,1
1952	13.570	13.415	12.704	711	288	422	866	1.743	1.398	345	120	310	- 190	- 155	190	45,42	299	295	16,2	20,1
1953	13.811	13.911	13.026	885	350	535	786	1.467	1.400	67	163	329	- 166	99	166	46,46	297	299	18,2	20,9
1954	13.992	14.109	13.091	1.018	429	589	901	1.309	1.282	27	218	362	- 144	117	144	47,53	294	297	20,1	20,8
1955	14.255	14.604	13.551	1.053	513	540	704	1.186	1.336	-150	237	436	- 199	349	199	48,63	293	300	13,6	13,5
1956	14.553	15.140	13.972	1.168	585	583	581	1.124	1.480	-356	256	486	- 230	586	230	49,75	293	304	3,6	2,6
1957	14.978	15.769	14.520	1.249	660	588	457	1.062	1.566	-504	259	546	- 287	791	287	50,89	294	310	- 4,8	- 7,4
1958	15.728	16.646	15.213	1.433	733	700	515	1.044	1.653	-609	275	584	- 309	918	309	52,06	302	320	- 7,6	- 10,6
1959	16.664	17.500	15.906	1.594	823	772	757	1.140	1.635	-495	296	638	- 342	837	342	53,30	313	328	- 10,9	- 12,5
1960	17.823	18.574	16.814	1.760	920	840	1.009	1.238	1.650	-412	319	658	- 339	751	339	54,61	326	340	- 13,5	- 13,8
1961	18.873	19.678	17.646	2.032	1.026	1.006	1.227	1.312	1.759	-447	360	718	- 358	804	358	55,99	337	351	- 14,5	- 13,4
1962	20.152	21.231	18.832	2.399	1.155	1.244	1.320	1.352	2.049	-697	370	752	- 382	1.079	382	57,44	351	370	- 14,5	- 13,5
1963	21.370	22.648	19.780	2.868	1.322	1.547	1.590	1.436	2.375	-939	388	727	- 339	1.278	339	58,94	363	384	- 13,5	- 11,2
1964	22.552	24.105	20.928	3.177	1.534	1.643	1.624	1.448	2.645	-1.197	435	791	- 356	1.553	356	60,48	373	399	- 11,5	- 12,0
1965	24.045	25.721	22.296	3.425	1.753	1.672	1.748	1.493	2.816	- 1.323	461	814	- 353	1.676	353	62,08	387	414	- 10,9	- 11,8
1966	25.430	27.044	23.406	3.638	1.966	1.672	2.024	1.497	2.740	- 1.243	524	895	- 371	1.614	371	63,74	399	424	- 10,8	- 12,3
1967	27.124	28.824	25.047	3.777	2.169	1.608	2.077	1.452	2.738	- 1.286	604	1.018	- 414	1.700	414	65,46	414	440	- 11,6	- 15,9
1968	28.920	30.758	26.638	4.120	2.350	1.770	2.282	1.464	2.833	- 1.369	681	1.150	- 469	1.838	469	67,23	430	457	- 13,2	- 18,1
								WESTPAKISTAN												
1951	13.059	13.569	12.620	976	753	223	439	1.891	2.632	- 741	298	94	204	537	- 204	37,14	352	366		
1952	13.562	14.032	12.890	1.142	860	282	672	1.933	2.592	- 659	310	120	190	469	- 190	38,00	357	369		
1953	14.096	14.691	13.401	1.290	934	357	695	1.489	2.251	- 762	329	163	166	596	- 166	38,87	363	378		
1954	14.616	14.921	13.602	1.319	926	393	1.015	1.303	1.751	- 448	362	218	144	304	- 144	39,76	368	375		
1955	13.798	14.111	12.970	1.141	781	360	828	1.006	1.518	- 512	436	237	199	313	- 199	40,67	339	347		
1956	12.644	12.992	12.001	991	608	389	643	813	1.391	- 578	486	256	230	348	- 230	41,61	304	312		
1957	11.915	12.191	11.354	837	445	392	561	747	1.311	- 564	546	259	287	277	- 287	42,56	280	287		
1958	12.164	12.457	11.603	854	388	467	561	742	1.345	- 603	584	275	309	294	- 309	43,54	279	286		
1959	12.449	12.795	11.652	1.143	628	515	798	729	1.416	- 687	638	296	342	345	- 342	44,57	279	287		
1960	12.874	13.389	11.894	1.495	935	560	980	795	1.649	- 854	658	319	339	515	- 339	45,66	282	293		
1961	13.484	14.208	12.149	2.059	1.388	671	1.335	947	2.029	- 1.082	718	360	358	724	- 358	46,82	288	304		
1962	14.425	15.351	12.815	2.536	1.707	829	1.610	1.047	2.355	- 1.308	752	370	382	926	- 382	48,03	300	320		
1963	15.479	16.818	13.691	3.127	2.095	1.031	1.788	1.296	2.974	- 1.678	727	388	339	1.339	- 339	49,28	314	341		
1964	16.681	17.743	14.551	3.192	2.097	1.096	2.130	1.444	2.862	- 1.418	791	435	356	1.061	- 356	50,57	330	351		
1965	17.892	18.937	15.727	3.210	2.095	1.115	2.166	1.499	2.896	- 1.397	814	461	353	1.044	- 353	51,91	345	365		
1966	18.972	19.803	16.645	3.158	2.043	1.114	2.327	1.635	2.836	- 1.201	895	524	371	830	- 371	53,30	356	372		
1967	20.025	20.253	17.493	2.760	1.688	1.072	2.532	1.682	2.324	- 642	1.018	604	414	228	- 414	54,74	366	370		
1968	20.968	21.030	18.274	2.756	1.569	1.187	2.694	1.776	2.307	- 531	1.150	681	469	62	- 469	56,22	373	374		

LITERATURVERZEICHNIS

Ahmad, K. U., Break-up of Pakistan, London 1972

Ahmad, K. S., A Geography of Pakistan, London 1966

Ahmad, N., An Economic Geography of East Pakistan, London 1958

Ahrens, H., Zur Frage des Zielkonflikts zwischen gesamtwirtschaftlichem Wachstum und regionaler Verteilung in der pakistanischen Entwicklungsplanung, in: Aspekte sozialer Ungleichheit in Südasien, Ahrens, H. und K. Schwerin (Hrsg.), Wiesbaden 1975, S.126ff.

Ahrens, H., Umfang und Ursachen der wirtschaftlichen Disparitäten zwischen Ost- und Westpakistan, in: Internationales Asienforum, Vol. 4 (1973), S.258 ff.

Akhtar, J., Literacy and Education: First Release from the 1961 Census of Pakistan, in: The Pakistan Development Review, Vol. 3 (1963), S.424 ff.

Akhtar, S. M., Economic Development of Pakistan, 2 Vols., Lahore 1971/1972

Akhtar, S. M., The Problem of Regional Disparities in Economic Development with Special Reference to Pakistan, in: The Third Five Year Plan and Other Papers, Papers presented at the 12th Annual Session of the Pakistan Economic Association, Qureshi, A. I. (ed.), Rawalpindi 1965, S.201 ff.

Ali, T., Pakistan: Military Rule or People's Power, London 1970

Andrus, J. R. and A. F. Mohammed, Trade, Finance and Development in Pakistan, Karachi/Lahore/Dacca 1966

Auspitz, J. L., Marglin, S. A. und G. F. Papanek, History of Economic and Political Domination of East Pakistan, in: Bangla Desh, Documents, Ministry of External Affairs, New Delhi, o.J., S.5 ff.

Aziz, S., Industrial Location Policy in Pakistan, Karachi 1969

Aziz, S., Role of Private Sector in Pakistan's Development, Karachi 1969

Bangladesh. Documents, Ministry of External Affairs, New Delhi, o J.,

Basic Facts About East and West Pakistan. Comparative Statistics on Pace of Econimic Development in the Two Wings of Pakistan 1959/60 to 1969/70, National Institute of Social and Economic Research. Karachi 1972

Bean, L., Khan, M. R. und A. R. Rukanuddin, Population Projections for Pakistan 1960-2000, Pakistan Institute of Development Economics, Monographs in the Economics of Development, No. 17, Karachi 1968

Bell, D., Allocating Development Resources: Some Observations Based on Pakistan Experience, in: Public Policy: A Yearbook of the Graduate School of Public Administration, Harvard University, S.84 ff., Cambridge/Mass. 1959

Biehl, M., Das Entwicklungspotential der Bewässerungswirtschaft in Pakistan und Hinterindien, Kiel 1970

Biehl, M., Die ernährungswirtschaftliche Nutzbarmachung des Brahmaputra-Wassers für Indien und Pakistan, Tübingen 1965

Bose, S. R., East-West Contrast in Pakistan's Agricultural Development, in: Economic Development in South Asia, Proceedings of a Conference held by the International Economic Association at Kandy, Ceylon, Robinson, E. A. G. and M. Kidron (eds.), S.127 ff.

Bose, S. R., The Green Revolution, and Agricultural Employment Under Conditions of Rapid Growth. The Pakistan Problem, in: Employment and Unemployment Problems of the Near East and South Asia. Reprint Vol. 2, New Delhi/London 1971, S.535 ff.

Brecher, J. und S. A. Abbas, Foreign Aid and Industrial Development in Pakistan, Perspectives on Development No. 1, Cambridge 1972

Bruton, H., Growth Models and Underdeveloped Countries, in: The Journal of Political Economy (1955), wiederabgedr. in: The Economics of Underdevelopment, Agarwala, A.N. und S.P. Singh (eds.), S.220 ff.

Callard, K., Pakistan: A Political Study, New York 1958

Callard, K., Political Forces in Pakistan, 1947-59, New York 1959

Chenery, H. B., und A. MacEwan, Optimal Patterns of Growth and Aid. The Case of Pakistan, in: The Pakistan Development Review, Vol. 6, S.209 ff.

Cotton, H. J. S., Memorandum on the Revenue History of Chittagong, Calcutta 1880

Curle, A., Planning for Education in Pakistan, London/Sydney/Wellington 1966

Denison, E. F., Why Growth Rates Differ, Washington 1967

Dorfman, R., Regional Allocation of Investment: Comment, in: QJE, Vol. LXXVII, (1963) S.162 ff.

Dorfman, R., Samuelson, P. und R. M. Solow, Linear Programming and Economic Analysis, New York 1958

Durrani, M. T., The Pattern of Private Industrial Investment in Pakistan During the Second Five Year Plan Period (1960-65), Research Report No. 54, Pakistan Institute of Development Economics, Karachi, o. J.

East Pakistan Water and Power Development Authority, Master Plan, Dacca 1964

East Pakistan Water and Power Development Authority, Water Development Programme, Dacca 1962

Eckert, J. B., Private Tubewell Numbers in Pakistan: A Synthesis, in: The Pakistan Development Review, Vol. 13 (1974), S.94 ff.

Economic Development in South Asia. Proceedings of a Conference held by the International Economic Association at Kandy, Ceylon, Robinson, E. A. G. und M. Kidron (eds.), London/Basingstoke 1970

Entwicklungshilfe an Pakistan. Umfang und Zusammensetzung, Institut für International Vergleichende Agrarpolitik und Agrarsoziologie am Südasien-Institut der Universität Heidelberg, Heidelberg 1972 (hekt.)

Etienne, G., Progrès agricole et maîtrise de l'eau. Le cas du Pakistan, Paris 1967

Evers, H., Probleme der Regionalplanung in Entwicklungsländern, Forschungsberichte des Landes Nordrhein-Westfalen, Köln-Opladen 1960

Falcon, W. P. und C. H. Gotsch, Agriculture in West Pakistan: An Analysis of Past Progress and Future Prospects, o.O. 1964

Falcon, W. und C. Gotsch, An Analysis of East Pakistan Agriculture During the Second and Third Plan Periods, o.O. 1965

Farooqui A., An Econometric Growth Model for Pakistan, unveröffentlichte Dissertation, London School of Economics and Political Science, 1970

Farooqui A., A Methodology for Measuring Regional Economic Development in: The Third Five Year Plan and Other Papers, Papers presented at the 12th Annual Session of the Pakistan Economic Association, Qureshi, A. I. (ed.), Rawalpindi 1965, S.241 ff.

Farouk, A., Irrigation in a Monsoon Land. Economics of Farming in the Ganges-Kobadak, Dacca 1968

Feldmann, D., Unhappy East Pakistan. A Survey of Interregional Economic Inequality in Pakistan Showing the Methods Through Which the Resources of East Pakistan Are Being Transferred to West Pakistan, o.O., o.J.

Food Production Increase in West Pakistan, Problems and Effects, Sharif, C. M. (ed.), Academy for Rural Development, Peshawar 1971

Frey, R. L., Infrastruktur. Grundlagen der Planung öffentlicher Investitionen, 2. Aufl., Tübingen/Zürich 1972

Frey, R. L., Infrastruktur und Wirtschaftswachstum, in: Konjunkturpolitik, Jg. 15 (1969), S.103 ff.

Fuhr, R., Das Erziehungswesen in Westpakistan, Materialien des Arnold-Bergstraesser-Instituts für Kulturwissenschaftliche Forschung, Bd. 23, Freiburg 1969

Galenson, W. und H. Leibenstein, Investment Criteria, Productivity, and Economic Development, in: QJE, Vol. LXIX (1955), S.343 ff.

Gankovski, Y. V. und L. R. Gordon-Polonskaya, A History of Pakistan 1947-1958, Moscow 1964

Ghafur, A., A Comparison of the Interregional Purchasing Power of Industrial Wages in Pakistan, in: The Pakistan Development Review, Vol. 7 (1967), S.533 ff.

Giersch, H., Das ökonomische Grundproblem der Regionalpolitik, in: Gestaltungsprobleme der Weltwirtschaft, Festschrift für Andreas Predöhl, Jürgensen, H. (Hrsg.), Göttingen 1964, S.386 ff.

Giersch, H., Strategien der Wachstumspolitik, in: Zeitschrift für die gesamte Staatswissenschaft, Bd. 119 (1963), S.258 ff.

Government of East Pakistan, Bureau of Statistics, Economic Progress in East Pakistan 1960-1966, Dacca 1967

Government of East Pakistan, Planning Department, Economic Disparities between East and West Pakistan, Dacca 1963

Government of East Pakistan, Planning Department, Economic Survey of East Pakistan 1969-70, Dacca 1970

Government of East Pakistan, Statistical Digest of East Pakistan, No. 3: 1965, Dacca 1966

Government of Pakistan, Central Statistical Office, Census of Manufacturing Industries, Karachi (verschiedene Jahre, in Klammern das Erscheinungsjahr: 1954 (1959), 1955 (1960), 1957 (1960), 1958 (1961), 1959/60 (1969), 1964/65 (1972), 1962/63-63 to 1965/66 (o.J.))

Government of Pakistan, Central Statistical Office, Census of Electricity Undertakings 1962-63, Karachi 1965

Government of Pakistan, Central Statistical Office, Electric Power Statistics 1962, Karachi 1963

Government of Pakistan, Central Statistical Office, Twenty-Five Years of Pakistan in Statistics 1947-72, Karachi 1972

Government of Pakistan, Central Statistical Office, Twenty Years of Pakistan in Statistics 1947-1967, Karachi 1968

Government of Pakistan, Department of Films and Publications, Economic Development in East Pakistan. Role of Central Government, Karachi 1971

Government of Pakistan, Economic Affairs Division, Memorandum on Pakistan's Debt Problem, Islamabad 1973

Government of Pakistan, Ministry of Economic Affairs, Foreign Aid and Its Utilization in Pakistan, Karachi 1957

Government of Pakistan, Ministry of Finance, Foreign Economic Aid. A Review of Foreign Economic Aid to Pakistan, Rawalpindi 1962

Government of Pakistan, Ministry of Finance, Government Sponsored Corporations, Karachi 1959, Rawalpindi 1965, 1966

Government of Pakistan, Ministry of Finance, Government Sponsored Corporations and Other Institutions, 1967, 1967-68, 1968-69, 1969-70, Rawalpindi

Government of Pakistan, Ministry of Finance, Pakistan Basic Facts 1969-70, Islamabad 1971

Government of Pakistan, Ministry of Finance, Planning and Development, Statistical Division (früher: Central Statistical Office), Monthly Statistical Bulletin, Karachi (monatlich)

Government of Pakistan, Ministry of Finance, Planning and Development, Finance Division, Pakistan Economic Survey, Islamabad (jährlich)

Government of Pakistan, Ministry of Finance, Planning and Development, Statistical Division, Pakistan Statistical Yearbook, Karachi (jährlich)

Government of Pakistan, Ministry of Food, Agriculture and Underdeveloped Areas, Agriculture Wing, Year Book of Agricultural Statistics, Islamabad (jährlich)

Government of Pakistan, Ministry of Railways and Communications, Report by the Railway Division of Pakistan Ralways Excluding Junagadh Railway for 1948-49, Karachi 1954

Government of Pakistan, Planning Commission, Annual Plan, Islamabad (jährlich)

Government of Pakistan, National Planning Board, The First Five Year Plan 1955-1960, Karachi 1958

Government of Pakistan, Planning Board, The Economists' Report on the First Five Year Plan 1955-60 (Draft), Karachi 1956

Government of Pakistan, Planning Board, Report of the Special Conference of Economists of East Pakistan on the Draft Five Year Plan and Connected Papers, Dacca 1956

Government of Pakistan, Planning Board, Report of West Pakistan Economists' Conference on the First Five Year Plan (Draft) of Pakistan, Lahore 1956

Government of Pakistan, Planning Commission, Evaluation of the Second Five Year Plan 1960-65, Karachi 1966

Government of Pakistan, Planning Commission,Evaluation of the Third Five Year Plan (1965-70), Islamabad 1971

Government of Pakistan, Planning Commission , Final Evaluation of the Second Five Year Plan (1960-65), Islamabad 1966

Government of Pakistan, Economic Affairs Division, Final Report of the National Income Commission, Karachi 1965

Government of Pakistan, Planning Commission, The Fourth Five Year Plan 1970-75, Islamabad 1970

Government of Pakistan, Planning Commission, Mid-Plan Review of Progress in 1960/61-1961/62 Under The Second Five Year Plan, Karachi 1963

Government of Pakistan, Planning Commission, The Mid-Plan Review of the Third Five Year Plan (1965-70), Islamabad 1968

Government of Pakistan, Planning Commission, Outline of the Third Five Year Plan 1965-70, Islamabad 1964

Government of Pakistan, Planning Commission, Preliminary Evaluation of the Third Five Year Plan (1965-70), Islamabad 1970

Government of Pakistan, Planning Commission, Reports of the Advisory Panels for the Fourth Five Year Plan 1970-75, 2 Vols., Islamabad 1970

Government of Pakistan, Planning Commission, Report of the Panel of Economists on the Second Five Year Plan (1960-65), Karachi 1962

Government of Pakistan, Planning Commission, Revised List of Schemes Included in the Second Five Year Plan 1960-1965, Karachi 1961

Government of Pakistan, Planning Commission, The Second Five Year Plan 1960-65, Karachi 1960

Government of Pakistan, Planning Commission, The Third Five Year Plan 1965-70, Islamabad 1965

Government of West Pakistan, Bureau of Statistics, Statistical Digest of West Pakistan, Lahore 1967

Government of West Pakistan, Bureau of Statistics, Statistical Handbook of West Pakistan 1967, Lahore 1967

Government of West Pakistan, Programme for Attainment of Self-Sufficiency in Food During Third Plan (1965-70), Lahore 1967

Government of West Pakistan, Transport Commission, Report of the Transport Commission, Karachi 1970

Haq, M. U., The Strategy of Economic Planning. A Case Study of Pakistan, Karachi/Lahore/Dacca 1966

Hardy, P., The Muslims of British India, Cambridge 1972

Hashmi, B., Aid to Pakistan, National Institute of Social and Economic Research, Karachi 1973

Hawkins, E. K., Measuring Capital Requirements, in: Finance and Development, Vol. V (1968), No. 2, S.2 ff.

Hess, P., Hintergründe des pakistanischen Bürgerkriegs, in: Internationales Asienforum, Vol. 2, S.546 ff.

Hesse, H., Der Einfluß des Staates auf die wirtschaftliche Entwicklung, in: Zeitschrift für die gesamte Staatswissenschaft, Bd. 116 (1961), S.645 ff.

Hirschman, A. O., The Strategy of Economic Development, New Haven/London 1958

Huda, M. N., Development of Underdeveloped Regions of Pakistan, in: Studies in Economic Development, with Special Reference to Pakistan, Proceedings of "The Businessmen's Seminar" held during Nov. 20-23, 1961 at Lahore, Ghouse, A.M. (ed.), Lahore 1962, S.173 ff.

Huda, M. N., Planning For Regional Development, in: The Third Five Year Plan and Other Papers, Papers presented at the 12th Annual Session of the Pakistan Economic Association, Qureshi, A. I. (ed.), Rawalpindi 1965, S.193 ff.

Husain, S. A., The Destiny of Indian Muslims, London 1965

Husain, Z., Address delivered at a Special Economic Conference Held in Dacca on the 24th August, 1956, to Consider the First Five Year Plan , in: Government of Pakistan, Planning Board, Report of the Special Conference of Economists of East Pakistan On the Draft Five Year Plan and Connected Papers, Dacca 1956, S.1 ff.

Industrial Survey of East Pakistan, Report to the Planning Commission, Government of Pakistan, Dacca 1961

International Bank for Reconstruction and Development/International Development Association, Current Economic Position and Prospects of Pakistan, Washington 1970

International Bank for Reconstruction and Development/International Development Association, Proposals for an Action Program. East Pakistan Agriculture And Water Development, Washington 1970

Intriligator, M., Regional Allocation of Investment: Comment, in: QJE, Vol. LXXVII (1964), S.659 ff.

Islam, A. I. A., An Estimation of the Extent of Overvaluation of the Domestic Currency in Pakistan At the Offical Rate of Exchange 1948/49-1964/65, in: The Pakistan Development Review, Vol. 10 (1970), S.58 ff.

Islam, A. I. A., Regional Development in Pakistan With Special Reference to the Effects of Import Licensing and Exchange Control, unveröffentlichte Dissertation, London School of Economics and Political Science 1969

Islam, N., Comparative Costs, Factor Proportions and Industrial Efficiency in Pakistan, in: The Pakistan Development Review, Vol. 7 (1967), S.213 ff.

Islam, N., Some Aspects of Interwing Trade and Terms of Trade in Pakistan, in: The Pakistan Development Review, Vol. 3 (1963), S.1 ff.

Jansen, P. G., Infrastrukturinvestitionen als Mittel der Regionalpolitik, Gütersloh 1967

Jillani, M. S., Changes in Levels of Educational Attainment in Pakistan: 1951-1961, in: The Pakistan Development Review, Vol. 4 (1964), S.69 ff.

Jochimsen, R., Theorie der Infrastruktur, Tübingen 1966

Jochimsen, R. und K. Gustafson, Infrastruktur, in: Handwörterbuch der Raumforschung und Raumordnung, Bd. II, Hannover 1970, S.1318 ff.

Jürgensen, H., Antinomien in der Regionalpolitik, in: Gestaltungsprobleme der Weltwirtschaft, Festschrift für Andreas Predöhl, Jürgensen, H., (Hrsg.), Göttingen 1964, S.401 ff.

Jürgensen, H., Bemerkungen zu Wachstums- und Verteilungseffekten privater und öffentlicher Investitionen, in: Wirtschaftskreislauf Wirtschaftswachstum, Schneider, E. (Hrsg.), Tübingen 1966, S.85 ff.

Khan, A. G., Planning and Regional Development in Pakistan, in: The Third Five Year Plan and Other Papers, Papers presented at the 12th Annual Session of the Pakistan Economic Association, Qureshi, A. I. (ed.), Rawalpindi 1965, S.254 ff.

Khan, A. R., The Economy of Bangladesh, London 1972

Khan, A. R., A Multi-Sector Programming Model For Regional Planning in Pakistan, in: The Pakistan Development Review, Vol. 7 (1967), S.29 ff.

Khan, A. R., The Use of Multisectoral Models in Pakistan's Planning With Special Reference to Regional Allocation of Resources, in: The Pakistan Development Review, Vol. 11 (1971), S.18 ff.

Khan, K. M., Regionale Wirtschaftsentwicklung in Pakistan, Stuttgart 1971

Khan, S. M., A Measure of Economic Growth in East and West Pakistan, in: The Pakistan Development Review, Vol. 1 (1961), S.49 ff.

Khan, S. M., Probleme der Volkseinkommensberechnung in Pakistan. Ein kritischer Beitrag zur Statistik in Entwicklungsländern, Stuttgart 1963

Khan, T. M. und A. Bergan, Measurement of Structural Change in the Pakistan Economy: A Review of National Income Estimates 1949/50 -1963/64, in: The Pakistan Development Review, Vol. 6 (1966), S.163 ff.

Kim, C. K., Wirtschaftswachstum und Kapitalkoeffizient, Düsseldorf 1972

Knall, B., Grundsätze und Methoden der Entwicklungsprogrammierung. Techniken zur Aufstellung von Entwicklungsplänen, Wiesbaden 1969

Lewis, S. R., Economic Policy and Industrial Growth in Pakistan, London 1969

Lewis, S. R., Pakistan: Industrialization and Trade Policies, London/ New York/Karachi 1970

Lewis, S. R. und R. Soligo, Growth and Structural Change in Pakistan's Manufacturing Industry 1954-1964, in: The Pakistan Development Review, Vol. 5 (1965), S.94 ff.

Lieftinck, P., Sadove, A. R. und Th. C. Creyke, Water and Power Resources of West Pakistan. A Study in Sector Planning, Baltimore 1969

Littmann, K., Zunehmende Staatstätigkeit und wirschaftliche Entwicklung, Köln/Opladen 1957

MacEwan, A., Development Alternatives in Pakistan. A Multisectoral and Regional Analysis of Planning Problems, Cambridge/Mass., 1971

MacEwan, A., Problems of Interregional and Intersectoral Allocation The Case of Pakistan, in: The Pakistan Development Review, Vol. 10 (1970), S.1 ff.

Maddison, A., Class Structure and Economic Growth. India and Pakistan Since the Moghuls, Guildford/London 1971

Malik, M. B. K., Hundred Years of Pakistan Railways, Karachi 1962

Mannan, M. A., Economic Problems and Planning in Pakistan, 4. Aufl., Lahore 1970

Marx, D., Regionale Produktivitätsmessung als Ansatzpunkt überregionaler Raumordnungspolitik, in: Gestaltungsprobleme der Weltwirtschaft, Festschrift für Andreas Predöhl, Jürgensen, H. (Hrsg.), Göttingen 1964, S.414 ff.

Mason, E. S., Dorfmann, R. und S. A. Marglin, Conflict in East Pakistan: Background and Prospects, in: Bangla Desh, Documents, Ministry of External Affairs, New Delhi, o.J., S.9 ff.

Matin, A., Problem of Inter-Wing Development and Strategy of the Third Five Year Plan, in: The Third Five Year Plan and Other Papers, Papers presented at the 12th Annual Session of the Pakistan Economic Association, Qureshi, A. I. (ed.), Rawalpindi 1965, S.209 ff.

Matin, A., Regional Dimensions of the Third Five Year Plan, in: The Third Five Year Plan and Other Papers, Papers presented at the 12th Annual Session of the Pakistan Economic Association, Qureshi, A. I. (ed.), Rawalpindi 1965, S.223 ff.

May, B., Die Entwicklung der Landwirtschaft in Bangladesh und Pakistan, in: Internationales Asienforum, Vol. 4 (1973), S.279 ff.

A Measure of Inflation in Pakistan 1951-60, Institute of Development Economics, Karachi 1961

Meier, G. M., Improving the Quality of Aid - Note, in: Leading Issues in Economic Development, Meier, G. M. (ed.), Stanford 1970, S. 287 ff.

Meinhold, H., Artikel "Investitionen", Handbuch der Sozialwissenschaften, Bd. 5, Stuttgart/Tübingen/Göttingen 1956, S.334 ff.

Mera, K., Tradeoff Between Aggregate Efficiency and Interregional Equity: A Static Analysis: in QJE (1967), S.658 ff.

Mohammad, G., Development of Irrigated Agriculture in East Pakistan: Some Basic Considerations, in: The Pakistan Development Review, Vol. 6 (1966), S.315 ff.

Mohammad, G., Private Tubewell Development and Cropping Patterns in West Pakistan, in: The Pakistan Development Review, Vol. 5 (1965), S.1 ff.

Mohammad, G., Some Strategic Problems in Agricultural Development in Pakistan, in: The Pakistan Development Review, Vol. 4 (1964), S.223 ff.

Mujeeb, M., The Indian Muslims, London 1967

Mukerji, S. N., History of Education in India, Modern Period, Baroda 1955

Mullick, M. A. H., Die grüne Revolution in Pakistan. Segen oder Unheil? in: Geographische Rundschau 24 (1972), S.332 ff.

Musgrave, R. A., Finanztheorie, deutsche Übersetzung, Tübingen 1966

Myrdal, G., Ökonomische Theorie und unterentwickelte Regionen, deutsche Übersetzung, Stuttgart 1959

Naqvi, S. N., The Meteorological Problems of the Deltaic Flood-Plains of East Pakistan, in: Scientific Problems of the Humid Tropic Zone Deltas and Their Implications, UNESCO, Paris 1966

National Income Commission, Interim Report of the National Income Commission, Karachi 1964, in: Government of Pakistan, Economic Affairs Division, Final Report of the National Income Commission, Karachi 1965

Pakistan. A Compendium, Platt, R. R. (ed.), New York 1961

Pal, M. L., The Determinants of the Domestic Prices of Imports, in: The Pakistan Development Review, Vol. 4 (1964), S.597 ff.

Pal, M. L., Domestic Prices of Imports in Pakistan: Extension of Empirical Findings, in: The Pakistan Development Review, Vol. 5 (1965), S.547 ff.

Papanek, G. F., The Development of Entrepreneurship, in:AER, Papers and Proceedings, Vol. 52 (1952), S.46 ff.

Papanek, G. F., The Location of Industry, in: The Pakistan Development Review, Vol. 10 (1970), S.291 ff.

Papanek, G. F., Pakistan's Development - Social Goals and Private Incentives, Cambridge/Mass. 1967

Papanek, G. F., Pakistan's Industrial Entrepreneurs - Education, Occupational Background, and Finance, in: Development Policy II: The Pakistan Experience, Falcon, W. P. und G. F. Papanek (eds.), Cambridge/Mass., S.237 ff.

Papanek, H., Entrepreneurs in East Pakistan, in: Bengal. Change and Continuity, Paul, R. und J. M. Beech (eds.), Asian Studies Center, Michigan State University, South Asia Series, Occasional Paper No. 16, o.J., S.119

Papanek, H., Pakistan's New Industrialists and Businessmen: Focus on the Memons, Paper presented to the Conference on Occupational Cultures in Changing South Asia, University of Chicago, May 15-16, 1970

Power, J. H., Industrialization in Pakistan: A Case of Frustrated Take-Off? in: The Pakistan Development Review, Vol. 3 (1963), S.191 ff.

A Program For Water and Power Development in West Pakistan: 1963 -1975, prep. for the Water and Power Development Anthority of West Pakistan, Harza Engineering Company International, Lahore 1963

Rahman, H., Growth Models and Pakistan. A Discussion of Planning Problems, Karachi 1962

Rahman, A. M., East and West Pakistan. A Problem in the Political Economy of Regional Planning, Cambridge/Mass. 1968

Rahman, A. M., Regional Allocation of Investment, in: QJE, Vol. LXXVII (1963), S.26 ff.

Rahman, A. M., Regional (East-West) Per Capita Income Disparity and the Perspective Plan, in: The Third Five Year Plan and Other Papers, Papers presented at the 12th Annual Session of the Pakistan Economic Association, Qureshi, A. I. (ed.), Rawalpindi 1965, S.227 ff.

Rahman, M. A., East Pakistan: The Roots of Estrangement, in: South Asian Review, Vol. 3 (1970), S.235 ff.

Rahman, M. A., Partition, Integration, Economic Growth and Interregional Trade in Pakistan: 1948-1959, Karachi 1963

Rahman, M. A., The Role of the Public Sector in the Economic Development of Pakistan, in: Economic Development in South Asia, Proceedings of a Conference held by the International Economic Association at Kandy, Ceylon, Robinson, E. A. G. und M. Kidron (eds.) London/Basingstoke 1970, S.69 ff.

Ramser, H. J., Budgetpolitik und Wirtschaftswachstum, in: Schweizerische Zeitschrift für Volkswirtschaft und Statistik, Vol. 105 (1969), S.184 ff.

Rashid, H. E., East Pakistan. A Systematic Regional Geography and Its Development Planning Aspects, Lahore 1965

Report of the Advisory Panel on Inland Water Transport of East Pakistan, in: Government of Pakistan, Planning Commission, Reports of the Advisory Panels for the Fourth Five Year Plan 1970-75, Vol. II, Islamabad 1970, S.167 ff.

Report of the Advisory Panel on Roads and Road Transport in East Pakistan, in: Government of Pakistan, Planning Commission, Reports of the Advisory Panels for the Fourth Five Year Plan 1970-75, Vol. II, Islamabad 1970, S.79 ff.

Report of the Advisory Panel on Roads and Road Transport in West Pakistan, in: Government of Pakistan, Planning Commission, Reports of the Advisory Panels for the Fourth Five Year Plan 1970 -75, Vol. II, Islamabad 1970, S.97 ff.

Report of the Advisory Panel on Self-Reliance, in: Government of Pakistan, Planning Commission, Reports of the Advisory Panels on the Fourth Five Year Plan 1970-75, Vol. I, Islamabad 1970, S. 273 ff.

Report of the Committee of Experts on the National Accounts of Pakistan, The Institute of Development Economics, Karachi 1962

Rose, K., Grundlagen der Wachstumstheorie, 2. Aufl., Göttingen 1973

Sampson, H. (ed.), Jane's World Railways, London

Sayeed, K. B., The Political System of Pakistan, Boston 1967

A Short History of Pakistan, 4 Vols. Qureshi, J. H. (ed.), Karachi 1967

Siddiqui, Q. H., Regional Development, in: The Third Five Year Plan and Other Papers, Papers presented at the 12th Annual Session of the Pakistan Economic Association, Qureshi, A. I. (ed.), Rawalpindi 1965, S.247 ff.

Sinha, N. K., The Economic History of Bengal From Plassey to the Permanent Settlement, Calcutta 1962

6 - Point Formula - Our Right to Live, issued by Sheikh Mujibur Rahman, as President of the Awami League on March 23, 1966, abgedr. in: Bangladesh, Documents, Ministry of External Affairs, New Delhi, o.J.

State Bank of Pakistan, Currency and Finance Report, Karachi (jährlich)

Stern, J. J., Growth, Development, and Regional Equity in Pakistan, in: Development Policy II: The Pakistan Experience, Falcon, W. P., und G. F. Papanek (eds.), Cambridge/Mass., S.8 ff.

Stobbe, A., Volkswirtschaftliches Rechnungswesen, 3. Aufl., Berlin/ Heidelberg/New York 1972

Studies in Economic Development, With Special Reference to Pakistan, Proceedings of "The Businessmen's Seminar", held during Nov. 20-23, 1961 at Lahore, Agha M. Ghouse (ed.), Lahore 1962

Studies on Commercial Policy and Economic Growth, Islam, N. (ed.), The Pakistan Institute of Development Economics, Readings in Development Economics No. 2, Karachi 1970

Taake, H. H., Politische Planungs- und administrative Entscheidungsprozesse bei der Aufstellung und Durchführung von Entwicklungsplänen. Empirische Analyse einiger ostasiatischer Länder unter besonderer Herausstellung Taiwans, Berlin 1973

Thomas, P. S., Import Licensing and Import Liberalization in Pakistan, in: The Pakistan Development Review, Vol. 6 (1966), S.500 ff.

Thorpe, C. L., Education and the Development of Muslim Nationalism in Pre-Partition India, Karachi 1965

Timm, H., Staat, Wachstum und Preisniveau, in: Zeitschrift für die gesamte Staatswissenschaft, Bd. 119 (1963), S.267 ff.

Tims, W., Analytical Techniques For Development Planning: A Case Study of Pakistan's Third Five Year Plan 1964-70, The Pakistan Institute of Development Economics, Karachi 1968

Tims, W., An Estimate of Regional Indirect Taxes 1959/60-1964/65, Karachi 1966 (hekt.), zitiert in: Stern, J. J., Growth, Development and Regional Equity in Pakistan, in: Development Policy II: The Pakistan Experience, Falcon, W. P. und G. F. Papanek (eds.), Cambridge/Mass. 1970, S.17

Uhrenbacher, W. J., Pakistan. Studie zur Entwicklungshilfe, Horn 1972

Urff, W. v., Das Ost-West-Problem in der pakistanischen Entwicklungsplanung, in: Internationales Asienforum, Vol. 4 (1963), S.226 ff.

Urff, W. v., Zur Programmierung von Entwicklungsplänen. Eine theoretische und empirische Analyse unter besonderer Berücksichtigung der indischen Entwicklungsplanung, Berlin 1973

Urff, W. v. et al., Die wirtschaftliche Situation Pakistans nach der Sezession Bangladeshs, Wiesbaden 1974

Urff, W. v. und H. Ahrens, Die Bedeutung der Sezession Bangladeshs für die Zahlungsbilanz (West-) Pakistans, in: Weltwirtschaftliches Archiv, Bd. 110 (1974), S.308 ff.

US Department of the Army, Corps of Engineers, Transportation Survey of East Pakistan 1961, o.O. 1961

Vakil, C. N., Economic Consequences of Divided India, Bombay 1950

Vosgerau, H.-J., Wachstumstheorie und reale langfristige Perspektiven, in: Theorie und Praxis der Infrastrukturpolitik, Schriften des Vereins für Socialpolitik, N. F., Bd. 54, Berlin 1970

Water and Power Development in East Pakistan. Prep. for the Government of Pakistan by the United Nations Water Control Mission, 17. November 1956-31. März 1957 (Krug-Mission)

Water and Power Development in West Pakistan, National Institute of Social and Economic Research, Karachi 1972

Waterston, A., Planning in Pakistan, Baltimore 1963

Weber, W., Wachstumseffekte der Staatsausgaben, in: Beiträge zur Theorie der öffentlichen Ausgaben, in: Timm, H. und H. Haller (Hrsg), Berlin 1967, S.232 ff.

Winston, G. C., Excess Capacity in Underdeveloped Countries: The Pakistan Case, Research Memorandum, No. 25, Williams College, Williamstown/Mass. 1968

Wittmann, W., Staatliche Aktivität, wirtschaftliche Entwicklung und Preisniveau, Zürich 1965

Zingel, W.-P., Das Erziehungswesen in Westpakistan, in: Internationales Asienforum, Vol. 4 (1973), S.306 ff.

S U M M A R Y

The present study aims at analyzing determinants and alternatives of diverging regional growth paths in developing countries, with special reference to regional development in former Pakistan (East Pakistan - West Pakistan 1947-1970).

For a better understanding of the basic problems, the study starts off with a general theoretical analysis. The importance of capital productivity and the rate of savings, for the regional growth paths and for the specific relationship between the objective of maximizing overall economic growth and that of bringing about a more equitable regional distribution (conflict, indifference, or complementarity), is shown on the basis of a model of A.M. Rahman. Within a model of J.J. Stern, the particular relevance for regional growth paths of the regions' capacity to absorb capital is demonstrated.

On the basis of Stern's model a general Biregional Growth Model is developed, an optimizing model running over twenty years. Its Basic Model shows the implications of alternative strategies of growth maximization and regional distribution, implications in terms of the optimal regional and temporal distribution of capital imports (net inflow of foreign resources), investment and other variables determining the regional growth paths. After quantification of the relationship existing in the Basic Case between the maximization of overall growth and the reduction of the disparity in regional per capita incomes, the sensitivity of this relationship to the regions' relative absorptive capacities is tested. It is shown that a conflict existing between the two objectives because of the relative rates of saving and capital productivities, is the more pronounced the smaller the absorptive capacity of the initially "poorer" region relative to that of the other one. This is partly due to the fact that the smaller the absorptive capacity of the poorer region, the longer the period required to accelerate its growth sufficiently to reduce the regional disparity, resulting in an increasing shift of capital imports from earlier to later years. Furthermore, a smaller absorptive capacity implies that capital productivity diminishes earlier (after a smaller amount of initial investment) than under a greater one. If, on the other hand, there is a basic complementarity between the two objectives, this will be the weaker the smaller the absorptive capacity of the initially poorer region, and it will ultimately turn into a conflict.

The Basic Model also serves to show the rôle of an interregional foreign exchange transfer in financing the gap, on the part of the poorer region, between the amount of capital import necessary to reduce regional disparity, on the one hand and that amount conceded by foreign donors, on the other.

Because of its great relevance to regional development, the concept of absorptive capacity is analyzed in more detail. It is suggested that the ability of a region to absorb private capital (productively) is limited by its infrastructure which is, in turn, determined by the region's ability to absorb infrastructure investment, an ability determined by the availability of technical and administrative personnel.

Two possible approaches expressing the influence of infrastructure on private economic activities are developed. The 'opening-up approach' is based on the concept of fixed factor proportions of private and public capital; the primary effect of public investment is to create infrastructure facilities opening up new private investment and production opportunities. Under this approach, private investment is expressed as a function of earlier investment in infrastructure.

The 'productivity approach', assuming variable factor proportions of private and public capital, considers the primary effect of infrastructure to be its contribution to raising the productivity of private investment; under this approach, in a first step the productivity of private capital is expressed as a function of the (relative) availability of public (infrastructure) capital while in a second step the growth of private capital is defined as a function of its productivity.

After the introduction of the productivity approach the Extended Version of the Biregional Growth Model is used to analyze what implications the strategies examined under the Basic Model, or rather the growth paths resulting from them, would have in terms of the regions' development of infrastructure, and of the productivity and growth of their private capital stock. The relationship between the objective of maximizing overall growth and improving regional distribution is quantified, and the influence on this relationship of the newly introduced parameters like (1) the impact of infrastructure on the productivity of private capital (2) the influence of the productivity of private capital on the growth of private capital, (3) the average gestation period of investment in infrastructure, (4) the capacity to absorb investment in infrastructure and (5) the length of the planning period, is examined.

Against the background of these theoretical analyses, Pakistan's regional development (East Pakistan - West Pakistan) is examined with regard to

(a) the development of regional distribution;
(b) determinants of this development;
(c) implications of alternative patterns of regional development;
(d) the relationship between overall growth and regional distribution.

The detailed empirical analysis is summarized only briefly here. It starts off to show and interpret the increasing disparity between East and West Pakistan in per capita incomes. Owing to a lower rate of savings and a smaller share in the country's capital import, East Pakistan displayed a considerably lower rate of investment. The marginal productivity of capital was higher in East than in West Pakistan which may partly be due to higher productivity in agriculture and to the greater share of agriculture, with a productivity higher than in the other sectors, in total output.

An estimate is then made of the foreign exchange transfer which took place from East to West Pakistan through a mechanism of foreign trade controls under which East Pakistan received far less foreign exchange for imports than corresponded to the sum total of its export earnings and foreign aid inflow.

The foreign exchange transfer from East to West Pakistan was only partly compensated by a resource transfer from West to East Pakistan so that on balance there was still a net transfer of resources from East to West. It is shown that the latter's importance in financing West Pakistan's imports and investment declined over time until it was practically zero in the second half of the sixties.

After these empirical analyses a "Retrospective Simulation Model", a consistency model, is set up. Its Basic Model serves to examine how the disparity between East and West Pakistan would have developed had East Pakistan - ceteris paribus - received a larger share in the country's external resources through a more equitable regional allocation of (a) Pakistan's foreign exchange earnings and (b) the country's aid inflow. According to the results of the model, the disparity in per capita incomes would have declined had there been no interregional foreign exchange transfer. Had the aid inflow, in addition, been allocated to East and West Pakistan on the basis of population, the disparity would, under the assumptions of the model, not only have been reduced to zero but would have turned into a new disparity in favour of East Pakistan. The model further leads to the conclusion that under the "more equitable" development patterns, overall growth would have been slightly more pronounced than it was under the historical pattern. The reason for this complementarity between overall growth and a more balanced regional distribution lies in the fact that the considerably higher capital productivity of East Pakistan would have had a stronger positive influence on overall growth than the lower rate of savings would have had a negative one.

The results of the model rest, among other things, on the assumption that the regions' capital productivities and savings rates would have remained the same under the "more equitable" development patterns as they were under the historical pattern. It is argued that in contrast to this East Pakistan's rate of savings would perhaps have increased because of its partial dependence on the level of income and inflow of external resources while its productivity of capital might have declined because of the changing composition of regional output and of the necessity, in East Pakistan, to direct a larger share of investment into the development of infrastructure facilities to make possible in increased absorption of private (productive) investment.

To examine the relevance of the last-mentioned aspect, a detailed empirical analysis of the comparative development and economic importance, in East and West Pakistan, of the infrastructure facilities in the subsectors "Water", "Transport and Communications" and "Power" is carried out. The result is that (a) at the time of Pakistan's independence East Pakistan had a much weaker infrastructural base, (b) this discrepancy increased considerably over time because of the unbalanced regional allocation of public investment and (c) there is ample evidence that the difference in infrastructure facilities was a major determinant of the different levels of private economic activity.

A simple regression analysis shows that the influence of the (relative) level of investment in infrastructure on the productivity of private investment and of the latter on the growth of private investment must have been superseded to a large extent by the impact of other determinants. Neglecting the weak correlations and interpreting the regression equations as reflecting causal reationships, one finds that the impact of investment in infrastructure on the productivity of private investment, i.e. the (indirect) productivity of infrastructure investment, was much more pronounced in East than in West Pakistan. This finding is not surprising in view of the great scarcity of infrastructure facilities and of the correspondingly high returns of whatever little investment in infrastructure took place in East Pakistan. On the other hand, the influence of the productivity on the growth of private investment appears to have been greater in West than in East Pakistan where several built-in disincentives, like in agriculture the risk of excessive flooding and the land-tenure system, were operative; furthermore West Pakistan had received from undivided India a larger and more dynamic group of entrepreneurs.

Combining these two influences - or assuming a direct relationship - one finds that the impact of investment in infrastructure on the growth of private investment was greater in West than in East Pakistan, i.e. East Pakistan required relative higher public investment to step up private investment growth.

The effects of infrastructure investment on private investment as defined under the 'opening-up' approach are introduced into the model (Extended Version of the Retrospective Simulation Model) inspite of the weak statistical correlation, with a view to gaining general insights into fundamental interrelationships which are largely independent of the properties of the underlying statistical material.

Variant A of the Extended Version (including the 'opening-up' approach exclusively for East Pakistan) shows that the high private investment implied for East Pakistan in the simulations of the Basic Model would not have been possible, particularly in the fifties, because of East

Pakistan's insufficient infrastructural base; it would have taken several years and massive investment in infrastructure for East Pakistan to be able to absorb substantially higher private investment than it did under the historical pattern.

The influence of the regional distribution of infrastructure investment on the development of the disparity in per capita incomes is then tested. Under the assumptions of the model, the attainment of complete parity between the two provinces would have required a regional policy allocating to East Pakistan at least 60 percent, instead of the historical 35 percent, of national infrastructure investment.

After this exercise the implications of a determined regional policy allocating to East Pakistan such a large share in infrastructure investment is analyzed in more detail. The results suggest that even under these conditions the disparity in per capita incomes would have increased further for several years before slowly declining.

East Pakistan's private investment would not have exceeded the historical level by an important margin before the beginning of the sixties owing to the time needed to step up its absorptive capacity. In the fifties, in particular in the earlier years, the more than proportionate increase in infrastructure investment would have implied a productivity of (total) investment far below the historical level while in West Pakistan the situation would have been vice versa. This is one of the reasons why the imbalance in per capita incomes declines much later and more slowly, with a given regional distribution of total investment, than under the Basic Model where an unchanged share (as compared to the historical share) of infrastructure investment in total investment and thus an unchanged productivity of total capital was assumed for both provinces.

The massive investment in infrastructure would have allowed East Pakistand a more pronounced growth in the level of private investment in the sixties, thereby raising again its productivity of total investment.

This pattern of growth is reflected in the regional distribution of capital imports. As under the historical pattern, East Pakistan would have exported capital in the first half of the fifties because of its low absorptive capacity. Under the simulated strategy there would, therefore, have been a similar transfer of foreign exchange to West Pakistan as occurred historically. From the middle of the fifties onwards, however, the share of East Pakistan in the country's capital import would have increased rapidly, amounting to approximately 90 percent instead of the historical 20 percent at the end of the sixties - an implication which is certainly unrealistic even under a determined effort to reduce the disparity in regional incomes. How extreme this implication is is shown by the fact that including trade with East Pakistan, West Pakistan would have had to export capital by the end of the sixties.

The analysis reveals that Variant A of the Extended Version implies a complementarity between overall growth and the reduction of regional disparity, which is more pronounced than in the Basic Model. The reason lies in the assumption of an unchanged share of the country's investment in infrastructure in its total investment (unchanged as compared to the historical share) while under the Basic Model this share was assumed unchanged for each Province so that, with the share in East Pakistan higher than in West Pakistan, the simulated regional strategies resulted in a "deterioration" of Pakistan's investment structure from the standpoint of investment productivity.

Variant B of the Extended Version now assumes that in West Pakistan also the level of private investment was determined by the availability of infrastructure facilities. The "absorption function" introduced for West Pakistan on the basis of the statistical material is, as was suggested above, more favourable insofar as each unit of investment in infrastructure is taken to have had a greater effect in increasing the capacity to absorb additional private investment than in East Pakistan. This means that any increase in East Pakistan's share in the country's public investment aimed at reducing regional disparity would not solely have stepped up the Province's (more productive) private investment relative to the (less productive) private investment of West Pakistan but would, on the other hand, have reduced the country's average capacity to absorb additional private investment as created by its investment in infrastructure. As is confirmed by the results of additional simulations, the complementarity between (a) overall growth and (b) the reduction of regional disparity is weaker under Variant B than under Variant A of the Extended Version of the Retrospective Simulation Model.

The 'opening-up' approach included in the Extended Version neglects the effects of infrastructure investment on the productivity of private investment. Had this influence been taken account of in the model, the complementarity between the two objectives would have been even stronger.

Another major determinant of the relationship between the two objectives is the import requirements of West Pakistan. The simulated growth patterns resulting from a conscious "regional strategy" all imply a level of imports for West Pakistan far below the historical one, even in relation to GNP.

After the introduction of a minimum import requirement (defined in relation to GNP) in the form of a constraint, this constraint becomes binding even under extremely modest requirement assumptions, depressing West Pakistan's growth below the potential growth as determined by the availability of investment resources (domestic savings and capital imports). The importance of the import requirement is shown to be such as to turn the complementarity of goals into a partial conflict even assuming very low minimum requirements. To avoid such a conflict, it would have been necessary in Pakistan to make available to West Pakistan additional foreign exchange otherwise allocated to East Pakistan, to enable it to use fully its growth potential while at the same time compensating East Pakistan for the loss of imports from abroad by additional imports from West Pakistan.

The analyses summarized above having been focussed on the importance of infrastructure on the regions capacity to absorb private capital, the study then turns to the capacity to absorb investment in infrastructure itself. It is shown that the technical and administrative personnel required for sound planning and implementation of public development projects was extremely scarce in East as compared to West Pakistan and that this factor partly explains the unbalanced regional distribution of public investment as witnessed under the Five Year Plans. The results of an additional simulation positing an upper limit to the annual growth of investment in infrastructure in East Pakistan indicates to what extent a low capacity to absorb such investment can slow down the rate of disparity reduction. The possible measures that would have alleviated the human resource bottleneck in East Pakistan are discussed.

All results of the Retrospective Simulation Model suggest that development planning in Pakistan should have aimed at alleviating the human capital bottleneck in East Pakistan and at then directing a relatively large share of the country's infrastructure investment to that province, even from the point of view of maximum overall growth since the two objectives largely coincided. It is shown, however, that such a strategy was not followed largely because development planners assumed a clear conflict. There was the impression that additional investment in infrastructure was, or would be, less productive in East than in West Pakistan. Here again, the low absorptive capacity of East Pakistan appears to have played a major rôle: higher investment in infrastructure was considered to lead to faulty project planning and implementation, resulting in longer gestation periods and lower returns. The assumed disadvantage of longer gestation periods seems to have been of particular importance under a planning concept aimed at maximizing the short-run growth, i.e. the growth attainable during the respective Five Year Plan.

Had the planners' implicit assumptions on the gestation periods and on the productivity of public investment in East and West Pakistan been reflected in the retrospective model, this would also have produced a conflict between the maximization of overall growth and a more balanced regional distribution. However, the statistical and other material available to the author does not give sufficient evidence of the validity of such assumptions.